〈서양의 공자 숭배와 근대화〉 연구총서

The General Theory of Confucian Modernity

The Confucian Modernization of Western Countries and
the Western Modernization of the Confucian Countries

Vol. 1

by Professor Emeritous Ph.D. Tai Youn Hwang (Dongguk University)

유교적 근대의 일반이론

서구국가의 유교적 근대화와 유교국가의 서구적 근대화

상권

황태연 지음

한국문화사

유튜브 "황태연 아카데미아"에서 저서들과 관련된 저자의 육성 강연과 강의를 들을 수 있습니다.

유교적 근대의 일반이론 상권

초판 1쇄 발행	2023년 05월 10일
지은이	황태연
펴낸이	김진수
펴낸곳	한국문화사
우편번호	04790
주소	서울시 성동구 아차산로 49, 404호 (성수동1가, 서울숲코오롱디지털타워3차)
전화	02-464-7708
팩스	02-499-0846
이메일	hkm7708@daum.net
홈페이지	http://bph.co.kr
출판등록	제1994-9호
ISBN	979-11-6919-127-2 94150
	979-11-6919-126-5 (전2권)

ⓒ 2023, 황태연
※ 값은 뒤표지에 표시되어 있습니다.
※ 잘못된 책은 구입처에서 교환해 드립니다.

지은이 황태연

황태연黃台淵 교수는 서울대학교 외교학과를 졸업하고, 동同대학원 외교학과에서 「헤겔에 있어서의 전쟁의 개념」으로 석사학위를 받았고, 1991년 독일 프랑크푸르트의 괴테대학교(Goethe-Universität)에서 『지배와 노동(Herrschaft und Arbeit)』으로 박사학위를 받았다. 그는 1994년 동국대학교 정치외교학과 교수로 초빙되어 2022년 2월 정년을 맞을 때까지 동서양 정치철학과 정치사상을 연구하며 가르쳤다. 지금도 명예교수로서 학부와 대학원에서 강의하며 집필을 계속하고 있다.

그는 30여 년 동안 동서고금의 정치철학을 폭넓게 탐구하면서 공자철학의 서천西遷을 통한 서구 계몽주의의 흥기와 미국의 건국 및 근대화에 관한 연구에 헌신해 왔다.

공자철학 저서 또는 동서정치철학 연구서로는 『실증주역(상·하)』(2008·2012), 『공자와 세계(1-5)』(2011), 『감정과 공감의 해석학(1-2)』(2014·2015), 『패치워크문명의 이론』(2016), 『공자의 인식론과 역학』(2018), 『공자철학과 서구 계몽주의의 기원(1-2)』(2019), 『근대 영국의 공자숭배와 모럴리스트들(상·하)』(2020·2023), 『근대 프랑스의 공자열광과 계몽철학』(2020·2023), 『근대 독일의 유교적 계몽주의』(2020·2023), 『공자와 미국의 건국(상·하)』(2020·2023), 『유교적 근대의 일반이론(상·하)』(2021·2023), 『공자의 자유·평등철학과 사상초유의 민주공화국』(2021), 『공자의 충격과 서구 자유·평등사회의 탄생(1-3)』(2022)와 『극동의 격몽과 서구 관용국가의 탄생』(2022), 『유교제국의 충격과 서구 근대국가의 탄생(1-3)』(2022) 등이 있다. 해외로 번역된 책으로는 중국 인민일보 출판사가 『공자와 세계』 제2권(2011)의 대중판 『공자, 잠든 유럽을 깨우다』(2015)를 중역中譯·출판한 『孔夫子與歐洲思想啟蒙』(2020)이 있다.

한국정치철학 및 한국정치사상사 분야로는 『지역패권의 나라』(1997), 『사상체질과 리더십』(2003), 『중도개혁주의 정치철학』(2008), 『대한민국 국호의 유래와 민국의 의미』(2016), 『조선시대 공공성의 구조변동』(공저, 2016), 『갑오왜란과 아관망명』(2017), 『백성의 나라 대한제국』(2017), 『갑진왜란과 국민전쟁』(2017), 『한국근대화의 정치사상』(2018), 『일제종족주의』(공저, 2019·2023), 『중도적 진보, 행복국가로 가는 길』(2021·2023), 『사상체질, 사람과 세계가 보인다』(2021·2023), 『한국 금속활자의 실크로드』(2022)와 『책의 나라 조선의 출판혁명(상·하)』(2023), 『대한민국 국호와 태극기의 유래』(2023) 등의 저서가 있다.

서양정치 분야에서는 *Herrschaft und Arbeit im neueren technischen Wandel* 최근 기술변동 속에서의 지배와 노동, Peter Lang 출판사, 1992), 『환경정치학』(1992), 『지배와 이성』(1994), 『분권형 대통령제 연구』(공저, 2003), 『계몽의 기획』(2004), 『서양 근대정치사상사』(공저, 2007) 등 여러 저서를 출간했다. 그리고 "Verschollene Eigentumsfrage(실종된 소유권 문제)"(1992), "Habermas and Another Marx"(1998), "Knowledge Society and Ecological Reason"(2007) 등 수많은 논문을 발표했다.

현재 저자는 방대한 두 저작 『도덕의 일반이론 - 정체성도덕과 생존도덕의 현대과학적 정초(상·하)』와 『국가변동의 일반이론 - 정의국가에서 인의국가로(상·하)』의 집필에 매진하고 있다. 유튜브 "황태연아카데미아"를 통해 2018년부터 지금까지 위 저서들과 관련된 동국대학교 석·박사과정 대학원 강의를 녹화한 동영상이 [열린대학원] 으로 방영되고 있다.

- 편집부 -

머리말

이 책은 ㉮'극서제국極西諸國의 유교적 근대화' 과정과 ㉯'유교제국의 서구적 고도근대화' 과정을 '유교적 근대화의 일반법칙'에 의해 체계적으로 논증한 이론서다. 이 이론의 명칭은 다름 아닌 '유교적 근대의 일반이론(the general theory of Confucian modernity)'이다.

'서구제국의 유교적 근대화'와 '유교제국의 신구新舊절충적 서구화로서의 고도근대화'는 동서 간의 교호적 문명패치워크(짜깁기·접붙이기)를 통해 시차를 두고 차례로 이루어졌다. 유교문명의 서천西遷과 서구 계몽주의의 흥기, 그리고 계몽운동을 통한 극서제국의 근대적 변혁과 서구 근대국가의 탄생, 한 마디로, '서구제국의 유교적 근대화'는 앞서거니 뒤서거니 공간된 9부작 전15권의 저서들에서 이미 자세하게 규명되었다. 서구문명의 유교적 근대화 과정을 추적·분석한 9부작 15권은 다음과 같다.

(1) 『공자철학과 서구 계몽주의의 기원(상·하)』(2019).
   16-17세기 유교문명의 서천으로 발원한 유럽 계몽주의의 유래를 탐구한 책.
(2) 『17-18세기 영국의 공자숭배와 모럴리스트들(상·하)』(2020).
   영국 모럴리스트들의 공자숭배와 계몽주의를 탐구한 책.
(3) 『근대 프랑스의 공자 열광과 계몽철학』(2020).
   17-18세기 프랑스 계몽주의의 공자철학적 기원을 탐구한 책.
(4) 『근대 독일과 스위스의 유교적 계몽주의』(2020).
   푸펜도르프·라이프니츠·볼프·유스티·프리드리히2세·요셉2세·알브레히트 폰 할러의 계몽철학에 대한 공자철학적 영향을 탐구한 책.
(5) 『공자와 미국의 건국(상·하)』(2020).

프랭클린·제퍼슨·매디슨·페인을 비롯한 미국 국부들의 유교적 도덕·정치철학과 미국독립선언문·헌법·국가제도의 공자철학적 유래를 탐구한 책.

⑹ 『공자의 자유·평등철학과 사상초유의 민주공화국』(2021).
공자와 맹자에게 결여되어 있다고 알려진 자유와 평등 이념을 분명히 밝히고 이 유교적 자유·평등·대동이념으로부터 1760-1770년 사상 초유로 민주공화국이 난방공화국이 창건되어 140여 년 존속한 사실을 입증한 책.

⑺ 『공자의 충격과 서구 자유·평등사회의 탄생(1-3)』(2022).
중국제국에 실현된 공자의 자유·평등이념의 충격으로부터 서구의 자유·평등 법률들이 만들어지는 과정을 추적한 책.

⑻ 『극동의 격몽과 서구 관용국가의 탄생』(2022).
공자의 관용명제와 극동 유교제국의 종교적·사상적 관용으로부터 서구의 종교적·정치적 관용의 권리와 의무가 형성되는 과정을 추적한 책.

⑼ 『유교제국의 충격과 서구 근대국가의 탄생(1-3)』(2022).
서구제국이 극동 유교제국의 관료제·과거제·내각제·학교제도, 자유시장, 복지제도에 충격을 받아 근대적 관료행정체제, 공무원임용고시, 내각제, 3단계 학교, 시장경제, 복지국가를 만들어나간 사실史實을 입증한 책.

남은 과제는 이 9부작 전15권에서 역사적으로 추적된 '서구문명의 유교적 근대화'와 서구적 리메이크를 통한 '높은 근대(고도근대)'로의 도약을 체계적으로 이론화하는 것이다. 그리고 여기에 더해야 하는 또 다른 추가 작업은 '유교제국의 신구절충적 서구화로서의 고도근대화' 과정의 이론화다. 이 이론화 작업이 이 책을 통해 완료되면 동서제국의 근대 연구는 10부작 전17권으로 완결된다.

19세기 조선·월남·일본은 송대 이래 발전된 '낮은 근대'의 궁극단계에 도달해 있었고, 중국은 초입단계의 '높은 근대'를 달성한 상태였다. 유교제국은 극서제국에서 일반화된 정상頂上수준의 '고도근대' 문물들을 신속히 수용해 각국의 기旣달성된 '낮은 '유교적 근대' 또는 초입단계의 '유교적 고도근대'의 문물과 짜깁기하는 '신구절충 방식의 서구화' 정책으로 정상수준의 '고도근대'를 달성했다. 따라서 19세기 극동제국의 근대화 과업은 흔히 얘기되듯이 '전근대로부터 근대로의 도약'이 아니라, '낮은 근대로부터 정상頂上의 고도근대로의 도약'이었다.

이 책의 핵심목표는 새로운 근대이론으로서의 '유교적 근대의 일반이론'의 수립이다. 이 일반이론은 유교문화의 서천과 문명패치워크를 통한 '서구제국의 유교적 근대화'와 '유교제국의 서구적 고도근대화'에 대한 논증을 완결함으로써만 정립할 수 있다. 이 책은 극서와 극동의 '낮은 근대(초기 근대)'와 '높은 근대(고도근대)'의 연달은 2단계 근대화 과정으로부터 '유교적 근대화의 일반이론'을 도출한다. 그리고 '유교적 근대의 일반이론'은 '일반적으로 근대화는 각국의 유교화 수준에 비례한다'는 법칙, 즉 '유교화와 근대화의 일반적 비례법칙'에 의해 '서구문명의 유교적 근대화'와 '유교제국의 서구적 고도근대화'의 양면에 대한 일관된 설명을 수행한다. 나아가 '유교화와 근대화의 일반적 비례법칙'으로써 극동·극서 외의 나머지 전 세계(동구·남구제국, 남미제국; 아프리카제국, 동남아·중앙아시아제국과 중동제국)의 전근대적·비非근대적·저低근대적 정체停滯상태와, "알라 외에 다른 신은 없다"고 가르치는 강성剛性종교의 이슬람세계에 확산된 '반反근대적·반反서구적 대결의식'도 일관되게 설명한다.

주지하다시피 1840-70년대에 마르크스는 - 궁극적으로 1980·90년대 미국 브랜드자본주의의 흥기와 IT에 기초한 지식기반경제의 흥기 속에서 완전히 사라지고 만 - '공장제 자본주의'를 '근대 자본주의'의 유일무이한 항구적 생산방식으로 '과잉일반화'했다. 또 베버는 '근대 기업자본주의'의 발생을 '개신교윤리' 덕택으로 돌리는 한편, 인구 많은 중국에 '공장기업이 없다'는 이유에서 청대 중국의 경제상황을 '근대자본주의의 부재'로 단정하고 이를 '유교' 탓으로 돌렸다.

그러나 청말淸末 중국경제는 마르크스 자신이 식민지 플랜테이션의 "노골적 노예제(Sklaverei sans phrase)"를 "주춧돌"로 전제한 "은폐된 노예제(verhüllte Sklaverei)"로 규정한 자본집약적·노동절약적(고용파괴적) 공장제 자본주의를 건너뛰고, 명조 후기로부터 전래된 자호字號(브랜드)상인 주도의 광역 네트워크 생산방식의 브랜드 자본주의를 1870년대부터 급속히 전면적으로 발전시켜 (베버가 눈먼 사람처럼 개신교자본주의론과 중국자본주의부재론을 되뇌던) 1910-20년대에 이미 세계 4대 무역대국으로 복귀해 있었다. 중국 특유의 고도근대(높은 근대) 생산방식에 속하는 이 '자호상인들의 광역 네트워크 생산방식의 브랜드 자본주의'는 1970년대에 미국에서 '소매혁명(retail revolution)'과 함께 생겨난 '브랜드 (리테일) 빅바이어(brand [retail] big buyer)'가 주도하는 '국제적 OEM(Original Equipment Manufacturing; 주문자상표부착생산) 방식의 네트워크 브랜드 자본주의'와 상통한다. 말하자면 중국은 미국보다 100년 앞서 초超근대적(현대적) '브랜드자본주의'를 발전시킨 것이다. 미국·유럽·한국·대만·일본의 '국제적 OEM 네트워크 생산방식'은 1970년대 이래 미국에서 발달해 전 세계로 확산된 생산방식이다. 브랜드 빅바이어는 Walmart, GAP, Costco, Nike, Reebok, Carf, Beta, Aosom(이상 미국), Kingfisher(영국), HSE24(독일), EEZEEMARKETING(프랑스), Abodee(네덜란드), Nestle(스위스), Ikea(스웨덴), living and dining(호주), 홈플러스, E-Mart, G마켓, 카페24, K-푸드(이상 한국), Murata, LAOX, AEON, Dinos Cecile Co.(이상 일본), DERWAYS, Vita, Tarra Nava LLC, Yuterra, Sima-Land, Aktiv(이상 러시아), Tanvi International, 하드캠(이상 인도) 등과 같이 브랜드네임을 얻은 초대형 소매상업자본가(mega-size retail commercial capitalists)를 말한다. 가령 월마트(Walmart)는 미국 국내에만 3000여 개소의 초대형 마트·쇼핑몰·백화점을 엮은 전국적 소매 네트워크를 가진 세계적 메가사이즈 브랜드 빅바이어다. 아마존·구글·알리바바 등은 전자상거래와 결합된 세계적 '모바일 브랜드 빅바이어들'이다. 이 '모바일 브랜드'는 최근 '플랫폼'이라고 부르기 시작했다.

자호상인 또는 브랜드 빅바이어들이 주도하는 네트워크 브랜드 자본주의에서 본질적으로 중요한 것은 그들이 오랜 세월에 걸쳐 축적한 '브랜드 자본'이다. 아담 스미스·마르크스·베버는 말할 것도 없고 케인즈·하이에크·프리드먼도 이 '브랜드 자본'

과 그 역사적·보편적 실존 자체를 알지 못했다. 네트워크 소매업체가 제공하는 소매상품의 좋은 품질·가격을 증빙하는 네트워크 '상호'에 대한 오랜 대중적 신뢰에서 생겨난 이 '브랜드 자본'은 쉽사리 화폐자본으로도 현금화될 수 있는 엄연한 자본주의적 자산이다. 따라서 이 '브랜드 자본'은 화폐자본의 유동성(liquidity) 보장에 대한 대중적 신뢰에서 나오는 '신용자본'과 다른 것이다. 중국에서 법적으로 보호된 420여 년 역사의 '브랜드 자본'은 오늘날 IT기술·인터넷·각종 SNS와 전자상거래 네트워크와 결합하면서 '모바일 브랜드 자본'으로 거듭나고, 더 나아가 '플랫폼 자본'으로 발전 중인 전도양양한 자본이다.

마르크스와 베버의 유럽중심주의적 근대이론과 근대자본주의론에 맞서 '유교적 근대의 일반이론'은 '유교'와 현세주의적 '유교문화'를 서구와 극동의 공통된 '근대화 DNA'로 지목한다. 따라서 '유교적 근대의 일반이론'은 마르크스처럼 한시적으로 지배하던 '공장제'를 유일한 근대적 생산방식으로 일반화하지도 않지만, 베버처럼 '종교'를, 따라서 초현세주의적·내세주의적 기독교나 개신교를 문명사회의 결정요소로 보지도 않고, 개신교를 근대화의 심리적 동력으로 보는 것은 더욱이 아니다. 오히려 '유교적 근대의 일반이론'은 가톨릭만이 아니라 개신교도 근대화와 자본주의 발달을 저해한 '반反근대' 요소로 입증한다.

'유교적 근대의 일반이론'은 종교가 아니라 '과학'을 근대화의 결정적 동력으로 설정하고, 서구를 세속화시켜 주술로부터 탈피시킨 유교 또는 유학을 현대 서양과학 이전의 유일한 '과학'으로, 현세적 세속주의의 정치·도덕·자연철학과 시무론時務論(통치술과 정치경제론)으로 구성된 종합적 '인간과학'으로 간주한다. 서구와 극동을 차례로 근대화시킨 유학의 과학적·현세적 세속주의와 현세주의는 "인간의 의미에 힘쓰면서 귀신을 공경해 멀리하는 것(務民之義 敬鬼神而遠之)"을 (1) "지식이라고 할 만하다(可謂知矣)"고 함으로써 학문과 주술을 명변明辨하여 '과학적 지식'을 세속적으로 규정하고, (2) "귀신을 잘 섬기기에 앞서 (산) 사람을 먼저 잘 섬기라(未能事人 焉能事鬼)"고 가르침으로써 제사도 현세화한 『논어』의 두 명제에서 압축적으로 표현되고 있다.

'유교적 근대(화)의 일반이론'은 마르크스와 베버의 두 자본주의적 근대이론, 즉 공장제 자본주의론과 개신교자본주의론을 통해 좌우학계에 굳게 뿌리박은 유럽중심적 근대화 '미신'에 대한 전면적·총체적 안티테제다. 지금도 서양학자들은 거의 다 서구중심주의자들이고, 이들의 영향 아래 들어있는 극동의 서구추종 학자들과 지식인들도 덩달아 대對서방 사대주의적 서구중심주의자들이다. 심지어 한국의 사가들마저도 대부분 서양사를 기준으로 우리 역사를 재단하며 마르크스·베버주의적 '자멸·자학사관自蔑自虐史觀'에 무젖어 있거나 지금은 심지어 같잖은 '탈脫민족주의(post-nationalism)'와 매국적 '신新친일주의'에 빠져 있다. 이 노골적이거나 은연한 서구중심주의자들은 모두 다 '근대'가 서양의 고유한 산물이라고 망상한다.

그러나 '세계사'라는 인류보편사가 개막된 10세기부터 19세기 중반까지 900년 동안 세계는 유럽이 아니라 극동을 기축으로 돌아가는 '극동중심 세계'였다. 그리고 '근대'라는 새로운 시대도 세계역사상 최초로 극동에서 개막되었다. 세계사적 의미를 갖는 최초의 근대가 시작된 곳, 즉 '보편사적 근대'가 발단한 곳은 바로 송대 중국(960-1279)이었기 때문이다. 이 테제는 오늘날 동서학계에서 보편적으로 인정된다.

송대 이후 800-900년의 세계사는 원대元代를 거쳐 명·청대에 이르기까지 지속적으로 발전하고 성숙한 '초기 근대(early modernity)' 또는 '낮은 근대(저低근대; low modernity)'의 중국문물이 동서남북으로 전파되는 동천東遷·서천西遷·남천南遷·북천北遷과정이었다. 서천과정에서 극서제국은 15-16세기 르네상스와 17-18세기 계몽주의 운동을 일으켜 서구의 '초기 근대' 또는 '낮은 근대'를 개막했고, 19세기로의 세기전환기에는 '낮은 근대'를 업그레이드시키는 자체동력을 얻어 '높은 근대' 또는 '고도근대(high modernity)'로 도약했다. 12세기 이래 송·금·원·명대 중국문물을 수입해 일어난 서구의 15-16세기 르네상스운동은 유럽을 가톨릭성직자들이 지배한 '기독교신정체제'로부터 인간세계로 깨어나게 했고, 명·청대 중국문물을 패치워크한 17-18세기 계몽주의 사상운동은 서양사회를 유교화·탈脫기독교화·탈주술화함으로써 '비非주술적·세속적 근대사회'로 전변시키고, 기독교와 종교 문제를 중국과 한국처럼 '개인적 자유'의 문제로 격하시켜 '프라이버시' 속에 가두었다.

특히 18세기에 절정에 이른 계몽주의운동은 마침내 미국·영국·프랑스·독일·오스트리아·이탈리아·네덜란드·스웨덴·덴마크·벨기에·스위스 등 극서지역의 11개 국가에서 영국 명예혁명, 미국 독립혁명, 프랑스 시민혁명과 이에 뒤따른 독일의 시민혁명을 일으켰다. 극서제국은 산업혁명과 나란히 진행된 이 일련의 근대화혁명을 통해 이른바 '높은 근대'의 새로운 단계로 도약했다. 극서제국을 '높은 근대'로 도약시킨 이 근대화혁명은 혁명사상의 전통이 전무했던 유럽에서 공맹의 역성혁명·반정反正(폭군방벌)사상과 중국의 혁명역사를 배워 발발한 것이었다. 18세기 말과 19세기 초 이 일련의 근대화혁명과 기술혁명을 통해 19세기 유럽은 마침내 극동을 앞지르기 시작했다. 그러나 1·2차 아편전쟁(1842-1860)에서 영불연합군의 승리와 중국의 패배는 극서가 극동을 경제적·산업기술적·정치적으로 앞질렀다는 사실보다 단지 '군사기술'과 '기계'에서 앞섰다는 것을 확인해 준 사건이었을 뿐이다. 그러나 군사기술은 생산기술이 아니라 파괴기술에 불과하고 공장의 '기계'는 불필요한 '루브 골드버그 기계(Rube Goldberg machines)'나 다름없는 것이었다. 중국의 자본주의는 이미 자본절약적·노동집약적 브랜드자본주의 단계에 도달해 있었기 때문이다.

마르크스가 극구 찬양해 마지않은 '기계'와 '기계제 자동공장'이 무용지물의 '루브 골드버그 기계'나 다름없었다는 것은 마르크스 자신도 이미 이윤율 하락의 법칙으로 입증했던 바다. 마르크스는 대공장의 기계를 찬미하기만 하다가 기계 일반이 반경제적(낭비적)인 골드버그 기계라는 것을 자신이 공장제 자본주의의 이윤율 법칙의 발견으로 증명했다는 이 놀라운 사실을 자각하지 못했을 따름이다. 다 알다시피 '루브 골드버그 기계'는 가령 책장을 넘기는 것을 자동으로 하게 하는 '책장 넘기기 자동기계'처럼 간단한 일을 복잡한 메커니즘에 의해 수행하는 값비싼 자원낭비적 자동기계를 말한다. '공장제'는 마르크스 자신의 이론에 따르면 이런 '골드버그 기계'에 지나지 않았고, 제국주의와 노예제를 강요하는 점에서 골드버그 기계보다 더 흉악한 생산방식에 불과했던 것이다.

그러나 1·2차 아편전쟁(1842-1860)으로부터 세계사는 인류역사상 최초로 유럽을 중심으로 돌아가기 시작했다. 일련의 근대화혁명과 산업혁명으로 재탄생한 새로운 유럽, 즉 이른바 '근대 유럽'은 19세기 중반 극동제국에 일대 충격을 가했다. 당시 중국은 1780-1860년대의 90년 장기불황(소위 가경·도광·함풍 불황)에 강력히 대처하는 노력 속에서 '브랜드 자본주의'의 고속발달 덕택에 '높은 근대'도 뛰어넘는 '현대' 단계에 도달해 있었지만, 조선과 일본은 '낮은 근대'의 '궁극'단계에 머물러 있었다. 당시 중국의 90년 장기불황은 중국산 수입품들을 모조·대체하는 극서제국의 수입대체산업이 흥기하고 이로 인해 중국산 고가高價사치품들에 대한 유럽제국의 수요가 격감하다가 끝내 소멸함으로 인해 야기되었다.

그러나 서세동점西勢東漸의 군사적·정치적 위기 속에서 극동제국은 일제히 서구의 정상급頂上級 '고도근대'를 학습해 짜깁기·접붙이기(패치워크)하는 신구절충의 서구화 과정을 통해 속속 '낮은 근대'의 궁극단계(조선과 일본) 또는 '높은 근대'의 브랜드자본주의 단계(중국)에서 '높은 근대'의 정상頂上단계로 도약했다. 그리하여 북한을 제외한 한국·중국·일본·대만·월남·싱가포르 등 극동제국은 19세기 말부터 20세기 말까지 100년 동안 치열한 근대화 운동을 통해 극서제국과 대등하거나 부분적으로 극서제국을 능가할 수준으로까지 '고도로 근대화'되었다. 이로써 19세기 말과 20세기 초에 개막된 '현대(the contemporary modernity)'는 극서·극동제국이 앞서거니 뒤서거니 하며 연달아 '높은 근대(고도근대)'를 달성함으로써 개막된 것이다. 따라서 극동제국이 '고도근대'(높은 근대)로의 도약에서 시간적으로 극서제국에 뒤졌지만 제2차 세계대전부터는 극동제국이 '현대'를 극서제국과 '함께' 발전시킨 셈이다.

공자철학과 유교문명의 서천과정에서 전해진 과학사상과 문물은 모두 오늘날 열띤 논쟁의 대상이 되는 것들이다. 자유·평등·관용의 정치사상, 유럽사회의 현세적 탈脫기독교화와 세속화, 자유시장과 복지국가, 혁명사상, 관료제, 필기시험, 만민평등교육과 학교제도 등이 그것이다. 마르크스와 베버는 자기들의 자본주의론과 근대이론에서 당연한 것으로 전제한 근대의 핵심이념들인 - 주인(노예주와 귀족과 왕)의 자유·평등이 아니라 - '백성'의 자유와 평등, 만인의 종교적·사상적 관용, 세속화와 탈주술화·탈기독교화, 복지국가, 그리고 정치적·사회적 혁명사상의 궁극적 출처와 동력원動力源에 대해 철저히 무지했다. 앞서 언급한 9부작 전15권에서 상론한 대로 유럽의 근대적 자유시장과 관료제는 미국·영국과 독일에서 중국의 관료제와 무위無爲시장을 모방해서 발전시킨 것이고, 근대적 필기시험제도와 공무원임용고시제는 중국의 과거제와 각급 학교의 입학·기말·졸업시험에서 유래한 것이고, 3단계 학교제도와 의무교육은 유교국가의 사학社學(+ 학숙學塾 + 사학私塾, 조선: 서당·학당)·유학儒學(조선: 향교·사학四學)·대학大學(국자감, 조선: 성균관)의 3단계 학제 학교제도, 그리고 "천자에서 서인까지 하나로 다 수신을 본으로 삼는다("自天子以至於庶人壹是修身爲本")"는 『대학』의 보편교육 이념과 『논어』의 평등교육("有敎無類") 이념을 결합한 극동의 만민평등교육에서 유래한 것이다. 그리고 상술한 9부작 전15권에서 상론한 대로 근대의 핵심이념인 '자유롭고 평등한 국민', 종교적·사상적 관용, 현세주의적 세속화와 탈주술화·탈기독교화, 복지국가, 그리고 정치적·사회적 혁명사상의 궁극적 출처는 공자와 유교제국이었다.

자유시장 자본주의는 18-19세기 중국에서 고도로 발달해 있었다. 다만 중국은 자유평등국가 중국에 맞지 않은 군대식 수직독재로 '은폐된 노예제'의 '공장제 자본주의'가 아니라 '자호상인 주도'의 '수평적 광역 네트워크' 방식의 자유로운 '브랜드 자본주의'를 채택했을 뿐이다. 중국의 네트워크 브랜드 자본주의는 1840-60년대에 영국의 대포에 의해 국내시장을 개방당하고 잠시 혼란에 빠졌지만 곧 급속한 확장을 통해 성장기조를 회복한 뒤 중국 내수시장에 쇄도하던 영국 공장제품들의 국내침투를 완봉해냈다.

그러나 마르크스는 「공산당선언」(1848)에서 서구 부르주아지의 저렴한 공장제품이 중국 만리장성을 무너뜨린 "중重대포"라고 천명하고 서구 공장제 자본주의의 세계제패를 호언했다. 그리고 개신교적 유럽중심주의자 베버는 중국에서 '공장기업'만을 찾다가 찾지 못하자 "중국에는 자본주의가 없다"고 확신했다. 그는 자유시장에 기초한 자유임금노동, 프로테스탄티즘에 기초한 '합리적' 자본주의, '합리적 법률', '정밀기계'처럼 작동하는 '합리적 관료제' 등이 오직 서구의 고유한 산물이고, 중국에는 합리적 관료제, 합리적 법률, 회계·복식부기 등이 결여되었다고 주장하고, 이 결여의 근본원인을 유교로 돌리며 결국 유교문화 때문에 '합리적' 자본주의가 불발不發했다는 '대하소설'을 썼다. 또 미셸 푸코는 심지어 필기시험조차도 근대유럽의 고유한 산물로 여기고 시험을 통해 근대적 개인을 '제조된 주체', 또는 '시험성적에 관한 문서기록에 못 박힌 근대적 개인'으로 분석했다. 실로 어처구니없는 반反역사적 주장들이다.

그리하여 마르크스와 베버는 '근대유럽'이 희랍·로마 헬레니즘과 기독교 히브리이즘으로부터 일직선적으로 발전되어 나왔다는 유럽중심주의적 근대이론과 전제주의적 동양·중국관을 노골적으로 설파하거나 음양으로 전제했다. 그러나 - 박스터·워턴·디포·페넬롱·말브랑쉬·몽테스키외 등 극소수의 기독교독단주의적 '유럽판 위정척사衛正斥邪 세력'을 제외하면 - 18세기 말까지 유럽중심주의적 근대이론과 중국전제주의론은 유럽에서 출몰한 적이 없었다. 18세기 말까지는 공자숭배와 중국찬양 무드가 여전히 극서제국을 석권하고 있었기 때문이다. 유럽중심주의적 근대이론과 부정적 중국관은 100년 불황에 빠져든 19세기 중국의 정치경제적 난국을 1000년 전으로까지 소급시켜 지어낸 '역사날조'인 것이다.

마르크스의 공장제 자본주의의 세계제패론과 아시아적 생산양식 및 동양적 전제주의 이론은 이런 서구중심주의적 근대이론과 부정적 중국관의 날조에 '결정적' 역할을 했다. 그러나 마르크스의 아시아노예제·동양전제주의 개념은 공자를 숭배한 중국열광자 프랑수와 베르니에(François Bernier, 1620-1688)가 무굴제국 기행문에서 기술한 인도전제정을 전 아시아로 확대한 '부당한 일반화'의 소산이고, 또 프랑스 대귀족 몽테스키외의 귀족이데올로기적 중국비방을 순진하게 사실로 믿은 지적 편식의 소산이었을 뿐이다. 저 9부작 15권에서 상론했듯이, 몽테스키외는 루이 14·15세가 중국제국의 귀천 없는 평등사회와 중앙집권제를 모델로 삼아 지방 대귀족을 약화시키고 왕권을 강화하기 위해 추진한 중앙집권화 정책에 내몰려 몰락위기에 처한 대귀족의 신분적 이익을 수호하기 위해 루이 14·15세에 대한 반동의 일환으로 중국을 비방했던 것이다. 볼테르·케네·흄·유스티를 비롯한 거의 모든 동시대 계몽철학자들은 한결같이 몽테스키외의 이 귀족편향적 중국비방에 날선 비판을 가했었다.

막스 베버의 개신교자본주의론과, 유교로 인한 중국 자본주의 불발에 관한 그의 설명은 유럽중심주의적 근대이론과 부정적 중국관의 날조를 완성하는 '종결자' 역할을 했다. 베버는 서구의 '합리적' 자본주의의 흥기를 프로테스탄티즘(개신교) 덕택으로 돌리고 중국자본주의의 불발을 유교 탓으로 돌리는 관념론적 종교문화론을 구축했지만, 그 결론은 마르크스의 유물론적 견해와 유사했다.

이 유럽중심주의적 근대이론과 전제주의적 중국관을 미국과 유럽에 확산시키는 데 '홍보활동'을 담당한 자들은 유럽과 미국을 오가며 활동한 트로츠키계열의 마르크스주의자 카를 비트포겔과 전후 미국의 교육철학자들이었다. 비트포겔은 중국 전제정의 기원을 중앙집권적 치수治水사업으로부터 도출하는 수력사회론(theory of hydraulic society)을 설파했다. 그리고 무명의 무수한 미국 교육철학자들은 미국이 제2차 세계대전 후 세계패권국가로 떠오르자 세계 각지로부터 미국으로 몰려들기 시작한 거대한 물결의 이민자들을 정치적·사회적으로 통합하기 위해 '근대 유럽'이 헬레니즘과 히브리이즘(고대그리스 철학과 유대·기독교주의)으로부터 기원했다는 유럽중심주의적 근대이론을 교과서화해서 집중적으로 퍼트리고 미국의 고등교육과 대학 교양강좌 커리큘럼을 이 방향으로 재조정했다. 그리하여 르네상스시대에 유행하다가 한물간 희랍어·라틴어 강좌와 그리스철학 강좌가 전후 미국에서 갑자기 '르네상스'를 맞았다.

그러나 중국전제정론과 비트포겔의 중국수력사회론은 곧 모든 중국전문가들에 의해 배척당했다. 『공자철학과 서구 계몽주의의 기원』에서 상론했듯이 비트포겔의 수력사회적 중국전제론은 역사학적으로 분쇄되었다. 그러나 부르주아지의 저렴한 공장제품이 중국의 만리장성을 "철저히 파괴하고" 외국인들에 대한 야만인들의 완강한 증오심조차도 분쇄했다는 마르크스의 공장제 자본주의의 세계제패론은 전 세계 지식인들의 무의식 속에서 완강하게 버티고 있고, 베버의 개신교 자본주의 테제와 유교귀책적 중국자본주의불발론은 아직도 여세를 떨치고 있다.

책은 카를 마르크스와 막스 베버 그리고 마르크스-베버주의자(Marx-Weberrian)의 유럽중심주의적 근대이론과 중국관을 논파함과 동시에 유교적 근대의 일반이론을 새로운 근대이론으로 제시하고, 중국 고유의 네트워크 브랜드 자본주의를 발굴해 이론화한다. 오늘날 유럽중심주의적 근대이론과 유교귀책적 중국자본주의불발론을 대변하는 '마르크스-베버주의자들'은 윌리엄 맥닐, 새뮤얼 헌팅턴, 폴 케네디, 존 홀, 마이클 만, 데이비드 포어 등인데, 이 책에서는 이들의 이론도 상세하게 분석하고 논파한다. 이들의 반대편에는 마크 엘빈, 오스터함멜, 빈 옹(R. Bin Wong), 케네스 포머란츠, 게리 해밀턴 등 수많은 중국전문가들과 존 홉슨, 앙드레 프랑크 등 세계사가들이 맞서 있다. 이 책에서는 이 중국전문가들과 세계사가들의 이론도 우호적 비판의 시각에서 분석한다.

17세기에 출현하여 18-19세기에 신속하게 발전된 중국의 '자호상인 주도 네트워크 브랜드자본주의'는 영국의 산업혁명적 공장제 자본주의와 비등하거나 이를 능가하는 생산성을 기록했고, 전제적·수직적 공장제보다 더 평등하고 더 인간적이고 더 친환경적이었다. 그리고 이 네트워크 브랜드 자본주의의 제품들은 마르크스의 허풍스러운 단정과 정반대로 영국의 공장제품들보다 더 저렴하고 품질이 더 좋았다. 이런 까닭에 당시 중국인들은 1·2차 아편전쟁으로 국내시장까지 완전히 개방당한 뒤에도 거의 국산품만을 애용했다. 마르크스의 주장과 정반대로 중국의 만리장성은 저렴한 공장제품의 "중대포"에 의해 '경제적'으로 무너진 것이 아니라, 단지 진짜 대포에 의해 '군사적'으로 무너졌을 뿐이다. 중국의 네트워크 브랜드 자본주의는 영불英佛의 대포에 의해 중국 무역장벽이 격파되어 국내시장이 개방되었음에도, 아니 오히려 이 해외개방을 기회로 삼아 급성장해서 중국경제 전체를 '높은 근대'로 현대화하고 세계로 진출했다. 그리하여 중국은 한국·일본·동남아·미국·러시아 등 세계로 뻗어 나가는 자호상인 주도의 네트워크 브랜드 자본주의를 발판으로 1910-20년대에 이미 세계 4대 수출대국으로 다시 부상할 수 있었던 것이다.

나아가 20세기 후반에 홍콩·대만·싱가포르·태국·말레이시아 등 동남아지역에 잔존하거나 중국대륙에서 한때 극성이었던 극좌·병영(배급제)공산주의를 견디고 되살아난 네트워크 브랜드 자본주의는 한편으로 1970년대에 중국과 별도로 발전하기 시작한 미국의 브랜드 빅바이어 주도의 국제적 OEM 네트워크 브랜드 자본주의와 얽히고설켰고, 다른 한편으로는 오늘날 IT·SNS·전자상거래와 결합하면서 마르크스가 유일시한 '공장제 자본주의'를 덧없는 생산방식으로서 역사의 무대에서 완전히 퇴출시켰다. 그리고 이 420여 년 역사의 네트워크 브랜드 자본주의는 각종 모바일 기술로 뒷받침되어 '플랫폼 자본주의'로까지 발전하고 있는 현대자본주의로 우뚝 섰다. 전자상거래망網 위주의 '알리바바'는 '아마존'·'구글' 등과 더불어 오늘날 대표적인 '플랫폼 자본'이다. 향후 10년내 전 세계의 부富의 70% 이상은 이 '플랫폼 자본가들'에 의해 소유될 것이다. 가령 2019년 구글의 연年순수익은 460조 원이 넘었다.

마르크스와 베버가 꿈에도 생각지 못했던 중국 고유의 '자호상인 주도의 광역 네트워크 생산방식'은 그들이 전개한 '공장제 기업자본주의'의 세계제패론과 유교귀책적 '중국자본주의불발론'을 무력화시키기에 충분하다. 이 책에서는 이런 일련의 역사적 사실들과 이와 관련된 새로운 사료들을 대량으로 제시하고 거듭거듭 정밀하게 분석하고, 이를 바탕으로 마르크스와 베버의 중국자본주의불발론을 철저히 논파할 것이다.

당연히 이 책의 궁극목적은 이런 비판이 아니라 마르크스와 베버의 그릇된 근대이론을 대체하는 대안이론의 구성이다. 마르크스와 베버의 공장제·개신교자본주의적 근대이론에 대한 대안으로서의 새로운 근대이론은 동서문명 간의 교호적 패치워크를 통한 서구문명의 유교적 근대화와 극동 유교제국諸國의 신구절충적·동서절충적 근대화, 즉 유교문명권이 서구제국의 수준급 '고도근대'를 패치워킹함으로써 연달아 달성한 '고도근대화'를 설명하는 '유교적 근대화의 일반이론'이다.

이 유교적 근대화의 일반이론은 전 세계에서 오로지 11개 극서제국(미국·영국·프랑스·독일·오스트리아·이탈리아·네덜란드·벨기에·덴마크·스웨덴·스위스)과 6개 극동제국(한국·중국·일본·대만·월남·싱가포르)만이 근대화했던 반면, 그 밖의 수많은 국가는 오늘날도 여전히 전근대·비근대·저低근대의 기형적 혼잡상태에 처해 있다는 사실에 대한 발견적 인식을 반성적 사고의 출발점으로 삼는다. '전근대·비근대·저低근대의 기형적 혼잡상태'란 시장경제·사회해방·민주주의 면에서 '근대화'는커녕 '저근대'에도 미달한 상태에서 산발적으로 첨단기술제품들을 들여다 쓰는 봉건적·전근대적·비근대적·저근대적 사회상태를 가리킨다. 유교적 근대화의 일반이론은 이런 분단된 세계상황에 대한 발견적 인식을 근거로 유교문명을 가장 열심히 받아들인 극서제국과 유교문명의 본산인 극동지역의 옛 유교국가들만이 상호 패치워크를 통해 '높은 근대'에 연달아 도달했음을 논증한다.

극동과 극서, 이 두 지역만이 근대화되었고 둘 다 성공적으로 '높은 근대'에 도달했다는 사실은 극동과 극서의 공통된 근대화 DNA가 유교라는 사실을 함의한다. 동시에 세계에서 이 두 지역만이 '근대화'에 성공했다는 사실은 전 세계의 모든 나라들이 '서구적 근대화' 방향으로 근대화되고 있다는 '대중적 착각'을 분쇄한다. 힌두·불교제국은 빈곤에 허덕이면서도 오히려 '근대화'에 초연하거나 무관심하고, 이슬람제국은 심지어 '근대화'를 '서구화'로 낙인찍고 오히려 극렬 적대해 왔고, 남미의 기독교제국은 근대화를 위해 노력해왔음에도 불구하고 여태 근대적 경제성장은커녕 안정적 국가체제도 갖추지 못했으며, 200여 년 동안 성심을 다해 개신교만 믿어온 13개 아프리카제국도 마찬가지 상태에 처해 있기 때문이다.

'이론'은 하나의 법칙을 찾고 이 하나의 법칙으로 모든 사실들을 일관되게 설명하거나 해석하는 명제들의 체계로 정의된다. 전 세계의 근대화 상황을 총괄하고 세계적 근대-비근대의 분단상황에 주목하면, 마르크스가 주장했듯이 사회주의 변혁이나 '공산화'가 사회를 근대화하거나 근대를 넘어서게 한 것도 아니었다고 확언할 수 있다. 그리고 '높은 근대'에 도달한 극서지역의 11개 국가 중 구교국가(프랑스·오스트리아·이탈리아·벨기에)와 무종교국가(네덜란드)가 신교국가(미국·영국·독일·스웨덴·덴마크)와 수적으로 백중세를 보이는 데다 이 중 3개국(독일·스웨덴·덴마크)의 국민은 자본의 이윤과 이자를 적대하는 루터주의 개신교를 믿는 국가들이고 스위스는 종교인구면에서 칼뱅주의 개신교와 구교의 분포가 엇비슷하다. 게다가 국민의 80-90% 이상이 200년간 개신교를 믿어온 13개 아프리카 신교국가들(남아공·우간다·케냐·가나·나미비아·중아국·잠비아·카메룬·보츠와나·모잠비크·말라위·탄자니아·마다가스카르)은 모두 다 적빈에 허덕이고 있다. 이런 여러 가지 사실을 종합할 때, 베버의 역사날조와 정반대로 개신교는 결코 근대화의 동력이 아니었다고 단언할 수 있다.

오히려 세계의 국가들은 유교적이면 유교적일수록 오히려 더 근대화된 반면, 유교화와 거리가 멀면 멀수록 덜 근대화되었다. 앞서 잠시 시사한 바와 같이, '근대화는 유교화와 비례한다.' 이것이 바로 '유교적 근대화의 일반법칙'이다. 이 법칙에 따른 요약명제는 '유교화는 근대화다'라는 명제다. 오늘날은 줄곧 서구를 숭배해온 일본 사가들까지도 이 법칙적 명제를 자인하기 시작했다. 이 책에서 논증하는 '유교적 근대의 일반이론'은 말하자면 이 '유교적 근대화의 법칙' 하나로 극서·극동의 고도근대화 상태와 기타 지역의 전근대·비근대·저근대 상황을 둘 다 설명하는 명제의 체계다.

유교의 정치도덕과 국가제도는 '인간과학'으로서의 유교의 '인도적·과학적 일반성' 덕택에 종교적·문화적 경계를 넘어 모든 국가와 지역으로 일반적으로 확산될 수 있었다. '유교적 근대의 일반이론'의 '일반성'은 궁극적으로 유학의 '과학적' 일반성으로 귀인歸因한다. 이런 까닭에 '유교적 근대의 일반이론'도 '유교' 자체와 마찬가지로 모든 국가와 문화권에 보편적으로 타당한 것이다. 반면, 마르크스의 공장제자본주의론이나 베버의 개신교자본주의론은 혹시 옳다고 가정하더라도 식민지 없는 나라나 개신교를 안 믿는 나라에 적용될 수 없는 편파적·편향적 '특수이론'이다.

마르크스의 이론에 엄격히 의거할 때 공장제 자본주의는 식민지의 "노골적 노예제"를 주춧돌로 전제하는 까닭에 식민지를 영유한 적이 없는 한국·중국·싱가포르와 기타 비非제국주의 국가들로 이식될 수 없다. 따라서 마르크스의 공장제자본주의론은 단지 식민지의 "노골적 노예제"를 거느린 "은폐된 노예제"로서의 공장제 자본주의만을 설명할 수 있을 뿐이고, 식민지 없는 여러 나라에서 번창하는 자본주의를 전혀 설명할 수 없다. 이런 까닭에 마르크스의 공장제자본주의론은 19세기 서구의 제국주의적 지평에 갇힌 '편파적 이론'에 지나지 않는다. 엄정과학의 견지에서 베버의 개신교자본주의론은 근대 기업자본주의가 비非개신교 지역으로 이식할 가능성을 원천적으로 부정해야만 한다. 이런 까닭에 칼뱅주의의 주술적 예정설에 목을 거는, 이런 한에서 그 자체로서도 주술화될 수밖에 없는 개신교자본주의론, 정확히는 칼뱅주의적 개신교(청교도)자본주의론은 프랑스·오스트리아·이탈리아·벨기에 등과 같은 가톨릭제국과 독일·덴마크·스웨덴 등과 같은 루터주의개신교제국이나 극동 유교제국의 번영하는 고도자본주의를 설명에서 배제하지 않을 수 없는 '절름발이 이론'이다.

이에 반해 '유교적 근대의 일반이론'은 유교의 명실상부한 '과학적 일반성'에 바탕을 두는 까닭에 식민지의 유무나 종교 여부를 가리지 않고 모든 나라에 보편적으로 타당하고, 공자철학에 열광하고 유교를 열성적으로 수용했던 서구제국의 경우에 개신교를 믿는 나라든 안 믿는 나라든, 식민지가 있는 나라든 없는 나라든 가리지 않고 이 모든 나라의 고도근대화를 잘 설명할 수 있고, 식민지를 가진 적이 없는 중국·한국·대만·싱가포르 등 유교본산의 고도근대화도 잘 설명할 수 있다. '유교적 근대의 일반이론'은 자유를 지향하고 경제를 중시하는 유교적 인간과학과 경험과학을 근대화 동력으로 설정하기 때문이다. 유학은 어떤 이데올로기든, 어떤 종교든 가리지 않고 뛰어넘거나 삼투해 들어갈 수 있다. 왜냐하면 유학은 어떤 종교적·주술적 편견도 없이 인간본성의 해방과 진성盡性, 자유시장과 자유로운 현세적·세속적 이익추구를 보장하고, 이를 통해 양민養民과 복지의 균제均齊를 추구하는 인도적 '인간과학'이자 '통치론'이기 때문이다.

이런 한에서 '유교적 근대의 일반이론'은 '특수한' 시대에 한정된 식민지와 공장제를 근대자본주의의 두 기둥으로 삼은 마르크스의 '특수한' 근대자본주의론을 '반편 이론'으로 물리친다. '공장의 신화'에 사로잡힌 마르크스의 공장제자본주의론은 서구의 몇몇 식민제국과 제국주의 국가들이 특정시기에 발전시킨 '기계적 노예제 자본주의'의 기술적 관점을 벗어나지 못한 채 식민지 없는 모든 나라에 대해 자본주의 발전의 전망을 부정할 수밖에 없었던 편향적 특수이론일 뿐이다.

그리고 '유교적 근대의 일반이론'은 성서를 부정하는 '엽기적' 개신교윤리를 근대 기업자본주의의 정신적 동력으로 설정한 베버의 '특수한' 근대자본주의론도 사악한 궤변으로 기각한다. 왜냐하면 베버의 개신교자본주의론은 모든 '석두들'의 혼을 빼는 교언巧言으로 유혈낭자한 악덕자본들을 개신교적 금욕의 소산으로 '돈세탁'해주고 유럽·남미 가톨릭제국과 이슬람제국·아시아제국을 몽땅 '자본주의 불가의 형벌'에 처한 편향된 '주술적' 괴설怪說이자, 엽기적 '개신교이데올로기'에 불과하기 때문이다. 베버의 개신교이데올로기의 '엽기성'은 주술적·반反계몽주의적 '개신교윤리'를 계몽주의적 '자본주의 정신'으로 둔갑시키려고 갖은 교설巧說을 쥐어짜내는 데 있다. "우연이라고 불리는 은총의 선택(Gnadenwahl)에 의해 미리 이승에서 구원과 저주, 그리고 빈부(결핍·예종과 향유·권력)가 예정되어 있고" 근면노동과 금욕적 검약의 윤리로 축적된 부의 크기를 기준으로 구원받을 선민選民 여부가 확인된다는 칼뱅주의의 핵심교리부터가 이자·이윤과 부의 축적을 용납하지 않는 성서의 모든 기본지침을 깡그리 부정하는 '반기독교적 주술'이다. 그리고 베버 자신이 자폭自爆하듯 인정하는 것처럼, '자신이 구원의 은총을 받을 선민인지'를 아는 데 도움이 되지 않는 목사를 제치고 홀로 성경을 읽고 기도하는 가운데 직접 계시를 받는 전형적 '칼뱅주의 개신교도'는 스스로 "주술사"다. 게다가 베버 자신이 토설한 바와 같이, 칼뱅주의는 유교적·과학적·탈脫주술적 '계몽주의'에 대해 "아주 현격한 대립물(so auffälliger Gegensatz)을 이루는" 몽매주의이고, 가톨릭종파보다 더 오랫동안, 17-18세기만이 아니라 19세기와 20세기 후반까지도 주술적 "마녀재판"의 "미신"을 추종해서 끔찍한 '마녀사냥'을 계속한 종파다.

지난 근대화시기에 극동에서 '양물洋物깨나 먹은 자들'은 유럽중심주의를 신봉하며 대對서방 열등의식과 자멸·자학사관에 빠져 유교와 유교문명을 비하·경멸했다. 일본의 후쿠자와유기치(福澤諭吉)는 유교망국론을 설파했고, 이 영향을 받은 중국의 일본유학생 출신 노신魯迅은 후쿠자와의 유교망국론을 중국으로 도입해 『아Q정전』(1923)에서 유자儒者를 '아큐'라는 바보로 그렸고, 중국 공산당의 사인방四人幇은 공자를 죽인 '성리학'을 공자철학으로 오해해 극렬한 '비공批孔' 운동을 전개했었다. 후쿠자와·노신·사인방의 주의주장은 공히 "공자가 죽어야 나라가 산다"는 말로 요약될 수 있을 것이다.

동서문명을 근대화시킨 공자와 유교문화를 이런 식으로 비하하는 것은 오늘날 싱가포르·홍콩·대만 등 부유한 유교지역에서 다소 엉뚱한 '유교자본주의론'이 나도는 마당에 한물간 광언狂言처럼 들리지만, 아직도 유교망국론의 여진은 극동에서 서구 사대주의와 유교문명자학론自虐論으로 강력하게 잔존하고 있다. 따라서 9부작 전15권에 걸친 장구한 논의를 전개해온 필자의 남다른 깨달음 속에서 이들에게 『공자철학과 서구 계몽주의의 기원(상·하)』(2019)의 머리말에서 했던 '되갚는 말'을 반복하자면, 유가철학을 비하하는 자들이 죽어야 전 세계의 인류가 '잘 살게' 될 것이다. 참고로, 우리말로 '잘산다'는 것은 '부유하게 산다'는 말이고, '잘'과 '살다'를 띄어 쓰는 '잘 산다'는 말은 '행복하게 산다'는 뜻이다.

일언이폐지一言以蔽之할 수 없는 만만찮은 역사적 논쟁들로 가득한 이 책에서 필자는 복잡다단한 논변들을 하나로 꿰뚫고 새로운 논지를 나름대로 통쾌하게 전개하려고 갖은 노력을 다해 보았다. 이 노력이 얼마나 독자들에게 개명의 빛을 발할지는 알 수 없다. 아무쪼록 이 책을 열독하는 독자들이 문명적 열등의식을 극복하고 미래사회를 향해 '본성의 빛'의 도덕과학과 인간과학으로 빛나는 공자 정신을 되살리고 극동 백성과 세계인류를 '잘 살게' 할 수 있기를 바랄 따름이다.

2021년 1월 서울 바람들이 토성土城에서
죽림竹林

차례

상권

▸ 머리말 __ 3

서론

- ■ '서구문명의 유교화'와 서구적 근대의 유교적 기원   32
- ■ 서구중심적 근대이론의 근본적 문제점   41
- ■ 대안: 동서의 교호적 문명패치워크로서의 유교적 근대의 일반이론   42
- ■ 19세기 중국의 일시적 낙후성에 대한 새로운 접근법과 올바른 규명   44

제1장 서구사회의 유교적 세속화와 근대화

제1절 근대의 본질: 만인의 자유와 평등에 입각한 인간해방   50

1.1. 근대의 공통된 본질요소들   50
- ■ 무엇이 '공통된' 근대성의 요소들인가?   52
- (1) 정치적 근대화   52
- ■ 근대사회의 '모델'로서의 중국   65

1.2. 공자철학과 18세기 경험철학의 헤게모니   66
- ■ 유럽철학의 '공자화'와 기독교로부터의 해방   66
- ■ 공자철학에 열광한 계몽주의자들의 실질적 영향력   72
- ■ 예수회 선교사들과 철학자들의 아이러니컬한 협력관계   74

1.3. 유럽의 '유교화'와 '중국화': '서구의 모델'로서의 극동   76
- ■ 계몽사상의 '본질구성적' 요소로서의 공자철학   77
- ■ '유럽의 모델'을 뛰어넘는 "진짜 약속의 땅"으로서의 극동아시아   93

- 에드워드 사이드의 포스트모던적 오리엔탈리즘 테제를 넘어   108
- 공자숭배와 중국열광의 극치   111

유럽사회의 세속화와 탈희랍적·탈기독교적 인간해방   118

2.1. 유럽철학의 탈희랍화(탈헬레니즘화)와 경험과학   118
- 유럽중심적·희랍지향적 거대문명담론의 허구성   118
- 공자열풍과 탈희랍화로서의 유럽근대사   124
- 탈희랍화의 제1단계: 헬레니즘에 대한 중국문명의 비교우위 선언   126
- 탈희랍화의 제2단계: 헬레니즘의 비판·격하와 공자숭배·중국열광   133
- 희랍적대적 유교화로서의 'Modern Europe'과 진보사관의 탄생   151

2.2. 공감적 인애철학의 확산과 탈脫합리주의   155
- 공자의 경험주의와 공감적 해석학   155
- '이성'을 '공감'과 '인애'로 대체한 계몽철학과 철학적 탈희랍화   158

2.3. 서구 도덕의 세속화(탈주술화)와 탈기독교화   161
- 공자와 세속적 윤리학   161
- 유럽의 세속적 도덕철학의 창시자: 섀프츠베리와 볼테르   163

제3절 막스 베버의 근대이론과 그 파탄   169

3.1. 베버의 몽매주의(반계몽주의): "탈脫주술화로서의 재再주술화"   169
- 베버의 유럽중심주의적 '탈주술화' 개념과 자가당착   169
- '세속화'와 무관한 베버의 '탈주술화'와 '서양의 양면성'의 몰각   177

3.2. 역사적 진실: 공자철학의 충격에 의한 서양의 세속화   179
- 유럽사회의 세속화와 탈기독화에 대한 극동 정치문화의 영향   179
- 계몽주의적 자유사상가들의 공자숭배와 기독교비판   181

3.3. 베버의 개신교윤리적 근대자본주의론과 제諸문제   198
- 칼뱅주의의 탈脫칼뱅주의적 자유개신교로의 변신   228
- 베버의 물구나무선 원시적 자본축적의 동화童話   236
- "Honesty is the best policy"와 공자의 "정자정야政者正也"   255
- 근대자본주의는 합리적 자본주의인가?   274
- '모험적 자본주의'로서의 진짜 '근대자본주의'   294
- 수리적 계산성이 합리성?   310
- 자본주의 발달에서의 복식부기의 부차적·수단적·선택적 위치가   312

| ▪ 중국·한국·일본의 복식부기와 베버의 중국부기부재론 | 316 |
| ▪ 프로테스탄트 자본주의 테제와 그 근본적 오류성 | 322 |

제4절 현대의 베버주의적 근대이론과 그 오류들 — 338

4.1. 새뮤얼 헌팅턴의 베버주의적 문명충돌론과 자가당착 — 338
- ▪ 헌팅턴의 개신교민주주의론과 유교민주주의불가론 — 339
- ▪ '문명충돌'이냐, '문명패치워크'냐? — 352
- ▪ 유교가 '권위와 질서에 대한 무조건 존중'을 가르치나? — 371
- ▪ 이광요의 '아시아적 가치'론에 대한 김대중의 비판 — 374

4.2. 복수적 근대성 이론의 제문제 — 380
- ▪ '복수적 근대들' 또는 '중층적 근대들'? — 380
- - '복수적 근대성' 테제와 '대안적 근대성' 테제에 대한 비판 — 381
- - 중층근대성론에 대한 비판 — 394

제2장 중국의 네트워크 브랜드 자본주의와 자생적 고도근대

제1절 극동은 왜 서구에 (잠시) 뒤졌던가? — 400

1.1. 맥닐·케네디·포어의 베버주의적 중국자본주의불발론 — 404
- ▪ 개관 — 404
- ▪ 윌리엄 맥닐의 베버주의적 중국자본주의불발론 — 406
- ▪ 폴 케네디의 설명 시도 — 411
- ▪ 데이비드 포어의 설명시도 — 419
- - 의례적 계약제도와 법률의 결여 — 419
- - 근대적 '공장'의 부재?-'하부계약제' 또는 '내부계약제'의 성격 — 424
- - 중국의 가족적·씨족적 계약관행과 그 효율성 — 441
- - 유교와 자본주의 간의 구체적·규정적 관계 — 455

1.2. 막스 베버의 중국자본주의불가론에 대한 비판 — 461
- ▪ 중국적 자본주의의 흥기를 가로막은 유교의 4대 정조 — 462
- (1) 주술적 미신의 연대적 보존으로 인한 종교적 불합리성 — 462

⑵ 비인격적·공식적 관계를 배제하는 대인적 인격관계의 윤리　467
　　⑶ 보편적 인간애의 결함과 보편적 불신　474
　　⑷ 유교윤리의 무조건적 세계적응 정조　481
　■ 공자의 현세주의와 세속적 종교관에 대한 베버의 평가절하　485
　　- 유교는 과학인가, 종교인가?　501
　　- 중국사회의 세속성과 현세성에 대한 베버의 평가절하　513
　■ 자본주의 가능성의 3대 요소와 유교적 정조로 인한 좌절　520
　　⑴ 중국의 신분해방 및 광범한 경제적 자유와 상거래의 자유화　521
　　⑵ 중국의 경제적 자유방임 정조와 유교적 복지국가 이념　525
　　⑶ 화식적 부에 대한 유교적 지지 정조　529
　■ 근대자본주의의 필수적 요소의 부재　534
　　⑴ 계산가능한 합리적 법규의 부재　534
　　⑵ 합리적 전문관료체제의 부재　544
　　⑶ 시민계급(부르주아지)의 부재와 도시자치권의 결여　549
　　⑷ 부기제도의 결여　555
　　⑸ 합리적 과학기술의 부재　555
　　⑹ 전쟁자본주의와 대외적 노획자본주의의 부재　562
　■ 베버와 베버주의자들의 중국연구 방법에 대한 비판　570
1.3. 마크 엘빈과 케네스 포머란츠의 탈脫유럽중심주의적 설명시도　575
　■ 마크 엘빈의 반反베버주의적·탈유럽중심주의적 설명시도　575
　　- 인구증가와 수요축소의 문제　577
　　- 엘빈·차오·후앙에 대한 반론　587
　　- '고차원 평형의 함정'이란 것이 있기나 했나?　590
　　- 공장제를 기피한 중국의 대안: '네트워크 브랜드 자본주의'　594
　■ 케네스 포머란츠의 생태·경제학적 설명시도　604
　　- 세계 최부국 중국　604
　　- 생태문화적 유물론: 영국의 우연한 성공과 중국의 우연한 실패　607
　　- 비판적 검토　610
1.4. 중국의 100년 장기불황의 원인: 서양 수입대체산업의 급성장　614
　■ 패치워크문명의 법칙　616
　■ 16-18세기 중국제품의 제조와 수출입의 천문학적 규모　620

하권

1.5. 중국 자본의 자국 안주와 서구제국의 중국상품 수요의 격감	653
■ 중국자본의 해외진출 능력의 상실과 국내 안주	653
■ 동남아 화교국가들의 출현과 중국자본의 해외진출의 실기失機	657
■ 세계최초의 민주공화제: 순수한 유교적 기원의 난방대총제	658
- 보르네오 화교들과 세계최초의 민주공화국 '난방대총제'	659
- 난방대총제 공화국의 조직과 제도	665
■ 13대의 대총장과 '난방대총제' 공화국의 흥망	668
- '난방대총제'의 정체政體: 세계최초의 유교적 민주공화국	671
■ 동남아 화교들의 활동에 대한 중국정부의 무관심과 홀대	691
■ 중국제품·기술을 수입하던 서구가 모방을 거쳐 산업혁명으로 넘어가다 702	
■ 서구 수입대체산업의 급성장과 중국상품 수요의 격감	705
- 도자기 대체산업의 성공	709
- 칠기의 복제생산	712
- 비단의 모조	713
- 중국차의 대체 생산: 인도와 실론 차의 등장	724
- 중국경제의 장기불황과 소득하락	724
자호상인의 광역 네트워크 생산방식과 구본신참적 고도근대화	747
2.1. 중국의 공장제 자본주의의 맹아와 그 성장의 한계	747
■ 중국 고유의 맹아적 '공장제 자본주의'	748
■ 이종적 제조·서비스 자본주의기업	754
- 옥당장원의 예	756
- 만전당약포의 예	764
- 완취앤하오 비단상점의 예	765
- 채씨 연호	765
■ 중국에서 공장제 확산의 한계	766
2.2. 자호상인 주도의 네트워크 브랜드 자본주의와 국제경쟁력	768
■ 자호상인 주도의 광역 네트워크 브랜드 자본주의	769

- 미국 '브랜드 빅바이어 주도의 네트워크 자본주의'의 현대적 기원 775
- 자호상인 주도의 광역 네트워크 브랜드 자본주의의 역사적 기원 786
- 산업화 개념의 재조정 796
- 중국 '네트워크 브랜드 자본주의'의 국제경쟁력 806
- 서양의 공장제품이 중국제품보다 더 싸다는 카를 마르크스의 오판 810
- 폴 케네디의 중국 탈산업화 테제의 오류 811
- 제국주의 침탈과 유교적 브랜드 자본주의의 놀라운 경쟁력 814
- (2) 영향권 816
- (3) 중국주권에 대한 기타 제한들 816
- (4) 재정유출 816
- 「블랙번 보고서」와 19세기 말 중국경제의 진상 825
- '네트워크 브랜드 자본주의'의 고속성장과 반격 843
- 19-20세기 중국경제의 침체–성장–침체 추이 850

2.3. 세기전환기(1870-1937) 중국경제의 고대근대적 고속성장 854
- 19세기 말과 20세기 초 60년간 경제성장 854
- 필립 후앙의 '내축' 테제 855
- 토마스 로스키의 성장 테제 861
- 로렌 브랜트의 대내외적 시장통합을 통한 근대적 성장 테제 864
- 데이비드 포어의 성장 테제 866
- 논란에 대한 총평 867

2.4. 네트워크 브랜드 자본주의의 고도근대성과 보편성 884
- 자호상인 주도의 브랜드 자본주의와 '고도근대(높은 근대)' 886
  - 세계최초의 브랜드 자본주의 886
  - 공장제를 능가하는 광역 네트워크 생산방식의 경제적 효율성 888
  - 임금노동자의 명실상부한 자유와 평등의 보존과 증진 890
- '유교적 생산방식'으로서의 네트워크 브랜드 자본주의 893
  - 자호상인 주도의 네트워크 생산방식의 유교적 성격 893
  - 네트워크 브랜드 자본주의에 대한 중국 정부의 지원 894
  - 브랜드 자본주의의 구본신참적 서구화와 유교적 경제관의 과학성 896
- 유교적 브랜드 자본주의의 선구성과 시공초월적 보편성 904

제3장 보편적 근대로서의 '유교적 근대'

제1절 유교적 근대의 서천과 서구적 고도근대의 동천   912

- 1.1. 유교의 과학적 보편성과 '유교적 근대의 일반이론'의 가능성   912
  - ■ 유교의 과학적 보편성과 인도적 일반성   912
  - ■ 유학의 과학성의 최대화와 주술성의 최소화   931
  - ■ 소위 '유교자본주의론'의 오류와 위험성   948
- 1.2. 세계의 근대화 현황과 그 다각적 분단의 실상   951
  - ■ '고도근대' 지역과 '전근대·비근대·저低근대' 지역의 세계적 분단   954
  - ■ 서구문명의 야누스적 성격: 근대와 반근대의 대립적 혼성구조   965
  - - 서양문명의 헬레니즘·히브리이즘적 투쟁유일주의   969
  - - 파시즘·나치즘의 히브리이즘적 본질과 홀로코스트 전통   973
  - ■ 근대(계몽)에 대한 베버·아도르노·하버마스·푸코의 오추리   980
- 1.3. 유교적 근대의 서천과 서구적 근대의 동천   983
  - ■ 송대 중국에서의 '보편사적 근대'의 발단   984
  - - 신법과 구법의 세계사적 대결   997
  - - 원·명·청대 중국에서의 근대성의 계속적 발전   998
  - - 원·명·청대 중국의 경제사회적 발전   1002
  - ■ '중국적 근대'의 동천東遷: 한국과 일본의 대비   1006
  - - '유교적 근대'의 동천: 조선의 '중국화'와 '유교적 근대화'   1006
  - - 일본: '유교적 근대'의 동천의 1000년 봉쇄와 중국화의 만회   1013
  - ■ '중국적 근대'의 서천西遷과 '유럽적 근대성'의 발원   1022
  - - 육로 서천 시대의 르네상스와 해로 서천 시대의 계몽주의   1033
  - - 계몽주의에 대한 '중국적 근대'의 영향의 '본질구성적' 성격   1041
  - - 계몽주의 시대, 공자철학과 중국의 '재현적' 이미지메이킹   1042

제3절 동서문명의 교호적 패치워크와 유교적 근대화 법칙   1056

- 2.1. 패치워크를 통한 극서와 극동의 교호적 근대화   1056
  - ■ 정체성을 바탕으로 한 '동화 없는' 문명패치워크   1060

30　유교적 근대의 일반이론

- ▪ 시차를 두고 번갈아 벌어진 동서 근대문명의 교호적 패치워크　1068
- 2.2. 유교적 근대화 법칙 – '유교화와 근대화의 비례'의 법칙　1078
  - ▪ 유교적 근대화 법칙　1079
  - ▪ 11개 극서제국의 '유교화' 수준은 일률적이지 않았다　1084
- 2.3. 극서제국 내부에서 유교화와 근대화의 차등성　1088
  - ▪ 미국에 대한 공자철학과 중국 정치문화의 영향　1089
  - ▪ 네덜란드와 벨기에의 시누아즈리와 중국사상의 영향　1115
  - ▪ 스웨덴과 덴마크의 시누아즈리와 공자열광　1135
  - ▪ 이탈리아의 시누아즈리와 중국열풍　1144
- 2.4. 남구제국과 동구·러시아의 낮은 유교화와 근대화 문제　1159
  - ▪ 남구국가들에서의 '유교적 근대화 법칙'의 관철　1159
  - ▪ 러시아·동구제국 등 구공산권국가　1168
- 2.5. 유교적 근대화의 일반법칙과 유교적 근대의 일반이론　1172
  - ▪ '유교적 근대의 일반이론'의 4대 명제　1172
  - ▪ '자본주의 정신'을 '유교윤리'로 토설하는 베버의 자가당착　1175
  - ▪ 공자·맹자 경전　1200
  - ▪ 기타 동양 사료와 사서 및 동양고전　1202
  - ▪ 그리스고전　1208
  - ▪ 기타 서양고전　1212

서론

이 책의 목적은 유교적 근대성의 서천西遷과정에 대한 논의를 총괄하는 관점에서 '새로운 근대이론'을 정립하는 것이다. 막스 베버의 '근대이론'은 ⑴어떤 문화요소보다도 종교가 국가와 사회의 성격을 규정하는 결정력을 가진다는 종교적 사회결정론, ⑵종교 중에서 기독교에 한정되고 기독교 종파들에서도 개신교 종파에, 그 중에서도 칼뱅주의 종파에만 한정된, 따라서 애당초 '일반성'이 없는 특수한 칼뱅주의 윤리적 자본주의이론, ⑶유교국가에서의 자본주의와 근대화를 불가한 것으로 보는 서구중심주의 등으로 구성되어 있다. 이 책에서 논하려는 '새로운 근대이론'은 베버의 이 세 측면(종교결정론, 개신교적 한정성, 서구중심주의)을 모두 기각하고 극복한 '유교적 근대의 일반이론'이다.

이 책은 '유교적 근대의 일반이론'의 구성을 위해 먼저 서구의 근대화의 공자철학적 기원과, 서구사회의 탈脫희랍화와 탈脫기독교화 과정을 규명하고, 공자철학과 극동의 유교적 근대문화가 서구 계몽주의에 미친 영향의 정도 또는 성격을 '본질구성적인 것(integral; constitutive)'으로 엄밀하게 이론화한다. 그리고 이어서 막스 베버의 개신교적 '탈脫주술화(Entzauberung)' 개념과 신주비주의적 '재再주술화' 명제 및 그의 반反계몽주의적·몽매주의적 근대론을 치밀하게 분석해 논파하고 이를 통해 극서極西 유럽사회의 '세속화'와 탈종교적 인간해방을 이론적으로 재정립한다.

나아가 마르크스와 마르크스주의자, 그리고 베버와 베버주의자들의 공장제 자본주의론, 개신교 자본주의론, 유교귀책적 중국자본주의불발론을 비판적으로 해부하고 그 치명적 오류를 규명한다. 이 과정에서 개신교교리의 반反자본주의적·반근대적 정체를 폭로하고, 벤저민 프랭클린의 *"Honesty is the best policy"* 격언이 개신교윤리적 자본주의 정신의 본질이라고 공언하는 베버의 바로 그 입을 통해 - 정작 반反개신교적(반反청교도적) 유자儒者였던 프랭클린은 서양의 이 격언을 공자의 "정자정야政者正也" 명제의[1] 영역어로 대용했기에 - '자본주의 정신이 실은 유교정신'이라는 역사적·철학적 진실을 백일하에 드러낸다.

나아가 '중국은 19세기에 왜 잠시 서양에 뒤졌는가?'라는 물음을 자문하고 이 자문에 대해 18세기 말부터 개시된 중국의 90-100년 장기불황에 대한 지목으로 답하면서 이 장기불황의 원인을 18세기 전반前半 극서제국의 수입대체산업 성공과 이로 인한 중국 상품의 수입 물량의 격감으로 규명한다. 동시에 19세기 서양의 '높은 근대' 요소들을 '참조'해 전통문화와 패치워킹함으로써 이룩한 중국의 '높은 근대로의 도약'과 - 영국의 '공장제 자본주의'와 대립되는 - 중국에 고유한 '광역네트워크 자본주의'의 고도근대적 발전, 그리고 이를 통해 1870년부터 1930년대까지 60년간 지속된 중국경제의 성장과 수출대국으로의 복귀 사실을 밝힌다.

최종적으로, '유교적 근대'의 패치워킹을 통한 극서제국의 '고도근대화'와 '서구적 고도근대'의 패치워킹을 통한 극동제국의 '고도근대화'가 시차를 두고 번갈아 이룩된 세계사적 과정을 새로운 근대이론으로 제시한다. 새로운 근대이론으로서의 '유교적 근대화의 일반이론'은 19-21세기 '(고도)근대화'의 근본동력과 근본가치도 '유교적 DNA'로 밝혀내고 유교적 근대화의 법칙을 수립하는 것이다. 유교적 근대화의 일반법칙은 '유교화와 근대화의 비례적 연동連動'을 말한다. 그 핵심 요지는 17-18세기에 유교를 많이 받아들인 나라일수록 그 정도에 비례해 더 근대화되었고, 반대로 유교를 덜 받아들이거나 유교화를 거부한 나라일수록 덜 근대화되거나 전근대와 비非근대의 적빈상태를 벗어나지 못하고 있다는 것이다. 본론의 끄트머리에서는 이 법칙을 다각도로 상론한다.

■ '서구문명의 유교화'와 서구적 근대의 유교적 기원

'서구적 근대'의 유교문명적 기원을 개괄하면, 앞선 9부작 15권의 연구에서 규명

---

[1] 『論語』「顔淵」(12-17).

했듯이 우선 서양의 '계몽군주정'은 공자의 '분권적 제한군주론'과 중국의 귀족신분 없는 '내각제적 제한군주정'을 받아들인 것이고, 영국의 내각제와 권력분립제는 명·청대 내각제와 분권제도를 도입해 발전시킨 것이다. 서양의 근대적 자유 개념은 로크가 공자의 '무위이치無爲而治'(이른바 "freedom from …")와 백성칙군이자치百姓則君以自治("freedom to …") 명제로부터 발전시킨 것이고, 근대의 태생적 평등론은 '무생이귀자야無生而貴者也(나면서부터 귀한 자는 없다)'라는 공자의 태생적 평등 테제에 기초한 중국 신사紳士제도와 명말청초의 완전무결한 노비해방의 탈脫신분적 평등주의를 발전시킨 것이다. '무생이귀자야' 명제가 구현된 중국의 평등사회 원칙은 일찍이 영국에서 "none is great but the King"(퍼채스, 1613)과 "none are born great but those of Royal Family"(빈센트, 1685)로 파악되었고, 로크에 의해 "Men is born equal"(1689) 등으로 정식화되었다. 근대경제학으로서의 케네의 '중농주의'는 극동의 농본주의에서 나온 것이고, 케네와 아담 스미스의 근대적 자유시장론은 공맹과 사마천의 '무위無爲시장' 이념과 중국의 유구한 자유상업 정책에서 나온 것이다. 그리고 서양의 복지국가론은 공자의 양민養民·교민敎民국가론 또는 맹자의 인정仁政국가론과 왕안석 이래 중국의 구빈정책과 농민·상공인 지원제도로부터 발전된 것이다.

또 서양의 근대적 관료제는 극동제국의 관료제를 수용한 것이다. 필기시험에 의한 공무원임용고시제와 탈신분제적 공무담임제는 과거제로부터 가공된 것이다. 로크의 혁명권 또는 저항권 이념 또는 미국 독립선언문과 프랑스 인권선언 및 프랑스헌법은 "나라를 가진 자는 편벽되면 천하에 의해 죽임을 당하고(有國者辟 則爲天下僇矣)", "민중을 얻으면 나라를 얻고 민중을 잃으면 나라를 잃는다(得衆則得國 失衆則失國)"는 공자의 역성혁명론과 득민득국론得民得國論, 또는 "제후가 사직을 위태롭게 하면 제후를 갈아치우고 가뭄과 큰물이 나면 사직을 갈아치운다(諸侯危社稷 則變置 […] 旱乾水溢 則變置社稷)"는 맹자의 반정反正·역성혁명론과 극동제국의 폭군방벌·혁명의 무수한 역사적 사례로부터 배운 것이다. 그리고 서양의 세속적 정치문화와, 베스트팔렌조약 (1648)에서 확립된 정교일치론을 분쇄한 미국의 정교분리 원칙은 궁극적으로 "아직 사람도 잘 섬기지 못하는데 어찌 귀신을 잘 섬기겠느냐?(未能事人 焉能事鬼)"는 공자의 철저한 현세주의와 극동의 세속적 정치문화로부터 유래한 것이다. 그리고 과학과 종교의 근대적 분리는 "사람들의 의미를 구하면서 귀신을 공경해 멀리하는 것(務民之義 敬鬼神而遠之)"을 "지식이라고 할 만하다(可謂知矣)"고 갈파한 공자의 탈脫종교적·경험과학적 지식명제로부터 유래했다.

서양의 보통교육과 3단계 학교제도도 "천자에서 서인에 이르기까지 하나로 다 수신을 근본으로 삼는다(自天子以至於庶人 壹是皆以修身爲本)"는 원칙 또는 "교육에는 유별類別이 없다(有敎無類)"는 공자의 만민평등교육 이념과 중국의 사학社學·유학儒學(향교)·대학의 3단계 교육제도를 발전시킨 것이다. 근대적 관용 이념은 공자의 인仁사상과 "이단을 공격하는 것은 재해다(攻乎異端斯害也已)", 또는 "천하는 같은 데로 돌아가도 길을 달리하고 일치해도 생각을 백 가지로 하는데 천하에서 무엇을 근심하고 무엇을 걱정하랴(天下同歸而殊塗 一致而百慮 天下何思何慮)"는 무제한적 관용테제에서 나온 것이고, 세계주의적 인도주의 정신과 보편적 인권 사상은 "사해의 안이 다 형제인데 군자가 어찌 형제 없음을 걱정하랴(四海之內 皆兄弟也 君子何患乎無兄弟也?)"라는 사해형제주의를 다듬은 것이다.

『공자철학과 서구 계몽주의의 기원(상)』에서 상론했듯이, 10세기 이후 세계사는 송대에 이룩된 중국의 '초기 근대(early modernity)'가 '보편사적 근대'로서 동서남북으로 확산되는 과정이었다. 따라서 19세기 서세동점기에 극동제국은 적어도 '초기 근대국가'(이른바 '근세국가', '낮은 단계의 근대국가')에 도달해 있었다. 오로지 극동제국이 '낮은 단계의 근대국가'에 도달해 있었기 때문에만 한국이 남구의 스페인·포르투갈·그리스, 그리고 러시아·동구제국과 중남미제국을 능가할 만큼 근대화되었고, 그간 서양에서 전염된 제국주의 침략(일제침략)과 내전 및 플라톤적 극좌 병영·배급제 공산주의로[2] 인해 많은 시간을 허송했던 중국조차도 개혁·개방정책을 채택한

---

[2] 플라톤은 『국가론』에서 재산·부녀·자식공유제 공산주의를 논했다. 현대 공산주의 극좌파는 여기로부터 '부녀·자식공유제'를 떼어내고 '재산공유제'만을 취해 시장 없는 '생산수단 국가소유제(Staatseigentum)'의 극좌 공산주의를 관철시켰다. 따라서 소동구권과 북한에 관철된,

지 30년 만인 2010년부터 제조업 생산에서 미국을 앞지를 수 있었고, 일본이 명치유신의 '서구화' 간판 아래 신속하게 추진한 '중국화'를 통해 100년 사이에 영국·프랑스·독일을 능가할 수 있었던 것이다. 2010년 중국이 제조업 생산에서 미국을 앞지른 것은 1900년경 제조업 생산에서 영국과 미국에 뒤진 지 100여 년 만의 일이었다.

17-18세기에 공자는 극서제국을 계몽했고, 극동으로부터 공자철학과 송·명대 이래 중국의 근대적 정치제도를 도입해 먼저 근대화를 달성한 극서는 19-20세기 공자와 유교문명의 연고지인 극동을 계몽했다. 그리고 극동과 극서를 잇는 통행로에 위치한 중동·인도·동남아시아제국 등 이른바 '통과국가들(transit states)'은 중동과 동남아를 통과하는 극서·극동제국의 동서교류로부터 많은 직간접적 혜택을 입었고 지금도 중동 산유국들은 고도로 근대화된 극서·극동제국에 원유를 팔아 고소득을 올리고 있다. 이런 의미에서 공자는 동서를 잇는 여러 문명들에 혜택을 베푼 것이다. 그러나 공

그리고 중국공산당도 처음에 잘못 추구했던 반시장적 계획경제의 주춧돌인 '국가소유제'는 카를 마르크스의 공산주의가 아니라 '플라톤의 극좌공산주의'에 속하는 것이다. 마르크스는 이런 극좌공산주의를 스파르타식의 '병영공산주의'로 폄하했다. 마르크스는 그 대신에 『국가론』에서 사회주의·공산주의를 "생산수단의 공동점유(Gemeinbesitz)의 토대 위에서 개인적 소유(individuelles Eigentum)"를 회복시키는 제도로 제시했다. Karl Marx, *Das Kapital I. Marx Engels Werke (MEW)*. Bd. 23 (Berlin: Dietz, 1979), 791쪽. 마르크스의 이 명제에서는 '점유'와 '소유'의 구분에 특히 유의해야 한다. 공동화되는 것은 '점유'(수익·사용권)일 뿐이고, '소유'(처분·수익·사용권)는 개인에게 속하기 때문이다. 이런 소유·점유 분리의 사회주의는 주식회사가 아니면 관철될 수 없다. 자본주의적 소유의 최고발전형태인 주식회사 형태에 이르러야 소유와 점유가 분리된다. 23주식회사에서는 노동자들이 주식을 개인적으로 소유할 수 있지만, 그 점유권은 회사의 형태로 공동화되지 않을 수 없다. 이에 대한 자세한 논의는 참조: Tai-Youn Hwang, *Herrschaft und Arbeit im neueren technischen Wandel* (Frankfurt am Main·Bern·New York·Paris: Peter Lang, 1992), 8~10쪽; 황태연, 『지배와 이성』(서울: 창작과비평사, 1996), 26~30쪽. Tai-Youn Hwang, "Verschollene Eigentumsfrage. Zur Suche nach einer neuen Eigentumspolitik", *SOZIALISMUS* (Hamburg: VSA-Verlag, 1992) 2/1992, 46~52쪽; 엄명숙·황태연, 『포스트사회론과 비판이론』(서울: 푸른산, 1994), 121쪽 이하. 마르크스의 이 사회주의적 소유·점유 개념에 대한 필자의 새로운 해석을 둘러싼 독일학자들 간의 논쟁은 참조: Jürgen Ritsert, Subjekt und Person, Studientext zur Sozialwissenschaft der Johann W. Goethe-Universität Sonderband 6 (Frankfurt/Main: 1991), 194~201쪽; Hans-Hennig Adler, "Gemeinbesitz"; Peter Hess; "Besitzfrage"; Robert Katzenstein, "Funktion", *SOZIALISMUS* 4/1992 [26~27쪽, 27~30쪽, 30~32쪽]; Sozialistische Studiengruppen (SOST), "Eigentum", *SOZIALISMUS* 5/1992.

자철학을 모르는 나머지 세계의 더 많은 나라와 민족들은 근대화를 시도하다가 실패하거나 아예 근대화를 등졌다.

반면, 소크라테스와 플라톤·아리스토텔레스로부터 데카르트·칸트·헤겔·벤담·밀·마르크스·니체·베버·롤스에 이르기까지 서양의 모든 사이코패스적 합리주의 철학은[3] 지금까지 인류를 형이상학적 무지몽매 속으로 몰아넣고 상호대립적 관점에서 '정의正義'를 구현한답시고 서로 학살하게 만들고 자연을 가차 없이 파괴하게 하는 '사이코패스적 만행'을 자행해 왔다. 반면, 서양에서 공자철학을 수용하고 베이컨의 경험주의 철학을 계승한 피에르 벨·로크·섀프츠베리·허치슨·흄·아담 스미스, 그리고 볼테르·보도·푸와브르·케네·다르장송·루소·미라보·디드로, 나아가 볼프·유스티·알브레히트 폰 할러 등 계몽철학자들의 경험주의적·감성주의적·회의주의적 도덕·정치철학과 자유시장·복지(양민·교민)·민복民福철학은 인류를 종교적·합리주의적 몽매주의(Obscurantism)로부터 깨어나게 하는 데 이바지했다. 서양의 계몽철학자들은 - 베이컨과 홉스를 포함하여 - 많든 적든 모두 다 공맹의 영향을 받은 철학자들이었다. 실로 공자는 도덕적·정치적·시장경제적·복지국가적·민복(행복)국가적 계몽의 측면에서라면 예수와 마호메트를 능가하는 인류의 가장 위대한 스승이었던 것이다.

우리는 공자철학을 잘 알았던 영국·미국·프랑스·네덜란드·덴마크·스웨덴·벨기에·독일·오스트리아·스위스·이탈리아 등 11개 극서제국만이 '유럽적 근대성'을 대표한다는 사실과, 세계에서 오로지 극서와 극동, 이 두 지역만이 충분히 세속화되고(secularized) 근대화되어 정치·경제·사회적으로 번영해왔다는 사실에 주목할 필요가 있다. 그리고 이 사실들을 근거로 우리는 극서와 극동의 두 근대문명 간 '공자철학적 공통성(Confucian commonness)' 또는 '유교적 유전자(Confucian DNA)'의 일정한 공유에 관해서도 입론立論할 수 있는 것이다.

---

[3] 데카르트·칸트 합리주의 철학의 사이코패스적 성격은 20세기 후반의 칸트추종자 존 롤스의 정의론에서도 노골화된다. 이에 대한 상세한 논의는 참조: 황태연, 『감정과 공감의 해석학(1) - 공자 윤리학과 정치철학의 심층 이해를 위한 학제적 기반이론』 (파주: 청계, 2015), 460-533쪽.

번영하는 극서지역과 대조적으로, 기독교만 알고 공자철학에 무지한 비非극서 기독교국가들, 즉 남·동유럽·라틴아메리카·아프리카·아시아(필리핀)의 모든 기독교국가들은 저발전 상태에 있거나 고도의 경제·정치발전과 거리가 먼 상태에 처해 있다. 이 지역들의 백성은 기독교적으로 주술화된(Chrisltlich verzaubert) 무지몽매 상태를 아직 완전히 탈피하지 못하고 있거나 종교탄압을 받던 구舊공산권 국가들의 경우에는 공산체제가 붕괴된 뒤 되레 더 강력하게 '재再주술화'되었다. 아무튼 이 지역 백성들은 충분히 '세속화'되지 않았다. 그리하여 스페인을 모국으로 알고 스페인제품을 선호하는 방대한 중남미와 아프리카 제국諸國을 구舊식민지로 거느리고 있어서 비非서구 기독교제국諸國 중에서 가장 발달한 나라인 스페인조차도 식민지가 전무하고 지하자원이 거의 없는 데다 6·25 동족상잔의 전화戰禍와 30여 년 군사독재의 폭압을 겪으며 발전한 대한민국보다 경제적으로만이 아니라, 정치적·사회적으로도 낙후하다. 스페인을 위시한 중남미제국과 남·동구제국은 50-70년 동안 좌·우 독재에 시달려왔고, 1970년대 이래 민주화된 경우에도 그 민주주의는 한국보다 훨씬 더 취약하고 부실하다. 남미제국은 더 말할 나위가 없다.

게다가 극동문화와 아예 아무런 접촉도 없었던 아프리카의 12개 개신교 국을 비롯한 모든 아프리카 기독교제국과, 공자철학을 철저히 외면해온 이슬람제국은 지극히 궁핍하고 - 예외적으로 극동과 극서에 원유를 팔아 오일달러를 벌어 부유해진 이슬람 산유국들의 경우에도 - 법제적·사회적으로 신분차별과 극단적 남존여비·장유長幼차별이 여전히 극심하고 정치적으로 비민주적·반민주적·전근대적이다. 공자와 중국문화를 모르고 거부했던 인도도 비록 영국의 200년 식민통치 하에서 영국문화의 영향을 많이 받았음에도 여전히 카스트제도에 묶여 있는 등 유사한 전근대적 상황에 처해 있다. 그리하여 "동서차이와 종파차이를 가리지 않고 어떤 나라든 공자를 많이 알면 알수록 발전된 나라가 된 반면, 공자를 모르면 모를수록 저발전국가로 남아있다", 또는 "어떤 나라든 공자철학을 배우면 배울수록 근대화된 반면, 공자철학을 외면하면 외면할수록 전前근대 또는 저低근대 상태에 처했다"는 '근대화의 일반법칙'이 입론될 수 있는 것이다. 지난 900년간 극동·극서문명 간의 교호적 패치워킹(짜깁기)을 통한 근대화 과정을 음양으로 규제해온 이 근대화의 일반법칙은 사악한 개신교윤리적 근대화론, 서구화이론, 오리엔탈리즘, 또는 어떤 동서이분법적 문명이론이든 모조리 분쇄할 수 있는 타당성을 가진 것으로 입증된다.

오늘날 서구문명은 계몽주의시대 이래 극동에서 온 표층의 신사(군자)다운 계몽주의적 근대문명과 기층의 전승된 호전적 기독교·그리스문명(히브리이즘·헬레니즘)이 중첩된 이중구조를 이루고 있다. 표층문화는 '중국적 근대'의 패치워크와 '패러다임 전환'으로 창출된, 따라서 보편화될 수 있는 서구의 유교적 '근대'의 정체성을 보여주는 반면, 저류底流의 기층문화는 고집스럽게 서구 고유의 기독교문명의 히브리이즘적 정체성을 간직하고 있다.

전후에 서구가 정치사회적으로 더욱 발전한 현재상황에서 이 이중구조는 히브리이즘·헬레니즘 요소가 더 옅어지는 방향으로 변해왔다. 그럼에도 서구문명은 이 잔존하는 이중구조로 인해 19-20세기 내내 자유·평등·관용·인권·세계주의 등 '신사의 행태'와, 식민주의·제국주의·파시즘·나치즘 등 '야만의 행태'를 번갈아 보여 왔다. '신사행태'는 공자철학으로부터 유래한 '군자'의 거동이다. 반면, '야만행태'는 베버에 의하면 원래 "금욕적 전쟁종교"였던 기독교의 정신에 따라 1000년간 마녀사냥을 일삼고 십자군 이래 이교지역을 무력으로 침략·정복하던 전투적 기독교정신(히브리이즘)의 본새이고, 제국주의적 정복과 '정의로운' 전쟁국가를 이상국가로 여기는 호전적 그리스·로마정신(헬레니즘)의 발로다.

역사를 돌아보면, 9세기 이전에는 동서문명을 연결하는 일상적 교통·통상로가 아직 열리지 않아서 각 문명이 고립되어 있었고, 따라서 이른바 '세계사'는 아직 존재하지 않았다. 10세기에야 비로소 동서로 문명들을 잇는 육로와 해로가 열렸고, 이때부터 문물과 지식정보가 동서 간에 일상적으로 활발하게 교류되었다. '세계사'는 이때부터 비로소 개막되었다. 송나라가 건국된 960년 이후 900여 년 동안 세계는 유럽이 아니라 극동을 기축으로 돌아가는 '극동중심 세계'였다. 그리고 '보편사적 근대

(universalhistorische Moderne)'는 인류역사상 최초로 '송대 중국'에서 개막되었다. 송대 중국에서 발단된 이 '근대'는 오늘날 '초기 근대(Early Modernity, Frühmoderne, Frühe Neuzeit)' 또는 '낮은 근대' 또는 '저低근대(low modernity)'라고 부른다.

10세기 이후 900년 동안 송·원·명·청대 중국의 '초기 근대' 문물은 중국으로부터 밖으로 일방적으로 퍼져나가 사방팔방의 이민족들에게로 전해졌다. 그리하여 송대 이후 900년의 세계사는 송·원·명·청대 중국문물의 동천東遷·서천西遷·남천南遷·북천北遷하는 과정이었다고 해도 과언이 아니다. 송대 이후 중국문물의 동천과정에서는 한반도에서 고려로부터 조선으로의 국가변동이 일어났고, 이어서 세종에 의해 조선국이 왕안석의 송대중국을 지향하는 전前주자학적·유교적 문화국가로 개조되고, 탕평군주들과 조선백성들에 의한 독자적 국체변혁에 따라 조선의 '군국君國'이 '민국民國'으로 발전되었다.4) 이 동천과정에서 유구琉球와 일본도 유교화되었다. 북천과정에서는 북방세력이 중국문화를 받아들여 중원보다 강성해졌고, 번번이 중국 땅으로 넘어 들어와 금·원·청의 새 왕조를 수립하는 역사적 대大역류의 사건들이 발생했다. 남천과정에서는 월남이 '유교화'되고, 태국·라오스·캄보디아·네팔·부탄·티베트 등 불교국가들이 중국문명권으로 편입되었다. 서천과정에서는 극서제국에서 르네상스·바로크사상과 계몽주의 운동이 일어나 서구의 '초기 근대'가 개막되었다.

12-16세기에 걸쳐 수입된 송·금·원·명대 중국문물의 뒷받침과 자극에 의해 13세기 말부터 17세기 초까지 일어난 서구의 르네상스운동은 교회와 상대적으로 독립적인 사상세계를 열고 유럽을 기독교 귀신과 교회에 의해 주술화된 '신들린 신정체제(enthusiastically inspired theocracy)'로부터 인간세계로 깨어나게 했다. 17-18세기에 공자철학과 명·청대 중국·극동문물의 수입을 통해 발생한 시누아즈리(chinoiserie)·로코코 예술사조와 계몽주의 사상운동은 서양문명을 '유교화'해서 이승의 서양사회를 세속화하고(secularize) 서구제국을 근대화했다. 특히 미국·영국·프랑스·독일·오스트리아·이탈리아 등 극서제국은 18세기 중후반에 급진화된 계몽주의 운동의 역사적·

---

4) 세종과 영·정조에 의한 조선의 전(前)성리학적·유교적 국가개혁에 대해서는 참조: 황태연, 『공자철학과 서구 계몽주의의 기원(상)』 (파주: 청계, 2019), 532-553쪽.

정치적 귀결로서 명예혁명, 미국독립혁명, 프랑스대혁명의 3대 근대화혁명과 중유럽의 연계혁명을 일으킴으로써 '높은 근대' 또는 '고도근대(high modernity)'로 올라섰다. 혁명개념이 없었던 유럽제국에서 이러한 일련의 혁명은 공맹의 역성혁명 사상과 중국의 혁명사를 지득知得함으로써 가능했다.

이 3대 혁명은 경제적 측면에서만 보아도 엄청난 해방을 가져왔다. 이자·어음할인과 관련된 금융제도만 보더라도 혁명 이전과 이후가 확연히 달랐다. 영국은 1688-1689년 명예혁명 과정에서 어음할인 제도를 허용했다. 이로써 런던은 유럽의 금융중심지로 부상했다. 기독교교리에 따라 공식적으로 어떤 이자대부도 금지했던 프랑스는 1789년 혁명 이후 이자와 어음할인을 허용했다. 따라서 1789년 프랑스혁명은 가톨릭과 개신교를 가리지 않고 이자와 어음할인을 금지하던 모든 교단의 통제력이 경제적으로 완전히 무력화되었음을 확인하는 역사적 대사건이었다. 당연히 이 3대 근대화혁명을 통해 영국과 프랑스를 비롯한 극서제국은 무력으로 확보한 방대한 식민지영토와 식민지노예제를 기반으로 경제적 대도약을 이룩했고, 얼마 지나지 않아 극동을 앞지르는 것처럼 보였다.

이때부터 세계사는 인류역사상 최초로 유럽을 기축으로 돌아가기 시작했다. 이렇게 탄생한 이른바 '근대 유럽'은 극동제국에 대해 서세동점의 충격을 가하기 시작했다. 당시 중국은 100년 장기불황의 늪에 빠져 19세기에도 '낮은 근대(저근대)'의 마지막 단계에 머물러 있었다. 이런 정체상태에서 서구의 충격을 받은 것을 기점으로 극동제국은 제각기 앞서거니 뒤서거니 하며 '높은 근대'로 도약하기 위해 '서구화'에 떨쳐나섰다. 물론, 과거를 회고하든 현재를 직시하든, 이 '근대화'는 결코 단순한 '서구화'가 아니라, 극동 유교문명의 내재적 발전의 전통에 근본을 두고 서양의 신식을 참조해 자기 것으로 만들어 전통문화에 짜깁기(패치워킹)함으로써 국가·사회·문화·기술 전반을 갱신하는 - 의식적이든, 무의식적이든 - '구본신참舊本新參의 중도개혁적 혁신'이었고, 중국의 자본주의는 소리 없이 공장제를 제친 브랜드(字號)상인 주도의 고도근대적 네트워크 생산방식을 통해 서구 자본주의를 앞질러 있었다.

그리하여 한국·중국·일본·대만·월남·싱가포르 등 극동제국은 19세기 말부터 20세기 말까지 100년 동안 치열한 근대화운동과 반제反帝투쟁을 통해 북한지역을 제외하고 - 플라톤적 '극좌 배급제 병영공산주의'라는 '양물洋物'의 일시적 오류를 뚫고 - 모조리 근대화되었고, 오늘날은 심지어 극서제국을 부분적으로 능가할 수준으로까지 발전했다. 그리하여 이른바 '현대'만큼은 극동제국과 극서제국이 동서문명의 긴밀한 패치워크(짜깁기·접붙이기)를 통해 '공동'으로 개막하고 발전시킨 것이다. 여기서 19세기와 20세기 초반에 이룩된 '높은 근대'를 계승하는 '현대'는 20세기 중반 이래 오늘에 이르는 시기를 가리킨다.

■ 서구중심적 근대이론의 근본적 문제점

18세기의 예외적 중국비방자 몽테스키외를 계승한 유럽중심주의 사회과학의 주창자는 주지하다시피 19세기 말과 20세기 초에 활동한 카를 마르크스와 막스 베버였다. 마르크스는 「공산당선언」에서 "부르주아지 상품의 저렴한 가격"이 "모든 중국장벽들을 철저히 파괴하고 야만인들의 완강한 외국인증오심을 굴복하도록 강요하는 중重대포"라고 천명했다. 그리고 개신교적 유럽중심주의자 베버는 자유시장에 기초한 자유임금노동, 합리적 자본주의, '합리적 법률', '정밀기계' 같은 '합리적 관료제' 등이 오직 서구의 고유한 산물이라고 주장하는 한편, 유교국가 중국에는 유럽에서 발전된 이런 '합리적' 요소들이 결여되었다고 주장했다. 마르크스와 베버는 자기들의 근대이론·혁명론이 당연한 것으로 전제한 근대의 핵심이념들인 - 노예주와 귀족과 왕들의 자유·평등이 아니라 - '백성'의, 따라서 만인의 자유와 평등, 종교적·사상적 관용, 세속화(secularization)와 탈기독교화(de-Christianization), '혁명' 개념, 근대적 학교제도와 의무교육제도, 복지국가론 등의 궁극적 출처와 사상적 원천에 대해 전혀 알지 못했다. 또 마르크스-베버주의 사상세계에서 벗어나지 못했던 미셀 푸코는 필기시험도 근대유럽의 고유한 산물로 전제하고 시험을 통해 '제조되어 기록문서에 못 박힌' 근대적 '개인'을 분석했다. 그러나 앞서 간략히 시사했듯이 유럽의 근대적 관료제와 자유시장은 독일과 영국에서 중국의 관료제와 무위無爲시장을 모방해서 발전시킨 것이고, 필기시험·의무교육·3단계학교제도는 중국의 과거제와 각급 학교입학·기말·졸업시험, 『대학』의 만민교육과 『논어』의 평등교육 이념에 뿌리를 둔 학숙學塾·유학儒學·국자감(서당·향교·성균관)의 3단계 학교제도에서 유래한 것이다. 그리고 근대의 핵심이념인 '자유롭고 평등한 국민', 종교적·사상적 자유와 관용, 현세주의적 세속화와 탈脫주술화·탈기독교화, 정치적·사회적 혁명사상, 복지국가 등의 궁극적 출처도 공자와 중국이었다. 게다가 자유시장적 자본주의는 중국에서도 높이 발전하는 중이었다. 다만 중국은 공장제 자본주의보다 더 높은 근대적 생산방식인 '자호字號(브랜드) 상인 주도의 광역네트워크' 방식의 자본주의 노선을 택했을 뿐이다.

마르크스만이 아니라 베버도 중국의 이 '광역네트워크 브랜드 자본주의'를 알지 못했다. 또한 마르크스·좀바르트·슘페터·사마천·엽적·구준·이탁오 등은 자본주의의 본질이 '합리성'이 아니라 '모험성'이라는 것을 잘 알았던 반면, 베버는 '근대' 자본주의가 본질적으로 '모험적' 자본주의라는 사실을 끝내 깨닫지 못했고, 따라서 '근대 자본주의'를 '합리적' 자본주의로 오판했다. 그러나 '합리성'만 따지자면 중국의 전근대적 자본주의도 서구의 근대적 자본주의 못지않게 '합리적'이었다. 17-18세기 중국 자본주의의 '전근대성'은 그 '비합리성'에 있었던 것이 아니라 그 무사안일의 성향, 또는 그 비非모험적 '안주성安住性'에 있었다. 하지만 베버는 중국 자본주의의 전근대성을 그 '비합리성'에서 찾다가 찾지 못하자 중국의 문화와 제도를 몽땅 본질적으로 '비합리적인 것'으로 변조했다.

■ 대안: 동서의 교호적 문명패치워크로서의 유교적 근대의 일반이론

본론에서 필자는 마르크스와 베버, 그리고 마르크스·베버주의자들의 유럽중심주의적 근대이론의 저런 괴이한 '허언과 역사날조'를 먼저 이론적으로 치밀하게 분석한 다음, 더 많은 자료와 사료의 제시에 의해 이들의 유럽중심주의적 근대이론을 철저히 논파하고, 대안적 근대이론의 근거들을 도출한다. 필자의 '대안적 근대이론'은

공자철학과 유교문명의 서천을 통해 유럽의 동서패치워크적 근대제국이 성립하고 - 이런 '유교화'를 통해 탄생한 이 '유럽적 근대성'이 동점東漸하는 역사적 압박 속에서 극동제국이 유럽적 근대성의 패치워크를 통해 근대화를 달성하는 과정을 이론화하는 '극동과 극서 간의 교호적 문명패치워크에 의한 유교적 근대화의 일반이론'이다.

유교적 근대화의 일반이론은 전 세계에서 오로지 11개 극서제국(미국·영국·프랑스·독일·오스트리아·이탈리아·네덜란드·벨기에·덴마크·스웨덴·스위스)과[5] 6개 극동제국(한국·중국·일본·대만·월남·싱가포르)만이[6] 근대화에 성공한 반면, 이슬람·힌두·불교문명권과 남·동구제국, 중남미제국, 이슬람제국, 힌두·불교제국, 아프리카제국은 오늘날도 여전히 전근대적 상태에 머물러 있거나 또는 정치·경제·사회·문화 측면에서 아직도 '높은 근대'는커녕 '낮은 근대'에 이르지 못했다는 '발견적 인식'으로부터 출발해서 유교문명을 가장 열심히 받아들인 극서제국과 극동의 과거 유교국가들만이 동서패치워크를 통해 '높은 근대화'를 이룩한 사실에 대한 새로운 인식을 골자로 한다. 극동과 극서, 이 두 지역만이 공히 '고도근대화'에 성공했다는 것은 동서근대화의 얼마간 공통된 DNA가 공자철학이라는 것을 뜻한다.

'공산화'를 통해 근대를 넘어 미래로 간다는 마르크스의 주장은 전세계적 차원에서 전혀 진실이 아닌 것으로 판명 났다. '공산화'는 오히려 소련·동구권·북한처럼 기존의 근대국가들을 '정치적' 신분제사회로 퇴행시키거나 멸망시켰다. 나아가 개신교가 근대화의 동력이라는 베버의 말도 우악스러운 거짓말이다. 전형적 칼뱅주의 개신교국가 스코틀랜드는 가톨릭을 많이 닮은 성공회국가 잉글랜드보다 언제나 못살았고, 중·남부 아프리카의 12개 개신교국가들은 200년 이상 독실하게 개신교만 믿었을지라도 여전히 경제적으로 궁핍하고 정치적·사회적·문화적으로 낙후하기 짝이 없

---

5) 20세기 이전에 영국·스웨덴·덴마크에 속했던 아일랜드·노르웨이·아이슬란드는 영국·스웨덴·덴마크에 속한 것으로 치고, 영연방국가 호주·뉴질랜드·캐나다는 영국에 속하는 것으로 친다.
6) 월남(베트남)은 아직 저개발 상태에 있지만, 곧 일어설 것으로 보아 집어넣었다. 홍콩은 중국으로 귀속되었으므로 뺐다. 그러나 대만은 아직 국가적 실체가 남아 있으므로 독립국가로 쳤다.

기 때문이고, 프랑스·오스트리아·이탈리아·벨기에는 가톨릭국가들임에도 고도로 근대화·자본주의화·민주화되었기 때문이다.

오히려 극서·극동제국에서 보듯이 나라가 유교화되면 유교화될수록 더 근대화된 반면, 남·동구제국·이슬람제국·중남미·아프리카제국과 동남아 힌두·불교제국에서 보듯이 나라가 공자철학과 거리가 멀면 멀수록 덜 근대화되었다. 이것은 '근대화란 곧 유교화'라는 명제를 함의한다. 『공자철학과 서구 계몽주의의 기원(1)』에서 상론했듯이 오늘날은 일본 사가들도 일본을 근대화시킨 명치유신의 핵심내용도 실은 '만회적 중국화'였다고 자인한다. 명치유신은 봉건제 폐지를 통한 군현제 확립과 중앙집권화(폐번치현), 황제권의 재확립(천황의 신격화), 관료화와 과거제 도입(공무원 제도와 고등문관시험 도입), 3단계 학교 제도 도입과 만민평등교육(유교적 '교육칙어'와 중국식 3단계 학교제도) 등을 골자로 한 '중국화(유교화)', 중국과 조선에 보편화되었던 거주이전·직업선택의 자유 등에 지나지 않았던 것이다. 이런 것들은 송·원·명·청대 중국과 조선에서 일찍이 다 이룩된 것들이었다. 주변 유교국가들과 차별화되는 일본의 특별한 변화와 발전이 있었다면 그것은 강력한 기술진흥·식산흥업 정책과 신식군대 양성을 통한 군국주의화에 지나지 않았다.

■ 19세기 중국의 일시적 낙후성에 대한 새로운 접근법과 올바른 규명

본론에서 필자는 중국이 19세기 말부터 100여 년간 서구의 발전에 뒤진 것도 마르크스와 베버의 고전적 이론 및 최근의 베버주의적 설명시도들과 정반대되는 방향에서 새롭게 규명한다. 19세기 80-90년간, 100년간 중국이 일시적으로 낙후하고 정체된 원인은 극서제국의 거대한 수입대체산업의 흥기로 천문학적 규모에 달하던 서양제국의 중국상품 수입이 1740-50년대부터 급격히 감소하다가 급기야 1790년대에 소멸함으로써 중국경제가 18세기 말부터 짧으면 80년간, 길면 100년간 장기불황에 들어간 때문이었다. 이로 인해 중국은 일시 서양에 뒤지게 된다.

그러나 윌리엄 맥닐, 새뮤얼 헌팅턴, 폴 케네디, 존 홉, 마이클 만, 데이비드 포어 등

'베버주의자들'은 단 한 사람도 19세기 중국의 정체와 장기불황의 원인을 중국상품에 대한 유럽의 천문학적 수요의 급감으로 지목하지 못했다. 그리고 마크 엘빈, 오스터함멜, 빈 옹, 케네스 포머란츠, 게리 해밀턴 등 중국전문가들과 홉슨·프랑크 등 중국 친화적 세계사가 등 수많은 반反베버주의적·마르크스주의적 중국연구자들도 19세기 중국의 정체와 장기불황의 원인을 서구의 중국 수요의 급감으로 지목하지 못했다.

한편, 중국은 18세기 중반부터 가시화된 국제적 수요 급감과 18세기 말부터 본격화된 숨 막히는 장기불황의 중압 속에서 즉각 '자호상인 주도의 광역네트워크'라는 경영혁신 체계를 급속히 고도로 발전시켰다. 자호(브랜드)상인들이 주도하는 이 '광역 네트워크' 생산체계는 기술절약적·자본절약적·노동집약적(고용창출적) 경영혁신 체계인 점에서 서양의 기술집약적·자본집약적·노동절약적(고용파괴적) '공장제'와 정반대의 생산방식이었다. 자호상인들의 이 네트워크 생산방식은 '생산성' 면에서 공장제와 비등하거나 이를 능가했고, 시장수요에 대한 호응의 신속성 면에서 공장제를 완전히 압도했고, '근로자의 자유' 면에서 공장의 수직적 노예제적 전제체제와 비교할 수 없이 수평적으로 해방적이었다. 이 광역네트워크 브랜드 자본주의에서 생산된 중국 제품들은 영국 공장제품보다 훨씬 더 싸고 품질과 기능 면에서 훨씬 더 좋았다. 그리하여 중국은 이 광역네트워크 체계에서 생산된 이 저렴하고 품질 좋은 자국제품으로 영국 공장제품들의 국내침투를 완봉할 수 있었다.

서양 공장제품의 "저렴한 가격"이 "모든 중국장벽들을 철저히 파괴하는 중대포"라고 큰소리친 마르크스의 '혁명적' 호언, '중국에서는 유교문화로 인해 합리적 자본주의가 불가능하다'고 강변한 베버의 - 역사적 실증이 전무한 - '허황된' 호언, 그리고 오늘날까지 이를 믿어온 어리석은 마르크스-베버주의자들의 '괴소문'과 정반대로 제1·2차 아편전쟁 이후 중국인들은 서양의 공장제 제품을 전혀 사 쓰지 않은 것이다. 오히려 중국은 이 자호상인 주도의 광역네트워크 생산체계를 더욱 발전시켜 1910-1920년대부터 벌써 세계적 수출대국으로 다시 부상했다.

또한 중국의 이 광역네트워크 생산방식은 1970년대부터 오늘날까지 이른바 '소매혁명(Retail Revolution)'을 주도해온 초대형 소매자본들인 미국의 Walmart, Costco, Nike, Reebok, The Home Depot, The Gap, Liz Clairborne, Apple, Dell, Penny's, Sears, Montgomery Ward, Carf, Beta, Amazon, Aosom, QVC USA, 러시아의 DERWAYS, Vita, Tarra Nava LLC, Yuterra, Sima-Land, Aktiv, 영국의 Kingfisher, 독일의 HSE24, 프랑스의 EEZEEMARKETING, 북구의 Ikea, 호주의 living and dining 등 '브랜드 빅바이어들의 국제적 네트워크 생산방식'과 비견되는 생산방식이었다. 지금은 Tanvi International, 하드캠 등 인도 빅바이어들, 그리고 일본의 Murata, LAOX, AEON, Dinos Cecile Co., 네덜란드의 Abodee 등도 이런 국제적 네트워크 생산방식을 주도하는 브랜드 빅바이어들이다. Samsung·Hyundai·LG 등 한국재벌 회사들도 그간 '브랜드 빅바이어'로 변신했고, Homeplus·E-Mart·G마켓·옥션·G9·카페24·K-Food 등 전자상거래 네트워크 기업들이 한국의 신생기업으로서 우후죽순처럼 등장해 폭발적 성장률을 보이고 있다. 중국 전통 '자호상인 주도의 광역네트워크 생산방식'에 기초한 브랜드 자본주의는 오늘날 전자상거래와 접목되면서 서양제국과 인도·일본 등지의 '브랜드 빅바이어(초대형 소매자본) 주도의 국제적 네트워크'와 나란히 '모험적' 자본주의의 최첨단 생산방식으로 확립되었다. 중국의 Alibaba, Lifan, VIP shop, TOREAD, Sanfo Outdoor, GOME, Benchmark Enterprises, 中原海運重工有限會社(중원해운중공유한회사), 深圳(선전)TSL, 중국 최대 온라인 쇼핑몰 京東(징동), Beijing Wangfujing Department Store, FREICO, Lyby, Tmall, 위안다 베이징투자유한회사, '뉴에라'(싱가포르 화교 소유) 등은 '광역네트워크 생산방식'을 전자상거래와 접목시킨 대표적 '모바일 자호상인들', 즉 '플랫폼 자본가들(Platform Capitalists)'이다.

중국은 18세기 후반에 시작되어 19세기 후반에까지 지속된 80-100년 장기불황으로 인해 일시 서구에 뒤졌다가 19세기 말 1870년대부터 다시 일어서기 시작했다. 그러나 중국은 1931-1945년 일제 침략에서 1950-1980년대 시장파괴적 배급제 극좌공산주의에 걸친 55년 기간 동안 다시 고도성장 궤도에서 이탈할 수밖에 없었다. 중국은 15년 장기전쟁과 40년 극좌공산주의로 인해 근대화 궤도로부터 이탈함으로써 다시 50여 년 세월을 잃었다. 그러다가 중국은 반反시장적 '극좌공산주의' 실험을 비판하고 1980년대 개혁개방을 추진해 시장경제로 복귀한 뒤 다시 놀라운 속도로 성장하기 시작해 오늘에 이르고 있다. 전통적 네트워크를 전자상거래와 접목한 Alibaba, VIP shop, Beijing Wangfujing Department Store 등 기업들은 중국의 이 새로운 고도성장을 상징하는 모바일 자호상인들이다. 중국의 장기침체와 부활 과정을 마르크스와 베버의 고전적 학설과 '정반대'되는 방향에서 규명하고 19세기 중국의 일시적 정체와 부활의 지그재그과정을 설명하려는 이 이론은 다양한 사료와 새로운 통계들로 뒷받침될 것이다.

제1장

서구사회의 유교적
세속화와 근대화

제1절
근대의 본질:
만인의 자유와 평등에 입각한 인간해방

1.1. 근대의 공통된 본질요소들

　공자철학과 유교문명의 서천西遷과 서구 계몽주의의 흥기와 발전의 역사를 연구한 9부작 전 15권에서의 논의는 극동의 문물이 서구에 전해져 서구가 어떻게 근대화되는가를 역사적·경제사적으로, 그리고 사상사적·철학사적으로 해명하는 것이었다. 그런데 이 논의의 전제를 이론적으로 종합하기 위해 반드시 짚고 가야 할 것이 있다. 그것은 '근대성'이 무엇인가 하는 것이다. 근대사회가 오늘날은 북미와 서유럽, 그리고 극동에 나타났지만 이 여러 나라들을 '근대사회'라고 총괄적으로 규정하는 하나의 공통된 일반적 근대개념이 없다면 '근대화'를 이해하거나 논할 수 없을 것이다. 여기서 필자는 '근대'는 여러 개가 아니라 하나라는 점을 분명히 못박는다. 우리가 해야 하는 작업은 다만 다양한 나라, 다양한 지역에서 전개되어온 다양한 색조의 '근대성'에서 '공통된' 핵심요소들을 추출해 하나로 묶기만 하면 될 뿐이다.
　따라서 일반적으로 이해되는 근대성의 핵심요소들을 일관되게 체계화하는 것은 곧 '하나의 근대'에 대한 가장 확실한 정의가 된다. 그러나 사가들과 사회과학자들은 '근대성'에 대해 지극히 불명확하거나 그릇된 관념을 갖고 작업하는 경우가 허다하다. 부지불식간에 대부분의 학자들은 암암리에 미국의 국가모델에 경도되어 가령 '민주공화국'만을 '정치적 근대성'의 기준으로 간주하기 일쑤다. 그리고 과거 소련이나 중화인민공화국에 경도되었던 좌파학자들은 '인민공화국'을 전범으로 간주한다. 그러나 오늘날의 영국·스페인·네덜란드·벨기에·룩셈부르크·덴마크·스웨덴·노르웨이 등 극서국가들과 캐나다·오스트레일리아·뉴질랜드를 위시한 영연방국가들은 임금을 섬기는 입헌군주국이라도 모두 다 나름대로 높은 단계의 '근대국가들'이다. 국가의 근대화는 '민주공화국'에 앞서 먼저 '입헌군주정'을 산출했기 때문이다. 또 '근대화'가 꼭 '민주주의'를 가져다주는 것도 아니다. 19세기 이래로 서양에서도 반反민주 개인독재·군사독재·파쇼독재·계급독재가 비일비재했기 때문이다.[7]

한 마디로, 국가형태와 정체政體의 근대적 형태는 '민주공화국' 하나가 아니라 두 가지다. 지금까지의 역사적 경험은 '백성자치'를 구현한 '민주공화국'과 민주화된 '입헌군주국'을 둘 다 근대적 정체로 산출했다. 20세기 전반에 소비에트공화국과 인민공화국으로 나타난 '계급독재공화국'은 새로운 근대적 정체, 근대적 국가형태로 간주할 수 없을 것이다. 70년도 존립하지 못한 소비에트연방과 동구권 인민공화국들의 단명, 북한·쿠바 인민공화국의 반反인민적 독재정치와 아사수준의 궁핍과 국가존립의 위태로움, 중국·베트남 인민공화국의 탈脫사회주의적 개혁개방과 시장경제화 등 제諸현상은 이 계급독재공화국들에 대해 근대국가의 다른 형태나 독자적 지위를 인정하기 어렵게 하기 때문이다.

물론 '근대화'가 민주공화국이나 민주적 입헌군주국을 가능케 할 수도 있지만, 그것은 각국 국민의 정치역량, 각국의 역사적 내력, 국제상황 등 복잡한 변수에 좌우되는 것이다. 그리고 민주주의를 무조건 '근대국가'의 본질적 특징으로 봐야 한다면, 직접민주주의 시기의 아테네나 스파르타 노예제국가도 '근대국가'일 것이다. 또 모든 공화국을 무조건 '근대국가'로 봐야 한다면, 노예제국가였던 고대 로마공화국이나, 중세 이탈리아 도시의 군소 귀족공화국들, 중세말·근세초의 네덜란드 귀족공화국

---

7) 황태연, 『한국 근대화의 정치사상』(파주: 청계, 2018), 25쪽.

(1581-1795), 크롬웰의 귀족공화국(1649-1659) 등도 다 '근대국가'일 것이다. 민주정과 공화정을 '근대성'의 기준으로 삼으면 이런 개념혼란과 시대착오가 필연적일 것이다. 이런 이유에서 '민주주의 일반'은 비록 '근대화'와 전혀 무관한 것이라고 할 수 없더라도 결코 '근대성'의 기준으로 규정해서는 아니 된다. 같은 이유에서 '공화국'도 '근대성'의 시금석이 될 수 없다.[8] 따라서 민주국가나 공화국이면 무조건 '근대국가'인 것이 아니다. 오로지 공자가 말한 '백성자치'를 구현한, 즉 정치적 탄압도 없고 양심박해나 사상·종교탄압도 없고 귀천貴賤(귀족·노예)도 없는 '자유·평등한 민주공화국'만이 자유·평등한 입헌군주국과 더불어 '근대국가'인 것이다. 따라서 노예해방(1863) 이전의 미국도 '완전한' 근대국가가 아니었다.

■ 무엇이 '공통된' 근대성의 요소들인가?

'근대성'과 관련된 개념혼란과 시대착오를 해소하기 위해서는 올바른 '근대화(modernization)' 또는 '근대(modernity)' 개념을 여러 나라, 여러 지역의 근대화의 공통요소들로서 분명하게 확정할 필요가 있다.[9] 가장 추상적 차원에서 '근대'의 본질을 한마디로 정의하면, 그것은 '인간해방'이다. 이 '인간해방'은 만인을 각종 억압·차별·빈곤·미신·광신·무지로부터 해방시킴으로써 만인의 자유와 평등을 이룩하는 것이다. 따라서 근대의 '공통된' 요소들이란 모두 다 이런 '인간해방'에 기여하는 요소들이어야 한다. '근대'의 이 추상적 정의는 정치·군사·경제·사회·문화·생태환경 등 다방면에서 '구체적 본질요소들'로 분해되어 분석적으로 이해되어야 할 것이다.

(1) 정치적 근대화

국가 차원의 '정치적 근대화'는 한 마디로 억압과 신분적 불평등으로부터 인간을 해방하기 위한 만인(백성)의 정치적 '자유와 평등'의 확립을 가리킨다. 그 구체적 요

---

8) 황태연, 『한국 근대화의 정치사상』, 25-26쪽.
9) 이하의 논의는 참조: 황태연, 『한국 근대화의 정치사상』, 25-38쪽.

소들은 일반적으로 자유·평등한 참정을 통한 '백성(the people)'의 '국민(nation)'으로의 발전, '백성의 나라'로서의 '국민국가의 형성', 정치의 탈脫종교적 세속화, 국가권력의 기능분화적 제도화, 즉 왕권·의정권·행정권(집행권)의 권력분립(내각제의 확립), 국가행정의 관료화, '인치人治 우선의 정치'에서 '법치法治 우선의 정치'로의 전환 등으로 정의된다.

여기서 '정치의 탈종교적 세속화'는 '정치와 종교의 분리', 또는 '정치의 탈종교화와 종교의 탈정치화'를 말한다. 그리고 '백성의 국민으로의 발전'은 자연적 백성이 신분적으로 자유·평등해져서 '국민'으로 올라서고 공무담임권과 참정권을 자유·평등하게 행사하는 것, 즉 '국민형성(nation building)'을 뜻한다. 또 '백성의 나라'로서의 '국민국가의 형성'은 일반국민의 신분차별 없는 공무담임, 대의代議제도 등을 통해 직간접적 국민참정을 구현해 대내적으로 자유평등하고 대외적으로 독립적인 '국가공동체로서의 국민'의 형성을 뜻한다. '국가공동체로서의 국민'이 탄생하는 순간 '국민이 곧 국가다(L'État c'est nation)'.

그리고 '민족'은 국민의 대외적 차별성을 특화한 개념이고, '민족국가'는 다른 국가들에 대한 '국민국가'의 대외적 독립성을 특화시킨 국가개념이다. 제국주의 침략전쟁(정복전쟁)과 반제反帝민족해방투쟁 속에서 탄생한 '민족국가'는 자국민의 혈통적·언어적·전통문화적 유사성 또는 공동성을 근거로 자국민을 타국민과 판이하게 구별되는 '하나의 거대한 씨족(혈족)'이라고 '믿고' 국민을 한 배에서 난 한 핏줄의 '동포同胞'로 관념하는 국가다. 따라서 '민족국가'는 국가의 대외적 독립성을 유달리 강조한다.

이 국민국가·민족국가라는 기준 하나만으로도 중동의 신분제적 산유국들과 카스트신분제적 인도가 근대국가 대오에서 탈락한다. 그밖에 국민이 국가를 이루지 못하고 마약왕들이 정치를 흔드는 콜롬비아 등 중남미국가들이 다수 근대국가의 대오에서 탈락한다.

(2) 군사적 근대화

'군사적 근대화'는 국민개병제에 기초한 군대의 정예화 및 무기의 화기화火器化, 기계화, 정교화를 뜻한다. '군사적 근대화'는 외침과 민족억압으로부터 민족의 자주권을 방어하거나 쟁취함으로써 민족해방을 달성하는 국방력을 강화하는 지름길이다.

'국민개병제'는 일정 신분에만 무기휴대와 국방의 권리·의무를 전담시키지 않는, 또는 특정신분을 국방기능에서 배제하지 않는 탈신분제적 장병징집 제도를 뜻한다. 신분차별 없는 이 징집방식은 전·평시 또는 각국의 사정에 따라 '징병제'를 취할 수도 있고 '모병제'를 취할 수도 있다. 국민개병제(징병제)는 유교국가의 경우에 '병농일치兵農一致 병역제도'에서 변형된 제도다.

이 국민개병제 바탕 위에서 '군대의 정예화'는 조선초기의 군역제처럼 5가家에서 - 심신허약자든, 노인이든, 병자든 - 아무 장정이나 1명을 현역으로 징집하는 방식이 아니라, 신체검사를 통해 '젊은 정예장정(심신이 최고 건강한 청년)'만을 선발해 정규과정의 군사교육·훈련을 시켜 군인들을 길러내는 것을 뜻한다. 이것은 군사적 교육·훈련을 위한 특별한 훈련소와 사관학교의 설립을 요청한다. 프로이센은 프리드리히 2세 치하에서 사관학교를 설치했고, 프랑스는 루이 15세 치하에서 1750년 프로이센을 모방해 '군사학교(École Militaire)'를 창설했다.

그리고 무기의 '화기화'는 '총포화'를 말한다. 무기의 '총포화'로 창검·철퇴·투석기·방패·갑옷 등은 자연스럽게 군대와 전장에서 퇴출되었다. 무기의 '기계화'는 한편으로 화기의 자동화를 뜻하고, 다른 한편으로 차량과 전차의 투입으로 이동·수송수단과 이동가능한 방탄기제를 기계화·철갑화하는 것을 뜻한다. 이동·수송수단과 방탄장비의 기계화와 철갑화로 군마와 우마차가 전쟁에서 점차 퇴출되었다.

(3) 경제의 근대화

'경제의 근대화'는 생산과 분배의 '시장화와 산업화', 그리고 이를 통한 '빈곤으로부터의 인간의 해방'(소득의 기하급수적 증가)으로 정의된다.

물건유통의 '시장화'는 대내외 교역의 자유화, 토지·물건·노동·서비스의 전면적 상품화, 화폐유통체계의 확립(화폐거래의 전면적 침투, 화폐시장[은행]의 확산, 발권중앙은행의 설립 등), 국내 관세장벽의 완전한 철폐 등을 통한 단위 '국민경제(민족경제)'의 형성을 말한다. 이것은 자연히 자본의 형성과 축적, 필연적으로 신분해방을 동반하는 자유로운 임금노동자와 자본가의 계급적 성장, 농업경제의 상대적 비중감축 등을 동반한다.

'산업화'는 노동양식과 생산방식의 기술공학적(기계적)·경영적·제도적 효율화를 통해 자연조건으로부터 비교적 자유로운 상황에서 지속적으로 재화를 생산하도록 만드는 것을 뜻한다. 따라서 '산업생산'은 자연의 흐름으로부터 상대적으로 독립해서, 즉 계절·주야·기후·날씨 등의 자연조건에 구애받지 않고 불철주야 진행된다. '산업화'를 통해 달성되는 효율성의 본질은 기술혁신과 경영혁신을 통한 '노동절약'과 '자본절약'(생산수단의 상대적 축소·절약)이다. 따라서 산업화는 농업에 대해 제조업과 서비스업을 우세하게 만들며 일시적으로 생산력의 폭발적 증가를 가져온다. 그러나 '기술혁신'(기계화)을 통한 산업화는 경공업(소비재제조업) 부문에 대해 중공업(기계제조업) 부문을 우세하게 만드는, 즉 자본의 기술적·유기적 구성도를 고도화시키는 경제적 불합리를 초래한다. 반면, '경영혁신'을 통한 산업화는 자본절약을 가능케 하므로 자본의 기술적·유기적 구성도를 오히려 낮춰준다. 기술혁신적 공장제 자본주의는 궁극적으로 전자의 모순을 피할 수 없는 반면, 경영혁신적 네트워크 생산방식의 브랜드 자본주의는 이런 모순을 완전히 우회한다.

'시장화와 산업화'의 결합을 통한 '경제의 근대화'는 두 가지 본질적 현상을 산출한다. 그중 하나는 월트 로스토우(Walt Whitman Rostow)가 말하는 '근대적 경제성장'이다. '근대적 경제성장'은 충분한 '시장화'와 동시에 진행되는 '산업화' 속에서 생산력이 기하급수적으로 급증해 소득증가가 인구증가를 동반하는 성장을 말한다. 이런 의미에서의 '근대적' 경제성장은 시장화와 산업화의 결합을 통한 대량생산과 생산력의 폭발적(기하급수적) 증가 없이는 불가능하다. 당연히 생산력의 폭발적 증가를 가져올 '산업화'는 이것을 주도할 '사私자본들의 경쟁'을 전제로 해서만 이루어질 수 있다. 산업화의 무한지속은 관료주의적 '국가자본주의'로 감당하기 어렵고, 소비시장까지도 폐지한 관료주의적 '국유기업'과 국가배급제 경제에서는 아예 불가능하다.

그런데 공장제 자본주의의 대공업생산체계는 시장수요에 둔감한 또는 이를 무시하는 '대량생산'체계로서 시장의 한계조건을 넘어 시장을 포화시키는 과잉생산·과잉공급의 경제적 모순으로 치닫고 이로 인해 주기적으로 경제위기를 초래한다. 사회적 총자본의 평균 이윤율을 하락시키는 과잉생산 공황은 상대적으로 취약한 자본들과 이에 따른 생산수단들을 대규모로 휴경休耕상태로 몰아넣거나 퇴출·파괴한다. 이것은 시장화와 기계적 산업화의 결합 속에서 산업화가 일정 수준에 이르면 자본의 기술적·유기적 구성도가 고도화되면서 주기적으로 발생한다. '자본의 구성도'가 고도화될수록 이윤율 하락은 만성화되고 공황의 강도는 더욱 격화된다. 이에 따라 주기적 공황과 불황은 기존의 기계적 생산수단들을 파괴하고 축소화(miniaturing)를 더욱 진척시키는 새로운 혁신적 기계류를 도입하도록 강요하고 국가의 경제조절방식을 새로운 조절방식으로, 기존 경제레짐을 새로운 경제레짐으로 혁신하도록 강제하는 '창조적 파괴'를 반복하고 이와 동시에 엄청난 자연환경의 파괴와 자원낭비를 가속화한다.

그러나 중국의 '자호(브랜드)상인과 미국과 기타제국의 브랜드 빅바이어들이 주도하는 '광역·국제적·초국가적 네트워크 생산방식의 브랜드 자본주의'는 '공장제(대공업) 자본주의'와 달리 시장수요에 민감하게 반응하는 노동집약적·기술절약적·자본절약적 '경영혁신'에 본질을 두기 때문에 기계·생산시설·작업장부지에 묶이는 고정자본을 최소화시키고 이를 통해 자본의 기술적·유기적 구성도의 고도화와 이윤율 하락의 법칙으로부터 자유롭다. 이 '네트워크 브랜드 자본주의'가 IT·AI 기술에 기초한 전자상거래와 결합해 모바일 '플랫폼 자본주의'로 발전하는 경우에는 이윤율 하락의 법칙에 기인한 주기적 공황의 위험으로부터 더욱 완전히 자유로워진다.

무릇 자본주의 일반은 시장경제를 전제하는 한에서 마르크스의 표현대로 시장경쟁 속에서 상품을 팔아 신속히 현금화해서 투하자본을 다시 회수해야 하는 "죽음의 도약(Saldo mortale)"을 반복한다. 이 때문에 '공장제 자본주의'든, '네트워크 자본주의'든 둘 다 본질적으로 '모험적'이다. 하지만 '공장제 자본주의'는 '네트워크 자본주의'보다 더 모험적일 뿐만 아니라, '만용적'이지 않을 수 없다. 공장제 자본주의의 경우에 개별 자본들은 '창조적 파괴' 과정 속에서 퇴출을 면하고 살아남아야 할 뿐만 아니라, 자기가 살아남으려면 다른 자본들을 퇴출시켜야 하고, 나아가 이 사활적 경쟁조건에서 자본을 - 시장수요를 앞질러 - 투자해 이윤을 붙여 회수해야 하는 개별자본들은 더욱 '모험적'일 수밖에 없게 된다. 불확실한 시장조건에서 재화를 너무 많이 쏟아내는 과잉생산과 과잉공급의 주기적 위기가 필연적으로 초래하는 이른바 '창조적 파괴'는 경제의 '시장화'라는 전제가 요구하는 것, 즉 상품을 팔아 현금화해야 하는 '죽음의 도약'을 더욱 극화시키기 때문이다. 즉, 이런 공장제 자본주의의 조건에서 자본의 투자와 성공적 회수는 현금화의 불확실성과 위험성보다 몇 곱절 증폭된 위험을 무릅써야만 하는 '죽음의 도약'인 것이다.

따라서 '근대적 경제성장', 즉 소득증가와 인구증가가 결합되는 경제성장을 가능케 하는 '근대적' 산업자본주의는 '합리적' 자본주의이기 이전에 본질적으로 끊임없이 '죽음의 도약'을 감행해야 하는 '모험적' 자본주의인 것이다. 주기적 과잉생산 위기에 내몰리던 19-20세기 서구의 산업자본가들은 그간 제국주의적 정복의 '모험가들'로서 과잉상품을 팔 수 있는 새로운 시장, 가변자본을 줄여주는 싼 노동력, 불변자본을 줄여주는 싼 원자재, 그리고 과잉자본을 이전시킬 수 있는 새로운 투자지역을 찾아서 전 세계, 전 자연을 뒤지고 파헤치고 침략해야 했다.

선진국의 경제발전에서는 가파른 소득증가가 인구정체 또는 인구감소와 결부되는 새로운 현상이 나타난 지 오래다. 따라서 로스토우의 '근대적 경제성장' 개념은 선진국에서 타당성을 잃었다. 하지만 제3세계에서는 로스토우의 이 개념이 아직도 타당성을 지닌다. 이 '경제의 근대화'로서의 '근대적 경제성장'을 근대화의 기준으로 취하면, 아프리카와 남미, 동남아시아, 중앙아시아, 러시아, 동유럽의 거의 모든 나라들이 근대국가가 아니라는 것이 확연하게 드러난다. 이 기준을 첫 번째 국민국가 기준과 결합하면, 서구제국과 극동제국을 제외한 세계의 거의 모든 나라들이 근대국가 범주에서 탈락한다.

(4) 국가정책(국가역할)의 근대화

국가가 근대화되기 위해서는 국가의 역할이 근대화되어야 한다. 국가역할의 근대화를 위해서는 '국가정책의 근대화'가 필요하다. '국가정책의 근대화'는 ① 전통적 국가정책에서 침략·정복 기능을 없애고 국가기능을 '평화화'하고 전쟁을 회피하는 것이고, ② 전통적 '국가 정책'의 범주(대외안보·대내치안 유지 역할, 즉 국방·경찰)에다 '경제·복지정책'을 추가하는 것이다.

반전·평화주의는 공맹철학의 진수에 속한다. 공자의 반전·평화주의는 멘도자·마테오리치와 라 모트 드 베예·보시어스·세메도·라이프니츠[10]·볼테르·골드스미스·케네·보도·할러 등 수많은 계몽철학자들에 의해 추종되었다. 그러나 라이프니츠, 디포, 앤슨, 몽테스키외, 루소 등은 예외적으로 공자와 극동의 반전·평화주의를 비판하거나 조롱했다. (전쟁을 인류에게 국제연합 결성의 각성을 가져다주는 매개수단으로 전제하는 칸트의 영구평화론은 계몽주의적 반전·평화론의 조류에서 크게 벗어난 일탈적 아류에 지나지 않는다.)

그럼에도 불구하고 반전·평화를 위한 국제연합론은 근본적 계몽기획에 속하게 된다. 이 평화기획은 계몽철학자 생피에르(Charles-Irénée Castel de Saint-Pierre, 1658-1748), 라이프니츠,[11] 루소 등에 의해 이론화되었다. 생피에르는 케네와 다른

---

10) 라이프니츠는 중국 평화주의의 윤리적 우월성을 강조하는 반면, 중국의 평화주의를 지혜롭지 않다고 말하기도 했다.

11) 라이프니츠는 1715년 『영구평화기획』의 저자인 생피에르 신부에게 보낸 한 서한에서 낙관적으로 "대여섯 명이 원한다면 그들은 서양에서 커다란 분열을 끝내고 교회를 훌륭한 질서로 바로잡을 수 있을 것"이고, "진짜로 원하는 군주는 그의 국가를 재앙으로부터 보존할 수 있다"라고 말했다. Gottfried Wilhelm Leibniz, "Letter to the Abbé de St Pierre" (February 1715), 177

길을 가는, 그러나 그와 나란히 유사한 농본주의적 견해를 표방한 초창기 중농주의적 계몽철학자였다.[12] 생피에르는 시대분위기상 공자와 유교적 평화주의를 알았을 것이지만, 이에 대해 어떻게 생각했는지는 지금으로서 알 수 없다. 라이프니츠는 주지하다시피 공자숭배자이자 중국애호가였다. 루소는 중국의 반전·평화주의를 군사적 취약성의 원인으로 비판하는 '반反계몽의 길'을 갔다.

국제법상 '평화애호(peace-loving)'의 공개 선언은 일찍이 국가승인과 정부승인의 요건이 되었다. 하지만 대외관계를 항구적 평화관계로 개편하고 국가기능을 평화에 국한하는 것은 본질적으로 일국을 뛰어넘는 국제적 과업이었다. 그러나 국가간 평화를 실효적으로 강제할 영구평화기획은 극서제국이 19세기에 제국주의로 나아가면서 결코 풀 수 없을 것 같은 '난문難問(아포리아)'이었다. 그러나 제1차 세계대전의 전화를 겪으면서 히브리이즘·헬레니즘 전통의 '투쟁유일주의(Kampfsingularismus)'에 무젖은 호전주의적 서양제국에서도 반전·평화 의식이 극적으로 고조되었다. 그리고 반전·평화주의는 1928년 8월 27일 미국과 프랑스의 선도로 미국·영국·독일·이탈리아·일본 등 15개국이 파리에서 「국가정책의 수단으로서 전쟁을 포기하는 일반조약(General Treaty for Renunciation of War as an Instrument of National Policy)」을 체결함으로써 마침내 '일반 국제법'으로 확립되었다. 이 조약은 '부전조약不戰條約' 또는 '켈로그-브리앙조약(Kellog-Briant Pact)이라고 약칭略稱하는데, 뉘른베르크재판과 동경재판에서 제2차 세계대전 전범들은 모두 이 법에 의해 처벌되었다.

또한 근대국가는 백성을 잘 먹이고 가르치는 것을 개개인의 문제로 방치하는 플라톤의 야경국가 전통을 청산하고 공자철학과 유교국가의 전통적 양민養民·교민敎民정책(복지·구빈제도와 만민평등교육·국공립학교제도)을 수용해 '경제정책'과 '교육·복지정책'을 추가로 실시한다. '경제정책'은 도로·교량·항만·운하 등의 경제기반시설을 건설하고 설치하는 사회간접자본(SOC) 투자와, 조세·금리·지원금 등을 정책수

쪽. Leibniz, *Political Writings* (Cambridge: Cambridge University Press, 1971·2006).

12) 참조: Liane Lefaivre and Alexander Tzonis, *Architecture of Regionalism in the Age of Globalization* (London: Routledge, 2012), 52쪽.

단으로 하여 시의적절한 식산흥업정책으로 구성된다. 이리하여 근대국가는 평화애호적 '안보국가'이자, 민간경제를 지원하는 경제정책, 보통·평등·의무교육제도, 그리고 복지행정에 기초한 '복지국가'로 면모를 일신한다.

서구에서 '복지국가'는 -『근대 독일과 스위스의 유교적 계몽주의』에서 상론했듯이 - 공자와 중국을 찬양해 마지않던 크리스티안 볼프와 요한 유스티의 관방학적 양호養護국가(Polizeistaat)의 이론에 의해 정책개념으로 체계화되고 헤겔의 국가론에서 이론적으로 계승되었다. 그리고 제도적 측면에서 '복지국가'는 노동자계급의 혁명적 체제도전을 저지하기 위해 비스마르크가 1883-1889년 의료보험법·산재보험법·노령연금법·폐질보험법 등 일련의 사회보장제도를 도입함으로써 유럽 최초로 실현된다. 이후 근대국가는 '자유시장과 복지국가'의 쌍두마차로 뒷받침되기에 이른다.

이 '시장경제와 복지국가'만 근대의 기준으로 취해도, 아시아·아프리카·동구·남미의 거의 모든 나라가 근대국가의 범주에서 탈락한다는 것을 알 수 있다. 이 기준을 첫 번째 국민국가 기준 및 세 번째 '근대적 경제성장'(경제의 근대화)과 결합해 근대국가의 기준으로 삼으면, 극서 11개국과 극동 6개국만이 근대국가로 남는다.

(5) 사법의 근대화

'사법司法의 근대화'는 '법치 우선의 정치'로의 정치변동에 조응해 법치주의 확립, 사법권의 독립, 기소와 판결의 분립, 법률과 법집행 및 행형行刑의 탈신분화('법 앞의 평등')·인간화, 민심을 반영한 입법 등을 말한다. 이 '사법의 근대화'는 명·청대 중국과 조선에서도 법전의 체계화와 간행을 통한 법치화, 법체계의 지속적 합리화 및 행형行刑의 인간화 개혁을 통해 구현되었다.[13] 서구의 '사법의 근대화'는 극동의 이러한 법치화·사법적 합리화·인간화 추이를 반영한 것이다.

이 '사법의 근대화'를 근대화의 한 기준으로 삼을 때, 구舊공산권 국가들과 북한·쿠

---

13) 참조: 김백철, 『법치국가 조선의 탄생』 (서울: 태학사, 2016), 105-183쪽.

바 등의 현現공산국가들은 그 부패한 권력종속적 사법부와 음침한 비인간적·인권유린적 감옥 때문에 근대국가 범주에서 탈락할 것이다. 그리고 이슬람제국과 힌두국가, 남미와 아프리카제국도 마찬가지 이유에서 근대국가 범주에 들기 어려울 것이다.

(6) 사회의 근대화와 시민사회의 출현

'사회의 근대화'는 개인적 사회활동의 탈脫종교적 세속화와 자유화 및 '시민사회'의 형성을 말한다. '개인적 사회활동의 자유화'는 양심·종교·사상·학문·예술·언론·출판·표현의 자유의 확장과 확립을 말한다. 그리고 '시민사회'는 국가영역과 경제영역, 이 양자로부터 분리된 가정·사회단체(친족·친목단체·시민단체·노동조합·경제인조합·동직조합)와 종교·문화·학술단체 및 언론·정치단체들의 사회적 활동영역을 가리킨다. 국가영역과 경제영역으로부터 분리된 '시민사회'는 유림儒林(산림)과 재야은둔의 유교적 전통에서 유래하는 것이다.

그러나 이슬람제국과 힌두국가는 사회의 탈종교적·세속적 근대화와 시민사회의 형성의 관점에서 전근대국가다. 이슬람제국과 힌두교국가는 국교를 규정하고 종교의 자유와 관용을 거의 인정치 않고 종교가 사회를 완전히 장악함으로써 시민사회의 독자적 공간을 남겨놓지 않기 때문이다. 현존하는 공산국가들과 남미제국도 당과 국가가 사회를 틀어쥐는 한에서 근대국가로 볼 수 없다.

(7) 윤리도덕의 근대화

'윤리도덕의 근대화'는 사회윤리와 개인도덕의 탈종교화·세속화를 말한다. '윤리도덕의 탈종교화·세속화'는 윤리도덕이 종교적 신탁(oracles)이나 계시적 계율로부터 해방되어 '인간화'되는 것이다. '윤리도덕의 인간화·세속화'는 공자철학에서처럼 윤리도덕을 인간본성(human nature), 특히 인간본성적 도덕감정과 도덕감각으로부터 해명하고 정립하는 것이다.

⑻ 종교·문화·예술의 근대화

'종교·문화·예술의 근대화'는 종교의 탈脫주술화 및 교육·문화·예술의 세속화·자유화·대중화(탈脫고전화·탈脫전문가화)로 정의된다. '종교의 탈주술화'는 종교가 마법적 주술이나 무격巫覡에 의한 예언적 기능과 피안에서의 영혼구제의 기능을 퇴출하고 '현세구복적'으로 세속화·현세화되는 것을 가리킨다.

'문화·예술의 세속화·자유화·대중화'는 문화·예술이 종교·주술과 분리됨과 동시에 귀족층과 전문가에 한정된 고전적·전문가적(classical and expert) 형태로부터 탈피해 대중에게 개방되어 자유로운 보통교육·대중문화·대중예술로 변화하는 것을 가리킨다. 이런 변화는 송대 중국에서 기원했다.

⑼ 학문의 근대화

'학문의 근대화'는 철학과 학문이 탈脫주술화·탈脫신학화·탈脫형이상학·탈합리주의·경험주의의 관철로 '경험과학화·실험과학화'되는 것을 말한다. 이 과정에서 서양 사상계에서는 신지神智와 인지人智가 분리되고 플라톤·아리스토텔레스·아퀴나스를 계승한 합리주의적 형이상학인 신학과 스콜라철학이 퇴조하는 탈脫희랍적 사상 변동이 일어난 반면, 베이컨·홉스·로크·뉴턴·섀프츠베리·허치슨·볼테르·흄·스미스 등의 경험주의가 철학·과학계를 석권했다. 베이컨의 경험적 방법론과 경험과학은 공자의 경험주의 인식론과 중국의 경험적 과학·기술을 리메이크한 것이다.[14]

극동에서는 공자가 "인간의 의미를 힘써 탐구探求하고 귀신을 공경해 멀리하는(務民之義 敬鬼神而遠之)" 이해·해석방법으로써 인지人智와 신지神智를 구분하고 지인知人의 인문사회과학을 확립하고, 16세기부터 19세기까지 신학新學·육학陸學·양명학·고증학과 신상紳商계급의 '개신유학'이[15] "이리살인以理殺人하는", 즉 리理로써 사람을

---

14) 베이컨 경험철학에 대한 공자철학과 중국 과학기술의 영향에 대해서는 참조: 황태연, 『공자철학과 서구 계몽주의의 기원(하)』(파주: 청계, 2019), 1093-1146쪽; 황태연, 『17-18세기 영국의 공자숭배와 모럴리스트들(상)』(서울: 넥센미디어, 2020), 443-497쪽.
15) 명·청대 중국의 '개신유학'에 대한 상론은 참조: 황태연, 『공자철학과 서구 계몽주의의 기원

죽이는(대진戴震) '극동의 스콜라철학'인 성리학에 도전해 청대에 성리학을 일개 사조로 전락시켰으나 '성리학과 국가의 공고한 결착'으로 인해 '학문의 근대화'는 국가 차원에서까지 완수되지 못했다. 성리학은 19세기에 서양의 경험주의 철학과 경험과학이 들어옴으로써야 비로소 국가의 중앙무대에서 완전히 사라졌다.

여기서 '경험과학'은 경험·실험지식의 '수리적·이론적 체계'를 말하고, '수리적·이론적 경험·실험과학'은 다문다견의 박학(방대한 박물지적 경험 수집)과 심문審問(실험)에서 얻어진 지식요소들을 수리화·이론화(정교화·체계화)하는 것이다. 근대적 자연과학은 '수리적' 경험(실험)과학인 한편, 근대적 인문·사회과학은 인간·문화·사회에 대한 '이론적' 경험(실험)과학이다. 물론 수리적 자연과학이 부분적으로 이론적 체계화를 포함할 수도 있고, 반대로 이론적 인문·사회과학이 얼마간의 수리·통계적 설명을 포함할 수도 있다. 하지만 정반대로 뒤집힐 수는 없다. 자연과학은 대체로 '인식적·설명적'일 수밖에 없는 반면, 인문·사회과학은 대체로 '이해적·해석적'일 수밖에 없기 때문이다.[16]

19세기 이후 "이리살인以理殺人"하는 합리주의의 득세는 인류역사 안에서 벌어진 가장 대규모의 사상적 반동으로서 극서제국諸國의 제국주의적·투쟁유일주의적·인종주의적 일탈과 직결된 것이다. 즉, '계몽'을 중단시킨 칸트주의적 합리주의 형이상학의 정체正體는 바로 제국주의 철학이자, 과학주의적 반反민주 철학(군국주의·극좌공산주의·나치즘·파시즘)이요, 과학기술적 자연파괴의 철학이다. 주지하다시피, 이 합리주의 이데올로기 속에서 '과학의 이름'으로, 즉 "과학적 사회주의"(마르크스), "과학적 인종주의"(니체) 등의 기치하에 탄생한 과학주의적 극좌배급제 공산주의와 과학주의적 나치즘·파시즘은 '진보의 이름'으로 거대한 역사적 반동을 준비하고 실행함으로써 인류에게 전대미문의 홀로코스트를 자행했다.

(상)』, 172-217쪽.
16) '인식·설명'과 '이해·해석'의 차이와 구분에 대해서는 참조: 황태연, 『감정과 공감의 해석학(2)』, 2165-2200쪽; 황태연, 『공자의 인식론과 역학: 지물과 지천의 지식철학』(파주: 청계, 2015), 19-40쪽.

따라서 18세기 말·19세기 초 등장한 칸트의 철학은 '계몽주의의 비판적 종합'의 철학이 아니라, 계몽철학을 전복하고 중세후기의 스콜라철학과 데카르트의 수정주의 스콜라철학을 복고한 '네오스콜라철학'으로서 '이데올로기적 과학주의 시대'를 연 '반反계몽주의 철학'으로 규정되어야 한다. 그 아류가 바로 "이리살인以理殺人하는" 헤겔·마르크스·니체·베버·하이데거 등의 합리주의다.

⑽ 생태학적 인간-자연 관계의 근대화

'생태학적 인간-자연 관계의 근대화'는 인공적 상공업과 인공물의 확산에 대한 반발로 천연의 '자연'으로 복귀하려는 욕망과 의식의 성장에 따른 자연보호의식의 확산 및 환경보호 제도의 확립이다. 일방적 자연이용과 채취를 통한 상공업의 발달과 경제적 풍요는 자연자원의 고갈위험을 초래하고 지나친 인공적 자연조작에 대한 거부감을 야기한다. 이에 따라 산림자원의 보존의식과 자연복귀 의식이 일어나 점차 자연보호 제도들이 확립되고, 공원조성과 예술도 인공을 감추고 자연스러움을 드러내고 자연을 모방하는 방향으로 나아간다. 11세기 이래 송·명·청대의 산수화의 대유행, 명·청대의 만주 원시림 보존조치와 동식물보호 조치, 그리고 윌리엄 템플(William Temple, 1628-1699)이 '사라와지'라고 부른 중국정원의 자연모방적 조원술 및 송대 이래 확산된 자연복귀 의식 등은 중국에서 일어난 '자연과의 관계의 근대화' 추세에 속하는 것들이다. 중국정원에 대한 17-18세기 유럽인들의 열광도 이런 '자연과의 관계의 근대화' 추세를 보여주는 것이고, 1762년 루소의 '자연으로 돌아가라'는 구호도 유럽에서 '자연과의 관계의 근대화'의 일면을 '지나친' 어법으로 보여주는 것이다.

그러나 '자연과 인간의 관계의 근대화'는 칸트의 복고적·형이상학적 합리주의와 레닌·스탈린주의적(극좌과학주의적) 합리주의, 니체와 히틀러의 인종주의적 합리주의, 칸트와 헤겔을 계승한 베버의 합리적 자본주의론과 합리성이론에서는 폐기되거나 주변화되었다. 이로 인해 19-20세기에 자연은 지배·정복·약탈의 대상으로 전락했다.

19-20세기에 무자비하게 자행된 자연파괴는 반동적 합리주의와 제국주의적 정복·약탈자본주의의 결합으로부터 비롯되었다. 20세기 말에 다시 나타난 환경생태주의는 합리주의로부터 다시 탈피하려는 '제2차 생태학적 계몽' 또는 '제2차 자연과 인간의 관계의 근대화' 기도라고 할 수 있다.

이 10가지 근대 기준으로부터 볼 때, 극동을 제외한 아시아·아프리카제국과 인도·이슬람제국, 극서제국을 제외한 유럽제국과 러시아는 완전한 근대국가로 볼 수 없다. 또 이 나라들이 고도로 근대화될 것으로 전망하거나 예단할 근거도 없다. 오직 극서 11개국과 극동 6개국만이 이 10개 근대 기준을 추종시키는 근대국가라고 할 수 있다.

■ 근대사회의 '모델'로서의 중국

11-18세기 조선은 지금까지 열거한 10가지 근대성의 핵심요소들을 거의 다 갖춘 '낮은 근대(저근대)'의 궁극단계에 도달해 있었고, 중국은 이 '낮은 근대'를 넘어 섰고, 자본주의적 생산방식에서는 '높은 근대'의 현대적 유형에 속하는 '브랜드 자본주의'로 선구先驅함으로써 부분적으로 서구를 능가하고 있었다. 다만 평화와 번영의 장기화와 이에 기인한 문명적 오만, 18세기 말부터 서구의 중국상품 수입의 급감과 궁극적 소멸, 이로 인한 80-100년 장기불황과 대응적 생산방식의 확산시간의 소요 등 여러 요인들의 결합 때문에 중국과 극동제국의 궁극단계의 '낮은 근대'가로부터 '높은 근대'로의 전면적 발전에서 잠시 지체됨으로써 중국이 18-19세기 전환기로부터 서구에 뒤지는 것으로 보였을 뿐이다.

하지만 극서제국이 극동제국을 앞서기 전, 즉 11세기부터 18세기 후반까지 800-900년간 중국은 '유럽의 모델'이었다. 송대 이후 근세에 접어든 중국의 근대문화는 개별적 문물요소로부터 철학사상과 정치제도에 이르기까지 800-900년 동안 서양으로 전해져 르네상스와 계몽주의를 발아시켰다. 특히 17-18세기 기독교종단과 스콜라철학으로부터 자유로운 근대사상인 세속적 계몽주의는 공자철학과 극동문화로부터 발단했다.

지구상에는 여러 비非서구지역들이 존재했었다. 중국만이 아니라 아프리카제국과 이집트, 터키와 이슬람제국, 인도, 불교제국, 아메리카 등이 그것이다. 그리고 로마제국을 비롯하여 많은 제국들이 알려져 있었다. 그러나 중국 외에 유구한 번영을 누리며 800년 동안 지속적으로 서구인의 관심을 사로잡은 지역도, 나라도 없었다. 중국을 제외한 모든 제국들은 이집트, 잉카제국, 페르시아, 로마제국, 무굴제국, 오스만제국처럼 한때 융성했다가 소멸했다. 그러나 중국만은 고대로부터 존속해왔을 뿐이 아니라 21세기까지도 서구인들의 뇌리를 떠난 적이 없다. 특히 17-18세기에 중국은 유럽인들의 뇌리에 유럽 바깥의 '예외적' 문명국가, 선진적 모델국가로 각인되었다. 당시 중국적인 모든 것은 문화적·정치적·학술적 권위를 가졌다. 이런 권위 때문에 17-18세기에 공자철학과 중국문화는 유럽에서 일대 문화적 지각변동을 일으키고 특히 극서제국에서 '유교적 근대화(Confucian Modernization)', 즉 '서구의 중국화(Sinicization of Western Europe)'를 추동할 수 있었던 것이다.

이에 대해서는 필자가 앞서 출간한 유교문명의 서천사西遷史와 서구 계몽주의의 흥기에 관한 9부작에서 상론했다. 이제 서유럽의 유교적 근대화의 수준 및 일반적 양상에 대한 이론적 규명, 기존의 유럽중심주의적(베버주의적) 근대이론과 베버주의적 중국자본주의불발론에 대한 이론적 논파, 유럽사회의 유교적 탈주술화·탈기독교화·세속화에 대한 정밀한 이론적 논증, 대안적 자본주의론과 대안적 근대화론의 구축 등을 통해 '근대이론'을 새롭게 구성할 것이다.

1.2. 공자철학과 18세기 경험철학의 헤게모니

■ 유럽철학의 '공자화'와 기독교로부터의 해방

중국은 17-18세기 유럽의 사상적 지형 안에서 판이하고 색다른 위치를 점했다. 아프리카와 아메리카, 멸망한 이집트·멕시코·페루제국의 원시적 문화와 지극히 대조적으로 유럽인들은 4000년의 역사를 갖고 당대까지도 계속적으로 유럽의 문화를 무색케 하는 거대한 업적을 이룬 위대하고 유구한 문명의 자리를 중국에 배정했다.17)

오직 터키인들이 다스리는 소아시아의 오토만제국과, 칭기즈칸의 후손들이 다스리는 인도의 무굴제국만이 규모·영광·능력 면에서 중국과 견줄 수 있었다. 하지만 서구적 상상 속에서 그 제국들의 위치는 서양인들이 이교도들과 벌인 유혈갈등의 집단적 기억에 의해 불가피하게 한정되었다. 더구나 초창기 인도 여행자들은 유럽인들을 교양하는 측면에서 중국의 예수회 선교사들보다 훨씬 더 무능했고, 그 결과 인도는 지리적으로 더 가까울지라도 18세기 후반 영국이 식민통치를 확립하기까지 중국보다 훨씬 더 모호한 나라로 남아 있었다. 레바논은 유럽의 독자와 여행자들에게 상당히 친숙해서 풍요로운 고대적 연상에 의해 전형적으로 관심을 끌었을지라도 그곳에 사는 주민들은 보다 빈번하게 희미하게 깜박이는 이국정조나 오만한 경멸의 앵글 속에서 터키인들로만 비쳤을 뿐이다.18)

그래서 중국은 초기 근대의 전 시기를 관통해 아주 다양하게 변동하는 해석과 응답의 프레임을 견디기에 충분히 잘 알려지고 찬미 받는 문명으로서 오리엔탈 지평에 홀로 우뚝 서 있었다. 이런 역사이해에는 동서교류의 역사가 유럽과 비유럽국가들 간의 최초 조우 시에 흔했던 정복과 착취, 낭만적 이상화와 제국주의적 세계인식의 지배적 이야기에 대한 진기하지만 대체로 중요치 않은 예외로 비칠 것이라는 약간의 리스크가 없지 않지만, 극서極西제국에 대한 중국의 영향에 관한 한, 이 영향이 워낙 일반적이고 '본질구성적'이었기에 이런 일말의 리스크는 옆으로 제쳐놓아도 무방할 것이다. 오히려 아편전쟁 이전에 전개된 역사를 제국주의적·유럽중심적 이야기에 대한 대안적 프레임으로, 즉 중국의 판이한 역사적 사상지형의 맥락에 조응하는 프레임으로 전개하는 것은 개인적 만남들을 통해 생산된 담론들의 다양성과 특수성에 대한 이해를 풍요롭게 만들 뿐 아니라, 다른 시대와 다른 장소에서 문명권들을 가로지르는

---

17) 참조: David Porter, Ideographia. *The Chinese Cipher in Early Modern Europe* (Stanford, CAL: Stanford University Press, 2001), 2쪽.

18) 참조: Porter, *Ideographia*, 2-3쪽.

접촉의 작동을 조명할 일반적 패러다임을 산출할 수도 있을 것이다.[19)]

우리의 관심은 공자철학과 극동문화를 접한 서유럽 지성계의 해석학적 전략과 해석 틀, 이 틀의 역사적 발전과 진화, 이 해석 틀의 문화적 본질구성 능력과 문화적 변혁 잠재력 등을 일반적·이론적으로 고찰하는 것이다. 공자는 17세기 말 자유·평등·혁명권·내각제 등의 정치철학적 계몽이념이 싹트는 초창기 근대화 과정에서도 물밑에서 이심전심의 향도 노릇을 했다. 나아가 18세기에 들어서자 공자는 아예 공공연하게 '계몽의 총아'로 부상했다.

이런 까닭에 1920년대에 아돌프 라이히바인은 "공자는 18세기 계몽주의의 수호성인이 되었다(So wurde Konfuzius zum Schutzpatron der Aufklärung des 18. Jahrhunderts)"고 평가했다.[20)] 그리고 1970년 존 패스모어(John A. Passmore)는 "17·18세기에 벌어진 일은 유럽사상이 공자화孔子化(Confucianised)된 일이라고 말해도 거의 무방할 것이다"라고[21)] 천명했다. 나아가 1971년 마이클 에드워디스(Michael Edwardes)는 "공자가 유럽을 정복하다(Confucius Conquers Europe)"라고 선언하며 이렇게 갈파한다.

> 유럽인들에게 가장 큰 영향을 미친 것은 필경 중국의 유구성이고, 중국 제도의(그들이 믿는바) 계속성이고, 언제나 실존해온 것으로 보이는 평화적이고 안정적인 정부였다. 이 이

---

19) 참조: Porter, *Ideographia*, 3쪽.
20) Adolf Reichwein, *China und Europa im Achtzehnten Jahrhundert* (Berlin: Oesterheld Co. Verlag, 1922), 86쪽.
21) John A. Passmore, *The Perfectibility of Man* (Indianapolis: Liberty Fund, 1970·2000), 244쪽 각주. 그러나 패스모어는 자기의 장담에서 다시 김을 빼고 있다: "물론 우리가 '영향'의 관점에서 생각한다면, 이것이 그때 벌어진 일에 대한 바른 역사적 평가는 아니다. (…) 그리스의 플라톤적·스토아적·에피쿠로스적 원천에서 기원하는 공자 유형의 관념들은 공자가 번역되기 전에 이미 광범하게 퍼져있었다. 그러나 공자주의는 이웃사랑이 기독교 특유의 교리가 아니라는 것에 대한 산 증거로 이바지했다." 하지만 공자와 맹자의 도덕감정(측은·수오사양지심)·시비감각·인덕·의덕·예덕 등과 같은 개념들은 플라톤·스토아·에피쿠로스철학에서 전혀 발견되지 않는다. 반대로 이 헬레니즘 철학자들의 사고 속에서는 도덕감정들을 말살하려는 기도들만이 판친다.

미지는 1660년에 이미 확립되었고, 이후 해마다 이어지는 세월 속에서 중국은 우월한 도덕으로도 유명해졌다. 그리하여 이 모든 특질들은 '공자'라는 인물 안에 결합되었다.[22]

이랬던 까닭에 1997년 리오넬 젠슨(Lionel M. Jensen)은 "18세기에 공자는 중국의 현자적 '무관無冠의 제왕'일 뿐만이 아니라 이제는 유럽의 현자적 '무관의 제왕'(Europe's sagely uncrowned king)이기도 했다"고 다시 확인하고 있다.[23]

"공자가 유럽을 정복하다"라는 에드워디스의 선언과 유사하게 데이비드 포터(David Porter)는 2010년 18세기 극서제국의 사상적 상황을 "초기 근대의 중국화(Sinicizing early modernity)"를 입론하며 이렇게 부연한다.

> 우리가 초기 근대(*early modernity*)의 특징으로 읽는 데 익숙해져 있는 영국의 많은 발전은 적어도 멀리 떨어진 한 사회(중국사회)와 긴밀한 유사성이 있다.[24]

16세기 중반부터 17세기 말 영국 명예혁명(1688)까지의 바로크 시대는 '*early modernity*(초기 근대)'라고 불리는데, 이 '초기 근대'도 중국과의 "긴밀한 유사성"을 가지고 있었다는 말이다.

그리고 17세기에서 18세기로의 세기전환기와 18세기 계몽주의 시대에도 중국문명은 영국을 비롯한 극서제국에 대해 적어도 50-60년 이상 앞선 "기죽일 정도로 선진적인 문명"이었다.[25] 따라서 '유럽적 근대'가 원래 다른 문명으로부터 전혀 '본질구성적' 영향을 받지 않고 자생적으로 발전된 인류역사상 최초의 '유일무이한 예외적' 문명이라는 오늘날 유럽인들의 서구중심주의적 망념은 아편전쟁으로 잠시 중국이

---

22) Michael Edwardes, *East-West Passage: The Travel of Ideas, Arts and Interventions between Asia and the Western World* (Cassell·London: The Camelot, 1971), 103쪽.
23) Lionel M. Jensen, *Manufacturing Confucianism* (Durham·London: Duke University Press, 1997·2003), 119쪽.
24) David Porter, "Sinicizing Early Modernity: The Imperatives of Historical Cosmopolitanism", *Eighteenth-Century Studies*, Vol. 43, No. 3 (Spring 2010), 302쪽.
25) Porter, "Sinicizing Early Modernity", 304쪽.

'종이호랑이'로 전락하고 '이성의 칸트주의적 복고'와 함께 각종 합리주의 이데올로기들과 인종주의가 판치게 된 19세기부터 이전 시대 100여 년간 진행된 '서양철학의 공자화'나 '유럽의 유교적·중국적 근대화'를 마음 편하게 망각하기 시작하면서야 비로소 형성되고 확산된 것이다. 데이비드 포터는 이를 이렇게 갈파한다.

> 명말·청초의 중국에 대한 연구는 유럽국가들 - 특히 영국 - 이 많은 점에서 유일무이하지 않을 뿐만 아니라, 지극히 단호하게, 그들이 최초도 아니라는 것을 상기시켜 주는 점에서 유익하다. 내가 언급한 거의 모든 유사한 평행적 발전들의 경우에 중요한 벤치마크들은 중국인들에게 적어도 30년에서 60년 앞선 우위를 보여주고 있다. (…) 유럽 예외주의에 대한 믿음은 이전에 뚜렷했던 가시적 대안을 의도적으로 덮고 감춰 망각함으로써 생겨난 것이다. 초기 근대의 유럽중심적 개념화는 그 초기적 출현이 초기 근대의 기원에 대한 계보학적 추적 덕택이라면, 그것의 많은 유지력은 일종의 의도적 망각 덕택이다. 18세기와 19세기가 흐르는 사이에 영국에서 고의적으로 그리고 (유럽중심적 역사조작에 - 인용자) 이롭도록 망각된 것은 세계사의 동시대성, 특히 유라시아 대륙의 먼 끝에 있는 기죽일 정도로 선진적인 문명의 동시대적 엄존이었다.[26]

17세기 후반과 18세기 초에 유럽에 대량으로 보급되기 시작한 공자경전과 공자철학은 유럽에서 '신新철학'으로서의 '신선함'에 있어서만이 아니라 그 '깊이'와 '높이'에 있어서 일대 '충격'이었던 까닭에 단번에 기독교신학과 그리스전통의 서양철학 일반을 원리적으로 압도하고, 유럽철학을 '공자화'하고 유럽을 '중국화'하기 시작한 것이다.

처음에 마테오리치의 지침에 따라 기독교를 중국문화에 적응시키는 이른바 '적응주의적(accomodationist)' 공자해석서 및 번역서들은 "중국인들의 잠재적 기독교성을 밝히려는 정신"에서 집필되었고, 또 그렇게 받아들여졌다. 그러나 다음 단계에서 공자는 유럽의 사상적 제왕으로 지배하기 시작했다.

---

26) Porter, "Sinicizing Early Modernity", 303-304쪽.

중국경전의 첫 번역선집이 출현한 그 순간부터 태고대적 유일신론의 예수회 상징인 공자는 유럽대륙의 식자들 사이에 사색思索의 피뢰침이 되었다. 공자는 중국의 현자적 '무관의 제왕'일 뿐만 아니라, 유럽의 현자적 '무관의 제왕'이기도 했다. 공자의 중요성은 성직자 독자층에 한정되지 않았고, 공자는 훨씬 더 광범한 명성을 누렸다. 이것은 중국선교단에 의해 생산된 아주 기술적인 번역과 해설저작이 황급히 재출간되고 심지어 대중보급판까지 출간된 것에 의해 증명된다. 라틴어에서 각국 언어로 번역된 이 많은 원문들은 널리 광포되었다.[27]

그런데 유럽에서 공자철학과 중국의 도덕정치에 대한 탄복 속에서 일어난 공자숭배와 공자연구의 붐은 곧 도처에서 기독교적 세계관과 충돌했으나 얼마 지나지 않아서 맹렬한 기독교비판과 이신론적·무신론적·혁명적 철학사조를 불러일으켰다. 이와 함께 점차 유럽 지식인들은 탈脫희랍화·탈기독교화·탈종교화되었다. 유럽의 15-16세기 르네상스 시대가 그리스철학의 시대였다면, 17-18세기는 그리스철학이 변두리로 내쫓기고 공자철학이 무대를 석권하는 '공자의 시대'였던 것이다.

말하자면 18세기 계몽주의 운동은 르네상스와 반대로 반反희랍적·반기독교적 또는 탈脫희랍적·탈기독교적 사상운동이었다. 희랍철학과 헬레니즘의 영향이 주도했던 르네상스에 비하면 17-18세기는 중국문화와 공자철학의 영향이 압도적이었고, 헬레니즘은 중심무대에서 완전히 밀려났다. 17-18세기 극동은 서구적 근대정신의 탄생지였던 것이다. 그리고 극동문화의 충격성과 폭발성은 그리스철학을 훨씬 능가하는 것이었다. 이런 까닭에 루이스 매버릭(Lewis Maverick)은 계몽주의에 대해 이렇게 규정한다.

> (…) 유럽 계몽주의는 정신의 족쇄의 거대한 분쇄, 눈으로부터 블라인더의 제거였다. 계몽의 한 측면은 외부세계가 위대하다는 갑작스러운 깨달음과 결부되어 비유럽 세계에 관한 정보를 유럽사상 속으로 흡수하는 것이었다. 많은 계통의 사상과 신념 속에서 이 새로운

---

27) Jensen, *Manufacturing Confucianism*, 119.

정보와 평가는 이전의 자족성이나 지방주의의 분쇄와 세계관의 교체에 기여했다.[28]

매버릭이 말하는 이런 "세계관의 교체"에서 가장 두드러진 두 가지 측면은 유럽철학의 '탈脫종교화·탈희랍화'와 유럽사회의 '탈주술화(disenchantment)'였다. 이것은 오늘날도 막스 베버의 그릇된 개신교적 합리화와 탈주술화 테제와 관련해 중대한 문명철학적 논쟁을 재再점화시켜 새로운 각성을 가져다줄 것이다.

■ 공자철학에 열광한 계몽주의자들의 실질적 영향력

'중국 팬들(China-fans)'이었던 계몽철학자들이 당대의 정치생활과 유럽 군주와 정치가들에게 미친 정치사상적 영향력은 과연 얼마나 실질적·실제적이었을까? 환언하면, 과연 극동의 정치문화와 공자철학은 유럽정치와 국가제도를 근대화시킨 계몽주의의 핵심원리들에 대해 얼마나 결정적인 영향력을 발휘했을까?

프랑스의 루이 14세는 라 모트 르 베예를 왕사로 모시고 있었고, 그 밖에도 중국을 애호하는 많은 철학자들의 조언을 받아 지방대귀족들을 약화시키기 위해 중국식 중앙집권화를 추진했다. 그리고 루이 15세, 그의 손자 루이 16세, 오스트리아의 요셉 2세 등은 중국황제가 춘경기에 쟁기로 밭을 가는 행사를 모방해 유사한 쟁기질 행사를 거행함으로써 농부들의 농사노동에 대한 중농주의적(농본주의적) 존경심을 보여주었다. 계몽전제정의 통치는 비록 빠짐없이 중국의 영향에 의해 각인된 것이 아니더라도 실제로 수많은 결정적 요소들에서 중국의 덕을 입지 않을 수 없었다. 우선 그간 중국문화와 공자철학의 정수를 적극적으로 이해하고 숭배하게 된 많은 계몽철학자들이 유럽 군주들의 궁정 안에서 힘 있는 위치에 있었다는 사실을 망각해서는 아니 될 것이다.[29] 1640년경 환희 속에서 "거룩한 공자님이시여, 우리를 위해 기도해주소

---

28) Lewis Adams Maverick, *China - A Model for Europe*, Vol. I (San Antonio in Texas: Paul Anderson Company, 1946), "Preface", xi.

29) Walter Demel, "China in the Political Thought of Western and Central Europe, 1570-1750", 58-59쪽. Thomas H. C. Lee, *China and Europe: Images and Influence in Sixteenth to*

서!"라고 외칠 뻔했던 프랑스 자유사상가 라 모트 르 베예는[30] 국내에서 중도노선을 추구하고 극동에 대해 프랑스의 개입 노선을 펼쳤던 루이 14세의 왕사王師였다. 공자를 예수의 반열로 끌어올린 크리스티안 볼프(Christian Wolff)의 제자 쟝 드샹(Jean Deschamps)은 프리드리히 2세의 황태자 시절 왕사였다. 또한 트리고 신부가 마테오리치의 중국 소개 글들과 중국선교 관련 유고遺稿를 이탈리아에서 라틴어로 번역해 출판한『중국인들 사이에서의 기독교 선교』(1615)를 바이에른 선제후 윌리엄 5세 '경건왕'에게 헌정하고, 키르허 신부가『삽화를 곁들인 중국 해설』(1667)을 레오폴드 1세 신성로마제국 황제에게 헌정한 것도 단순한 인사치레가 아니었다.

게다가 여러 가톨릭 군주들은 극동 선교를 물심양면으로 후원했고, 중국과 관련된 모든 것에 관심을 가졌다. 나아가 이 군주들의 관심은 중국의 동료들과 친밀한 접촉을 유지했던 예수회의 몇몇 고해신부들에 의해 더욱 고무되었다. 이들 중에 라 체즈(La Chaize) 신부는 루이 14세의 고해신부였고, 중국에 11년간 체류했던 밀러(Balthasar Miller) 예수회 소속 선교사는 비엔나의 마리아 테레지아 황후(재위 1740-1780)의 고해신부였다.[31] 그리고 예수회 신부 프란츠(P. Frantz)는 테레지아의 아들로서 황위를 계승한 요셉 2세(재위 1764-1790)의 철학교사였다.[32] 볼테르는 프리드리히 2세·에카테리나 2세 등 유럽의 여러 국왕들의 친구이자 멘토였다. 프랑수와 케네는 루이 15세의 최측근이었다. 이 모든 사상가들은 국왕과 국가최고위층 인물들을 통해서 근대적 국가개혁을 권려하고 실현시켰다. 1674년 영국 찰스 2세 앞에서「영예의 바른 개념」이라는 궁정설교를 통해 중국과 공자의 철학을 설파하고『대학』의 발췌문을 처음으로 영역해 영국독자들에게 소개한 나다나엘 빈센트는 찰스 2세

Eighteenth Centuries (Hong Kong: The Chinese University of Hong Kong Press, 1991).

30) François Bernier, "Introduction à la lecture de Confucius, Extrait de diverses pièces envoyées pour étrennes par M. Bernier à Madame de la Sablières", 39쪽. *Journal des Sçavans* (7 juin 1688) [pages 25-40].

31) Demel, "China in the Political Thought of Western and Central Europe, 1570-1750", 58-59쪽.

32) Ulrich Adam, *The Political Economy of J. H. G. Justi* (Oxford, Berlin, Frankfurt am Main, New York, Bern: Peter Lang, 2006), 141쪽.

의 궁정목사였다.

　동시에 라이프니츠·볼프·볼테르·케네 등 저명한 세속적 철학자들은 중국 정치철학을 유럽 군주들에게 전달하려고 노력했고, 자신들의 제언을 수용하는 군주들을 '철인왕'으로 찬양했다. 프로이센 프리드리히 2세는 즉위 직후인 1740년 볼프의 저서를 읽은 뒤 볼프에게 "세계의 지도교사이고 세계의 군주들의 가정교사인 것은 철학자들의 임무다"라고 써 보냈다.[33] 또한 존 웹, 윌리엄 템플, 섀프츠베리, 존 트렝커드, 토마스 고든, 매튜 틴들, 새뮤얼 존슨, 유스터스 버젤, 올리버 골드스미스, 데이비드 흄, 아담 스미스 등 영국 계몽철학자들과 모럴리스트들은 음양으로 중국의 정치문화와 공자철학을 대변했고, 라 모트 르 베예, 피에르 벨, 에티엔느 드 실루에트, 쟝 프랑수와 멜롱, 니콜라 보도, 르 마르키 다르장송, 알브레이히트 폰 할러, 요한 유스티 등 셀 수 없이 많은 대륙의 계몽철학자들도 중국의 정치사상과 관용적 종교문화를 대변했다.

■ 예수회 선교사들과 철학자들의 아이러니컬한 협력관계

　18세기 계몽철학을 주도한 '계몽철학자들(philosophes)'과 예수회 신부들은 상호 긴장과 상호대립 속에서도 "자기들도 모르는 상호협력자들"이었다는 점도 망각하지 말아야 할 것이다.[34] 계몽사상가들은 계몽시대 초기 유럽에 온 황가략黃嘉略(Arcaido[Arcadio] Huang, 1679-1716)과 심복종沈福宗(Shen Fo Tsung; Michael Shen Fu-Tsoung; Fuzong. 1657-1691), 계몽시대 중기에 유럽에 온 고류사高類思(Kao Lei-se[Lei-szu])', 양덕망楊德望(Yang Teh-wang[Te-wang]) 등 가톨릭으로 개종한 중

---

33) J. D. Preuss (ed.), *Oeuvre de Frederic le Grand* (Berlin: 1850), XVI, 179쪽. Donald F. Lach, "The Sinophilism of Christian Wolff (1679-1754)", *Journal of the History of Ideas*, Vol. 14, No. 4 (Oct., 1953), 565쪽에서 재인용.

34) David E. Mungello, "Confucianism in the Enlightenment: Antagonism and Collaboration between the Jesuits and the Philosophes", 99쪽. Thomas H. C. Lee, *China and Europe: Images and Influence in Sixteenth to Eighteenth Centuries* (Hong Kong: The Chinese University of Hong Kong Press, 1991).

국인 신부들 외에 중국인들과 직접 접한 적이 없었다. 계몽철학자들은 유학을 하기 위해 일차적으로 예수회 선교사들에게 의존해서 그들의 원고와 출판된 저작을 읽고, 중국에 가 있는 예수회 신부들과 서신을 교환하거나 유럽으로 돌아온 선교사들을 만났을 뿐이다. 결과적으로 유럽 계몽주의자들의 유학 연구는 중국 예수회와 불가분적으로 연결되어 있었다.

여기서 커다란 아이러니는 공자철학의 이신론적·무신론적 경향을 추구하는 철학자들이 중국연구에서 그들이 쫓아내려고 애쓴 유신론적 예수회 집단에 의존하지 않을 수 없었다는 것이다. 계시종교의 대표자로서 예수회 신부들은 철학자들이 유럽사회의 지배하는 사상적 유행으로서 확립하려고 애썼던 이신론적(무신론적) 프레임워크와 반대되는 정통 유신론 테제를 대변했다. 하지만 예수회 신부들은 17세기에 그랬던 것처럼 18세기에도 여전히 거의 유일하고 가장 박식한 중국통通들이었다. 예수회 신부들과 계몽철학자들은 유럽사상계를 바꾸려는 목적에서 상호 대립되는 세계관들을 경쟁적으로 알리는 홍보원들이었다.[35] 그럼에도 그들은 의도치 않게 계몽시대 내내 긴밀하게 서로 협력했다.

계몽철학자들은 자신의 세계관과 문화적 논제들이 예수회 신부들의 그것들과 아주 크게 달랐지만 아이러니컬하게도 예수회의 공자철학 이미지를 계속 유럽에 전달하는 실행자들이었던 것이다. 중국의 예수회와 유럽의 친중국적 계몽철학자들이 적대적이었을지라도 두 집단이 각기 다른 이유에서 공자철학을 유럽에 보급하는 데 서로 협력한 것이다. 계몽철학자들은 중국에 관한 예수회의 저작들을 인용했다. 그들은 비록 구약상징주의자들(*Figurists*)의 해석과 같은 일정한 예수회적 해석을 배격했을지라도 그들이 자기들의 목적을 위해 쓰는 예수회 평가들을 특이할 정도로 거의 바꾸지 않고 예수회 신부들의 공자철학 이미지를 일반적으로 수용하고 확산시켰다. 이런 이미지 속에서 공자의 교설은 "찬미할만한 철학"으로 극찬되었다. 공자철학의 도덕적·정치적 측면에 대한 예수회의 강조와 우주론적·형이상학적 측면에 대한 관심

---

35) Mungello, "Confucianism in the Enlightenment", 100쪽.

의 결여도 계몽철학자들에 의해 그대로 수용되었다. 이런 강조는 기독교에 더 보완적이거나 심지어 기독교와 모순되기까지 하는 우주론이나 형이상학과 같은 요소들을 배제하는 한편, 기독교를 보완해주고 따라서 기독교와 혼합되는 도덕·정치 같은 요소들을 공자철학 안에서 발견하려는 예수회의 "적응적" 의도와 부합되는 것이다. 아주 다른 의제에도 불구하고 계몽철학자들은 예수회의 공자 이미지와 공자의 가르침을 흡수해 이것을 앙시앵레짐의 정치적·사회적·종교적 형태들을 비판하고 바꾸는 운반수단으로 널리 홍보했던 것이다.36)

따라서 예수회의 긍정적 중국관과 공자이해는 당연히 계몽철학자들의 관점을 통해 걸러지고 가공되고 변형되었다. 그럼에도 불구하고 예수회의 중국관과 공자해석은 유럽 계몽철학, 특히 계몽주의 정치철학의 형성과 발전에 결정적 영향을 미쳤던 것이다.

1.3. 유럽의 '유교화'와 '중국화': '서구의 모델'로서의 극동

서구 계몽사상에 대한 공자와 극동문화의 영향을 정확하게 짚기 위해 수사적 질문을 하나 던져보자. 공자와 극동문화는 계몽사상의 형성에 얼마나 또는 어느 정도로 영향을 미쳤는가? 공자철학이 계몽철학을 '창출'했는가? 아니면 공자철학은 계몽철학의 발전과정에서 서양 계몽철학자들이 자기들의 관념들을 비춰보는 단순한 거울, 즉 단순한 '참조' 또는 '예증' 사례에 불과했던가? 또는 중국을 우월한 국가 또는 이상국가의 물음에 대한 '해답'이 아니라 상대주의적 관점에서 긍정과 부정의 양의적 의미의 '교훈'에 지나지 않았던가? 아니면 계몽철학은 서양철학자들이 자발적으로 중국의 국가제도와 정치문화를 근대유럽의 '본질구성적(integral; constitutive) 모델'로 삼아 유럽적으로 '리메이크'하고 공자철학을 모방하고 재발명함으로써 산출된 서양

---

36) Mungello, "Confucianism in the Enlightenment", 120쪽.

철학과 공자철학 간의 패치워크 산물인가? 간단히 말하면 근대유럽의 형성에서 중국과 공자철학은 한낱 '참조사례'일 뿐인가, 아니라 '본질구성적' 모델이었던가?

■ 계몽사상의 '본질구성적' 요소로서의 공자철학

조나단 이즈리얼(Jonathan Israel)은 공자철학과 중국을 계몽철학의 발전과정에서 서양 계몽철학자들이 "단지 그들에게 앞서 달라붙어 있는 생각들을 비춰보는 거울(*merely mirroring their own prior obsessions*)"에 불과한 것으로 본다.[37] 유사하게 애슐리 밀러(Ashley E. Millar)도 "18세기 유럽 관찰자들은 우월성의 관념 없이 중국에 접근했고", 오히려 "그들의 세계관에는 상당한 정도의 상대주의가 존재했으며 때로는 중국을 유용한 교훈을 제공하는 것으로 보았다'고 말한다. 즉, "계몽주의 사상가들은 해답을 얻으러 중국으로 고개를 돌린 것이 아니다"는 말이다. 중국이 "유용한 모델"로서 유럽인의 관심을 얻은 것은 '중국애호' 때문이 아니었듯이 반대로 그런 관심을 잃은 것은 '중국혐오감' 때문이 아니라 "중국이 유럽 계몽주의를 특징짓는 보편적 모델 속으로 옮겨질 수 없는, 많은 점에서 특이한 케이스인 것으로 생각되었기 때문"이라는 것이다.[38]

그리고 아놀드 로보덤(Arnold H. Rowbotham)은 계몽시대를 총괄해서 "설령 중국이 발견되지 않았더라도" 가령 "자연종교와 이신론을 향한 철학운동은 발전되었을 것"이라고 말하면서 "호라티우스와 기타 고전적 저자들의 명백한 영향을 간과해서는 아니 된다"고 덧붙였다. 그러나 동시에 그는 17·18세기 서양의 자생적 동요動搖효인들을 "느리고 종종 숨겨진" 준비효소들에 지나지 않았다고 격하한다.[39] 이 앞말과

---

37) Jonathan I. Israel, *Enlightenment Contested - Philosophy, Modernity, and the Emancipation of Man 1670-1752* (Oxford: Oxford University Press, 2006), 640쪽.

38) Ashley E. Millar, "Revisiting the Sinophilia/Sionophobia Dichotomy in the European Enlightenment through Adam Smith's 'Duties of Government'", *Asian Journal of Social Science*, 38 (2010) [716-737], 716쪽.

39) Arnold H. Rowbotham, "The Impact of Confucianism on Seventeenth Century Europe", *The Far Eastern Quarterly*, Vol. 4, No. 3 (May, 1945), 242쪽.

뒷말은 상충된다.

"느리고 숨겨진" 동요효소들은 '공자열풍과 중국열광' 속에서 공급된 공자철학의 사상적 실탄과 극동의 실존하는 무신론적 도덕국가들의 정치제도적 현실 모델이 없었더라면 기독교신학과 스콜라철학, 그리고 기독교종단의 막강한 지배를 독력으로 돌파하지 못하고 이것에 의해 오히려 압살당하거나 질식당했을 것이기 때문이다. 주지하다시피 뉴턴과 흄은 "느리고 숨겨진" 효소처럼 다른 것의 도움이 없으면 결코 '결과'로 드러나지 않을 '원인'을 '없는 것'으로 규정했다. 로보덤처럼 "설령 중국이 발견되지 않았더라도 자연종교와 이신론을 향한 철학운동은 발전되었을 것"이라고 '간단히' 생각한다면, 이것은 17세기 말과 18세기 초반 유럽지식인들이 『중국철학자 공자』(1687), 『중국제국의 경전 6서』 등 공자경전 번역서를 통해 공자를 발견했을 당시 서양철학자들을 덮친 놀라운 감격을 완전히 몰각한 유럽중심의 사고방식이다.

이즈리얼·밀러·로보덤과 같은 유럽중심주의적 관찰자들은 극동제국에서 서양으로 건너간 수많은 근대적 정치제도들과 여러 근대적 이념들에 대한 합당한 관심과 구체적 정보지식을 완전히 결하고 있는 것으로 보인다. 과학과 기술의 이전을 제쳐두더라도 자유·평등·관용사상·국민자치론·혁명권(저항권)·자유시장·복지국가·농본주의(중농주의)·관료제·내각제·필기시험·공무원임용고시 3단계학교제도·세계주의·인도주의 등이 모조리 극동에서 유럽으로 건너갔다는 것은 부인할 수 없는 '역사적 사실'이다. 극동의 이 제도들과 이념들은 유럽인들이 17-18세기에 직면한 정치·사회·경제문제들에 대한 일종의 '해답들'이었다. 서양철학자들은 중국의 통치제도와 정치문화를 '모델'로 삼고 공자철학을 모방·재발명해 하나의 '패치워크철학'으로서의 계몽주의를 창출했던 것이다.

이 역사적 사실은 공자철학과 중국문화가 계몽주의의 '본질구성적(integral)' 요소였다는 것을 말해준다. 시몬 코우(Simon Kow)는 계몽철학과 공자철학의 관계를 이렇게 엄정하게 '본질구성적' 관계로 규정한다.

중국은 계몽사상가들 중 핵심인물들의 정신을 사로잡았고 (…) 계몽주의적 정치사상의 본질구성적 국면(an integral aspect)이었다. 중국 문제는 유럽제국이 어떻게 평가되고 비판되어야 하는지, 그리고 어떻게 긍정되고 개혁되고, 또는 심지어 어떻게 배격되어야 하는지에 관한 유럽 정치의 제諸문제와 불가분적이었다.[40]

계몽주의에 대한 중국문화와 공자철학의 영향을 '본질구성적인 것'으로 규정하는 시몬 코우의 이 판단이 17-18세기의 사실史實에 더 부합되는 것으로 느껴진다.

필자의 관점에서 사실에 부합되는 판단을 좀 더 정밀하게 정식화하자면, 유럽 계몽주의에 대한 공자철학의 영향 수준은 공자철학에 의한 계몽철학의 '창출'이라는 과잉테제와 계몽철학에 의한 공자철학의 예증적 '참조(교훈)' 또는 '거울 역할'이라는 과소테제의 중간 어느 지점에 있다고 말해야 할 것이다. "계몽주의 정치사상 안에서 기술된 중국의 사상"은 계몽철학을 '창설'했다고 말할 수 없지만 "계몽철학자들의 사고가 들어있는 콘텍스트의 결정적 부분(a crucial part)을 형성한 것이다."[41] 17-18세기 서구 철학자들은 공자철학과 극동문화를 자기들의 철학과 문물에 패치워킹해서 새로운 철학, 즉 계몽철학을 산출한 것이다. 공자철학과 극동의 정치문화는 17-18세기 당시 유럽의 기존 관념들을 비춰보는 단순한 '거울'이 아니라 유럽의 '모델', 즉 '본보기'였다. 한 마디로, 극동문명은 유럽에 대해 단순한 '사례(an example)'가 아니라, "본보기(the exemplar)"로서의 "모델"이었던 것이다.[42] 이것은 계몽철학자들의 언표를 통해 그대로 입증된다.

계몽주의가 공자철학과 극동문화에 의해 '창설'된 것이 아니라, 서양철학과 공자철학의 '패치워크'로 탄생한 것이라고 말하는 것은 계몽철학이 공자철학의 '번역(rendering)' 또는 '이식(transplant)'이 아니라, 서구적 전통의 콘텍스트와 서구인들

---

40) Simon Kow, *China in Early Enlightenment Political Thought* (Oxford: Routledge, 2017), 2쪽.
41) Kow, *China in Early Enlightenment Political Thought*, 10쪽.
42) Chi-Ming Yang, *Performing China - Virtue, Commerce, and Orientalism in Eighteenth-Century England, 1660-1760* (Baltimore: The Johns Hopkins University Press, 2011), 1-31쪽, 특히 6쪽.

의 '내적 열망'의 견지에서 이루어진 '리메이크(remake)' 또는 '재발명(reinvention)'이기 때문이다. 이 '내적 열망'이란 유럽인들 간에 흔히 '창조의 본래적 목적'으로 간주되는 궁극의 깊은 이상적 조화에 대한 동경에서 유래하는 것인바, 유럽인들이 극동사회를 대하는 관점은 언제나 거부할 수 없이 깊이 이 '내적 열망'에 의해 규정되었다. 서구인들은 이 조화를 찾는 도정에서 이 조화를 자기의 역사적 과거나 극동의 유교문화제국에서 발견하려고 했다. 다른 세계에 대한 유럽인들의 지각은 다른 세계의 현실에 의해서라기보다 '실락원'을 되찾으려는 자기의 정신상황에 의해 규정되었다. 따라서 계몽철학은 단순히 '이식된' 공자철학 또는 공자철학의 '모방작'일 수 없는 것이다. 그것은 애당초 저런 동경 속에서 공자철학을 '리메이크'한 '서구의 재발명품'이었기 때문이다. 이런 의미에서 매버릭은 "China"을 "A Model for Europe"이라고 확언한 것이다.[43]

그러나 이식·모방과 리메이크·재발명은 역사적 실천 차원에서는 대동소이한 것들이고 이 용어들의 엄밀한 구분이 부질없는 짓이라고 말해도 될 것이다. 19세기에 '탈아입구脫亞入歐'를 통해 서양을 '그대로 본뜨려' 한 것처럼 비쳤던 일본도 단순한 모방으로 끝나지 않고, 자기의 식성食性과 관점에서 서양기술과 서양제도를 '재발명'하고 자국 경제와 사회를 서양과 달리 '혁신'한 측면들이 존재했기 때문이다. 그리하여 일반적으로 우리는 이렇게 말할 수 있다. "바로 모방 행위가 혁신을 내포한다. 타자들을 복제하는 가운데 사람들은 자기 생활양식의 새로운 버전들을 형성함으로써 스스로를 재창조하는 것이다."[44] 따라서 서양철학이 공자철학을 모방·복제해서 계몽철학으로 리메이크했다고 말하는 것은 필연적으로 서양철학이 공자철학을 받아들여 스스로를 혁신해서 계몽철학을 발명·창조했다고 말하는 것과 현실적으로 같은 말이다. 따라서 필자는 '모방'이냐, '재창조냐'를 두고 논란하는 것을 '쓸데없는 공

---

43) Lewis Adams Maverick, *China - A Model for Europe*, Vol. I (San Antonio in Texas: Paul Anderson Company, 1946).

44) Gary G. Hamilton, *Commerce and Capitalism in Chinese Societies* (London/ New York: Routledge, 2006), 23쪽.

방'으로 제쳐둘 것이다.

공자철학과 중국사회에 대한 서구인들의 경악과 예찬은 불가피하게 중국제국의 이상화 경향을 동반하면서 중국을 '모델'로 모방하는 것으로 귀결되었다. 필자는 이 '이상화'와 '모델화'라는 의미에서 공자철학과 극동문화의 '본질구성적 영향'을 입론하는 것이다. 17세기 후반 가령 윌리엄 템플은 "공자 저작의 총합은 윤리학의 체계 또는 다이제스트, 즉 인간들의 삶, 가족, 정부, 아니 주로 이 후자의 제도와 행위를 위해 틀지어진, 개인적이거나 제가적齊家的인, 시민적이거나 정치적인 또는 도덕적 덕성들의 체계 또는 다이제스트"라고 말하고,[45] "중국제국은 이런 방법과 질서에 의해 최고로 강력하고 광범위한 인간적 지혜·이성·지략으로 구성되고 관리되고 실제로 다른 사람들의 바로 그 사변적 공상과 유럽적 슬기의 저 모든 상상의 기획, 크세노폰의 제도, 플라톤의 국가, 우리의 현대 문필가들이 그린 '유토피아'나 '오세아나들'을 능가하는 것"이라고 하여[46] 중국제국을 유럽의 모든 유토피아 기획을 능가하는 '실존하는 유토피아'로 규정했다. 한 마디로, 중국은 '유럽의 모델'이라는 말이다.

'유럽의 공자'로 불린 프랑수아 케네도 『중국의 계몽전제정(*Le Despotisme de la Chine*)』(1767)에서 "모든 국가에 모델로 쓰일 만한 중국적 독트린의 체계적 다이제스트일 뿐이다"[47]라고 천명함으로써 중국을 유럽의 "모든 국가의 모델"로 못 박았다. 동시대에 르 마키 다르장송(Le Marquis d'Argenson, 1694-1757)도 『프랑스의 과거와 현재의 통치에 관한 고찰(*Considérations sur gouvernement ancien et présent de la France*)』(1764)에서 중국제국을 유럽제국의 모델로 제시했다. 그는 중국제국의 군주정을 혼합군주정으로 분석한다.

---

45) Sir William Temple, "Of Heroic Virtue", 332-333쪽. *The Works of William Temple*, Vol.3 (London: Printed for Rivington et al. and by S. Hamilton, 1814).

46) Temple, "Of Heroic Virtue", 341-342쪽.

47) François Quesnay, *Le Despotisme de la Chine* (Paris: 1767). 영역본: *Despotism in China*. Lewis A. Maverick. *China - A Model for Europe*, Vol.II (San Antonio in Texas: Paul Anderson Company, 1946), 264쪽.

터키가 우리에게 참주정이나 전제정으로까지 변질되는 군주적 권위의 무시무시한 사례를 제공한다면, 우리는 아시아의 다른 극단에서 군주와 신민의 중도적 절제(*modération*)와 상호적 이익과 함께 행사되는 동일한 권위의 만족스럽고 위안적인 모델을 발견한다. 중국의 정부는 권위가 군주의 손안에 있으니까, 더 잘 표현하면 군주로부터 발산되지만 신성한 공자가 영감을 주고 중국의 현자들이 채택한 원칙이 귀족정과 민주정으로 하여금, 왕좌의 보호 안에서, 그리고 황제의 보호 아래서, 귀족·대관·만다린들이 백성을 포함하는 방식으로 균형 잡힌 제2의 이중 권위(*double autorité secondaire*)를 행사하게 하니까 혼합적이라고 말하지 않을 수 없다. 그러나 대관들은 군주에 의해 계몽되고, 군주는 어떤 방식으로든 백성의 행복을 책임진다. 대관들은 그쪽에서 군주를 계몽하고, 군주에게 선정善政으로, 그리고 지방에서 그들에게 위임된 사법으로 보답한다. 군주정은 비할 데 없는 원칙으로 다스린다. 전제적 군주정의 가증스러운 특질로 전락할까봐 두려워할 필요가 없다. 또한 이 통치는 마찬가지로 절대적이고 올바르고 세계에서 가장 영구적이다. 이 통치는 변화 없이 유지된 4000년 동안 그 원리 속에 존재했다. 이 통치는 알려졌을 때부터 찬양받고 줄곧 추종되었다.48)

여기에다 르 마키 다르장송은 유럽의 귀족들과 성직자들을 불쾌하게 만들 두 가지 사실을 덧붙인다.

중국에서는 세습 귀족이 전혀 존재하지 않고, 어떤 공적 권위든 전혀 작동하지 않고 아버지로부터 아들에게 전해지지 않는다. (…) 중국에서는 종교 문제에서 조금도 박해가 존재하지 않는다. 마찬가지로 새로운 견해의 설교자들은 질서를 교란하는 것을 도입하고 싶어 한다. 이것을 제외하고 각자는 그가 하고 싶은 것을 생각할 수 있다. 예의범절과 풍속에 따라 개최되는 전례典禮들이 존재한다.49)

---

48) Le Marquis D'Argenson, *Considérations sur gouvernement ancien et présent de la France* (Yverdon: 1764; Amsterdam: M. M. Rey, 1784), 98-99쪽(1764년도판: 101-102쪽).

49) D'Argenson, *Considérations sur gouvernement ancien et présent de la France*, 100-101쪽 (105-106쪽).

그리고 다르장송은 이런 "중국적 통치"를 "여전히 중도(*un juste milieu*)"를 유지하고 "이 솔론과 리쿠르고스의 법만큼 오래되었지만 아직도 상존하는" "공자의 법"을 따르는 통치로 규정한 다음, 중국의 이 중도적·유교적 통치를 "유럽의 제諸국민"에게 "모델"로 제안했다.50)

1670년대의 템플에서 1770년대의 케네와 다르장송까지 약 100년간 중국과 공자는 유럽철학자들에 의해 변함없이 유럽의 새로운 국가와 정치경제의 '모델'로 받아들여졌던 것이다. 이런 까닭에 계몽주의와 시누아즈리(중국풍 예술·공예사조)가 절정에 달한 1750년 중반, 영국시인 제임스 코손(James Cawthorn, 1719-1761)은 1756년 「취향에 관하여(Of Taste)」라는 시에서 시인 특유의 예리한 분별감각으로 당시 영국 계몽주의의 근본성격을 이렇게 간파하고 있다.

> 최근, 정말이지 (…)
> 우리는 지혜로운 중국인들로부터 우리의 모델을 가져 왔네(We fetch our models from the wise Chinese).51)

템플로부터 다르장송·케네에 이르기까지 동시대 계몽철학자들이 중국을 '모델'로 천명하고, 또 동시대 시인이 계몽주의 근본성격을 '중국 모델'의 모방으로 규정하고 있다. 조작·변조되지 않은 이런 생생한 역사를 아직 그대로 탐지할 수 있었던 1920년대 초에 라이히바인은 그래서 "공자는 18세기 계몽주의의 수호성인"이었다'고 단언했던 것이고,52) 1940년대에 매버릭은 중국을 "유럽의 모델"로 확인했던 것이다.53) 그리고 1980년대에 계몽주의의 산 역사를 조감한 월터 데이비스는 근대경제학과 계

---

50) D'Argenson, *Considérations sur gouvernement ancien et présent de la France*, 102쪽 (108-109쪽).
51) James Cawthorn, "Of Taste. An Essay" (1756), 171쪽. *The Poems of Hill, Cawthorn, and Bruce* (Chriswick: The Press of C. Whittingham, 1822).
52) Reichwein, *China und Europa im Achtzehnten Jahrhundert*, 86쪽.
53) Maverick, *China - A Model for Europe*.

몽군주정의 이념을 창시한 케네에게 "중국은 케네의 모델이었다"고 천명했던 것이다.54)

그리고 데이비드 조운스(David M. Jones)도 중국제국이 유럽인들에 대해 '관용과 안정의 모델'이었음을 상기시키려고 애쓰면서55) 유사한 견해를 피력한다.

> 영국에서 골드스미스, 독일에서 크리스티안 볼프, 프랑스에서 볼테르와 더불어, 그리고 마찬가지로 미송(Maximilian Misson)·다르장송 같은 고전시대의 덜 알려진 작가들의 저작들 안에서 중국은 비판적 문예적·역사적·도덕적·경제적·정치적 목적에 이바지하고 있다. 지혜로운 중국 성인(공자)은 정치적·역사적 논고에서, 기행소설에서, 서간문이나 대화록 속에서 유럽의 정치·예의범절·도덕의 취약성, 부패·피상성과 즐겨 대비된 합리적이고 올바른 도덕적·정치적 질서로 관심을 돌리게 하고 있다. 중국은 또한 계몽적 개혁의 모델을 제공했다. 중국은 이에 입각해 완벽하게 질서 잡힌, 그리고 공중의 이익에만 관심을 갖는 군주를 중심으로 조직된 절대주의 사회를 대표했다. 중국과 중국덕성의 신화는 그 사회의 실제적 장점이 무엇이든 계몽주의 모럴리스트들로 하여금 동시대적 유럽정치에 대한 실천적 비판을 견지할 수 있게 했다. 더구나 이러한 비판은 유럽의 전제정을 무너뜨리는 것이 아니라 단지 계몽하기만 하려는 모색 속에서 교묘하게 제기될 수 있었다. 필로소프들(philosophes)은 유토피아가 단순히 '중국 정신의 전파(inoculer l'esprit du Chine)'를 통해 실현될 수 있다고 주장했다. 그런데 유럽의 정치·도덕사상, 특히 경제사상에 대한 중국의 영향이 막상 절정에 달한 것은 (···) 볼테르나 크리스티안 볼프의 정치저작들에서가 아니라 프랑수와 케네의 정치경제학에서였다.56)

중국이 "계몽적 개혁의 모델" 또는 "유토피아"였고 "유럽의 도덕·정치·경제사상에 대한 중국의 영향"이 케네에게서 "절정"에 도달했다는 조운스의 이 판단은 중국

---

54) Walter W. Davis, "China, the Confucian Ideal, and the European Age of Enlightenment", *Journal of the History of Ideas* (1983, Vol. 44, No. 4), 546쪽.

55) David M. Jones, *The Image of China in Western Social and Political Thought* (New York: Palgrave, 2001), 23-24쪽.

56) Jones, *The Image of China in Western Social and Political Thought*, 26쪽.

과 공자가 고작 유럽인들이 그들의 오만한 기독교적 자기이해와 정체성을 빛내고 확인하는 자기조명의 '예증사례'나 '반면교사'에 불과했다는 이즈리얼과 밀러의 판단을 무색케 하는 것이다. 여기서 조운스가 말하는 '유럽에 대한 중국의 영향'이란 "17세기 이래 줄곧 중국과 공자라는 인물에 대한 담론이 유럽의 자기이해에 영향을 가하고(affect)", 또 계몽주의자들이 유럽의 절대군주정을 비판하기 위해 "동아시아 이해를 이용해 유럽의 도덕적·경제적·정치적 관행을 개혁(reform)한" 것을 말하는 것이다.[57]

물론 케네 이전에도, 즉 17세기 초부터 중국의 많은 제도와 이념들은 밀턴의 관용론과 학교제도론, 스피노자의 좀 더 확장된 관용 이념, 로크의 '자연적 자유'와 '자연적 평등' 이념, 윌리엄 템플과 찰스 2세에 의한 중국 내각제의 도입과 영국화, 공무원 임용시험제도 등의 도입 등에서 보듯이 유럽각국의 사상발전과 제도변혁에 대해 '본질구성적' 영향을 끼쳤었다. "17세기 후반에 중국으로부터 도출된 가장 중요한 교훈은 그곳의 정치가 합리적 집단도덕 이상도 이하도 아니라는 사실이었다. 이 사실지식은 통치의 비결을 옹호하고 정치와 도덕의 마키아벨리언적 분리를 탄핵하고 싶은 사람들에게 도움을 주었다."[58] 실제로 프리드리히 2세는 공자주의적 덕치철학의 관점에서 『반마키아벨리론』(1740)을 저술해 마키아벨리를 맹박하고 "군주는 국민의 제1공복이다"는 주장으로 우禹임금의 '민유방본론民惟邦本論'을 설파했다. 또한 "세습특권이나 신분특권에 기초해서가 아니라 학식의 차등에 따라 공무원을 선발하는 중국 공무행정의 예는 마찬가지로 유럽 국가구조의 안에서 지식엘리트들에게 더 큰 역할을 부여하는 것을 정당화하는 데 이바지했다."[59]

이런 큰 제도들만이 아니라 세제稅制 등 사소한 사항에 이르기까지 유럽이 극동을 모방한 것을 나열하자면 끝이 없다. 볼테르가 동방의 모든 발견들 속에서 유럽의 실

---

57) Jones, *The Image of China in Western Social and Political Thought*, 10쪽.
58) Gregory Blue, "China and Western Social Thought in the Modern Period", 61쪽. Timothy Brook and Gregory Blue, *China and Historical Capitalism. Genealogies of Sinological Knowledge* (Cambridge: Cambridge University Press, 1999).
59) Blue, "China and Western Social Thought in the Modern Period", 61쪽.

력자들과 이들을 부유하게 만들어주는 상인들은 이익만을 찾았지만 철학자들은 거기서 "새로운 도덕적·자연적 우주"를 찾았다고 말했듯이, 가령 루이 14세의 재무상 마샬 보방(Marshal Vauban)은 18세기 초에 자신의 두 가지 국가개혁, 즉 유럽 최초의 인구센서스 실시와, 명대의 세제를 모방한 단일세제의 도입을 통한 혼돈스러운 프랑스 조세제도의 혁신을 추진하기 위해 중국제도를 모델로 끌어왔다.[60] 그리고 『근대 프랑스의 공자열광과 계몽철학』에서 상론했듯이, 루이 15세의 재무상 에티엔느 실루에트는 농업과 상업을 동시에 중시하는 중국의 농·상 양본주의 정책을 모방했다. 이런 것들까지 여기서 일일이 거론할 필요는 없을 것이다. 이런저런 사실들은 모두 막스 베버를 간 떨어지게 만들 일들이지만. 오늘날 어니스트 휴즈, 조프리 허드슨, 그레고리 블루, 귄터 로테스, 데이비드 포터, 시몬 코우, 데이비드 조운스 등 수많은 서양학자들도 계몽주의 시대에 광범하게 진행된 '유럽의 유교적 근대화'를 전적으로 인정하고 있다.

라이프니츠는 중국의 도덕이 유럽의 발전에 유용하다고 생각하며 "공자의 시민적 도덕"을 "보편적 도덕과학의 기반"으로 인정했다. 이럴 정도로 18세기 초·중반 계몽철학자들은 중국을 자연적 이성에 의해 다스려지는 "도덕사회의 모델"로 발견했다. 프랑스·독일·영국철학자들은 중국을 보며 도덕과 도덕철학이 신의 계시나 신학과 독립적으로 존재할 수 있다는 확신, 즉 인간이 신으로부터 해방된 도덕과학에 의해 스스로 처신하고 사회적 관계를 전개할 수 있을 것이라는 확신을 얻었던 것이다.[61]

그리하여 케네도 중국에서 "완벽하게 조절되는 국가의 모델"을 발견했고, "계몽전제정의 완전히 통합된 이론"을 거기로부터 "가공해냈던 것"이다. 케네의 견지에서 "참된 계몽군주"는 "완벽한 통치의 불변적 기초"였다. 그러므로 "유럽의 계몽군주는 중국의 실제를 연구하고 싶어 했다. 군주는 국민생산물의 능란한 관리자가 되어야 한다. 이것은 이성의 최근 도구, '제諸국민의 통치의 기층에 놓인 위대한 과학', 즉

---

[60] Blue, "China and Western Social Thought in the Modern Period", 66쪽.
[61] Jones, *The Image of China in Western Social and Political Thought*, 20쪽.

경제학의 공들인 적용을 요했다. 케네가 시사하듯이, 유럽에서 최근에 전개된 이 과학은 중국에서 까마득한 시대로부터 유생들에게 가르쳐지던 것이었다. 그리하여 이 덕치(virtuocracy)는 '나무를 해치는 이끼를 제거하되 이 나무가 자신을 자라게 하는 수액을 받아들이는 통로가 있는 목피 속까지 자르는 것을 피해야 하는 훌륭한 정원사에 상응했다. 중국인들은 중농주의자들처럼 모든 실정법 또는 인정법人定法이 자연질서로부터 도출되고 이에 의거한다는 데 동의했다."62) 케네에게 중국의 법제와 공자철학은 한낱 자기의 구상을 비춰보고 점검하는 거울이나 실례가 아니라, 바로 유럽이 모방하지 않을 수 없는 '실존하는 유토피아'로서의 '모델'이었던 것이다. 그리하여 루이 15세와 황태자, 요셉 2세 등 유럽의 계몽군주들이 중농주의자들과 독일 관방학자들의 부추김 속에서 중국 황제의 춘경기 쟁기질 의식儀式을 모방해 스스로 쟁기질 행사를 거행한 일까지 벌어졌던 것이다.

그리하여 최근 독일의 동양학자 위르겐 오스터함멜(Jürgen Osterhammel)도 대략 1680년부터 1830년까지 150년간 계몽주의 운동 속에서 아시아와 중국은 '동화童話'에서 벗어나 객관적으로 연구되었고, 이런 가운데 중국은 '찬양과 모방의 대상'으로 받아들여졌다고 확인한다. "유럽의 눈에 아시아의 문명들은 '장기 18세기'(1680-1830 - 인용자)를 경과하면서 동화의 왕국과 결별했다." 분명, 『천일야화』의 번역출판(1704)으로부터 벡포드(William Beckford)의 고딕 소설 『바텍(Vathek)』(1786)에까지 동화적 동방 이미지들은 계속 서구 소비자들의 상상을 자극했지만, 이러한 문예적 양념들과 나란히, 아시아 사회들, 아시아의 정치제도, 종교적 관행들이 실제로 어떻게 작동하는지를 합리적·경험적 기술과 분석에 의해 논하는 시도들이 점증했다. 계몽주의 시대에 유럽인들은 비기독교적 유라시아 제국諸國을 '아시아'나 '오리엔트'라는 지붕개념 아래 포괄하지 않았고, '유럽' 또는 '서양'이라는 일석주의적一石柱的 개념과 대립된 위치에 놓지 않았다. 아시아제국은 비교정치·비교문화적으로 제시되었고, 그 독특한 특성들이 관찰된 그대로 분석되었다. "엄격한 동서 이분

---

62) Jones, *The Image of China in Western Social and Political Thought*, 26-27쪽.

법"은 전반적으로 회피되었고, 전 대륙이 무無역사적 혼수상태 속에서 시들었던 여러 세기를 보냈었고 세계사의 후미진 곳에 처박혔었다는 견해도 마찬가지로 회피되었다.63)

오스터함멜은 "엄격한 동서 이분법"과 정반대로 "17-18세기 전반에 걸쳐 아시아의 치자들은 자신의 백성들에 대한 무자비한 억압자들로 보편적으로 묘사되거나 비난받지 않았다"고 말한다. "저런 소수의 폭군들의 검증가능한 사례들만을 발견하는 것은 가능했다. 하지만 아시아 군주들을 현대판 솔로몬이나 평화의 군주(악바르, 강희제)로, 즉 유럽 군주들도 한두 가지 것을 배울 만한 영리한정치가들로 칭찬하는 것이 훨씬 더 흔한 현상이었다."64) 통상관계를 타개를 목적으로 강희제에게 영국의 공식 사절로 파견된 조지 매카트니(George Macartney) 경은 통상을 허용치 않는 건륭제에게 협상당사자로서 불만을 가질 충분한 이유가 있었지만, 기억에 남을 1793년 9월 14일의 알현에 관한 개인기록을 다음과 같은 회상으로 끝맺고 있다.

그리하여 그때 나는 "모든 영광 속의 솔로몬 왕(King Solomon in all his glory)"을 보았다. 나는 그 장관壯觀이 내가 어린 시절에 보았던 것으로 기억하는 같은 이름의 인형극을 기억 속에 생생하게 상기시켰던 만큼 이 표현을 사용한다. 그리고 이 같은 이름의 인형극은 내 마음에 아주 강렬한 인상을 만들어서 나는 그때 그 장관을 인간적 위대성과 지복至福의 최고정점의 참된 현현이라고 생각할 정도였다.65)

오스터함멜은 매카트니가 "건륭제를 자기의 나라와 백성들의 최선의 이익을 마음에 간직하고 있는 것만 빼고 엄격하게 다스리는 단독치자로 범주화하는 것은 결코 특별

---

63) Jürgen Osterhammel, *Unfabling the East: The Enlightenment's Encounter with Asia* (Princeton: Princeton University Press, 2018), 31쪽.
64) Osterhammel, *Unfabling the East*, 339쪽.
65) J. L. Cranmer-Bying (ed.), *An Embassy to China: Being the Journal Kept by Lord Macartney during His Embassy to the Emperor Ch'ien-lung 1793-1794* (London: Longman, 1962), 124쪽. Osterhammel, Unfabling the East, 339쪽에서 재인용.

한 일이 아니었다"고 주석한다.66) "유럽에서 영토국가들이 아직 형성 중에 있는 시대에 유럽의 관찰자들은 아시아에서의 유사한 업적들에 대해 존경을 표했다. 진정, 유라시아 전체에서 초기 근대 시기는 초창기 국가형성, 중앙집권화, 관료화의 시대였다. 영국의 토마스 크롬웰과 프랑스의 리셸리외와 마자린 추기경과 같은 유럽의 대관들은 쾨프륄뤼(Köprülü) 수상과 쉽사리 비교될 수 있었고, 이와 마찬가지로 튜더가의 군주들, 프랑스의 루이 13세, 브란덴부르크의 선제후들은 그들의 아시아 동료들인 샤 압바스, 도쿠가와이에야스(초기 근대 일본국가의 창건자), 협주적 근대화 프로그램으로 만주인들을 다음 세대에 중국에서 권력을 장악할 궤도로 올려놓은 누르하치를 닮았다. 당시 유럽에서 광범하게 인정된 이 평행적 비교들은 너무 엄격한 동서 이분법의 출현을 미연에 방지했다."67) 당시 유럽인들과 군주들은 중국을 비롯한 아시아를 자국의 모델을 동경하여 자국에서 재현하려고 했기 때문에 모두 다 '엄격한 동서 이분법'의 저편에 있었던 것이다.

다시 오스터함멜에 의하면, 타他문명들의 유럽적 이해에 대한 에드워드 사이드(Edward W. Said)의 포스트모던적 비판은 유럽의 아시아 연구자들이 보편주의적 선입견에 의해 눈이 멀어 "차이들을 무시한다"는 비난을 받든가, 아니면 "타자화(otherring)", 즉 "오리엔탈리즘"을 통해 "차이들을 과장하는" 반대의 함정에 빠진 것으로 고발당하는 "인위적으로 조장된 딜레마"에 직면해 있었다. 양자택일의 이 "극도로 단순화되고 극단적인 입장들"은 둘 다 "역사적 상황의 복잡성"에 의해 "그릇된 것으로 입증"되었다. 18세기에 이루어진 "동양의 탈동화화脫童話化(unfabling)", 또는 동화적 이해를 타파한 동양과 중국의 새로운 객관적·경험과학적 이해는 "동양의 재평가"를 포함한다. 16세기 중반부터 18세기까지 유럽인들은 "아시아에서, 특히 중국과 일본에서" 언제나 "찬미하거나 심지어 열심히 모방할 만한 많은 것"을 찾아 배웠었다.68) 따라서 중국과 극동에 관한 한, '타자화'가 언급될 수 없고, 사례참조 식의 '피

---

66) Osterhammel, *Unfabling the East*, 339쪽.
67) Osterhammel, *Unfabling the East*, 339-340쪽.
68) Osterhammel, *Unfabling the East*, 32쪽.

상적' 참조도 운위될 수 없는 것이다. 18세기 유럽은 중국과 극동을 오직 "모델"로서 "모방"했다는 논의만이 가능한 것이다.

결론적으로, 공자의 정치철학과 중국의 정치문화는 유럽이 새로운 근대사회를 만들기 위해 모방해야 할 유토피아적 '모델'이었지, 유럽인들에게 결코 자기들을 비춰보는 단순한 '거울'로 그친 것이 아니다. 공교롭게도 윌리엄 템플과 프랑수아 케네, 그리고 중농주의와 아담 스미스의 시장경제론을 읽지 않은 것이 거의 틀림없는 이즈리얼·밀러·로보덤 등의 '중국거울론'은 이쯤에서 붙들고 있을 가치가 없는 주장으로 간단히 기각할 수 있는 것이다.

이제 '중국모델론' 논의를 종합하자. 중국모델론의 기반이 되는 정서인 중국열광과 공자숭배의 사조는 중국증오심을 초래할 만큼 250년간 강렬했다. 특히 프랑수와 케네와 그 중농주의적 문도들은 중국 국가제도를 지나치게 이상화했다. 그들의 이러한 열광은 아주 지나치기도 해서 가령 프리드리히 2세의 조언자 코르넬리우 드 포(Cornellius de Paw)를 자극했고 그는 1773년 정확히 반대의 주장을 했다. 포의 이런 중국비방적 관점에서 크리스토프 마이너스(Christoph Meiners)는 1796년 예수회 선교사들의 보고를 모조리 "과장되었거나 전혀 근거 없는 것으로, 또는 심지어 묘사하려는 것에 대한 정반대의 사실을 입증하는 증거들"로 몰아붙이고[69] "중국인들이 예로부터 지금까지 복속되었던 무제한 전제체제(*unumschränkter Despotismus*)는 예술과 학문 분야의 진보만이 아니라 농업과 상공업 분야의 진보도 저지했을 것이다"고 주장할[70] 정도였다. 그러나 오스터함멜에 의하면, 이런 중국혐오론적·유럽중심주의적(위정척사파적) 비방은 근대 중국에서 플라톤적 철인치자의 유토피아가 실현된 것으로 보는 17세기 말과 18세기 초의 중국열광 못지않게 황당무계한 것이었다. 18세

---

69) Christoph Meiners, *Betrachtungen über die Fruchtbarkei, oder Unfruchtbarkeit, über den vormahligen und gegegnwärtigen Zustand der veornehmsten Länder in Asien*, zweiter Bd. in zwei Bänden (Lübeck und Leipzig: Verlag bei Bohn und Companis, 1796), 213쪽.

70) Meiners, *Betrachtungen über die Fruchtbarkei, oder Unfruchtbarkeit, über den vormahligen und gegegnwärtigen Zustand der veornehmsten Länder in Asien*, zweiter Bd, 213쪽.

기 후반 주로 프랑스에서 벌어진 중국 논쟁은 인도·오토만제국 논쟁보다 실재적 근거가 덜하고 덜 특유했다. 토지소유 문제와 같은, 경험적 정밀검토를 받아야 할 지극히 정치적으로 중요한 문제는 중국논쟁에서 실종되어 있었다. 인도의 논제가 '인도에 대한 지식이 어떻게 자기들의 식민지배에 보탬이 될 수 있는가'였던 반면, 중국논의의 주제는 "유럽이 중국으로부터 배울 점이 있는지"에 대한 전통적 물음 그대로 남아 있었다.[71]

매카트니 외교특사단의 일행이었던 존 배로우(John Barrow) 경은 그때도 여전히 유럽제국을 능가하던 중국의 선진적 요소들을 열거한다. 그는 우선 중국에는 언론·출판검열이 없고 언론이 영국에서처럼 자유롭다고 기록했다. 그러나 영국에는 여전히 까다로운 검열제도가 남아 있었다. 중국의 그 체제가 전제정이라면 그것은 인간과 인간의 연대 관계를 분쇄했을 수 있지만 적어도 나라에 길고 긴 평화 시기를 선물했다. 황제가 명목적으로 모든 토지의 영유자로 간주되더라도 농부들과 소작인들은 사실상 농토와 토지를 확실하게 소유하고 있었다. 시장은 영국과 달리 완전히 자유로웠다. 시장에는 어떤 독점도 거의 존재하지 않았다. 어떤 봉건적 수렵·어획 특권이나 기타 영주권적 특권들이 강호江湖와 바다에 대한 접근을 가로막지 않았고, 세금은 낮고 지각 있게 조절되었다.[72] 사실 배로우는 중국 헌정제도에서 비난할 만한 어떤 것도 발견하지 못했다. 그가 중국의 그 무엇을 유럽제국의 '모델'이라고 지목하지 않았지만, 중국제도들을 특별히 이국적이거나 "오리엔탈적"이라고 느끼지도 않았다. 매카트니 특사도 배로우처럼 냉철하고 균형 잡힌 판단을 남기고 있다.[73] 외교목적상 잔뜩 거만하게 자신들을 부풀린 영국 외교특사들의 눈에도 중국은 전혀 이상하거나 후진적인 나라가 아니었다. 오히려 18세기 말에도 중국은 여전히 여러 가지 면에서 당당하게 영국에 앞서 있었던 것이다.

---

71) Osterhammel, *Unfabling the East*, 374쪽.
72) John Barow, *Travels in China* (London: 1804·1806), 392, 395, 397-398쪽. Osterhammel, *Unfabling the East*, 375쪽에서 재인용.
73) Osterhammel, *Unfabling the East*, 375쪽.

그런데 '19세기까지도 아직 유럽제국이 중국으로부터 배울 점이 있었는가?'라는 물음에 대해서도 아주 딱 잘라 '노(No)'로 답변할 수 없다. "중국모델"은 가령 1870년 영국과 1883년 미국의 공무원임용고시제도의 도입에서도 큰 역할을 했기 때문이다. "계몽된 절대주의" 단계에서 유럽 군주국들이 온건해지고 유럽 정치이론 안에서 온정주의적 이상국가 모델의 중요성이 시들어가는 마당에도 "중국모델"은 "정치의 도덕철학적 기초"와 "농업기술"과 같은 영역에서 여전히 "계속 중요했다".74) '중국모델'은 19세기 한복판에도 죽지 않고 살아있었던 것이다. 따라서 '중국모델론'은 16세기 중반 이래 250년간 작용했다고 결론지을 수 있다. 따라서 우리는 단연코 '중국거울론'을 기각하는 것이다.

'중국모델론'은 물론 유럽인들의 '평균적' 관념이었을 뿐이다. 중국 영향의 구체적 정도는 영역들에 따라 제각기 달랐고, 당연히 주제별로 들쑥날쑥했다. 어떤 주제에서는 '모방'이나 '본질형성적 모델링'이 벌어졌고, 어떤 주제에서는 단지 '참조'와 '예증'으로 그친 경우도 없지 않았다. 그리고 어떤 주제에서는 공자철학의 범주들이 번안되고 재발명(reinventing)되어 세련되게 다듬어지기도 했다. 하지만 모방·모델링·참조·예증·재발명·세련화는 대체로 중국문물들이 "서구에 내재적인 정치사상과 관심"에 의해 선별되고 가공되고 심지어 "여러 방식으로 왜곡되고",75) 서구철학의 편견이 중국의 철학·문화·정치·사회에 대한 평론 속으로 들어가는 경우에는 완전히 위·변조되기도 한 다양한 층위를 표현하는 말들이다. 모방·모델링·참조·예증·재발명·세련화라는 용어들은 '리메이크'라는 하나의 개념으로 종합할 수 있을 것이다.

전달과 이해과정에서 공자철학과 중국 정치문화가 뒤틀려 받아들여진 경우를 보자면, 가령 공자의 덕성주의적 군자치국론이 소피아(지혜)를 위주로 삼는 플라톤의 지성주의적 철인치자론으로 왜곡·변질되고, '경험의 철학'인 공자철학이 '이성의 철학'으로 둔갑하고, 그의 경전들마저도 '이성'을 집어넣어 오역되고 오·남용되는 일이 허다했다. 또한 선교사·여행가·특사·상인들이 전해주는 극동문화에 대한 사소한

---

74) Osterhammel, *Unfabling the East*, 374-375쪽.
75) Kow, *China in Early Enlightenment Political Thought*, 2쪽.

정보나 부정적 비판이 유럽에서는 엄청난 긍정적 사실로 탈바꿈되거나 찬양으로 뒤바뀌는 일도 많았다. 가령 중국과 극동에서 수많은 종교들이 공존하고 있던 사실에 대한 나바레테의 비판은 반대로 유럽 철학자들에게 놀라운 종교적 관용의 증거로 뒤집혀 받아들여졌고, 중국의 신사제도와 귀족의 부재에 대한 단순한 정보는 유럽 땅에 닿자마자 도처에서 초미의 혁명적 관심사로 언급되었다.

그러므로 예수회 선교사들이 전한 공자철학과 중국정보도 유럽에 도달하자마자 그들의 계시종교적·선교전략적 의도와 완전히 다른 맥락에서 활용되고 새롭게 '재발명'되었다. 가령 16세기 중반 이래 여러 사람들에 의해 전해진, '극동에 수백, 수천 개의 종파가 공존하고 있다'는 단순한 소식은 유럽에 퍼지자마자 밀턴·로크·스피노자·벨·볼테르 등 대철학자들에게서 200여 년간 유혈갈등을 벌여온 두 기독교 종파의 부조리성과 불관용성에 대한 근본적 각성 및 종교자유와 관용정신을 확산시키는 자극이 되었다. 그리고 예수회 신부들이 중국에서 포교전략 차원에서 학습해 유럽에 번역·전파한 공맹경전과 공자철학은 계몽철학자들의 가공을 거쳐 유럽에서 이신론·무신론을 양성養成시켜 윤리도덕을 기독교와 분리시키고 유럽사상계의 탈脫희랍화(*de-Hellenization*)와 유럽사회의 탈기독교화(*de-Christianization*)·탈주술화(*disenchantment*)·세속화(*secularization*)를 추동하는 반종교적·무신론적 주요근거로 작용했다.

■ '유럽의 모델'을 뛰어넘는 "진짜 약속의 땅"으로서의 극동아시아

유럽인들은 '철학적' 사고 속에서 중국과 극동의 유교제국을 실로 '유럽의 모델'로 여겼다. 그러나 이것으로 그친 것이 아니다. 성서의 '종교적' 정서 속에서는 유럽인들은 다른 한편으로 중국을 '모델'로 여기는 것을 넘어 '약속의 땅'으로 동경했다.

가령 존 밀턴은 『실낙원』과 『복낙원』에서 은근히 중국을 '약속의 땅'으로 제시했다. 『실낙원』의 줄거리에 의하면, 지옥에서 복마전伏魔殿을 세우고 벼르던 사탄은 신세계가 창조되고 이 신세계에 설치된 에덴동산에서 인간들이 창조되었다는 소식을

듣는다. 이에 사탄은 자신을 따르는 타락천사들을 모아 이 신세계를 파탄시키는 데 이전처럼 전쟁의 길을 택할 것인지, 유혹·기만술을 택할 것인지를 두고 대논쟁을 벌인다. 회의는 격론 끝에 지난번의 패배를 거울삼아 유혹·기만술로 파탄시키자는 쪽으로 흘러간다. 이에 따라 사탄이 사전염탐의 일을 맡는다. 우주를 날아와 에덴동산으로 무사히 잠입한 사탄은 에덴동산에서 가장 높은 '생명나무' 위에 '가마우지'처럼 내려앉아 에덴동산을 둘러본다. 사탄은 이내 뱀으로 변신해 이브를 꼬여 '지식의 나무'를 먹게 하고 이브를 통해 아담도 먹도록 해서 둘 다 타락시키는 데 성공한다. 이로 인해 하느님은 아담과 이브에게 일정한 기간 살다가 죽는 시효에 걸린 숙명적 수명의 천벌과, 수고롭게 생계를 벌어야만 생존할 수 있는 천벌을 내림과 동시에 에덴동산으로부터 추방하고, 자연을 저주해 대지를 황량한 땅으로 만든다. 이로써 에덴동산을 둘러싼 음모는 사탄의 승리로 막을 내렸다. 이때부터 인간은 에덴동산 바깥에서 원죄를 짊어지고 땀 흘려 저주받은 대지를 갈아도 '재화의 희소성'에 시달리며 살아가게 된다. 아담과 이브는 자신들을 에덴동산 밖으로 인도한 미가엘 천사로부터 하느님이 그리스도를 강생시켜 인류를 구원해줄 것이라는 약속을 듣지만 이 구원의 희망만을 가슴에 안은 채 쓸쓸하게 낙원을 나온다. 미가엘 천사장이 사라진 뒤 아담과 이브가 고개를 돌려 지금까지 그들의 행복한 보금자리였던 낙원의 동쪽을 바라보다가 "손을 마주잡고 방랑하는 걸음으로 느리게, 에덴을 지나 그들의 호젓한 오솔길로 접어드는" 것으로 대大서사시는 끝난다.[76]

『실낙원』에서 국제정치적 선악의 대립은 중국과 타타르의 대립으로 비유된다. '타타르'는 원래 희랍어로 '지옥'을 뜻한다. 또한 에덴동산과 이 동산 밖의 '저주받은 땅' 간의 대립은 2-3모작을 하는 풍요로운 중국과 저주받아 자원의 희소성에 시달리는 유럽세계 간의 대립으로 비유된다. 『실낙원』에서는 유교사상의 요소들이 명시적으로 드러나고 중국을 마치 동경의 나라처럼 언급하기도 한다.

로버트 마클리(Robert Markley)는 『실낙원』의 역사 판도를 경제적·상업적 관점에

---

[76] 밀턴의 『실낙원』에 대한 분석은 참조: 황태연, 『17-18세기 영국의 공자숭배와 모럴리스트들』, 641-704쪽.

서 중국과 극동제국을 포함하는 '보편사'로 확장한 것으로 해석한다. 그러나 밀턴의 관심은 제국주의가 아니라, '자유주의적 세계주의'와 근사하다. 『실낙원』에서 밀턴이 성서의 역사를 다른 식으로 말하는 것은 곧 공화국 붕괴 후에 17세기 보편사의 일반적 요청을 개주改鑄하는 것이다. 『실낙원』의 제11·12책이 도덕적 타락, 정치적 무질서, 경제적 궁지의 1000년 주기에서 섭리의 손길을 식별해내려는 다른 역사가들의 노력과 상당한 친화성을 공유할지라도, 밀턴은 신화를 역사로 해석하는 것을 거부한다.77) 밀턴은 자신을 정치적·신학적·성경해석학적 강박의 유령에 대항해 성서적 진리를 완강하게 방어하는 자로 여길지라도 그 자신이 '타락의 역사'(실낙원)와 '회복의 역사'(복낙원) 사이의 긴장이 역사학적 전통 안에서 더 큰 불안정성을 반영하고 있다는 것을 잘 자각하고 있는 것 같다. 무엇보다도 '보편사'는 인류의 정신적 타락을 '저주받은 땅', '타락한 대지'를 덮치는 경제적·환경적 위기의 원인과 결과로 집요하게 다룬다.78)

밀턴은 에덴으로부터 추방당한 뒤 전개되는 인류의 운명을 도식화해서 보여주면서 동시대인들처럼 아담의 죄악을 '자연의 타락'의 굴레로도 얽어매는 기독교전통 안에서 작업한다. 한 세기 내내 여러 신학자들은 아담에 대한 신의 단죄를 "너 때문에 땅이 저주받는다"(창세기 3:17)는 창세기의 천벌과 함께 불러내어 아담의 불복종이 자연을 타락시키고 신이 아담을 벌하기 위해 자연을 저주했다고 시사한다. 원죄가 '희소성 속으로의 전락'을 표시한다면, 희소자원을 위한 만인의 만인에 대한 전쟁은 인류의 타락을 향한 충동이면서 동시에 타락의 결과다. 인간적 타락의 이러한 관점은 도덕적 원인과 환경적 결과를 흐리게 한다.

급진적 신학자 크리스토퍼 굿먼(Christopher Goodman)은 자연이 인간에게 무한한 욕망을 준다고 주장하면서 자연이 무한한 보고寶庫를 가지고 있다고 넌지시 암시한다. 그러나 우리가 만족을 전혀 얻지 못하기 때문에 우리의 욕망은 무한하다. 여전히

---

77) Robert Markley, *The Far East and the English Imagination: 1600-1730* (Cambridge: Cambridge University Press, 2006), 72-73쪽.
78) Markley, *The Far East and the English Imagination*, 73쪽.

부족하므로 우리는 아직도 욕망하는 것이다. 굿먼은 자연의 보고가 무한하다면 희소성, 전쟁, 환경타락은 영원히 저지될 수 있다고 시사한다. 그런데 자연이 무한한 보고가 없고 일반적 희소성과 궁핍 속으로 전락한다면 우리는 평화로운 시간과 큰 노고에도 불구하고 기근을 지속적으로 겪어야 하는 것으로 보인다. 그러므로 우리는 자연 외에 아무도 탓할 수 없고, 더구나 우리는 자연이 우연히 병들었다고 생각할 수 없다. 우리는 회복을 예시하는 어떤 상징도, 어떤 표시도, 어떤 외양도 보지 못했기 때문이다. 굿먼이 묘사하는 타락, 즉 '더 많은 노동에 더 적은 소출'로 나타나는 수확체감의 법칙은 자연의 그릇된 약속에 대한 정죄이고, 보편사의 출발점적 마이너스 조건, 즉 도덕적 견지에서 강화되는 결과들(수확의 체감, 가격등귀, 도덕적 타락, 전쟁 등)에 대한 굿먼과 그의 문화의 인정을 표시한다. 자연의 타락이 경제적 곤궁, 질병, 굶주림으로 나타나는 만큼, 자연의 '무한자원의 비전'은 내적으로 사적 악덕으로 부식腐蝕하고 외적으로 폭력·반란·무질서로 폭발하는 좌절된 욕망에다 인류를 내던져 둔다.[79]

이 때문에 유대교·기독교의 타락 이후 역사이야기를 방어하는 자들에게 중국은 유일한 문제를 제기한다. 왜냐하면 모든 유럽인들이 타락의 돌이킬 수 없는 표시로 여겨진 무질서·희소성·인플레이션을 중국이 면하거나 극복했다는 데 동의하기 때문이다. 고대의 이교적 연대기들은 17세기 역사가들이 스스로 파멸했다고 주장한 사라진 제국들(이집트, 바빌로니아, 페르시아, 그리스, 로마 등)의 소산이기 때문에 비난받을 수 있었다.[80] 피터 헤일린(Peter Heylyn, 1600-1662)은 『우주지(*Cosmographie*)』 서문("To the Reader")에서 "막강한 제국들의 시민적 상태에서 일어난 황폐화의 원인"을 그 제국들의 죄악으로 돌렸다. "그 제국들의 극악한 죄악 외에 황폐화의 원인을 무엇으로 돌릴 수 있는가? 바빌로니아 사람들의 오만, 페르시아 사람들의 나약함, 그리스인들의 사치, 기독교에 대해 스캔들로 자라난, 야만적 국민들의 침입 이전의 로마인들(또는 서구 기독교인들) 사이에서 악덕의 집적 등이다."[81] 중국은 이 사라진

---

79) Markley, *The Far East and the English Imagination*, 73-74쪽.
80) Markley, *The Far East and the English Imagination*, 74쪽.

제국들과 대조적으로 멸망하지 않았고 정복을 당하더라도 정복자들 뒤에 살아남아 정복자들을 되레 흡수해 동화·소멸시키며 4000년 이상 번영했다.[82]

예수회 신부 가브리엘 마젤란은 중국에 대한 평가에서 이렇게 고백한다. "그토록 유구하고 아주 잘 지속된 왕들의 행렬을 자랑할 수 있는 왕국은 세계에서 어떤 왕국도 존재하지 않는다는 사실이 인정되어야 한다. 아시리아 사람들, 페르시아인들, 그리스인들, 로마인들의 왕들은 자기들의 정해진 기간이 있었다. 반면, 중국의 왕들은 그 첫 샘으로부터 떨어지는 흐름을 따라 구르는 것을 결코 그치지 않는 장강長江처럼 여전히 계속되고 있다."[83] 중국은 도덕적·정치적·경제적·생태적 "황폐화"를 피했기 때문에 헤일린이 묘사하는, '문명을 찢어발기는 죄악'을 면했다. 중국은 유럽 역사의 타락 이야기와 구원 이야기를 둘 다 구성해주는 신神중심의 논리를 무시하거나 불허한다.[84]

중국의 번영은 17세기 유럽에서 공리적公理的 전제로 인정되었다. 밀턴 생전 내내 중국보고의 일차서적과 이차서적들은 라틴어와 10여 개의 언어로 출간되었고, 오퍼트 다퍼(Ofert Dapper)에 의하면, 모두 독자들이 "중국을 나머지 전 지구의 보석을 합친 것보다 더 많은 부가 있는 귀중한 보석에 비교할 수 있다"고[85] 반복했다. 마젤란은 선언한다.

> 무역의 두 샘은 항해와 풍요이고 중국제국 안에는 온갖 상품들이 쌓여 있다. 중국은 어떤 왕국도 중국을 능가하지 못할 정도로 이 이점들을 둘 다 가지고 있다.[86]

---

81) Peter Heylyn, *Cosmographie: Containing the Chorographie and Historie of the Whole World, and all the Principall Kingdomes, Provinces, Seas and Isles thereof* (London: Printed for Henry Seile, 1652), "To the Reader".

82) Markley, *The Far East and the English Imagination*, 74쪽.

83) Gabriel Magaillans, *A New History of China* (London: Printed for Thomas Newborough, 1688), 60-61쪽.

84) Markley, *The Far East and the English Imagination*, 75쪽.

85) Olfert Dapper[Ogilby가 저자를 Montanus Arnoldus로 오기], *Atlas Chinensis*, translated by Iohn Ogilby (London: Printed by The. Iohnson for the Author, 1671), 465쪽.

이러한 찬사들은 수백 가지로 쏟아져 나왔다. 유럽에서 타락한 자연이 인류의 "무한욕망"을 좌절시켜 경제적 곤궁과 정치사회적 소용돌이를 야기하고 있다면, 중국은 반대로 "무한자원"의 전망을 제공했다. 17세기 초의 표준 지리학자들 중의 한 명인 피에르 다비티(Pierre D'Avity)는 1615년 다음과 같이 단언한다.

> 거기는 중국인들의 식량 외에도 만물이 이웃나라와 먼 나라들에 둘 다 제공할 수단들을 보유할 정도로 풍부하다.[87]

이 자연적 부는 중국문명의 도덕적·정치사회적 덕성 및 자연자원과 토착산업에 대한 예수회 선교사들의 보고들을 뒷받침해주었다. 굿먼과 헤일린의 비탄은 이러한 풍요에 의해 축복받은 나라 중국과 무관한 것으로 보였다.[88]

마클리는 밀턴이 교회와 군주정의 권력을 강화해줄 "진부하고 무용한 기록"을 물리치는 데 아무런 문제가 없었다면, 그가 중국의 역사에 대한 예수회 선교사들의 보고를 배격하는 것은 암묵적으로 이 보고들이 야기하는 문제에 대한 그의 인지를 증명해준다고 말한다.[89] 1656년 7월 25일자의 서한에서 독일 브레멘의 헨리 올덴부르크(Henry Oldenburg)가 마르티노 마르티니의 『중국기(Sinicae Historiae)』의 공간에 관한 예고를 보고할 때, 이에 대해 밀턴은 마르티니의 이 상세한 중국역사가 성서의 섭리적 역사에 대한 어떤 통찰을 제공할 것이라는 기대를 간단히 물리침으로써 대응한다.

> 당신이 예수회 마르티니에 의해 약속된 것으로 얘기하는, 홍수 이래의 중국인들의 그 유

---

86) Magaillans, *A New History of China*, 133-134쪽.
87) Pierre D'Avity, *The Estates, Empires, & Principalities of the World*, translated from the French by Edward Grimstone (London: Printed by Adam Islip for Mathewe Lownes and John Bill, 1615), 747쪽. Markley, *The Far East and the English Imagination*, 75쪽에서 재인용.
88) Markley, *The Far East and the English Imagination*, 75쪽.
89) Markley, *The Far East and the English Imagination*, 75-76쪽.

제1절 근대의 본질: 만인의 자유와 평등에 입각한 인간해방 99

구한 고대적 연대기들은 그 진기함 때문에 의심할 바 없이 아주 갈망적으로 기대된다. 그러나 나는 그것이 모세의 책에 무슨 근거나 확증을 더할 수 있을지 모르겠다.[90]

밀턴은 마르티니의 중국기中國記가 유발할 흥미를 "아주 갈망적으로 기대되는" "진기함"으로 돌림으로써 중국의 "유구한 연대기"의 신학적 중요성을 가볍게 여기고, 마테오리치나 마르티니와 같은 예수교 신부들이 곧이곧대로 믿는 중국의 고대적 유구성이 지닌 함의를 옆으로 제쳐놓는다. 올덴부르크에 대한 밀턴의 반응은 다른 방식으로도 확인된다. 그것은 중국 역사의 고대적 유구성과 중국인들의 덕성에 대한 선교사들의 묘사에 숨겨진 정치적·신학적 동기에 대한 회의를 담고 있다. 예수회의 중국 역사관이 '유교와 기독교의 화해'를 추구한 한편, 다른 유럽 필객들은 마테오리치의 적응주의 노선에 자기들의 가정假定과 가치의 이상화된 비전을 투영했다. 영국에서 중국은 스튜어트왕가에 대한 지지자들의 사상적 결집소가 되었고, 승진을 꾀하는 왕당파들이 애호하는 화제가 되고 있었다. 마클리에 의하면, 밀턴이 이런 맥락에서 예수회 마르티니를 냉랭하게 배격한 것은 그의 왕당파 정적들이 예수회 선교사들로부터 끌어온 이념적 교훈에 대한 그의 강한 거부를 뜻한다는 것이다.[91]

그러나 밀턴은 성서 연대기의 권위를 무너뜨릴 수 있는 위험한 방향으로 치닫는 예수회의 중국연대기 해석을 부인한 것을 두고 이것을 연대기 문제 외의 중국 전반에 대한 예수회의 보고까지도, 심지어 중국의 정치적·경제적·도덕적·미학적 중요성까지 부인한 것으로 확대해석하면 아니 될 것이다. 밀턴은 유럽중심주의자라기보다 자유주의적 세계주의자였다. 따라서 밀턴에게 에드워드 사이드 식의 '오리엔탈리즘'의 혐의를 두는 것은[92] 그릇된 것이다. 밀턴이 배격한 것은 중국의 연대기가 제기하

---

90) John Milton, "To Henry Oldenburgh" (June 25, 1656), 542쪽. *The Prose Works of John Milton*, vol.2 in 2 vols., edited by Rufus W. Griswold (Philadelphia: John W. Moore, 1847).
91) Markley, *The Far East and the English Imagination*, 76쪽.
92) Seyyed Mohammad Marandi and Hossein Pirnajmuddin, "Imaginative Geography: Orientalist Discourse in Paradise". *Pazhuhesh-e Zabanha-ye Khareji*, No. 56, Special Issue, English, Spring 2010 [181-196].

는 성서의 연대기 문제를 예수회 신부들, 보시어스, 웹 등의 방식으로 해결하는 것이었을 뿐이다.[93]

따라서 중국의 여러 다른 측면들에 대한 밀턴의 인정은 그의 '자유주의적 세계주의'에 따라 끈질기게 견지된다. 밀턴은 연대기 문제보다도 더 심각하게 기독교적 유럽의 신학과 유럽중심주의적 세계관을 뒤흔드는 극동의 번영과 도덕적 우월성을 의식하고 있다. 마클리도 이 점을 의식하지만 논의를 다시 지나치게 유럽과 중국의 경제적·상업적 측면에만 한정시켜 중국의 정치적·도덕적·문화적 의미를 소홀히 한다.[94] 그럼에도 경제적·상업적 측면에 대한 마클리의 논의도 『실낙원』 독해에 중요하다.

중국제국의 경제적 번영은 타락하지 않은, 따라서 무한히 이용가능한 자연의 오랜 꿈이 잃어버린 이상이 아니라 얻을 수 있고 이득을 볼 수 있는 현실이라는 보다 일반적인 희망을 주었다. 『세계사』(1634)를 쓴 월터 롤리(Walter Ralegh)는 이 책에서 남부 중국과 동남아시아에서 일반화된 이모작의 정보로부터 추정해서 동방에다 보편적 풍요의 이상화된 기운을 투영한다.[95] 역사적 시간이 아담 부부와 자연 대지의 타락의 결과라면, '에덴동산'은 오로지 배경적 구성체, 즉 생태적 황폐화와 경제적 경쟁에 의해 특징지어지는 타락 이후 자연에 대한 대립상으로서만 묘사될 수 있다. 그러므로 땅의 비옥성은 독자들에게 잃어버린 에덴의 실상이 어땠는지를 상상하는 것을 허용하고, 롤리의 역사적·신학적 이야기를 확증해준다.[96]

그러나 17세기의 수많은 지리학자들과 독자들은 중국의 비옥성과 다산성에 대한 묘사에 흥분해서 낙원이 되돌릴 수 없이 상실된 것이 아니라 단지 극동으로 '이전'되

---

93) Mingjun Lu, *The Chinese Impact upon English Renaissance Literature: A Globalization and Liberal Cosmopolitan Approach to Donne and Milton* (London: Routledge, 2015) 129-132쪽.

94) Mingjun Lu, *The Far East in Early Modern Globalization: China and the Mongols in Dunne and Milton*, (2012 Doctoral Dissertation submitted to University of Toronto), 201쪽.

95) Walter Ralegh, *The History of World* [1634], 65쪽. Markley, *The Far East and the English Imagination*, 78쪽에서 재인용.

96) Markley, *The Far East and the English Imagination*, 78쪽.

없을 가능성을 제기했다. 이 '장소 이전'은 예언적 신앙의 레토릭을 변증법적 연관의 공포와 욕망의 담론들로 전환시킨다. 중국적 가치들을 이상화하고 함의에 의해 유럽적 악덕들을 혹독하게 비판하는 동일한 평가들은 중국과의 무역이 이런 풍요의 물질적 혜택을 유럽시장에 가져다 줄 수 있다는 믿음을 활성화시키게 된다. 1615년 피에르 다비티는 중국을 '풍요의 땅', 새로운 '약속의 땅'처럼 묘사한다.

> 토지는 연중 3-4회의 수확을 가져다주고 (…) 그것들이 우리의 것과 다르기 때문에 여기서 알려져 있지 않은 많은 다른 것들 외에 스페인에서 자라고 있는 것들과 유사한 온갖 푸른 것들과 굉장한 저량貯量의 다양한 과일들을 산출하고, 이 과일들은 (…) 지극히 좋다.[97]

다비티는 이처럼 중국의 비옥성을 경축하면서 예수회 자료를 이용해 롤리의 에덴동산을 상기시키는 "복낙원의 비전(vision of paradise regained)"을[98] 불러일으키고 있다. 다비티는 "낙원을 소비의 견지에서 특징지음"으로써 르네상스 신화의 "지상 정원" 개념들을 재구성하고 있다. "굉장한 저량의 다양한 과일들"은 죄악과 희소성으로의 인류의 타락을 애통해할 자극을 준 것이 아니라, 유럽인들에게 알려지지 않은 저 "지극히 좋은" 생산물들에의 접근로를 개척할 자극을 주었다.[99]

로버트 마클리는 다비티와 같은 묘사가 중국이 『실낙원』의 도덕적 비전과 무수한 기타 텍스트들을 지배하는 신학적·정치사회적 가정들을 초월할 정도로 위협적이라고 말한다. "밀턴에게 자원의 불평등한 분배는 야망, 탐욕, 사치의 귀결이다." 에덴동산에서 추방당한 뒤에도 미가엘 대천사(천사장)는 아담에게 "대지가 충분한 것 이상으로/ 많은 것을 낳아서/ 절제가 시험될 수 있다"(『실낙원』 제11책, 804-805행)라고 말해준다. 절제는 부패와 희소성에 대한 덕스러운 개인의 대응이다.[100] 그러나 밀턴이

---

97) D'Avity, *The Estates, Empires, & Principalities of the World*, 719쪽. Markley, *The Far East and the English Imagination*, 79쪽에서 재인용.
98) Markley, *The Far East and the English Imagination*, 78-79쪽.
99) Markley, *The Far East and the English Imagination*, 79쪽.
100) Markley, *The Far East and the English Imagination*, 79쪽.

퍼채스의 『하클류트 포스트후무스』(1624)에서 이미 읽었을 가스파르 다 크루즈(Gaspar da Cruz)는 밀턴의 판단에 어긋나는 말을 한다. "씨를 가진 모든 종류의 과일을 산출할 수 있는 모든 땅이 경작되고 모든 사람들이 자기의 노동의 산물을 즐기는" 제국에서 일반인들이 유럽에서라면 사치품인 것을 일상용품으로 소비하는 것은 비옥하고 번영하는 나라에서 사는 사람들의 "자연적" 혜택이다.[101] 이 관점에서 또 다른 에덴동산의 전망, "극동의 반(半)낙원"의 전망이 열렸기 때문에 존 웹은 밀턴의 『복낙원』(1671)이 나오기 직전에 공간한 『중국제국의 언어가 원시언어일 개연성의 입증을 시도하는 역사적 논고』(1669)에서 유럽과 중국 중 어느 땅이 인류의 세속적·영혼적 구원을 위한 신의 도구임에 대해 요구를 더 정당하게 제기할 수 있는지를 묻고 중국이 그런 구원을 위한 신의 도구라고 단언하고 중국한문을 바벨탑 이전의 '아담의 언어'이고 중국인들이 노아의 직계 후손이라고 확신하기에 이른 것이다.[102]

그러나 이것은 존 웹의 특별한 생각이 아니라, 베이컨, 마리놀리(John de Marignolli), 카펜터(Nathaniel Carpenter), 헤일린 등이 공유한 생각이었다.[103] 가령 베이컨도 1605년 『학문의 진보』에서 중국 한자를 "진짜 부호문자"로 묘사하고 있다.

> 그리고 중국과 더 먼 동쪽 지방에서 사람들이 글이나 단어(nec literas, nec verba)가 아니라 사물과 개념(res & notion)을 표현하기 위해 오늘날 명목적이지 않은 일정한 진짜 부호문자들(characterses quidam reales, non nominales)을 사용하고 있다는 것은 지금 잘 알려져 있다. 수많은 민족이 상당히 다른 언어들을 쓸지라도 이 부호문자를 사용하는 데 동의해서 필답과 글쓰기로 상호소통을 가질 정도다. 그리하여 이 부호문자로 쓰인 책은 각 민족에 의해 각 민족의 고유한 언어로 읽히고 번역된다.[104]

---

101) Gaspar da Cruz, *A Treatise of China*, 175쪽. abridged in Purchas, *Haklyutus Posthumus*, III.

102) John Webb, *An[sic!] Historical Essay, Endeavoring a Probability that the Language of the Empire of China is the Primitive Language* (London: Printed for Nath. Brook, 1669).

103) William W. Appleton, *A Cycle of Cathay: The Chinese Vogue in England in the Seventeenth and Eighteenth Centuries* (New York: Colombia University Press, 1951), 29쪽.

104) Francis Bacon, *The Advancement of Learning* [1605], edited by Joseph Devey (New York:

베이컨의 이 극동지식은 그가 극동 관련 서적들을 얼마나 많이 읽었는지를 짐작케 한다. 1680년대에 심지어 중국비방자 페넬롱(François Fénelon, 1651-1715)도 중국인을 바빌론에서 이주한 민족으로, 한문을 '보편언어'로 믿었다.[105]

존 밀턴에게 특히 왕정복고 이후 원죄와 타락의 결과라는 말이 통하지 않은 것으로 보이는 이교적 중국제국의 '본보기'는 예언적 역사에 대한 그의 비전 바깥에 놓인 수수께끼로서 재빨리 가장 잘 "무시되어" 있다. 경제적 구원의 길이 거의 불변적으로 "캄발루(북경)의 정해진 만리장성"(『실낙원』 제11책, 387-388행)으로 통한다는, 대부분의 교육받은 유럽인들에 의해 공유되는 밀턴의 확신이 없다면 중국은 사실 "완전히 없어도 될" 것이다.[106]

그러나 『실낙원』의 '자유주의적 세계주의'의 도덕적 비전은 중국의 역사적으로 지속된 번영과 위력 및 중국미학과 기술적 선진성을 충분히 인정하고 받아들이고 있기 때문에 크루즈와 다비티의 저 중국관이 결코 『실낙원』의 지평을 초월하거나 『실낙원』의 구도에서 중국이 "없어도 될" 만큼 "무시되어도" 되는 것이 아니다. 심지어 제4책에서 에덴동산은 중국정원의 사라와지 미학도 충실히 구현하고 있기 때문이다. 밀턴이 "대부분의 교육받은 유럽인들"과 공유하는, "캄발루의 정해진 만리장성"으로 통하는 "경제적 구원의 길"은 또한 『복낙원』의 지평도 초월할 수 없다. 『복낙원』에서

Press of P. F. Collier & Son, 1901), 248-249쪽.

105) François Fénelon, *Dialogues des Morts* [1683]. Mediterranee.net [검색일: 2017. 5. 16.], "Dialogue 7": "중국인의 도덕, 예술, 학문과 종교는 바빌론 사람이나 우리 역사 속에 흩어져 있는 다른 사람들의 그것들과 매우 일치합니다. 따라서 저는, 당신들의 문명 이전 몇 세기 전에 이 아시아인들이 중국까지 침투해서 중국제국을 세웠다고 믿고 싶습니다."; "중국말과는 다른 말을 하는 모든 사람과 교류를 하는 데 있어 당신네 문자(중국 한자)가 커다란 장점을 갖고 있는 점을 인정합니다. 우리의 낱말처럼 당신네 각각의 문자는 각각의 대상을 나타내고, 중국어를 모르고도 외국인이 글씨를 읽을 수 있으며, 외국인의 말을 중국 사람이 전혀 모른다 해도 외국 사람은 글자를 이용해서 중국 사람에게 대답을 할 수 있습니다. 이런 글자들을 어디서나 사용한다면 인간 모두에게 공용어가 될 수 있고, 이 세상 한쪽 끝에서 다른 쪽 끝까지 교류를 위한 편리함은 무한할 것입니다. 모든 민족이 자기 자녀들에게 이 글자들을 가르치는 데 합의한다면, 말이 다양해서 여행을 못 하는 일은 더이상 없을 것이고 전 세계적으로 사회적 유대가 생길 겁니다."

106) Markley, *The Far East and the English Imagination*, 79쪽.

십자가에 못 박히는 인간 예수의 대속代贖을 통한 인류의 구원, 즉 1인 덕자에 의한 '낙원의 회복'이 여호와의 계시 없는 유교적 본성도덕과 성인군자의 "살신성인殺身成仁"의 모델을 바탕으로 전개되기 때문이다.

밀턴도 중국의 경제적·상업적 중요성을 지실하고 있었다. 영국의 미래적 번영이 아시아 무역에 의거한다는 믿음은 17세기 중반 영국의 정파와 종교적 종파를 가로질러 공유되었다. 야수적 식민화보다 이런 유형의 평화적 무역은 밀턴에게 타락 이후 역사의 폭력, 즉 타락한 세계에서 "인간적 영광의 최고치"에 도달하는 "무한한 인간 살육"(『실낙원』 제11책, 689-690행)에 대한 매력적 대안을 제공한다.

마클리도 밀턴이 젊은 시절부터 극동과의 무역의 가능성에 매료되었었음을 인정한다.[107] 일찍이 1626년 케임브리지 대학 재학 중에 밀턴은 『모스크바 약사(*A Brief History of Moscovia*)』를 집필했고, 여기서 "상당히 즐겁게 러시아의 동부경계로부터 카테이(Cathay; 중국)의 만리장성에까지 그들을 따라가도록 나를 끌어당긴" 이런 저자들에 매료되었다고 고백하고 있다.[108] 『모스크바 약사』가 하클류트로부터 퍼채스까지의 잘 알려진 이야기들을 편저하고 있을지라도, 이것은 밀턴이 동시대인들과 같이 러시아를 단순히 중국으로 가는 루트의 통과지점으로만 취급했음을 시사하고 있기 때문에 의미심장하다. 가령 퍼채스는 밀턴이 요약하고 있는 1553년 모스크바 무역회사의 첫 여행의 "의도"를 "중국과 다양한 다른 지역, 다른 영역, 섬, 미지의 장소들의 발견"으로 기술한다.[109] 밀턴은 『모스크바 약사』에서 모스크바와의 무역을 개설하려는 영국의 노력에 관한 이야기를 재현하는데 많은 시간을 쓰고 있을지라도 퍼채스로부터 1618-1619년 사이에 중국을 방문한 러시아 사절단의 긴 이야기를 발췌해서 이 중국제국에 관한 본질적 정보로 생각되는 것을 다음과 같이 간결하게 적어놓고 있다.

---

107) Markley, *The Far East and the English Imagination*, 80쪽.
108) Milton, *A Brief History of Moscovia*, 351쪽.
109) Purchas, *Haklyutus Posthumus*, III. 212쪽.

백성은 우상숭배자들(불교도)이다. 나라는 지극히 풍요롭다. (…) 만리장성 다음에 있는 도시는 상품, 벨벳, 단자, 금옷, 직물, 많은 종류의 설탕이 풍부한 쉬로칼가(Shirokalga; 張家口)다. (…) [북경에서는] 백성들이 아주 정대하지만 호전적이지 않고, 다채로운 교역을 지극히 많이 즐긴다.[110]

"우상숭배자들이면서도 풍요롭다"는 이 파라독스는 극동에 대한 밀턴의 평가를 알 수 있게 해준다. 밀턴이 우리가 지금 서구인과 중국주민 간의 인종적 구분으로 생각하는 것을 지워버리고 그들의 군사역량보다 그들의 부와 무역욕구를 강조하고 있는 점은 이 글에서도 의심심장하다. 북경의 "다채로운 교역"은 젊은 역사가 밀턴이 그의 동포들에게 민족번영의 꿈을 이룰 "풍부한 상품"을 찾도록 고무하는 자극을 제공한다.[111] 밀턴의 이 중국관은 자유주의적 세계주의의 상업 차원에서 중국을 선망하는 것이고, 이것은 바로 『실낙원』의 경제적 비전과 합치되는 것이다.

물론 『실낙원』의 중국 선망은 이런 경제적 차원으로 그치지 않는다. 밀턴은 『실낙원』과 『복낙원』에서 기술적·미학적·정치적·도덕적 차원에서 중국을 이미지나 실질적 의미로 활용한다. 우선 『실낙원』에서 밀턴은 베이컨처럼 중국의 선진적 과학기술을 중국의 대표적 이미지로 동원한다.

> (히말라야에서 자란 독수리가) 가는 도중에 중국인들이
> 돛과 바람으로 등나무 수레(canie Waggons)를 경쾌하게 모는
> 세리카나의 황량한 평원에 사뿐히 내릴 때처럼.[112]

여기서 '세리카나(Sericana)'를 헤일린은 중국 동부와 히말라야 서부 사이의 지역이

---

110) Milton, *A Brief History of Moscovia*, 358-359쪽.
111) Markley, *The Far East and the English Imagination*, 81쪽.
112) John Milton, *The Paradise Lost*, "Book III", 239쪽(시구 436-439줄). John Milton, The Poetical Works of John Milton, edited after the original texts by the Rev. H. C. Beeching (Oxford: At the Clarendon Press, 1900).

라고 주석했으나,[113] 오늘날 고증에 의하면 '세리카나'는 중국을 가리키는 옛 라틴어다. 빈센트가 뒤에 다루지만, '세리카나'는 '누에(Sera)'라는 말에 어원을 둔다고 한다. 밀턴이 다른 곳에서 중국을 뜻할 때 사용한 'Cathay'(『실낙원』 제10책, 293행; 제11책 388행), 'Sinae'(제11책, 390행), 'China'[114] 등을 두고 여기서 굳이 '세리카나'라는 옛 명칭을 쓴 것은 중국의 비단방적·방직술과 고급 비단제품 제조술을 떠오르게 만들기 위한 것이다.

상술했듯이 수많은 지리학자들과 유럽독자들, 그리고 존 웹과 존 밀턴의 새로운 기독교적 종교세계로부터 유래하는 구세적救世的 중국관, 즉 '저주받은 땅'의 시지포스적 노고와 공포로부터 유럽인을 해방해주는 풍요의 중국관은 유럽인들로 하여금 '약속의 땅'으로서의 에덴동산 또는 가나안이 영원히 상실된 것이 아니라 단지 중동에서 극동으로 '이전'되었다고 확신하고 중국을 새로운 '약속의 땅'으로 받아들이게 만들었다.

그리하여 루이 르콩트(Louis Le Comte)는 1696년 영국·프랑스독일·미국 등지에서 널리 읽힌 『중국의 현상태에 대한 신新비망록(Nouveaux mémoires sur l'état present de la Chine)』에서 중국을 '진짜 약속의 땅'이라고 단언한다.

> 아마 당신은 내가 이 제국에 관해 쓴 것을 읽는다면 가장 거대하고 가장 아름답고 가장 순조롭고 가장 비옥한 지구 부분을, 즉 한 마디로 진짜 약속의 땅(real land of promise)으로 만들기 위해 신의 백성들에 의해 경작되고 진짜 이스라엘사람들이 정말로 거주하기를 원하기만 하면 되는 그런 땅을 대대로 상속자산으로 받을 정도로 그렇게 행복한 그들은 어떤

---

113) Henry J. Todd, Note. John Milton, *The Paradise Lost. The Poetical Works of John Milton*, Vol III in seven volumes, edited and noted by Henry J. Todd (London: Printed for J. Johnson et al., 1809), 43-44쪽 각주.

114) John Milton, *Animadversions opon the Remonstration's Defence against Smectymnuus* [1641], 102쪽. *The Prose Works of John Milton*, vol.1 in 2 vols., edited by Rufus W. Griswold (Philadelphia: John W. Moore, 1847); John Milton, *Moscovia, or Relations of Moscovia*, 358쪽. *The Prose Works of John Milton*, vol.2 in 2 vols., edited by Rufus W. Griswold (Philadelphia: John W. Moore, 1847).

백성인지를 묻고 싶은 기분일 것이다. 헤브라이인들처럼 우리가 가로질러야 할 홍해와 황야 외에 아무것도 없다면, 그것을 복음에 복속시키는 것은 아마 40년 걸릴 것이다. 그러나 바다의 저 방대한 넓이, 모세와 예언자들을 정지시킨 정도의 저 무한하고 실행불가능한 육로 여행은 예수 그리스도의 참모들의 열정을 가라앉히고 그의 새로운 사도들의 수를 줄인다. 오! 모세가 약속된 땅(Promised Land)을 발견하러 보낸 헤브라이인들이 그랬듯이 중국이 일터의 일꾼들에게 약속하는 거대한 부와 가장 귀중한 수확을 내가 표현할 수 있기를! 우리는 아마도 이렇게 풍요로운 수확물에 대한 전망이 이윽고 전 유럽을 석권해서 거두게 될 거라는 희망을 가진다. 적어도 나는 나의 증언이 무의미하지 않기를 바라고 나를 잇는 작은 선교단의 보통 이상의 열정이 이 방대한 제국이 요구할 선교사들의 방대한 수를 때워주기를 바란다.[115]

르콩트가 보기에, 일꾼들에게 "거대한 부와 가장 귀중한 수확을 약속하는" 중국은 희소성의 법칙이나 수확체감의 법칙에 시달리는 '저주받은 땅'이 아니라 신의 백성들에 의해 경작되기만 하면 되는 "진짜 약속의 땅"이다. 르콩트는 유럽인들이 자원의 희소성에 시달리는 '저주받은 땅'의 관념을 버리고 "풍요로운 수확물에 대한 전망"을 안고 중국으로 가서 이 '풍요로운 수확물'을 같이 거둘 희망을 은근하게가 아니라 노골적으로 언명하고 있다.

명대 후기와 청대 초기 중국은 유럽인들에게 철학적 '모델'이었을 뿐 아니라, 이처럼 종교적 "진짜 약속의 땅"이었다. 이 "진짜 약속의 땅"으로서의 중국의 관념은 "유럽의 모델"로서의 중국의 관념을 다시 한 단계 능가하는 것이다. "유럽의 모델"로서의 역사적 중국관도 '거울로서의 중국 사례'라는 피상적 중국관이나 사이드의 오리엔탈리즘을 둘 다 부정하지만, "진짜 약속의 땅"으로서의 중국의 관념은 참조사례로서의 중국이라는 피상적 관념이나, 중국을 타자로 주변화하는 오리엔탈리즘을 더욱

---

115) Louis Le Comte, *Nouveaux mémoires sur l'état present de la Chine* (Paris, 1696). English translation: Louis Le Compte, *Memoirs and Observations made in a Late Journey through the Empire of China* (London: Printed for Benj. Tooke at the Middle Temple Gate, and Sam. Buckley at the Dolphin, 1697), 117-118쪽.

더 강하게 부정한다. '약속의 땅'이 가나안에서 중국으로 '이전'했다는 관념, 또는 "진짜 약속의 땅"으로서의 중국의 관념은 17세기 초부터 면면히 이어져 18세기로 유입되면서 공자를 숭배하고 중국에 열광하는 계몽주의의 세계관적 확신으로서 그 저류底流가 되어 면면히 흐르게 되었던 것이다.

■ 에드워드 사이드의 포스트모던적 오리엔탈리즘 테제를 넘어

유럽 계몽주의의 기원과 발전에 대한 공자철학과 극동사회의 사상적·문화적·기술적 '영향'에 대한 논의는 전전戰前부터 오늘날에 이르기까지 부침을 거듭했다. 전전에는 주로 실질적 '영향'을 연구했으나, 전후 1970년 말부터 푸코에 의해 영향받은 권력전략적 타자이해의 포스트모던적 관점에서 서구의 중국이해를 제국주의의 표현으로 단정하는 에드워드 사이드(Edward W. Said)의 오리엔탈리즘 테제와, 카멜레온처럼 변색하는 '중국이미지' 이론이 등장해 유행하면서 유럽에 대한 중국의 '영향'에 대한 연구는 퇴조하고 동아시아 일반에 대한 관심도 줄어들었다. 이로 인해 17-18세기의 중국열광은 "바보스러운 광기"와 한 시대의 변덕스러운 유행에 불과했던 것으로 평가절하되었고, 중국의 '본질구성적 영향'에 대한 입론도 무대에서 사라졌다.

그러나 앞서 17-18세기 사료로 입증된 '유럽의 모델'로서의 중국관과 '약속의 땅'으로서의 중국의 발견은 사이드의 '오리엔탈리즘'과, 서구의 부침에 따라 변색하는 '중국카멜레온'의 관념을 난관에 처하게 한다. 1990년대 말엽부터, 중국이 송대에 높은 산업발전을 경험하고 명·청대에도 경제적 발전과 번영을 누렸다는 객관적 사실에 대한 역사적 각성이 점증하는 세계사적 물음들과 함께 확산되었다. 이 연구추세는 필자가 『공자철학과 서구 계몽주의 기원(1-2)』에서 충분히 살펴본 존 홉슨, 앙드레 프랑크, 오스터함멜, 리처드 폰 글란, 조수아 포겔 등의 연구로 대표된다. 이것은 1990년대 유럽과 아시아의 만남에 관한 연구의 방향을 바꿔놓았다. 계몽주의시대 유럽사상가들이 철학적 '국가모델'이자 새로운 '약속의 땅' 중국을 '깔볼' 이유가 없었다는 사실에 대한 인식만으로도 연구자들은 동아시아 유교사회와의 접촉에 관한 역사적 사료들을, 특히 예수회신부들의 중국기中國記와 보고서들에 대한 유럽철학자들의 평가를 보다 자세히 들여다보게 되었다. 이 보고서들과 당시의 평가들은 중국제국의 "위대성"에 대해 당대 유럽인들이 합의했던 것이 허풍이 아니었다는 것을 말해준다.

이와 함께 동서교류사 연구에 파멸적 영향을 미친 사이드의 오리엔탈리즘이 근본적 비판에 직면하고 급기야 폐기처분되는 분위기가 조성되었다. 주요 계몽철학자들 사이에 발견되는 진정한 '중국애호'가 정확하게 객관적 사실로 확인되자마자, 서양이 '동양'을 총체적으로 부정적 범주로 파악했다는 사이드의 핵심주장은 무력화되기 때문이다. 지금은 중국문명권으로부터 사상적 "수입"과 이 문명에 대한 유럽 기독교문명의 반응을 재평가하려는 역사가들의 진지한 연구경향이 다시 도래했다.[116]

대부분의 17-18세기 유럽 지식인들은 중국과 공자철학에 진정으로 열광하고 공자를 숭배했다. 그들은 사이드가 오리엔탈리즘 테제로 주장하듯이 결코 유럽을 유일시해서 극동을 '타자화'해서 여기에 그들의 유럽중심주의적 이미지를 투영하는 오리엔탈리즘적 태도를 취하지 않았다. 레이철 램지(Rachel Ramsey)는 가령 존 웹의 경우를 예로 든다.

웹의 논고는 중국에 관한 17세기 보고들이 (사이드의 – 인용자) '오리엔탈리즘적' 모델의 무無역사적 부과賦課에 저항하고 유럽적 자아와 아시아적 타자 간의 관계에 관한 전통적 가정에 대한 몹시 필요한 교정자를 제공하는 방식들을 예증해준다. 『중국제국의 언어가 원시언어일 개연성의 입증을 시도하는 역사적 논고』는 극단적 사례일지라도 왕정복고기 영국에서의 원형 중국학의 광범한 정치적 파종을 강력히 말해준다. 웹의 작품은 중국이 어떻게 복고된 군주정에 걸었던 자신들의 희망의 침식에 직면해 매개적 비판을 퍼붓고 싶은 정치적 보수주의자들에게 효과적 수단으로 이바지했는지를 입증해준다. 아마 더 중요한 것은 『역사적 논고』와 같은 외견상 엉뚱한 논고가 역사·통치·연고주의의 17세기 유럽적 관념들에 대한 중국의 영향이 심지어 대부분의 중국전문가들이 인정해온 것보다 더 복

---

116) 유럽과 중국의 만남에 관한 지난 100년간의 연구동향에 대한 좋은 개관은 참조: Stefan G. Jacobsen, "Chinese Influences of Images? Fluctuating Histories of How Enlightenment Europe Read China", *Journal of World History*, Vol. 24, no. 3 (2013), (특히 652쪽).

잡한 음영 차이를 보인다는 것을 시사해준다.[117]

에드워드 사이드의 포스트모더니즘적 오리엔탈리즘 테제의 '파괴적' 성향에 대한 비판의 목소리는 램지의 이 사상사적 작업과 같은 구체적 연구들로부터 더 크게 터져 나오고 있다.

이와 함께 당시 유럽인들이 유교문명과 유교사회를 단순한 '사례'나 유럽중심주의적 자기 이미지를 투영하는 '대상'으로 대한 것이 아니라 '모델'로 삼은 것을 넘어 '약속의 땅'으로 동경하며 유교문명을 유럽계몽주의의 '본질구성적' 요소로 받아들여 기존의 사상적 논의들과 패치워킹했다는 견해들이 완전히 복원되어가고 있다. 이런 새로운 흐름 속에서 가령 데이비드 포터는 중국은 17-18세기 유럽을 위해 - 문화적 준거로서 - 20세기 미국의 역할과 비교될 수 있는 역할을 했고, 역사적 관계를 밝혀줄 수 있는 네 가지 '접촉 영역'(언어학·종교·경제·사회정책)을 개발하는 역할을 했다고 강력하게 주장하기에 이른 것이다.[118]

말하자면 중국의 영향이 "초기 근대의 중국화(Sinicizing early modernity)"에까지[119] 이르렀던 것이다. 유럽 사상가들에 의한 예수회 보고서들의 해석은 종종 소박하고 천진한 긍정적 중국 평가로 귀결되었지만, 이 보고서들은 유럽의 헌정체제 논쟁들을 향한 "강력한 낙관적 메시지"를 담고 있었기 때문이다. 17-18세기 동안에 축적된 중국의 통치관행에 관한 보다 특별한 사실지식들이 양적으로 증가했을지라도 일반적 교훈은 거의 동일한 것으로 남아 있었다. 중국의 역사적·동시대적 헌정체제는 중국제국의 영토적 방대성, 정치경제적 번영, 역사적 유구성과 관련해서 중앙집권적 통치가 무엇을 성취할 수 있었는지에 대한 "비전을 확장시켰던 것"이다. 유럽 헌정논

---

117) Rachel Ramsey, "China and the Ideal of Order in John Webb's *An Historical Essay* ⋯", *Journal of the History of Ideas*, Vol. 62, No. 3 (Jul., 2001), 502쪽.

118) David Porter, *Ideographia: The Chinese Cipher in Early Modern Europe* (Stanford, Calif.: Stanford University Press, 2001), 9쪽.

119) David Porter, "Sinicizing Early Modernity: The Imperatives of Historical Cosmopolitanism", *Eighteenth- Century Studies*, Vol. 43, No. 3 (Spring 2010) [299-206쪽].

쟁에서 중국과 관련된 "사실들"은 보다 강한 행정적 중앙집권화를 옹호하거나 반대하는 "논변들의 저수조"였던 것이다. 18세기에 "유럽이 중국의 정치제도로부터 배워야 한다"는 요청은 간혹 시비 거는 '위정척사파들'이 없지 않았을지라도 통상적인 일이었다.[120]

따라서 가령 경제·농업·행정혁신을 포함한 프리드리히 2세, 요셉 2세(오스트리아), 예카테리나 2세(러시아) 등의 갑작스럽고 전통단절적인 국가개혁 프로그램들은 그간 정치학·행정학·경제학·복지학 등 분과별 전공학자들 사이에서 당혹스러운 퍼즐로 받아들여졌다. 그러나 유럽역사 속의 이 퍼즐도 이 치자들의 사상적 발전과정과 관련된 '중국 이상국가'라는 인식 변수를 끌어들이면 대부분 풀릴 수 있는 것이다.[121]

공자철학이 유럽 계몽철학에 미친 영향이 실로 '본질구성적·근본적'이었다는 것은 정작 유럽인들을 뒤늦게나마 깨우쳐준 존 로크의 정치철학조차도 그가 공자철학과 중국의 정치문화에 관한 서적들을 읽고 배워서 자신의 정치사상 속에 암암리에 수용했다는 사실에서 명확하게 드러난다. 『17-18세기 영국의 공자숭배와 모럴리스트들(상·하)』에서 상론했듯이, 자유와 평등, '동의(민심)의 지배'와 저항권(혁명권)은 유럽의 사상전통에서 결코 나올 수 없는, 유럽의 전통과 무관한, 차라리 적대적인, 아니 유럽의 전통을 깨부수는 근대 정치사상의 획기적 핵심요소였다. 그런데 이 자유와 평등, '민심의 지배'와 혁명권조차도 로크가 100년 전의 보수적 신학자 후커를 들먹이는 교묘한 논법으로 전통성과 독창성을 가장하고 있을지라도 공맹으로부터 배운 정치사상이었던 것이다.[122]

■ 공자숭배와 중국열광의 극치

---

120) Stefan G. Jacobsen, "Limits to Despotism: Idealizations of Chinese Governance and Legitimations of Absolutist Europe", *Journal of Early Modern History*, 17 (2013), 351-352쪽.
121) Jacobsen, "Limits to Despotism", 389쪽.
122) 로크에 대한 중국 정치문화와 공자철학의 영향에 대해서는 다음을 보라: 황태연, 『17-18세기 영국의 공자숭배와 모럴리스트들(하)』, 812-886쪽.

1688년 프랑스의 세계여행가 프랑수와 베르니에(François Bernier, 1620-1688)는 『중국철학자 공자』를 읽고 감격해 그것을 불역佛譯하는 구상을 하면서 이렇게 '공자철학 발견의 감격'을 토로하고 있다.

> 아! 공자가 인간의 내면(l'intérieur de l'homme)을 얼마나 잘 이해했는지, 그리고 군주의 행동과 국가의 통치에 대해 얼마나 위대한 안목을 가졌는지, 그분은 그들이 덕스러울 때만 행복하다고 여길 정도였습니다! 내가 아는 한, 지금까지 어떤 인간도 그토록 많은 지혜, 그토록 많은 현명, 그토록 많은 진실성, 그토록 많은 경애심, 그토록 많은 박애심을 가진 것으로 보이지 않았습니다. 덕성을 추구하지 않는, 또는 훌륭한 정부를 위해서든, 삶의 특별한 행동을 위해서든 그 어떤 현명한 가르침을 내포하지 않는 단 하나의 단락도, 단 하나의 단편도, 단 하나의 일화도, 단 하나의 요구도, 단 하나의 대답도 없었습니다. 나는 라모트르 베예 씨를 읽고 그가 '거룩한 공자님이시여, 우리를 위해 기도해주소서!'라고 말하는 것을 자제하려고 애썼다는 것을 알게 되었다고 확신합니다. 그가 만약 그분의 저작을 보았더라면 그가 무슨 말을 못했겠습니까? 아니면 그분이 기독교인이었다면 우리는 무슨 말을 못하겠습니까?[123]

베르니에의 이 공자찬미와 열광은 공자의 제자들이 공자 서거 후 그를 회고하면서 표출했던 공자숭모의 마음이나 다름없어 보인다. 재아宰我는 "내가 공자님을 살펴보니 요순보다 훨씬 현명하셨다(以予觀於夫子 賢於堯舜遠矣)"라고 탄복했고, 자공은 "백성이 생겨난 이래 공자님 같은 분은 아직 없었다(自生民以來 未有夫子也)"라고 경탄했었다. 그리고 유약有若은 "백성이 생긴 이래 공자님보다 훌륭한 분은 아직 없었다(自生民以來 未有盛於孔子也.)"라고 칭송했다.[124] 공자제자들의 이런 숭모심이나 다름없는 베르니에의 공자숭배와 같은 정도의 전全유럽적 공자열광과, 인간본성에 바탕을 둔 공자의 무신론적·인간적 도덕철학에 대한 유럽철학자들의 깊은 이해가 없었더라면 유럽에

---

123) François Bernier, "Introduction à la lecture de Confucius, Extrait de diverses pièces envoyées pour étrennes par M. Bernier à Madame de la Sablières", *Journal des Sçavans* (7 juin 1688) [pages 25-40], 'Méthode confuse de la philosophie des Chinois' (38-39쪽).
124) 『孟子』「公孫丑上」(3-2).

서 기독교성직자들의 신정神政독재를 분쇄하는 '세속적 윤리도덕'은 형성될 수 없었을 것이고, 종교·정치·사회의 각 분야에서의 부조리한 신비적 권위와 몽매주의적 '신의 질서'를 탈주술화하고 '인간의 질서'를 수립하는 '유럽의 해방과 근대화'는 요원하거나 아예 불가능했을 것이다.

그러므로 엘리세프-푸아슬(Danielle Elisseeff-Poisle)은 "설령 중국이 발견되지 않았더라도 자연종교와 이신론을 향한 철학운동은 발전되었을 것"이라고 말한 아놀드 로보덤의 주장과 정반대로 문답한다. "이와 같이 중국은 17세기 말에 낡은 프랑스질서의 전복을 고취한 새로운 사상체계의 한 초석이었다. 우리는 계몽주의 철학자들이 적어도 부분적으로나마 중국의 아들들이었다고 주장할 수 있을까? 어느 면에서는 그렇다(In a way, yes). 그리스·로마유산을 재발견한 르네상스시기 동안에 시작된 휴머니즘 논쟁은 중국문명의 '발견'에 의해 신선한 추동력을 부여받았다. (…) 물론 중국은 점차 프랑스학자들의 문화유산의 일부가 되었다."[125] 엘리세프-푸아슬의 자문자답에 붙여 필자는 "중국이 발견되지 않았더라도 자연종교와 이신론을 향한" 유럽지식인들의 철학운동은 "발전되었을까?"라고 묻고 '천만에!'라고 답함으로써 로보덤의 안이한 유럽중심주의적 역사인식을 기각하고자 한다. 17세기 초반부터 서양 지식인들은 "외부의 자극에 수용적"이고 "세계의 다른 쪽으로부터 온 이런 실례의 힘"을 받아들이는 것에[126] 그치지 않고, 공자철학의 위력을 사활의 전력戰力으로 삼고 공자철학을 앞다퉈 배워 이것을 거대한 계몽투쟁의 철학적 '실탄'으로 사용했던 것이 역사적 사실이기 때문이다.

한 마디로, 공자는 유럽의 성찰적 성직자와 철학자들에게 일대 '충격'이었고 '감격'이었던 것이다. 그래서 퍼채스는 1613년에 벌써 공자를 플라톤·세네카와 "비견할 만한" 중국철학자로 평가했다.[127] 한 걸음 더 나아가 1615년 마테오리치와 트리고는

---

125) Danielle Elisseeff-Poisle, "Chinese Influence in France, Sixteenth Centuries", 157쪽. Thomas H. C. Lee, *China and Europe: Images and Influence in Sixteenth to Eighteenth Centuries* (Hong Kong: The Chinese University of Hong Kong Press, 1991).

126) Rowbotham, "The Impact of Confucianism on Seventeenth Century Europe", 242쪽.

127) Purchas, *Purchas, his Pilgrimage*, 439쪽.

"공자가 이교철학자들과 대등했고 심지어 대부분의 이교철학자들보다 우월했다"고 평가했다.[128] 이들은 공자를 피타고라스·소크라테스·플라톤·아리스토텔레스·세네카 등 "대부분의 이교철학자들"을 '능가하는' 철학자로 본 것이다. 공자는 처음에 이렇게 희랍철학자들과 비교됨으로써 이들과 대등하거나 이들을 능가하는 철학자로 유럽에 소개되었다. 이런 분위기 속에서 라모트 르 베예는 1640년 공자를 "중국의 소크라테스"라고 불렀던 것이다.[129] 이후 17세기 후반 내내 공자는 '중국의 소크라테스'로 칭송되었다. 1680년대에 유행한 이런 호칭에 비위가 상한 유럽의 '위정척사파' 페넬롱이 그런 "한물간 찬사들"을 "제쳐두자"고 짜증을 낼[130] 정도였다.

그러나 18세기 초가 되자 유럽 지식인들은 경전번역서를 통해 공자철학의 진가를 진정으로 알게 되면서 공자를 소크라테스보다 더 위대한 인물로 보고 이를 입 밖에 내는 '철학적 용기'를 발휘하기 시작한다. 그리하여 1735년 마침내 뒤알드는 공자를 탈레스·피타고라스·소크라테스, 세 철학자들을 다 능가하는 위인이라고 천명했다.[131] 1762년 영국 Scots Magazine도 "공자의 철학은 숭고함에도 최선의 그리스철학자들도 가로막은 저 난해하고 착잡한 문제들로부터 완전히 자유로웠다"고 평가했다.[132] 이렇게 공자를 소크라테스보다 낫다고 생각하는 흐름은 유럽사상계에서 '탈脫희랍화' 사조의 진척을 말해주는 것이었다.

그러나 공자의 비교평가는 여기서 그치지 않고 공자를 예수와 대등하게 놓고, 그

---

128) Trigault, *De Christiana expeditione apud Sinas*, Chap V. 영역본: Gallagher, China in the Sixteenth Century, 30쪽. 국역본: 마테오리치, 『중국견문록』, 54쪽.

129) François de La Mothe le Vayer, *De La vertu des payens* (Paris: Chez François Targa, 1642), 278쪽.

130) 1683년 『죽은 자들 간의 대화』의 "대화 7: 공자와 소크라테스"에서 공자가 "제가 듣기로는 당신네 유럽 사람들이 우리 동양에 자주 오고 그들이 저를 중국의 소크라테스라고 부르는데, 이 이름이 영광스럽습니다"라고 말을 건네자, 소크라테스는 "이 나라에서나 저 나라에서나 한물간 찬사들은 제쳐 둡시다"라고 말을 내지른다. François Fénelon, Dialogues des Morts [1683년 집필, 1700년 익명으로 Köln에서 출간]. Mediterranee.net[검색일: 2017년 5월 16일].

131) P. Du Halde. *The General History of China*, Vol. 3 of four Volumes, translated by Brookes (London: Printed by and for John Watts, 1736), 293쪽.

132) *Scots Magazine*, 24 (August, 1762), 413쪽.

다음은 마침내 예수를 능가하는 것으로 칭송하기 시작한다. 1721년 크리스티안 볼프는 『중국인의 실천철학에 관한 연설』에서 "우리가 그(공자)를 신이 우리에게 내려준 예언자나 스승으로 존경하는 한에서" 오늘날도 공자는 "모세가 유대인에게, 마호메트가 터키인에게, 심지어 그리스도가 우리들에게 간주되는 것"과 정확히 똑같이 중국인들에게 간주된다"고 천명함으로써[133] '감히' 공자를 예수와 대등한 중국철학자로, 즉 '중국의 예수'로 간주했다. 그러나 공자철학의 확산과 더불어 이신론 사조가 강화되면서 일부 유럽철학자들은 공자를 예수보다 더 높이 받들기 시작한다. 1720년 존 트렝커드(John Trenchard)와 토마스 고든(Thomas Gordon)은 그들의 공동저서 『독립 휘그(The Independent Whig)』에서 "선한 옛 공자(good old Confucius)"가 유럽의 기독교보다 "더 기독교적인 정신"을 지녔다고 천명하고,[134] 유럽기독교인들과 나머지 온 인류가 "합리적이고 정신 맑은 중국인들(rational and sober Chinese)로 변하는 것이 인류를 위해 참으로 더 좋을 것이다"[135]라고 외치며 유럽의 탈脫기독교화·중국화를 고취했다. 그리고 1730년 틴들(Matthew Tindal)은 『창세기만큼 오래된 기독교』에서 "공자의 명백하고 간단한 준칙들이 그때 당시의 어법에 맞춰진 예수의 보다 모호한 준칙들을 해명하는 데 더 도움을 줄 것이라고 생각한다"고 밝히면서[136] 은근슬쩍 공자를 예수보다 나은 철학자로 높였다. 마침내 볼테르는 공자를 "현자로서만 말하고 결코 예언자로 말한 적이 없는" 철학자로 극찬하면서[137] 신들린(enchanted) '예언자' 노릇을 했던 소크라테스·예수·마호메트보다 위대한 위인으로 숭상했다. 그리고 토마스 페인은 "종교 안에서의 폭정은 인간을 괴롭히는 모든 폭정 중에서 최악의 폭

---

133) Wolff, *Rede über die praktische Philosophie der Chinesen*, 19쪽.
134) John Trenchard and Thomas Gordon, *The Independent Whig*, Vol. III (London: Printed for J. Peele, 1720·1741), 99쪽.
135) *The Independent Whig*, Vol. III, 316쪽.
136) Matthew Tindal, *Christianity as Old as the Creation, or the Gospel, a Republication of the Religion of Nature*, Vol.1 (London: 1730), 310쪽.
137) Voltaire, "De la Chine". *Le Dictionnaire Philosophique* [1764-1769]. *Oeuvres de Voltaire*, Tome XXXII (Paris: Chez Lefèbre, Libraire, 1829). 영역본 『철학사전』이 완전히 오역되어 있어 시는 불어원본을 번역했음.

정이다'고 천명하고, 성서로부터 특별한 권위를 박탈하고 고대 팔레스타인 사람들을 "쉴 새 없이 늘 들썩이는 잔인한 백성"으로 비하한 반면, 중국인들을 "유대인들보다 훨씬 더 오래된 유구성의 온갖 면모를 가진 백성이고, 항구성의 측면에서 어떤 비교도 있을 수 없는" 국민이고 "온유한 예법과 훌륭한 도덕을 가진 백성"이라고 칭송한다.[138] 그리고 그는 "도덕책으로서 신약성서는 여러 훌륭한 부분이 존재하지만 이 부분들은 그리스도가 탄생하기 수백 년 전에 동방세계에서 설교되었던 것과 다른 것이 아니고", 그리스도 시대보다 500백 년 전에 살았던 "중국철학자 공자는 '그대가 받은 은덕을 은덕의 보답에 의해 인정하라, 하지만 결코 피해에 대해 보복하지 말라("以直報怨 以德報德"[『논어』「헌문」(14-34)]의 의역)'고 가르쳤다"고 갈파함으로써[139] "적을 사랑하라"는 예수의 가르침이 공자의 500년 전 가르침의 아류에 지나지 않는 것이라고 암시하고 공자를 예수보다 앞선 절대적 지위로 격상시켰다.

그리고 유럽은 공자철학을 통해 탈脫기독교화되기 시작했다. "프랑스에서 공자숭배는 애당초 볼테르와 그 동지들의 프로파간다에서 정점에 도달하게 된 반反기독교운동의 일부였다."[140] 볼테르 이전에 반기독교적 자유사상의 용감하고 뚜렷한 선구자들이 있었다. 첫째는 1640년대 라 모트 르 베예였다. "라 모트 르 베예와 그 동지들은 자유사상을 위험시하는 시대에 다소 고립된 그룹이었지만 이들은 중국의 지혜를 기독교의 정신적 헤게모니를 공격하는 무기로 쓴 사상운동의 시작을 기록했다." 1685년부터 1715년까지 30년은 '유럽의 양심의 위기'의 시기였다. 둘째, 바로 이 시기에 "피에르 벨은 반기독교적 프로파간다의 무기고를 준비하고 있었다. 중국에 대한 벨의 참조는 그가 중국인들이 무신론자들이라는 도미니크파 선교사들의 입장을 받아

---

138) Thomas Pain, "A Letter to Mr. Erskine"(Without date), 221-222쪽. *The Writings of Thomas Paine*, Vol. IV (1791-1804), collected and edited by Moncure Daniel Conway(New York: G. P. Putnam's Sons, 1896·1908; London: The Knickerbocker Press, 1908).

139) Thomas Paine, "Of the Old and the New Testament" [The Prospect, March 31, 1804], 326쪽. *The Writings of Thomas Paine*, Vol. IV(1791-1804), collected and edited by Moncure Daniel Conway(New York: G. P. Putnam's Sons, 1896·1908; London: The Knickerbocker Press, 1908).

140) Rowbotham, "The Impact of Confucianism on Seventeenth Century Europe", 229쪽.

들였기 때문에 '무신론의 (도덕적) 훌륭함'에 관한 그의 이론과 긴밀히 연결되어 있었다." 그리고 벨은 "주제에 관한 그의 진짜 견해의 이해가 그의 간접적 참조 체계와, 무관한 주제들을 다루는 각주들 속에 중요한 사실들을 감추는 그의 습관에 의해 방해받을지라도 분명 중국에 관한 서적들에 의해 준비된 광범한 자료의 지식을 가지고 있었다. 그는 공자의 독트린보다 불교의 독트린과 경전집필자들의 유사한 사상들과의 관계에 더 관심을 가진 것처럼 보이지만, 여러 경우에 그는 불교철학의 적멸주의에 맞서 공자의 휴머니즘을 옹호했다." 그리고 벨은 "중국의 기론적氣論的 실천과 (다른 사람들에 의해 중국사상에 의해 영향받은 것으로 생각되어온) 스피노자 간의 유사성"에 주목했다."141)

라 모트 르 베예와 피에르 벨은 17세기 중반에서 18세기 초까지 탈기독교·무신론 운동의 기수였다. 볼테르와 케네는 18세기 중반부터 후반까지 탈희랍화 운동의 기수였다. 이 '탈기독교화' 운동은 '탈희랍화' 운동과 거의 동시에 한 묶음으로 진행되었다. 따라서 유럽사상계의 '탈희랍화' 과정과 유럽사회의 '탈기독교(탈주술화·세속화)' 과정을 제각기 나누어 살펴볼 필요가 있다.

---

141) Rowbotham, "The Impact of Confucianism on Seventeenth Century Europe", 231쪽.

제2절
유럽사회의 세속화와 탈희랍적·탈기독교적 인간해방

2.1. 유럽철학의 탈희랍화(탈헬레니즘화)와 경험과학

대부분의 서구지식인들과 서양숭배적 아시아인들은 '근대적' 서구문명이 서구적 정체성의 원천을 이루는 고대그리스로부터 '내재적 발전'을 통해 형성되어 나왔다는 유럽중심주의적 '거대담론'을 이야기한다. 데이비드 그레스(David Gress)는 자신의 저서 『플라톤에서 나토까지(From Plato to Nato)』(1998)에서 자유와 관용을 "서양에 근본적인 것"으로 규정하는 이 거대담론은 '자유'의 이념이 "플라톤(Plato)에서 나토(NATO)까지" 일직선적 발전을 거쳐 실현된 것으로 설명해왔다고 비판한다. 이 거대담론은 유럽중심주의가 지어낸 일종의 허구라는 것이다.

■ 유럽중심적·희랍지향적 거대문명담론의 허구성

저런 거대담론과 반대로 플라톤은 남성 노예주의 자유만 알았지, 노예·여성·어린이의 자유를 알지 못했고, 17세기까지 유럽철학자들은 왕과 귀족의 자유만 알았지, '백성의 자유'를 알지 못했다. 저 조작된 서구중심주의적 거대담론은 결코 "진지한 학자들의 독자적 발견물이 아니라", 서양의 "중도적 자유주의세력의 정치적·교육적 구성물"에 지나지 않는 것이다. 따라서 이 자유주의 이데올로기의 서구중심적 거대담론은, 14세기에서 18세기까지 500여 년 동안 동아시아의 문물을 수입하기 바빴던 르네상스·계몽주의 시대에는 꿈도 꿀 수 없었던 담론 형태다.142)

고대그리스·로마와 왕조시대 유럽에서 '자유'란 '백성의 자유'가 아니라 늘 '지배자의 자유'였다. 그리스·로마철학자들은 '주인(노예주)의 자유'만을 알았고 당시의 주력생산자였던 '노예대중의 자유'를 철저히 부인했다. 로크 이전까지 유럽철학자들은 절대주의적 왕권신수설을 부르짖고 "인간은 노예로 태어난다"는 절대주의 명제를 되뇌며 '군주와 귀족들의 자유'만을 입이 닳도록 실컷 논했지, '백성의 자유'에 대해 전혀 입론한 바 없었다. 기독교 유럽에서 '주인의 자유' 외에 아는 자유가 있다면 그것은 아우구스티누스의 교부신학에서 유래하는 '의지의 자유', 즉 억압적 외부세계나 국가의 정치탄압에 눈감거나 이를 애써 외면하는 내면적·내향적·관념적·주관적 '자유의지(Freiwille)'뿐이었다.

서구중심주의적 문명담론은 서구가 18세기 계몽주의와 시민혁명, 그리고 19세기 산업혁명을 통해 극동문명을 능가하고 식민주의와 제국주의를 본격화하면서부터 고전주의와 자유주의 시대에 처음 미약한 형태로 모습을 보이더니 카를 마르크스와 막스 베버를 기점으로 20세기 초반 전 서구사상계에서 헤게모니를 장악했다. 그리고 미국은 1930년대 경기침체를 극복하고 제2차 세계대전에서 승리하면서 최강의 산업생산력을 배경으로 이 거대담론을 유럽에서 넘겨받아 증폭시키는 확성기 노릇을 해왔다.

이 거대담론은 "합리주의적이고, 진보주의적이고, 과학과 산업의 혜택을 확신하고, 교육에서 최고를, 정치에서 공통기반을, 사회관계에서 동화와 조화를 찾았다". 이 거대담론을 "고안해낸 미국 교육자들"의 주요동기는 미국 땅에 새로 발을 내딛는 수

---

142) David Gress, From Plato to Nato. *The Idea of the West and its Opponents* (New York·London: The Free Press, 1998), 1쪽. 게를라흐도 "유럽사상의 일직선 모델은 오류다"라고 말한다. Christian Gerlach, Wu-wei(無爲) in Europe - *A Study of Eurasian Economic Thought* (London: Department of Economic History London School of Economics, 2005), 42쪽.

많은 이민자들을 지배적 앵글로색슨문화에 "동화시키는 것"과, 새로운 대중적 고등교육수혜자들에게 "대중민주주의 안에서 이들의 시민권을 형성할 정보와 지식의 어떤 공통분모"를 제공해주는 것이었다. 이 거대담론은 미국에서 "진보주의와 제1차 세계대전의 여파 속에서 추진력을 얻어 1930년대의 경제침체 시대에 첫 정점에 도달하고, 제2차 세계대전 동안과 그 이후에 거의 보편화되어 1965년까지 도전받지 않는 헤게모니를 유지했다"고 말한다. 그러나 이 헤게모니는 1965년 시작된 월남전이 미국 엘리트들을 양분시키고, 그 이후 반전·저항문화가 장기공세를 이어가면서 점차 약화되기 시작했다. 이 조작된 거대담론의 헤게모니 기간은 "오히려 짧았고", 교육문화 분야에서 겨우 "한 세대 정도 지속되었을" 뿐이다.[143]

그러나 과거 서양제국에 의해 식민화되거나 시달렸던 아시아 제국諸國의 지식인들의 뇌리에는 저 조작된 거대담론의 여파와 잔상이 오늘날도 여전히 강력하게 남아있다. 지난 100여 년 동안 '낮은 근대'와 '높은 근대'를 포괄하는 '근대화 일반'을 '서구화'와 동일시하면서 문명적 자존심을 버린 모든 아시아 지식인들은 서양 본토에서 위세를 잃은 저 거대담론을 서양인들보다도 더 '경건하게' 신봉해왔다. 마치 반反서구적 문명권을 형성하려는 듯이 보였던 사회주의와 배급제 공산주의 발전도식이 붕괴된 오늘날, 극동의 서구숭배적 지식인들은 이 거대담론을 더욱 붙들고 늘어지며 서양만 바라보는 경향을 보이는가 하면, 전통적 배급제 공산주의의 합리주의적 발전도식이 파탄 남으로써 정신적으로 공허해진 서양학계의 일각에서는 오히려 플라톤·아리스토텔레스 연구로 되돌아가려는 사상적 복고 조짐과 함께 저 조작된 거대담론의 부활 조짐마저 일고 있는 것으로 보인다.

심지어 저 패권적 거대담론을 맹렬히 비판하는 데이비드 그레스조차도 내재적 발전테제를 저 거대담론과 공유하면서 여기에 기독교와 게르만문화의 유산을 더할 뿐이다. "자유와 서구적 정체성 일반"은 "그리스로부터 진화된 것이 아니라, 그리스 고전문화, 기독교문화, 그리고 - 5세기에서 8세기까지 형성된 - 게르만문화의 종합으로

---

143) Gress, *From Plato to Nato*, 29쪽, 30-31쪽 여기저기서 조금씩.

부터 진화된 일련의 관행과 제도"로 이해되어야 한다는 것이다. "그리스인들이 정치적 자유를 발명했다는 것은 여전히 진리지만, 서구를 배타적으로 그리스의 유산으로만 정의하는 것은 오류"라는 말이다.144) 그레스는 '주인의 자유'만 알고 '백성의 자유'를 전혀 몰랐던 그리스인들에게 "정치적 자유를 발명한" 업적을 인정하는 헛소리를 불변적 전제로 삼고 헬레니즘·히브리이즘에 기초한 기존의 거대담론에 게르만주의를 추가하는 새로운 거대담론을 만들어내고 있다.

그러나 상론했듯이 그리스·로마 철학과 문화에 대한 사상적 지향과 문화적 동경은 유럽의 근대화를 추동한 계몽주의시대에 거의 완전히 추방되었었다. 그레스는 계몽주의 시대의 본질적 특징에 속하는 '탈脫희랍화'에 대해 까맣게 모르고 있다. 따라서 헤겔과 니체, 그리고 나치스가 치켜세우던 '게르만문화'를 포함한 그레스의 저 수정된 근대서구관은 헬레니즘과 히브리이즘을 근대 서구문명의 두 원류로 이야기하는 저 유럽중심주의적 거대담론의 그 흔한 여러 변형태들과 본질적으로 다를 바 없을 뿐만 아니라, "그리스인들이 정치적 자유를 발명했다"는 기존의 조작된 거대담론의 핵심테제를 반복하고 있는 점에서, 그리고 그가 유럽문명을 기독교·그리스·로마·게르만문화로부터 '일직선적'으로 발전되어 나온 것으로 보고 유일한 '일류문명'으로 의제하는 점에서 나치즘으로 직통할 수 있는 위험이 있다. 영국 휘그의 비과학적 '고대헌법' 이데올로기와 몽테스키외의 '게르만 숲'의 신화를 따라 게르만주의까지 서구문명의 원류 속에 집어넣은 그레스는 유럽의 계몽주의와 근대문명이 극동문화와 공자철학의 영향 아래 그 본질이 구성되었다는 사실을 까맣게 모르고 있다.

어니스트 휴즈(Earnest R. Hughes)는 나치즘의 불길이 한참 발호하던 1942년 유럽문명을 유일무이한 '일류문명'으로 보는 문명사관의 정치적 위험성을 이렇게 정확하게 경고한 바 있다.

(…) 이런 종류의 문제를 고려하는 가운데 서양에서 오늘날도 우리는 우리의 문명이 유일

---

144) Gress, *From Plato to Nato*, 1쪽. 자세히는 129-305쪽 참조.

하게 참된 것이라는, 그리고 고전시대에 있었던 유대종교의 혁명적 영향을 별개로 치면 우리 문명이 그 시대로부터 줄곧 지금까지 일직선적 방식으로 발전했다는 늘 붙어 다니는 선입견에 동조하는 그 편견을 조심해야 한다. 우리의 문화사에 대한 이러한 견해가 종교적 기초에만 근거할 때, 물론 기독교적 계시가 유일무이할 뿐만 아니라 조직된 기독교가 정신적으로 복음적 계승 관계 속에 들어 있고 기독교의 문화와 문명이 적절하게 대표적인 기독교적 성격의 통일체였던 것이 자명하다면, 그것에 관해서는 일정한 논리성이 있다. 하지만 아주 강렬한 흐름은 종교에만 기초하는 것이 아니라 우리가 유일무이하게 귀중한 그리스·로마문화의 유일한 계승자라는 생각도 포함하는 것이었다. 우리는 이 문화가 세계에 귀중하다는 것을 확실하게 믿어도 되지만, 그것이 '일류문명(premier civilization)'의 필수적 정초라는 의미에서 유일무이하다고 생각해서는 아니 된다. '일류문명'의 관념이 '지배권'의 관념을 내포한다고 덧붙이는 것은 거의 불필요할 것이다. 나아가 대서양 연안의 사람들이 세계를 지배할 내재적 재능을 가졌다는 관념, 아돌프 히틀러와 나치스들이 게르만 민족에게 적합하도록 지금 응용하고 있는 논변이 존재했다.[145]

휴즈는 17-18세기의 독특하고 특이한 문명패치워크를 특별한 역사적 사실로 강조하는 관점에서 유럽의 문명이 고대로부터 내생적 동학에 의해 '일직선'으로 발전되어 나온 '일류문명'이라는 유럽중심주의적 편견의 파쇼적·나치스적·인종주의적 위험성을 지적하고 있는 것이다. '일류문명'이라는 유럽중심주의적 편견은 쉽사리 제국주의와 파시즘으로 직통하기 때문이다.

나아가 휴즈는 유럽의 근대문명, 또는 이른바 '근대 유럽'이 극서문화와 극동문화의 '결합(*combination*)', 즉 문명짜깁기(패치워크)의 소산임을 상기시킨다. 그에 의하면, 극동철학의 영향은 유럽의 계몽철학 속으로 아주 깊이, 그것도 계몽철학자들이 의식한 것보다 훨씬 더 깊이 스며들어갔다. 인간의 정신은 인간이 가령 예수회 신부들의 중국 관련 저작들에서 읽은 것을 기쁘게, 그리고 쉽사리 받아들이는 경향을 가졌기 때문이다. 가령 라이프니츠의 형이상학적 입장은 그의 단자론과 예정조화설에

---

145) Ernest R. Hughes, "Introduction", 22쪽. Ernest R. Hughes (transl.), *The Great Learning and The Mean-In-Action* (London: J. M. Dent abd Sons Ltd., 1942).

서 유학儒學의 견해와 실질적으로 일치했다.146)

그러나 이렇게 말하면 서양학자들이나 '양물'깨나 먹은 아시아 지식인들 중 어떤 이들은 라이프니츠가 강조한 모든 것이 유럽의 위대한 전통 속에서 발견되거나 이 전통의 자연적 소산으로 받아들여질 수 있다고 항의하곤 한다. 이 항의자에게 휴즈는 이렇게 답한 바 있다.

(동서 간에) 온갖 종류의 유사사례들이 존재한다는 것은 사실이다. 아주 박식한 사람의 경우에는 거의 다를 수 없을 것이다. 그러나 항의자는 우리가 형이상학·윤리학·정치철학에서 사상들의 비상한 결합, 즉 라이프니츠의 시대에 일어난 독특한 결합을 다루고 있다는 것을 상기해야 한다. 이러한 결합과 관련해서는 불가피하다는 의미에서의 어떤 '자연적 소산'도 존재하지 않는 법이다.147)

극동과 극서 간의 형이상학적·윤리학적·정치철학적 "결합", 또는 문화적·예술적·철학적 '패치워크'가 유럽의 자유와 평등 이념, 근대적 제도와 혁명사상, 경제제도와 근대적 기술 등 거의 모든 근대적요소들을 만들어 냈다.

"그리스인들이 정치적 자유를 발명했다"는 기존의 조작된 거대담론의 핵심테제만 보더라도 이 테제가 얼마나 허무맹랑한 것인지를 바로 알 수 있다. 강자나 다수파는 언제나 자유롭다. 이런 까닭에 마르크스와 로자 룩셈부르크의 말대로 국가의 강제와 억압으로부터의 자유, 즉 근대적 의미의 '자유'의 문제란 강자나 다수파의 자유의 문제가 아니라 언제나 소수파나 억압된 약자들의 자유의 문제이기 때문에 '노예주의 자유'밖에 몰랐던 고대그리스인들과 그 철학자들은 결코 근대적 의미의 '자유'를 '발명'할 수 없었다. 아테네 폴리스의 민주정조차도 아테네 인구의 93% 이상을 차지하는 노예·여성·미성년(1-27세)·외국인을 배제한 남성노예주들, 즉 '작은 참주들'의 가부장적 민주주의에 지나지 않았던 것이다. 서양에서 근대적 의미의 '자유'는 부캐넌,

---

146) Hughes, "Introduction", 21-22쪽.
147) Hughes, "Introduction", 21-22쪽.

수아레즈, 밀턴, 로크와 케네에 의해 '자연적 자유'와 '레세페르(자유방임)'로 번역된 공자의 '무위無爲'와 '자치' 개념에서 발전되어 나온 것이다. 당연히 평등이념도 극동으로부터 들어온 것이다.

따라서 유럽에서 자유와 평등 이념의 발전은 유럽의 철학사상이 공자철학에 힘입어 탈희랍화되고 유교화되지 않는다면 애당초 가망이 없는 것이다. 또한 신부와 목사들이 제1신분으로 권력을 쥐고 설치는 기독교적 지배체제의 유럽사회는 공자의 세속적 도덕철학에 힘입어 종교적 전통과 '사별死別'하고 충분히 탈주술화·탈기독교화되지 않는다면 결코 적절히 '세속화'되고 인간적·도덕적으로 해방될 수 없었다. 따라서 유럽의 공자철학적 탈희랍화와 세속화(탈주술화·탈기독교화) 과정에 대해 상론함으로써 '유럽적 근대성(*European modernity*)' 개념의 '일반적' 측면을 먼저 정확하게 파악할 필요가 있다.

■ 공자열풍과 탈희랍화로서의 유럽근대사

실제의 역사 속에서 희랍주의(헬레니즘)와 기독교주의(히브리이즘)는 '정치적 자유'와 '관용' 사상을 '발명'하기는커녕 오히려 18세기 계몽주의가 극동 유교제국의 정치철학과 문화를 수용하는 줄기찬 투쟁을 통해 발전시키고 명예혁명과 미국독립혁명·프랑스혁명을 통해 구현한 인간해방·만민평등·관용·자유인권·민주주의를 끊임없이 위협하고 파괴했다. 일찍이 고대그리스 대신 극동제국을 동경하던 계몽철학자들은 이런 까닭에 이런 희랍주의(헬레니즘)와 유대·기독교주의(히브리이즘)의 호전주의·투쟁유일주의·침략성·폭력성·제국주의(종교·군사적 정복성향)에 대한 우려 속에서 고대그리스와 기독교를 맹렬히 비판했던 것이다.

17-18세기의 공자열풍은 ① 서양철학을 형이상학적 그리스철학으로부터 해방시켜 경험론화하고 ② 플라톤·아리스토텔레스의 형이상학적 합리주의 철학에 기반을 둔 스콜라주의의 신들린(*enchanted*) 계시도덕론과 귀신 붙은(*haunted*) 기독교사회를 탈주술화하고 세속화했다. 서구기독교문명은 공자철학과 동아시아문명을 패치워

크함으로써 서구철학의 '탈脫희랍화'와 신들린 유럽의 '탈주술화세속화'라는 두 가지 '문명적 구조변동'을 이룩한 것이다. 이 문명적 구조변동은 근대화에 결정적으로 중요한 '서양 기축사상의 변동'이었다.

서구철학과 서양문명은 공자철학을 통해 무엇보다도 먼저 거의 완전히 '탈희랍화'되었다.[148] 계몽철학자들은 공자철학을 접하면서 경험과 경험과학을 중시하고 고대그리스의 사변적·합리주의적 형이상학을 멀리하고 '자연의 질서'를 유린하는 그리스 식의 인위적 정의국가·군사국가·정복국가를 혐오하기 시작했다. 따라서 그들은 자연히 르네상스 시대에 한껏 이상화되었던 고대그리스를 낮춰 보고 자기들의 사고를 탈희랍화시키기 시작했다. '탈희랍화'는 고대그리스·로마 헬레니즘 문화에 대한 동경을 버리고 중국과 아시아를 모델로 생각하기 시작한 16세기 중반부터 18세기까지의 사조思潮를 가리킨다.

위르겐 오스터함멜은 유럽의 이 '탈희랍화' 과정을 다음과 같이 요약한다.

그리스·로마 고대인들은 18세기를 경과하면서 규범적 힘을 상실했다. 프랑스 계몽주의의 영향력 있는 철학자 앙리 콩트 드 불랭빌리에르(Henri Comte de Boulainvilliers, 1658-1722)는 (1731년 - 인용자) 아랍인들의 역사가 그리스와 로마인들의 역사만큼 교훈적이라고 천명했다. 나중에 볼테르도 유사한 입장을 취했다. 고대의 권위자들에 의해 제공된 세계에 관한 정보는 아주 불충분하다는 것을 1768년 라이프치히 철학자 요한 크리스토프 아델룽(Johan Christoph Adelung)도 깨달았다. 이제 근대의 기행문 작가들의 글을 찾아볼 필요가 생겼다. 1790년경에는 아예 그리스·로마 고대 전체의 보편적 권위가 몽땅 의문시되었다. 아시아 문명과의 만남은 아메리카 미개지 및 그곳에 사는 '원시인들'과의 앞선 만남보다 더 확실하게 그 보편적 권위를 뒤흔들어 놓았었다.[149]

16세기 중반 이래 250년간 중국으로부터 유럽으로 서천西遷한 유교문물과 공자철학

---

148) 유럽 사상계의 탈희랍화에 관한 사전 논의는 참조: 황태연, 『패치워크문명의 이론』(파주: 청계, 2016), 88-108쪽.

149) Osterhammel, *Unfabling the East*, 14쪽.

은 서구에서 고대그리스·로마철학과 문화의 보편적 권위를 격하시키고 결국 무너뜨린 것이다.

– 탈희랍화의 제1단계: 헬레니즘에 대한 중국문명의 비교우위 선언

유럽에서 탈희랍화는 두 단계를 거쳐 진행된다. 제1단계는 극동의 유교문명이 고대 그리스·로마문명(헬레니즘)보다 우월하다고 선언하고 유교문명을 상대적으로 찬양하는 비교평가 단계다. 제2단계는 헬레니즘을 격하·비판·규탄·배격·폐기하고 극동의 유교문명과 공자를 숭배·찬미하는 절대평가 단계다.

제1단계 비교평가의 탈희랍화는 유럽인들이 명·청대 중국문명을 접하는 최초 시점, 즉 16세기 중반부터 개시되었다. 포르투갈·스페인·이탈리아인들은 계몽주의가 일어나기 훨씬 전인 16세기 중반부터 명대 중국제국과 공자철학을 접하기 시작했다. 이때 이미 그들은 유교문명이 고대그리스·로마문명보다 훨씬 더 우월하다고 평가했다. 중국제국은 중국의 사회문화와 국가제도를 직접 경험한 포르투갈과 스페인 사람들에게 단연 그리스·로마제국을 능가하는 선진적 근대국가로 나타났기 때문이다. 16세기 중반에 흥기한 이베리아 중국학 시대부터 중국을 예찬하며 헬레니즘을 등지기 시작한 최초의 유럽 지식인은 스페인출신 예수회창설자 프란시스코 자비에(프란치스코 하비에르, Francisco Xavier, 1506-1552) 신부였다. 페르낭 멘데스 핀토(Fernão Mendes Pinto, 1509-1583)의 보고에 의하면, 자비에는 중국의 풍요와 영광, 그리고 법제들의 탁월성에 대해 경악한 나머지 고대그리스·로마제국과 다른 모든 고대국가들의 법제들보다 더 탁월한 것으로 평가했다. 페르낭 멘데스 핀토가 자비어 신부의 말을 전한다.

다른 일에서처럼 이 일(복지업무-인용자)에서도 이 왕국은 이런 높은 등급의 탁월성과 만사의 이런 신속한 집행으로 아주 잘 다스려져서, 축복받은 사부 프란시스코 자비에 신부는 (…) 그가 중국 안에서 여행했던 예전에 이 중국제국을 알게 되었을 때 이 나라에서 본 많은 다른 훌륭한 것들과 동시에 이 일들(복지·구빈 - 인용자)에 아주 놀라서 그는 하느님

께서 그를 어느 날 포르투갈로 다시 데려다 준다면 우리 주군인 국왕에게 그에 대한 호의로서 이 백성들을 다스리는 국방·재정 법령들과 법규들을 정밀 검토하기를 요청할 것이라고 말하곤 했다. 왜냐하면 그는 이 법령과 법규들이 영광의 정점에 있던 때의 로마인들의 그것들만이 아니라 고대인들이 기록한 다른 모든 국가들의 그것들보다 훨씬 더 훌륭하다는 데 추호도 의심이 없었기 때문이다.[150]

이 보고가 정확하다면, 자비에와 핀토는 1552년 이전에 이미 그리스·로마의 헬레니즘을 등지고 중국문명으로 관심을 돌린 최초의 서양인들이었다.

포르투갈 역사가 주앙 데 바로쉬(João de Barros, 1496-1570)도 그리스·로마를 등지고 중국을 그리스·로마보다 우월한 제국으로 찬양했다. 16세기 초반 중국에도착한 포르투갈 죄수들의 서한들의 지식정보를 활용한 최초의 중국연구서는 리스본에서 출간된 바로쉬의 『아시아의 시대(Décadas da Ásia, I·II·III·IV)』 제3권(1563)이었다. 바로쉬는 그가 보유한 중국 문헌들을 제시하며 명대 중국제국을 묘사하고 있다. 그는 이런 중국문헌들을 리스본의 포르투갈 아시아무역 어음교환소 Casa da India의 국왕대리인으로서의 그의 지위를 이용해 입수했다. 중국 만리장성을 논하면서 바로쉬는 "모두 중국한자로 쓰인 이름을 단 산·강·도시·성시城市가 그려진 중국인 제작의 지도책"을 가지고 있다고 밝힌다. 이것은 약 1555년에 인쇄된 『광여도廣輿圖』일 가능성이 높다. 바로쉬는 "중국인들이 그린 이 장성長城을 지금 보는 것은 우리에게 커다란 감탄을 자아내게 했다"고 쓰고 있다. 바로쉬는 『환우통구寰宇通衢』도 가지고 있었던 것으로 보인다. 그는 한자를 몰랐지만 이미 리스본에 들어와 살던 중국인 통역사를 고용해서 중국서적들을 읽고 중국 행정조직을 설명하고 있다. 그는 『아시아의 시대』(제1권 book 2)에서 "이 목적을 위해 채용된 한 중국인"이 자신의 중국 문헌과 지도를 "해석해주었다"라고 밝힘으로써 1550년대에 이미 중국인이 포르투갈에 이주해 살

---

150) Fernão Mendes Pinto, *The Travels of Mendes Pinto* [1614], edited and translate by Rebecca D. Catz (Chicago: University of Chicao, 1989), 233쪽. 자비에 신부는 생전에 중국 본토에 발을 들여놓지 못했다. 그리고 핀토도 이 사실을 잘 알고 있었다.(493-501쪽) 따라서 "그가 중국 안에서 여행했던 예전"이라는 말은 중국 본토 바깥의 도서들을 여행한 것을 말한다.

앗다는 사실을 알리고 있다.[151] 바로쉬는 상세한 논의 끝에 중국문명이 그리스·로마 문명보다 훨씬 우월하다고 결론짓고 있다.[152] 자비에와 핀토처럼 바로쉬도 16세기 중반에 이미 중국문화를 예찬하고 헬레니즘을 평가절하하기 시작한 것이다.

그간에 쌓인 모든 선교사와 상인들의 중국보고들을 집대성한 후앙 곤잘레스 데 멘도자(Juan Gonzáles de Mendoza, 1545-1618)도 1585년 그의 저작 『중국제국의 역사』에서 그리스·로마를 뒤로 제치고 중국을 문명국으로 선택한다. "의심할 바 없이 중국인들은 오래된 고대역사들이 우리에게 증언하는 그리스인, 카르타고인, 로마인을 능가하고, 낯선 나라를 정복하기 위해 그들의 본국으로부터 아주 멀리 떨어져서 고향의 자기 나라를 잃게 된 후세의 어리석은 인간들을 능가하는 것처럼 보인다."[153] 그리고 멘도자는 자국의 대외적 침략·정복전쟁에 대한 중국인들의 반대와 평화주의의 이유를 용맹성의 부족이 아니라 그들의 "지혜와 현명"으로 돌리고 있다.[154]

그리하여 "1680년대 말과 1690년대 초"부터는 영국·프랑스·네덜란드의 수많은 젊은 학자들이 아예 "그리스 원고의 비판적 독서와 이에 뒤이은 이 원고들의 연대年代 재정립"에 관심을 돌려 그리스·로마 고전에 담긴 세계관과 형이상학의 철학적 가치를 격하시켰던 것이다.[155] '탈희랍화'가 본격화되기 시작한 것이다. '탈희랍화'는 공자의 경험적 인간과학과 중국의 경험과학을 통한 철학과 과학의 탈脫형이상학화와

---

151) 참조: Liam Matthew Brockey, "The First Hands: The Forgotten Iberian Origins of Sinology", 75-76쪽. Christina H. Lee (ed.), *Western Visions of the Far East in a Transpacific Age, 1522-1657* (London and New York: Routledge, 2012).

152) Gregory Blue, "China and Western Social Thought in the Modern Period", 60쪽 각주7. Timothy Brook and Gregory Blue, *China and Historical Capitalism. Genealogies of Sinological Knowledge* (Cambridge: Cambridge University Press, 1999).

153) Juan Gonzáles de Mendoza, *Historia de las cosas mas notables, ritos y costumbres del gran Reyno de la China* (1-2권, Roma, 1585; Madrid & Bercelona, 1586; Medina del Campo, 1595; Antwerp, 1596). 영역본: Juan Gonzalez de Mendoza, *The History of the Great and Mighty Kingdom of China and The Situation Thereof*, the First and the Second Part (London: Printed for the Hakluyt Society, 1853), Part 1, 92쪽.

154) Mendoza, *The History of the Great and Mighty Kingdom of China*, Part 1, 92쪽.

155) Scott Mandelbrote, "Isaac Vossius and the Septuagint", 114쪽. Eric Jorink and Dirk van Miert, *Isaac Vossius between Science and Scholarship* (Leiden: Brill. 2012).

경험과학화를 말한다. 이 탈형이상학화·경험과학화 과정에 비추어 보면, '데카르트철학'은 갱신된 플라톤주의 형이상학 또는 네오플라톤주의적 '네오스콜라철학'이었다. 1630-40년대의 소위 '데카르트혁명'이란 강단의 아리스토텔레스주의적(토미즘적) 스콜라철학을 청산하고 플라톤주의적 '네오스콜라철학'을 확립하는 것이다. 150년 뒤 계몽을 중단시키며 나타난 칸트철학은 '비판적 계몽주의'의 가면을 쓰고 플라톤과 아리스토텔레스를 뒤섞어 데카르트의 합리주의적 형이상학을 재건한 '네오데카르트주의' 또는 '네오스콜라철학'이었다. 그 병리적病理的 아류는 피히테·헤겔·니체철학으로 이어졌다.

따라서 유럽 계몽주의는 데카르트철학의 분쇄로부터 시작되어 17세기 말부터 승승장구하다가 19세기 초 칸트의 등장으로 숨통이 끊겼고, 이후 150년 동안 이데올로기 시대의 '합리주의적' 광란과 제1·2차 세계대전을 겪은 뒤 칸트철학의 해체와 몰락, 영미 경험과학의 승리가 완결되었다. 이쯤에서 우리는 유럽 계몽철학의 발단이 '제1철학'으로서의 헬레니즘적 '형이상학'을 분쇄함으로써 철학과 사상을 형이상학적 족쇄로부터 해방하는 것이었다는 사실을 상기할 필요가 있다.

새뮤얼 테일러(Samuel S. B. Taylor)에 의하면, "확실히 유럽 계몽주의는 데카르트철학을 근대적 경험과학 방법에 근접한 어떤 것으로 바꾸려는 인식론 혁명으로서 시작되었다".[156] 늦어도 18세기에는 "종교적 신앙이 확고하게 뿌리내린 채 남아 있던 곳에서도 순수한 물질적 현상에 의해 조절되는 세속적 과학으로서 인간행태와 과학적 현상의 연구에 접근하는 것을 우리는 목도한다. 철학과 과학을 신학의 시녀로 보는 학문관은 점잖게 매장되었고, 속세의 차원이 민간의 물질적 복지가 정지명령이나 교회의 파문 없이 추구될 수 있도록 복권되었다. 또 하나의 상당히 널리 확산된 요소는 많은 나라에서의 유식한 자기의식적 공론장의 출현과, 공론장에 이바지하고 때로 공론장을 조작하기도 하는 매체들의 발전이었다. 이 공론장은 경험적 증명에 도움이

---

156) Samuel S. B. Taylor, "The Enlightenment in Switzerland", 73쪽. Roy Porter and Mikulas Teich (ed.), *The Enlightenment in National Context* (Cambridge: Cambridge University Press, 1981).

되지 않는 지식 영역들에서 널리 퍼진 회의론과 불가지론의 형태를 취했지만, 보다 일반화된 정치적·시민적 자기각성과 경제적·사법적·행정적 개혁의 필요에 대해서는 인도주의적 중시의 형태를 보였다."[157]

여기에 덧붙일 것이 있다면, 칸트철학은 독일학자들이 흔히 정식화하듯이 '계몽주의의 비판적 종합'이 아니라, 비판적 계몽주의의 가면을 쓰고 계몽과정을 중단시키고 철학을 재再형이상학화·재再합리론화한 '계몽의 적'으로서 철두철미 '제국주의 이데올로기를 선취한 철학'이었다는 사실이다. 그러나 칸트가 '계몽주의적 가면'을 이용해 철학을 다시 형이상학화·합리론화한 까닭에 계몽의 실제적 진행상황은 복잡다단하고 혼돈스러웠다. 칸트는 계몽도 '자기의 미성년성으로부터의 용감한 탈피'로 내면화시킴으로써 '자연(감성적 본성)의 빛' 또는 '경험의 빛'으로 세계를 밝히는 본래적·객관적 계몽개념을 파괴해버렸다. 이와 같이 계몽을 내면화함으로써 '계몽의 탈'을 쓴 칸트철학의 (자기)기만적 견지에서 "계몽주의는 공식적 태도나 신학적 검열을 고려치 않고 합리적 탐구를 수행할 권리에 대한 전투적 신념을 고취했다. 그것은 사상과 이념이 개혁을 자극한다는 아마 순진할지라도 일반화된 추정도 고취했다." 그러므로 "갈등이 있는 영역이라고 할 정도로 유럽 계몽주의 안에서의 분열은 '계몽된 자들'과 '계몽되지 않은 자들' 사이에서가 아니라 상이한 사상적 환경에 처한 '계몽된 사람들' 자체 사이에서 불가피했다." 왜냐하면 지역에 따라, 나라에 따라 "계몽주의"가 데카르트주의의 파괴를 통해 일어난 것이 아니라, 불행히도 "17세기 데카르트 혁명의 만조滿潮 속에서 계몽을 위해 준비된 토양에서 자라나기"도 한 뒤틀리고 어긋난 혼돈상황이 "사태를 복잡하게 만들었기" 때문이다. 특히 스위스는 스콜라철학과 데카르트의 합리적 철학이 사상계를 선점한 뒤에 뉴턴의 자연철학을 받아들이는 사상적 혼돈 속에서 경험과학을 마치 합리주의와의 분명한 단계적 단절이 없는 "연속적 발전"인 것처럼 확립하고 형이상학을 밀어낸 대표적 국가였다.[158]

이런 뒤틀린 사상적 혼돈은 데카르트철학이 사상계를 선점한 곳이면 영국을 제외

---

157) Taylor, "The Enlightenment in Switzerland", 73쪽.
158) Taylor, "The Enlightenment in Switzerland", 73-74쪽.

한 유럽대륙 어디에서나 거의 그대로 반복되었다. 데카르트의 '네오스콜라주의적' 형이상학은 18세기 내내 유럽 차원에서 '계몽의 심각한 장애물'이자, '세계관적 혼돈의 근본원인'이었던 것이다. 18세기 초반까지 데카르트주의의 잔존으로 인해 경험과학으로의 사상적 전환과 진보에서 가장 손해를 본 나라는 데카르트의 고국 프랑스였다. 공자열광자 볼테르는 『영국과 기타 주제들에 관한 철학서신(영국서신)』(1734)과 『뉴턴철학의 요소』(1738)를 공간해서 '영국간첩' 혐의를 받으면서까지 프랑스국수주의를 뚫고 프랑스에 뉴턴의 경험주의적 자연철학과 로크의 경험론을 소개하고 영국의 철학·과학·예술과 정치사상을 전파함으로써 프랑스의 데카르트주의적 후진성을 각성시키고 타파한 대륙 최초의 철학자였다.

공자의 이름과 공자의 간략한 경험주의 철학은 1590년 발리냐노와 산데(Alessandro Valignano & Duarte de Sande) 신부가 『로마교황청 방문 일본사절단』(라틴어본 1590)을 통해 처음 소개했다.[159] 여기서 발리냐노와 산데는 공자철학을 "자연본성의 빛을 지침으로 취하는" 철학으로 소개하고 있다. 17-18세기에 유럽에서 이

---

159) Alessandro Valignano and Duarte de Sande, *Japanese Travellers in Sixteenth-Century Europe: A Dialogue Concerning the Mission of the Japanese Ambassador to the Roman Curia* [1590], edited and annotated with introduction by Derek Massarella, translated by J. F. Moran (London: Ashgate Publishing Ltd. for The Hakluyt Society, 2012), 432쪽: "(…) 다른 점들에서 아주 독창의적인 이 국민은 (…) 다양한 종파들을 추종해왔다. 하지만 이 종파들 중 유명한 세 종파가 있다. 이것들 중 첫 번째 종파(유가)는 걸출한 철학자인 공자(라틴어 원문: 'Confucii, 그리고는 'Confucius)의 가르침을 공언하는 사람들의 종파다. 이 사람은 (그의 인생의 설명서에서 보고되는 것처럼) 그 품행에서 지극히 올발랐다. 그리고 그는 이것에 대해 차별이 가게, 그리고 상세하게 썼고, 읽히고 연구되는 것은 다른 모든 것들보다 그의 저작들이다. 모든 행정관원들은 그들의 학문에 전념하는 다른 모든 사람들처럼 이 가르침을 따른다, 그리고 공자 자신이 많은 학문들을 고안했다고 얘기된다. 그리고 그에 대한 그들의 존경은 아주 굉장해서 새달과 만월의 날짜에 그의 이 모든 추종자들은 내가 앞서 언급한 공립학교에 모여 향을 피우고 촛불을 켜고 숭배되는 그의 초상 앞에서 무릎을 세 번 꿇고 그들의 머리를 땅까지 누른다. 이것을 행하는 것은 보통 학자들만이 아니라 최고위 관원들이기도 하다. 이 가르침은 요약하면 '자연본성의 빛'을 지침으로 취하는 것이고, 내가 앞서 언급한 덕목들을 열성적으로 함양하는 것이고, 가족과 나라의 바른 다스림을 위해 노력하는 것이다. 이 모든 것은 칭찬할 만한 방침이고, 공자가 최선, 최대의 존재자인 신과 미래(사후)의 삶을 어떤 식으로 언급하고 아주 많은 것을 하늘과 운명과 필연성 탓으로 돌리지만 않는다면, 그리고 그가 조상들의 초상에 바치는 경배를 그리도 상세하게 취급하지 않는다면 칭찬할 만한 방침일 것이다."

'자연본성의 빛'은 신의 계시와 대립되는 '인간본성의 빛'으로 쓰이면서 신학과 그 시녀인 스콜라철학을 사상계에서 추방하고 '빛으로 밝힌다(enlighten)'는 뜻의 "계몽(the Enlightenment)"의 그 빛(light)이 된다. 공자철학의 해설에서 도입된 이 '본성의 빛'은 철학자와 시대에 따라 "이성의 빛"(마테오리치), "경험의 빛"(베이컨),160) "자연본성적 빛"(라 모트 르 베예), "자연본성의 빛"(컴벌랜드), "지성의 타고난 빛" 또는 "본성적 빛"(니우호프), "조물주가 우리에게 준 이성의 영원한 빛"(라이프니츠) 등으로 다양하게 변주되면서도 끝내 '계몽의 빛'으로 유럽을 밝혀 중세의 어둠으로부터 해방시켰다. 말하자면, '계몽의 그 빛'은 '신의 빛'도, '계시의 빛'도, '신앙의 빛'도 아니고, 바로 동방으로부터 알려진 '본성의 빛'이었던 것이다. 이것은 지성至誠의 '솔성率性'으로 진성盡性(본성의 완성)을 추구하는 도덕·정치철학으로서의 공자철학에서 기본지침이 되는 '본성의 빛'이 서구 계몽주의와 내적으로 긴밀하게 연관되어 있음을 보여준다. 동방으로부터 온 '본성의 빛의 철학'으로 소개된 공자철학의 그 '빛'은 유럽의 고대로부터 동방박사 세 사람이 동방에서 왔듯이 '큰 지혜의 빛은 동방에서 온다'는 "Ex Oriente Lux(빛은 동방으로부터)"의 서구적 통념과 쉽사리 중첩되었다.

그러나 공자철학이 주로 소개되기 시작한 것은 유럽대륙에서 스콜라철학과 데카르트의 합리주의 형이상학이 사상계를 선점하기 시작하거나 선점한 17세기였다. 따라서 이 소개과정에서도 공자철학을 합리주의로 착각하고 또 그렇게 해석하는 등 유사한 '사상적 혼돈'이 나타났다. 처음에 공자를 플라톤이나 세네카·키케로와 대등한 철학자로 여긴 유럽 철학자들의 착각이 그러한 혼돈을 증명해준다. 하지만 곧이어서 공자를 연구한 계몽철학자들은 공자철학이 이런 희랍철학과 완전히 상반된 철학이라는 것을 깨닫고 유럽사상의 탈희랍화·탈형이상화를 소리 높여 외치기 시작한다.

그것도 그럴 것이 다문다견多聞多見의 박학심문博學審問에 기반을 두는 공자의 '격물치지格物致知'와 '충서忠恕'의 일이관지一以貫之 방법은 철저한 경험주의 과학 방법이었기 때문이다. 상론했듯이 베이컨은 수천 년의 경험·관찰과 기록에 기초한 중국

---

160) Bacon, *New Organon*, Book I, Aphorism LXXXIV, 61쪽.

의 경험적 과학·기술과 공자의 경험철학으로부터 경험주의 인식론을 도출했다. 따라서 공자철학은 베이컨의 경험철학으로부터 발전되어 나온 로크·뉴턴·흄·스미스의 경험주의 방법과 상통한 반면, 헤겔·피히테·칸트·데카르트, 아퀴나스와 아우구스티누스, 키케로와 세네카, 아리스토텔레스·플라톤·소크라테스의 합리주의적 형이상학과는 배치되었다.

주지하다시피 공자는 "나는 나면서부터 아는 자가 아니라 지난 경험(故)을 중시해 그것을 추구하는 자다(我非生而知之者 好故敏而求之者也)"라고 오인할 수 없이 명백하게 선언하고 있다.[161] 이 테제로써 공자는 자신이 합리론자가 아니라 경험론자임을 천명한 것이다. 곧 대부분의 서구철학자들은 대상의 감각적 대물(對物)지각(格物致知), 박물지적 경험축적(多聞多見·博學)과 면밀한 실험(審問)을 추구하는 공자의 겸손한 인식론적 태도, 그의 인애 우위의 윤리학과 심오하고 광대한 인도주의를 위한 그의 정치철학 등에 매료되었다. 그리하여 서구철학자들은 공자열광자, 중국애호자(sinophiles)가 되었고, 이 여파 속에서 헬레니즘의 지성주의적·합리주의적·형이상학적·군국주의적·호전주의적·투쟁유일주의적 문화전통을 비판하며 이것으로부터 신속히 탈피하기 시작했고, 헬레니즘을 추종하는 아류사상들인 스콜라주의·데카르트주의 등을 주변화시켰다. 계몽철학에 의한 헬레니즘의 격하와 주변화는 말브랑쉬·페넬롱·몽테스키외 등 소수의 수구적 '위정척사파들'이 배후에 밀려나 투덜댔을지라도 전반적이었고 또 철저했다.

– 탈희랍화의 제2단계: 헬레니즘의 비판·격하와 공자숭배·중국열광

16세기 중반 프란치스코 자비에, 멘데스 핀토, 주앙 데 바로쉬, 곤잘레스 데 멘도자 등에 의해 시발된 '탈脫희랍화'를 향한 유럽철학의 움직임은 17세기에 들어 본격화된다. 그리스·로마철학을 몽땅 격하·비판·탄핵·배격하고 공자의 경험주의 철학과 중국의 경험과학과 기술을 은연히 찬양한 최초의 유럽 학자는 프란시스 베이컨이었다.

---

161) 『論語』「述而」(7-20).

그는 공자의 '자연의 빛'의 철학으로 소개된 경험철학과 중국의 경험과학·기술개발의 방법론을 체계화·이론화했다. 그는 17세기 초에 개시된 이 제2단계 탈희랍화, 즉 본격적 탈희랍화의 기수였다.162) 그는『신기관(The New Organon)』(1620)에서 피타고라스·플라톤·아리스토텔레스의 형이상학과 에피쿠로스의 소박경험론을 소피스트적·소박경험적·미신적 '극장의 우상'으로 몽땅 배격한다.

베이컨이 말하는 "극장의 우상"이란은 간단히 말하면 철학자들이 머리로 작화作話한 '이론들', 즉 "사이불학思而不學"하거나 "학이불사學而不思"한 사변적(형이상학적)·소박경험론적 이론들이다. '이론들'은 많고 많을 수도 있고, 하루에도 많이 생길 수 있다. 일반적으로 철학의 내용을 보면, ⑴ "많은 것이 경시되거나, 적은 것이 중시되어서, 두 가지 경우에 철학이 경험과 자연박물지의 지나치게 협소한 기초 위에 수립되어 있고, 그 진술들을 적절한 것보다 더 적은 사례 위에 기초한다. 합리적 유형의 철학자들은 확실히 인식되지 않거나 주의 깊게 정밀조사, 고찰되지 않은 흔한 현상의 다양성에 의해 경험으로부터 관심이 딴 데로 돌려져 있다." 합리론자들은 "그 밖의 나머지"를 "반성과 지성작용"으로 채우고 정리한다. ⑵ "소수의 실험에 주의 깊게, 성실하게 노력을 쏟아붓고 이 적은 실험으로부터 지분거려 철학을 수립하는 만용을 부린 또 다른 유형의 철학자들"이 있다. 이들은 "나머지를 그 패턴에 맞게 놀라운 방식으로 직조해낸다". 또한, ⑶ "신념과 존경으로부터 신학과 전통을 뒤섞는 세 번째 타입의 철학자"도 있다. 이들 중 어떤 사람들은 "불행히도 허영에 의해 성령과 천재로부터 과학을 도출하는 데로 오도되었다".163)

그러므로 베이컨에 의하면, "오류와 그릇된 철학의 뿌리"는 "소피스트적·경험론적·미신적(Sophistic, Empirical and Superstitious) 뿌리, 이 세 가지"다.164) 베이컨은 "합리적·소피스트적 유형"의 우상을 가장 많이 산출한 "가장 확실한" 대표 사례로 아

---

162) 베이컨에 대한 상세한 분석은 참조: 황태연,『공자철학과 서구 계몽주의의 기원(하)』, 1094-1146쪽; 황태연,『17-18세기 영국의 공자숭배와 모럴리스트들(상)』, 443-495쪽.

163) Francis Bacon, *The New Organon* [1620] (Cambridge: Cambridge University Press, 2000), Book I, LXII(62).

164) Bacon, *The New Organon* [1620], Book I, LXII(62).

리스토텔레스를 든다. 아리스토텔레스는 "자연철학을 변증론으로 망치는" 우상수립자다. 그는 "범주들의 세계"를 구축했다. 베이컨은 아리스토텔레스가 "인간 영혼"에 "가장 고귀한 실체" 개념을, 즉 "제2차 개념(second intention)의 낱말들"(색·소리·맛 등)에 기초한 "유類(genus) 개념"을 부여했다고 비판한다. 아리스토텔레스의 자연학은, 그가 더 엄숙한 이름 아래, 명목론적이 아니라 실재론적이라고 주장하는 형이상학으로 개조한 변증론의 '술어들(terms)'로 들린다. 그의 저작『동물론』과『제문제』및 기타 저서들에 실험의 논의가 있지만, 아무도 이 실험 논의 때문에 감명받지 않을 것이다. 그는 사실 미리 자신의 마음을 결정했고, 경험을 결정과 공리의 기초로서 적절히 논하지 않았다. 그는 자의적으로 미리 결정을 내린 뒤 자기의 의견에 맞게 왜곡된 경험들, 포로로 잡힌 경험들을 주변에 도열시킨다. 이런 이유에서 "아리스토텔레스는 경험을 완전히 포기한 현대 추종자들(스콜라철학자들)보다 더 죄가 많다".[165)]

소박경험론에서 나오는 '극장의 우상'은 박학·심문하지 않은 소수의 특수한 경험을 너무 우려먹는 데서 기인한다. 이런 "경험적 브랜드"의 철학은, "취약하고 피상적일지라도 어느 정도 보편적이고 많은 사물들과 관련된" 개념들의 빛, 즉 "통상적 개념들의 빛(light of common notions)"에 기초한 것이 아니라, "한 줌의 실험의 협소하고 불명확한 토대에 기초하기 때문에 소피스트적 또는 합리적 유형의 철학보다 더 왜곡되고 기형적인 교리를 산출한다". 이러한 철학은 "매일 이런 유의 경험에 종사하고 이런 것들로 자기들의 상상을 부패시킨 사람들에게는 개연적이고 거의 확실한 것처럼 보인다. 하지만 다른 사람들에게 그것은 믿을 수 없고 공허한 것으로 비친다". 공자가 비판하듯이 "경험에서 배우기만 하고 생각하지 않는(學而不思)" 에피쿠로스와 에피쿠리언들의 이 소박경험론은 "우리의 충고에 유의하여 (소피스트적 교리들과 결별한답시고) 진지하게 경험에 몸을 바치더라도, 이 철학은 정신의 때 이르고 경솔한 조급성 때문에, 사물들의 보편적 진술과 원리들로의 정신의 도약 또는 비약 때문에 마침내 진정으로 위험해질 것이다".[166)]

---

165) Bacon, *The New Organon*, Book I, LXIII(63).
166) Bacon, *The New Organon*. Book I, LXIV(64).

그리고 베이컨은 "생각하기만 하고 경험에서 배우지 않는(思而不學)" 피타고라스와 플라톤의 철학을 대표적인 '미신적' 이론시나리오, 즉 미신적 '극장의 우상'으로 규정한다. "미신과 신학의 주입으로부터 철학을 부패시키는 것은 훨씬 더 광범하고, 철학 전체나 그 부분들에게 아주 커다란 해악을 야기한다. 인간정신은 통상적 개념들로부터 생긴 인상에 못지않게 환상에도 노정되기 때문이다." 이것의 현저한 사례는 "그리스인들 가운데, 철학이 거칠고 성가신 미신과 결합된 피타고라스에게서, 그리고 더 위태롭고 미묘한 형태로는 플라톤과 그의 학파에서 나타난다". 이런 유의 해악은 일부 다른 철학에서도 추상적 형상, 목적인, 제1원인의 도입에 의해, 그리고 중간원인의 빈번한 생략 등으로 인해 발생한다. 베이컨은 이 대목에서 "가장 강한 경고"를 준다. 왜냐하면 "최악의 것은 오류의 신격화(apotheosis)이기" 때문이다. "어리석은 개념들에 대한 경배"는 "지성의 질병"이다.[167]

베이컨은 "알지 못하면서 작화(作話)하는(不知而作)" 것을 배격하고 "서술(序述)하나 작화하지 않는(述而不作)", 환언하면 "경험에서 배우고 이를 생각하는(學而思)" 공자의 박학博學·심문審問·신사愼思·명변明辨 방법에 따라 "감각들을 격시키는 것이 아니라 이 감각들을 지원하고, 지성을 불신케 하는 것이 아니라 지성을 조절해서"[168] 감각과 지성을 공고하게 결합시킨 '비판적 경험론'을 완성한다. 이 관점에서 베이컨은 활짝 가슴을 열고 공자를 받아들이는 반면, 고대그리스철학을 몽땅 배격한 것이다.

존 밀턴의 『복낙원(Paradise Regained)』(1671)은 베이컨에 의해 본격화된 이 탈희랍화를 이어서 이 흐름에 박차를 가한다.[169] 밀턴은 예수의 입을 빌려 헬레니즘 철학 전체를 몽땅 부정한다. 그는 일단 소크라테스부터 배격한다.

천상으로부터, 빛의 원천으로부터 빛을 품부받는 인간은

---

167) Bacon, *The New Organon*, Book I, LXV(65).
168) Bacon, *New Organon*. "Aphorisms on the Interpretation of Nature and on the Kingdom of Man". Book I, CXXVI(126).
169) 밀턴의『복낙원』의 탈희랍적·유교적 성격에 대한 상세한 분석은 참조: 황태연,『17-18세기 영국의 공자숭배와 모럴리스트들(상)』, 675-704쪽.

어떤 다른 독트린도 비록 참되다고 인정되더라도 필요치 않다네.
그러나 이 독트린들은 그릇된 것이고
확고한 어떤 것 위에도 세워지지 않은 몽상,
억측, 상상 외에 다른 것이 아니라네.
그들 모두 중에서 제일가고 가장 지혜로운 자는
그가 아무것도 알지 못한다는 사실만을 안다고 고백했다네.
(『복낙원』 제4책, 288-294행)

인간이 "천상(빛의 원천)"으로부터 품부받는 "빛"은 '본성의 빛'을 말한다. 따라서 인간이 "천상으로부터, 빛의 원천으로부터 빛을 품부받는다(*he receives Light from above, from the fountain of light*)"는 밀턴의 명제는 『중용』(1장)의 첫 구절 "하늘이 명한 것을 일러 본성이라고 한다(天命之謂性)"는 명제와 같은 말이다. 이런 의미에서 인간의 '본성'은 '천성天性'이라고도 하는 것이다. 말하자면 위 시구에서 밀턴은 소크라테스·플라톤·아리스토텔레스·스토아학파의 합리주의적 형이상학과 에피쿠로스의 소박경험론을 몽땅 '본성의 빛'에 비춰 그릇된 '몽상, 억측, 상상'에 지나지 않은 것으로 완전히 추방하고 소크라테스도 배격하고 있다. 이 점에서 밀턴은 어느덧 기독교의 원죄설적 성악설을 버리고 공맹과 같은 성선설을 따르고 있는 것으로 나타난다.

소크라테스 비판에 이어 존 밀턴은 소크라테스 이후의 고대그리스 철학자들도 일괄 비판한다.

그다음(플라톤)은 신화적 객담과 부드러운 공상에 빠졌고
세 번째 유형(피론)은 명백한 감각이라도 모든 것을 의심했다네.
다른 자들(에피쿠리언)은 지복을 덕성에 두었으나
덕성을 부와 장수長壽와 결부시키고
(키레네학파는 지복을) 육체적 쾌락과 걱정 없는 안이安易에 두었고
마지막으로 스토아학파는 철학적 오만에 두었고,
이 오만을 그들은 덕성이라고 불렀다. 스토아의 덕자는,

지혜롭고 그 자신에 있어 완전하고
신과 대등한 것을 다 보유하고, 종종
신에게 우선권을 주지 않는 것을 부끄러워하지 않고
신도 인간도 두려워하지 않으면서 모든
부, 쾌락, 고통이나 고뇌, 생과 사를 비난하고
원할 때 생을 버리거나 자기가 그럴 수 있음을 자랑한다네,
왜냐하면 스토아의 모든 지루한 이야기는 단지 공허한 허풍일 뿐이고,
양심의 가책(conviction)을 피하려는 교묘한 술수이기 때문이라네.

(『복낙원』 제4책, 295-309행)

이런저런 문제를 안은 이 헬레니즘 철학 대신에 밀턴은 성서 속의 율법과 찬송가와 결부된 이야기들, 시편, 히브리의 노래와 수금豎琴, 성서의 예언자, 예언자들의 꾸밈없는 장중한 문체, 성서 속의 국가론 등을 내세운다. (『복낙원』 제4책, 334-364행)

그러나 밀턴의 이 히브리이즘적 성서 예찬은 아주 가식적이다. 왜냐하면 그는 『실낙원』과 『복낙원』의 여기저기서 이미 호전적·영웅적·계시도덕적 성서를 '반전反戰·평화적·성인군자적·본성도덕적 공자주의'로 환골탈태시키고 있기[170) 때문이다. 다만 밀턴은 이 사실을 노골적으로 드러내지 않고 있을 뿐이다. 말하자면 밀턴은 헬레니즘을 외양상 히브리이즘의 우월성을 제시하는 공약으로 공공연하게 배격하지만, 히브리이즘의 알맹이는 '고수固守'나 '견지'를 공개적으로 다짐하면서도 슬그머니 주변으로 밀어낸 셈이다. 종합하자면, 밀턴은 18세기 계몽주의 시대 한복판에서 진행되는 탈脫헬레니즘과 탈脫히브리이즘, 또는 윤리도덕과 사회적 가치의 탈脫주술화·탈종교화와 세속화를 한편으로 노골적으로, 다른 한편으로 은밀하게 선취한 셈이다.

필립 쿠플레(Philippe Couplet, 1623-1693)도 1687년 『중국철학자 공자』의 「예비논의」에서 탈희랍화를 선언하고 유럽사상의 '공자화'를 촉구하고 있다.

---

170) 참조: 『실낙원』 제9책 13-19행, 28-41행, 『복낙원』 제1책 14-15행, 161행, 제3책 44-83행, 387-393행.

제2절 유럽사회의 세속화와 탈희랍적·탈기독교적 인간해방   139

참으로, 소크라테스와 플라톤이 이미 무가치해진, 그리고 세네카와 플루타르크도 무가치해질 시점에 와 있는 유럽 자체에서 우리의 중국 에픽테투스(공자의 비유)가 갈채를 받기를 우리가 희망할 수 있지 않을까? 진정으로, 유럽인들은 이 오래된 저자의 백발을 보다 주의 깊게 고찰할 때 감히 이러한 유구함을 존경하지 않을 것인가?(…) 진정으로, 우리는 고대 백성으로부터 이러한 위대한 선물(나침반-인용자)을 가지고 돌아왔을 수 있다. 아마 당연히 이 거칠고 매력 없는, 아주 많이 녹슨 도구가 지금 유럽에 넘치는 유사한 도구들의 광휘와 우아함과 비교될 수 없을지 몰라도 그것이 극동에서 과거 2500년 동안 이미 존속해왔다는 사실을 아는 것은 유럽인들에게 확실히 유익할 것이다.[171]

1687년 과감하게 쿠플레는 당대 유럽의 강단을 아직 완전히 장악하고 있던 스콜라철학의 원조元祖들인 대표적 그리스철학자들, 즉 소크라테스·플라톤·세네카·플루타르크 등을 모조리 "무가치해진 것"으로 비판·배격하고, 공자철학을 30년종교전쟁 후 사상혼돈에 빠진 유럽에 새로운 좌표를 세워줄 '나침반'으로 채택할 것을 촉구하고 있다.

『중국철학자 공자』를 읽은 윌리엄 템플(William Temple)은 쿠플레의 뜻을 이어 1680대 말에 공자의 유교국가가 "크세노폰의 제도"와 "플라톤의 이상국가"를 "능가한다"고 천명했다.[172] 그리고 『중국철학자 공자』의 불역판을 영역한 The Morals of Confucius, a Chinese Philosopher의 익명 번역자는 역자서문(1691)에서 고대그리스·로마 이교異敎철학자와 기독교철학자들에 대한 공자 도덕철학의 우월성을 선언한다.

이 도덕에서 공자는 이런 성격의 일을 취급한 수많은 이교논객들에 대해서뿐만 아니라 그토록 많은 그릇된, 또는 지나치게 난해한 생각들로 가득한 여러 기독교 저자들에 대해서도 아주 상당한 우월성이 있다. 이 기독교 저자들은 거의 도처에서 제 의무의 경계를 넘어

---

171) Thierry Meynard (ed. & transl.), *Confucius Sinarum Philosophus* (Roma: Institutum Historicum Societatis Iesu, 2011), 'Prelimianry Discussion', 95쪽. 에픽테투스는 로마의 노예 출신 스토아철학자다.

172) Sir William Temple, "Of Heroic Virtue", 341-342쪽. *The Works of William Temple*, Vol.3 (London: Printed for Rivington et al. and by S. Hamilton, 1814).

가는 자들이고, 제 자신의 상상이나 나쁜 심기에 빠져드는 자들이고, 거의 언제나 덕성이 위치해 있어야 하는 그 정확한 중도로부터 이탈하는 자들이고, 그릇된 묘사에 의해 덕성을 우리가 실천할 수 없게 만들고 결과적으로 거의 덕자들을 만들지 않는 자들이다.[173]

『중국철학자 공자의 도덕』의 영역자는 여기서 공자를 고금의 서양철학자보다 우월한 철학자로 평가하는 데 그치지 않고, 이 서양철학자들을 공자의 덕성론에서 중시되는 '중도'의 이념을 몰각한다고 맹박하고 있다.

그리고 1688년 프랑수와 베르니에는 중국 고대황제의 부자효친·군주수범·예악 등에 대한 이런저런 논의 끝에 중국인들이 이런 개념들에 대해 "우리보다 더 잘 이야기할 것"이라는 기대를 토로한다. 그는 중국인들이 말하는 것은 "이데아 이상의 것이 아닌 플라톤의 국가론과 조금도 같은 것이 아니다"라고 말한다. 즉, 중국 국가철학의 원리들은 이데아(관념)에 불과한 플라톤의 국가론처럼 공상적인 것이 전혀 아니라는 것이다. 그 증거로 베르니에는 "이 방대한 중국제국이 4,000년 이상 이 원리들에 기초해서, 아마도 우리의 토대 속으로 받아들이고 싶은 것으로 여러분들에게 나타날 이 원리들에 기초해서 매우 잘 통치되었다"는 "불변적" 사실을 제시한다.[174] 베르니에는 이렇게 플라톤의 국가론을 관념(이데아)에 불과한 것으로 격하하고 공자와 중국의 정치철학을 역사 속에서 검증된 진리로 격상시킴으로써 공자철학과 중국의 선진적 정치문화에 대한 찬미 속에서 탈脫희랍화를 표명하고 있다.

베르니에가 이렇게 탈희랍화를 표명한 지 38년 뒤인 1726년 심지어 독일 프로이센의 합리론자 크리스티안 볼프(Christian Wolff)도 그리스철학 전체를 통째로 격하하고 공자철학을 비할 데 없는 철학으로 찬미한다.

> 공자의 인생이력은 그 언행의 서술이 완전히 제공된다면 그리스철학으로부터 우리에게 내려온 것과 비교할 수 없는 도덕론과 정치학의 보고寶庫로 간주될 수 있을 것이다.[175]

---

173) Anonym, *The Morals of Confucius, a Chinese Philosopher*, A2(첫 면부터 세어서 제2면).
174) Bernier, "Introduction à la lecture de Confucius", 'Exemple du prince' 절.

볼프는 아예 공자의 인생 이력 자체를 그리스철학을 능가하는 도덕론과 정치학의 보고로 평가하면서 간접적으로 그리스철학을 공자철학과 "비교할 수 없이" 허접한 것으로 격하하고 있다.

공자철학을 높이고 그리스철학을 깔보는 볼프의 이런 평가와 유사한 탈헬레니즘적 견해는 장-밥티스트 뒤알드(Jean-Baptiste Du Halde) 신부에게서도 다시 나타난다. 1735년 뒤알드 신부는 『중국통사』에서 공자와의 대비 속에서 탈레스·피타고라스·소크라테스를 셋 다 비판하고 공자를 극구 찬양한다.

> 공자는 노나라의 한 도시에서 (…) 기원전 551년, 그리스 7현 중의 한 사람인 탈레스의 사망 2년 전에 태어났다. 그는 유명한 피타고라스와 동시대인이었고, 소크라테스는 중국이 이 철학자를 여읜 뒤 얼마 안 있어 등장했다. 그러나 공자는 다음과 같은 점에서 다른 세 사람을 능가한다. 공자의 영광은 해가 갈수록 증대되고, 인간적 지혜가 닿을 수 있는 최고 정점에 도달했다. 그리하여 현재 그는 그 존속과 영화榮華를 이 철학자에게 빚지고 있다고 스스로 생각하는, 세계에서 가장 강대한 제국의 한복판에서 최고 등급의 존엄을 누리고 있다.176)

공자가 탈레스·피타고라스·소크라테스를 셋 다 능가한다는 뒤알드의 이 친親유교적·반反헬레니즘적 평가도 18세기 초반 유럽철학이 헬레니즘으로부터 완전히 젖을 떼고 공자철학으로 전향하는 어떤 이정표 같은 언표다. 뒤알드는 또 말한다.

> 탈레스와 피타고라스가 도덕성의 처방을 주는 것에만 만족했더라면, 바꿔 말하면 탈레스가 세계의 기원에 관한 순수하게 자연적인 문제들 속으로 잠수하지 않았더라면, 그리고 피타고라스가 덕성에 기인한 포상의 본성과, 미래 국가에서의 악덕에 지정된 처벌을 교조화하지 않았더라면, 고대의 이 두 현자는 덜 책잡힐 문명文名을 누렸을 것이다. 공자는 자연의 경이로운 비밀 속으로 침투해 들어가려고 안달하지 않고 통상적 믿음의 진의들에 관

---

175) Wolff, *Rede über die praktischen Philosophie der Chinesen*, Anmerkung §20.
176) Du Halde, *The General History of China*, Volume III, 293쪽.

한 오묘성, 즉 시비지심是非之心을 해치는 암초에 관여하지 않은 채, 어떤 것도, 심지어 가장 비밀스러운 생각조차도 그로부터 감춰질 수 없고 상제上帝는 덕성과 악덕의 현재적 조건이 무엇이든 간에 덕성을 포상 없이 놓아두지 않고 악덕을 처벌 없이 놓아두지 않는다고 주장함으로써 모든 존재자들의 원리를 말하는 것으로 만족하고 상제에 대한 경배·경외·사의謝意를 고취하려고 노력했다.177)

여기서 뒤알드는 탈레스를 "세계의 기원에 관한 순수하게 자연적인 문제들 속으로 잠수했다"고 비판하고, 피타고라스를 "덕성에 기인한 포상의 본성과 미래 국가에서의 악덕에 지정된 처벌을 교조화했다"고 비판하는 반면, 공자철학을 "자연의 경이로운 비밀 속으로 침투해 들어가려고 안달하지 않고" 다만 "모든 존재자의 원리를 말하는 것으로 만족하고 상제에 대한 경배·경외·사의를 고취하려고 노력했다"고 찬양하고 있다. 이어 공자철학의 정수를 다음과 같이 표현한다.

이 철학자의 전全 독트린은 인간본성을 그 이전의 광채와, 인간본성이 하늘로부터 받았지만 무지의 어둠과 악덕의 전념에 의해 더럽혀진 그 첫 아름다움으로 복귀시키는 것을 의도했다. 그가 이것을 달성하기 위해 제시한 방법은 상제에 순종하고 상제를 외경하는 것이고, 우리의 이웃을 우리 자신처럼 사랑하는 것이고, 불규칙적 성향을 정복하는 것이고, 우리의 감정을 품행의 규칙으로 여기지 않는 것이고, 이성에 복종하는 것이고, 모든 일에서 이성에 귀 기울이고, 이성에 어긋나는 어떤 것도 하지 않고 말하지 않고 생각하지 않는 것이다.178)

이 인용문의 앞부분은 훗날 마르키 드 미라보가 자기의 스승 프랑수아 케네의 장례식에서 케네를 공자와 비교하는 추도사에서 변형된 형태로 반복함으로써179) 18세기 내내 서구에서 공자찬양과 공자숭배의 유행어로 통용된다.

---

177) Du Halde, *The General History of China*, Volume III, 293-294쪽.
178) Du Halde, *The General History of China*, Volume III, 298쪽.
179) F. Quesnay, *Oeuvres Économiques et Philosophiques* (1888), 9쪽. Reichwein, China and Europe, 112쪽(독일원본: 104쪽)에서 재인용.

그리스·로마를 추방하는 친親공자·친중국 무드에서는 영국도 예외가 아니었다. 영국에서도 그리스·로마를 향한 문화적·지적 노스텔지어는 사그라졌다. 그리하여 앞서 소개했듯이 영국시인 제임스 코손(James Cawthorn)은 1756년 "최근, 정말이지, 로마와 그리스에 아주 신물이 나서 우리는 지혜로운 중국인들로부터 우리의 모델을 가져 왔네"라고 노래했다.[180] 그러나 실제 상황은 그리스·로마에 신물이 나서 공자철학과 중국문화를 가져온 것이 아니라, 거꾸로 공자철학과 중국문화의 충격을 받고 열광하면서부터 그리스·로마에 신물이 나게 된 것이다. 그리하여 중국문화에 대해 "단호히 적대적이었던" 극작가[181] 윌리엄 화이트헤드(William Whitehead)조차도 1759년 드루어리레인 왕립극장(Theatre Royal in Drury Lane)에서 공연된 연극 『중국의 고아』의 「개막사(Prologue)」에서 이렇게 노래하지 않을 수 없었다.

그리스와 로마는 이제 그만.
이 두 나라의 바닥난 창고는 이제 더이상 매력이 없네.
(…)
독수리의 날개를 타고 오늘 밤의 시인은
신선한 미덕을 향해 빛의 광원으로
중국의 동쪽 왕국들로 날아오르네. 그리고 대담하게
공자의 도덕을 브리타니아의 귀에 실어 나르네.
(…).[182]

---

180) James Cawthorn, "Of Taste. An Essay" (1756), 171쪽. *The Poems of Hill, Cawthorn, and Bruce* (Chriswick: The Press of C. Whittingham, 1822).

181) Chen Shouyi (陳守義), "Oliver Goldsmith and His *Chinese Letters*", 283쪽. Adrian Hsia (ed.), *The Vision of China in the English Literature of the Seventeenth and Eighteenth Centuries* (Hong Kong: The Chinese University of Hong Kong Press, 1998).

182) William Whitehead, "Prologue", vi-vii. Arthur Murphy, *The Orphan of China, A Tragedy*. Performed at the Theatre Royal in Drury Lane [1759]. The Works of Arthur Murphy, Vol. 1 in 7 vols. (London: Printed for T. Cadell, 1786). '브리타니아'는 투구를 쓰고 방패와 삼지창을 들고 앉아 있는 브리튼 상징의 여신상이다.

헬레니즘을 "이제 더이상 매력이 없는" "바닥난 창고"로 격하하고 중국을 "빛의 광원"으로 묘사하는 이 시는 그리스·로마를 추방하고 마냥 공자의 도덕과 중국을 찬양하는 18세기 중반의 영국지성계의 탈脫희랍적 공자숭배 분위기를 읊고 있다. 그리스·로마는 영국의 '대중예술의 모델'로서만이 아니라 '유구한 학문창고'로서도 지위를 중국에 양보할 수밖에 없었던 것이다.[183]

이런 탈脫희랍적 분위기는 프랑스에서도 마찬가지였다. 18세기 당대의 열렬한 친중론자이자 프랑스 중농주의의 선구자[184] 다르장송도 1764년 희랍의 국가론을 버리고 중국의 통치원리를 모델로 채택할 것을 유럽제국에 권장한다.

> 중국에서는 만물만사가 가장 훌륭한 질서로 배분되어 있다. 행정, 세금부과, 사법, 교육, 심지어 예의범절도 모두 가장 정확한 비례에 들어있다. 과학과 지식이 올바른 방식이나 유용성을 갖는 방식 및 그것들이 그대로인 방식 외에 달리 획득되는 것을 용납지 않는다. 솔론은 아테네인들에게 예술의 미감을 향유할 자유와 철학의 자유를 주었고 한 백성을 친절하게, 예의바르게, 성적으로 에로틱하게 만들었지만 훌륭한 원리로부터 곧 멀어지게 만들고 방탕한 상상의 구석에 빠지도록 만들었다. 리쿠르고스는 스파르타사람들을 전쟁에서 무시무시하도록 만들고 그들의 내부행정에서 엄혹하도록 만들고 거칠게 정의롭도록 만들었지만, 그들의 도덕과 풍속의 엄격성으로 혐오스럽도록 만들었다. 중국적 통치는 여전히 중도(un juste milieu)로 유지되고, 공자의 법은 솔론과 리쿠르고스의 법만큼 오래되었지만 아직도 상존하는 반면, 후자의 법은 소멸했고 이 법들을 받아들인 그 제국의 파괴를 야기하기까지 했다. 나는 내가 방금 중국의 정부에 관해 서술한 묘사가 정확하다고 생각한다. 이 묘사가 우리의 선교사들의 보고와 부합되기 때문이다. 만약 불행히도 내가 어떤 뉘앙스를 바꿨다면, 이는 중국인들에게 아주 더 난처한 일일 것이다. 그러나 이 묘사는 내가 유럽의 제諸국민에게 제안하는 모델이다.[185]

---

183) Chen Shouyi, "Oliver Goldsmith and His *Chinese Letters*", 284쪽. 285쪽도 보라.

184) August Oncken, *Die Maxime Laissez faire et laissez passer, ihr Ursprung, ihr Werden* (Bern: K. J. Wyβ, 1886), 55쪽.

185) D'Argenson, *Considérations sur gouvernement ancien et présent de la France*, 102쪽 (107-109쪽).

다르장송은 공자의 법이 희랍의 전설적인 최선의 법인 솔론과 리쿠르고스의 법을 능가하는 것이라고 말하고 있다. 희랍이 자랑하던 최선의 법제도는 이미 "소멸했고 이 법들을 받아들인 그 제국의 파괴를 야기하기까지 했다"는 것이다. 반면, 공자의 법은 이들의 법만큼 "오래되었지만 아직도 상존하는" 중도의 법이다.

앙쥐 구다르(Ange Goudar)도 중국문화와의 대비 속에서 희랍문화를 경멸했다. 1764년 그는 당시 유행하던 형식인 서간체 소설 『중국 스파이 또는 북경황궁의 비밀특사(*L'Espion chinois, ou L'Envoyé Secret de la Cour de Péking*)』에서 프랑스 대혁명을 예견한 인물이다. 그는 중국인을 '자연성의 이상理想의 사도'로 등장시키고 중국인 등장인물 샹피피의 입을 통해 가령 프랑스의 화장실기술에 대해 불쾌한 감정을 표출하고, 그에게 "정신병원 수감자들의 연극"처럼 비치는 고전적 비극 속의 고대희랍·로마 영웅들의 행렬을 중국 본토에서라면 길거리 극장에서나 상영되는 통속극만도 못한 것으로 비하했다.[186] 구다르는 프랑스시민혁명 발발 20년 전 고대희랍·로마문화를 동경하는 잔존 헬레니즘을 '정신병원 문화'로 경멸하며 탈脫희랍화를 촉구하고 있는 것이다.

케네와 절친했던 중농주의자 니콜라 보도(Nicolas Baudeau, 1703-1792)도 1767년 중국의 정치체제를 찬양하면서 탈脫헬레니즘을 주창했다. 그는 일단 그리스와 대비되는 중국의 자연적 정치질서를 칭송한다.

> 사람들은 그 이념(최고섭리)이 성스럽고 숭고한 원리를 창시한다는 것을 부정할 수 없다. 권위를 발휘하는 이 유일무이한 최고의 의지는 정확히 말하자면 인간의 의지가 아니다. 이것은 자연의 요구 자체, 천도(*l'ordre du Ciel*), 영원한 법칙, 명백하고 필연적인 질서다. 중국인들은 그들의 철학자들이 언제나 하늘의 질서 또는 하늘의 소리라고 불리는 제일의 진리를 꿰뚫어보고 전 통치를 하늘의 소리와 일치되는 이 유일한 법칙으로 환원시키는, 우리가 아는 유일한 백성이다. 같은 말이지만, 유일무이한 최고의 지성 또는 의지가 자연적

---

186) Willy Rochard Berger, *China-Bild und China-Mode im Europa der Aufklärung* (Köln: Böhlau Verlag, 1990), 162-163쪽.

질서의 전체를 관리하고, 이 질서의 한 몫이 지상에서 인류의 행복이거나 불행이거나 한 것이다. (…) 중국 선비들이 황제를 최고의 존재자 상제上帝(Chang-ti)의 지상대리자와 위임통치자로 언명할 경우에, 그들은 황제들의 어떤 의지, 순수하게 인간적이고 가변적인 의지가 하늘의 질서와, 전 우주를 다스리는 주권적 의지를 대신한다는 것을, 즉 모든 자의적 전제정을 특징짓는 오류를 조금도 뜻하지 않는다. 그들은 전 백성을 알고 전 백성에게 가르침을 주고 그들의 목숨이 위험할 때도, 인정되고 준수되는 영원하고 불변적인 정의와 인혜의 규칙을 포함한 하늘의 법이 존재한다는 이 위대하고 숭고한 진리를 반드시 수호한다. 그들이 집정할 때, 그들은 주권자 상제께, 그리고 그의 단일한 섭리에 의해 선택된 그의 장자께 복종한다. 중국제국이 선비 치자治者들의 가르침에 의해 존재하게끔, 국가는 다시 말해 내가 '양민養民경제적 군주정(monarchie économique)'이라고 부르는 '참된 천명체제(la vraie théocratie)'로 세상에 알려져 있는 것과 가장 가깝다.[187]

"monarchie économique"는 무엇을 번역했는지 모르겠으나 '경제적 군주정'이 아니라 '양민경제적·인정적仁政的 군주정'과 가까운 의미로 쓰인 것으로 보인다. "la vraie théocratie"는 '참된 신정神政체제'가 아니라 "참된 천명체제"로 옮기는 것이 옳을 것이다.

이어서 보도는 정의를 '자연법(본성법)'으로, 인혜仁惠를 '자연질서(본성질서)'로 거듭 규정하고 이것을 다시 천명 또는 천성으로 이해한다. 그리고 그는 고대그리스를 그 철학자·입법자들까지 싸잡아 중국의 '양민경제적 군주정', 즉 인정仁政의 책무에 의해 제한된 군주정에서 전개되는 저 '자연의 질서'를 몰랐던 약탈적·폭력적 미개사회로 격렬하게 단죄하고 있다.

백성들 속에서 또는 최고 존재자의 의지로 간주되는 정의의 자연법(본성법), 인혜의 자연질서(본성질서)에서 군주정이 중국인들의 사고방식대로 유일무이하게 이 천상의 의지의 도구나 기관으로 간주되는 것은 확실하다. 절대적 전승은 이 이념을 확증해주는 것으로

---

[187] Nicolas Baudeau (Un Disciple de l'Ami des Hommes), *Premiere Introduction a la Philosophie Economique; ou Anaylse des Etats Policeés* (Paris: Didot l'aîné Libraire-Imprimeur, Delalain & Lacombe Libraire, 1767·1771), 159-160쪽.

보인다. 사실 이 이념에 의해, 지상에서 그의 대리인을 선택하는 것은 유일무이한 최고 존재자의 섭리다. 저 신적인 권위, 즉 전승적이고 세습적인 권위의 제일 최고기관의 칭호와 특질이 그 자체로서 하늘의 장자상속제에 의해 획득된다는 것, 중국인들 전부가 인정한 것은 아닌 것, 이것은 아마 실제로 군주 자체와 인민들의 정신 안에서의 천명이념(*idée théocratique*)의 확증일 것이다. 게다가 이것은 하늘의 주권자와 그의 위탁통치자의 편과 전 계급 시민들의 편 사이의 더 크고 더 내밀한 이익 통일성이다. 통일성, 전승, 하늘의 장자권과 배치되는 온갖 형식이 천정체제(*théocratie*)나 양민경제적 군주정과 정반대인 자의적 전제정을 향할 때는 언제든 저 양민경제적 도덕교육이 낳는 효과를 보충하기 위해 찾아내진다. 하지만 사람에게 필연적으로 미칠 결과에 대해 그 자체로서 무심한 형식들은 가르침이 정신 속에서 그 동일한 감정의 힘과 정확하게 비례하여 개발하고 확증한 정의와 인혜의 관념과 감정에 의해 결코 그 어떤 진정한 성공도 이루지 못한다.[188]

보도는 이 대목에 바로 잇대어 고대그리스 국가들을 중국이 일찍이 알고 추종한 자연적 질서를 모르는 폭력적 유혈국가로 단죄한다.

아무런 형식도 없으면 언제나 목적도 결여된다. 이것은 가령 그리스 국가들 안에서 늘 결여되었던 것, 결코 그 질서(하늘의 질서, 자연적 본성의 질서 - 인용자)의 법칙을 몰랐던 것을 우리에게 가르쳐주고, 그 국가들의 연대기는 인류의 평화와 행복에 대한 소름끼치는 침공의 연쇄장면을 우리에게 제공해주는 바와 같다. 남을 못살게 굴고 약탈하는 이 폭정적 미개 부족들(*ces Peuplades*) 안에서는, 즉 알려진 이 세상에서 가장 비옥하고 가장 위치 좋은 땅에도 인간의 피를 쏟아붓고 이 땅을 폐허로 덮어 황무지로 만들어 버리는 사람들 안에서는 내가 혼합국가(*Etats mixtes*)의 재앙으로 지목한 세 가지 오류가 지배했다. 그리스의 철학자들과 입법자들에 의거하면 악한 자들도 그 자체로서 서품하고 자연적 본성에 따라 선한 자들도 그 자체로서 단죄할 수 있는 자의적 입법권의 오류, 그들이 손수 고안하는 진정한 원리라는 것을 조금이라도 가지고 있거나, 그들이 소유권에 대해 가장 파괴적이고 자유에 대해 가장 억압적이고 토지상속재산과 경작의 재부에 대해, 결과적으로 '불모의 기술'의 필수적 자양물과 주권의 세습자산에 대해 가장 유린적인 개념의 형식들을 열성으로 받아

---

188) Baudeau, *Premiere Introduction a la Philosophie Economique*, 161쪽.

들이는 공익 개념의 오류, 다른 모든 인민들에 대한 그 어떤 지속적 전쟁선포는 아닐지라도 공개 천명되거나 은폐된 적대행위, 즉 기만·불의·약탈·잔학행위를 결코 빠지지 않고 동반하는 그들의 애국심의 가증스러운 오류가 바로 세 가지 오류다.[189]

보도는 공자의 '수록우천受祿于天·대덕자필수명大德者必受命'(대덕자는 하늘로부터 천록을 받고 반드시 천명을 받는다)의 천명론을[190] 'idée théocratique(천명이념)'이라고 부르고 있다. 이 천명론을 배우면서 '자연적 본성의 운행질서' 또는 '하늘의 질서'도 지실知悉하게 된 니콜라 보도는 르네상스 인문주의자들이 이상화하고 동경한 고대그리스인들을 가차 없이 '그 질서의 법칙을 몰랐던' 미개인들로, "남을 못살게 굴고 약탈하는 폭정적 미개부족들"로 규정하고 그들의 세 가지 오류를 입법권의 자의성, 백성의 자유에 대해 가장 억압적이고 민부民富에 대해 가장 파괴적이고 유린적인 공익관념, 잔학한 약탈적 애국심으로 들고 있다. 이것들은 다 근대성에 반하고 동시에 '하늘의 질서', '무위無爲의 도'를 따르는 공자철학에 반하는 것들이다.

보도는 저 그리스비판에 그치지 않고, 그리스의 소위 '혼합국가'와 중국의 '양민경제적 군주정'을 직접 비교하며 고대그리스 시대의 철학자들과 정치가들까지도 맹박한다. "달변의 어떤 역사가들이든 찬양할 때마다 표현을 늘어놓는 시간 동안 지구의 이 지역에서 인류가 겪은 악의 관점에서 정의롭고 인애로운 모든 인간들은 그리스 철학자들과 정치가들이 그들의 최고 작품으로 간주한, 그리고 현대인들이 책 속에서 진열이나 사색을 위해 또는 최근 세기의 우리 국가들 안에서 실천을 위해 그들로부터 차용한 혼합국가들의 저 헌정원리의 시비에 대해 판정할 것이다. 그러니까 내가 독자들에게 중국의 천명체제의 이념, 또는 더 잘 표현하면, 진정한 양민경제적 군주정의 이념을 세심한 주의를 기울여 비교하려는 대상은 저 세 가지 재앙적 오류에 전염된 국가들이 아니다. 결국 유일한, 부단한 보편입법은 정의와 인혜의 최고질서다. 그 국가들이 수립해야 하는 이런 비교의 대상은 정의롭고 인혜로운 '자연법(*les lois de la*

---

189) Baudeau, *Premiere Introduction a la Philosophie Economique*, 161-162쪽.
190) 『中庸』(17장).

nature)'에 대한 사랑과 존경에 의해 똑같이 삼투되고, 저 세 가지 근본문제에 대해 똑같이 개명된 국가(*Républiques éclairées*)이다."[191] 그리고 보도는 "그리스국가들은 자연적 질서를 의심해 황무지의 땅은 전혀 소유하지 않았다"라고 덧붙이고 있다.[192] 보도는 '자연적 질서'를 모르는 고대그리스 국가를 이같이 경멸했고, 따라서 그리스국가를 유럽군주정의 개혁구상에서 논외로 제쳐놓고 케네처럼 중국의 법치적·양민경제적·인정론적仁政論的 제한군주정을 서양의 이상국가로서의 계몽군주정의 모델로 제시하고 있다.

고대그리스 정치와 정치가들에 대한 비판에서 더 나아가 보도는 로마황제들의 폭력적 정복성향도 비판하고 중국의 평화적 요순정치를 예찬한다.

그들(재산약탈자와 자유의 침범자들)이 인류에게 저지르는 악행들을 고려할 때 그들은 자기들의 침탈행동을 명백히 범죄적이고 가증스러운 것으로 여기지 않을 것이다. 그뿐만 아니라 하지만 그들의 동기와 목적을 고려할 때 그들은 명시적으로 부조리를 목도하지 않을 수 없다. 그대들은 결과적으로 인류를 필연적으로 황폐화시킬, 다른 국민들에 대한 노골적이거나 비밀스러운 적대행동으로 무엇을 얻으려고 하는가? 영광과 부, 권력이다. 그러나 인혜, 특히 군주의 인혜와 관련된 영광은 없는가? 선한 폼필루스 누마, 티투스, 트라얀, 마르쿠스 아우렐리우스 등 로마황제들의 불완전한 덕성은 겨우 아틸라, 칭기즈칸, 티무르의 정복과 같은 수준에서 불멸화되었던 것이 아닌가? 중국적 가르침과 번영을 창시한 평화적 황제들인 요·순·우임금은 진정한 영광을 얻지 않았던가? 이 중국적 가르침과 번영에 대한 기억은 수억 명의 인간들에 의해 4000여 년 동안 그침 없이 찬양되고 중단 없이 숭배되고, 또 우리 유럽 자체에서도 어쩌면 수천 년의 세기 동안 계속되기 위해 생겨나기 시작했다. 진정, 일찍이 약탈로 부유해진 적은 없었다.[193]

보도는 로마와 중앙아시아의 '약탈적' 황제들의 불완전한 덕성과 중국의 '평화적 황

---

191) Baudeau, *Premiere Introduction a la Philosophie Economique*, 162쪽.
192) Baudeau, *Premiere Introduction a la Philosophie Economique*, 162쪽 각주.
193) Baudeau, *Premiere Introduction a la Philosophie Economique*, 179-180쪽.

제들'의 인혜를 곧바로 대비시키고 요·순·우임금이 인혜의 덕성으로 얻은 영광이 '진정한 영광(vraie gloire)'이라고 공언하면서 이들에 의해 창시된 중국적 가르침과 번영에 대한 '기억(mémoire)'은 "우리 유럽 자체에서도 어쩌면 수천 년의 세기 동안 계속되기 위해 생겨나기 시작했다"는 말로써 1760년대 시점에서 공자철학과 중국국가론이 서구에서 영향력을 발휘하기 시작하는 정황을 확인해주고 있다.

보도는 케네의 중국적 중농주의 시장경제론에 동조해 르 마키 드 미라보(le Marquis de Mirabeau)와 함께 케네를 스승으로 섬기면서 그에게 "유럽의 공자(le Confucius d'Europe)"라는 별호를 지어주었다.[194] 동아시아를 동경하던 케네 주변의 계몽철학자들은 보도처럼 공자철학과 동아시아 정치문화에 대한 감격 속에서 르네상스 인문주의자들이 유토피아로 조작해낸 '고대그리스-로마' 국가들과 플라톤·아리스토텔레스의 이상국가론의 노예주적·제국주의적 폭력성과 호전적 침략성, 그리고 약탈·탄압·정복본능을 새삼 폭로하고 자유라면 '노예주의 자유'밖에 몰랐던 고대 그리스 노예제사회의 문화와 철학을 경멸과 함께 맹렬히 탄핵한 것이다.

고대그리스 도시국가들은 무력으로 지중해·흑해연안을 정복해 수많은 식민지를 건설했고, 줄곧 동족상잔을 통해 번갈아 패권을 쥔 아테네와 스파르타는 그리스 내외의 도시국가들을 속국화하는 제국주의 정책을 추구했던 것이 엄연한 사실이다. 이런 까닭에 훗날 헤겔은 『법철학』에서 실업失業문제의 해법으로 고대그리스를 본뜬 식민주의와 제국주의를 직접 권장했던 것이다.[195]

그리스인들의 폭력적 성격과 침략적 식민정책에 대한 보도의 저 비판은 계몽시대에 전형적인 것이었다. 케네의 친구들만이 아니라 케네 자신도 그리스철학을 경멸하고 공자를 한껏 높이는 발언을 이어갔다.

---

194) Baudeau, *Premiere Introduction a la Philosophie Economique*, iii쪽('Avis au Lecteur').
195) 19세기 초반 헤겔은 국가가 추진해야 할 '체계적 식민' 정책을 논하면서 그리스의 식민주의를 배우도록 소개하고 있다. 참조: Georg W. F. Hegel, *Grundlinien der Philosophie des Rechts*, §248 Zusatz. G. W. F. Hegel, Werke, Bd. 7 in 20 Bänden(Frankfurt am Main: Suhrkamp, 1970).

(『논어』의) 이 문답들은 모두 다 덕성, 선한 일, 훌륭한 통치의 방법에 대해 말한다. 이 어록집은 그리스 7현을 능가하는 원리와 도덕적 명제들로 가득 차 있다.[196]

이는 고대그리스 현자들의 어록을 평가절하고 공자의 『논어』를 극찬하는 말이다. 케네는 그리스-로마 저작들을 전혀 인용하지 않았고, 그의 반대자들이 그리스-로마를 인용하며 대들수록 더욱 그랬다. 케네도 보도처럼 로마의 통치철학을 평가절하했다.

로마는 많은 국가를 무찌르고 정복할 줄 알았으나, 그 국가들을 통치할 줄은 몰랐다. 로마는 속국들의 농업생산물을 약탈했다. 점차 로마의 군사력은 약해졌고, 로마를 부유하게 했던 정복지도 없어졌다. 로마는 대제국을 지키지 못하고 결국 적의 침략에 무너져 버렸다.[197]

로마문화가 헬레니즘의 연속이나 이식의 산물인 한에서 니콜라 보도와 프랑수와 케네를 비롯한 모든 계몽주의자들의 로마제국 비판은 다 '탈헬레니즘' 사조에 귀속된다. 유교적 계몽주의의 탈희랍화 과정은 이렇게 격렬하고 근본적인 것이었다.

16-17세기 이베리아학자들과 영국철학자들, 그리고 18세기 계몽철학자들의 글을 통해 250년간의 탈헬레니즘화 과정을 샅샅이 추적한 이 마당에도 서구문명이 "플라톤으로부터 나토까지(from Plato to NATO)" 일직선적으로 형성되어 나왔다는 '거대담론'을 감히 입에 담을 수 있는가?

■ 희랍적대적 유교화로서의 'Modern Europe'과 진보사관의 탄생

---

196) Quesnay, *Despotism in China*, 189쪽. 괄호는 인용자.
197) François Quesnay, *Analyse du Tableau Économique*. Quesnay, Dupont de Nemours, Mercier de la Rivière, Baudeau & Le Trosne, Physioctrates, avec une introd. par Eugène Daire (Paris, 1846). 케네, "경제표 분석·주요논평". 케네(김재훈 역), 『경제표』(서울: 지식을 만드는 지식, 2010), 104-105쪽.

16세기 중반부터 18세기까지 한시도 빠짐없이 지속된 250년간의 이 계몽주의적 탈희랍화 과정을 돌아볼 때, 서구문명이 고대그리스로부터 '내재적 발전'을 통해 일직선적으로 형성되어 나왔다는 유럽중심주의적 '거대담론'은 일고의 가치도 없는 20세기의 역사날조다. 이른바 'Modern Europe'의 탄생은 헬레니즘과 무관한 사건일 뿐만 아니라, 헬레니즘에 대해 오히려 적대적인 유교화·중국화의 사건이었다. '근대유럽'은 계몽주의 변혁운동으로부터 탄생한 것이고, 이 계몽주의는 유교문명에 대한 열광과 공자숭배 속에서 헬레니즘을 퇴출시키고 공자철학을 극서제국의 역사적 맥락에서 서구의 고유한 정치적·문화적 열망 및 서구인들의 누적된 전통적 경험과 짜깁기(패치워킹)함으로써 형성된 것이다. 한 마디로, 계몽주의와 'Modern Europe'은 공자철학과 유교문명을 서구 스타일로 리메이크한 제3의 새로운 문물이었다.

고대그리스·로마의 헬레니즘문명을 이상理想으로 복원하려는 르네상스적 세계관은 기본적으로 '복고주의' 또는 '상고주의尙古主義'였다. 반면, 탈脫희랍화는 과거를 향한 복고주의로부터의 탈피를 의미했다. 그리고 탈희랍화와 동시에 현존하는 선진적 유교문명을 '모델'로 추구하고 이를 따라잡으려는 유럽의 '유교화·중국화' 노력은 미래를 향한 '진보'를 의미했다. 따라서 서구의 탈희랍화를 통한 중국화·유교화 운동은 과거를 바라보는 르네상스적 복고주의를 청산하고 미래를 바라보는 '일신일일신우일신日新日日新又日新'의 유교적 진보주의를[198] 새로운 역사관으로 수립한 것이다. 계몽주의 운동의 거대한 사상적 업적에 속하는 '진보사관'의 창달도 실은 극동의 유교제국을 '유럽의 모델'로 삼는 탈희랍화와 중국화·유교화 과정의 소산이었다.

현존하는 유교적 부강제국 중국을 '모델'로 추구하고 새로운 '약속의 땅'으로 동경하는 열기 속에서 탄생한 서양의 진보주의는 공자경전으로부터도 대대적인 뒷받침을 얻었다. 공자는 "오늘날의 세상에 살면서 옛날의 도를 돌이키는 것, 이렇게 하는 것은 재앙을 제 몸에 미치게 하는 것이다(生乎今之世 反古之道 如此者 災及其身者也)"고 경계하며[199] 복고주의를 비판하고 동시에 '후진後進'을 버리고 '선진先進'을 따를 것을

---

198) 『大學』(傳2章).
199) 『中庸』(二十八章).

천명했다.

> 공자는 "예악에서 선진하는 것은 보통사람들(野人)이고 예악에서 후진하는 것은 국가관리(군자)인데, 내가 그것을 채용한다면 나는 선진을 따르리라"고 말했다.(子曰 先進於禮樂 野人也 後進於禮樂 君子也 如用之 則吾從先進)[200]

예악에서도 시대에 따라 바뀌는 새로운 예악을 진취적으로 앞서 취해 선진하는 사람들은 보통 '국가관리'(군자)가 아니라 '보통사람들'이다. 즉, 보통대중의 예악은 '질質'이 '문文'을 승勝한 것처럼 거칠고 간소하지만 새롭다. 반면, 군자(국가관리)의 예악은 전통을 지키며 새로운 예악을 받아들이는 데 소극적이어서 보통 현재의 '보수'를 넘어 과거로 돌아가기 쉬워서 '문'이 '질'을 승한 보수요 복고다. 그러나 공자는 '질'이 '문'을 승한 것처럼 비치는 야인의 선진적 예악을 택하겠다고 선언했다. 왜냐하면 야인의 문채는 간소하고 거칠지만 실은 나름대로 '문질빈빈文質彬彬'하게 새롭기 때문이다. 군자의 '후진'은 고전적일지 모르지만 고루하다. 고루함을 고수하는 것은 시의적절한 '작신作新(혁신)'을 거부하는 보수이고 과거로 돌아가는 복고다. 그러나 공자가 강조하듯이 "오늘날의 세상에 살면서 옛날의 도를 돌이키는 것"은 "제 몸"에 "재앙"을 부르는 짓일 뿐이다. 그러므로 공자는 간소하고 거친 문채의 대중적(야인적) '선진'을 택하고 있다. 즉, 공자는 예악에서도 대중(보통사람들)의 '선진'을 선택한 것이다. 문화의 고전성은 전근대적 후진성인 반면, 문화의 대중성은 '문화의 근대화'를 함의하는 문화적 선진성이다. 나라도 마찬가지다. 대중의 선진적 요구를 선택해 "백성을 새롭게 만든다면(作新民)"[201] "비록 주나라처럼 오래된 나라라도 그 천

---

200) 『論語』「先進」(11-1). '군자'와 '야인'을 대립시켜 사용할 때에 '야인'은 '일반인'(보통사람들)을 뜻하고, '군자'는 '국가관리'를 뜻한다. 맹자의 용례를 보라. "거기에서 장차 군자가 되기도 하고 거기에서 장차 야인이 되기도 합니다.(孟子曰 [...] 將爲君子焉 將爲野人焉)." 『孟子』「滕文公上」(5-3). 또 다른 사례를 보라. "군자가 없으면 아무도 야인을 다스릴 수 없고, 야인이 없으면 아무도 군자를 먹일 수 없다.(無君子 莫治野人, 無野人 莫養君子)" 『孟子』「滕文公上」(5-4).

201) 『大學』(傳2章).

명을 새롭게 할(周雖舊邦 其命維新)"202) 수 있다.

　공자의 이런 보수·복고주의 비판과 진보적 혁신의식은 공자가 살던 시대에 쓰이지 않던 하·은례夏殷禮를 버리고 당대에 쓰이던 주례周禮를 따를 것을 가르치지만203) 잘 나타나 있으나, 주례도 그대로 쓰지 않고 백성에게서 다시 검증해 혁신하다.

　　천하에 왕 노릇을 하는 데 세 가지를 중시해야 그 과오를 줄인다. 전자(하·은의 예법)는 좋더라도 증명이 없고, 증명이 없으니 믿음이 없고, 믿음이 없으니 백성이 따르지 않는다. 후자(주례)는 비록 좋더라도 받들지 않고, 받들지 않으니 믿지 않고, 믿지 않으니 백성이 따르지 않는다. 그러므로 군자의 도는 제 자신에 근본하고 뭇 백성에게서 이를 증명하고 삼왕(탕·문·무왕)에게 비추어 이를 고찰해 오류를 없애고, 천지에 이를 세워 어긋남을 없앤다.204)

여기서도 공자는 주례혁신의 근거의 하나를 보통백성의 선진성으로 말하고 있다.
　17세기로부터 18세기로 세기가 바뀌는 전환기에 서양철학자들은 헬레니즘을 버리고 중국의 유교적 국가제도와 정치문화를 '모델'로 추구하고 극동아시아를 새로운 '약속의 땅'으로 동경하는 계몽주의의 열탕熱湯 속에서 17세기 말과 18세기 초에 라틴어로 번역된 사서삼경을 직접 읽고, 헬레니즘을 '이상'으로 동경하는 르네상스 잔재로서의 복고주의를 확실하게 청산하고, 보통사람들의 '선진적' 성향에 근거한

---

202) 『大學』(傳2章).
203) 공자는 "하나라의 예를 내가 말할 수 있지만 기나라가 징험하기 부족하고, 은나라의 예를 내가 말할 수 있으나 송나라가 이를 징험하기 부족하다. 문헌이 부족하기 때문이다. 문헌이 족하다면 그것을 징험할 수 있을 것이다."(子曰 夏禮吾能言之 杞不足徵也 殷禮吾能言之 宋不足徵也. 文獻不足故也. 足則吾能徵之矣) 『論語』「八佾」(3-9). 그리하여 공자는 "주나라는 하나라·은나라 두 대를 거울삼았으니 빛나고 빛나도다! 나는 주나라를 따르리라"라고 말했다(子曰 周監於二代 郁郁乎文哉 吾從周) 『論語』「八佾」(3-14). 『중용』에서도 공자는 같은 뜻을 밝힌다. "나는 하나라의 예를 설명하나 기나라가 징험하기 부족하고, 내가 은나라의 예를 학구했으나 송나라에만 남아 있을 뿐이다. 나는 주례를 배워 지금 쓰고 있다. 나는 주나라를 따르리라." (子曰 吾說夏禮 杞不足徵也, 吾學殷禮 有宋存焉. 吾學周禮 今用之. 吾從周.) 『中庸』(二十八章).
204) 『禮記』「中庸」 제28·29장, "子曰 (...) 王天下有三重焉, 其寡過矣乎! 上焉者雖善無徵, 無徵不信, 不信民弗從. 下焉者, 雖善不尊, 不尊不信, 不信民弗從. 故君子之道本諸身, 徵諸庶民, 考諸三王而不繆, 建諸天地而不悖."

진보사관의 관점에서 바로 유럽제국의 '기명유신其命維新'을 유럽의 '중국화'와 '유교화'로 간주했던 것이다.

2.2. 공감적 인애철학의 확산과 탈脫합리주의

서양의 철학정신과 정치이념은 유교화·탈희랍화됨으로써 "이리살인以理殺人"하는, 즉 '이성(합리)으로 사람을 죽이는' 그리스철학과 스콜라철학의 형이상학적 합리주의 시나리오라는 '극장의 우상'[205]으로부터 해방되어, 서술적 경험론의 인식론과 '공감적 해석학'을 지향하는 공자주의 지식·실천철학처럼 점차 경험론화되었다.

■ 공자의 경험주의와 공감적 해석학

공자는 상론했듯이 사물을 아는 격물치지의 '지물知物' 차원에서 "나는 나면서부터 아는 자(합리론자)가 아니라 지난 경험을 애지중지해 그것을 추구하는 자다"라고 천명한 데 이어 "알지도 못하면서 작화作話하는 것(不知而作之者)",[206] 즉 형이상학적 사변의 공리공담을 단호히 거부했다. 그리고 공자는 "많이 듣고 그것의 좋은 것을 택해 따르고, 많이 보아 그것을 인식함(多聞 擇其善者而從之 多見而識之)"으로써[207] "서술序述할 뿐이고 작화作話하지 않고 지난 경험을 믿고 애지중지하는(述而不作 信而好故)"[208] 차등의 지식(인간적 지식)을 추구했다. 차등의 지식은 "경험에서 배워 아는(學而知之)" 지식이다.[209] 이 인식론은 "경험에서 배우기만 하고 생각하지 않아 흐리멍덩한

---

205) Francis Bacon, *The New Organon* [1620] (Cambridge: Cambridge University Press, 2000), Book I, XLIV(44).
206) 『論語』「述而」(7-28).
207) 『論語』「述而」(7-28).
208) 『論語』「述而」(7-1).
209) 『論語』「季氏」(16-9): "孔子曰 生而知之者上也 學而知之者次也 困而學之又其次也 困而不學 民斯爲下矣."

(學而不思則罔)" 경험지식도, "생각하기만 하고 경험에서 배우지 않아 위태로운(思而不學則殆)" 형이상학적 공담空談도[210] 거부하고 '경험에서 배우고 그것을 바탕으로 사고해(學而思)' 지식을 얻는 비판적 경험주의 인식론이다. 다른 한편, 공자는 사람을 아는 '지인知人',[211] 즉 '인간과학'(인문·사회과학) 차원에서 공감으로 '일이관지'하는 학문방법으로서 "충서忠恕"하는, 즉 공감에 충실을 기하는[212] '공감적 해석학'을[213] 추구했다.

주지하다시피 공자와 맹자는 '공감적 해석학'을 학문방법에만 가두지 않고 실천 일반, 즉 사회적·정치적 행위에도 적용해 '공감적 정치철학' 또는 '공감정치론'을 전개했다. 공맹의 '공감정치'는 '논변적 공론장(argumentierende Öffentlichkeit)'에서 구변 좋은 논객들이 뛰어난 말주변으로 '진리로서의 지식'을 다투며 승패를 겨루는 '언어소통적 두뇌정치'가 아니라, 공감대로서의 '민심'을 하늘처럼 받드는 "웅변적 침

---

210) 『論語』「爲政」(2-5): "子曰 學而不思則罔 思而不學則殆."
211) 공자는 "지(知)가 무엇이냐"는 번지의 질문에 "사람을 아는 것이다(樊遲問仁 子曰 愛人, 問知 子曰 知人)"라고 답했다. 『論語』「顏淵」(12-22). 공자는 『중용』에서도 '지인'을 거듭 강조한다. "섬기고 친애하면 불가불 지인해야 한다(思事親 不可以不知人)"; "百世 동안 성인을 기다리며 불혹하려면 지인해야 하는 것이다(百世以俟聖人而不惑 知人也)". 『中庸』(二十二十九章).
212) 공자는 "나의 도(吾道)", 즉 '자신의 학문방법'을 "일이관지(一以貫之)"로 자술하고, 증삼은 이 '공자의 방법'을 '충서(忠恕)'로 풀이했다. 『論語』「里仁」(4-15): "子曰 參乎! 吾道一以貫之. 曾子曰唯. 子出 門人問曰 何謂也? 曾子曰 夫子之道忠恕而已矣." 공자는 이것을 "충서는 과학방법과 거리가 멀지 않다(忠恕違道不遠)"는 『중용』의 명제로 다시 확인한다. 『中庸』「13章」. 필자는 이것을 "공감에 충실한 것은 과학방법과 거리가 멀지 않다"라고 해독했다. 공영달은 '충서(忠恕)'의 '서(恕)'자를 파자해 '여심(如心; 같은 마음)'으로 풀었다. "마음을 같이하는 것(如心)은 서(恕)니, 이는 자기 마음과 같은 것을 일컫는다(中心爲忠, 如心爲恕 謂如其己心也). 부모를 섬기고 군주를 섬기고 멀리 여러 생물에 미치는 것은 마땅히 恕로써 대비하는 것이니(…) 이것이 만사의 근본이다(事親事君遠及諸物宜恕以待之 […] 是萬事之本)." 杜預(注)·孔穎達(疏), 『春秋左傳正義』(開封: 欽定四庫全書, 宋太宗 淳化元年[976년]), 下四六쪽(昭公六年). 따라서 '서(恕)'는 '동감' 또는 '공감'이고, '충서'의 '충(忠)'은 '충실성', 즉 '일관성'이다. 증삼이 말하는 '충서'는 따라서 '충과 서'가 아니라, '충어서(忠於恕; 공감에 충실한 것)'이다. 당연히 '일이관지(一以貫之)'는 '서이충지(恕以忠之)'다. 이에 대한 상론은 참조: 공자의 '공감적 해석학'에 대한 본격적 논의는 참조: 황태연, 『감정과 공감의 해석학(1)』, 제1장.
213) 공감적 해석학에 대한 본격적 논의는 참조: 황태연, 『감정과 공감의 해석학(1-2)』(파주: 청계, 2014·2015).

묵(*que ce silence est éloquent!*)"의²¹⁴⁾ '공감장(*mitfühlende Öffentlichkeit*)', 즉 '공감대(민심)' 속에서 '개연적 지식'으로서의 '의견'을 나누며 백성과 더불어 동고동락하는 '이심전심의 정치'를 가리킨다. 공자는 갈파한다.

> 요순이 천하를 인仁으로 이끄니 백성이 이를 따랐다. 걸주가 천하를 포악으로 이끌어도 백성이 이를 따랐다. 그러나 그들이 명령하는 바가 백성이 좋아하는 것에 반해서 종내는 백성이 따르지 않았다. 그러므로 군자는 자기 안에 느낀 바가 있고 나서 남에게서 그것을 구하고 자기 안에 그런 것이 없다면 남에게서 그것을 구하지 않는다. 자신 속에 품고 있는 것을 남이 공감하지 않는데(所藏乎身不恕) 남에게 그것을 깨우칠 수 있는 자는 아직 없었다.²¹⁵⁾

또 맹자는 공언하지 않았던가! "옛사람들은 백성과 더불어 즐겼으므로 잘 즐길 수 있었다(古之人與民偕樂 故能樂也)". 그러므로 "지금 왕들이 백성과 똑같이 즐기는 것은 왕 노릇을 하는 것이다(今王與百姓同樂 則王矣)".²¹⁶⁾ 그리하여 맹자는 말한다. "백성의 임금이 되어서 백성과 같이 즐기지 않는 것"은 "그릇된 것"이다. "백성이 즐거워하는 것을 즐거워하면 백성도 그 즐거워함을 역시 즐거워하고 백성이 근심하는 것을 근심하면 백성도 역시 그 근심함을 근심한다. 천하와 더불어 즐거워하고 천하와 더불어 근심하는데도 왕 노릇을 하지 못하는 경우는 아직 없었다."²¹⁷⁾ 이것이 바로 공맹이 주장한, '말없이 웅변하는' 공감정치인 것이다.

---

214) 실루에트는 이 표현을 공자가 썼다고 한다. Etienne de Silhouette (Anonyme), *Idée genénérale du goubernement et de la morale des Chinois - tirée particulièrement des ouvrages de Confucius* (Paris: Chez Quillau, 1729·1731), 59-61쪽: "Que ce silence, s'écrie Confucius, est eloquent!"

215) 『大學』(傳9章): "堯舜帥天下以仁而民從之. 桀紂帥天下以暴而民從之 其所令 反其所好 而民不從. 是故 君子有諸己而後求諸人 無諸己而後非諸人. 所藏乎身不恕 而能喩諸人者 未之有也."

216) 『孟子』「梁惠王上」(1-2);「梁惠王下」(2-1).

217) 『孟子』「梁惠王下」(2-4): "人不得 則非其上矣. 不得而非其上者 非也 爲民上而不與民同樂者 亦非也. 樂民之樂者 民亦樂其樂 憂民之憂者 民亦憂其憂. 樂以天下 憂以天下 然而不王者 未之有也."

■ '이성'을 '공감'과 '인애'로 대체한 계몽철학과 철학적 탈희랍화

이런 까닭에 공감적 공맹철학의 세례 속에서 섀프츠베리·허치슨·실루에트·흄·아담 스미스 등 계몽철학자들은 그리스 형이상학에서 특대特待받던 '이성'의 자리에 '공감'을 놓고 실천철학 일반, 특히 정치철학에서 이성을 주변화시키거나 이성의 역할을 아예 없애버렸던 것이다. 이들은 그리스철학·스토아·스콜라철학자, 데카르트·홉스·스피노자 등 '공감의 적들'에 대항해 '공감'과 여러 '공감감정'을 철학적으로 복권함과 동시에 공감감정 중에서 가장 중요한 도덕적 공감감정인 '동정심(측은지심)', 또는 이에 기초한 '인애'의 개념으로 이성을 대체하고 '인애'를 실천·정치철학적 논의의 중심에 놓았다. 에티엔느 드 실루에트(Etienne de Silhouette, 1709-1767)는 아담 스미스가 읽었을 것으로 짐작되는[218] 자신의 책 『중국인들의 통치와 도덕의 일반이념, 특히 공자의 저작에서 유래한 이념(Idée générale du gouvernement et de la morale des Chinois, tirée particulièrement des ouvrages de Confucius)』(1729)에서 다음과 같이 말하고 있다.

> 현자는 모든 도덕의 기반으로 인간애를 가지고 있다. 모든 사람들에 대해 느껴야 하는 사랑은 그에게 낯선 것이 아니다. 그것은 인간 자체다(*c'est l'homme lui-même*). 인간의 본성이 모든 사람을 사랑하도록 인간을 야기한다. 이 사랑 감정은 자기애만큼 인간에게 본성적인 것이다. 인간을 다른 모든 피조물들과 구별해 주는 것은 이 자질이다. 이것이 인간의 모든 법의 적요摘要(*analyse*)다. 사람들이 자기 아버지와 어머니에게 반드시 바쳐야 하는 사랑은 온 인류를 대상으로 삼는 그 사람보다 더 우월한 힘이 있다. 사랑은 인류에게 등급에 따라 베풀고, 우리들은 부지불식간 사랑에 지배된다. 각자에게 속한 것을 각자에게 주는 일을 하는 그 정의가 나오는 출처는 이 보편적 사랑이다.[219]

---

218) 참조: Maverick, *China: A Model for Europe*, 32쪽.
219) Etienne de Silhouette, *Idée genénérale du goubernement et de la morale des Chinois - tirée particulièrement des ouvrages de Confucius* (Paris: Chez Quillau, 1729·1731), 62-63쪽.

"사랑은 인간 자체다"는 구절은 『중용』(20장)의 "인仁은 사람이다, 즉 사람다운 것이다"는 표현(仁者人也)과 그대로 일치한다. 그리고 "사랑은 인류에게 등급에 따라 베푼다"는 구절은 "친지를 친애하는 것은 차등적으로 감해진다(親親之殺)"는 『중용』(20장)의 구절과 일치한다. 실루에트는 공자철학의 세례 속에서 '인仁(인간애)' 또는 '사랑'을 그리스철학과 유대교에서 유래하는 정의지상주의를 일거에 전복하고 사랑을 정의에 앞서는 것으로 자리매김하며 '정의'를 보편적 '사랑'으로부터 도출하고 있다. 친소에 따른 차등적 사랑이 바로 "각자에게 속한 것을 각자에게 주는 일을 하는" 정의이기 때문이다. 그리하여 실루에트는 공자가 자연법과 다섯 가지 도덕적 관계(인·의·예·지·신)를 보편적 사랑의 인간가슴에 심어진 도덕감정으로부터 도출했다고 기술한다.[220]

이런 공맹의 '인仁' 또는 '측은지심'에서 나온 '인간가슴 속의 인간애' 또는 '보편적 사랑' 개념이 확산되면서부터 서양철학 안에서 컴벌랜드·샤프츠베리·허치슨·실루에트·흄·루소·다윈·쇼펜하우어 등의 인애우선론과 홉스·칸트·마르크스·스펜서·니체·롤스 등의 정의지상주의 간의 선후논쟁이 시작되었다.

아담 스미스는 국가의 입법사항에서 처음에 정의지상주의를 강조하다가 인애우선론으로 선회한다. 인애우선론과 정의지상주의 간의 이 오랜 선후논쟁과 철학적 동요 끝에 오늘날은 마침내 서양사상계에서 인애우선론이 대세를 형성하게 되었다. 컴벌랜드·샤프츠베리·실루에트·허치슨·흄·스미스·다윈·쇼펜하우어 등의 계몽주의적 또는 계몽계승적 공감·동정심이론과 공맹철학이 현대 심리학·동물학·진화생물학 등의 새로운 연구성과들과 결합되는 가운데 형성된 일련의 새로운 이론들, 즉 정의지상주의를 수정한 하버마스의 '연대와 정의의 대등성 테제'(1990)와 로렌스 콜버그의 인애우선론(1990),[221] 제임스 윌슨의 친애본성론(1992),[222] 아르네 베틀레센

---

220) Maverick, *China: A Model for Europe*, 32쪽.
221) 참조: Jürgen Habermas, "Justice and Solidarity: On the Discussion Concerning Stage 6", Thomas E. Wren (ed.), *The Moral Domain* (Cambridge, Massachusetts: The MIT Press, 1990); Lawrence Kohlberg, Dwight R. Boyd & Charles Levine, "The Return of Stage 6: Its Principle and Moral Point View", Thomas E. Wren (ed.), *The Moral Domain* (Cambridge,

의 '인애도덕'(1994),[223] 나탄 츠나이더의 '연민도덕'(2001),[224] 비주류 위치에서 주류 철학을 압박하던 캐롤 질리건의 '여성주의적 배려도덕론'(1977)과[225] 마틴 호프만의 '공감적 배려도덕론'(1984)을[226] 계승하고 확장한 마이클 슬로트의 '배려윤리학'(2007),[227] 자유·평등에 대한 박애의 선차성을 영장류동물학과 공맹철학의 결합으로 뒷받침한 프란시스 드발의 '박애최상론'(2009),[228] 공자의 인仁 철학을 현대 심리과학으로 발전시킨 대커 켈트너의 '인仁과학(jen science)'(2009)[229] 등으로 다양하게 표출되고 있는 '공감적 인애철학'이 그것이다.[230]

18세기 이래 인식론과 해석학, 즉 지식철학 분야에서 경험론적으로 탈희랍화되었던 서양철학은 20세기 말 이래 공맹철학과 계몽철학에 대한 회고적 재再각성을 통해 정치·실천철학 분야에서도 고대그리스철학의 마지막 흔적마저도 탈색하고 '공자화

Massachusetts: The MIT Press, 1990).

222) James Q. Wilson, "The Moral Sense", Presidential Address, American Political Science Association, 1992, *American Political Science Review*, Vol. 87 (No.1 March 1993); James Q. Wilson, The Moral Sense (New York: Free Press, 1993).

223) Arne J. Vetlesen, *Perception, Empathy, and Judgement. An Inquiry into Preconditions of Moral Performance* (University Park, Pennsylvania: The Pennsylvania State University Press, 1994).

224) Natan Sznaider, *The Compassionate Temperament: Care and Cruelty in Modern Society* (Lanham, Maryland: Rowman & Littlefield, 2001).

225) Carol Gilligan, "In a Different Voice: Women's Conceptions of the Self and of Morality", *Harvard Educational Review* 47 (1977) [481-517쪽]; Carol Gilligan, *In a Different Voice: Psychological Theory and Women's Development* (Cambridge: Harvard University Press, 1982).

226) Martin L. Hoffman, *Empathy and Moral Development: Implications for Caring and Justice* (Cambridge: Cambridge University Press, 2000, reprinted 2003).

227) Michael Slote, *The Ethics of Care and Empathy* (London·New York: Routledge, 2007).

228) Frans de Waal, *The Age of Empathy: Nature's Lesson for Kinder Society* (New York: Three Rivers, 2009)

229) Dacher Keltner, Born to be Good: *The Science of a Meaningful Life* (New York: W. W. Norton & Company, 2009).

230) 이 '인애윤리학'에 관한 자세한 논의는 참조: 황태연, 『감정과 공감의 해석학(1)』, 536-543쪽.

됨'으로써 실로 완전히 '탈희랍화'된 것이다.[231]

2.3. 서구 도덕의 세속화(탈주술화)와 탈기독교화

신들린 유럽의 도덕철학은 공자철학을 패치워킹함으로써 '탈희랍화'되는 데 그치지 않고 계시신학으로부터 탈피해 '탈脫주술화'·'세속화'되었다.[232]

■ 공자와 세속적 윤리학

공자는 주지하다시피 다음의 두 명제를 통해 자신의 과학과 철학의 현세적·세속적 성격을 천명했다.

> 아직 사람도 잘 섬기지 못하면서 어찌 귀신을 잘 섬기겠느냐? (…) 삶도 아직 알지 못하는데 어찌 죽음을 알겠느냐?(未能事人 焉能事鬼 […] 未知生 焉知死)[233]

> 백성의 의의意義(사람의 의미)를 탐구하면서 귀신을 공경해 멀리한다면 이를 지知라고 일컬을 수 있다.(務民之義 敬鬼神而遠之 可謂知矣)[234]

---

231) 희랍지향으로부터 공자철학으로의 이러한 탈희랍적 변화에 전혀 주목하지 않은 아놀드 로보덤은 17세기 서구사상계의 정황을 완전히 거꾸로 파악하고 있다. "중국 숭배는 고전적 고대(희랍)의 비전보다 덜 심오하고 확실히 덜 광범했을지라도 어느 의미에서 후자(희랍)에 대한 보완물이었다. 중국숭배의 한 옹호자가 '플라톤이 황천으로부터 다시 살아나온다면 그는 실현된 이상국가를 중국에서 발견할 것이다'라고 외칠 때, 그는 유럽사상의 해방의 과제에서 양(兩)운동의 동일한 역할을 승인하는 것을 입에 담고 있었다." Rowbotham, "The Impact of Confucianism on Seventeenth Century Europe", 242쪽.
232) 유럽의 탈주술화에 관한 논의는 참조: 황태연, 『패치워크문명의 이론』, 108-117쪽.
233) 『論語』「先進」(11-12).
234) 『論語』「雍也」(6-22).

또한 측은수오·공경지심의 본성적 도덕감정 및 시비지심의 본성적 도덕감각에 기초한 공맹의 본성도덕론은 철저히 무신론적인 도덕철학이다. 따라서 역학易學을 제외한 공자철학에서 귀신과 종교는 거의 아무런 역할을 하지 않는다.

이런 까닭에 볼테르는 공자의 '세속적 현자'로서의 면모를 찬양했다.[235] 공자와 반대로 소크라테스와 예수와 마호메트는 '신들린 예언자'로 자임하고 예언자로서만 말하고 행동했다. 그리고 전통적 서양윤리학의 기본준칙들은 『성서』속의 신적 예언과 계시로부터 도출되었다. 성직자 윤리학자와 스콜라 철학자, 또는 칸트 유형의 포스트성직자적(post-cleric) 윤리학자들의 임무는 예언적 계시들의 형이상학적 합리화와 교조화에 있었다. 따라서 이 윤리학의 궁극적 정당성은 신적 계시에 대한 '주술적 믿음'에서 기원했다.

그러나 서구철학자들은 공자철학과의 조우를 통해 도덕감정과 도덕감각의 인간본성에 기초한 세속적 도덕철학을 접하고 이에 감화되어 서양 도덕철학과 윤리를 일제히 '공자화했고(Confucianized)', 윤리도덕에서 신적 계시들을 거추장스럽고 불필요한 요소로 제거했다. 이런 과정에서 서양 도덕철학은 공자화를 통해 완전히 탈주술화·탈성례화脫聖禮化·세속화되었다. 이것이 '서양 도덕철학과 윤리의 근대화'다.

서양 도덕철학과 유럽사회의 '세속화'는 종교적 관용, 욕망의 해방, 상업사회의 확립을 위한 사회문화적 전제였다. 세속화된 사회적 관계 속에서만 종교의식이 '미적지근'해지고 주변화되어 인간의식에 대한 종교의 규정적 구속력이 약화되어 타인의 이교성異敎性에 대한 민감한 감수성이 무디어지고 종교간, 종파간, 종교와 무종교 간의 적대의식과 위화감도 완화되기 때문이다. 또한 상업사회는 "압도적으로 현상現像 세계에 관심을 가진" 세속적 사회이기 때문이고,[236] 오로지 완전히 세속화된 문화만이 상업사회의 발달을 방해하지 않고 거침없이 촉진할 수 있기 때문이다. 사회적 인간관계가 세속화되어야만 상업적 영리추구에 대한 종교적 금기와 금욕의식이 해소

---

235) Voltaire, *Essai sur les moeurs et l'espirit des nations* [1756] (Paris: Garnier, 1963), Vol. 1: Tome XI, Chap II.

236) Edwardes, *East-West Passage*, 83쪽.

되어 인간의 세속적 욕망이 해방되고 영리추구가 자유로워진다. 세속화된 문화와 가치관은 상업사회의 발달을 촉진하고, 역으로 발달된 상업사회는 문화와 가치관의 세속화를 촉진하는 것이다.

■ 유럽의 세속적 도덕철학의 창시자: 섀프츠베리와 볼테르

계몽시대 세속적 도덕철학의 창시자는 암암리에 공자철학과 중국문화를 옹호한 피에르 벨의 철학적 추종자 섀프츠베리였다. 『17-18세기 영국의 공자숭배와 모럴리스트들』에서 상론했듯이[237] 섀프츠베리는 『덕성 또는 공덕에 관한 탐구(An Inquiry Concerning Virtue, or Merit)』(1713)에서 맹자로부터 '시비지심' 개념을 수용해 '시비감각(sense of right and wrong)'[238] 또는 '본성적 도덕감각(natural moral sense)'으로 영역하고[239] 서양철학에서 사상초유로 시비감각의 도덕철학을 전개함으로써 '도덕감각학파'를 개창했다.

레슬리 스티븐(Leslie Stephen)은 섀프츠베리의 도덕감각론적 도덕철학을 이렇게 요약한다.

우리의 행동에 대한 초자연적 간섭을 믿는 것은 신들림의 오류에 빠져드는 것일 것이다. 인간본성은 그 자체가 신적이고, 그래서 외적 지도는 본성적 기관器官이 된다. 섀프츠베리가 자기의 독트린을 표현하기 위해 고안한 '도덕감각'이라는 술어는 그의 후계자들에게 기술적 표어가 된다. 그에게서 도덕감각은 인간타락의 도그마에서 암묵적으로 부인된 '덕성에의 본성적 경향'을 가리킨다. 신적 또는 자연적 본능으로서의 도덕감각(신적·자연적이라는 두 표현은 등가물이다)은 그 자신의 권위에 의해 우리를 지도하고 그리하여 실천행

---

237) 참조: 황태연, 『17-18세기 영국의 공자숭배와 모럴리스트들(하)』, 886-984쪽; 황태연, 『감정과 공감의 해석학(2)』, 1714-1717쪽.

238) Shaftesbury, *An Inquiry Concerning Virtue, or Merit* (1713), 25-26쪽. Anthony, Third Earl of Shaftesbury, *Characteristicks of Men, Manners, Opinions, Times* (1732), 3 vols. Vol. II (Indianapolis: Liberty Fund, 2001). Accessed from http://oll.libertyfund.org/title/811 on 2010-11-13.

239) Shaftesbury, *An Inquiry Concerning Virtue, or Merit* (1713), 27쪽.

위에서 이기적 본능에 대한 호소의 필요성을 능가한다. (…) 악덕에 대한 우리의 혐오는 원천적 본능이다. 섀프츠베리는 이익과 덕성 간의 가능한 갈등으로부터 생겨나는 매듭을 오히려 단칼에 잘라버리는 경향이 있다. 그는 그따위 갈등은 존재하지 않는다고 단호하게 선언한다.[240]

섀프츠베리 도덕철학에 대한 스티븐의 이 요약은 도덕감각의 '고안'이라는 표현만 '재再고안(re-inventing)'으로 바꾸면 정확한 것이다. 섀프츠베리는 도덕감각의 관점에서 "사악하고 악덕스러운 것은 비참하고 불행한 것이고", 또한 "모든 악행은 자해적自害的이고 유해有害할 수밖에 없다"고 결론짓는다.[241]

섀프츠베리의 이 도덕감각론적 윤리학에 의해 신 또는 기독교는 인간의 도덕생활과 윤리도덕에 끼어들 여지가 완전히 사라졌고, 유교에서와 유사하게 섀프츠베리의 철학체계에서 도덕은 완전히 '세속화'된 것이다. 섀프츠베리의 이 새로운 세속적 도덕철학은 주지하다시피 18세기에 허치슨·흄·스미스 등 영국 스코틀랜드 모럴리스트들에 의해, 그리고 19세기에는 다윈·스펜서 등 진화론자들에 의해 계승되고 발전된다.[242]

한편, 그레고리 브라운(Gregory Brown)은 『18세기 유럽 국가론에 대한 중국의 영향』(2008)에서 중국에 유교와 관련해 사제司祭들이 지배하는 전국적 교회조직이 부재한 것도 계몽철학자들에게 깊은 영향을 미쳤다고 판단한다.

(중국의) 두 가지 것이 유럽 계몽주의자들에게 특별히 깊은 인상을 각인했는데, 그것은 (…) 기생적寄生的 귀족의 부재와 교회의 부재였다.[243]

---

240) Leslie Stephen, *History of English Thought in the Eighteenth Century*, Vol.2 in two volumes (London: Smit, Elder & Co., 1881), 29-30쪽 (IX. §31).
241) Shaftesbury, *An Inquiry Concerning Virtue, or Merit* [1713], 'conclusion'. Anthony, Third Earl of Shaftesbury, *Characteristicks of Men, Manners, Opinions, Times* [1732], Vol. II in three volumes (Indianapolis: Liberty Fund, 2001).
242) 이에 대한 상세한 분석은 참조: 황태연, 『감정과 공감의 해석학(1·2)』, 429, 423-439, 1723-1755, 1958-1963쪽.

18세기 유럽의 정치와 종교에 대한 브라운의 이 역사학적 판단은 매우 정확한 것이다. 영국 사제단에 의해 무신론 혐의로 늘 피소당할 위험에 노정되어 있었던 데이비드 흄은 서구철학의 탈주술화·탈종교화를 염원했고, 이런 염원에서 교회와 사제司祭의 부재 덕택에 종교적 박해를 당하지 않는 중국 유자儒者들의 자유로운 철학적 삶을 진심으로 동경했기 때문이다. 흄은 "중국의 유자들, 즉 공자 제자들"을 "우주 안에서 유일한 이신론자들의 정규집단"라고 천명하고, "중국의 유자들은 어떤 사제나, 어떤 교회제도도 없다"고244) 부러워했다. 섀프츠베리·허치슨·흄·스미스의 이 탈종교적·세속적 도덕철학은 19세기 다윈·스펜서 등 진화론자들에게 계승되어 오늘날의 도덕감각학파에245) 이르고 있다.

공자의 세속적 도덕론과 유럽문화의 세속화를 기획한 섀프츠베리·흄·스미스의 철학적 노력을 배경으로 이것을 대중적으로 확산시킨 대표적 계몽주의자는 볼테르였다. 볼테르는 71세 노경에 집필해 러시아 에카테리나 여제女帝에게 헌정한 『역사철학』(1765)에서 중국도덕·중국정치와 공자의 탈주술적·세속적 면모를 거듭 강조한다.

그들(중국인들)은 우리가 200년 전에 그랬던 것처럼, 그리고 그리스인들과 로마인들도 그

---

243) Gregory Brown, *Der Einfluss Chinas auf die europäische Staatslehre im 18. Jh. am Beispiel von Albrecht von Hallers Staatsroman "Usong"* (München: Grin Verlag, 2008), 3쪽.

244) David Hume, "Of Superstition and Enthusiasm"(1741), 49쪽 및 각주. David Hume, Political Essays, edited by Knud Haakonssen (Cambridge·New York·Melbourne: Cambridge University Press, first Published 1994. Fifth printing 2006).

245) 오늘날 도덕감각학파에 속하는 대표적 도덕론자들은 참조: James Q. Wilson, *The Moral Sense*; Larry Arnhart, *Darwinian Natural Right: the Biological Ethics of Human Nature* (Albany, NY: State University of New York Press, 1993·1998); Christopher Boehm, *Moral Origins: The Evolution of Virtue, Altruism, and Shame* (New York: Basic Books, 2012); Richard Joyce, *The Evolution of Morality* (Cambridge, Massachusetts: The MIT Press, 2006); Marc D. Hauser, *Moral Minds: The Nature of Right and Wrong* (New York: HarperCollins Publishers, 2006); Dennis Krebs, *The Origins of Morality: An Evolutionary Account* (Oxford: Oxford University Press, 2011).

랬던 것처럼 나쁜 물리학자들이지만 모든 과학 중 제1과학인 도덕은 완벽화했다.246)

볼테르가 보기에, 중국 정치는 어떤 종교적 권위나 어떤 종교적 광신으로부터 자유로운, 철저히 세속적인 역사관과 세속적 정치였다.

중국인들은 이 점에서 다른 민족들과 달랐다. 그들의 역사는 법률에 간섭하고 법률에 어떤 영향력을 가진 성직자집단에 대해 그것이 어떤 것이든 전혀 언급하지 않고 있다. 중국인들은 인간들을 통치하기 위해 그들에 대해 기만책을 쓰는 것이 필요했던 미개·야만 시대까지 거슬러 올라가지 않는다. 다른 민족들의 역사는 세계창조로부터 시작한다. (…) 중국인들은 이런 어리석은 짓을 하지 않았다. 그들의 역사는 역사적 시간만의 역사다.247)

또한 볼테르에 의하면 유럽인들이 황제와 관리들의 종교로 알고 있는 중국의 통치철학과 시민종교적 국가의례 및 의전儀典도 완전히 탈종교적·세속적이었다.

드루이드교도(Druids)가 버들가지로 만들어진 큰 광주리에 우리 조상들의 자식들을 바친 그런 신神도 우리가 가지지 못했을 때 그들의 종교는 아름답도록 단순하고 젊잖고 존엄했고 모든 미신과 야만성으로부터 자유로웠다. 중국 황제들은 몸소 우주의 신에게(상제에게, 또는 하늘에, 즉 만물의 원리 또는 제1 원인에) 제물을 바쳤다. 1년에 두 번 수확의 첫 과실들을 바쳤다. 그리고 이 재물들은 언제나 그들이 자신들의 손으로 파종했었던 과실이거나 생산물이었! 이 관습은 위로 4000년 동안 혁명과 가장 무서운 재앙의 한복판에서도 지배해왔다. 황제들과 행정각부 관리들의 '종교'는 사기협잡에 의해 명예손상을 당한 적도 없고 국가성직자들의 분란에 의해 교란당하지도 않았고, 혁신(종교개혁+-인용자)만큼이나 황당한 논변에 의해, 그리고 당파적인 자들의 선동에 따라 칼끝에서 자기들의 의견을 옹호하라고 광신도들을 이끈 혁신의 어리석음과 광기에 의해 서로 대립되는 황당한 혁신의 짐을 짊어지지도 않았다. 중국인들이 세계의 모든 민족보다 우월한 것으로 스스로를 입증해 온 것은 이 점에서다.248)

---

246) Voltaire, *The Philosophy of History* [1765] (London: Thomas North, 1829), 110쪽.
247) Voltaire, *The Philosophy of History*, 8쪽.

"아름답도록 단순한" 중국의 국가종교는 앞서 '진짜 종교'가 아니라 루소가 말하는 '시민종교'다. 그래서 볼테르는 이 점에서 "중국인들이 세계의 모든 민족보다 우월하다"고 함으로써 실로 중국의 '탈종교성'을 극찬하고 있다. 나아가 그가 보기에 중국의 국가는 영혼불멸과 사후死後상벌론을 초월해 있었다. "중국의 법률이 사후의 상벌을 말하지 않는 것은 사실이다. 그들은 자신들이 아무것도 모르는 것을 긍정하는 모험을 하지 않는다. 지옥론은 유용했다. 그러나 중국정부는 그것을 승인한 적이 없다. 그들은 사람들에게 신을 공경하고 정의롭고 올바르라고 권하는 것으로 만족한다. 그들은 백성의 예의범절과 습관에 대한 엄격한 주의와 이에 대해 발휘되는 항구적 근신이 논란될 수 있는 의견보다 더 효과가 있을 것이라고, 그리고 백성은 사후에 닥쳐올 법보다 언제나 현존하는 법에 대한 더 큰 두려움 속에 살 것이라고 믿었다."249)

볼테르가 보기에 공자도 완전히 세속적 도덕만을 가르쳤고 그의 행동거지와 풍모도 철저히 세속적이었다.

> 그들의 공자는 어떤 새로운 의견을 홍보한 것이 아니고, 더욱이 어떤 새로운 의례를 설치한 것도 아니다. 그는 신들린 척하거나 예언자인 체하지 않았다. 그는 그들에게 고대 법률을 가르친 치자였다. 우리는 가끔, 그러나 아주 부정확하게 "공자의 종교(Religion of Confucius)"를 말한다. 그는 모든 황제들과 모든 부처 관리들의 종교 외에 어떤 다른 종교도 갖지 않았다. 그것은 제국의 모든 현자들과 문사들에게 공통되었던 종교다. 그는 어떤 신비도 설교하지 않았고, 오직 덕성만이 그의 강력한 권력의 대상이었다.250)

공자의 가르침(教)을 '유교'라고 부르지만 이것을 진짜 서구식의 '강성剛性 종교'로 안다면 부정확한 것이라는 말이다. '유교'는 '종교'가 아니라 하나의 과학적·철학적 '가르침'일 뿐이고, 그래서 '유교'와 '유학'이라는 말이 통용되는 것이다. 볼테르는 공자가 "어떤 신비도 설교하지 않았고", "오직 덕성만"을 "강력한 권력의 대상"으로 삼았

---

248) Voltaire, *The Philosophy of History*, 110-111쪽.
249) Voltaire, *The Philosophy of History*, 113-114쪽.
250) Voltaire, *The Philosophy of History*, 111쪽.

기 때문에 그의 가르침은 '종교'가 아니라 '철학·과학'이라는 것을 익히 알고 이를 홍보하고 있다.

　유럽사회의 탈주술화와 세속화는 두 단계로 나눠 볼 수 있다. 계몽주의시대 전반(17세기 말에서 18세기 초)에는 중국사회를 잘 알았던 피에르 벨과 벨의 추종자 섀프츠베리가 유럽사회의 탈주술화와 세속화를 이끌었다면, 18세기 중반과 후반에는 공자찬미자 볼테르·흄·스미스가 이 세속화를 이끌었다고 요약할 수 있다. 공맹철학의 영향 아래 발전한 유럽 모럴리스트들의 이 탈脫계시적·탈주술적·세속적 도덕철학의 확산을 통해, 신의 신탁과 계시에 근거한 유럽의 신학적 스콜라주의 도덕철학은 비로소 '공자화'되어 세속화되고, '천주쟁이들'과 '예수쟁이들'의 주술화된, 신들린 유럽사회는 이 새로운 세속적 도덕철학에 의해 탈주술화·세속화되었다. 윤리도덕의 이 세속화 혁명을 통해 극서제국은 교회와 사제의 마수로부터 마침내 해방되었다. 유럽에서 18세기 말 마지막 10년대까지도, 뉴잉글랜드에서는 19세기 초까지도 마녀를 화형시키고 기독교교리에 어긋나는 수많은 책자를 1000년간 분서한 '신들린' 생활문화 속에 살았던 서양인들이 오늘날은 극동사람들처럼 세속화된 일상을 살고 있다. 이것은 18세기 계몽철학자들이 공자의 탈종교적·세속적 도덕철학을 받아들여 이를 무기로, 보통사람들의 일상생활 속에 깊이 침투한 '신들린' 종교문화 요소들과 교권敎權의 권위를 청산한 덕택에 가능했다.

제3절
막스 베버의 근대이론과 그 파탄

3.1. 베버의 몽매주의(반계몽주의): "탈脫주술화로서의 재再주술화"

주지하다시피 막스 베버는 유럽의 탈주술화(*Entzauberung*)를 '공자화'와 무관한 서구의 자생적 과정 또는 토착적 현상으로 이해했고, 동아시아의 수많은 장삼이사 지식인들도 이런 이해를 추종해 왔다. 베버는 암암리에 '탈주술화' 개념을 두 가지로 설명한다. 그중 하나는 '지성주의적·합리주의적 탈주술화'이고, 다른 하나는 '탈성례적(*de-sacramental*)·프로테스탄트적 탈주술화'다.

■ 베버의 유럽중심주의적 '탈주술화' 개념과 자가당착

베버는 기술과 수리적 계산에 의한 "점증하는 지성화와 합리화는 (…) 세계의 탈주술화를 뜻한다"고 말한다.[251] 이런 '지성화와 합리화'로 심화되는 "지성주의는 주술에 대한 믿음을 추방한다"는 것이다. 그러나 베버는 여기에 색다른 의미를 추가한다. 이런 '지성화와 합리화' 또는 '지성주의'의 심화로 인해 "세계의 진행과정은 탈주술화되고 그 주술적 의미내용을 상실한다"는 것이다.[252] 베버의 첫 번째 탈주술화 개념은 공자의 도덕적 '세속화'와 연관된 것이 아니라, 이와 같이 "기술적 방법과 계산"에

---

251) Max Weber, *Wissenschaft als Beruf* [1917] (Tübingen: Mohr, 1992), 87쪽.
252) Max Weber, *Wirtschaft und Gesellschaft* (Tübingen: J. C. Mohr, 1985), 308쪽.

의한 만물의 지배를 뜻하는 비非도덕적 지성화·합리화와[253] 연관되어 있다. 이런 까닭에 지성화와 합리화로 인한 비도적적·지성주의적 탈주술화는 세계의 "주술적 의미내용의 상실"을 초래한다.

베버는 이 '지성주의적 탈주술화'를 서구에 자생적인 것으로 전제한다. "오직 서구만"이 "전문가집단", 특히 "서구의 근대국가와 근대경제의 지주支柱"인 "전문적 관리"(관료), "합리적 (기업)부기"와 "정확한 계산"(나중에 그는 이것을 '복식부기'와 연결시킨다), "계산가능한 기술적 노동수단", "계산가능한 법"(법의 지배), "형식적 규칙에 의한 행정"(관료행정)을 자유로이 구사할 수 있었다는 것이다.[254] 나아가 그는 탈주술화의 서구적 자생성·토착성을 명시적으로 단언한다. 그에 의하면, 그것은 "서구문화 속에서 수천 년 동안 계속되었던" 것이고,[255] 기술과 계산에 의한 만물의 지배와 동일시된 합리주의적 지성주의의 관철은 "희랍의 과학적 사유"에 기원을 둔다는 것이다.[256]

천만에! 베버의 이 주장은 새빨간 거짓말들의 집합이다. '이성'과 '지성'을 엄격히 구분한 고대그리스 철학자들은 지혜($\sigma o \varphi i \alpha$)와 이성($\nu o \acute{u} \varsigma, \nu \acute{o} \eta \sigma \iota \varsigma, \lambda o \gamma o \varsigma$)의 형이상학적 과학, 즉 '에피스테메($\dot{\epsilon} \pi \iota \sigma \tau \acute{\eta} \mu \eta$)'를 과대평가한 반면, 기술($\tau \epsilon \chi \nu \eta$)을 저평가하고, 산술적·기하학적 계산의 정신작용을 '이성'보다 등급이 낮은 '지성($\delta \iota \acute{\alpha} \nu o \iota \alpha$)'의 일로 격하했다.[257] 그리고 고대희랍은 간단한 단식부기와 '법의 지배'를

---

253) Weber, *Wissenschaft als Beruf*, 87쪽.
254) Max Weber, "Vorbemerkung", 3, 8, 11쪽. Weber, *Gesammelte Aufsätze zur Religionssolziologie I*(Tübingen: Mohr, 1986). 합리적 자본회계와 복식부기의 필연적 연관성에 대해서는 다음을 보라: Weber, *Wirtschaft und Gesellschaft*, 49쪽.
255) Weber, *Wissenschaft als Beruf*, 87쪽.
256) Max Weber, *Die protestantische Ethik und der Geist des Kapitalismus*, 95쪽. Weber, *Gesammelte Aufsätze zur Religionssolziologie I*(Tübingen: Mohr, 1986).
257) Plato, *Republic* (Cambridge, MA: Harvard University Press, 2003), 533e-534a; Aristotle, *Nichomachean Ethics* (Cambridge, Massachusetts: Harvard University Press, 2003), 1140a-1141a28; Aristotle, *Metaphysics* (Cambridge, Massachusetts: Harvard University Press, 1969), 980a21-983a21, 1029b2-12 등.

알았지만, 관료행정 등에 대해서는 전혀 아는 바 없었다. 그런데 중국에서 '법의 지배'는 예수탄생 이전에 확립되어 있었고 앞서 상론한 바와 같이 유럽의 관료행정은 유럽에 자생적인 것이 아니라 중국에서 전해진 것이다. 또 이미 기원전 전한前漢시대에 중국정부가 "관문과 교량을 개방하고 산림과 천택의 금령禁令을 느슨하게 풀어주자 부상대고富商大賈들이 천하를 두루 돌게 되고 교역물자는 유통되지 않는 곳이 없었다."258) 그리하여 이미 전한시대 초에 거만금의 자본을 굴리는 대상인과 각종 산업자본가들이 대거 출현했고, 제후들과 상공인들에게 이잣돈을 대부해주는 은행·금융업자들인 "자전가子錢家들"도 다수 출현했다. 이런 자전가들 중 '무염씨無鹽氏'는 대표적 인물이었다.259) 이런 상업과 금융업의 전통 속에서 중국에서는 다양한 부기簿記체계도 이전부터 고도로 발달해 있었다. 이미 16세기부터 수많은 근대적 은행들이 창설되었고, 은행지점들을 연결하고 관리하는 고도의 새로운 사업조직이 창안되었다. 18세기 말과 19세기 초에 중국에서는 중국 영토의 이쪽 끝에서 저쪽 끝으로 송금할 수 있을 정도로 전국에 30개 이상의 많은 지점을 전개한 산서山西은행들(Shansi banks, 18세기 창설)을 비롯한 거대 은행만 해도 8개에 달했다. 이 은행들은 19세기 후반에는 일본, 러시아, 싱가포르로도 진출했다.260) 이런 수준의 은행업 발달은 18세기 초 유럽에서 상상할 수도 없었던 것이다.261) (이에 대해서는 뒤에서 재론한다.)

케네의 중농주의를 추종하던 프랑스 재무담당관 쟈크 튀르고(Jacques Turgot)는 1763년 파리에 와 있던 중국 유학생들에게 경제이론을 가르쳐 이들이 그가 묻는 수십 개항의 질문을 듣고 중국으로 귀국한 뒤에 이들이 보내오는 답변을 통해 중국 은행의 부기방법을 배워야 했다. 베버는 유럽중심주의에 사로잡혀 헬레니즘도, 중국경제도 정확히 알지 못할 만큼 무지몽매했던 것이다. 단식부기와 복식부기는 유럽에 등장하

---

258) 사마천, 『사기열전(하)』「화식열전」, 1180쪽. 『史記列傳』(上·中·下), 정범진 외 옮김 (서울: 까치, 1995).
259) 사마천, 『사기열전(하)』「화식열전」, 1196-1197쪽.
260) Mark Elvin, *The Pattern of the Chinese Past* (Stanford: Stanford University Press, 1973), 296쪽.
261) 참조: 황태연, 『공자철학과 서구 계몽주의의 기원(상)』, 462-465쪽.

기 오래전에 중동·인도·중국 등 유럽 밖의 여러 곳에서 잘 발달되어 있던 회계기술이었다.262) (이에 대해서는 뒤에 다시 상론한다.)

이와 별개로 기술과 계산은 탈주술화를 일으키는 동력일 수 없다. 이것들은 되레 주술화를 야기할 것이다. 기술과 계산이 복잡해질수록 세계는 '망가지거나 고장날 위험(risk of going wrong or breakin down)'이 더 커지고 통제불능 상태에 더 쉽게 빠져든다. 따라서 기술과 계산을 통해 지성화될수록 세계는 더 위험해지고 더 두려워진다. 그리하여 삶은 이 더 위험하고 두려워진 세계를 종교적 또는 주술적 힘으로라도 다시 통제하에 두어 안전을 기하려는 강렬한 소망 때문에 오히려 재再주술화되는(re-enchanted) 경향이 나타난다. 미상불 고도로 기술화된 현대의 '위험사회(risk society)'에서 우리는 이 세계의 기술적 위험과 두려움, 그리고 이로 인한 삶의 불안감을 실감하고 있다.

또한 "희랍의 과학적 사유"도 그 본질이 합리주의적 형이상학인 까닭에 결코 '탈주술화'를 시동하지 못했다. 이는 이 "희랍의 과학적 사유"의 형이상학이 기독교와 동맹해 사제복을 착용한 스콜라철학이나 데카르주의적 변신론, 모세의 계시적 십계명으로부터 '준칙(Maxime)'이나 계율·법칙(Gesetz) 개념을 차용한 칸트의 윤리형이상학 속에서 스스로 주술화되었고, 그 형이상학이 설령 탈주술화하는 힘이 있다손 치더라도 상론한 탈희랍화와 경험과학의 확립 때문에 과학으로서는 완전히 몰락했기 때문이다. 적어도 이 지점에서 베버의 지성주의적 탈주술화 개념은 더이상 지탱될 수 없다. 그럼에도 베버는 유럽의 탈주술화를 지성주의적·합리주의적 계산 덕택으로 돌리고 있다. 이것이 탈주술화의 원인에 대한 그의 첫 번째 그릇된 지목指目이다.

다른 한편, 베버는 "구원수단으로서의 성례적 주술의 부정 또는 배제(die Ablehnung [Ausschaltung] der sakramentalen Magie als Heilsweg)"를 뜻하는 탈성례적 탈주술화 개념을263) 프로테스탄티즘과 직결시킨다.

---

262) Jack Goody, *The East in the West* (New York: Cambridge University Press, 1996), 49쪽 이하.

263) Weber, *Die protestantische Ethik und der Geist des Kapitalismus*, 94쪽 각주3, 114쪽.

교회적-성례적 구원의 절대적 제거(이것은 루터주의 안에서도 그 궁극적 귀결로까지 완수되지 않았던 것이다)는 가톨릭에 비해 절대 결정적인 것이었다. 고대의 유대교적 예언으로 시작했고 희랍의 과학적 사유와 동맹해 구원추구의 모든 주술적 수단들을 미신과 신성모독으로 비난한 세계의 탈주술화의 저 거대한 종교사적 과정은 여기(칼뱅주의)에서 그 종결에 도달했다.264)

이것이 근대적 탈주술화의 원인에 대한 두 번째 그릇된 지목이다. 그러나 베버의 이 거대담론적 종교이해는 커다란 오류에 속한다. 그 어떤 다신교적 주술화도 주술적 미신으로 배제하라는 성서적 계시에 대한 유일신교적 믿음은 '체계적' 또는 '전면적' 주술화의 시작에 불과한 것이었다. 그럼에도 베버는 "유대교적 예언"이 유럽의 탈주술화의 시작이라고 반대로 말하고 있다. 그는 히브리 유대교의 '신들림(inspiredness)'을 예외적으로 미신적 주술화가 아니라 모든 미신을 배제하는 '탈주술화'로 간주하는 아전인수식 논법을 구사하고 있다. 그러나 이 '히브리예외론'에는 탈성례적 탈주술화 개념 자체를 파괴할 수 있는 자기파괴적 '뇌관'이 내장되어 있다.

베버에 의하면, 프로테스탄트교도들은 지극히 사소한 미신조차도 배제하고 "문화와 주관적 종교신앙 속에서 모든 감각적·감정적 요소들에 대해 절대적으로 부정적인 태도"를 취했고, "그리하여 원리적으로 스스로를 모든 감각적 문화 일반으로부터 탈피시켰다". 왜냐하면 이런 감각적 문화들은 "정서적 환상과 피조물을 신격화하는 미신의 촉진제들이기" 때문이다.265) 그러므로 "금욕적 프로테스탄티즘은 마지막 단계를 대표한다. 그것의 가장 특징적인 형태들은 주술을 완전히 배제했다."266)

그러나 이 프로테스탄티즘의 탈주술화 교리에는 치명적 역설逆說이 들어 있다. 프로테스탄티즘에서는 아무도 인간의 구원에 영향을 미칠 수 없다. 각 인간이 구원받느냐 타락하느냐는 신에 의해 이미 예정되어 있고 이것은 마찬가지로 은총의 선택에 따

---

264) Weber, *Die protestantische Ethik und der Geist des Kapitalismus*, 94-95쪽.
265) Weber, *Die protestantische Ethik und der Geist des Kapitalismus*, 95쪽.
266) Max Weber, *Die Wirtschatethik der Weltreligionen*, 512-513쪽. Weber, *Gesammelte Aufsätze zur Religionssolziologie I* (Tübingen: Mohr, 1986).

라 예정된 '돈 자루의 길이'로만 확인될 수 있기 때문이다. "오직 선민選民들만이 신의 말을 이해할 수 있는데", 사제는 선민이라기보다 "일종의 주술사"이기 때문에 사제도 어떤 인간이 구원받는 것을 돕거나 어떤 이의 구원 여부를 예견할 수 없다.267) 그러므로 구원받기 위해 사제적·교회적 성례에 매달리는 것은 정확히 '미신'에 불과한 것이다. 그리하여 전형적 프로테스탄트교도는 광신적(enthusiastic)으로 이 사제적·교회적 성례를 제거하고 자신이 사제를 대신해서 스스로 "일종의 주술사"가 된다. 프로테스탄트교도는 이제 그 자신이 주술사로서 사제이고, 그 자신이 교회다. 따라서 그는 이중적으로 주술화되었다. 그는 그 자신이 신들린 사제적 주술사일 뿐만 아니라, 자기주술로 신들린 '광신도'이기 때문이다.

'광신(enthusiasm)'이란 원래 그리스어로 '신들림($ \varepsilon\nu\theta o\upsilon\sigma\iota\alpha\sigma\mu\acute{o}\varsigma $)'을 뜻하고, 이것은 바로 주술화되는 것(주술에 걸리는 것)이다. 데이비드 흄은 '광신(enthusiasm)'과 '미신(superstition)'을 "참된 종교의 타락형"으로 정의하면서 '광신'을 '미신'과 구별한다.

> 이 두 종류의 잘못된 신앙심(religion)은 둘 다 해로울지라도 아주 다르고 심지어 상호 배치되는 본성을 지닌다. 인간의 정신은 사무私務나 공무公務의 불행한 상황, 나쁜 건강, 침울하고 우울한 기질, 또는 이 모든 정황들의 중첩에서 발생하는 일정한 설명할 수 없는 전율과 우려에 취약하다. 이러한 정신상태에서 무한한 미지의 악은 미지의 동인動因들 때문에 무섭게 느껴진다. 전율의 실재 대상이 없는 곳에서는 영혼이 그 자신에게 해롭게 활동하고 지배적 의욕을 조장해 상상적 전율의 대상을 발견하고, 이것의 위력과 악의에 아무런 한계를 두지 않는다. 이 적들이 완전히 불가시적이고 알 수 없는 것이므로 이들을 달래기 위해 취해지는 방법은 동일하게 설명할 수 없고, 어리석음이나 부정한 짓으로 이것이 아무리 황당무계하거나 변덕스러울지라도 호감을 사서 맹목적·전율적 경신輕信을 바치게 만드는 전례典禮·계율·고행·희생·선물 또는 그 어떤 관행이다. 그러므로 무지를 동반한 심약·공포·우울증은 미신의 참된 원천이다.268)

---

267) Weber, *Die protestantische Ethik und der Geist des Kapitalismus*, 94, 114쪽.
268) David Hume, "Of superstition and enthusiasm"(1741), 46쪽. David Hume, *Political Essays*

반면, 데이비드 흄은 '광신'을 '접신接神' 또는 '신들림'(illapses of the spirit)으로 정의한다.

> 인간의 정신은 또한 번영하는 성공, 왕성한 건강, 강력한 신령적 기운(spirits), 과감하고 자신 있는 기질로부터 생겨나는 설명할 수 없는 자기고양(elevation)과 과대망상(presumption)에 취약하다. 정신의 이런 상태에서 상상력은 어떤 지상地上의 아름다움이나 즐거움도 부응할 수 없는 굉장한, 그러나 혼돈스러운 관념과 함께 가득 벅차오른다. 숙명적으로 죽고 사멸하는 모든 것은 주목받을 가치가 없는 것으로서 무화無化된다. 영혼이 현재의 취향과 성향에 가장 적합할 수 있는 온갖 상상 속에 자유롭게 탐닉하는 신적 성령들(spirits)의 불가시적 영역 또는 불가시적 세계 속의 환상에 전폭적 범위의 활약이 주어진다. 이것으로부터 황홀경, 도취, 그리고 환상의 불가사의한 비상飛翔이 일어난다. 자신감과 과대망상이 증가하면서 전체적으로 설명할 수 없는, 그리고 우리의 일상적 능력의 범위를 아주 넘어서는 것처럼 보이는 이 황홀경은 헌신의 대상인 저 신적 존재자의 직접적인 신령적 감응(inspiration)에 기인하는 것으로 여겨진다. 조금 지나면 신령적 감응을 받은(inspired) 사람은 자신을 신의 특출한 총아로 간주하기에 이른다. 광신의 절정인 이 광기가 광분할 때, 어떤 변덕스러운 생각이든 신의 것으로서 신에게 바쳐진다(consecrated). 인간적 이성은, 그리고 심지어 도덕성도 그릇된 지침으로서 기각된다. 광신적 광인은 맹목적으로, 그리고 유보 없이 언필칭 신령과의 접신 또는 신들림과, 위로부터의 신령적 감응에 자신을 내맡긴다. 그러므로 무지를 동반한 소망, 오만, 과대망상, 달뜬 상상력은 광신의 참된 원천이다.[269)]

흄에 의하면, 인간적 이성과 도덕성까지도 "그릇된 지침"으로 기각하는 전형적 개신교도의 광신적 삶은 '신들린' 삶이다. 그러므로 '신들린' 삶, 또는 '주술화된' 삶은 자기 자신을 제외한 모든 미신을 광적으로 박멸하려는 광신적 개신교도, 아니 영·미 청교도에게서도 전혀 예외가 아니다. 그리하여 프로테스탄트적이면 프로테스탄트적일수록 탈주술화와 대립하게 되고 결국 계몽주의적 근대성과 대립하게 된다!

(Cambridge: Cambridge University Press, first Published 1994·2006).
269) Hume, "Of superstition and enthusiasm", 46-47쪽.

그리하여 마침내 베버 자신도 칼뱅주의 개신교가 "나중에 계몽주의가 인간을 바라보는 데 쓰는 전혀 다른 안경에 대해 아주 현격한 대립물(so auffälliger Gegensatz)을 이룬다"는 사실을 실토함으로써[270] 칼뱅주의 개신교의 주술적·몽매주의적 본질을 스스로 발설하고 이론적으로 자폭하기에 이른다. 즉, 칼뱅주의 프로테스탄티즘은 계몽주의의 인간관에 대해 "아주 현격한 대립물을 이루는" 주술적 몽매주의 종교라는 말이다. 개신교와 계몽주의를 대립시키는 베버의 이 주장은 내용적으로, 그리고 본질적으로 그의 개신교윤리적 자본주의론에 대한 근본적 자기부정이자, 이론적 자폭이다.

또 베버는 앞서 "세계의 전면적 탈주술화는 오직 여기(칼뱅이즘적 개신교)에서만 전면적 종결에 이르기까지 관철되었다"고 호언했지만, 바로 기가 죽어 "이것은 가령 우리가 오늘날 '미신'으로 평가하곤 하는 것으로부터의 자유를 뜻하지 않았다"고 '개신교적 탈주술화'의 의미를 제한한다. 왜냐하면 "마녀재판은 뉴잉글랜드에서도 창궐했기"[271] 때문이다. 1000년 전통의 기독교적 '마녀재판'이라는 '주술행위'는 베버의 호언과 정반대로 (뉴잉글랜드의) 광신적 청교도들 사이에서 "세계의 전면적 탈주술화"의 여파로 청산된 것이 아니라, 개신교의 광신적 재再주술화로 인해 더 극화되었다.[272] 여기서 프로테스탄티즘에 이르러서 "세계의 전면적 탈주술화"가 종결되

---

270) Weber, *Die protestantische Ethik und der Geist des Kapitalismus*, 95-96쪽.

271) Weber, *Die Wirtschatethik der Weltreligionen*, 513쪽.

272) 17세기 뉴잉글랜드에서는 마녀재판이 섰다. 1647년 코네티컷에서 첫 마녀처형을 시작으로 거의 매년 마녀를 처형했고, 17세기 중반에는 93건의 마녀고발이 있었고(20%는 남성), 16명을 마녀로 처형했다. 그리하여 세일럼 사건 이전에 100여 명의 '마녀'가 처형되었다. 1692-93년 뉴잉글랜드 세일럼 마을의 마녀재판으로 23명을 처형했다. 참조: Walter W. Woodward, "New England's Other Witch-Hunt: The Hartford Witch-Hunt of the 1660s and Changing Patterns in Witchcraft Prosecution", *OAH Magazine of History*, Vol. 17, No. 4, Witchcraft (Jul., 2003) [16-20쪽]. 미국에서 마녀재판은 18세기에도 자주 벌어졌고, 심지어 19·20세기까지도 벌어졌다. 18세기 마녀재판: (1) 1702년 (1/15) Maryland Charles Co., 마녀 Katherine Prout (여성): Frances N.l Parke, "Witchcraft in Maryland," *Maryland Historical Magazine* 31:4 (Dec 1936) 271- 298쪽). (2) 1703 S. Carolina. 마녀 성명미상: Russell H. Robbins, T*he Encyclopedia of Witchcraft and Demonology* (New York: Bonanza Books, 1959). (3) 1705 Virginia, Grace Sherwood (여성). Richard B. Davis, "The Devil in Virginia in

었다는 베버의 강변은 여기서 자기파괴에 봉착하고 있다.

베버가 프로테스탄티즘에서 극화시킨 '히브리예외론', 또는 "세계의 전면적 탈주술화"의 종결자로서의 칼뱅주의 프로테스탄티즘이라는 그의 호언장담은 여기에서 가장 극악한 논리착란임이 폭로되고, 그의 탈주술화 이론의 '자기파괴'라는 '극형'으로 처벌받고 있다. 그것도 칼뱅주의 개신교(청교도종파)는 유교적·과학적 계몽주의에 대해 "아주 현격한 대립물을 이루는" 종교이고, "마녀재판"은 미국에서 가장 청교도적인 "뉴잉글랜드에서도 창궐했다"는 베버 자신의 자인으로 처벌받고 있는 것이다. 베버의 '탈성례적 탈주술화' 개념은 바로 여기서 완전한 파탄에 봉착한다.

■ '세속화'와 무관한 베버의 '탈주술화'와 '서양의 양면성'의 몰각

한 걸음 더 나아가 베버는 '탈주술화'를 인간생활의 도덕적 세속화와 '인간해방', 즉 본성적 욕망의 자유로운 추구와 삶의 인간적 의미의 회복으로 이해할 능력이 전무했다. 그는 '탈주술화'를 단 한 번도 '세속화'와 등치시키거나 연관시키지 않는다. 그의 두 가지 '탈주술화' 개념의 귀결은 '재주술화'가 아니면 삶의 '의미상실'을 뜻한다. 프로테스탄트의 탈성례적 탈주술화는 위에서 밝혔듯이 사실상 개신교 유형의 '광신적 재주술화'였다. 다른 한편, 합리주의적·지성주의적 탈주술화도 '의미상실'을 초래하고 그 궁극적 귀결점에서 또 다른 형태의 '재주술화'로 귀착된다.

베버는 지성주의적 탈주술화로 인해 "세계의 진행과정은 오직 존재할 뿐이고 어

---

the Seventeenth Century", *Virginia Magazine of History and Biography* 65 (1957) 131-49.) ⑷ 1709 S. Carolina, 성명미상. Russell H. Robbins, *The Encyclopedia of Witchcraft and Demonology*). ⑸ 1712 (5/10), Maryland Annapolis, Virtue Violl(여성), Frances N. Parke, "Witchcraft in Maryland", 271-298쪽. ⑹ 1724 New England, Sarah Spencer (여성), John M. Taylor, *The Witchcraft Delusion in Colonial Connecticut*, 1647-1697 (New York: Burt Franklin, 1971). ⑺ 1730 New England, 성명미상 Robbins, *The Encyclopedia ofWitchcraft and Demonology*. ⑻ 1760, New England, Norton (여성): Taylor, *The Witchcraft Delusion in Colonial Connecticut*, 1647-1697. ⑼ 1762, New Mexico, 성명미상. Ralph E. Twitchell, *Leading Facts of New Mexican History* (Cedar Rapids: Torch Press, 1911). 19세기 마녀사냥: ⑴ 1878, New England/MA, Salem, Daniel Spofford (남성). Robbins, *The Encyclopedia ofWitchcraft and Demonology*. ⑵ 20세기 후반의 "Satanic Ritual Abuse" 재판.

떤 것도 더이상 의미함이 없이 그냥 일어나게 되고", 이것은 이 세계로부터 두 번째 "도피"를 강요한다고 말한다.273) 베버는 천명한다.

> 그 자체의 합리화와 지성화, 특히 세계의 탈주술화에 따른 우리 시대의 숙명은 바로 궁극적이고 가장 숭고한 가치들이 공적 영역으로부터 신비적 생활의 피안으로 또는 개인들의 내밀한 상호관계의 폐쇄적 형제애 속으로 인퇴한다는 사실이다.274)

베버는 근대인의 의미상실 또는 현실도피주의를 지성주의적 탈주술화 탓으로 돌리고 있다. 이것은 '근대인의 의미상실' 또는 '현실도피주의'의 원인을 잘못 지목하는 것이다. 근대에 나타난 현실도피주의의 원인은 지성주의적 탈주술화에 의한 '근대인의 의미상실'이 아니다. 아미시(Amish) 종파공동체와 같은 은둔형 청교도단체를 산출한 프로테스탄티즘 자체가 현실도피주의의 원인인 것이다. 베버는 프로테스탄티즘적 종교공동체로의 인퇴·은둔을 현실도피주의의 '원인'으로 보는 것이 아니라, 반대로 현실도피주의의 '결과'로 오판하고 있다.

아무튼 베버는 지성주의적 탈주술화에 기인한 세계의 "주술적 의미내용의 상실"로 말미암아 유럽세계가 다시 차안으로, 또는 세상을 등진 원시기독교적 종교공동체의 신비주의적 삶 속으로 다시 인퇴하려는 주술적·광신적 현실도피증에 의해 유린되게 된다고 오해한다. 한 마디로, 이 세계는 합리주의적·지성주의적 '탈주술화'로 인해 결국 '재주술화'된다는 것이다. 세계의 "주술적 의미내용 상실"은 지성주의적 탈주술화 탓인가? 앞서 밝혔듯이 기술적·지성주의적 탈주술화는 세계의 고장 위험과 이에 대한 공포를 높여 또 다른 주술화(재주술화)를 불러들이는 요소이므로 궁극적으로 세계의 '주술적 의미내용의 상실'의 요인일 수 없다.

베버가 목도한 20세기 전반前半 유럽인들이 '의미내용'을 상실한 일차적 원인은 자본주의적 착취와 제국주의적 전쟁공포였다. 합리적 노동조직에 기초한 기업(공장

---

273) Weber, *Wirtschaft und Gesellschaft*, 308쪽.
274) Weber, *Wissenschaft als Beruf*, 109-110쪽.

제) 자본주의를 숭앙하는 자유주의적 유럽중심주의자 베버는 '세계의 의미상실'의 원인을 당대의 야수적 자본주의로 돌릴 능력도, 마음도 없었다. 그러나 당시 야수적·제국주의적 자본주의는 헬레니즘적·히브리이즘적 기층의 저류底流문화(*undercurrent deep culture*)의 반동적 몽매주의(*obscurantism*)와 이에 호소한 베버의 유럽중심주의적 몽매주의에 다시 활동공간을 만들어 주었었다. 과거에 잔악한 자본주의가 위기에 처할 때마다 호전적·제국주의적·형이상학적 헬레니즘과 호전적·제국주의적·금욕적·전쟁종교적 히브리이즘 간의 몽매주의적·전통주의적 동맹에 기초한 저류의 기층문화는 표면으로 부상해 때로 계몽주의와 그 성과들을 몽땅 파괴해 버렸다. 그리하여 서양은 그간 줄곧 공자철학적 '계몽주의(*Enlightenment*)'와 헬레니즘·히브리이즘적 '몽매주의(*obscurantism*)' 사이에서 왔다갔다 진자운동을 하거나, 이 양자 간의 갈등에 처해 신음해왔다. 이 때문에 서양은 전체적으로 보면 대립적 양면성을 띤 것으로 보였다.

그러나 베버는 두 번의 그릇된 원인지목의 오류 또는 마술적 트릭에 의해 근대문화의 '계몽주의'와 헬레니즘·히브리이즘적 저류문화의 '몽매주의'라는 '서양문화'의 양면성을 '근대적 탈주술화'의 양면성으로 둔갑시켜 근대화 자체를 '탈주술화'와 동시에 '재주술화'로 만들었다. 그에게 유럽적 근대성은 이와 같이 '반립적 양가치성의 미스터리(*antithetically ambivalent mystery*)'라는 신비현상으로 현현했다.

3.2. 역사적 진실: 공자철학의 충격에 의한 서양의 세속화

■ 유럽사회의 세속화와 탈기독화에 대한 극동 정치문화의 영향

베버는 공자주의적 탈주술화를 마술적으로 유럽의 자생적 현상으로 둔갑시키는 그 자신의 오만하고 무지몽매한 현학 때문에 공자주의적 세속주의에 의한 유럽사회의 탈주술화와 그것의 세속화(세속적 인간화) 효과를 조금도 이해하지 못한 것이다.

하지만 놀런 제이콥슨(Nolan P. Jacobson)은 정반대로 힘주어 강조한다.

> 아시아는 18세기의 사유에서, 특히 근대적 삶의 세속화에서 해야 할 가장 큰 미래적 역할을 가진 바로 그 사유에서 주도적 역할을 했다.[275)]

이런 관점에서 보면, '유럽적 근대성은 그 대립성 속에서의 본질적으로 양가치적인 미스터리다'는 베버의 마술적 근대진단 자체가 헬레니즘-히브리이즘적 몽매주의로 가득 찬, 그러나 이와는 대조적으로 17-18세기의 문명적 동서패치워크에 대해서는 초보적 정보조차도 결한 그 자신의 부정직한 유럽중심주의적 작화作話의 기만적 마력에 의해 재주술화되고 재주술화하는 것으로 보인다.

제이콥슨의 저 사상사적 환기는 귄터 로테스(Günther Lottes)의 주장과 일직선상에 있는 것이다. 예수회 선교사들은 주지하다시피 공자경전 안에서 기독교와 동일하거나 유사한 도덕적 요소들을 발견하고 이를 중국인들에 대한 선교에 활용하기 위해 공자를 연구하고 공자경전과 그 철학을 유럽에 소개했다. 그런데 이것은 뜻밖에도 중국에 기독교를 전파하는 데 기여한 것이 아니라 거꾸로 유럽에 공자철학을 전파하고 유럽을 유교화하는 데 기여하는 세계사적 '역효과'(?)를 낳고 말았다. 로테스는 이를 두고 이렇게 부연한다.

> 기독교신앙의 최고 수호자들은 비록 고의가 아니었어도 자유사상가들이 재빨리 밀고 들어올, 계시종교의 포위된 성시城市를 둘러싼 개념적 장벽의 대문을 스스로 열어주고 말았다.[276)]

---

275) Nolan P. Jacobson, "The Possibility of Oriental Influences in the Philosophy of David Hume", *Philosophy East and West* (vol. 19, Issue 1, Jan. 1969), 36-37쪽.

276) Günther Lottes, "China in European Political Thought", 68쪽. Thomas H. C. Lee, *China and Europe: Images and Influence in Sixteenth to Eighteenth Centuries* (Hong Kong: The Chinese University of Hong Kong Press, 1991).

일단 중국의 연대기는 성서가 그 자체로서 보편타당성을 요구할 수 없는 유대인들의 민족서사시에 지나지 않는다고 시사하는 하나의 방법으로서 성경의 연대기에 대립시킬 수 있었다. 더구나 중국의 문화적 성취는 문명화된 삶이 기독교를 믿는지 여부에 달려 있지 않다는 것을 증명하는 것으로 보였다. 이것은 유럽사상에서 중국논변의 역사적 목적을 표시했을 수 있다. 결국 중국에 대한 조회는 그 '파괴적' 목적에 훌륭하게 기여하고 낡은 사고방식에 묵직한 한 방을 날렸다. 하지만 계몽주의자들, 즉 "사상적 근대화의 기수들"은 중국의 사례가 이신론과 자연종교에 관한 논쟁에서 '건설적' 용도로 쓰인다면 "훨씬 더 이롭게" 활용될 수 있다는 것을 발견했던 것이다.277)

■ 계몽주의적 자유사상가들의 공자숭배와 기독교비판

공맹의 본성적 도덕철학, 즉 도덕감정적·도덕감각적 도덕철학을 음양으로 추종한 자유사상가들은 기성종교를 비판하며 성직자들이 여러 층위의 미신 아래 다양한 방식과 다양한 정도로 감추기만 해왔던 "신神 관념"과 "시비감각(*sense of right and wrong*)"을 신 또는 하늘이 모든 시대와 모든 장소의 모든 인간들 안에 심어놓았다고 주장했다. "참된 계시는 성서의 메시지에서가 아니라 본성 자체에서 찾아야 한다는 것이다." 그리고 미신의 코팅이 실증종교로부터 벗겨 내진다면 자연종교가 재출현해 온 인류에게 이를 증언할 것이다. 이것은 기독교 전통의 정화淨化와 청산을 요청하고 지지하는 강력한 논변이었다. 다만 계시종교와 자연종교 간의 분명한 '경계'와 자연종교의 '내용'에 대한 정의만이 문제였다. 이 문제에 직면해서 페넬롱 등 일부에서 공자를 등지고 휴머니즘 전통으로 되돌아가 사랑은 없고 '정의의 유혈전쟁'만을 추구하는 호전적·파괴적·제국주의적 고대그리스철학으로부터 지침을 구하려는 시도도 있었지만, 이 복고적 시도는 "불충분한 짓"이었다.278) 그뿐만 아니라 이 시도는 새로운 도덕을 지향하는 근대화 흐름과 배치되는 방향으로서 '위해危害로운' 짓이었

---

277) Lottes, "China in European Political Thought", 68-69쪽.
278) Lottes, "China in European Political Thought", 69쪽.

다.

서양에서 이신론적(자연종교적)·무신론적·본성론적 도덕철학은 공자의 도움 없이 불가능했다. 이런 까닭에 이미 1640년경 프랑스 자유사상가 라 모트 르 베예는 상술했듯이 환희 속에서 "거룩한 공자님이시여, 우리를 위해 기도해주소서!(Sancte Confuci, ora pro nobis!)"라고 외칠 뻔했다고[279] 위에서 상술했듯이, 그는 자신의 저서 『이교도들의 덕성에 관하여』(1642)에서 공자를 "중국의 소크라테스(le Socrate de la China)"로 추앙하고 『중국인들 사이에서의 기독교 선교』(1615)를 쓴 트리고 신부를 거듭 인용하며 공자의 도덕철학과 중국의 유자儒者학파를 상론했었다.[280]

라 모트 르 베예는 "공자, 중국의 소크라테스에 관하여(De Confutius, le Socrate de la China)"라는 제목의 절에서 공자를 따뜻하게 칭송한다. 공자는 철학을 하늘로부터 땅으로 가지고 온 철학자라는 것이다. 라 모트 르 베예는 지혜·지식·통치를 긴밀한 통합 속으로 집어넣는 사상체계를 극찬한다. 그는 "확실히, 지배권을 철학의 손안에 위치시키고 권력이 평화적으로 이성에 복종하게 만든 것은 공자에게 작은 영광이 아니다."[281] 그는 중국사상을 그리스사상과 비교하며 중국사상이 '자연의 빛'을 조금도 상실하지 않았다는 것을 발견한다. "모든 민족들 중에서 중국민족은 분명히 자연의 빛에 의해 가장 명백하게 인도되어 왔고 종교문제에서 거의 오류를 범하지 않은 민족이다." 여기에다 그는 "왜냐하면 모두가 그리스·로마·이집트인들이 무슨 기적들로 그들의 신神숭배를 채워 왔는지를 알고 있기 때문이다"라고 덧붙인다.[282] 라 모트 르 베예는 1640년대에 벌써 공자를 숭배하는 가운데 '탈희랍화'에 시동을 걸었던 것이다.

1690년대에 라이프니츠는 중국의 자연종교적 도덕을 유럽의 도덕보다 더 높게 평가하고 '자연종교 선교사'를 유럽에 보내주기를 희망했었다.[283] 라이프니츠는 중국

---

279) Bernier, "Introduction à la lecture de Confucius", 39쪽.
280) La Mothe le Vayer, *De La vertu des payens*, 278-291쪽.
281) La Mothe le Vayer, *De La vertu des payens*, 284쪽.
282) La Mothe le Vayer, *De La vertu des payens*, 280쪽.

의 도덕이 유럽의 발전에 유용하다고 생각하며 "공자의 시민적 도덕은 보편적 도덕 과학의 기반"으로 이바지할 수 있다고 확신했던 것이다.[284] 또한 그는 유럽의 평화적 재통합을 위해 그가 '중국의 자연신학'이라고 이해한 공자철학, 즉 유교를 활용해야 한다고 생각했다.

라이프니츠는 1703년 5월 부베 신부에게 보낸 한 서신에서 "스페인 왕의 죽음(1700. 11. 1. 사망 - 인용자)이 유럽의 운명을 결정할 경악스러운 전쟁을 일으켰고 차르와 스웨덴 왕 간의 전쟁은 아직도 지속되고 있다"고 말하고 "유럽의 일들은 우리로 하여금 중국인들을 부러워하도록 만드는 상황에 처해 있다"고 쓰고 있다.[285] 라이프니츠의 관점에서 프랑스의 불관용과 침략은 중국의 기독교 수용 및 러시아와의 평화조약(네르친스크조약) 체결과 현격한 대조를 이루는 것이었다. "도덕적·정치적 관점에서 라이프니츠는 중국과 중국의 개명된 황제를 전쟁과 논쟁해결의 폭력적 방법을 회피는 것에서 실천적 결과를 보는 관용과 존경의 정신의 현저한 사례로 간주했다. 유럽에서 기독교 전쟁신(Mars Christianissimus) 루이 14세가 낭트칙령을 폐함으로써 종교적 불관용을 재再점화하고 군사적 우월성에 기초한 침략정책을 계속한 반면, 중국의 '이교도' 황제는 (중국의 명백한 군사적 우월성에도 불구하고) 러시아와 공고한 평화를 협상했고 불교·기독교·이슬람에게 동등한 권리가 허용되는 관용칙령을 반포했었다. 기독교는 그쪽에서 판이한 중국 전통 속에서 상이한 이름과 관습을 통해 표현된 자연종교의 기본적 진리를 인식해내고 동시에 기독교신앙의 진실한 고백을 위태롭게 하지 않는 저 문화적 관행들을 관용하는 마음의 유사한 개방성을 함양할 필요가 있었다."[286] 루이 14세의 "기독교 전쟁신"과 호전주의, 군사적 우월성, 불관용을 비판하며 중국의 양심의 자유("기독교신앙의 진실한 고백을 위태롭게 하지 않는 저

---

283) Georg[!] W. Leibniz, *Novissima Sinica - Das Neueste von China* [1697] (Köln: Deutsche China- Gesellschaft, 1979), "Preface", §5, §10.

284) Jones, *The Image of China in Western Social and Political Thought*, 20쪽.

285) "Leibniz and Joachim Bouvet"(Brief 49, 18/ Mai 1703), 399쪽. Leibniz, *Der Briefwechsel mit den Jesuiten in China*.

286) 참조: Antognazza, *Leibniz*, 360-361쪽.

문화적 관행")와 정신적 "개방성"을 찬미하는 라이프니츠의 이 변화된 입장은 Novissima Sinica에서 중국이 전쟁학에서 유럽보다 낙후하다고 비판하고 "타인에게 손상을 가하는 기술"의 영역에서 유럽이 중국보다 "더 우월하다"고 자부하던 그의 자랑찬 기독교 호전주의와[287] 결별하고 있다.

그러나 라이프니츠는 중국 전쟁기술의 낙후성을 비판할 때 이미 중국의 평화주의를 잘 알고 있었다. "중국인들은 인간에게서 침략을 야기하고 부추기는 모든 것을 경멸하고, (…) 그리스도의 차원 높은 가르침을 거의 따라 하듯이 전쟁을 혐오한다."[288] 중국인들이 "그리스도의 가르침을 거의 따라 하듯이" 침략경멸적·평화애호적이라는 해석이 우습게 느껴지지만 그는 백성의 자유와 복지를 항구적으로 수호해주는 중국의 반전·평화주의를 분명하게 지실하고 있다. 근대적 자유와 평등의 기원을 논하는 우리의 입장에서는 이것이 중요한 것이다.

그런데 라이프니츠는 프랑스에 대항해 유럽 열강의 연합체가 수행하는 군사작전이 진정으로 정의롭고 신성한 전쟁이라면, 윤리적 사회의 본보기로서의 중국은 가능한 한 참여할 것이라고 생각하며 중국을 정의의 전쟁에 끌어들이고자 했을 것으로 추정된다. 라이프니츠가 생각하는 이런 전쟁의 최적목표는 보편교회의 '세속적 팔'인 신성로마제국의 노선에 의해 또는 이 노선에 따라 이끌어지는 기독교세계의 재통일일 것이다.[289] 이것은 실로 순수한 '몽상'이었다. 물론 라이프니츠도 이 '몽상'이 실현가능하다고 생각지 않았다.

그러나 무슨 이론적 기반 위에서 구교와 신교, 그리고 정교 등 기타 기독교인들이 기독교적 통일성을 복원하는 데 필요한 유형의 평화적 토대(irenic foundation)를 찾을까? 라이프니츠는 그가 '중국의 자연신학'이라고 부른 공자철학을 원용했다. 그는 중국인들의 개종을 용이하게 하기 위해 중국인들이 기독교인들의 종파적 분열을 모르기를 바랐다. 그리고 중국인들의 자연신학에 대한 라이프니츠의 설명은 이 자연신학

---

287) Leibniz, *Novissima Sinica*, "Preface", §2.
288) Leibniz, *Novissima Sinica*, "Preface", §2.
289) Kow, *China in Early Enlightenment Political Thought*, 124쪽.

이 그들에게 그들 자신들의 전통 속에서 구현된 기독교성의 보편적 진리를 계시하는 것으로 기안되었다. 중국의 자연신학은 유럽인들에게도 교훈이 될 것이다. "왜냐하면 우리는 모두 기독교적 신앙의 원칙을 받아들이는 어떤 백성이든 구원할 것을 보장하는 이 기독교적 원칙에 보편적으로 동의하기 때문이다. 이교적이고 거짓되고 그릇된 어떤 것도 이 원칙에다 더 처바르지 않는 한에서 우리는 그렇다."[290] 이것은 주관적 소망이고 덧없는 생각이지만, 라이프니츠는 이런 통합된 핵심이 중국 땅에서 기독교를 도입하는 것을 용이하게 할 뿐만 아니라 유럽 땅에서 기독교인들을 통합하게도 만드는 것이라고 생각했다. 종합하면, 공자철학으로 현시된 핵심적 자연신학은 계시종교의 토대를 준비하고 고대 중국사상과 조화를 이루고 모든 기독교인들에게 조화로운 기반을 제공한다.[291]

중국의 자연신학이 기독교 통일성의 기반을 복원하는 것을 돕는다는 것이다. 중국의 자연신학은 군주정적 '기독교국가'라는 라이프니츠의 신학적·정치적 대大비전을 위한 정신적 토대였다. 그는 중국 자연신학의 철학적 해석자로서, 그리고 기독교의 합리화를 추구하는 자로서, 마지막으로 적절하게 생각된 신성로마제국에 기초한 기독교국가의 지성적 건축가로서 국제평화를 구현하려고 한 것이다. 그렇다면 중국은 근본적으로 유럽적인 정치적·철학적 목표들을 위한 본질적 도구, 또는 도구를 '약간' 넘어가는 그 무엇일 것이다.[292] 결론적으로, 라이프니츠는 '유럽의 중국화·유교화'를 주장하고 있는 셈이다.

거의 같은 시기인 1691년 익명의 영국 필자는 라틴어 원본 『중국철학자 공자』(1687)의 불역판 『중국철학자 공자의 도덕(La Morale de Confucius, philosophe de la Chine)』(1688)을 영어로 중역해 출판한 The Morals of Confucius, a Chinese Philosopher(1691)의 서론에서 다음과 같이 말한다. "우리는 여기서 걸작인 도덕 논고

---

290) Leibniz, *Novissima Sinica*, "Preface", §12.
291) 참조: Franklin Perkins, *Leibniz and China: A Commerce of Light* (Cambridge: Cambridge University Press, 2004), 124쪽.
292) Kow, *China in Early Enlightenment Political Thought*, 126쪽.

들을 볼 것이다. 이 안의 모든 것은 견실하다(solid). 왜냐하면 만인의 영혼 속에 심어지고 우리의 철학자가 편견 없이 부단히 자문했던 그 바른 이성, 그 영적 진리가 그의 모든 말씀을 안내했기 때문이다."293) 이 익명의 영역자는 인간의 도덕적 품성을 개발하려는 성실한 노력이 필수적이지만, 이것은 유구한 경전들의 주의 깊은 학습을 요한다고 생각한다.

자연종교의 보편타당성과 인류의 본질적 통일성의 두 이념은 중국문화에 적응하려는 노력을 요구했는데, 다행히도 마테오리치·트리고·인토르케타·쿠플레·르콩트·노엘·뒤알드 등 수많은 예수회 선교사들은 중국을 "원형기독교적 신神개념과 원형기독교적 도덕규정을 가진 원형기독교국가"로 묘사하는 방대한 보고서적을 이신론적 독서·연구기반으로 이미 마련해 놓았던 것이다. 따라서 자유사상가들은 중국의 천天 또는 상제上帝 관념이 이신론적 신개념과 가장 근접한다는 결론, 나아가 중국의 도덕철학이 자연종교가 될 '이성의 윤리학'의 청사진이라는 결론에 도달하기 위해서라면 이 예수회신부들의 보고자료와 번역된 공자경전을 특별히 더 가공할 필요 없이 다시 읽기만 하면 되었다. 이런 기반이 있었기 때문에 가령 크리스티안 볼프는 이런 재독再讀만으로도 공자와 중국인들이 '분명한 신개념' 없이도 실천적 도덕철학을 발전시켰고 현재도 높은 수준의 도덕생활을 영위한다는 주장을 전개할 수 있었던 것이다.294) 예수회 신부들이 소개한 중국의 윤리도덕은 진정 '완전한' 도덕이 신의 계시의 도움을 받지 않고 인간의 자연적 능력에 의해 알려질 수 있다는 사실에 공감하는 17-18세기 유럽 이신론자들의 몸에 딱 들어맞는 것이었기 때문이다.

따라서 볼프가 『중국인들의 실천철학에 관한 연설』을 하던 때와 거의 동시대에 영국 공화주의자 트렝커드와 고든은 앞서 잠시 시사한 바와 같이 『독립 휘그』(1720)에서 중국 유자儒者가 기독교인보다 '더' 기독교적이라고 천명한다.

---

293) *Anonym, The Morals of Confucius, a Chinese Philosopher* (London: Randal Taylor, 1691), "Advertisement", A4(첫 면부터 세어서 제7면).
294) Lottes, "China in European Political Thought", 69쪽.

그 중국인은 교황 성하聖下가 기독교복음서에 입각할 때 기독교인인지를 묻는다. 그리고 이런 대답을 받는다. '그렇습니다. 나는 복음에 따른 바로 그런 기독교인입니다. 그리고 내가 하는 모든 것은 복음을 위한 것입니다.' 그중국인은 성호를 긋고 선한 옛 공자(good old Confucius)의 더 기독교적인 정신을 축성祝聖한다. 그는 당장이라도 중국으로, 더 행복한 백성에게로, 그리고 더 덕스러운 이교異敎로 다시 돌아갈 태세다. 그러나 그는 프로테스탄트를 한 명 만나는데, 이 프로테스탄트는 그에게 그가 로마에서 발견하는 온갖 사악한 짓이 종교의 악용이고 교황의 허위 주장과 횡탈의 자연적 결과라고 말해주고, 교황과 그의 모든 행위를 혐오하는 개신교 제국諸國을 방문할 것을 간청한다. (…) 그런데 루터적 교황들이나 교황적 교황들이 다 똑같이 복음서가 지상의 어떤 인간에게도 주지 않는 정신세계를 대표하는 척하기 때문에 루터적 교황들을 교황적 교황만큼이나 정당화될 수 없다고 생각하는 중국인은 옛 공자를 다시 한번 칭송하고 할 수 있다면 어떤 기독교 국가에서 기독교정신을 발견하기로 작심하고 (덴마크와 스웨덴을) 떠나 영국을 향해 가서 스코틀랜드에 상륙한다. 그는 거기서 (칼뱅주의) 스코틀랜드교회(Kirk) 교도의 용모에서 엄격한 엄숙성을 본다. 커크 교회는 굉장한 신성함을 가장하고 그 자신의 옳음에 대한 엄청난 생각을 가지고 있지만, 옳음을 그 밖의 어디에서도 발견하지 못한다. 커크는 아주 강렬한 지배욕을 가졌지만, 이 지배욕을 부드러운 이름으로 달게 만들고 그것을 '기율'이라고 부른다. 커크는 자기들의 기분을 상하게 하거나 그들을 부정하는 사람들에 대해 이 기율을 무자비하게 행사한다. 모든 다른 교회와 의견들을 대하는 그들의 얼굴은 불쾌해 하고 용서하지 않는 표정이다.[295]

그리고 트렝커드와 고든은 전 유럽의 모든 유럽인들이 다 '이신론자'가 되어야 하고 따라서 '중국인'이 되어야 한다고 힘주어 주장한다.

중국에서는 모든 사려 깊은 사람들, 학식이나 인품으로 뭔가 뛰어난 모든 이들은 다 이신론자들이다. 나는 스페인과 이탈리아에서, 그리고 기독교국가라고 불리는 많은 다른 나라에서 중국에서와 똑같이 많은 시민적 지복至福과 그와 똑같이 많은 번영의 표식들이 있

---

[295] John Trenchard and Thomas Gordon, *The Independent Whig*, Vol. III (London: Printed for J. Peele, 1720·1741), 99-100쪽.

기를 기원한다. 모든 격렬한 가톨릭과 골통들이 도처에서 합리적이고 정신 맑은 중국인들 (rational and sober Chinese)로 변하는 것이 인류를 위해 참으로 더 좋을 것이다.[296]

트렝커드와 고든은 '스페인과 이탈리아에서, 그리고 기독교국가라고 불리는 많은 다른 나라', 또는 '모든 격렬한 가톨릭과 골통들'이 "합리적이고 정신 맑은 중국인들로 변하는 것", 말하자면 전 유럽이 인류를 위해 '중국화'되는 것을 촉구하고 있다. 자연종교의 신학인 이신론을 배우는 길은 공자철학과 극동문화를 배우는 것이 가장 빠른 길이기 때문이다. 1720년대 영국에서 트렝커드와 고든은 "기독교국가라고 불리는 많은 나라들"이 모두 다 이신론적 중국이 되고 모든 기독교인들이, 아니 모든 인류가 "합리적이고 정신 맑은 중국인들"로 변해 '탈희랍화·탈기독교화'·'탈주술화'·'세속화'되기를 이처럼 기원하고 있는 것이다. 트렝커드와 고든은 유럽과 영국의 진정한 기독교화를 위해 영국과 모든 서구국가들의 '중국화'와 '유교화'를 소리높이 외치고 있는 것이다.

1730년 매튜 틴들은 18세기에 '이신론의 바이블'로 통했던 『창세기만큼 오래된 기독교』를 저술했다. 여기서 말하는 '창세기만큼 오래된 기독교'는 성서의 창세기에 해당하거나 이보다 더 거슬러 올라가는 삼황오제 시기의 정치·도덕철학까지 망라하는 '공자철학'을 가리킨다. 틴들의 이런 이해는 중국의 종교와 도덕을 형식에서는 기독교적이지 않지만 실질에서는 기독교적인 것으로 해석하는 예수회 신부들의 견해를 반영하는 것이다. 예수회 신부들의 이 견해는 기성종교를 탈주술화하고 정화淨化하려는 틴들 같은 유럽 이신론자들의 전략과 완전히 부합되는 것이었다. 이 전략은 중국을 '유럽의 모델'로 삼고 유럽을 중국화·유교화하는 것이었.

『창세기만큼 오래된 기독교』에서 틴들은 이렇게 말한다. "죄인을 용서하는 독트린은 기독교인들이 그것을 더 철저한 방식으로 가르쳤을지라도 기독교인들에게 특유한 것이 아니다. 공자도 이 독트린을 '은덕(Benefits)에 대해서는 은덕의 보상에 의해 사의를 표하지만, 침해(injuries)에 대해서 보복하지 말라'고 표명하고 있다."[297]

---

296) Trenchard and Gordon, *The Independent Whig*, Vol. III, 315-316쪽.

이 말은 공자의 "이직보원以直報怨 이덕보덕以德報德" 명제를 의역한 것이다. 주지하다시피 『논어』는 전한다. "혹자가 '원수를 덕으로 갚으면 어떻습니까'라고 물었다. 이에 공자가 '그러면 덕은 무엇으로 갚을 것입니까?'라고 반문하고, '원수는 정직으로 갚고, 덕은 덕으로 갚는 것입니다'라고 답했다(或曰 以德報怨 何如? 子曰 何以報德? 以直報怨 以德報德)."[298] 여기서 '원수'는 내게 큰 해를 끼쳐 원한이 맺힌 범법자나 적敵을 뜻한다. 공자는 '원수를 덕으로 갚는 것'을 제 살길을 찾으려는 비겁한 "보신保身의 인"이라고 생각했다.[299] 반면, "원수를 정직으로 갚는" 것은 원수를 징벌하되 원수도 사람임을 잊지 말고 보복을 삼가고 '인仁'의 정신에 따라 정직하게 정법正法대로 징벌한다는 말이다. 이것은 '원수를 사랑하라'는 예수의 말이 보복을 삼가는 선을 넘어 정직한 징벌도 하지 않는 뜻으로까지 오해될 정도로 지나치게 과장된 표현이지만 그 속뜻은 공자의 "이직보원以直報怨"과 대략 같은 것이다.

그러나 틴들은 예수의 과장된 명제를 시비하는 식으로 위의 자기 말을 이렇게 부연한다. "공자는 위법행위에 대해 복수하는 것을 금할지라도 '우리의 적을 사랑하는 것'을 가르칠 만큼 사태를 저 완벽의 상태로까지 끌고 간 것이 아니라, 반대로 주장한다. '우리는 복수를 원함이 없이 적에 대한 혐오감을 가져도 된다.' 본성의 작용이 늘 범죄적인 것은 아니다. 오직 선인善人만이 이성적으로 사랑하고 미워할 수 있다."[300] 마지막 말은 '공자님의 말씀'을 옮긴 것이다. 공자는 주지하다시피 『대학』에서 "오직 인자만이 다른 사람을 제대로 사랑하고 다른 사람을 제대로 미워할 수 있다(唯仁人爲能愛人能惡人)"고 갈파했다.[301] 그리고 이어서 틴들은 예수의 저 지나친 과장어법보다 공자의 간단명료한 어법이 더 낫다고 천명한다.

---

297) Matthew Tindal, *Christianity as Old as the Creation, or the Gospel, a Republication of the Religion of Nature*, Vol.1 (London: 1730), 309쪽.
298) 『論語』「憲問」(14-34).
299) 『禮記』「表記」第三十二. "子曰 以德報怨 則寬身之仁也.."
300) Tindal, Christianity as Old as the Creation, or the Gospel, 309쪽.
301) 『大學』「傳10章」.

나는 공자의 준칙과 예수 그리스도의 준칙이 다르다고 생각하지는 않지만 공자의 명백하고 간단한 준칙들이 그때 당시의 어법에 맞춰진 예수의 보다 모호한 준칙들을 해명하는 데 더 도움을 줄 것이라고 생각한다.302)

이 천명으로써 매튜 틴들은 기독교 자체의 유일성을 부정하는 저 이신론적 견해를 뒷받침했다.

이성을 '상식'으로 정의한 토마스 첩(Thomas Chubb)은 이성이 그에게 직접적으로 '우리의 적을 사랑하라'는 예수의 계명이 부적절하다는 것을 보여주기 때문에 우리가 적과의 관계에서 어떻게 해야 하는지에 대해 공자가 더 나은 해석을 주었다고 확신한다. 그리고 이런 견지에서 그는 틴들에게 전적으로 동조했다.303)

위의 논변에 이어서 틴들은 라이프니츠의 견해를 화제로 삼으며 분명한 신神개념 없는 중국의 도덕철학을 전제로 기독교의 부도덕성을 탄핵한다. 앞서 시사했듯이 1697년 라이프니츠는 『중국의 최신소식(*Novissima Sinica*)』에서 중국인의 도덕 수준을 유럽인들보다 월등히 높은 것으로 평가하며 "우리가 중국인들에게 계시신학의 교사들을 보낸 것처럼 우리에게 자연신학의 적용과 실천을 가르쳐 줄 중국인 선교사들이 필요하다"고 주장했었다. 틴들은 중국인들의 도덕수준에 대한 라이프니츠의 이 판단을 인용하고, 의도치 않게 기독교의 위선을 드러내주는 나바레테의 내밀한 말을 소개하며 신을 믿지 않는 무종교적 중국인들의 도덕을 찬양한다.

철학자이자 위대한 정치가인 라이프니츠 씨는 현재의 기독교인들을 중국의 무신론자들(*infidels*)과 비교하면서 모든 도덕적 덕성과의 관계에서 주저 없이 중국 무신론자들에게 우선권을 준다. (…) 그리고 박식한 후에티우스는304) "중국인들과 그 이웃들 사이에는 거의

---

302) Tindal, *Christianity as Old as the Creation*, 310쪽.
303) 참조: McDermott, *Jonathan Edwards Confronts the Gods*, 31쪽.
304) 후에티우스는 *Censura Philosophiae Cartesianae*(데카르트철학에 반대하여), *Histoire du Commerce et de la Navigaion des Anciens*(고대인들의 상업과 항해의 역사) 등을 쓴 프랑스 성직자이자 학자인 피에르 위에(Pierre Daniel Huet, 1630-1721)를 가리킨다. 후에티우스(Petrus Daniel Huetius)는 위에의 라틴어 이름이다.

한 가족인 것과 같은 영구협정이 존재한다'고 우리에게 말해준다. 중국 주재 선교사 나바레테는 라이프니츠에게 동조하고, "중국인들이 기독교세계에서 무슨 짓이 저질러졌는지를 알았더라면 그들 가운데 우리의 얼굴에 침 뱉지 않을 사람이 한 사람도 없을 것이기 때문에 중국인들이 그것을 알지 못한 것은 신의 섭리다"라고 말한다.[305]

공자를 무신론자로 보는 나바레테가 공자를 유신론자로 보는 라이프니츠에게 동조했다는 말은 미심쩍다. 하지만 여기서 틴들은 기독교의 적나라한 부도덕성과 위선을 폭로하고 도덕 측면에서 유럽 기독교인들을 중국 무신론자 수준 아래로 끌어내리고 있다. 1720-30년대 유럽의 정치·사회사상은 공자의 가르침 아래 이런 무신론적·탈종교적·탈주술적 방향으로 치닫고 있었다.

18세기 초반의 사상동향이 이러했기 때문에 18세기 중후반 유럽에서 이신론적·무신론적 사조의 강화와 확산에 극동의 철학과 문화가 어떤 결정적·본질적 역할을 수행했을지는 더 논할 것이 없는 것이다. 그렇지만 18세기 중반의 사조에 대해 한 마디만 상기시키자면, 볼테르는 - 상론했듯이 - 중국적 자료들을 그토록 존경스럽게 만드는 것이 무엇보다도 공자의 경전과 언행에 신비적 기적과 계시적 예언이 없다는 것과, (고대그리스에서) 국가창건과 관련해 흔히 붙여지는 정치적 기만이나 거짓말이 없다는 것이라고 거듭 말했다. 이것은 공자철학과 중국정치문화의 철저한 세속적 성격을 말하는 것이다.

18세기 계몽주의의 반反기독교적·유교적 성격은 서적들을 통해서 미국의 국부들에게도 거의 그대로 전해졌다. 벤저민 프랭클린과 토마스 제퍼슨은 무신론자로 의심받던 유교적 반反청교도였고, 토마스 페인은 유대문화를 비판하면서 예수를 평가절하하고 공자를 숭배한 반청교도였다. 프랭클린은 32세 나이(1738)에 그의 신문에 영역본 공자경전을 연재했고, 훗날 유명한 청교도 목사 조지 위트필드에게 대놓고 공자를 "동방의 유명한 개혁가(the famous Eastern reformer)"라고 칭송하고,[306] 자기의 시

---

305) Tindal, *Christianity as Old as the Creation*, 366쪽.
306) Benjamin Franklin, "To George Whitefield"(6 July, 1749), 266-267쪽. *The Works of*

집안 딸에게 중국인들을 "국민들 중 가장 유구한 국민이자 오랜 경험에서 가장 지혜로운 국민(the most ancient, and from long experience the wisest of nations)",307) 또는 "계몽된 국민, 존재하는 모든 국민 중 가장 유구하게 문명화된 국민(an enlightened people, the most anciently civilized of any existing)"이라고 칭송한308) 반청교도였다. 그리고 제퍼슨은 28세 이전에 우임금의 유훈 '민유방본론民惟邦本論'을 노래한『서경』「하서夏書·오자지가五子之歌」를 부록으로 실은『호구전』과『조씨고아』영역본을 감명 깊게 읽고 그의 여동생의 남편에게 이 중국소설들을 필독서로 권했고, 대통령취임연설에서 "온유한 종교(a benign religion)"라는 표현으로 유교를 거론하며 유교적 덕목들을 미국의 윤리적 가치로 제시하고,309) 대통령 재직 시에는『대학』에 인용된 위衛나라 무공武公 찬가를 베껴 읊은310) 유교적 반청교도였다.311) 토마스 페인은 "종교 안에서의 폭정은 인간을 괴롭히는 모든 폭정 중에서 최악의 폭정이다'고 천명하면서 성서로부터 특별한 권위를 박탈하고 고대 팔레스타인 유대인들을 "쉴 새 없이 늘 들 썩이는 잔인한 백성(a restless bloody-minded people)"으로 비하한 반면, 중국인들을

Benjamin Franklin, Vol. II [Letters and Misc. Writings 1735-175] in 12 volumes, edited by John Bigelow(New York & London: The Knickerbocker Press, 1904; Indianapolis: Liberty Fund, 2004).

307) Benjamin Franklin, "To Mrs. Sarah Bache"(26 January, 1784), 273-275쪽. *The Works of Benjamin Franklin*, Vol. X Letters and Misc. Writings 1782-1784, edited by John Bigelow(New York & London: The Knickerbocker Press, 1904; Indianapolis: Liberty Fund, 2004).

308) Benjamin Franklin, "To David Le Roy"(August, 1785), 105쪽. *The Works of Benjamin Franklin*, Vol. XI in 12 volumes, edited by John Bigelow(New York & London: The Knickerbocker Press, 1904; Indianapolis: Liberty Fund, 2004). 프랭클린과 공자의 사상적 관계에 대해서는 참조: 황태연,『공자와 미국의 건국(상)』(서울: 넥센미디어, 2020), 77-182쪽.

309) Thomas Jefferson, "First Inaugural Address"(March 4, 1801), 문단 3. 2008 Yale Law School, Lillian Goldman Law Library. The Avalon Project in Law, History and Diplomacy.

310) Jonathan Gross (ed.), *Thomas Jefferson's Scrapbook* (Hanover, New hampshire: Steerforth Press, 2006), 163쪽.

311) Jonathan Gross (ed.), *Thomas Jefferson's Scrapbook* (Hanover, New hampshire: Steerforth Press, 2006), 163쪽. 토마스 제퍼슨과 공자의 사상적 관계에 대해서는 참조: 황태연,『공자와 미국의 건국(상)』, 251-327쪽.

"온유한 예법과 훌륭한 도덕을 가진 백성"으로 칭송하고,312) 예수의 황금률("너희가 대접받고 싶은 대로 남에게 베풀어라")을 "그리스도 시대보다 500년 전에 살았던 중국철학자 공자"에 의해 "그리스도가 탄생하기 수백 년 전에 동방세계에서 설교되었던 것과 다른 것이 아니다"라고 격하시키고 공자를 절대적 지위로 격상시킨 반청교도였다.313)

'예수귀신'에 단단히 사로잡힌 유럽과 미국에서 기독교 자체의 정화로서의 기독교의 탈주술화 또는 기독교비판은 필수불가결한 하나의 역사적 계기였다. 이신론과 자연종교에 관한 논쟁 전체는 도덕사상의 세속화의 과도기적 단계였다. 도덕을 계시종교와 분리시키는 것은 곧 도덕규정이 사회행위에서 '본성(자연)의 빛'에 따라, 또는 '경험의 빛'에 따라 재구성되어야 한다는 결론을 낳았다. 이런 사정에서 유럽의 자유사상가들이 이 "위대한 과업"이 오래전에 완결된 "공자의 중국"으로 고개를 돌려 지침을 구하는 것은 "자연스러운" 일이었다. 중국문명의 바로 그 "유구성"은 "공자적 해결"의 성공을 재는 척도였다.314)

'탈희랍화'와 '탈주술화'는 유럽을 '근대화'로 내몬고 이끈 계몽주의의 두 가지 주요과정이었다. 그런데 이 두 과정은 둘 다 유럽사상계에 천둥벼락의 충격을 가한 공자철학의 눈부시게 매력적인 섬광에 의해 생겨난 것이다. 시사했듯이 데이비드 그레스는 유럽적 근대성이 헬레니즘과 기독교로부터 일관되게 도출되어 나온 것이라는 정식은 칸트와 베버 이래 유럽철학자들이 나중에 날조하고 제2차 세계대전 승리 이후에 미국 교육학자들이 확산시킨 허구라고 비판했다.315) 게를라흐도 "유럽사상의

---

312) Thomas Pain, "A Letter to Mr. Erskine"(Without date), 221-222쪽. *The Writings of Thomas Paine*, Vol. IV (1791-1804), collected and edited by Moncure Daniel Conway(New York: G. P. Putnam's Sons, 1896·1908; London: The Knickerbocker Press, 1908).

313) Thomas Paine, "Of the Old and the New Testament" [The Prospect, March 31, 1804], 326쪽. *The Writings of Thomas Paine*, Vol. IV(1791-1804), collected and edited by Moncure Daniel Conway(New York: G. P. Putnam's Sons, 1896·1908; London: The Knickerbocker Press, 1908). 토마스 페인과 공자의 관계에 대해서는 참조: 황태연, 『공자와 미국의 건국(상)』, 533-539쪽.

314) Lottes, "China in European Political Thought", 70쪽.

일직선 모델은 오류다"라고 잘라 말했다.316) 그리고 앞서 살펴보았듯이, 1942년 이미 어니스트 휴즈는 유럽문명을 그리스·로마로부터 일직선적으로 발전되어 나온 유일무이한 '일류一流문명'으로 보는 문명사관의 정치적 위험성을 정확하게 경고한 바 있다. "서양에서 오늘날도 우리는 우리의 문명이 유일하게 참된 것이라는, 그리고 고전시대에 있었던 유대종교의 혁명적 영향을 별개로 치면 우리 문명이 그 시대로부터 줄곧 지금까지 일직선적 방식으로 발전했다는 늘 붙어 다니는 선입견에 동조하는 그 편견을 조심해야 한다." 왜냐하면 이 편견은 그리스·로마문화가 "일류문명의 필수적 정초라는 의미에서 유일무이하다고 생각하게" 만들고, "'일류문명'의 관념은 '지배권'의 관념을 내포하기" 때문이다. 바로 여기로부터 "대서양 연안의 사람들이 세계를 지배할 내재적 재능을 가졌다는 관념, 아돌프 히틀러와 그의 나치스들이 게르만민족에게 적합하도록 지금 응용하고 있는 논변"이 생겨나는 것이다.317) '일류문명'이라는 유럽중심주의적 편견은 쉽사리 제국주의와 나치즘으로 직통하기 때문이다. 따라서 그리스·로마로부터의 서구문명의 일직선적 발전관과 서구문명이 일류문명이라는 유럽중심주의적 편견이 현재 서양 민주국가들 안에서도 아직 지배적인 한에서 네오나치스의 잠재력과 폭발적 확산 위험은 서양에서 항구적인 것이다.

그러나 서구문명의 일직선적 발전모델은 인류역사상 가장 기만적인 사기논변 중 하나다. 로테스(G. Lottes)는, "기독교도덕은 '신에 대한 사랑(love of God)'과 '영혼불멸(immortality of soul)'이라는 쌍둥이 관념들과 너무 긴밀하게 얽히고설켜 있어 순수하게 세속적인 관점에서 재再정식화될 수 없었다"고 갈파한다.318) 이것은 기독교사회 자체가 기독교와 기독교도덕의 인간적·세속적 정화淨化와 유럽사회의 세속화(탈주술화)를 내재적·자생적으로 수행하는 것은 애당초 불가능했다는 말이다. 실제의

---

315) Gress, *From Plato to Nato*, 1쪽, 29-31쪽.
316) Gerlach, *Wu-wei(無爲) in Europe*, 42쪽.
317) Ernest R. Hughes, "Introduction", 22쪽. Ernest R. Hughes (transl.), *The Great Learning and The Mean-In-Action* (London: J. M. Dent abd Sons Ltd., 1942).
318) Lottes, "China in European Political Thought", 70쪽.

역사를 되돌아보면, "중국은 유럽 계몽주의에서 종교적 광신주의의 부식성腐蝕性 독극물에 의해 오염되지 않은 관용·미감·정치경제적 효용의 원천이었다."[319] 이것이야말로 바로 막스 베버의 면상을 후려갈기는 역사적 진실이 아니었던가!

따라서 유럽사회의 탈주술화·세속화와 관련된 이 논의를 우리는 데이비드 조운스의 이런 말로 결론지을 수 있다.

> 18세기 초기와 중반 무렵 계몽철학자들은 중국을 자연적 이성에 의해 다스려지는 도덕사회의 모델, 즉 유럽 제도에다 하나의 동일한 조각의 관습을 부과해왔던 종교의 미신적 족쇄로부터 해방된 도덕사회의 모델로 발견했다. 프랑스·독일철학자들, 그리고 좀 덜하지만 영국철학자들은 쿠플레, 르콩트, 뒤알드의 호기심 어린 교화적 관찰들 속에 표현된 중국을 보며 도덕이 신학과 독립적으로 존재할 수 있고 인간이 초자연적 명령에 의해 방해받지 않는 도덕과학에 의해 스스로 처신하고 사회적 관계를 전개할 수 있을 것이라는 직관을 확인한 것이다.[320]

장세니스트 등 유럽의 위정척사파(기독교원리주의자)들이 가장 우려했던 것은 계몽철학자들을 이신론과 무신론으로 부추기는 중국과 공자철학의 이런 탈주술적·탈종교적 매력이었다. 18세기 초 라이프니츠·로크·톨란드와 벨, 그리고 18세기 중반부터 흄과 볼테르는 "도덕을 과학으로 전환시키는 계몽기획"을 통해 "유럽적·기독교적 원리주의자들의 광신과 광신주의"를 분쇄하려고 모색했다. 그리하여 "유럽이 로크의 심리학과 뉴턴의 물리학을 통해 방금 가까스로 깨닫게 된 것을 중국인들은 역사적 태고대로부터 알고 있었고 이 앎을 유교화된 만다린(=신사)들의 실천적 덕성을 통해 유지해왔었다"는 라이프니츠와 볼테르의 주장은 그래서 나왔던 것이다.[321]

데이비드 조운스는 중국을 통한 도덕의 이런 탈주술적 이해와 세속적 재정립이 특

---

319) D. M. Jones, *The Image of China in Western Social and Political Thought*, 29쪽.
320) D. M. Jones, *The Image of China in Western Social and Political Thought*, 20쪽.
321) Jones, *The Image of China in Western Social and Political Thought*, 21쪽.

히 '프랑스 계몽철학자들', 이른바 '필로소프들(*philosophes*)'에게서 전형적이었다고 말한다.

이 물음(기독교 계시가 왜 필요한가? - 인용자)에 대한 답변은 특히 유럽의 점증하는 필로소프 집단에 호소력을 발휘했고, 이들의 '진짜 왜'에 대한 응답은 유럽의 걸핏하면 다투는 종교정신에 대한 유럽적 환멸과 종교적 광신에 대한 광범위하게 퍼진 사상적 배격을 반영했다. 사실, 계몽주의 저자들은 점차 예수회의 접근가능한 중국보고들을 활용해 유럽의 객쩍은 제도들을 개혁하는 데 적합한 도덕·정치모델을 제시했다. 환언하면, 유럽에 먹힌 첫 번째 아시아 모델은 유교적 정치·도덕질서에 기초했다. 그것의 현세적(*earthly*) 표현이 중국제국이었다. 쿠플레·뒤알드와 같은 소르본 포교단 구성원들에 의해 유럽적 용도에 적합하게 번안된 예수회 선교단의 저작들은 '이성의 제국'의 윤곽을 전했다. 이렇게 함으로써 그들은 의도치 않게 당대 유럽의 종교적·역사적·도덕적·정치적·교육적 관행을 비판할 기반을 마련해 주었다. 이 비판은 다시 공자에 의해 처음으로 개략되고 유교국가 중국의 의무감 있는 만다린들에 의해 정치적 실천 속에서 발전된 합리적(세속적-인용자) 지배의 프로그램에 입각한 통치와 도덕의 재발명을 요했다. 이 계몽주의적 중국관은 2세기 동안 유럽의 평화를 어지럽힌 종교적 원리주의자들의 미신적 우상과 광신으로부터 해방된 윤리도덕적 실천을 합리적으로 이해할 수단을 마련해주었다. 그것은 또한 다시 정치질서의 기반과 합리적 지배의 기반을 둘 다 마련해주는 공자의 원리들이 가르쳐준 합리적 정치학의 윤곽을 제공했다. 지배에 대한 합리론적 접근법은 공자 정치사상의 해석에 기초한 베르니에의 '군주의 과학'에서 선명하게 표명된다. 이 전前민주주의 시대에 베르니에는 특히 치자와 관리들이 주권적 권력의 행사에 상응하는 의무를 짊어지는 도덕적 통치에 관한 공자의 이해에 매료되었다. 그 뒤 속속 등장한 계몽사상가들은 이것을 매력적 주제로 발견했다. 군주와 그 참모들은 신수설神授說이 아니라 백성에 대한 도덕적 책무의 이론을 배워야 한다. 신민들이 복종해야 하듯이 치자들은 자기의 백성들에게 봉사하는 것을 배워야 한다. 이 계몽주의 정치관은 중농주의자 케네가 중국을 중농주의 모델로 선포한 것에서 정점에 달했다.322)

---

322) D. M. Jones, *The Image of China in Western Social and Political Thought*, 34-35쪽.

이 글에서 데이비드 조운스가 합리주의적 편향 속에서 잘못 사용하고 있는 '합리적'이라는 말을 '세속적', 또는 '본성적'이라는 말로 바꿔 읽기만 한다면, 조운스의 이 기술은 계몽주의와 유럽의 근대화에 중국과 공자가 끼친 영향의 '본질구성적' 성격만 아니라, 유럽정치와 유럽사회의 탈주술화·탈기독교화·세속화 과정에서 극동과 공자가 수행한 '본질적' 역할을 잘 드러내 보여주는 그야말로 '종결자적인' 기술일 것이다.

조운스가 인용하는 베르니에는 피에르-실뱅 레지(Pierre-Sylvain Régis, 1603-1707)와 더불어 일찍이 탈기독교적 경향을 보인 철학자였다. 레지는 데카르트의 영원한 본유관념들을 부정하고 모든 관념을 육체와 통합된 영혼의 여러 양상변화로 규정하고 우리의 육체를 영혼과 생각만큼 직관적으로 알 수 있다고 주장함으로써 데카르트철학을 경험론으로 변형시킨 특이한 데카르트주의자 다. 베르니에는 공자의 인仁개념과 관련하여 이렇게 말한다.

> 아마도 여러분들은 틀림없이, 레지 씨가 (1688년) 1월 5일자 『주르날 데 사방』지에 쓴, 인仁 (charité)에 관한 멋진 글을 보았을 것이다. 이 글은 경탄할 만하다. "비슷한 주제와 관련해서 어떤 기독교인도 일반적으로 만인과 관련된 진정한 인仁에 대해 공자보다 결코 더 잘 말하지 않았다"는 레지 씨의 말은 옳다.[323]

피에르-실뱅 레지는 경험론으로 기울어진 맹렬한 데카르트주의자로서 당시 스피노자를 비판한 유명한 철학자였다. 데카르트주의와 대척적 원리를 설파하는 공자의 '인' 철학은 이 경험론적 데카르트주의자 레지조차도 감복시킨 것이다. 베르니에는 레지의 '인' 개념 해설을 "경탄할 만한" 것으로 평가하고 한 걸음 더 나아가 "어떤 기독교인도 일반적으로 만인과 관련된 진정한 인仁에 대해 공자보다 결코 더 잘 말하지 않았다"는 레지의 말에 맞장구치고 있다. 맥락으로 보면 이 "어떤 기독교인도"라는

---

323) Bernier, "Introduction à la lecture de Confucius", 'Méthode confuse de la philosophie des Chinois' 절.

무차별적 표현의 범주에 예수 그리스도도 포함되는 것으로 읽힌다.

이렇게 보면 레지의 저 비교평가는 공자의 인仁철학이 예수의 '사랑 종교'보다 단연코 한수 위라는 말이 된다. 이로써 베르니에와 레지는 공히 '기독교로부터의 해방', 즉 탈脫히브리이즘, 즉 '기독교로부터의 자유'로 나아가고 있다. 베르니에 자신이 공자철학을 "본성의 빛들(*les lumières naturelles*) 외에 다른 빛들"을 전혀 인정치 않는324) 철학으로 이해한다. 그럼에도 '신적 계시의 빛'이나 '신앙(종교)의 빛'을 완전히 탈피한 이런 '본성의 빛의 철학'으로서의 공자철학을 숭배·숭앙하는 레지와 베르니에게서 엿보이는 탈기독교·탈脫히브리이즘의 경향은 바로 유럽에 '종교의 자유'를 확립하고, 궁극적으로 '종교로부터의 자유', 결국 '기독교로부터의 자유'로 나아가는, 아니, 유럽의 무종교적·무신론적 세속화로 나가는 전제였다.

3.3. 베버의 개신교윤리적 근대자본주의론과 제諸문제

현재 유럽과 미주에서 경제와 민주정치가 가장 발전되고 가장 세속화된 나라는 미국·영국·프랑스·이탈리아·네덜란드·독일·오스트리아·스위스·스웨덴·덴마크·벨기에 등 11개 극서제국이다. 이 나라들은 구매력 기준 국민총생산 면에서 한국·일본을 비롯한 극동제국과 엇비슷하다. 그러나 스페인·포르투갈·그리스 등 남구제국과 폴란드·체코·슬로바키아·헝가리·동구러시아 등 동구제국은 경제력 수준과 사회적 자유, 그리고 민주정치의 발전 수준에서 모두 다 한국을 비롯한 극동제국보다 이 부문, 저 부문에서로 열악하다. 역사적으로 익히 알다시피 서구자본주의를 이끈 11개 극서국가들 중 대부분 국가는 무력정복·식민지약탈·인간약취·노예화와 수탈과·착취로 엄청난 강탈자본을 형성하고 증식했다. 그들의 약탈·수탈·착취수단은 농경기술과 영농법의 발전을 통한 잉여생산물의 증가와 상품화, 시장과 화폐경제의 성장, 지대

---

324) Bernier, "Introduction à la lecture de Confucius", 'Exemple du prince' 절.

의 화폐(금전)화와 봉건제의 해체 등을 배경으로 한, 자연경제에서 화폐경제로의 경제체제 변화과정에서 자국 내에서 벌어진 공동지(commonland)의 수탈 및 각종 그로테스크한 법제에 의한 유민流民의 체포와 강제노역, 콜럼버스의 '지리상의 발견' 이래 신대륙 플랜테이션에서 자행된 노예사역과 노예노동의 착취, 16세기 초부터 19세기 초까지 아프리카에서 저질러진 노예약취와 노예무역, 동유럽과 아시아에서의 약소민족 수탈 등이었다. 그 나라들로 하여금 19세기 초에 강제노역과 노예무역을 통한 자본증식을 그만두게 된 것은 한편으로 그간 계속되어 온 극동 과학기술의 서구 이전이 완결되어 산업혁명이 정상궤도에 올라 생산력의 폭발적(기하급수적) 증가 속에서 경제적으로 제 발로 서고, 그리하여 관심을 신대륙으로부터 전 세계의 오랜 문명권들(중동·동남아·인도·중국)로 돌려 제국주의 경략을 개시하고, 다른 한편으로 정치사상적·제도적으로 근대화를 이루어 고도의 시장경제와 민주정치가 확립되었기 때문이었다.

그러나 막스 베버는 '근대화'를 국가와 기업의 전문적 관료화, 합리적 기업자본주의화, '수리적' 기초, 합리적 증명, 합리적 실험, 합리적 과학, 체계와 합리적 개념들, 합리적 법학 등에 근거한 과학의 발전, 신문과 잡지의 발행 등 내재적 발전의 소산으로 이해했다.[325] 경제의 '근대화'는 '자본주의화'와 등치된다. 베버는 주지하다시피 『프로테스탄트 윤리와 자본주의 정신(Die Protestantische Ethik und der Geist des Kapitalismus)』(1920)에서 자본의 '유혈낭자한' 시원적 축적과 증식 과정을 개신교의 교리와 합리적 기업경영으로 설명함으로써 세탁하고 면죄하고 미화했다. 또한 그는 애당초 천국에 갈 구원과 지옥에 갈 저주가 빈부의 형식으로 각인에게 미리 예정되어 있고 이것은 마찬가지로 예정된 '돈 자루의 길이'(축적자본의 규모)에 의해 개인적으로 확인할 수 있다는 칼뱅주의적 개신교의 '은총예정설', 검소한 금욕적 생활 속에서 경건한 개인적 기도祈禱와 병행해 근면노동을 수행하는 것을 개개 신도의 의무로 삼는 개신교 교리, 원시적 자본축적과 자본증식(이윤증식)을 개신교도들의 근면노동

---

325) Weber, *Die protestantische Ethik und der Geist des Kapitalismus*, 1-3쪽.

과 금욕적 검약의 소산으로 정당화하는 것을 넘어 미화하고 이렇게 축적된 자본의 크기 또는 '돈 자루의 길이'를 예정된 영혼구원에 대한 확인으로 믿는 '주술적' 개신교 윤리를 끄집어내 전면에 내세워 강조했다.

그러나 마르크스는 개신교적 서양자본의 시원적 축적과정의 폭력성을 이렇게 요약한다.

> 미주에서 금나라·은나라의 발견, 토착주민의 박멸, 노예화, 광산 속으로의 매장, 동인도의 정복과 약탈의 개시, 흑인들에 대한 상업적 사냥의 수렵구로의 아프리카의 전환은 자본주의적 생산시대의 여명을 시사한다. 이 전원적 과정들이 시원적 축적의 주요계기들이었다. 이것에 이어 유럽제국이 공연무대로서의 전 지구와 벌인 상업전쟁이 뒤따랐다. 이 상업전쟁은 스페인으로부터의 네덜란드의 분리에 의해 열리고 영국의 반反자코뱅 전쟁에서 거대한 규모로 확대되고, 중국에 대한 아편전쟁 등에서 여전히 계속 공연하고 있다.[326]

마르크스는 이 폭력에 대한 기독교종족들의 극악한 잔악행위와 책임을 정확하게 짚는다.

> 기독교를 전문으로 하는 사나이 윌리엄 호위트(William Howit)는 기독교적 식민체계에 관해 이렇게 말한다. "세계의 모든 지역에서, 그리고 그들이 복속시킬 수 있었던 모든 민족에 대해 자행된 소위 기독교종족의 야만행위와 극악무도한 잔학행위는 미개하고 무식하든, 무자비하고 파렴치하든 세계사의 그 어떤 시대에도, 그 어떤 종족에게서도 유례를 찾지 못한다." 네덜란드 식민지경영의 역사는 - 네덜란드는 17세기 자본주의의 모델국가였다 - "모반·매수·암살·비열행동의 더할 나위 없는 그림을 펼쳐 보인다". 어떤 것도 자바에서 노예를 유지하기 위한 (인도네시아의) 셀레베스(Celebes) 섬의 인간절취 체계보다 더 특징적인 것은 없다. 이 목적을 위해 인간절취자들이 훈련되었다.[327]

---

326) Marx, *Das Kapital I*, 779쪽.
327) Marx, *Das Kapital I*, 779-780쪽.

영국 문필가 호위트(William Howit, 1792-1879)는 『식민화와 기독교』(1838)라는 저작에서[328] '기독교종족(Christian race)'의 이런 반인도적 범죄들을 위와 같이 고발하고, 그럼에도 다음과 같은 말을 덧붙이고 있다. "기독교의 이름과 잔악행위의 이 끔찍한 혼합이 계속되는 것이 적합한가? 하지만 그것은 계속되고 있고, 기독교의 진정한 정신이 이 왕국에서 일어나 이 악행이 종식되도록 결정하고 이 악행을 저지르는 자들이 기독교인이라는 영예로운 이름을 박탈당할 때까지 계속되지 않을 수 없다."[329] 기독교인으로서 그래도 마지막 양심을 버리지 않은 기독교인 호위트는 '진정한' 기독교정신이 잔학한 전쟁·강탈·인간절취·유혈 자본주의와 배치된다고 확신하고 있다.

마르크스는 마치 훗날 막스 베버 같은 자들의 저열한 칼뱅주의적·개신교윤리적 논변을 미리 예상하기나 한 것처럼 폭력적 식민체계를 논하면서 고리대금업과 "독점회사"를 비판하고 자본주의를 돈을 우상화한 '우상숭배'로 맹박한 루터의 자본비판적 경제관과 연결시키는 것도 잊지 않는다.

> 식민지체계는 상업과 항해를 온실방식으로 속성速成시킨다. '독점회사들(Gesellschaften Monopolia)' (루터)은 자본집중의 강력한 지렛대였다. 식민지는 솟구치는 매뉴팩처기업들에게 판매시장과 시장독점을 통해 배가된 축적을 보장해주었다. 유럽 바깥에서 직접 약탈, 노예화, 강탈살인을 통해 노획된 재보財寶는 모국으로 흘러들어가 여기에서 자본으로 변했다.[330]

마르크스가 "독점회사"와 관련해서 루터를 거론하고 있으므로 베버가 이해하는 칼뱅주의 개신교의 경제관과 대조하기 위해 루터주의 개신교 경제관을 잠시 살펴보는 것이 좋을 것이다.

---

[328] William Howitt, *Colonization and Christianity - A Popular History of the Treatment of the Natives by the Europeans in all their Colonies* (London: Longman, Orme, Brown, Green, & Longmans, 1838), 9쪽.

[329] Howitt, *Colonization and Christianity*, 9-10쪽.

[330] Marx, *Das Kapital I*, 781쪽.

그간 루터의 경제론은 자본주의에 대한 정열적이고 예리한 비판을 담고 있기 때문에 개신교 신학이나 막스 베버의 사회학에서 거의 거론되지 않았다. 현저하게 돋보이는 예외는 카를 마르크스였다. 마르크스는 루터를 "가장 오래된 독일 국민경제학자"로 인정했다.331) 마르크스는 루터를 "독점회사들이 자본집중의 강력한 지렛대였다"는 사실을 직접 관찰한 목격자적 증인의 말로 입증하고 있다. 반면, 개신교단은 그간 루터의 이 경제학적 유고遺稿들을 철저히 우회하고 추방했다.

카를 마르크스는 마르틴 루터의 역사적 활동배경과 정치경제학적 업적을 이렇게 종합한다.

> 중세-부르주아사회가 근대사회의 요소들로 해체되던 - 세계무역과 황금발견이 가속화시키던 과정이었던 - 시대에 살면서 우리는 자본을 당연히 대부자본과 상업자본의 두 가지 노아의 홍수 이전 형태로만 안다. 이미 강화된 자본이 유아단계에서 대부자본을 폭력적으로 산업자본에 복속시키려고 했다면 - 자본주의 생산이 매뉴팩처와 대상업의 형태로 처음에 번영하는 홀란드에서 이것이 처음으로 행해졌고, 영국에서는 17세기에 자본주의적 생산의 최초 조건으로서 부분적으로 순진한 형태들로 선언되었다 -, 자본주의적 생산으로 이행할 때는 거꾸로 대부자본의 태고대적 형태인 "고리대"를 하나의 생산조건으로, 필연적 생산관계로 승인하는 것이 첫 걸음이었다. 이것은 나중에 산업자본이 대부자본을 복속하자마자 이 자본을 변호하고자 했을 때 (18세기 [고리대를 변호한] 밴담을 보라) 산업자본이 고리대의 권리를 승인하고 고리대를 자기의 살로 인식한 것과 유사하다. 루터는 프루동보다 우위에 서 있다. 대부와 구매의 차이는 그를 헷갈리게 하지 못한다. 그는 양자를 동일하게 고리대로 인식한다. 그의 논박에서 그렇지 않아도 가장 타격력 있는 것은 이자가 성장해 자본이 되는 것을 그가 공격의 정점으로 파악한 점이다.332)

---

331) 마르크스는 여기저기서 루터를 인용할 뿐만 아니라, *Von Kaufhandel und Wucher*(1589), *Ein Sermon auf das Evangelion von dem reichen Mann und armen Lazaro etc* (1555) 및 *An die Pfarrherrn wider den Wucher zu predigen etc.*(1540)에서 중요대목들을 발췌하고 평하고 있다. Karl Marx, *Theorien über den Mehrwert* (Dritter Teil), *Marx Engels Werke*, Bd.26.3 (Berlin: Dietz Verlag, 1976), 516-524쪽.

332) Marx, *Theorien über den Mehrwer*, 26.3, 516쪽.

그리고 카를 마르크스는 서양사회에서 시행된, 고리대에 대한 전통적 정책을 이렇게 요약한다.

> 고대세계에서, 보다 나은 시대에 고리대는 금지되었다. (즉, 어떤 이자도 허용되지 않았다.) 나중에는 법적으로 금지되었다. 고리대는 아주 지배적이었다. (아리스토텔레스에게서처럼) 이론적으로는 항상 고리대는 절대적으로 나쁘다는 견해였다. 기독교적 중세에는 고리대는 "죄악"이고, "종규(宗規)로" 금지되었다. 근세에는 루터다. 여전히 가톨릭적이고 이교적인 이해다. 고리대는 (부분적으로 정부의 화폐부족, 상업과 매뉴팩처의 발전, 생산물의 금전화의 필연성 때문에) 아주 창궐했다. 그러나 이미 고리대에 시민권을 부여하자는 주장이 나왔다. 홀란드에서 고리대의 최초의 변호론이 나왔다. 고리대는 홀란드에서 처음으로 근대화되어 생산적·상업적 자본에 복속되었다. 영국에서는 17세기에 고리대 자체에 대한 논박은 이제 없어지고, 이자의 크기, 즉 신용에 대한 고리대의 지배적 비율, 신용형태를 창출하려는 충동에 대해서만 논박이 있었다. 이에 대한 강제규정들이 나왔다. 18세기에는 벤담이었다. 자유로운 고리대를 자본주의적 생산의 요소로 승인했다.[333]

이것은 고대로부터 벤담의 고리대 변호(1787)에까지 이르는 서양의 역대 고리대정책에 대한 마르크스의 간략한 정리와 평가다. 이를 배경으로 마르크스의 자본주의 비판에 큰 영향을 끼친 고리대이자와 상업이윤에 대한 루터의 비판을 살펴보자.

루터는 『고리대금에 반대해서 설교하도록 목사들에게 보내는 서한(*An die Pfarrherrn, wider den Wucher zu predigen*)』(1540)에서 설교자들에게 거듭거듭 이렇게 못 박았다. "돈을 빌려주고 더 많은 것이나 더 좋은 것을 요구하거나 받는 것, 그것은 고리대금이다. 이것은 모든 권리에서도 저주스러운 것이다." 설교자의 과업은 어떤 경우에도 이것을 도외시하지 않는 것이다. 루터가 보기에 이웃사랑 계율은 반려인간의 어떤 사취(詐取)도 금하고 다른 반려인간의 안녕만을 인간들에게 간절히 당부하고 있다. 타인들로부터 어떤 손해든 멀리 물리치는 명령을 말하는 이 윤리로부터 더 많은 윤리가 도출된다. 이런 논리의 연장선상에서 루터는 한 계약파트너, 피(被)대부자

---

333) Marx, *Theorien über den Mehrwert*, 26.3, 522쪽.

만이 위험부담을 떠안는 모든 대부계약(*Zinskauf*; 이자구입)을 비난한다. 그를 지불능력 없이 만드는 자기귀책적이지 않은 사건사고가 그를 덮치면, 그는 파산한다. 반면, 타인에게는 이문과 이점이 확실히 남는다. 이 때문에 루터는 분명하게 규정된 구체적 담보와 결부된 실질적 신용대부(*Realkredit*)만을 용인했다. 이자의 수익은 구입대상으로서의 이 담보물의 이용에 근거한다. 대부자에게 피대부자의 전 재산을 담보로 제공하는 "눈먼 이자구입"(대부계약)은 비난받을 일이다. 가령 만약 일기불순이 담보로 묶인 부동산이 영리적으로 이용될 수 없이 채무자가 지불능력이 없어진다면, 채무자가 아니라 채권자(이자융커)가 위험부담을 짊어져야 한다. 루터는 "Zinskauf"(이자구입)이라는 말 속에서 감춰진 현실적 위험부담을 꿰뚫어보고 비판했다. 왜냐하면 이 말은 마치 이자의 구입자로 간주되는 신용대부자가 이자의 판매자로서 신용을 받는 자, 그러나 실은 빚지는 자에 비해 더 약한 자인 양 사실관계를 물구나무 세워 위아래를 뒤집어 놓기 때문이다. 루터는 양편이 위험부담을 짊어지는 공정한 동반자적 대부계약을 문제 삼은 것이 아니라, 금전대부업에서 부적절한 보증으로 모든 것을 확보하고 "의자에 앉은 강도(*Stuhlräuber*)"로서 확실한 이윤을 얻는 경우를 겨냥했다. 루터의 관점에서 보면 오늘날 은행들은 모두 다 "의자에 앉은 강도들"이다.[334]

루터의 결정적 경제관은 중세교리와 더불어, 그리고 아리스토텔레스와 더불어 마치 신용으로부터 자라나 열매처럼 금전에 붙는 자연적 이자는 없다는 입장을 고수하는 데 있었다.[335] (그러나 뒤에 살펴보겠지만 루터의 이 입장이 성경의 관점과 꼭 합치되는 것은 아니다.) 루터는 손해위험에 대한 보장으로서의 주기적 이자를 정당화하는 견해에 대해 이렇게 말했다. "아무도 네게 손해를 입히지 않았고 네가 이 손해를 증명하지도, 미리 계산하지도 못하면서도 너는 허구로 꾸며낸 손해를 네 이웃의 돈으로 메우게 하고 있다." 루터는 자본주의적 '이자 이데올로기'를 폭로한 것이다. 루터

---

334) Klaus-Peter Lehmann, "Martin Luther und der Frühkapitalismus" (25. 2. 2018). 2쪽. www. forumaugsburg. de.

335) Lehmann, "Martin Luther und der Frühkapitalismus" (25. 2. 2018), 3쪽.

에게 끝내 이자는 부자연스러운 것이고 고리대금업이었다. 그는 '자라나는 이자와 열매 맺는 돈'의 이데올로기를 사회적 재화를 아래에서 위로 올라가게 바꿔 분배하는 지렛대로, 고리대금업자들의 약탈행위로 인식한 것이다.[336]

그리고 마르틴 루터는 독점회사들의 허영을 비판했다. "회사들의 모든 것은 근거 없고 바닥이 없고 허영스러운 수전노이고 부당하다. (…) 회사들은 그들의 손아귀 안에서 만사를 인정하고 이것들을 가지고 제멋대로 만들고 (…) 마치 신의 피조물들에 대한 주인인 양 믿음과 사랑의 모든 계율로부터 자유롭게 모든 소상인들을 꼭 진짜 물속의 작은 물고기들처럼 멸망시켜 버린다. (…) 회사들이 남아있어야 한다면 법과 정직은 몰락할 수밖에 없다. 법과 정직이 남아 있어야 한다면, 회사들이 몰락할 수밖에 없다."[337]

그리고 루터가 초기자본주의적 경제활동을 고리대금업과 배금주의로 비판한 윤리적 진지성은 그가 교리문답에서 "너는 나 외에 다른 신들을 가져서는 아니 된다"는 제1계명의 해설 중에 고리대금을 비판하고 있는 데서 표현된다. 무엇이 저런 자본주의적 경제활동을 우상숭배로 만드는가? 이 활동은 부富에 대한 탐욕에 의해 추동되고 이웃을 생각하지 않고 이 탐욕에 매혹된다. 그사이에 이웃은 굶주린다. 이웃사랑의 관점에서 우상을 비판하는 것은 루터에게 자본주의의 무자비함의 사회적 결과들을 밝혀 적시하는 것을 뜻했다.[338] 말하자면, 루터에게 자본주의는 십계명 중 제1계명을 어기는 "우상숭배"였고, 자본운동의 무자비함은 이웃사랑의 계명과 배치되는 것이었다. 이런 의미에서 루터는 최초의 개신교적 자본주의비판자였다.

루터가 이렇게 비판해 마지않은, 강력한 자본집중의 지렛대 역할을 한 초기자본주의적 독점회사, 식민지 매뉴팩처, 노예약탈과 재보財寶강탈 등에다 아편강매 등 공공연한 마약판매업도 추가해야 할 것이다. 아무튼 마르크스는 서양 자본주의의 형성과정이 유혈낭자하고 극악무도했음을 진솔하게 폭로하고 있다. 마리 오기에(Marie

---

336) Lehmann, "Martin Luther und der Frühkapitalismus" (25. 2. 2018), 3쪽.
337) Lehmann, "Martin Luther und der Frühkapitalismus" (25. 2. 2018), 3쪽.
338) Lehmann, "Martin Luther und der Frühkapitalismus" (25. 2. 2018), 4쪽.

Augier)는 돈이 "자기 볼에 자연적 핏자국을 갖고 세상에 나온다"고 말했다.339) 이에 빗대서 마르크스는 자본의 악덕한 본질을 이렇게 묘사한다.

> 자본은 머리에서 발가락까지 모든 구멍으로부터 피와 오물을 뚝뚝 떨어뜨리며 세상에 나온다.340)

마르크스는 '시원적 축적기' 자본이 형성되는 과정의 비인간성, 극악무도성, 유혈낭자함을 이렇게 기술하고 있다.

물론 모든 자본주의가 이렇게 유혈낭자하고 극악무도한 악덕자본주의였던 것은 아니다. 구미제국과 일본의 시원적 축적기의 식민주의적 전쟁·약탈자본주의와 제국주의적 자본주의만이 극악무도했다. 반면, 식민지를 거느리지 않았던 한국과 중국·대만·홍콩·싱가포르 등 유교문명권의 자본주의는 내재적 수탈과 착취에만 의거한 평화적·자생적 자본주의로서 대외적으로 유혈낭자하거나 극악무도할 수 없었다.

막스 베버는 한사코 시원적·식민주의적·제국주의적 자본주의의 대내외적 극악무도성과 유혈 현상을 은폐하고 미화하는 궤변을 직조한다. 청교도주의 윤리가 "피조물적(인간적) 과업의 사무적 객관화(*Versachlichung*)를 지향했고" 이를 통해 자본축적을 이루고 근대 산업자본주의를 일구어냈다고 주장한다. 여기서 '사무적 객관화'는 과업을 객관적·형식적 사무관계로 변환시키는 것을 뜻한다. 이를 증명하기 위해 베버의 궤변과 거짓말은 부르주아 정신의 탄생을 '의지에 반한 운명'으로 날조할 정도로 더욱 '심오'해진다.

> 특히 프로테스탄티즘의 윤리적·금욕적 종파들의 역할은 씨족적 유대의 돌파, 즉 혈연공동체에 대해서, 강한 정도로 심지어 가족에 대해서도 신앙공동체와 윤리적 생활공동체의

---

339) Marie Augier, *Du crédit public et de sen histoire depuis des temps anciens jusqu'a nos jours* (Paris: 1842), 265쪽. Marx, *Das Kapital I*, 788쪽에서 재인용.
340) Marx, *Das Kapital I*, 788쪽.

우월성을 구성하는 것이었다. 경제적으로 보아, 그것은 사회적 신뢰를 사무적 직업노동(Berufsarbeit) 안에 간직된 개인들의 윤리적 특징에 근거 짓는 것이었다.[341]

이를 통해 하나의 역사적 패러독스가 일어났다는 것이다. "청교도정신이 부르주아 생활방식을 - 의지에 반해서 - 창출했다"는 것이다. 그리고 베버는 이것을 "의도에 반한 결과의 패러독스" 또는 "운명"으로 규정했다.[342] 이 대목에서 베버는 마치 자본주의의 발생이 역사적 '우연'인 것처럼 역사를 날조하고 있다.

이어서 베버는 이 역설의 논리를 청교도들에 의한 '세계의 합리화'라는 역설적 작업으로 확장한다. "유교 유형에 대한 이 유형의 특유성은 여기서 세계도피의 반대가 금욕적 세계부정(Weltablehnung)에도 불구하고, 그리고 오히려 이 금욕적 세계부정의 형식으로 세계의 합리화를 겨냥한다는 사실이다."[343] 그러나 재물의 더 많은 축장을 위해 재물의 소비를 참는 금욕은 세계의 모든 문명권에 공통적이다. 하지만 청교도의 본래적 금욕은 죄악의 세계에 대한 부정, 비관주의적 세계부정과 연결된, 따라서 이 세계의 재물 자체까지도 당연히 경멸하는 금욕이다. 그럼에도 불구하고 베버는 청교도들이 마음 한구석에 감추고 있는 음험하고 속물스러운 세속적 물욕 때문에 세계부정의 교리를 정면으로 어기면서까지 이 '세계부정적 금욕'을 '축장을 위한 금욕'으로 슬그머니 둔갑시키는 비非양심적·반反종교적 행각을 거듭 '역설', '운명'으로 포장하고 있다.

그러나 미국 신대륙으로 이주한 독실한 전형적 개신교도들, 즉 청교도들은 종교적 세계부정의 교리로 인해 '세계도피'로 내달려 도처에 아미시종파와 같이 폐쇄된 광신적 종파공동체를 세우고 어떤 자본주의적 기술문명이든, 보다 유익한 실무지식이든 거부하고, 상술한 바와 같이 베버도 스스로 인정하듯이 계몽주의의 세속적(탈주

---

341) Max Weber, *Konfuzianismus und Taoismus*, 522쪽 (VIII: Resultat: Konfuzianismus und Puritanismus). Max Weber, *Die Wirtschaftsethik der Weltreligion. Gesammelte Aufsätze zur Religionssolziologie I* (Tübingen: Mohr, 1986).
342) Weber, *Konfuzianismus und Taoismus*, 523쪽.
343) Weber, *Konfuzianismus und Taoismus*, 525쪽.

술적)·인간해방적 안경과 정반대의 안경, 즉 몽매주의적 자기주술화의 '신들린 안경'을 통해 세상을 보며 전문지식이든, 대중적 상식이든 새로운 모든 것을 거부하고 17-18세기 수준의 낙후한 생활을 영위하고 있고, 뉴잉글랜드에서는 19세기까지 오랜 세월 동안 광신적·미신적 마녀재판을 자행했다. 이런 낙후한 폐쇄적·광신적 종파 공동체들은 지금도 미국 도처에 여기저기 많이 남아 있다.

베버 자신의 말대로 청교도는 "일정하게 그리고 일방적으로 지향된 합리적 의욕을 통해 제어하려고 하는 '세계'의 영향과 인상에 대한 의식적意識的 폐쇄성"을 신앙조목으로 삼는다. 그럼에도 불구하고 베버는 이 폐쇄성을 "바로 중국 소상인의 행위를 특징짓는 자잘한 영리욕에 대한 억압, 그 어떤 합리적 기업방식이든 분쇄하는 저 자잘한 영리욕에 대한 억압으로 청교도를 이끈 것"으로 해석하는344) 궤변을 농하고 있다. 세계를 광적으로 변혁하지 못하면 세계에 대해 자신을 폐쇄하고 도피하는 광신적(enthusiastic) 개신교도의 초월적·현실도피적 생활영위는 - 상론했듯이 - 바로 "인간적 이성과 도덕성"까지도 "그릇된 지침"으로 기각하는 '신들린' 또는 '주술에 걸린' 삶이다(흄).345) 베버는 그 자신도 개신교도들의 반反계몽주의적·몽매주의적·광신적 신조信操(Gesinnung), 마녀사냥의 자행 등을 자인하면서도, 자가당착적으로 인간 이성과 도덕까지도 기각하는 개신교도의 생활영위를 탈주술적·합리적 삶으로 둔갑시키기 위해 어지간히 궤변을 늘어놓고 있다.

광신적 개신교도를 베버는 광신을 다 불태워 버리고 독실한 광신적 경건성을 다 상실할 정도로 완전히 방전放電·탈진되어 정상으로 돌아와 세속적 물욕에 굴복한 일상적 개신교도와 구별하지 않고, 경건한 광신적 개신교도와 탈진된 일상적 개신교도를 마구잡이로 뒤섞고 있다. 그리하여 베버는 광신성이 다 방전되고 물욕에 굴복한 세속화된 개신교 말종들을 "전형적 청교도"로 착각하며 '혁신적 신문명주의자'로 변용變容해 거듭 유교도와 대립시킨다.

---

344) Weber, *Konfuzianismus und Taoismus*, 530쪽.
345) Hume, "Of superstition and enthusiasm", 47쪽.

유익한 실무지식, 특히 경험적·자연과학적, 그리고 지리학적 지향, 교육 목적으로서의 현실주의적 사유와 전문지식의 각성적 명백성은 청교도 집단들, 특히 독일에서 경건주의 교파집단에 의해 처음 계획적으로 마련되었다. 한편으로 이런 것들이 신의 창조 속에서 신의 명예와 섭리를 인식하는 유일한 길로서, 다른 한편으로 직업 안에서 세계를 합리적으로 제어하고 신의 영예를 위해 자신의 책임을 다할 수 있는 수단으로서 마련된 것이다.[346]

베버는 여기서 괴이한 기만적 논변을 전개하고 있다. 과학(지식)과 이성보다 신앙을 중시하는 독일의 경건주의는 영국의 칼뱅주의(청교도주의)와 다른 반反자본주의적 원형 루터주의 복고다. 이 경건주의 교파는 1720년대에 크리스티안 볼프를 그의 공자철학 강의를 문제 삼아 프로이센으로부터 추방한 바로 그 종파였다. 그런데 베버는 이 독일 경건주의 교파에서 "유익한 실무지식, 특히 경험적·자연과학적, 그리고 지리학적 지향, 교육 목적으로서의 현실주의적 사유와 전문지식이 마련되었다"고 하며 독자를 기만하고 있다.

나아가 종교적 광분 속에서 광신적 에너지를 다 태워버리고 탈진되어 완전히 방전된 말종 청교도의 세속적 정조를 '법칙'으로 뒤집어 과장하는 저 논법으로부터 베버는 유교에 대한 개신교의 진보적 우위성을 도출한다.

> 초세속적 신과의 관계와 피조물적으로 타락한, 윤리적으로 불합리한 세계와의 관계로부터는 전통의 절대적 비신성성非神聖性과 주어진 세계의 윤리적으로 합리적인 처리와 지배에 대한 언제나 갱신되는 노동의 절대 무한한 과업, 즉 '진보'의 합리적 객관성(die rationale Sachlichkeit des 'Fortschritt')이 결과했다. 따라서 저기(유교)에서의 세계에 대한 적응에 대해 여기에서는 세계의 합리적 변혁의 과업이 대립한다.[347]

계몽주의의 진보이념 또는 근대적 진보사관은 상론했듯이 공자의 "일신일일신우일신日新日日新又日新"과 "기명유신其命維新" 명제와 "야인野人(보통사람)"의 "선진先進"

---

346) Weber, *Konfuzianismus und Taoismus*, 532쪽.
347) Weber, *Konfuzianismus und Taoismus*, 527쪽.

개념으로부터 유래했다. 그러나 베버는 청교도세계에서 초월적 신과의 관계와 불합리한 세계와의 관계가 신성하게 여기던 "전통"으로부터 신성성神聖性을 박탈했다고 주장하면서, 불합리한 세계의 합리적 지배에 대한 "언제나 갱신되는" 시지포스의 노동의 "절대 무한한 과업"을 "진보의 합리적 객관성"으로 변조하고 있다. 베버는 근대적 진보 이념이 의도에 반한 청교도의 절대적으로 근면한 시지포스 노동의 역설로부터 기원한 것으로 날조하고 있다.

나아가 베버는 "청교도주의는 모든 것을 사무적으로 객관화해 합리적 '기업들'과 순수한 사무적 '사업'관계로 해체하고 합리적 법과 합리적 협정으로 중국에서 원칙적으로 전능한 전통, 지역적 습속, 관리들의 구체적·인격적 은혜 등을 대체했다"는 것이다.[348] 경제적 성공을 최종적 목표와 자기목적으로 여기는 것이 아니라 천국입장 자격의 확증 수단으로 여긴 "고전적 청교도는 내면으로부터 종교적으로 산출되는 중심적인 합리적 생활방식"을 갖추고 있었다는 말이다.[349] 베버가 인간의 이성과 도덕성마저 부정하는 개신교적 광신도들에게 이 말을 하는 것이라면, 이것은 어떻게든 광신적 개신교와 정반대의 대립적 위치에 있는 '합리적 생활방식'을 광신주의자들에게까지 확장하려고 애쓰는 '광분'으로 비친다. 주술적·영감적 접신接神상태에서 이 세상을 몽땅 신에게 바치는 고전적 프로테스탄트 광신교도들에게서 합리성과 인간적 도덕성을 찾으려는 짓은 실로 '연목구어緣木求魚' 행각일 것이다.

그러나 저 말이 끝 모를 광신 끝에 광신성이 완전히 불타고 탈진되어 일상으로 돌아와 완전히 탈주술화·세속화된 개신교들에게 대고 하는 말이라면 일말의 타당성이 있다. 이런 개신교는 더이상 유교와 대립적이지 않을 것이기 때문이다. 그러나 베버는 거듭거듭 일상적 생활영위로 돌아온 세속적 개신교도에게만 타당한 요소들을 유자들의 '정조情操'와 대립시킨다. 그는 심지어 유교의 "만인의 만인에 대한 불신",[350] 즉 유교의 "보편적 불신"과 대립되는 청교도들 간의 "신뢰(Vertrauen)"와 "신앙형제

---

348) Weber, *Konfuzianismus und Taoismus*, 528쪽.
349) Weber, *Konfuzianismus und Taoismus*, 530쪽.
350) Weber, *Konfuzianismus und Taoismus*, 522쪽.

의-종교적으로 산출되었기에 무조건적이고 흔들리지 않는-경제적 합법성"은 신용(Kredit)과 사업공작을 원활케 했다고까지351) 말한다.

이 신뢰는 세계와 인간들의, 그리고 최고위층의 피조물적 타락성과 관련된 청교도의 깊은 사실주의적, 그리고 전적인 무無존경적 비관주의를 자본주의적 교류에 필수불가결한 신용의 방해물이 되게 하는 것이 아니라 그 비관주의를 '정직은 최선의 정치다(honesty is the best policy)'는 원칙에 따른 사무적 사업목적에 없어서는 아니 되는 동기의 불변성을 믿는, 상대방의 객관적 능력에 대한 각성된 헤아림으로 유도할 만큼 정확히 충분했다.352)

『개신교 윤리와 자본주의 정신』의 앞부분에서 베버는 "시간은 돈이다(Zeit ist Geld)", "신용은 돈이다(Kredit ist Geld)"고 주장한 벤저민 프랭클린(Benjamin Franklin, 1706-1790)의 「젊은 상인에 대한 조언(Advice to a Young Tradesman)」이라는 긴 글을 그대로 전재全載하고 있다.353) 그런데 그는 이 "이 시간이 돈이다"는 명제를 종교적이고 자본주의적 이중의미로 풀이한다. "이 명제들 - 페르디난트 퀴른베르거(Ferdinand Kürnberger)가 정신과 재능을 탐지하는 '미국적 문화형상' 속에서 양키집단의 소위 신앙고백으로 비웃은 것과 동일한 명제들 - 속에서 우리들에게 설교하는 자는 바로 벤저민 프랭클린이다. 이 '자본주의 정신'이 뜻하는 모든 것이 이 명제들 안에 다 들어 있다고 주장한다면 어폐가 있을지라도 프랭클린의 속내로부터 특징적 방식으로 저 말들을 쏟아내는 자가 바로 '자본주의 정신'이라는 것을 아무도 의심하지 않을 것이다."354) 그러나 좀 뒤에 가서 베버는 '시간은 돈이다'는 명제를 다시 개신교교리와 관

---

351) Weber, *Konfuzianismus und Taoismus*, 531쪽.
352) Weber, *Konfuzianismus und Taoismus*, 531쪽.
353) Weber, *Die protestantische Ethik und der Geist des Kapitalismus*, 31-32쪽. 프랭클린의 「젊은 상인에 대한 조언(Advice to a Young Tradesman)」은 참조: Benjamin Franklin, "Advice to a Young Tradesman", 234쪽, *The Works of Benjamin Franklin, Vol. II, Letters and Misc. Writings 1775-1779* (New York and London: The Knickerbocker Press, 1904; Indianapolis: Liberty Fund, 2004).
354) Weber, *Die protestantische Ethik und der Geist des Kapitalismus*, 32-33쪽.

련시킨다. "'시간은 돈'이지만 이 명제는 얼마간 정신적 의미로 통한다. 모든 잃어버린 시간들이 하느님의 영예에 복무하는 노동으로부터 빼앗은 것이기 때문에 시간은 무한히 가치 있는 것이다."[355]

그러나 베버가 전재한 긴 글 「젊은 상인에 대한 조언」에서 프랭클린은 이런 개신교적 의미에서 아니라 철저한 경제적 기회비용 계산에서 "시간은 돈이다"는 명제를 풀이해주고 있다.

> 하루에 자기 노동으로 10실링을 버는 사람이 하루의 절반 동안 밖으로 나가거나 게으름을 피우며 앉아 있으면 바람 쐬거나 게으름 피우는 동안 6펜스밖에 쓰지 않는다고 해도 그것을 유일한 지출로 계산해서는 아니 된다. 그는 실제로 5실링을 더 소비하거나 내동댕이친 것이다.[356]

프랭클린 자신의 이 설명은 전혀 "모든 잃어버린 시간들이 하느님의 영예에 복무하는 노동으로부터 빼앗은 것이기 때문에 시간은 무한히 가치 있다"는 "정신적 의미"의 개신교적 사색이 아니고, 단지 '철저한 경제적 기회비용 계산'에 입각한 게으름과 쏘다님의 배제, 즉 근면의 강조일 뿐이다.

프랭클린의 유명한 13개항 덕목을 살펴보면 "시간은 돈이다"는 명제는 "근면 (Industry)"과 직결된 명제라는 것을 알 수 있다. 프랭클린은 이 "근면" 덕목에다 이런 행동준칙을 달아 두고 있기 때문이다. "어떤 시간도 낭비하지 말라(Lose no time), 언제나 유용한 일에 종사하라, 모든 불필요한 행동을 잘라내라."[357]

그런데 여기서 더욱 주목해야 하는 사실은 프랭클린이 이 '근면' 덕목을 청교도 교리에서가 아니라 공자경전 영역서 『중국철학자 공자의 도덕(The Morals of Confucius,

---

355) Weber, *Die protestantische Ethik und der Geist des Kapitalismus*, 168쪽.
356) Franklin, "Advice to a Young Tradesman", 234쪽.
357) Benjamin Franklin, *Autobiography*, 189쪽. Benjamin Franklin, *The Works of Benjamin Franklin*, Vol. I in 12 volumes, edited by John Bigelow (New York & London: The Knickerbocker Press, 1904; Indianapolis: Liberty Fund, 2004).

a Chinese Philosopher)』에서 도출하고 있다는 사실이다. 공자는 이 영역본에서 "노고와 근면(*pain and industry*)"을 두 번이나 강조하고,358) "부지런"도 4회(*deligent, diligent, diligently*)나 언급한다.359) 또 이 영역본은 공자가 "우리로 하여금 게으름을 피하게 만들고 싶었다(*He would have us avoid Idleness*)"고도 쓰고 있다.360)

그리고 벤저민 프랭클린이 '시간은 돈이다'는 명제를 이런 철저한 경제적 계산에서 말하는 것이라면, 이 명제는 프랭클린보다 2000년 전의 유자儒者 사마천도 천명했다. 사마천은 재물이 없는 노동자의 노동시간의 경제적 타산을 말한 프랭클린의 관점을 뛰어넘는 부유한 자본가의 관점에서 이렇게 말한다.

> 재물이 없는 사람은 힘을 쓰고, 재물이 조금 있는 사람은 지혜를 다투고, 이미 부유한 사람은 시간을 다툰다. 이것이 화식貨殖의 대강이다.361)

"화식의 대강", 즉 '자본증식의 대강'이 이렇다면, 사마천의 "이미 부유한 사람"이 다투는 자본증식의 이 "시간"은 프랭클린이 말하는 "자기 노동으로 하루 6실링을 버는 사람"의 노동시간보다 더 자본주의적이다. 왜냐하면 프랭클린의 '노동자'는 자본주의적으로 고용되지 않은 날품팔이일 수도 있기 때문이다. 사마천의 경제적 시간개념은 개신교윤리와 전혀 무관하게 2000여 년 전에 형성되었음에도 불구하고 프랭클린의 시간개념보다 더 자본주의적이고, "특징적 방식으로 저 말을 쏟아내는" 유자 사마천의 속내는 프랭클린의 속내보다 "자본주의 정신"에 훨씬 더 가깝다.

다른 한편, 프랭클린은 "신용이 돈이다"는 명제도 개신교의 "정신적 의미"와 전혀 무관하게 순전히 경제적 타산에서 풀이해준다.

---

358) *The Morals of Confucius, a Chinese Philosopher* (London: Printed for Randal Taylor, 1691; second edition, Printed for F. Fayram, 1724), 72, 89쪽.
359) *The Morals of Confucius, a Chinese Philosopher*, 69, 135쪽.
360) *The Morals of Confucius, a Chinese Philosopher*, 112쪽.
361) 사마천, 『사기열전(下)』「화식열전」, 1191-1193쪽.

어떤 사람이 (나를 믿고-인용자) 그의 돈을 지불기일이 된 뒤에도 내 손 안에 들어 있게 한다면, 그는 내게 이익, 즉 그 시간 동안 내가 그 돈으로 만들 수 있는 만큼의 이익을 주는 것이다. 이것은 어떤 사람이 크고 좋은 신용을 가지고 있고 이 신용을 잘 쓰는 경우에 상당한 액수에 달한다.362)

그러나 베버는 윗글에서 격언 "Honesty is the best policy(정직은 최선의 정치다)"를363) 자본주의적 신용의 기반으로 제시함으로써 개신교공동체의 교우적教友的 "신뢰"와 직결시켰다. 그리하여 베버는 프랭클린이 정치와 경제정책의 좌우명으로 내걸었으나 개신교윤리와 전혀 무관한 격언 "honesty is the best policy"를 개신교의 핵심적 윤리원칙으로 단정하고, 『개신교 윤리와 자본주의 정신』에서는 "Honesty is the best policy" 원칙이 아예 "청교도적 기원(puritanischer Ursprung)"을 가진 것이라고364) 공언하며, "Honesty is the best policy"가 자본주의적 신용관계의 기초라고 무려 네 번이나365) 들이댄다. 그리고 앞서 지적했듯이 개신교공동체의 교우적 "신뢰"를 그가 전혀 근거 없이 도출한 중국 유자들의 "보편적 불신"과 대비시키고 있다.

베버는 미국 국부의 한 사람인 벤저민 프랭클린이 개신교를 전혀 믿지 않을 뿐 아니라 그 어떤 종교도 믿지 않은 반反청교도적 무종교자·무신론자였을 뿐만이 아니라, 각종 중국관련 서적들과 공자경전 영역서 『중국철학자 공자의 도덕』을 탐독하고 공자만을 숭배한 '유자'였다는 사실을366) 까맣게 모를 만큼 철저히 '무식'했다. 그리하

---

362) Benjamin Franklin, "Advice to a Young Tradesman", 235쪽,

363) "Honesty is the best policy"는 '정직은 최선의 정치다'로 국역해야 옳다. 17-18세기 영어로 'policy'는 '정책'이 아니라 '정치'를 뜻했기 때문이다.

364) Weber, *Die protestantische Ethik und der Geist des Kapitalismus*, 202쪽 각주2).

365) Weber, *Die protestantische Ethik und der Geist des Kapitalismus*, 160쪽, 202쪽 각주2), 218쪽; Weber, *Konfuzianismus und Taoismus*, 531쪽.

366) 참조: 황태연, 『공자와 미국의 건국 - 유교적 민주공화국의 탄생』, 77-144쪽; Dave Wang, "Confucius in the American Founding", *Virginia Review of Asian Studies* (2014); Dave Wang, "The Origins of Chinese Cultural Influence on the United States", Education About Asia, Vol. 16, No.2 (Fall 2011); Dave Wang, "Benjamin Franklin and China: - A Survey of Benjamin's Efforts at Drawing Positive Elements from Chinese Civilization during the Formative Age of

여 베버는 『개신교 윤리와 자본주의 정신』에서 '벤저민 프랭클린'이라는 인물을 청교도윤리, 자본주의 정신의 '표준 인간'으로 무려 40회나 언급하고 있다.[367] 이런 판국이니 베버의 이 유명한 주저主著의 책명을 '프랭클린 윤리와 자본주의 정신'으로 바꿔야 할 정도다.

막스 베버의 '무식한' 우격다짐은 여기서 멈추지 않는다. "군자에게서 신분적 예의바름에 의해, 그리고 과도로 흐르는 경우에는 (…) 노자와 여러 도교도의 신비적으로 산출된 겸허에서처럼 좁게 제한된 유생의 검약은 중국 소시민층에게서 근본적으로 농민양말 속에 저장하는 방식의 그러모음(Zusammenscharren)이었다. 그것은 부에 대해 아직 금욕적으로 분쇄되지 않은 입장의 경우에 도처에서 그러는 것처럼 고인故人에 대한 제례祭禮와 좋은 명성의 확보를 위해, 그리고 그밖에도 소유 자체의 영예와 기쁨을 위해 발생했다."[368] 반면, "청교도에게 소유 그 자체는 가령 승려에게서와 마찬가지로 시험이었다. 청교도의 영리營利는 수도원의 영리처럼 그의 금욕의 성취의 부차적 성과이고 징후였다." 그리하여 청교도 교파들 사이에서는 "세계부정과 영리적 대가성 간의 외양상의 역설"에도 불구하고 "우리는 인간들에게 경건할 것"을, 그리고 이 경건함의 "불가피한 결과"로서, "부富의 위험성"이 청교도들에게도 "명백"할지라도 "부유해질 것을 권고하는 것 외에 아무런 선택의 여지도 없다"는 것이다. "청교도에게서 영리營利는 의도치 않은 결과이되 자기 덕성의 중요한 징후였으나, 소비목적을 위한 부의 지출은 아주 쉽사리 피조물을 우상화하는 세계탐닉이었다. 청교도주의는 이러한 '피조물을 우상화하는' 준칙에 대해 역으로 세계와 직업생활의 특별한 사무적 목적들에서의 (자기)입증을 과업으로 대립시킨다."[369] 이어서

---

the United States", 1쪽. the Official Website of Benjamin Franklin Tercentenary Commission (2005), *Essays and Articles for the Benjamin Franklin (2005)*". http://www.benfranklin300.org/_etc_pdf/franklinchina.pdf.

367) Weber, *Die protestantische Ethik und der Geist des Kapitalismus*, 31-38, 42, 49, 55, 59-61, 72, 123, 160, 167, 202-203쪽.

368) Weber, *Konfuzianismus und Taoismus*, 531-532쪽.

369) Weber, *Konfuzianismus und Taoismus*, 532쪽.

베버는 더욱 큰 소리로 강변한다.

> 신에 의해 의욕되는 목적들에 대한 근본적 집중, 금욕적 윤리의 가차 없는 실천적 합리주의, 사무적 기업경영의 체계적 관념, 군주와 인간의 총애에 대한 구애에 기초한 비합법적인 정치적·식민적 자본주의와 강탈·독점자본주의에 대한 혐오, 이와 반대로 일상적 기업의 각성된 엄격한 합법성과 완화된 에너지, 기술적으로 가장 좋은 길의 합리주의적 평가와, 옛 수공업자에게서의 전승된 숙련성과 생산물의 아름다움에 대한 전통주의적 기쁨 대신 실천적 연대와 합목적성에 대한 합리주의적 평가 - 특유하게 근대적인 자본주의 기업가의 이 모든 필수불가결한 "윤리적" 자질들과 경건한 노동자의 특유한 노동자발성 - 모든 합리화된 금욕에 특유한 방식으로 세계를 "먹고사는(von)" 것이 아니라 세계 "안에(in)" 사는 종교적으로 체계화된 이 가차 없는 공리주의는 저 우월한 합리적 능력들을, 그리하여 직업적 인간성의 저 "(자본주의)정신"을 창출하도록 도왔는데, 이런 것들이 유교와 그 세계적응적 생활영위, 즉 합리적이기는 하지만 청교도주의에서처럼 내면으로부터 외부를 향해 결정되는 것이 아니라 외부로부터 내부로 결정되는 생활영위에 대해서는 궁극적으로 폐쇄된 채 남아 있었다.[370]

그러나 "초超세계적 지향"을 가진 청교도의 합리적 윤리는 "세계내적인 경제적 합리주의"를 그 "최종귀결"로까지 관철시켰다는 것이다.

> 왜냐하면 어떤 것도 바로 이것보다 그 자체로서 이 합리적 윤리와 더 멀리 떨어지지 않았고, 세계내적 노동은 이 윤리에 대해 단지 초월적 목표에 대한 추구의 표현에 지나지 않았기 때문이다. 세계는 약속에 따라 이 합리적 윤리에 귀속했다. 이 합리적 윤리만이 그 신과 신의 정의에 뜻을 두었기 때문이다. 거기에 이 두 종류의 "합리주의"(유교와 청교도주의 - 인용자)간에 근본적 차이가 있었다. 유교적 합리주의는 세계에 대한 합리적 적응을 뜻했다. 청교도적 합리주의는 세계의 합리적 지배(rationale Beherrschung der Welt)를 뜻했다. 청교도와 유생은 "각성되어" 있었다. 그러나 청교도의 합리적 "각성상태"에 있어 그 기층(Untergrund)를 이루는 것은 실은 유생에게 완전히 결여된 위력적 파토스, 즉 서양의 수도사

---

370) Weber, *Konfuzianismus und Taoismus*, 533-534쪽.

계층에게 혼을 불어넣었던 그 파토스와 동일한 파토스였다. 왜냐하면 초세계적 신의 이름으로 금욕을 요구하는 것이 수도사를 향하고 변형·완화된 형태로 세계를 향하므로 서구적 금욕 요구에 담긴 세계부정은 청교도에게서 그 이면으로 세계지배에 대한 욕망과 불가해적으로 결합되어 있었기 때문이다.371)

이것은 실로 '불가해한' 견해의 피력이다. 제가·치국·평천하 이전에 '수신'을 강조하는 유학이 "외부로부터 내부로 결정되는 생활영위"를 한다는 말도, 자연(천지)운행에 대한 인간의 참여와 찬조(參贊), 역성혁명과 반정, 부모와 군주에 대한 항의와 간쟁 의무를 설파하는 유교가 "세계에 대한 합리적 적응"만을 지향한다는 말도 공자철학에 대한 모독이다. 그리고 청교도의 "세계의 합리적 지배"라는 말은 어불성설이다. 자아의 자기지배, 즉 자치自治 외의 모든 '지배'는 '불합리' 그 자체이기 때문이다. 그러나 무엇보다도 베버는 기독교·개신교의 "세계지배"에 대한 수도승적 "파토스", 즉 "세계지배"에 대한 음험한 음모적·광신적 "욕망" 속에 바로 당시 서양자본주의가 그간 반려인간과 자연에 대해 저지를 온갖 독재적(참주적)·제국주의적·인종주의적·생태학적 범죄와 사이코패스적 홀로코스트가 응축되어 있음을 알지 못했거나 예감하지 못했다. 그의 논리는 이렇게 어리석을 정도로 치명적인 자기파괴를 노정하고 있다.

아무튼 베버는 "스스로를 문예적으로 교육하고 시험을 위해 학습해서 신분적으로 고상한 생활의 기반을 얻기 위해 그와 그의 가족의 저축금을 사용한 전형적 유생"과 반대로 "전형적 청교도는 많이 벌고 적게 소비하고 그의 소득을 금욕적 절약의무에 의해 다시 자본으로서 징모해 합리적 자본주의 기업에 투자했다"고 강변한다.372) 상론했듯이, 전형적 청교도의 '근면한 자발적인 세계내적 노동'이 '초월적 목표에 대한 추구'를 표현하는 것이라면, 이런 금욕적 자본축적과 재투자가 그 자체로서 합리적 윤리와 가장 가까운 것이기 때문이라는 것이다.

---

371) Weber, *Konfuzianismus und Taoismus*, 534쪽.
372) Weber, *Konfuzianismus und Taoismus*, 534쪽.

그러나 '검약', 즉 '근검절약'은 결코 개신교의 광신도들 사이에서만 윤리적 가치인 것이 아니다. 모든 문명권은 고유한 근검절약의 윤리도덕을 가지고 있다. 유교문화권도 이것은 마찬가지다. 그러나 "유생의 검약"은 베버가 비하하듯이 "농민양말 속에 저장하는 방식의 그러모음"도 아니었다. 공자는 여러 가지 측면에서 '근면'과 '절약'을 군자의 덕목으로 강조했다. 공자는 "평상의 덕을 행하고 평상의 말을 삼가 행함에 부족함이 있다면 감히 근면하지 않을 수 없다(庸德之行 庸言之謹 有所不足 不敢不勉)"고 말한다.[373] 그리고 공자는 개인의 삶과 국가운영 양면에서 검약 또는 절약을 누누이 강조한다. 공자는 먼저 인仁을 오랫동안 검약 속에 살 수 있는 품성으로 간주한다. "인애하지 않는 자는 오랫동안 검약에 처할 수 없다.(不仁者不可以久處約)"[374] 그리고 "예禮는 사치스러운 것보다 차라리 검약하는 것이 낫다(禮 與其奢也寧儉)"고 갈파한다.[375] 그리고 공자는 "사치스러우면 불손하고 검약하면 고루하지만 불손한 것보다 차라리 고루한 것이 낫다"고 부연한다(子曰 奢則不孫 儉則固. 與其不孫也 寧固).[376] 그리고 공자는 예복에서도 검약을 우선시한다. "마면麻冕이 예禮이나 지금은 순면純冕(검은 명주 갓)을 쓴다. 이는 검약하는 것이니 나는 대중을 따르리라."(子曰 麻冕 禮也 今也純 儉 吾從衆)[377] 그리고 맹자도 검약을 강조했다. "공손한 자는 남을 모욕하지 않고 검약하는 자는 남을 빼앗지 않는다."(孟子曰 恭者不侮人 儉者不奪人)[378] 그리고 공자는 스스로도 검소했다. 자공은 "공자가 온유하고 선량하고 공손하고 검소하고 겸양했다"고 말한다(子貢曰 夫子溫良恭儉讓[...]).[379] 그리고 공자는 치국에서도 절약을 강조한다. "천승지국을 다스리면 일을 중히 대해 미덥게 하고, 비용을 절약하고, 사람을 아껴라."(子曰 道千乘之國 敬事而信 節用而愛人)[380]

---

373) 『中庸』(13章).
374) 『論語』「里仁」(4-2).
375) 『論語』「八佾」(3-4).
376) 『論語』「述而」(7-36).
377) 『論語』「子罕」(9-3).
378) 『孟子』「離婁上」(7-16).
379) 『論語』「學而」(1-10).

이런 까닭에 앞서 시사했듯이 1691년의 공자경전 영역서 The Morals of Confucius, a Chinese Philosopher에 "노고와 근면(*pain and industry*)"을 강조하는 공자의 말이 두 번이나 등장하고,380) "부지런(*deligent, diligent, diligently*)"도 4회나 나온다.382) 이랬기 때문에 벤저민 프랭클린은 '근면' 덕목을 청교도주의로부터가 아니라 그가 열독했었던 이 The Morals of Confucius, a Chinese Philosopher에서 도출했던 것이다. 베버는 어리석게도 미국의 전형적 반反청교도주의자 프랭클린을 청교도로 착각하고 40회나 끌어대는 부산을 떨었던 것이다.

사마천은 당대의 대大상업자본가 백규白圭의 절욕과 검약을 소개한다. "그는 좋은 음식을 도외시하고 기호를 억제하고 의복을 검소히 하고 자기가 부리는 노복과 고락을 함께 했다."383) 또한 중국의 휘주徽州 상인들은 공자의 근검절약의 가르침에 따라 거만금을 축적하기 위해 검약을 강조할 때 "사람이 사물로 전락하는 물화物化(人化物也者)", 즉 "천리를 멸하고 인욕을 다하는 것(滅天理而窮人欲者)"을384) 반대로 뒤집는 "존천리 거인욕存天理去人慾"(천리를 보존하고 인욕을 제거함) 명제를 끄집어내어 '금욕적 검약'을 부의 축적을 위해 추리하는 수단으로 썼다.385) 고염무顧炎武(1613-1682)는 『조역지肇域志』에서 이렇게 말한다.

신도新都의 검약은 전국적으로 비길 데 없었다. 따라서 신도의 부富도 전국적으로 비길 데 없었다. (…) 유생들은 집에서 머문 다음, 먼 거리를 걸어서 황도皇都에 올라갔다. 그들은 거친 옷을 입었는데, 그 옷은 아주 짧아서 다리를 가까스로 덮을 정도였다. 그들은 버선 없이 짚신을 신었다. 우산 하나 들고 그들은 마차와 말 경비를 아꼈다. 사람들이 물어보면

---

380) 『論語』「學而」(1-5).
381) *The Morals of Confucius, a Chinese Philosopher* (London: Printed for Randal Taylor, 1691; second edition, Printed for F. Fayram, 1724), 72, 89쪽.
382) *The Morals of Confucius, a Chinese Philosopher*, 69, 135쪽.
383) 사마천, 『史記』「貨殖列傳」, 1178-쪽.
384) 『禮記』「學記 第十八」.
385) 참조: Tang Lixing, *Merchants and Society in Modern China. From Guild to Chamber of Commerce* (London/New York: Routledge, 2018), 15쪽.

그들은 수천 온스의 은을 가진 가정 출신들이었다. 휘주의 모든 사람들은 검약했다. 그들의 가정은 이웃에서 가장 부유했다. 수백, 수천 온스의 은을 갖지 않은 사람들은 부자라고 할 수 없었다. 이것은 오랜 세월 사실이었었다.386)

"전국적으로 비길 데 없는 검약"은 중국 상인의 전형을 이루는 휘주 상인들 전체에게 전혀 과장이 아니었다. 휘주 상인들 사이의 속담과 금언은 마음을 바꿔 검약해지고 검약의 습관을 평생 유지하고 아들과 손자를 검약으로 이끄는 것에 관한 이야기들로 넘쳐났다. 휘주 사람들에게 절약은 "농민양말 속의 그러모음"이 아니라, 부를 얻고 축적하는 합리적 방법이었다. 부富는 "하늘에 의해 신탁된 육중한 과업", "사람의 일생의 사업"이었다. 휘주 상인들은 또한 "사람은 검약 없이 사업을 할 수 없다"고 확신했다. 그리고 "훌륭한 상인은 부를 전혀 가지지 않은 것처럼 숨기고 사치스러운 생활양식의 영향을 받지 않았다".387) '존천리存天理 거인욕去人欲'은 금욕 검약의 원칙으로서 이런 부와 자본을 축적하는 데 기여했다. 자본축적을 위한 절약의 개념 자체가 유교국가의 전통문화의 일부였던 것이다.388)

그러나 중국 상인들은 근검절약, 정직, 신뢰와 같은 덕목들을 보유했고 이 덕목들의 연장선상에서 돈을 버는 것을 돈이 무한히 돈을 낳게 만드는 "불합리한" 목적을 달성하는 의무와 기도로 보지 않았다. 중국사회는 돈으로 돈을 버는 무한 메커니즘을 비윤리적인 것으로 여겨 회피했다. 그러나 주희가 인욕으로 단죄한 '맛있는 맛', '고운 옷'의 미학적 요구와 사치는 기피하지 않았다. 휘주 상인들은 아름다운 사치품들을 입수하려고 노력했고, 그들에게 사치와 상업활동 간에는 불가분적 관계가 있었다. 휘주 상인들은 검은 망사 갓과 빨간 금수 신발을 선호했다. 일평생 그들은 다른 모든 것에 인색했을지 모르지만, 이 두 가지 것에 대해서는 은전을 아끼지 않았다. 그들은 상업활동에서 이 검은 망사 갓을 쓴 관리와 신사들과 실랑이해야 했다. 그러므로 문

---

386) 顧炎武, 『肇域志』. Tang, *Merchants and Society in Modern China*, 15쪽에서 재인용.
387) 吳吉祜, 「從嫂汪行狀」. 『豊南志』, 5冊. Tang, *Merchants and Society in Modern China*, 15쪽에서 재인용.
388) Tang, *Merchants and Society in Modern China*, 15-16쪽.

사 관리들을 사귀고 넓은 사교범위를 유지하려고 애썼고, 당대의 유명한 신사들과 훌륭한 관리들을 충심으로 대접했다. 중국인들은 근검절약했지만, 무의미하고 불합리한 근검절약과 광신적 금욕의 무한축적을 둘 다 거부한 것이다. 베버가 말하는 개신교적 근검절약과 중국 신상紳商들의 유교적 근검절약은 유사성과 차이성이 있는 것이다. 하지만 유교사회에서도 '양말 속의 그러모음'이 아니라 강력한 근검절약의 윤리가 엄존嚴存했던 것이다.

막스 베버의 개신교 사회학의 근본악은 ① '고전적 개신교'와 '세속적 개신교'를 나중에 슬그머니 구분하지만, 순수이론적 출발점에서는 고전적·광신적 개신교와 세속적 개신교를 무차별적으로 동일시하고 개신교윤리 '일반'에 '세계 합리화'의 동력을 인정한 것이고, 또 ② 이 세속적 개신교 윤리를 유교적 윤리와 반대되는 것으로 규정한 것이다. 그러나 이것은 이중적으로 그릇되었다. 왜냐하면 반反자본주의적 루터주의 개신교와 칼뱅주의의 광신적(고전적) 개신교(광신적 청교도교파)에 합리화 동력을 인정하는 것이라면, 상술한 대로 이것은 '연목구어'이고, 세속적 청교도주의와 관련해서 유교와의 대립성을 주장하는 것이라면 이것은 근본적 오판이기 때문이다.

16세기 발생단계와 17-18세기 번성단계의 개신교 종파들을 시대적으로 더 가까이서 관찰한 데이비드 흄은 베버의 개신교분석이 나오기 170년 전, 즉 1741년 "미신"과 "광신"의 차이를 분명히 하기 위해 일단 광신적 개신교의 관점에서 미신을 비판한다.

나의 첫 번째 성찰은, 미신은 사제권력에 이롭고, 광신은 건전한 이성이나 철학에 못지않게 또는 오히려 이보다 더 많이 사제권력과 배치된다는 것이다. 미신은 공포·슬픔·정기의 침체에 기초하는 만큼, 인간이 그 자신의 눈에 신적 현존에 접근할 수 없는 것으로 보이도록 인간을 인간 자신에게 아주 경멸스러운 색깔로 표현하고, 그리하여 당연히, 자기의 삶의 신성성 또는 아마 건방진 후안무치와 교활함 때문에 자신을 신성에 의해 더 애호받는 자로 여기는 어떤 타인에게 의뢰한다. 이 미신적인 자들은 이 타인에게 자신의 헌신을 바친다. 이 미신적인 자들은 자기들의 기도·청원·희생으로 호감을 사서 그의 배려를 받는다. 그리고 이 타인을 경로로 그들은 자기들의 호소를 향내 나는 신에게 받아들여지게 만들어

주기를 소망한다. 이로부터 사제의 기원起源이 나온다. 사제는 정확히 소심하고 비열한 미신의 발명품으로 간주될 수 있다. 이 미신은 늘 자신이 없어 감히 그 자신의 헌신을 바치는 것이 아니라, 그의 상정된 친구나 하인의 중개로 신에게 그 자신을 맡긴다고 생각한다. 미신이 거의 모든 종교의 대단한 요소, 아니 심지어 가장 열광적인 요소인 만큼, 이 설명할 수 없는 전율을 완전히 정복할 수 있는 것은 철학밖에는 없다. 종교의 거의 모든 종파에서 사제가 발견되는 것은 이에 기인한다. 그러나 미신의 혼합이 더 강하면 강할수록, 사제의 권위는 그만큼 더 높다.[389]

"사제는 정확히 소심하고 비열한 미신의 발명품으로 간주될 수 있다"는 대목은 사제를 부정하고 장로체제를 추구하는 개신교적 태도로서 개신교의 사제부정에 대한 베버의 지적과 일치하는 부분이다.

이런 전제 위에서 흄은 '광신적' 개신교와 광기를 다 불태운 탈진·방전된 '세속적' 개신교의 차이를 이렇게 갈파한다.

잘못된 종교의 이 유형들과 관련된 나의 두 번째 성찰은, 광신의 기미를 띤 종교들은 최초의 생성기에 미신의 기미를 띤 종교보다 더 맹렬하고 격렬하지만, 조금만 시간이 지나면 더 점잖아지고 온건해진다는 것이다. 진기한 체험에 의해 흥분되고 반대에 의해 왕성해질 때 이 유형의 종교의 격렬성은 독일의 재침례교파(anabaptists), 프랑스의 칼뱅파신도(camisards), 영국의 수평파와 기타 여러 광신교파, 스코틀랜드의 맹약자盟約者교도(covenanters) 등 셀 수 없는 사례로부터 명백하다. 광신은 강한 영기靈氣와 성품의 주제넘은 과감성에 기초하는 것이므로 자연히 가장 극단적인 결심을 낳는다. 특히 신적 계발啓發의 의견으로써, 그리고 이성·도덕성·현명의 통상적 일반준칙에 대한 경멸로써, 미혹된 광신도들에게 신적 감응을 줄 정도로 높이 고양된 뒤에는 그렇다. 이와 같이 광신은 인간 사회에서 가장 잔인한 무질서를 산출한다. 그러나 그 격렬성은 단시간에 소진되고 이전보다 더 차분하고 평온한 공기를 남겨 놓는 천둥·폭풍과 같은 것이다. 광신의 최초의 불이 지나고 나면, 사람들은 모든 광신도 종파 안에서 자연적으로 신성한 사안들에서 극도의 무기

---

389) Hume, "Of superstition and enthusiasm", 47-48쪽.

력과 냉정함 속으로 침몰한다. 그들 간에는 종교적 영기靈氣의 뒷받침을 떠맡는 것에 관심을 두는 충분한 권위를 부여받은 아무런 인적 기구도 없기 때문에, 삶의 통상적 행렬 속으로 들어가 신성한 원칙들을 망각으로부터 보존하는 어떤 의례도, 전례典禮도, 어떤 신성한 계율도 없다.390)

베버는 최초의 이론화 단계에서 "극도의 무기력과 냉정함 속으로 침몰"해서 "삶의 통상적 행렬" 속으로 들어간 세속적 개신교도와, 미신적 종파보다 "더 맹렬하고 격렬한 최초 생성기"의 고전적·광신적 개신교도를 구분하지 않았다. 그러나 이론구성의 최초단계에서부터 광신적·고전적 개신교도와 세속적 개신교도의 차이는 본질적으로 중요한 것이고, 흄은 바로 이 '차이'를 이론수립의 출발점으로 삼았다. 광신적·고전적 개신교도와 관련해서는 세계부정의 형식으로 세계를 합리화하려는 베버의 "역설"이 타당할지 모르지만, 칼뱅의 교리들을 거의 다 내던져버리고 "삶의 통상적 행렬" 속으로 들어간 세속적 개신교도는 이런 역설을 마음속에 품고 있을 리가 없는 것이다.

"극도의 무기력과 냉정함 속으로 침몰"해서 세속화된 개신교도는 "삶의 통상적 행렬" 속으로 들어가서 더이상 "금욕적 세계부정의 형식으로 세계의 합리화를 겨냥하지" 않는다. "삶의 통상적 행렬" 속으로 들어간 이 세속적 개신교도는 여러 가지 점에서 유자들과 비슷하다. 베버는 이 세속적 개신교도의 역사적 출현과 대중적 실존도 몰랐고 이들이 유자들과 비슷하다는 사실을 완전히 몰각했다. 그러나 흄은 이렇게 양자 간의 이 비슷함을 분명하게 천명한다.

> 이전에 그렇게 위험한 고집불통이었던 우리의 종파주의자들은 이제 아주 자유로운 상식인들(reasoners)이 되었다. 퀘이커들은 우주 안에서 유일한 이신론자 정규집단인 중국의 선비(literati), 또는 공자의 제자들에 가까이 접근하는 것으로 보인다.391)

---

390) Hume, "Of superstition and enthusiasm", 48-49쪽.
391) Hume, "Of superstition and enthusiasm", 49쪽.

그리고 흄은 퀘이커들이 교회와 사제가 없듯이 중국의 유생儒生들도 그렇다는 것을 굳이 덧붙인다. "중국 선비들은 어떤 성직자나 교회조직도 없다."392) 흄은 베버와 정반대로 세속화된 퀘이커 개신교도와 중국 유자들 간의 유사성을 정확히 포착하고 있다. 영국의 비판적 경험론자 흄과 독일의 교조적 합리론자 베버의 주장 중 어느 것을 과학적 상식으로 받아들일 것인지는 불문가지不問可知일 것이다.

흄은 광신을 탈피한 저런 세속적 개신교도들이 중국유생들과 유사해졌기 때문에 미신종파들의 단결에 맞서 늘 시민자유의 투사들 편에 섰다고 말한다.

> 이 주제에 관한 나의 세 번째 관찰은 미신은 시민적 자유의 적이고, 광신은 시민적 자유의 벗이라는 것이다. 미신이 사제의 지배 아래서 열망하고 광신이 모든 교회적 권력에 대해 파괴적인 만큼, 이것은 현재의 관찰을 설명해 준다. 광신이 과감하고 야심적인 기질의 질병이므로 자연적으로 자유의 정신을 수반하고, 반대로 미신이 사람들을 순치되고 비참하게 만들고 예종에 적합토록 만든다는 것은 말할 것도 없다. 우리는 독립교회파(independents)와 이신론자들이 내전 내내 그 종교적 원칙에서 가장 대립적일지라도 정치적 원칙에서는 단결해 공화국을 동일하게 열정적으로 지지했다는 사실을 영국의 역사로부터 배운다. 휘그와 토리의 기원 이래, 휘그당 지도자들은 그들의 원칙에서 이신론자들이 아니면 공언된 광교회파들(latitudinarians)이었다. 즉, 그들은 관용의 벗이고 기독교도들의 특수한 종파에 공평무사했다. 한편, 모두 광신의 강렬한 기미를 띤 종파들은 예외 없이 언제나 시민적 자유를 옹호하는 저 정당과 일치했다. 미신에서의 유사성은 오랫동안 대권과 왕권을 지지하는 고高교회파(high-church) 토리당원들과 로마가톨릭을 단합시켰다.393)

휘그를 광신으로부터 벗어나 냉정해진 교도로 보고 토리를 미신에 가까운 세력으로 보는 이 대목은 데이비드 흄을 휘그가 아니라 토리로 보는 모든 논고들을 무색케 한다. 흄은 베버와 반대로 세속적 개신교도들이 중국의 유자들처럼 미신을 주변화하고 자유와 종교적 관용을 잘 알고 실천했다고 강조하고 있다. 그러나 이런 세속적 윤리

---

392) Hume, "Of superstition and enthusiasm", 49쪽. 각주a.
393) Hume, "Of superstition and enthusiasm", 49쪽.

와 정조를 갖춘 개신교도는 유자와 가까워졌을지라도 결코 서구를 자본주의화하거나 근대화한 동력이 아니었다. 이 세속적 개신교도 자체가 역으로 자본주의에 의해 변질되고 세속화된 개신교도이었기 때문이다. 단지 우리는 세속적 개신교도가 자본주의와 근대화에 대한 유력한 추종세력이자 지원군이었다는 흄의 말에만 수긍할 수 있을 뿐이다.

따라서 뉴잉글랜드에서 18-19세기까지도 마녀재판과 마녀처형을 하던 '광신적' 개신교가 근대화의 '유일한' 동력이었다는 베버의 말에 대해 우리는 손사래를 치지 않을 수 없다. 17세기 말엽(1678년경)에 등장해서 "시민적 자유"를 "옹호"해온 영국 휘그당의 지도부는 - 광신적 개신교도든 일상적 개신교도든 - 개신교도가 아니었고, '교회조직'과 '종파', 아니 심지어 '계시'만이 아니라 '종교 일반'도 부정하는 '이신론자들'과 케임브리지대학 기반의 철학적 '광교회파들'이었다.[394] 따라서 세속적 개신교도조차도 근대화의 '유일한' 주도적 동력은커녕 '한' 동력도 아니었고, 따라서 섀프츠베리나 흄, 아담 스미스처럼 은근히 기독교만이 아니라 종교 자체를 부정하는 영국 휘그당 지도부에 끼어있지도 않았다. 개신교에는 성직자도, 교회도, 따라서 지도자도 없었기 때문이다. 영국에서 '광신적' 개신교도는 '세속적' 개신교도와 더불어 "시민적 자유를 옹호하는" 휘그당과 보조를 "일치"시킨 정치적 지지대중의 일부에 지나지 않았던 것이다.

휘그당 지도이념의 반反개신교정신과 유교적 성격은 앞서 상론했듯이 트렝커드와 고든의 주의주장에서 가장 확실하게 드러난다. 이들은 공화주의 규범을 창출하고 휘그당 노선으로 확립함으로써 휘그당의 근대적 영혼을 주조하고 대변한 휘그 과두체제의 핵심인물들이었다.[395] 이들은 『독립 휘그』(1720)에서 가톨릭의 반反기독교성을 폭로하기도 했지만,[396] 가톨릭이나 개신교, 그리고 루터주의 개신교나 칼뱅주

---

394) 광교회파는 광신적 과격과 편파, 비타협, 불합리를 배제하고 중도·타협·이성을 강조하며 교회예배에 불참하고 모든 개신교종파들을 아우르려는 성공회 계열의 '넓은 교회파'다.

395) Blair Worden, "The Revolutions of 1688-9 and the English Republican Tradition", 249쪽. Jonathan I. Israel, *The Anglo-Dutch Moment. Essays on the Glorious Revolution and its World Impact* (Cambridge: Cambridge University Press, 1991).

의 개신교를 다 위선적 종파로 여겨 모조리 다 배척하고, 중국 유자가 서양 기독교인보다 '더' 기독교적이라는 역설적 명제를 천명함으로써 영국사회의 탈기독교화와 유교화를 추구했다.397) 트렝커드와 고든은 덴마크와 스웨덴의 루터주의교도들이 "훨씬 더 사나운"데다 "타인들을 극치의 격노와 무지로 대한다"고 비판하고, 칼뱅주의 스코틀랜드교회(커크) 신도도 "굉장한 신성함을 가장하고 그 자신의 옳음에 대한 엄청난 자부심을 가지고 있지만, 옳음을 그 밖의 어디에서도 발견하지 못한다"고 비판한다.398) 그리고 상론했듯이 트렝커드와 고든은 이 칼뱅주의 개신교도(커크)의 "아주 강렬한 지배욕"과 도덕적 위선, 그리고 "자기들의 기분을 상하게 하거나 그들을 부정하는 사람들에 대해 무자비하게 행사 기율로서의 이 아주 강력한 지배욕"을 정확하게 간파하고 커크들의 불관용을 "모든 다른 교회와 의견들을 대하는 그들의 얼굴은 불쾌해 하고 용서하지 않는 표정이다"라고 지적한다.399) 트렝커드와 고든은 가톨릭만이 아니라 루터주의·칼뱅주의 개신교의 반기독교적 독선, 불관용, 지배욕, 위선, 배타적 가혹성도 매섭게 비판하고 있다. 결국 휘그의 사상적 지도자 트렝커드와 고든은 유럽의 모든 기독교종파의 히브리정신을 공자정신보다 열등하고 반근대적인 것으로 배격한 것이다. 기독교 복음서 속의 보편적 사랑 정신과 상통하는 유교적 '박애'와 '관용'의 정신과 정면으로 배치되는 유럽의 신·구 기독교의 반反기독교성에 대한 그들의 자성적 비판은 앞서 상론했듯이 유럽의 전면적 '탈脫기독교화·탈종교화'와 '중국화'와 '유교화'에 대한 요구로 귀결되었다.

또한 휘그 정치사상의 일각을 이루었던 합리적 공화주의자들도 캘빈주의 개신교를 단호하게 거부하고 중국 유자들처럼 역사에서 교훈을 구하기(따라서 사실상 유자들의 역사경험주의를 취하기)는 마찬가지였다.

---

396) Trenchard and Gordon, *The Independent Whig*, Vol. III, 98-99쪽.
397) Trenchard and Gordon, *The Independent Whig*, Vol. III, 99쪽.
398) Trenchard and Gordon, *The Independent Whig*, Vol. III, 100쪽.
399) Trenchard and Gordon, *The Independent Whig*, Vol. III, 100쪽.

정치에서의 합리주의자들은 종교에서도 합리주의자들이었다. 인간에게 있어 공화주의자들은 캘빈주의 예정설을 배척하고 그 대신에 구원의 달성에서 인간의 운명과 인간의 이성에 공간을 허용하는 가르침을 향해 움직였다. (훗날 휘그당의 전신인) 17세기 공화주의자들은 아르미니언들이었고 소시니언들(반삼위일체론자들)이었다. 1688년 이후 톨란드와 볼링브루크처럼 그들은 이신론자들이고 자유사상가들이었다. 18세기 말, 19세기 초에 그들은 종종 유니테어리언들(Unitarians)이었다. (그리고 과학자와 수학자들이었다.) 이성은 마찬가지로 공화주의자들의 역사 읽기에서 그 정점에 도달했다. 그들은 역사를 (…) 정치적·도덕적 교훈의 방대한 저장고로, 즉 사례들에 의한 철학 교육으로 보았다.[400]

역사를 정치철학 교과서로 삼는 것은 중국 유자들의 유구한 전통이다. 따라서 영국의 공화주의자들도 성서의 말씀과 신화를 맹신하는 반反계몽주의적·몽매주의적 칼뱅주의 개신교를 단호하게 배격하는 '세계관적 유자들'일 수밖에 없었던 것이다.

휘그당의 근대화 이념은 베버가 초점을 맞추는 칼뱅주의 개신교에서 유래한 것이 아니라, 유교정신에서 유래한 것이다. 베버가 '근대의 핵심정신'으로 간주한 "정직은 최선의 정치"라는 벤저민 프랭클린의 표어가 개신교에서 나온 것이 아니라 공자의 유교적 정치이념("정자정야政者正也")에서 유래한 것으로 입증했듯이, 그리고 이를 뒤에 더욱 철저히 규명하듯이 휘그당의 근대화 정신도 이처럼 개신교윤리가 아니라 유교윤리에서 유래한 것으로 밝혀진다.

전체적으로 막스 베버는 이론구성의 출발단계에서 개신교의 광신적 버전과 탈진된 세속적 버전을 구분하지 않고 나중에야 슬그머니 인정했고, 그리하여 근대적 종교정신(관용)을 부정하는 고전적(광신적) 개신교의 역할을 세속적 버전과 무차별적으로 근대화의 '유일한' 동력으로 인정·과장하고 또 고전적(광신적) 개신교의 반反계몽적 기능을 축소·은폐함으로써 "자본주의적 생산양식의 결과가 아니라 이 생산양식

---

400) Worden, "The Revolutions of 1688-9 and the English Republican Tradition", 252쪽. '아르미니언'은 원죄설과 완전타락설을 부정하는 교파이고, '소시니언'은 예수신성설, 삼위일체설, 창조설과 원죄설, 계시와 전통적 구원론 등을 다 부정하고 단지 인간 예수의 덕행을 따르는 교파다. 그리고 '유니테어리언'은 삼위일체론을 부정하는 교파다.

의 출발점인 축적", 즉 피비린내 나는 "자본의 시원적 축적"을 청교도의 독실한 신앙행위와 근검절약의 결실로 포장·미화하는 '유치한 교언巧言과 궤변'을 짜냈다. 그러나 베버의 이런 개신교사회학적 포장·미화작업 이전에도 유혈낭자한 시원적 자본축적을 정당화하고 아름답게 포장하는 유사한 동화童話는 18-19세기 유럽 전역에 만연되어 있었다.

■ 칼뱅주의의 탈脫칼뱅주의적 자유개신교로의 변신

이쯤에서 우리는 개신교가 자본주의의 발생 원인인지, 거꾸로 자본주의가 개신교의 발생 원인인지가 궁금한 지점에 이르렀다. 미신적 종파보다 "더 맹렬하고 격렬한" 최초 생성기의 광신적 개신교종파들과, 극도의 무기력과 냉정함 속으로 침몰해서 "삶의 통상적 행렬" 속으로 들어간 세속적 개신교도들 간의 분화를 눈여겨 볼 때, 이 분화가 자본주의의 흥기 및 발전에 의해 야기된 것이라는 짐작은 자연스럽기 때문이다. 1517년 95개 조의 논박문으로 발단한 루터의 종교개혁과 16세기 중반 장 칼뱅 (Jean Calvin, 1509-1564)의 경건주의 운동은 경제적으로 볼 때 자본주의와 무관하게 중세적 농업사회를 배경으로 오직 로마가톨릭에 대한 순수한 '종교적' 투쟁으로 일어난 것이다. 칼뱅의 교리를 집중적으로 분석한 베버의 긍정적 묘사와 정반대로 칼뱅이 1540년 이후 20여 년 동안 시행한 제네바 신정神政정치는 살벌하고 엄혹한 종교독재로서 자본주의만이 아니라 계몽주의와도 일절 무관하고 차라리 근대자본주의와 계몽철학의 생성가능성을 박멸하는 정치이념을 추구했다.

장 칼뱅이 이끈 제네바 장로회는 그가 1536년에 시의회에 요구했던 권한, "불성실한 신도를 파문하고 죄질이 나쁠 경우 이를 시의회에 고발해 처벌받도록 한다"는 권한을 이용해 모든 시민의 일상생활을 통제했다. 불성실의 기준은 어이없을 정도의 경건주의였다. 세례식 때 하품을 하면 구속, 예배 도중에 졸아도 구속, 스케이트를 타면 벌금, 악기를 연주하면 추방, 도박이나 음주는 중죄였다. 구걸하는 자는 체포되었고, 모든 술집은 철거되었고, 축제는 폐지되었으며, 식당에서는 기도를 올리고 성서를 읽기 전에는 음식을 주문할 수 없었다. 그리고 상품 가격을 과도히 올려서는 안 되었다. 이런 신정정치적 족쇄 외에 실생활을 개선하는 개혁도 있긴 있었다. 가령 거리에 오물을 버려서는 안 되고, 발코니에는 아이가 추락하지 않도록 난간을 달아야 했다.

그러나 칼뱅의 개신교적 신정정치 아래서 제네바 시민들은 시민생활의 소소한 재미조차도 마음 놓고 누릴 수가 없었다. 칼뱅은 종교재판을 철폐한 것이 아니라 반대로 더욱 엄혹하게 만들었다. 그리하여 그는 1553년 혈액순환을 발견한 자연과학자 세르베투스(Michael Servetus, 1511-1553)를 종교재판에 제소해 화형시켰다. 수년 전 역시 불온한 사상을 가졌다는 이유로 제네바에서 추방된 카스텔리오(Sebastian Castellio, 1515-1563)는 "성서의 어느 구절에 도대체 '이단'이라는 말이 있으며, 이단이면 죽여도 된다는 말이 있는가? 교리상의 이유로 사람을 죽인다면 그것은 결코 신앙을 위하는 일이 아니고, 단지 살인일 뿐이다"라고 칼뱅을 통렬히 비판했다. 칼뱅의 극단적 경건주의는 그의 사후에 각종 종파로 사분오열된 영국의 광신적 청교도에 의해 계승되었고, 이것은 미국으로까지 이식되었다. 가톨릭 못지않게 종교적 관용을 철저히 배제하는 이 초기형태의 냉혹하고 무자비하고 광신적인 칼뱅주의는 스케이트 타기와 악기 연주, 음주와 술집, 가격 인상을 통한 이윤추구, 축제, 사치 등을 금지하고 식당과 음식을 규제함으로써 도처에서 자본주의의 생성을 가로막고 자본주의적 요소들을 짓뭉개버렸다.

이 반反자본주의적·반反계몽주의적 칼뱅주의는 그럼에도 이것을 뚫고 또는 이것이 전파되지 않는 다른 지역에서 일어난 자본주의의 물질적 압박 속에서 이른바 "관대한 개신교" 또는 "자유개신교(liberal Protestantism)"로[401] 변신하지 않을 수 없었다. 초기 개신교는 자본주의의 발생요인이기는커녕 "솔라 피데(sola fide; 오직 믿음으로)"와 "솔라 스크립투라(Sola scriptiura; 오직 성서만이)"의 구호 아래 자본주의의 발생가능성을 철저히 말살했고, 그럼에도 이를 뚫고 또는 이를 피해 흥기한 자본들의 이윤추구와 축적·집중·병합의 강력한 현실적 필요에 부응해 '관대한 개신교'로 탈바

---

401) Taylor, "The Enlightenment in Switzerland", 78쪽.

꿈된 것이다. 칼뱅주의가 자본주의의 발생원인이 아니라 억제요소였고, 나중에 자본주의에 의해 변질되었다면, 칼뱅주의는 '계몽주의의 적'이었고, 나중에야 비로소 계몽주의와 자본주의에 의해 세속화되어 "관대한 개신교", 즉 '계몽된 자본주의적 개신교'로 거듭난 것이다.

　이것과 관련해서는 칼뱅의 본고장인 스위스를 돌아볼 필요가 있다. 17세기 말과 18세기 초 스위스는 상공업과 자본주의가 빠르게 발달하고 있었다. 이 시기에 스위스에서는 초기 칼뱅주의를 계승한 개신교 교조주의를 청산하는 '관대한 개신교' 운동이 확산되어 칼뱅주의의 거의 모든 교설을 폐기처분했다. 이것은 프랑스나 영국, 네덜란드에서도 마찬가지였는데, 이런 곳에서는 신비적 계시를 부정하는 이신론이나 무차별주의를 동반했다. 스위스는 이신론과 무차별주의를 동반하지 않으면서 '관대한 개신교'로 직진했다. 이 자유개신교 사조 속에서는 경건주의도 약한 형태로 변했다. 관대한 개신교가 힘을 얻었을 때, 경건주의는 추방당하지는 않았지만 당국으로부터 격렬한 박해를 당했다. 관대한 개신교는 칼뱅의 신정정치의 본거지였던 제네바에서 통치권을 장악한 뒤 점차 다른 여러 개신교 중심지로 확산되었다. '관대한 개신교'는 '세속화된 개신교'로서 개신교 고백파(*Confession*)와 합의파(*Consensus*)의 가혹성에 대한 반발로 출현했다. 1618년에 결성된 개신교 고백파는 원형 칼뱅주의를 교조적으로 견지하려고 했고, 합의파는 공고한 교리적 기반 위에서 만장일치를 추구했다. 반면, 관대한 개신교는 교조적 칼뱅주의 교리를 관용적 신앙으로 대체했다. 데카르트주의 신학자 슈에(Jean-Robert Chouet, 1642-1731)와 그의 제자 장 투레팅(Jean Alphonse Turrettin, 1671-1737)은 합의파 인물들이 교수직을 얻는 것에 서명하지 않았다. 그 결과, 제네바 한림원은 유럽에서 가장 진취적인 교육철학의 중심지가 되었고, 근대적 과학문화의 조건을 창출했다.402)

　낡은 스콜라철학과 칼뱅주의가 무력화된 1669년은 스위스와 제네바 사상계의 분수령이었다. 이때부터 데카르트철학(네오스콜라철학)의 새로운 유형과 자유로운

---

402) Taylor, "The Enlightenment in Switzerland", 78-79쪽.

비교조적 개신교신학이 꿈틀댔고, 제네바는 유럽 사상계에서 중심무대로 떠올랐던 것이다.[403] 새뮤얼 테일러는 이 정황을 이렇게 기술한다.

> (제네바)성직자들은 '계몽된' 개신교 또는 관대한 세속적 개신교 분위기에 힘입어 정통에 대한 유일한 대안으로서의 이신론과 대결하지 않았다. 오히려 관대한 개신교는 교조적 논변들에 등을 돌리고 1세기 전에 생각할 수 없었던 종교에 대한 '합리적' 탐구를 허용했다. 삶의 문제에 영향을 끼치지 않는 차이들에 대한 관용을 동반하는 합리적 태도가 역사적 칼뱅주의를 대체했다.[404]

"관대한 개신교" 또는 "자유개신교"는 극동제국과 공자철학의 무제한적 관용을 수용한 피에르 벨과 존 로크의 계몽주의적 관용론의 영향을 받아들인 것이다. 벨의 제2고국 네덜란드와 로크의 고국 영국은 자본주의 발전에서 프랑스 농업국가를 앞질러 가고 있었고, 따라서 음양으로 공자철학을 수용하고 관용론을 이미 17세기 말에 전개한 것이다. 볼테르의 『관용론』이 1763년에야 나온 것을 보면 프랑스의 정치적·종교적 지체를 알 수 있다. 그러나 스위스는 프랑스의 계몽을 기다리지 않고 바로 네덜란드와 영국으로부터 유교적 색조의 관용론을 직수입한 것이다.

그리하여 "스위스 목사들은 교회가 성서로부터의 설교와 도덕문제에서 제일성齊一性을 유지할지라도 신앙과 양심 문제에서 개인적 이론異論의 권리를 누렸다. 피에르 벨은 자신의 제네바 체류에 관해 '여기서는 철학이 극히 잘 번창하고 있고, 슈에 씨가 적잖은 명성을 갖고 큰 외국인청중을 거느리고 데카르트의 철학을 가르치고 있다'고 쓸 수 있었다. 슈에의 데카르트철학 강의는 투레텡이 가르친 자유신학을 포함하고 있었다. 투레텡은 규정規程 신앙을 거부하고 자유로운 비판적 탐구의 권리를 인정함으로써, 그리고 칼뱅 시대에 세르베투스를 죽음에 이르게 한 개신교의 불관용 전통을 배격함으로써 교파를 통합하는 일에 착수했었다. 그리하여 스위스 개신교는 당연히

---

403) Taylor, "The Enlightenment in Switzerland", 77쪽.
404) Taylor, "The Enlightenment in Switzerland", 79쪽.

가톨릭과 다른 개신교 종파들로부터 '광교주의'라고 공격받았을지라도 유럽 안에서 최초의 공인된 자기 면모를 '관용'으로 각인시켰다. 통일은 추론적 논쟁을 넘어선 중심 신앙들의 아주 작은 핵심의 기반 위에서 획득되었다. 이 중심 신앙들은 신학자들에게만이 아니라 속인들에게도 수용가능해야 했고, 생업 및 (일반적) 기독교도덕과 엄밀한 관련성을 갖는 것이어야 했다. 동시에 그것들은 성서에도 확고한 기반을 가져야 했다. 이 조건들을 충족시키지 못하는, 또는 논쟁을 일으키는 신앙들은 제네바의 종교교육에서 실제적으로 사라졌다."405)

장 투레텡은 설교자로서 목사들에게, 그리고 그가 담당한 교구의 신입신도들에게 심원한 영향을 미쳤다. 투레텡의 일은 그의 제자 베르네(Jacob Vernet, 1698-1789)에 의해 계승되어 더 정열적으로 수행되었다. 베르네는 1730-40년대에 "신앙과 이성은 신이 우리에게 길을 밝히라고 준 두 횃불이니, 결코 상호 대립시켜서는 아니 된다"고 썼다. 베르네 아래서 도덕적 가르침에 교리를 복속시키는 추세가 훨씬 더 분명해졌다. 이로써 도덕은 이제 교리에서 도출되는 것이 아니라 역으로 교리를 지도·감독했다. 공자의 본성적 도덕이 기독교종파적 교리들을 제압한 것이다. 그는 "훌륭한 목사는 단지 호기심과 정신을 만족시키거나, 그것들이 무엇을 증명하든 덕성이나 행복에 아무런 가능한 영향을 미칠 수 없을 때 그의 이성을 방해하는 모든 사소하거나 쓸데없는 문제들을 회피한다"고 설교하고 다녔다.406)

그러므로 '관대한 개신교' 신학은 교조주의(칼뱅주의)로부터, 삶의 기본문제와 무관한 모든 영역에서의 교조적 진술을 회피한 관용적·실용적 신앙으로 변한 것이다. 자유개신교 신학은 형이상학적 문제, 신앙 그 자체, 그리고 계시의 내용이 인간이성의 이해 범위 저편에 있는 것으로 종종 주장되지만 이것들이 동시에 이성에 명백히 유용하고 필요하다고 생각했다. 로크의 용어로 '기독교의 합당성'이 전제되면 직관적 증명의 필요는 없었다. 모든 측면에서 개신교회는 이성적·관용적이지만, 이성이 파괴하지 않고 지지하는 기독교신앙의 경계 안에서 이성적이고 관용적이었다. 목사

---

405) Taylor, "The Enlightenment in Switzerland", 79쪽.
406) Taylor, "The Enlightenment in Switzerland", 79-80쪽.

들은 직관적인 자들을 의심했고, '종교에 대한 합리적 공격'을 '이성의 오용'으로 기각했다. 종교와 기독교적 계시는 최고로 논리적이고 합리적으로 방어가능하다. 그러므로 이 관대한 개신교 신학은 계시를 제거한 이신론과 어떤 식으로든 혼동될 수 없었다. 더구나 이 신학을 대변하는 목사들을 소시니언들이라고[407] 부를 수도 없었다. 왜냐하면 관련된 진리는 이성 위에 있고, 또 그 진리는 판단이 단순히 유예되는 영역이기 때문이다. 관대한 개신교는 이단자를 관용했다. 정확히 이단자들이 교조적이기를 그쳤고 그들의 신앙의 기본적 명제들을 건드릴 수 없을 것이기 때문이다.

그러므로 제네바교회에 소시니언의 딱지를 붙여야 한다는 볼테르의 주장은 모욕적이기도 했고, 부정확하기도 했다. 당시 제네바 목사들은 이렇게 반박했다. 볼테르는 제네바 목사들을, 극도의 냉정함 속으로 침몰해 "삶의 통상적 행렬" 속으로 들어간 탈주술화된 영국 퀘이커들의 스위스 등가물과 같이 '자연종교'의 신조에 등록할 만큼 무르익은 조직된 종교집단으로 보았다. 하지만 제네바 목사들이 이해하기에, 자신들의 자유개신교 신학 안에서 자기들의 신앙은 뉴턴의 경험적 자연과학과 부합되고, 계몽주의와 종교적 경건주의 간에는 아무런 필연적 갈등도 없었다. '진짜' 계몽주의는 불가피하게 프랑스의 유물론, 영국의 이신론, 루소의 계시 폐기론으로 통하지 않았다. 그들은 인간적 삶의 과학적 관점과 초월적 관점이 완벽하게 양립가능하다고 생각했다.[408]

대상인의 아들이자 은행가의 동생이었던 베르네는 어떤 면에서 '관대한 개신교도'의 이상형이었다. 그는 영국·프랑스·네덜란드·독일 등으로 널리 여행했고, 몽테스키외, 볼테르, 루소의 친구였다. 중요한 점에서 슈에·투레틴·베르네라는 인물들로 대변된 제네바의 '관대한 개신교'는 근대 과학과 철학이 교회의 파면 없이 번창할 수 있는 사상적 자유를 창출했다. 무역, 과학, 철학은 진귀한 관용의 분위기 속에서 융성

---

407) '소시니언(Socinian)'은 예수신성설(神性說), 삼위일체설, 창조설과 원죄설, 계시와 전통적 구원론 등을 다 부정하고 단지 예수의 덕행을 따르는 것만으로 구원을 얻을 수 있다고 주장한 소시누스(Laelius Socinus, ?-1562)의 신학을 지지하는 사람을 가리킨다.

408) Taylor, "The Enlightenment in Switzerland", 80쪽.

했다. 물론 '관대한 개신교'도 개신교인 한에서 칼뱅의 불관용 정조가 살아남은 명백한 예외들이 있었고, 관대한 개신교 유형의 계몽주의가 프랑스 유형의 반反성직자적·유물론적 계몽주의를 기각한 명백한 갈등사례들이 존재했다. 스위스 멘탈리티는 반反가톨릭·반反프랑스적 정신의 세기들이 금기로 만든 프랑스적 태도(극장, 의상, 사치)에 대해 겁먹었다. 이런 정서적 분위기 속에서 스위스의 각주各州에서 사상적 충성이 프랑스로부터 영국과 독일로 이동해 경험주의 혁명을 알린 것은 철학적 이유에서만이 아니었다.409)

이 충성 이동의 가장 선명한 신호탄은 베아 드 뮈랄(Béat de Muralt)의 유명한 『영국인·프랑스인과 여행에 관한 서신(Lettres sur les Anglois et Francois et sur le voiages)』(1725)이었다. 이 서간집은 그가 명예혁명 6년 뒤인 1694년 영국을 방문했을 때의 경험들을 기록한 것이다. 이것은 영국의 제도들에 관한 중요한 설명만이 아니라, 프랑스 국가제도의 타락에 대한 노골적 공개비판이기도 했다. 취리히에서도 제네바에서와 유사하게 프랑스로부터 독일과 영국으로의 문예적 변동이 일어나고 있었다. 뮈랄의 이 저작은 보통 볼테르의 『철학서신(영국서신)』에 비해 중요하지 않은 것으로 간주되지만 실은 이 『철학서신』보다 9년 먼저 나왔을 뿐만 아니라, 프랑스인들에 대한 볼테르의 비판과 영국인들에 대한 그의 철학적 호평을 아주 많이 선취하고 있다. 제네바에서 교육받은 뮈랄은 그의 고향인 베르네(Berne)와 달랐던 제네바에서의 문화충격에 더해 자본주의의 선두를 달리던 영국에서 다시 충격을 받은 것이다. 뮈랄의 이 『영국인·프랑스인과 여행에 관한 서신』은 스위스가 유럽의 사상무대로 재진입한 것을 피부로 느끼게 하는 신호탄이었다. 영국사상의 발견에서 스위스는 프랑스와 독일을 앞질렀다. 뮈랄의 이 책은 또한 스위스가 대륙에서 '영국 사상들의 지식 창고' 역할을 하는 것을 뜻하기도 했다.410)

스위스는 이 역할을 네덜란드와 공유했고 볼테르처럼 프랑스의 극소수 영국애호자들과도 공유했다. 영국의 과학과 철학을 번역하고 대중화하는 네덜란드의 역할은

---

409) Taylor, "The Enlightenment in Switzerland", 81쪽.
410) Taylor, "The Enlightenment in Switzerland", 81쪽.

크게 발전했는데, 이 과정에서 스위스 사람들로부터도 적잖은 도움을 받았다. 이후 중국과 공자철학을 잘 아는 밀턴, 포프, 스위프트, 흄, 버틀러, 퍼시, 맨드빌 등 많은 영국저자들의 서적들이 스위스 사람들에 의해 불역·독역되었다. 이 번역서들은 스위스에서만 읽힌 것이 아니라, 프랑스·독일과 기타 국가들에서도 읽혔다.[411] 스위스에서 영국의 사상과 문예가 범람한 이 기간은 당연히 영국인들의 공자철학 열광과 시누아즈리의 이식도 동반했다.

이와 동시에 '관대한 개신교'는 더욱 관용적인 방향으로 변모하면서 칼뱅의 마지막 잔재마저도 털어내고 칼뱅주의의 자리에 영국화된 공자철학적 자유·관용론과 상공업의 자유를 가져다 놓았다. 1669년부터 1730년대까지 스위스는 발전하는 자본주의의 영향 아래서 철저히 불관용적인 칼뱅주의 개신교에서 칼뱅을 제거한 관용적·계몽주의적 자유개신교로의 근본적 혁신을 겪었던 것이다.

이 혁신과정에서 칼뱅의 '신정정치의 본고장' 제네바의 경제는 제네바를 중심으로 한 스위스 지역의 칼뱅주의와 자유개신교에 의해 일신된 것이 아니라, 자본주의 경제의 흥기와 발전을 기반으로 스위스와 프랑스를 경제적으로 앞질러 가던 영국·네덜란드·벨기에 등 다른 선진국들의 정치제도와 사상·문화의 충격적 영향에 의해 일신된 것이다. 경제토대의 변동이 칼뱅주의 개신교로부터 탈脫칼뱅주의의 관대한 개신교로의 종교문화적 변동을 가져온 것이다. 결코 거꾸로는 아니었다. 불관용적 칼뱅주의와, 탈脫칼뱅주의적이고 세속적인 '관대한 개신교'가 결코 제네바와 스위스의 시원적 자본축적과 자본주의를 촉진하는 동력이나 원인으로 작용한 적이 전혀 없었다는 말이다.

---

411) Taylor, "The Enlightenment in Switzerland", 81-82쪽.

■ 베버의 물구나무선 원시적 자본축적의 동화童話

주지하다시피 베버는 개신교의 이러한 자본주의적 변화와 계몽주의적 변신의 인과관계를 거꾸로 뒤집어 자본축적에 적대적인 칼뱅주의를 자본주의의 원인으로 전도시키는 일종의 동화童話를 써냈다. 베버가 이런 동화를 쓰기 훨씬 전에 마르크스는 일찍이 아동과 성인이 같이 읽은 이 유치한 자본주의 동화를 이렇게 풍자했다.

> 정치경제학에서 이 시원적 축적은 신학에서의 원죄적 타락과 거의 동일한 역할을 한다. 아담이 사과를 베어 먹음으로써 인간종족 전반에 죄악이 덮쳤다. 시원적 축적의 기원은 과거의 일화로 이야기됨으로써 설명된다. 일찍이 흘러간 시기에 한편에는 근면하고 영리하고 무엇보다도 검약한 엘리트가 있었고, 다른 한편에는 게으름피우며 자기의 모든 것과 그 이상의 것을 유흥으로 탕진하는 룸펜들이 있었다. 신학적 원죄타락의 신화는 물론 우리에게 인간이 어떻게 자신의 빵을 그의 얼굴의 땀 속에서 먹도록 저주받게 되었는지를 이야기해 준다. 그러나 경제적 원죄타락의 역사는 우리에게 전혀 그럴 필요가 없는 사람들이 어떻게 존재하는지를 밝혀준다. 아무래도 좋다. 그렇게 하여 전자는 부를 축적했고 후자는 자기들의 피부가죽 외에 팔 것이 없는 상황이 초래되었다는 것이다. 그리고 이 원죄타락의 날로부터 여전히 온갖 노동에도 불구하고 자기 자신 외에 팔 것이 없는 대중의 빈곤과, 일찍이 노동하기를 그만두었음에도 지속적으로 성장하는 소수인의 부가 유래한다. (…) 현실 역사에서는 주지하다시피 정복, 압제, 약탈, 살인, 한 마디로, 폭력이 커다란 역할을 한다. 그러나 부드러운 정치경제학에서는 예로부터 전원시田園詩가 지배했다. 권리와 "노동"이 예로부터 유일한 치부致富수단이었다. 당연히 그때마다 "금년"은 뺐다. 실은 시원적 축적의 방법들은 이와 완전히 다른 것이었고, 아무튼 전원시적인 것은 아니었다.412)

베버는 개신교 교리를 사회학적으로 가공함으로써 '옛날에 게으른 한스와 부지런한 아무개가 살았다'로 시작되는 경제신학적 원죄론과 자본주의 엘리트론에 관한 이 '동화책(Kinderfibel)'을 종교사회학으로 번안한 것이다. 그의 종교사회학적 자본주

---

412) Marx, *Das Kapital I*, 741-742쪽.

의론은 '근면하고 금욕적인 개신교윤리'가 곧 자본축적의 정신적 동력이었다는 일종의 '개그 동화'다. 이로써 전형적 청교도는 전형적 근대자본가로 둔갑하고, 자본축적은 청교도의 '신성한 의무'이자 신성한 공로로 변용變容된다. 그러나 이미 1850-60년대에 노동자계급의 도전에 경악한 유럽의 보수적 정객들은 20세기 초 정치적 대세가 된 사회주의 혁명에 전율했던 베버처럼 "소유권문제가 제기되자마자" 곧바로 "저 동화책의 관점을 모든 연령대와 모든 발전단계에 유일하게 걸맞은 관점으로 견지하는 것"을 "신성한 의무"로[413] 만들었다.

베버는 노예무역상 출신 영국 비非국교도(nonconformist) 개신교도 다니엘 디포(Daniel Defoe, 1660-1731)의 허접한 모험소설 『로빈슨 크루소의 삶과 모험(The Life and Adventures of Robinson Crusoe)』(1719)에서 영감을 얻어[414] 유럽 보수정객들의 '동화'에서 전제하는 예배와 근면노동·근검절약과 축적의 인과관계를 개신교 윤리로부터 설명하는 종교사회학으로 재생산한다. 그런데 『로빈슨 크루소의 삶과 모험』을 정독해보면 이 소설을 읽고 영감을 얻은 베버의 부도덕한 학문적 속임수가 여실히 드러난다. 1719년의 『로빈슨 크루소의 삶과 모험』은 개신교도 디포와 로빈슨 크루소의 가식적·위선적·범죄적 삶을 잘 보여주는 소설이다. 막스 베버가 개신교윤리로부터 자본주의 정신을 도출해 서양 부르주아지의 범죄적 자본축적을 정당화하는 데 이 소설을 모티브로 삼은 한에서 그의 자본주의정신론도 그만큼 위선적·범죄적이다. 케네스 포머란츠(Kenneth Pomeranz)의 분석에[415] 따라 노예무역상 디포의 삶과 소설의 주인공 크루소의 삶을 겹쳐 읽어보자. 필자는 포머란츠의 분석을 더 넓은 관점에서, 그리고 지금까지의 논의에서 밝혀진 새로운 사실들에 입각해서 재분석할 것이다.

소설 속에서 로빈슨 크루소는 두 개의 삶을 산다. '섬 안의 개신교도적 삶'과 '섬 밖

---

413) Marx, *Das Kapital I*, 742쪽.

414) Kenneth Pomeranz and Steven Topik, *The World that Trade Created* (New York: M. E. Sharpe, 2013), 169쪽.

415) Pomeranz and Topik, *The World that Trade Created*, 169-172쪽.

의 악덕자본가적 삶'이 그것이다. '섬 안의 개신교도적 삶'은 무인도에 표류한 뒤 섬 안에 갇혀 아버지의 말씀에 따라 근검절약하고 독실하게 신을 믿고 성경을 읽으며 식인종 프라이데이를 개종시켜 노예로 쓰고 자신과 노예의 노동으로 자급자족하는 사용가치지향적·반反자본주의적·중세지향적·자급자족적 개신교도의 삶이다. '섬 밖의 악덕자본가적 삶'은 섬으로 표류해 오기 전 노예무역·사치품무역·플랜테이션(노예사역농장)경영에 종사하던 삶과, 무인도에서 구조되어 섬에서 식민지를 경영하는 삶, 이 식민지를 윌 앗킨스에게 맡기고 섬을 떠나 인도와 동남아시아를 거쳐 극동과 시베리아로 여행하는 늙은 모험적 상인과 독선적·광신적 기독교제국주의자의 삶 등으로 이루어진다. 소설 속에서 로빈슨 크루소의 아버지는 당대에 가장 이윤이 많이 나는 영리활동인 아프리카 노예무역에 종사하지 말고 내수시장의 상업에 종사하거나 법조인이 되어 중산층의 삶을 살며 사치를 금하라고 가르친다. 아버지는 18세기 한창 중국 신사를 본받아 도덕적으로 거듭나던 '영국 젠틀맨의 삶'을 살라고 당부한 셈이다.

『17-18세기 영국의 공자숭배와 모럴리스트들』(상)에서 상론했듯이 18세기 전반에 세속화된 탈脫광신적 온건(계몽)·자유개신교파에 속하는 영국 젠틀맨들은 공자숭배와 중국열광 속에서 중국의 '신사', 또는 '군자'의 도덕적·미학적 삶을 본받으려고 애쓰고 있었다.[416] 따라서 로빈슨 크루소의 아버지의 당부는 실은 내용적으로 '유교적 군자의 삶'을 살라는 당부였던 것이다.

그러나 로빈슨 크루소는 아버지의 당부말씀을 어기고 바다로 가서 노예무역상이 된다. 다니엘 디포는 작가이기 전에 노예·사치품무역상이었다. 노예무역은 매매되는 노예가 이방인이라면 기독교 교리에 전혀 반하지 않는다. 여호와는 토지를 영구히 팔지 말라고 하면서도(레위기 25:23) 히브리인을 노예로 사면 6년을 부리고 7년째 되는 해에 해방하지만(출애굽기 21: 2), 이민족("사방 이방인")과 외국인 거류민은 사서 영구히 노예로 삼아라(레위기 25: 44-46)고 말하고 있기 때문이다. 디포는 프랑스 산

---

416) 황태연, 『17-18세기 영국의 공자숭배와 모럴리스트들』(상), 334-356쪽.

사향고양이를 사서 향수를 생산했고, 프랑스와의 전투에서 영국전함에 보험을 걸었고, 기아나(Guiana) 식민프로젝트(플랜테이션 노예농장 건설)를 위한 홍보문건을 작성했고, 악명 높은 '남양버블(South Sea Bubble)'에[417] 주식을 투자했고, 아프리카 노예무역에 종사했다. 그는 영국의 성공이 자급자족이 아니라, 사치품(사탕·담배·커피)무역, 노예사냥, 노예무역, 플랜테이션(노예농장), 식민지경영으로 구성되는 국제무역에 달려 있다고 믿었고, 젠틀맨의 가치지향인 자급자족·검약·절욕을 경제적 가치로 보지 않았다.

근면노동·근검절약·절욕 등의 개신교윤리에 바탕을 두고 사용가치를 지향하는 아미시(Amish) 종파공동체와[418] 같은 반反자본주의적 자급자족경제를 실패한 것으로 묘사함으로써 상업도시와 국제무역으로부터 고립된 자급자족경제론을 배격하고 국제무역을, 그것도 사치품·노예무역을 확대하고 세계 도처에서 식민지와 시장을 확보하는 모험을 벌여야 한다는 주장이 실은 『로빈슨 크루소』와 두 속편으로 이어진 '크루소 3부작 소설'의 주제였다.

로빈슨 크루소는 아버지의 당부를 내던져버리고 디포처럼 국제무역, 종종 사치품 무역에 적극 관여한다. 크루소는 첫 항해에서 '장난감과 잡동사니들'을 노예와 교환하고 많은 이윤을 올려 아주 성공한다. 두 번째 무역항해를 위해 아프리카로 돌아가

---

417) '남해 회사(The South Sea Company)'는 1711년 영국 정부가 재정위기를 타개하기 세운 특권 회사의 하나다. 아프리카 노예를 스페인령서인도 제도에 수송하고 이익을 얻는 것을 목적으로 했지만, 이 사업이 부실해지자 금융회사로 변신해 1720년에 주식투기를 유발해 주당 100파운드 5개월 뒤 1050파운드로 부풀리는 '남해거품사건'을 일으켰다. 거품이 빠지자 다른 주가도 폭락해 영국경제 전체가 흔들렸다. 프로젝트수립가는 불분명하지만, 다니엘 디포로 많이 거론된다. 이 거품을 수습하는 과정에서 재정전문가 로버트 월폴이 권력을 잡았고 1742년까지 집권해서 의원내각제를 확립했다.

418) 침례교의 일파인 아미시파는 17세기 말 나타난 메노파의 한 분파로서 유럽과 미국을 중심으로 확산됐다. 미국에서는 주로 펜실베이니아·오하이오·인디애나 주 등에 집단적으로 거주하고 있으며, 전화·자동차 등 현대문명의 이기를 사용하지 않고 교회를 중심으로 가족 단위의 중세적 공동체를 형성하고 있다. 남성은 턱수염을 기르며, 여성은 땋아 올린 머리에 두건을 쓰고 앞치마를 두른다. 미국 내 아미시 주민은 20만 명가량으로 펜실베이니아 주에 가장 많이 거주하고 있다. '아미시'라는 명칭은 17세기에 메노(Menno)파를 창시한 스위스 목사 아만(Jakob Ammann, 또는 Amann, 1644-1712?)의 이름에서 나온 것이다.

는 길에 그는 모로코 해적들에게 붙잡혀 자신이 노예가 되어 4년을 보냈다. 그는 배를 훔쳐 한 동료 노예와 탈주하는 데 성공하는데, 이때 그의 재산이 바뀐다. 그는 훔친 배와 그의 동료 노예를 대서양에서 그들을 구해 브라질로 데려다준 포르투갈 노예무역상에게 팔아 현금화한다. 브라질에서 그는 이 자본을 토지에 투자하고 그 시대의 사치품인 담배와 사탕수수를 재배하는 플랜테이션(노예농장)을 경영한다. 이 시점까지 크루소의 인생은 국제 사치품무역과 플랜테이션의 노예경영에 종사하거나 이 노예농장에서 일할 노예들을 사는 데 종사했다. 그는 당대의 주된 사치품인 담배·정향·설탕과 노예를 매매했다. 그러다가 그는 노예를 브라질에서보다 더 싸게 사기 위해 아프리카로 또 한 번의 항해여행을 떠났다. 하지만 이 항해 중에 그는 풍랑을 만나 배가 난파하는 바람에 카리브 해의 한 무인도에 홀로 표류해 이 절해고도에 갇히게 된다.

이때부터 로빈슨 크루소는 근면하게 노동하고 근검절약하는 독실한 개신교도로서 자급자족적 삶을 산다. 크루소는 근면·검약·내핍의 상징인물이다. 크루소는 무인도에 고립되어서도 기꺼이 '근면노동(*hard work*)'을 수행하고, 섬에 사는 동안 사치·쾌락이나 레저 활동을 등진다. 그는 회계사의 정신으로 창고물건, 지나가는 연월일 등을 다 기록하고 파악한다. (디포는 그 자신이 한동안 회계사로 일했다.) 그는 만취하기 위해서가 아니라 특별한 날에 마시기 위해 난파선에서 가져온 술을 절약한다. 그는 자유시간이 생기면 섬을 탐사하는 것이 아니라 성경을 공부한다. 사실, 그가 섬의 끝까지 가보는 데는 18년이나 걸렸다. 크루소는 나태를 경멸하고 노동을 찬양할 뿐만 아니라, 훌륭한 중산층 영국인으로서 사치를 배격한다. 그는 난파선으로부터 사치스럽고 화려한 옷을 하나도 가지고 오지 않았다. 그 대신, 그는 거친 염소가죽 옷을 손수 만들고, 햇볕에 그을리는 것을 막기 위해서만 이 옷을 입는다. 섬에 고립된 생활을 하는 크루소는 물건들이 오로지 그 유용성(사용가치)에 따라서만 값어치가 있다고 결론짓는다. 그는 구입할 것이 없기 때문에 돈을 '시시한 것(*stupid stuff*)'으로 경멸하고, 돈보다 목수의 공구 상자를 더 좋아한다. 그는 기계적 기량이 없는 상태에서 무인도에 상륙했었다. 하지만 그를 지탱해주는 소총·음식·공구 등 그의 모든 소유물을 그가 좌초한 배로부터 가져왔다. 그는 수많은 시도 끝에 중국도기처럼 훌륭한 도기를 만드는데에도 성공한다. 크루소는 이 물건들을 빼면 이 무인도를 열대의 이상향이 아니라 '불임'의 땅, 무용지물로 여긴다. 그는 섬에서 좋은 수출품이 될 만한 어떤 자원도 탐사하지 않는다. 실로 그는 그가 이전에 알지 못한 어떤 것에 대해서든 장님이다. 따라서 그는 28년 동안 섬에 살면서 살아남고 상당히 편안하게 되지만, 부를 축적하지 못한다. 따라서 식인종 프라이데이를 붙잡아 개신교로 개종시키고 그를 노예로 부리고 스스로도 근면하게 노동하며 검약 속에서 자급자족하는 '섬 안에서의 개신교적 삶'은 상공업세계를 등지고 어쩔 수 없이 바깥세상을 부정하는 반자본주의적·중세적·아미시파적 삶이었다. 따라서 이 개신교적 삶은 세상을 횡단하는 사업활동이나 자본축적과 대립적인 은둔자의 도피적 삶이다.

크루소가 구조되었을 때 그가 가진 부도 그 자신의 노동의 산물이거나 노동생산물의 축적이 아니라, 난파선로부터 가져온 돈이었다. 크루소는 구조되고 나서 나중에 그 섬으로 윌 앗킨스라는 사람, 스페인사람 등 바깥사람들을 수입하고 원주민을 동원해 식민지경영을 시작한다. 그러나 이 사업에 투자된 자본은 무인도에서 얻은 부가 아니라, 난파선에서 가져온 돈, 즉 그의 브라질 사탕수수 플랜테이션에서 나온 이윤과 그의 최초 노예무역 항해의 투자 이윤에서 나온 이자였다.

무인도 로빈슨 크루소의 제1기 섬 생활은 존 버넌의 '천로역정'을 따라하는 광신적 청교도의 삶이 아니었지만 엄격한 청교도적 삶을 살았다. 여러 사람들을 무인도로 데려와 여럿이 함께 식민지경영을 하며 살게 된 크루소의 제2기 섬 생활은 식민지를 경영하여 본국과의 불가피한 분리 속에서 영업이익을 추구하며 자본주의 식민지경제를 경영하는 네덜란드 도르트레이트 시市의 분리주의 장로파와 같은 '깨인' 세속적 청교도의 삶이었다. 이 삶은 노예사냥이나 노예무역·노예사역 등의 악덕자본주의와 무관한 비교적 착한 가부장적 공동체 생활이었다.

크루소는 이 식민지에서 가부장으로 지배하며 산다. 그러나 그는 오랜만에 영국으로 돌아갔다. 그러다가 그는 향수에 못 이겨 수년 만에 다시 돌아와 식민지경영에 다시 참여한다. 하지만 그는 방랑벽이 도져 갑자기 플랜테이션을 앗킨스에게 맡기고 섬을 떠난다. 그는 수년 뒤 받은 편지를 통해 앗킨스도 죽고 스페인사람들도 떠나고 이 식민지가 궁핍 속에 침몰하고 있다는 소식을 듣는다. 그의 식민지는 상업에만 실패한 것이 아니라 자급자족적 자립에도 철저히 실패한 것이다.

크루소는 식민지로의 복귀를 거부하고 무역세계와 이 세계의 사치품들과 재회한다. 그 뒤 로빈슨 크루소는 '자족적 근면노동'을 등지고 카라반을 데리고 무굴제국, 중국, 시베리아를 여행하는 모험적 삶을 산다. 이 모험적 삶은 무인도 시절에 섬의 끝까지 가는 데 18년이 걸리고, 섬 안에서 좋은 수출품이 될 만한 어떤 자원도 탐사하지 않았던 착실한 개신교적 삶과 정반대의 삶이었다. 이 모험적 삶은 기독교적·자본주의적 제국주의를 결합한 약탈적 악덕자본가의 삶이다. 로빈슨 크루소와 다니엘 디포는 사치품 무역에 아주 이골이 나서 사치품·노예무역의 유혹을 피할 수 없었던 것이다.

디포는 『로빈슨 크루소의 삶과 모험』(1719)에 직접 이어지는 제2·3부 『로빈슨 크루소의 더 먼 모험(The Farther Adventures of Robinson Crusoe)』(1719)의 제13절에서는 중국과 공자를 본격적으로 헐뜯고 조롱한다. 디포가 이런 조롱을 쏟아놓은 것은 17·18세기 영국인의 중국열풍과 공자숭배에 대한 반동 심리[419] 때문만이 아니라, 디포 같은 노예무역상에게 무굴제국처럼 교역의 문호를 열어주지 않는 중국의 쇄국정책에 대한 원망 때문에 나온 것이다. 크루소는 '해적'이나 '강도'로 둔갑할 위험이 높은 자신과 같은 노예무역상에 대한 무굴제국의 쇄국성에 짜증을 낸다. "대大무굴제국의 신민들은 외양상 예의바른 정부를 가졌고, 실론의 주민들은 아주 엄격한 규율 아래 살고 있지만, 그들과 무역하는 데 얼마나 어려움을 느끼는가?"[420]

---

419) Qian Zhongshu, "China in the English Literature of the Eighteenth Century", 122쪽. Adrian Hsia (ed.), *The Vision of China in the English Literature of the Seventeenth and Eighteenth Centuries* (Hong Kong: The Chinese University of Hong Kong Press, 1998).

420) Daniel Defoe, *Serious Reflections during the Life and Surprising Adventures of Robinson Crusoe: With his Vision of the Angelick World* (London: Printed for Taylor, 1720), 133쪽.

따라서 『로빈슨 크루소』와 그 속편소설들은 개신교적 자급자족·근면노동·검약·금욕·절제의 찬양서가 아니다. 이 소설책들은 아버지 말씀(온건개신교파적 가치들과 영국인의 유교적 젠틀맨십을 추구하는 당부)을 어긴 것에 대한 후회에도 불구하고 돈에 초연한 근면노동·검약·절제의 개신교윤리에 기초한 섬 안의 비자본주의적·중세적 자급자족경제를 조롱하며 타기唾棄하고 동료를 노예로 팔아먹는 비열한 노예무역상 로빈슨 크루소의 비윤리적·비인간적 약탈자본주의의 정신을 긍정하고 승인하는 책들이고, 유교윤리와 이교적 중국문명을 노예무역상의 비윤리적 악덕자본주의 정신과 신·구교 구별 없는 기독교적 광신·독선·불관용 정신에서 비방하는 책이고, 사치품·노예무역과 노예사역 플랜테이션을 찬양하는 책이고, 노예제를 옹호하는 책이다. 『로빈슨 크루소』는 전체적으로 무인도에서처럼 섬의 끝까지 가는 데 18년이 걸리고 좋은 수출품이 될 만한 어떤 자원도 탐사하지 않고 교환가치와 거리가 먼 정태적 근면노동·검약·절욕·성경공부를 통해 자본이 축적되는 것이 아니라, 교환가치를 추구하는 사치품교역·노예무역·노예노동(커피·사탕수수 플랜테이션에서의 노예사역)·식민경영을 통해 형성·축적된다고 가르치는 반反근면노동·반反검약·반反절욕·반反자급자족과 노예약탈·노예무역·사치품무역·플랜테이션(식민지경영)과 기독교·자본제국주의적 경략·정복·모험의 설교다. 즉, 개신교적 자급자족의 설교가 아니라, 기독교적 약탈자본주의의 설교다. 이것은 영국의 성공이 자급자족이 아니라 플랜테이션·노예사냥·사치품·노예상품의 국제무역에 달려 있다고 믿은 다니엘 디포의 지론, 즉 소위 국제무역을 통해서만 영국이 자본을 축적할 수 있다는 설교다. 로빈슨 크루소와 다니엘 디포의 이 설교는 "유럽 바깥에서 직접 약탈, 노예화, 강탈살인을 통해 노획된 재보財寶가 모국으로 흘러들어가 여기에서 자본으로 변했다"는 마르크스의 역사기술을[421] 그대로 입증해준다.

베버가 『로빈슨 크루소』에서 개신교윤리를 자본주의정신과 연결시키는 영감을 얻었다면, 그것은 섬 밖의 '비열한 반反개신교적 노예무역상 겸 노예농장주·식민주

---

421) Marx, *Das Kapital I*, 781쪽.

의자·약탈자본가 크루소'를 '무인도 안의 독실한 반자본주의적·자급자족적 청교도 크루소'로 슬쩍 바꿔치기해 정당화하는 가치론적 속임수와 이를 위한 그의 '의도적' 오독에서 비롯된 것이다. 그가 『개신교 윤리와 자본주의 정신』에서 디포나 로빈슨 크루소를 여섯 번이나 인용하고 있는 것은 저 영감이 『로빈슨 크루소』에서 비롯되었다는 소문과, 또 부도덕한 가치론적 속임수를 부리기 위한 『로빈슨 크루소』의 의도적 오독에서 비롯되었다는 추정을 신빙성 있게 만든다.

노예무역상 디포는 칼뱅주의 개신교파처럼 중국 구휼정책을 모방한 영국정부의 빈민정책에 대한 격렬한 반대자였다. 그는 이미 1704년에 출판한 『자선행위는 자애가 아니고, 빈자 고용은 국가의 고충거리(Giving alms no charity, and employing the poor a grievance to the nation)』라는 에세이에서 빈자에게 일거리를 주기 위한 기존의 노역소·자치조합·교회소 및 교구기금설치안案이 국가에 해롭고 영국의 상업을 파괴하고 빈자의 머릿수와 불행을 증가시키는 경향이 있다고 주장한다.[422] 실로 중국정부의 유교적 양민養民정책과 정반대되는 주장이다. 베버는 로빈슨 크루소의 '섬 안의 반자본주의적·개신교적 생활'을 묘사하는 디포가 아니라 노예상인 디포의 이 반개신교적·악덕자본가적 에세이를 개신교의 빈민 관련 교리의 증거로 인용한다.

> 이미 칼뱅은 구걸을 엄격히 금했고, 네덜란드의 장로교 종교회의들은 구걸허가증과 구걸목적에 대한 증명서 발급에 격렬히 반대하고 있다. 스튜어트왕조의 시대, 특히 찰스 1세 치하의 로드(William Laud) 체제가 국가적 빈민부양과 실업자에 대한 일자리 배정의 원칙을 체계적으로 구축했었던 반면, 청교도들의 투쟁구호는 "자선행위는 자애가 아니다"였고 (이 구호는 디포의 나중의 유명한 에세이의 제목이 된다), 17세기 말경에는 실업자들을 위한 "노역소"의 공포체제가 시작되었다.[423]

국가의 빈민구제를 위한 복지정책은 근대의 10대 기본요소에 속하는 것이다. 따라서

---

422) Daniel Defoe, *Giving alms no charity, and employing the poor a grievance to the nation* (London: Printed and Sold by the Booksellers of London and Westminster, 1704).

423) Weber, *Die protestantische Ethik und der Geist des Kapitalismus*, 177쪽 각주3).

구빈복지정책에 반대하는 것은 그 자체로서 '반근대'다. 그러나 자신이 개신교도인 베버는 칼뱅주의 개신교와 디포가 얼마나 반근대적인 주장을 펴고 있는 줄을 모르고 있다. 또한 빈민구제는 현금지불로 이루어지는 경우에 대중적 유효수요를 창출해 내수시장의 위축을 막거나 기旣위축된 내수시장을 확장시켜 되살려낸다. 따라서 빈민복지 정책은 자본주의 시장경제의 순항을 위해서도 필수적인 것이고, 이에 반대하는 것은 자본주의의 순항을 저해하는 어리석은 반反자본주의 논리다.

베버는 근검노동의 개신교윤리의 입장에서, 그리고 자선이 노동기율을 악화시킬 거라는 속마음의 우려에서 빈민구제를 적대하는 칼뱅과 디포의 무식한 반자본주의 논리를 그대로 따르고 있다. 윗글에서 이것 못지않게 그릇된 것은 베버가 제네바도시공화국의 광신적 입법자 칼뱅의 구걸 금지조치를 세속적 이익을 무자비하게 추구하는 비열한 개신교적 노예무역상 디포의 빈민구휼 반대 주장과 동일시하고 있는 점이다. 칼뱅의 구걸금지 조치는 중국처럼 자선시혜를 전제로 한 것이었다.

디포(로빈슨 크루소)에 대한 두 번째 언급에서 베버는 크루소를 탈脫광신적·공리주의적·세속적 경제인으로 묘사하며 광신교도와 구별하고 디포가 '열렬한' 비국교도임을 밝힌다.

> 물론 일차적으로 그 금욕적 교육효과에서 경제발전에 대해 의의를 가지는 저 강력한 종교운동들은 (…) 보통 순수한 종교적 광신이 이미 극복되고 신국神國을 찾는 투쟁이 점차 해소되어 깨인(정신 맑은) 직업덕성으로 변하기 시작한 뒤에, 종교적 뿌리가 서서히 사멸하고 공리주의적 현세성에 자리를 내준 뒤에 - 다우든(Edward Dowden, 1843-1913; 에이레 비평가·시인)의 말을 빌리자면, 대중적 상상 속에서 틈틈이 종교활동을 하는 고립된 경제인 "로빈슨 크루소"가 내적으로 신국을 찾는 고독한 추구 속에서 "허영의 연말시장"을 가로질러 서두르는 존 버년의 "순례자"를 대신했다면 - 그 완전한 경제적 효과를 전개했다. 그다음에 "배치되는 두 세계를 일치시킨다(to make the best of both worlds)"는 원칙이 그래도 여전히 지배한다면, 마침내 - 다시 다우든이 말한 것처럼 - 양심은, "부드러운 휴면 베개"라는 독일어 속담도 이를 제대로 곱상하게 표현하고 있듯이, 간단히 편한 시민적 삶의 수단들의 대열 속으로 들어가야 했다. 그러나 17세기의 저 종교적 활극시대가 그 공리주의적 상속인

에게 유증한 것은 무엇보다도 달리 합법적 형태로만 수행될 시에 화폐영업에서의 엄청난 양심 - 위로삼아 말한다면, 바리새인적(율법주의적 -인용자) 양심 - 이었다. "그(바리새인)는 신을 거의 기쁘게 할 수 없다(*Deo placere vix potest*)"는 말의 어떤 잔재도 사라졌다. 특유한 부르주아적 작업윤리가 생겨난 것이다. 신의 완전한 은총 속에 들어 있고 신에 의해 명시적으로 축복받는다는 의식을 가지고 부르주아 기업가는, 형식적 올바름의 한계 안에서 그의 윤리적 행위가 탓할 바 없고 그의 부의 사용이 상스러운 것이 아니라고 생각한다면, 그의 영업이익을 추구할 수 있었고, 또 그래해야 했다. 게다가 종교적 금욕의 위력은 그에게 비상하게 노동능력이 있고 노동을 신이 원하는 삶의 목적으로 알고 노동에 달라붙는 깨인(광신에서 벗어난) 양심적 노동자를 제공해주었다.[424]

베버는 "로빈슨 크루소" 구절 뒤에 "디포는 열성적 비국교도였다"는 각주를 달아(디포에 대한 네 번째 언급)[425] 디포가 비국교도적 개신교도(칼뱅주의 청교도)임을 밝혀 주고 있다. 베버는 17세기 종교적 활극시대에 천로역정을 떠나던 광신적 개신교도가 광신에서 깨어나 세속적·현세적 개신교도로 변질되는 과정을 두루뭉술하게 묘사하고 있다. 이로써 그는 최초의 이론구성 단계에서 인정치 않았던 그 구분, 즉 광신적(고전적) 개신교도와 방전된 세속적 개신교도의 구분을 역사적 서술단계에서야 슬그머니 도입하고 있다. 그러나 여기서 베버가 말하는 세속적 개신교도는 '청교도'라기보다는 "순수한 종교적 광신을 이미 극복한", "종교적 뿌리를 서서히 사멸시킨" 종교적 위선의 '공리주의자'에 불과한 것이다.

하지만 여기서 『로빈슨 크루소』에 대한 베버의 커다란 의도적 오독이 명백하게 드러난다. "고립된 경제인" 로빈슨 크루소는 무인도에 사는 크루소로서 원하든 원치 않든 사용가치만을 인정하고 돈의 용도를 부인하며 영리추구에도 초연한, 근면노동·검약·과욕寡慾의 자급자족을 삶의 모토로 삼고 사는 중세적 분위기의 반反문명적·반反자본주의적 개신교도, 즉 미국 아미시파 같은 청교도다. 반면, 영리를 추구하는 로빈슨 크루소는 비루한 노예상인이고, 커피·사탕·담배 장사이고, 노예들을 군대식 기

---

424) Weber, *Die protestantische Ethik und der Geist des Kapitalismus*, 197-198쪽.
425) Weber, *Die protestantische Ethik und der Geist des Kapitalismus*, 197쪽 각주2).

율로 강제노동을 시켜 사탕수수를 재배하고 설탕을 만들어 돈벌이를 추구하는 악명 높은 플랜테이션(영국 '공장'의 모델작업장)의 노예사역자이고, 자기가 살던 무인도를 식민지로 전변시킨 식민지경영자, 중국과 시베리아에서 이교도들을 적대·경멸하며 상업적·종교적 모험을 펼치는 경제적·기독교적 제국주의자다. 여기서 베버는 노예무역상·노예사역자·제국주의자이며 악덕자본가인 크루소의 비열한 비인간적 약탈자본주의경제관, 즉 담배·커피·설탕·노예무역과 식민주의·제국주의를 통한 부국강병론을 섬 안의 청교도 로빈슨 크루소의 가부장제적·반反자본주의적 개신교윤리로 슬쩍 포장함으로써, '신국'과 '순수한 종교적 광신'을 버리고 금전욕에 눈이 어두워 돈을 번다면 무슨 짓이라도 하는, 디포처럼 완전히 타락한 위선적 개신교도를 '정신 맑은 직업적 덕자'로, 무해한 개신교윤리적 자본가('공리주의자')로 정화淨化·정당화하는 가치론적 속임수를 쓰고 있다.

디포에 대한 세 번째 언급에서 베버는 의도치 않게 대자본과 중소자본 간의 주도권 다툼에서 디포가 취한 행동이 결코 '젠틀맨'의 행동이 아니라 수단과 방법을 가리지 않는 극렬한, 동시에 미친 위선적 당파주의자임을 보여주고 있다.

> 청교도들(Prynne, Parker)은 저 부류로부터 자기들이 박해받는 참된 이유인, 자기들의 우월한 부르주아적 사업도덕에 대한 자부심에서 대자본 유형의 "왕당파·프로젝트메이커들"과의 어떤 공동보조도 윤리적으로 미심쩍은 부류와의 공모로 부정했다. 디포는 비국교도에 대한 그들의 공격투쟁에서 은행어음의 보이콧과 예금해지를 통해 이기자는 제안을 내놓았다. 두 종류의 자본주의적 태도의 대립은 종교적 대립과 아주 많이 병행해 나갔다. 비국교도의 적들은 18세기에도 거듭거듭 이 비국교도들을 "가게주인의 정신(spirit of shopkeepers)"을 포지한 자들로 비웃고 오랜 영국적 이상의 파괴자로 박해했다.[426]

베버의 이 묘사에서 의도치 않게 청교도들의 종교적 광신이 영리추구 경쟁에서 "은행어음의 보이콧과 예금해지"도 불사하는 극렬한 반反경제적 광기로 변해 있음을 확

---

426) Weber, *Die protestantische Ethik und der Geist des Kapitalismus*, 201-202쪽.

인한다. 이것은 '합리적' 자본주의 모습이 아니라 광적으로 탐리貪利하는 '악덕자본가'의 모습이다. 여기서 근검·절약·절욕·성경읽기와 고립된 자급자족을 생활준칙으로 삼는 아미시파적 청교도윤리는 광적으로 영리를 추구하는 부르주아지가 스스로 우월하다고 자부하는 "부르주아적 사업도덕"으로 변질되어 자기들의 광적 금전욕을 은폐하는 자기기만용 포장으로 전락해 있다. 디포 자신은 가이아나 식민프로젝트를 위한 홍보문건을 작성했던 프로젝트메이커였다. 그 자신이 그러면서도 "프로젝트메이커들과의 어떤 공동보조"도 "윤리적으로 미심쩍은" 일로 "부정하는" 자들과 함께 "은행어음의 보이콧과 예금해지"도 불사하는 제안을 내놓고 있는 것은 실로 더할 나위 없이 위선적이다.

로빈슨 크루소(디포)에 대한 다섯 번째, 여섯 번째 언급에서 베버는 이 세상을 등지고 고립된 자기들만의 삶 속으로 인퇴하는 "자발적 분리주의"에 대한 "로빈슨의 나중에 완화되는 원래 견해"가 "엄격한 칼뱅주의자들과 도르트레히트(네덜란드 도시) 장로교회의 분리주의 옹호투사들"의 견해와 동일하다고 말하고,[427] 분리된 종교적 경제생활에서 반드시 필요할 수도 있는 "liberty of prophesying(예언의 자유, 또는 신을 대변하는 설교의 자유)"가 이미 "로빈슨에 의해서도 문학적으로 옹호되었었다"고 밝힌다.[428]

베버 자신이 다우든의 말을 빌려 말하듯이 틈틈이 종교활동을 하는 고립된 경제인 "로빈슨 크루소"는 내적으로 신국을 찾는 고독한 추구 속에서 "허영의 연말시장"을 가로질러 서두르는 존 버년의 "순례자"를 대신했다. 그렇다면, "엄격한 칼뱅주의자들"의 견해는 존 버년의 '천로역정'을 따라 하는 광신적 청교도주의를 말한다. 상론했듯이 로빈슨 크루소의 제1기 무인도 생활은 존 버년의 '천로역정'을 따라 하는 광신적 청교도의 삶이 아니라 이것을 대신하는 엄격한 청교도적 삶을 살았다. 식민지경영을 하며 여럿이 살게 된 크루소의 제2기 섬 생활은 본국과의 어쩔 수 없는 분리 속에서 식민지를 경영하여 영업이익을 추구하는 '깨인' 세속적 청교도의 삶이었다. 그것은

---

427) Weber, *Die protestantische Ethik und der Geist des Kapitalismus*, 228쪽 각주2).
428) Weber, *Die protestantische Ethik und der Geist des Kapitalismus*, 229쪽 각주3).

자본주의 식민지경제를 경영하는 네덜란드 도르트레이트 시市의 분리주의 장로파의 삶과 유사한은 삶이었다. 이 삶은 노예사냥이나 노예무역·노예사역 등의 악덕자본주의와 무관한 가부장적 공동체 생활이었다. 그러나 제2기 섬 생활의 분리주의는 어쩔 수 없는 것인 반면, "엄격한 칼뱅주의자들"과 도르트레히트 장로파들의 분리주의적 삶은 "자발적인" 것이었다. 따라서 "자발적 분리주의"에 대한 "로빈슨의 나중에 완화되는 원래 견해"가 "엄격한 칼뱅주의자들과 도르트레히트 장로교회의 분리주의 옹호투사들"의 견해와 동일하다는 베버의 논변은 본질적으로 그릇된 것이다.

또한 어쩔 수 없이 고립되어 살면서 영리추구를 부정하는 제1기의 무인도 생활에 대한 로빈슨 크루소의 견해, 즉 "로빈슨의 원래 견해"를 천로역정 불사不辭의 "엄격한 칼뱅주의자들"과 동일시하는 것도, 자발적 분리주의 속에서 영리행위를 이어가는 도르트레히트 장로교회의 분리주의 옹호투사들"의 견해와 동일시하는 것도 본질적으로 그릇된 것이다. 베버와 다우든의 말대로 틈틈이 종교활동을 하는 고립된 경제인 "로빈슨 크루소"는 내적으로 신국을 찾는 고독한 추구 속에서 "허영의 연말시장"을 가로질러 서두르는 존 버년의 "순례자"를 대체했기 때문이다. 그러므로 로빈슨 크루소의 제1기 섬 생활은 엄격한 청교도적 삶을 살았지만 '천로역정'을 수행하는 광신적 청교도의 삶이 아니었다. 그렇다고 분리주의 의식 속에서 영업이익을 추구하며 자본주의 경제를 영위하는 도르트레히트 장로파와 같은 '깨인' 세속적 청교도도 아니었다. 더구나 나중에 로빈슨 크루소는 섬을 벗어나 귀국한 뒤 다시 동방으로 나가 약탈·악덕자본가로 변신한다.

이렇게 보면 막스 베버는 '가치론적 바꿔치기' 속임수를 이중으로 쓰고 있다. 하나는 금전욕의 화신으로서의 비열한 노예상인 크루소의 악덕자본주의적 영리추구 정신을 무인도의 개신교도 로빈슨 크루소의 비자본주의적 자급자족윤리로 슬쩍 바꿔치기해 덮는 속임수이고, 다른 하나는 광신과 퀘이커교도에 대한 데이비드 흄의 논의와 관련해 지적했듯이 칼뱅의 광신적·천로역정적(초현세적) 개신교 윤리를 내동댕이치고 돈벌이라면 무슨 짓이라도 하는 사이비개신교주의를 '정신 맑은 직업덕성'

으로, 해맑은 '공리주의'로 바꿔치기해 자본주의 정신으로 둔갑시키는 속임수다.

그러나 초현세적·광신적·고전적 개신교든, 고전적 개신교의 요소를 그 조금이라도 계승한 세속적 개신교든, 개신교 일반은 최소한 '자급자족(self-sufficiency)'과 '금욕'을 추구한다. 이런 한에서 수단과 방법을 가리지 않고 무한증식을 추구하는 노예무역상·악덕자본가이자, 이교도 중국의 번영을 질시·증오하고 시베리아에서 몽골인들의 우상을 파괴하는 광신과 독선의 자본제국주의자·기독교제국주의자인 - 섬 밖의 - 로빈슨 크루소의 악덕자본주의 정신은 결코 "로빈슨의 나중에 완화되는 원래 견해"와 합치되는 것이 아니라, 광신적·세속적 유형에 공통된 개신교윤리의 어떤 형태와도 전적으로 '배치'되는 것이다. 개신교는 자본주의와 양립할 수 없고, 그것도 악덕자본주의와는 더욱 양립할 수 없다. 광기가 다 방전되어 완전히 깨인 세속적 청교도조차도 자본주의 현실에 짓밟혀 어쩔 수 없이 고리대만이 아니라 이자·이윤·어음할인을 용인할지라도 내면적으로 이것들을 '하찮고 꺼림칙한 것'으로 타기唾棄하는 한에서 자본주의와 본질적으로 양립할 수 없다. 최대의 합리적 이윤추구도 그들의 삶의 동력이 아니라 기도를 통한 속죄의 원인일 뿐이기 때문이다. 그렇다면 아무리 '깨인' 세속적 형태의 칼뱅주의(청교도주의)라도 자본주의정신의 '원천'이 아니라, 자본주의정신의 '소산'에 불과한 것이다. 악덕자본주의 정신을 개신교윤리로부터 도출해서 개신교와 악덕자본주의를 양립할 수 있게 만들려는 베버의 시도는 악덕자본가들의 피 묻은 돈을 개신교윤리로 '세탁'해주려는 사악한 의도에서 비롯된 것이다.

한편으로, 베버는 반反개신교적 악덕자본주의 정신을 체현한 '섬 밖의 크루소'의 무제한적 영리추구욕과 같은 무한한 금전욕을 근대적 자본주의 정신과 배치되는 것으로 규정한다.

> 극히 한계 없는 영리욕은 조금도 자본주의와 동일한 것이 아니지만 그 '정신'과는 더욱 동일한 것이 아니다. 자본주의는 이 비합리적 충동의 억제(Bändigung)와 동일한 것, 적어도 이 충동의 합리적 완화와 바로 동일한 것이다.[429]

---

429) Weber, *Die protestantische Ethik und der Geist des Kapitalismus*, 4쪽.

이 주장은 삼중적으로 그릇된 것이다. 첫째, 영리욕 자체가 "극히 한계 없다"는 베버의 부당한 전제와 반대로 인간의 영리욕은 다른 욕망들과 마찬가지로 무한한 것이 아니기 때문이다. 인간의 본성적 영리욕은 모든 욕망과 마찬가지로 역치閾値에 제약당해 본성적 한계를 가진다. 둘째, 저 주장은 "극히 한계 없는" 영리욕이 자본주의와 무관한 것이 아니라, 바로 근대 자본주의의(자본들의 시장경쟁)의 고유한 소산이기 때문에도 그릇된 것이다. 셋째, 시장경쟁에 내몰리는 대자본들의 "극히 한계 없는 영리욕"의 "비합리적 충동"은 사활의 경쟁논리에 의해 무력화되는 자본들의 수익타산에 의해 억제되는 것이 아니라, 경제성장·적정소득분배·독과점저지·경제력남용방지·경제민주화를 위한 민주정부의 "규제와 조정"에 의해서만 억제되기 때문에도 그릇된 것이다.

그럼에도 불구하고 베버는 "자본주의적 모험가들", 즉 '비합리적·모험적·투기적 자본가들'을 근대자본가가 아니라고 부인했다.

> 이런 유형의 기업가형 모험가들, 즉 자본주의적 모험가들은 전 세계에 존재해왔다. 이 모험가들의 기회는 - 상업과 신용·은행업무를 제외하면 - 강세에 따라 순수한 비합리적·투기적 성격을 가졌거나, 폭력을 통한 영리획득, 특히 노획적 영리획득으로서의 한탕주의적 전쟁노획물 또는 오래 끄는 재정적 노획물(식민약탈)을 지향해 있었다. 평화시기에도 이미 건설자본주의, 대투기자본주의, 식민자본주의, 근대적 재정조달자본주의는, 그래도 무엇보다 모든 특유한 전쟁지향적 자본주의는 현재 동양에서도 때로 이 형태를 띠고 있고, 국제적 대상업의 개별적 부분들 - 오직 이 개별적 부분들만 - 은 예나 지금이나 이 전쟁지향적 자본주의와 가깝다.[430]

베버는 이렇게 모험자본가들의 무한한 이윤추구를 "순수한 비합리적·투기적 성격" 때문에 근대자본주의적 이윤추구가 아닌 것으로 부정한다. 그러면서도 그는 "상업과 신용·은행업무를 제외하면"이라는 삽입구로서 슬그머니 근대적 "상업과 신용·은

---

430) Weber, *Die protestantische Ethik und der Geist des Kapitalismus*, 7쪽.

행업무"를 수행하는 모험적 투기자본가들에 대해서는 "순수한 비합리적·투기적 성격"을 인정하고, 또 "국제적 대상업"의 일부 모험자본가들에 대해서도 "전쟁지향적 자본주의"를 용인하고 있다. 베버는 이 모험·투기자본들과 무제한적 이윤추구를 예외적으로 근대적 자본주의에 속하는 것으로 승인한 셈이다.

전쟁자본주의와 관련해서는 한 발 더 나아간다. 베버는 다른 곳에서 유혈낭자한 전쟁과 식민주의적 약탈·해적질·노획을 근대자본주의의 발흥에 필수적인 "정치적 전제조건들"로 이해하고 "해적행위와 결부된 지중해연안 나라들의 해외무역·식민자본주의가 전개했던 노획자본주의의 변종들의 발전"을 "고대와 중세의 서구에서 근세의 서구와 공통되었던 그 모든 종류의 자본주의의 발전"에 "공통된" 정치적 조건들이라고 주장한다.[431]

"순수한 비합리적·투기적 성격"의 "상업·신용은행업"을 근대자본주의의 일부로 인정할 뿐만[432] 아니라, 전쟁·약탈·해적질·노획자본주의를 다시 근대자본주의의 "정치적 조건"으로 인정하는 베버의 이 말들을 종합하면, "극히 한계 없는 영리욕은 조금도 자본주의와 동일한 것이 아니다"는 그의 앞말과 "비합리적 충동을 제어하고 합리적으로 완화하는" 자본주의로서의 그의 합리적 자본주의 테제는 빈말이 되고 만다. 또는 이 합리적 자본주의 테제는 무한한 이윤추구를 본질로 하는 현실적 서구 자본주의를 감추고 분칠하는 분식粉飾언어일 뿐이다. 따라서 베버도 저도 모르게 의지에 반해서 자신의 말로 슬그머니 모험성·투기성·비합리성을 서구의 근대적 자본주의 정신으로 말하고 있는 것이다.

베버는 로빈슨 크루소를 개신교윤리의 화신이자 자본주의의 화신으로 보고 크루소의 삶과 경제활동으로부터 『개신교 윤리와 자본주의 정신』을 쓸 영감을 얻었지만, 다니엘 디포와 로빈슨 크루소는 정작 '섬 안의 개신교도 크루소'와 그의 사용가치 지향의 비자본주의적 경제관을 비웃고, 즉 베버의 조작적 개신교 윤리를 조롱·타기하는 반면, 슬그머니 '섬 밖의 크루소'의 악덕자본가적 경제관을 옹호하고 십자군원정

---

431) Weber, *Konfuzianismus und Taoismus*, 394쪽.
432) Weber, D*ie protestantische Ethik und der Geist des Kapitalismus*, 7쪽.

과 30년 종교전쟁에서 충분히 타락한 독선적·폭력적 신·구 기독교 정신으로 이교에 대한 폭력과 경제적 제국주의를 정당화한 것이다. 이 '섬 밖의 크루소'와 노예상인 디포의 경제관이 바로 유럽 경제사에 실제로 나타났던 비인간적이고 부도덕하고 잔인한 '진짜 역사 속의 자본주의 정신'인 것이다. 모든 모험적 자본주의가 그런 것은 아니지만, 적어도 '서양'의 근대 자본주의의 정신은 결코 "극히 한계 없는 영리욕"의 "제어와 합리적 완화"가 아니라, 이익이 보이면 어떤 짓도 불사하는 저런 악덕자본주의의 "극히 한계 없는 영리욕" 자체인 것이다.

그리고 천로역정을 떠나는 고전적 개신교 교리, 말하자면 계몽주의적(공자주의적)으로 세속화·현세화되지 않은 개신교 교리는 초현세적이라서 제네바의 신정체제와 칼뱅의 입법이 보여주듯이 반反자본주의적이다. 뿐만 아니라 개신교 교리도 사용가치 지향의 비자본주의적 자급자족경제를 꾸리는 '크루소의 제1기 섬 생활'의 고립된 아미시파적 청교도교의 삶이 보여주듯이 '진짜 역사 속의 자본주의 정신'과 배치되는 것이다. 이 '진짜 역사 속의 자본주의 정신'은 악덕자본주의의 현실에 굴복해 노예사냥꾼·노예무역상·노예사육자·사치품·마약무역상 등으로 '타락'한 개신교도들이 이 타락과 위선적 금전욕을 미화하고 정당화할 목적에서 교리조각들을 자의적으로 이리저리 조립한, 말만 청교도이고 속은 흉악하기 짝이 없는, 마르크스가 역사적으로 확인한 바와 같이 표리부동하고 잔악하기 짝이 없는 '유혈낭자한 악덕자본주의 정신'인 것이다.

베버는 로빈슨 크루소가 '섬 안의 반反자본주의적 개신교도'와 '섬 밖의 악덕자본가'로서 이중적 모습을 보이기 때문인지 몰라도 '로빈슨 크루소'를 자본주의 정신의 이미지로 여섯 번 사용하고 버린다. 그는 '가변적인' 로빈슨 크루소 대신, 유교적 군자처럼 백성에 대한 돈의 중요성과 교환가치를 인정하는 '벤저민 프랭클린'을 집중 동원한다. 프랭클린은 '섬 안의 반자본주의적 개신교도 로빈슨'보다 더 정직한 '도덕적 상공인', 즉 '신상紳商'이었다.[433] 17-19세기 중국의 '신상'은 진정한 근대자본주의

---

433) 프랭클린의 중국 '신상'과 같은 삶에 관해서는 참조: 황태연, 『공자와 미국의 건국』(상), 143-145쪽.

정신을 가진 유자儒者였다. 미국의 국부들 중 가장 전형적인 "유교적 혁명가(Confucian revolutionary)" 벤저민 프랭클린을434) 무식하기 짝이 없는 막스 베버가 정신 나간 사람처럼 『개신교 윤리와 자본주의 정신』에서 청교도윤리와 자본주의 정신의 '표준 인간'으로 도합 40회나 언급한다는 것은435) 앞서 밝힌 바대로다.

그러나 반反자본주의적 개신교도가 아니면 반反개신교적 악덕자본가인 로빈슨 크루소를 '미국의 혁명적 유자' 벤저민 프랭클린으로 바꾸는 베버의 이 인물교체의 술수는 구미의 근대적 시장경제와 - 프랭클린으로 대표되는 - '악덕하지 않은 윤리적 자본주의'가 공자의 경제철학 또는 중국의 자유시장 이념과 긴밀한 관계가 있다는 것을, 또는 구미의 근대 자본주의가 송대 이후 중국의 근대 시장경제와 맹아적 자본주의의 서천西遷으로부터 탄생했다는 것을 의도치 않게 '자본주의 정신의 개신교윤리적 기원'이라는 명제적 언표와 배치되는 베버 자신의 몸짓으로 더욱 분명하게 암시하는 꼴이다. '다니엘 디포'와 '로빈슨 크루소'를 '벤저민 프랭클린'으로 바꾼 베버의 인물교체는 프랭클린이 자본주의적 신용사회의 기반원리로 내세운 "정직은 최선의 정치다(Honesty is the best policy)"는 격언을 그가 자본주의 정신의 핵으로 간주하고 프랭클린을 자본주의 사회의 '표준 인간'으로 쳤다는 것을 뜻한다. 이 격언과 프랭클린의 사상을 정확하게 분석해보면 저 인물교체는 자본주의의 표준인간을 청교도에서 유자로 교체하는 의미전도를 함의한다. 다니엘 디포(1660-1731)는 당대의 가장 황당무계한 중국혐오론자(Sinophobe)였던 반면, 벤저민 프랭클린(1706-1790)은 그 시대의 전형적 중국애호가(Sinophile)이자 공자숭배자로서 미국의 '유교적 혁명가'였기 때문이다. 베버는 프랭클린을 계몽된 개신교윤리와 근대자본주의 정신의 대표인물로 내세우는 주장으로써 서양 자본을 몽땅 '돈세탁'해서 시원적 자본축적 과정의 비윤리성과 유혈성을 지우려고 했다. 그러나 마르크스가 지적하듯이, 그리고 빈민구

---

434) Kiersten L. Davis, *Secondhand Chinoiserie and the Confucian Revolutionary: Colonial America's Decorative Arts "after the Chinese Taste"*, Master Thesis submitted to Brigham Young University(August 2008), 이 책의 제목, 51, 83쪽.

435) Weber, *Die protestantische Ethik und der Geist des Kapitalismus*, 31-38, 42, 49, 55, 59-61, 72, 123, 160, 167, 202-203쪽.

휼 정책에 결사반대하는 노예무역상이자 플랜테이션 식민주의자인 다니엘 디포와 로빈슨 크루소가 둘 다 제 몸으로 증명하듯이, 시원적 축적자본은 형용할 수 없이 더럽고 비윤리적·비인간적이고 유혈낭자한 악덕자본이었다.

■ "Honesty is the best policy"와 공자의 "정자정야政者正也"

상술했듯이 『개신교윤리와 자본주의 정신』에서 베버는 프랭클린이 "시간은 돈이다", "신용은 돈이다"라는 자본주의적 근본사실과 함께 영국 격언 "Honesty is the best policy"를 신용사회의 원리로 갈파했다고 밝히면서 "그(프랭클린 - 인용자)의 마음속으로부터 특징적 방식으로 말하고 있는 주체는 바로 '자본주의 정신'이다"라고 해석했다.[436] 그리고 그는 "Honesty is the best policy"를 무려 네 번이나 자본주의적 신용관계의 기초로 들이대고,[437] 이미 시사했듯이 '프랭클린'이라는 이름을 청교도윤리와 자본주의 정신을 체현한 '표준 인간'으로 무려 40회나 언급한다. 나아가 그는 '만인의 만인에 대한 불신'에 빠진 중국 유자들의 '보편적 불신'을 이 정직한 신용관계와 대비시킨다.[438] 그리고 "Honesty is the best policy" 원칙이 "청교도에서 기원한 것 (*puritanischer Ursprung*)"이라고[439] 단언한다.

그러나 "Honesty is the best policy"는 프랭클린이 처음 사용한 말도 아니고, 신용사회의 '원리'로 제시한 말도 아니며, 17세기 이래의 영국 격언이다. 『공자와 미국의 건국(상)』에서 엄정하게 추적했듯이 이 영국 격언 "Honesty is the best policy"는 시원적으로 칼뱅주의적·루터주의적 개신교와 무관한 가톨릭적·성공회적 종교전통에 기원을 두는 것이다. 여러 정황을 분석해보면 프랭클린은 이 영국 격언을 공자의 "정자정야政者正也" 테제의 영역문구로 대용代用한 것이 틀림없다.[440]

---

436) Weber, *Die protestantische Ethik und der Geist des Kapitalismus*, 33쪽.
437) Weber, *Die protestantische Ethik und der Geist des Kapitalismus*, 160쪽, 202쪽 각주2), 218; Weber, *Konfuzianismus und Taoismus*, 531쪽.
438) Weber, *Konfuzianismus und Taoismus*, 522, 531쪽.
439) Weber, *Die protestantische Ethik und der Geist des Kapitalismus*, 202쪽 각주2).
440) 이에 대한 앞선 분석은 참조: 황태연, 『공자와 미국의 건국』(상), 145-182쪽. 이하 논의는

"Honesty is the best policy"와 유사한 말을 처음 신조新造한 사람은 청교도가 아니라, 찰스 1세의 편에 섰던 왕당파 영국성공회 목사 에드윈 샌디스(Sir Edwin Sandys, 1561-1629)와 가톨릭교도 파올로 사르피(Paolo Sarpi, 1552-1623)였다. 이베리아·이탈리아 중국학의 영향을 많이 받은 리처드 후커를 지도교수로 모시고 대학교육을 마친 샌디스는 가톨릭 탁발승 사르피의 도움으로 1599년 이탈리아에서 유럽여행 중에 탈고한 Europae Speculum(유럽의 상태)에서 처음으로 '정직'을 '최선의 정치'로 간주한다는 구절을 썼다. 사르피는 16세기 내내 포르투갈·스페인과 더불어 동방무역을 중시하던 베니스공화국의 편에 서서 로마교황청을 비판하던 가톨릭 성직자였다. 로마가톨릭의 미신, 예수 그리스도 대신 마리아를 내세우는 성모상 우상숭배, 예수회의 기만적 종파정치 등을 신랄하게 비판하는 샌디스의 이 쟁론서는 그의 뜻에 반해 1605년 런던에서 『종교상태에 관한 진술(A Relation of the State of Religion)』이라는 제목으로 영역·출판되었다.

이 책에서 샌디스는 예수회의 '거짓뉴스정치'를 반어적으로 비판하면서 저 구절을 쓴다. 샌디스의 논의맥락을 되살리기 위해 좀 자세히 들어가 보자. 먼저 그는 거짓뉴스정치를 비판한다.

> 나는 (…) 그들(로마교황청-인용자)의 뉴스정치(policie of newes)를 이것이 이전의 뉴스정치와 비슷한 모종의 유사성 때문에 다루고자 한다. 그것은 (내가 고백하는바) 좋은 수단을 그토록 잘 구비한 그들(로마교황청)의 지자들(men of their wisdom)이 교황청을 위해 거짓뉴스를 고안해 확산시키는 저 비천하고 하찮은 간계로까지 추락할 것이라는 것을 오랜 기간의 내 생각 속에 정착시킬 수가 없었다. 이 거짓뉴스들은 세상을 기만하는 가증스러운 종류다. 그리고 이런 것은 또한 종국에 드러나듯이 진리에 의해 질식되어 저작자들의 깊은 치욕과 불신을 초래한다. 이것은 파산의 트릭과 다른 어떤 것도 아니다. 그러나 경험에 의해 이것이 다른 장소에서 저작자들 사이에 빈번하다는 것을 깨닫기 때문이다. 특히 로마에서 그것은 그들의 통상적 관행이다. 이곳으로부터 내가 이탈리아에 체류하는 동안에 (기억할 만한 가

이 앞선 분석을 간추린 것이다.

제3절 막스 베버의 근대이론과 그 파탄 257

치가 덜한 다른 것들 외에도) 알렉산드리아의 교부들이 아프리카의 모든 大교회와 더불어 그들의 대사들을 통해 교황에게 굴복하고 화해하고 교황 성하로부터 사면과 축복을 받았다는 숭고한 뉴스가 처음 나왔다. 그런데 내가 나중에 그 교부와 특별히 알고 지내고 정보를 가진 한 명의 대주교에 대해서도 들은 사실이 전혀 없다. 다른 때에는 기독교군주의 자격을 가진 많은 행위들 한가운데서 스코틀랜드의 왕이 목사들을 추방하고, 아니 그중 두 명을 처형하고 그들의 재산을 몰수해 가톨릭교도들에게 하사했다는 이런 뉴스는 조금 뒤에 동일한 장소(로마)로부터 상기시켜졌다. 그 뒤 얼마 지나지 않아 이단자의 우두머리이고 칼뱅계승자인 베자(Theodorus Beza)가 임종이 가까워지자 제네바의 원로원 전원회의에서 그의 종교를 철회하고, 그들이 자신들을 구원하려고 한다면 가톨릭교회와의 화해를 추구해서 그들을 가르칠 예수회 신부들을 보내달라고 사람을 파견할 것을 그들에게 권했다. 그러자마자 (…) 제네바시는 굴복의 사절단을 보냈다. 이 뉴스가 터져 나오기 두 달 전에 예수회 신부들이 자기들끼리 속삭였던 만큼, 나도 이 뉴스의 발단을 들을 기회가 있었다.441)

그러나 베자와 제네바 신정공화국이 로마교황청에 굴복해서 사절단을 보냈다는 소문도 교황청이 퍼뜨린 '가짜뉴스'였다. 따라서 샌디스는 비판한다.

그러나 그것이 한번 로마로부터 그렇게 엄숙하게 광고되었을 때 그것은 모든 기독교세계로 퍼져나갔고, 이탈리아에서는 아주 진짜 사실인 것으로 믿어져서 제네바 사절들을 맞을 목적으로 말을 탄 사람들은 얘기된 대로 알아차릴 수 없을 정도로 은밀하게 움직였다. 그리고 충분한 가치 있는 정치를 이루기 위해 로마의 파발꾼은 나중에 리용에 있으면서 스페인으로 가기 위해 지나가는 길에 성하와 영국을 再가톨릭화하고 면죄하게 하는 협정과 우호를 위한 큰 탄원을 하는 영국여왕의 사절들을 로마에 두고 떠나왔다고 자신 있게 공표했다. 내가 보기에 뉴스는 스페인을 위해 그리고 스페인의 지지자들과 상처 입은 추종자들을 안심시키기 위한 것으로 보였다. 몇몇 지혜로운 사람들의 관찰과 판단에 의해, 예수

---

441) Sir Edwin Sandys, *Europae speculum* [1599년 탈고]. 영역본: *A Relation of the State of Religion, and with what hopes and pollicies it hath beene framed, and is maintained in the severall states of these westerne parts of the world* (London: Printed for Simon Waterson dwelling in Paules Churchyard at the signe of the Crowne, 1605), §33.

회가 이 뉴스 제조창의 주인이고 모든 동전에는 그들의 인장이 찍혀 있고, 인도제국(인도·인도차이나·동인도제도를 총칭하는 옛 지명)을 개종시키는 것과 관련된 예수회신부들의 기적적인 성취에 관한 영광스러운 뉴스는 훨씬 더 사실이 아니라는 것을 발견한다. 그리고 마지막으로, 답변에서 적들을 모호하게 속이는 것을 합법적으로 만드는, 양심문제에서의 모든 신의성실의 독트린이 그들의 생명이나 자유가 문제와 관계되는 일일 때는 언제든 그들의 신앙을 버리더라도 예수회신부들은 자기들의 몇몇 친구들에 의해 너무 배짱 좋은 기만자들이라는 것이 채록되었다. 그리고 그들의 모호한 거짓말은 너무 험하다는 것도. 이에 대해 그들은 한 예수회 신부의 사례를 제시한다. 이 신부는 영국에서 하녀에게 그녀가 어떤 성직자가 그녀의 주인의 집을 자주 드나들었는지에 대해 심문당하면 그녀는 (맹세할 처지면) 그녀는 아무도 보지 못했다고 맹세하라고 훈령했다.442)

샌디스는 로마교황청과 예수회가 일상정치로 활용하는 이런 가짜뉴스정치와 거짓말정치를 반어적으로 조롱한다.

이런 조롱의 맥락에서 영국국교회 목사 샌디스는 가톨릭 수사 사르피와 자기를 합해 '우리'라고 부르면서 그 유명한 구절을 말한다.

다른 사람들이 예수회신부들의 이런 짓을 허용할 수 있는 지혜의 한 항목으로 변호하더라도 그것은 나로 하여금 나의 이전 생각을 누그러뜨리게 만들고, 이 과도한 정치술책과 너무 지혜로운 지령(*this over politike, & too wise order*)이 정직을 최선의 정치라고, 그리고 진리를 시험을 견디는 유일한 영구 갑옷이라고 생각하는 우리들의 거친 공상(*our grosse conceits, who thinke Honestie the best policie, and Truth the only durable armor of proofe*)보다 더 높은 점수를 딸 수 있고, 그들의 정제된 경험관찰에 의해 뉴스가 그들의 첫 보도에 인상을 만든다는 것, 그리고 뉴스가 좋으면 생기를 크게 불러일으키고 마음을, 특히 윗사람이 말해주는 모든 것을 쉬 믿는 대중 유형의 마음을 굳게 한다는 것을 깨달을 수 있다는 것을 불가능하지 않다고 생각하게 만들었다.443)

---

442) Sandys, *A Relation of the State of Religion*, §33.
443) Sandys, *A Relation of the State of Religion*, §33.

샌디스는 로마교황청과 예수회신부들의 거짓 "뉴스정치(*policie[=policy] of news*)"를 조롱하고 풍자하기 위해 정직(*Honestie*)을 "최선의 정치(*the best policie*)"라고 생각하는 자기들의 "망상"을 대립시키고 있다. 이 의미맥락을 보면 16세기 말 또는 17-18세기에 "policy"라는 단어의 어의가 '정책'이 아니라 '정치(*politics*)'라는 것을 알 수 있다. 그리고 '정직'을 '최선의 정치'로 생각하는 "우리"가 영국과 네덜란드의 청교도(칼뱅주의 개신교도)나 독일의 루터주의적·경건주의적 개신교도가 아니라, 영국과 스코틀랜드에서 이들에 대해 적개심을 품고 이들을 박해하던 영국국교회 목사(샌디스)와, 이 글의 집필을 도운 가톨릭 수사(사르피)라는 것도 알 수 있다. "Honesty is the best policy"라는 격언은 베버가 주목하는 칼뱅주의 프로테스탄티즘과 그 기원에서부터 이렇게 아무런 관련이 없을뿐더러 로마가톨릭만이 아니라 영국의 청교도 칼뱅주의와 차라리 적대적인 인물들의 두뇌에서 탄생한 말인 것이다. 그리고 이 격언은 그 기원에서 자본주의 신용사회와도 관계가 없는 순전히 신·구 종파갈등의 언어세계에서 기원한 말이다.

"Our grosse conceits, who thinke Honestie the best policie(정직을 최선의 정치라고 생각하는 우리들의 거친 공상)"이라는 샌디스의 말(1605)은 이후에 "Honesty is the best policy"으로 격언화되어 크게 유행한 것으로 보인다. 1708년 『공통감각』이라는 글에서 섀프츠베리는 상식적 인간들의 길이란 세론에 밝고 자기 잇속에 빠삭한 소위 '세상의 지자들'의 길과 반대로 '정직'을 '최선의 정치'로 삼는 길이라고 단언하면서 "정직은 최선의 정치다(*Honesty is the best Policy*)"는 격언을 설파한다.

진리는 도덕에 관한 관념들이 지금 세계에 있는 것처럼 정직이 철학이나 어떤 유형의 심오한 사색에 의거한다면 거의 아무것도 얻지 못할 것이라는 것이다. 대체로 보면, 상식을 고수하고 더이상 나아가지 않는 것이 최선이다. 이 문제에서 사람들의 최초의 생각은 그들의 두 번째 생각보다 일반적으로 더 낫다. 사람들의 본성적·자연적 관념들은 학습이나 도학자들의 자문에 의해 정제된 관념들보다 더 나은 것이다. 상식과 더불어 속담(*common Speech*)에 따르면, "정직은 최선의 정치다(*Honesty is the best Policy*)". 그러나 정제된 속담에 따르면 이 세계에 대해 유일하게 잘 조언을 받은 인물들은 편력하듯이 길을 잘못 든 망나니들이다. 그리고 자기의 감정에 봉사하고 자기들의 가장 흐트러진 욕구와 욕망을 만족시키는 자들은 홀로 자기 잇속을 챙길 것으로 생각된다. 이들은 지자이고, 이들은 이 세상의 지혜 자체다!444)

1708년 섀프츠베리는 "Honesty is the best Policy"를 "common Speech(속담)"라고 하고 있다. 이것을 보면, 17세기가 18세기로 바뀌는 세기전환기 무렵에 "Honesty is the best Policy"는 가톨릭·청교도·영국국교회를 초월한 '모든' 영국 식자들의 '속담'이 된 것으로 판단된다.

그리고 미국대륙회의로부터 토마스 제퍼슨과 더불어 「미국독립선언문」의 기안을 위임받게 되는 벤저민 프랭클린이 1777년에 "Honesty is the best Policy"를 정치의 원칙으로 밝힌 것도 "정직을 최선의 정치로 생각하는" 성공회 신부 샌디스와 가톨릭 신부 사르피의 "거친 공상"만큼이나 청교도적 개신교윤리와 완전히 상반된 정황에 근거한다. 프랭클린은 1777년의 「두 나라에서의 신용의 기반과 관련된 영국과 미국의 비교(Comparison of Great Britain and the United States in regard to the Basis of Credit in the Two Countries)」라는 글에서 금전차용자의 경제적 '신용'을 국가 간의 차관에 적용하면서 이 격언을 처음 정치경제 원칙으로 사용한다. 그는 먼저 한 인간의 신용을 좌우하는 요소로 ① 과거의 대부를 존중하는 그의 알려진 행동과 변제시간 엄수, ② 그의 근면성, ③ 검약, ④ 소득의 수량과 확실성 및 사전채무관계로부터의 그의 자산의 자유로움, ⑤ 자산의 개선과 타인들로부터의 원조에 의한 근거 있는 미래전망, ⑥ 자산관리의 현명함과 대부로부터 올린 수익, ⑦ 자발적 채무변제와 관련된 그의 알려진 청렴과 정직한 성격 등 일곱 가지를 들고 있다.445)

---

444) Shaftesbury, *Sensus Communis*, 83쪽.
445) Benjamin Franklin, "Comparison of Great Britain and the United States in regard to the Basis of Credit in the Two Countries" [1777], 159쪽(§7). Benjamin Franklin, *The Works of Benjamin Franklin*, Vol. VII in Twelve Volumes. Letters and Misc. Writings 1775-1779 (New York and London: The Knickerbocker Press, 1904; Indianapolis: Liberty Fund, 2004).

그리고 "정직은 최선의 정치다"는 속담은 에드윈 샌디스 이래, 그리고 섀프츠베리 시대에도 경제와 관련된 격언이 아니라 윤리도덕이나 정치와 관련된 격언으로 쓰였고, 벤저민 프랭클린도 정치적 결정과 관련된 원칙으로 사용한다. 프랭클린은 개인 간, 또는 기업 간의 사적 신용문제를 채무변제에 대한 국가 간의 정치적 문제로 확대하고 이 문제와 관련된 국가들 간의 국제관계에 관한 고도의 '정치적' 결정을 다루었기 때문에 "정직은 최선의 정치다"는 속담을 원리로 선언했던 것이다. 그는 말한다.

> 채무의 정직한 지불에서의 성격과 관련해서 미국이 공공차관을 변제한 시간엄수는 첫 번째 항목으로 입증되었다. 그리고 이러한 시간엄수에 대한 백성들의 좋은 일반적 성향은 이 독립전쟁의 발발 이래 영국에 대한 사적 채무의 성실한 지불에서 명확하게 드러났다. (미국에는) 상업과 주어진 신용의 통상적 과정에 18개월의 무역에 해당하는 금액의 채무가 언제나 있기 마련이라고 (…) 주장하면서 평화가 회복될 때까지 이 채무지불을 중지하자고 제안한 몇몇 정객들이 없지 않았다. 그러나 이에 맞서 장관들로부터 받은 손해가 상인들에게 앙갚음되어서는 아니 되고, 또 신용은 신의성실의 신뢰 속에서 맺어진 사계약의 결과라고, 따라서 이 계약들은 신성하게 여겨지고 성실하게 준수되어야 한다고 주장되었다. 사적 신의의 위반으로부터 생겨나는 것으로 간주되는 공적 유용성이 무엇이든 그것은 정직이 참으로 최선의 정치이기(honesty being in truth the best policy)에 부정의하고 종국에 지혜롭지 못한 것으로 드러날 것이기 때문이다. 이 원리에 따라 그 제안은 보편적으로 배격되었다.446)

프랭클린은 영국과의 전쟁 중에 쓴 이 글에서 독립전쟁 중에도 영국의 기업과 미국 기업 간의 채무변제나 신용거래 관계를 손상 없이 유지하는 대외무역정책에서의 '정직'을 '최선의 정치'의 원리로 지지하고 있다.

프랭클린은 1779년 에드워드 브리젠(Edward Bridgen)이라는 사람에게 보낸 한 서한에서도 이 원리를 다시 언급한다.

---

446) Franklin, "Comparison of Great Britain and the United States in regard to the Basis of Credit in the Two Countries", 166-167쪽(§7).

개개의 모든 동전을 대할 때마다 만인이 알고 있는, (…) 조지 3세가 영국의 왕이고, 프랑스, 아일랜드 등등이 어떻다는 지루한 이야기를 계속 반복하는 대신에 솔로몬의 어떤 중요한 격언, 어떤 경건한 도덕적 준칙이나 현명한 또는 경제적 준칙을 따로 간직하시오. 이런 격언과 준칙의 빈번한 깨우침은 그것을 일정한 액수의 돈을 수령할 때마다 그것을 봄으로써 마음에다, 특히 젊은 사람들의 마음에다 인상을 각인해서 행동을 조절해주는 경향이 있을 것이다. 어떤 사람들에게는 "주님에 대한 경외감이 지혜의 시작이다"는 것과 같은 격언, 다른 사람들에게는 "정직이 최선의 정치다"는 것과 같은 격언 등이 (…) 그런 준칙들이다.447)

막스 베버는 아마 이 편지글이나 프랭클린의 「두 나라에서의 신용의 기반과 관련된 영국과 미국의 비교」라는 글에서 "정직이 최선의 정치다"는 격언을 읽고 프랭클린이 청교도일 것으로 오판하고 이것을 착각하고서 이 원칙이 "청교도에서 기원한 것"이라고 단언하는가 하면 "프랭클린의 마음속으로부터 특징적 방식으로 말하고 있는 주체"는 프랭클린 자신이라기보다 차라리 "바로 '자본주의 정신'이다"라고448) 오해했던 것이다. 그러나 무식하기 짝이 없는 베버의 이 단언과 지독한 오해는 둘 다 프랭클린이 청교도이기는커녕 차라리 반反청교도적·무신론적 유자이고 "정직이 최선의 정치다"는 격언을 말하는 정신은 자본주의의 이윤증식 논리를 뛰어넘고 타산적 경제윤리도 뛰어넘는 1599년의 샌디스 이래, 아니 공자 이래 '정치다운 정치'의 본질인 것이다.

말하자면, "정직은 최선의 정치다"는 속담은 프랭클린에게서도 경제원리가 아니라 정치원리였다. 이 속담의 정치원리가 신용사회를 더 잘 보장해줄 수 있지만, 그렇다고 해서 이것 자체가 베버가 오해하듯이 자본주의 정신이나 신용윤리는 아닌 것이다. 더구나 프랭클린의 이 격언 활용은 개신교적·기독교적 맥락과 무관하고 서구적

---

447) Benjamin Franklin, "To Edward Bridgen" (2 Oct, 1779), 127-128쪽. *The Works of Benjamin Franklin*, Vol. VIII in Twelve Volumes. Letters and Misc. Writings 1779-1781 (New York and London: The Knickerbocker Press, 1904; Indianapolis: Liberty Fund, 2004).

448) Weber, *Die protestantische Ethik und der Geist des Kapitalismus*, 33쪽.

문화맥락과도 무관한 '공자철학적' 맥락에서 이루어졌다.

프랭클린은 자기가 소유한 유력주간지 『펜실베이니아 가제트(*Pennsylvania Gazette*)』에 1737년부터 두 번에 걸쳐 『중국철학자 공자의 도덕』에서 발췌한 글을 연재했었다.449) 그리고 그는 1749년 휘트필드(George Whitefield) 목사에게 보낸 사신에서 공자를 자신의 롤모델로 간주한다는 사실을 공개적으로 밝히면서 공자를 '동방의 유명한 개혁가'로 이렇게 말한다.

> 나는 당신이 고귀한 대인大人들(*the great*) 사이에서 설교할 기회를 자주 얻는다는 말을 듣고 기쁩니다. 당신이 그들을 얻어 훌륭하고 모범적 삶으로 이끌 수 있다면 하층신분의 예의범절에서 놀라운 변화가 뒤따를 것입니다. 왜냐하면 '(세상은) 왕의 본보기대로 (만들어진다)'는 등의 말(*ad exemplum regis*)이 있기 때문입니다. 동방의 유명한 개혁가 공자는 이 원리에 의해 행동했습니다. 그는 자기 나라가 악덕과 의기양양한 온갖 사악함 속으로 침몰하는 것을 보았을 때 먼저 대인들(*the grandees*)에게 전념했습니다. 그의 독트린에 의해 대인들을 덕성의 대의로 얻자 백성들이 대중적으로 따랐습니다. 이 방식은 인류에게 놀라운 영향을 끼쳤습니다. 구태를 벗어던지는 것보다 지옥에 사는 것을 아마 덜 두려워하는 수많은 사람들이 존재했습니다. 대부분의 우리 서양 개혁들은 무식한 대중으로부터 시작했습니다. 수많은 대중이 얻어졌을 때, 이익과 당파적 견해들이 지자들과 대인들 안에서 인기를 끌었습니다. 두 방법이 둘 다 사용될 수 있을 때 개혁은 더 신속할 것입니다. 오! 개혁을 지속하게 할 어떤 방법이 발견될 수 있을 것입니다. 그것을 발견하는 사람은 내 견해에 의하면 경도經度의 고안자보다 더 많은 것을, 만 배 더 많은 것을 받을 만할 것입니다.450)

여기서 프랭클린이 대인들을 교양할 때 대중교양의 효과가 크다는 "동방의 유명한 개혁가 공자"의 논변을 인용한 것은 노魯나라 실권자 계강자季康子에게 '정치'를 '정직'이라고 가르쳐준 공자의 어록을 읽었음이 틀림없다. 『논어』 「안연」편은 말한다.

---

449) 자세한 것은 참조: 황태연, 『공자와 미국의 건국』, 124-139쪽.
450) Benjamin Franklin, "To George Whitefield"(6 July, 1749), 266-267쪽. The Works of Benjamin Franklin, Vol. II in Twelve Volumes. Letters and Misc. Writings 1735-1753 (New York and London: The Knickerbocker Press, 1904; Indianapolis: Liberty Fund, 2004).

季康子問政於孔子. 孔子對曰 政者正也. 子帥以正 孰敢不正.[451]
계강자가 공자에게 정치에 대해 물었다. 공자는 대답했다. "정치란 정직(바로잡는 것)입니다. 당신께서 바름으로 이끌면 누가 감히 바르지 않겠습니까?"

공자의 이 정치개념은 위정자의 솔선수범적 정직이 백성의 정직을 고양시킬 수 있다는 '군사君師' 원리와 함께 온갖 권모술수와 꼼수를 배제하고 정직을 본질로 추구하는 '완전한 정치'의 이념을 말하고 있다.

프란시스코 노엘(Francisco Noël)은 『중국제국의 경전 6서(Sinensis imperii livre classici sex)』(1711)에서 공자의 이 어록을 이렇게 번역한다.

> Primarius Regni *Lu* Praefectus *Ki kam çu* interrogavit *Confucium* arten regendi. Cui *Confucius*, Regere, inquit est rectum efficere. Si tu, Domine, dux rectus fueris, ecquis audebit non rectus esse?[452]

노나라의 실세(으뜸 지배자) 계강자가 공자에게 정치에 대해 물었다. 그에게 공자는 이렇게 말해주었다. "정치(통치)란 정직의 실행입니다. 전하, 당신께서 이끄는 것이 바르면 도대체 누가 감히 바르지 않겠습니까?"

프랭클린은 17세기 말에 출판되어 구하기 힘들었던 쿠플레의 『중국철학자 공자』가 아니라 18세기 초에 출판된 노엘의 이 『중국제국의 경전 6서』를 읽었을 것이다. 이 『중국제국의 경전 6서』는 그가 1749년 휘트필드에게 보낸 저 편지를 쓴 시점에서 보면 겨우 36년 전에 출판되어 재판을 거듭하던 책이었기 때문이다. 노엘은 공자의 "정자 정야政者正也", 즉 "정치란(정치의 정의는) 정직이다", 또는 "정치란 바로잡는 것이다"는 명제를 "정치(통치)는 정직의 실행이다(*Regere est rectum efficere*)"로 옮기고 있다.

---

451) 『論語』「顔淵」(12-17).
452) François Noël, *Sinensis imperii livre classici sex* (Pragae, Typis Universitatis Carlo-Ferdinandeae, 1711), 152쪽(12-21):

프랭클린은 휘트필드 목사에게 보낸 저 편지글의 의미맥락으로 볼 때 이 "Regere est rectum efficere(정치는 정직의 실행이다)"라는 구절을 포함하는 '계강자와 공자 간의 질의응답'을 옮긴 노엘의 라틴어 번역문을 보았음이 틀림없다. 그리고 그는 이 공자의 답변 "정자정야政者正也"를 16세기 이래 알려진 영국 격언 "Honesty is the best policy"와 동일한 것으로 이해해서 1777년의 「두 나라에서의 신용의 기반과 관련된 영국과 미국의 비교」에서 사용했을 것이다. 즉, 프랭클린은 이런 이해를 통해 영국속담 "Honesty is the best policy"의 의미를 '유교화'한 것이다.

우리는 「미국독립선언문」을 기초한 또 다른 미국 국부 토머스 제퍼슨(Thomas Jefferson, 1743-1826)을 통해서도 이를 짐작할 수 있다. 제퍼슨은 젊은 시절에 자기의 스크랩북에 공자가 『대학』에서 찬양하는 문왕의 시를 적어놓고 암송했는가 하면 1801년 대통령 취임연설문 안에서 공자의 도덕원칙을 권려한 제퍼슨은 독립선언 직전에 쓴 논고 『영국 아메리카의 권리의 요약적 일람(*A Summary View of the Rights of British America*)』(1774)에서 이렇게 논변한다.

> 큰 시비是非원리(*the great principles of right and wrong*)는 모든 독자에게 명료하다. 이 원리를 추구하는 것은 많은 조언자를 필요로 하지 않는다. 완전한 통치기술은 정직함의 기술에 있다(*The whole art of government consists in the art of being honest*). 오직 네 의무를 다하는 것만을 목표로 하라. 그러면 인류는 네가 실패하는 그곳에서 네게 신용을 줄 것이다. 더이상 제국의 한편의 권리를 다른 편의 과도한 욕망에 희생시키는 것을 고집하지 말라. 모든 동등하고 불편부당한 권리들을 배분하라.[453]

여기서 제퍼슨은 "정치(통치)의 완전한 기법의 본질은 정직함의 기법이다(*The whole art of government consists in the art of being honest*)"는 원칙을 정치의 큰 시비를 가리는 원칙으로 제시하고 있다. 그가 이 대목에서 "Honesty is the best policy"라는 격언을 취

---

[453] Thomas Jefferson, *A Summary View of the Rights of British America* (Williamsburg: Printed by Clementina Rind, 1774), 문단 21.

하지 않고 굳이 더 긴 표현 "The whole art of government consists in the art of being honest"를 쓴 것은 "art(術)"이라는 말로써 정치의 '실행' 측면을 강조하려고 한 것으로 보인다. 노엘은 공자의 명제 "정자정야政者正也"를 "Regere est rectume(정치란 정직이다)"로 옮기지 않고 "Regere est rectum efficere(정치란 정직의 실행이다)"로 옮겨 정직의 '실행' 의미를 드러나게 했다. 즉, "정자정야"의 '정正'을 '바로잡음'의 동명사로 이해한 것이다. 한문을 몰랐던 제퍼슨은 노엘의 이 라틴어 번역문에만 의존해서 이를 "The whole art of government consists in the art of being honest"로 의역한 것이 틀림없다. 이것은 의미론적으로 '정치'보다 '통치'에 더 가까운 라틴어 "Regere"가 18세기 영어 "policy"('정치')보다 영어 "government"('통치')에 더 잘 호응하는 점에서도 다시 확인할 수 있다.

따라서 공자의 "정자정야政者正也"는 미국에서 노엘의 라틴어 번역문("*Regere est rectum efficere*")의 가능한 중역重譯영문을 대신해서 프랭클린의 "Honesty is the best policy"의 격언으로 영역되기도 하고, 제퍼슨의 "The whole art of government consists in the art of being honest"로 영역되기도 한 것으로 보인다. 이때부터 프랭클린이 "정자정야"의 라틴어번역문의 중역영문으로 대용代用한 "정직은 최선의 정치다 Honesty is the best policy"는 격언과 "완전한 통치기술은 정직함의 기술에 있다(*The whole art of government consists in the art of being honest*)"는 제퍼슨의 중역영문은 서로 통용된 것으로 보인다. 따라서 이런 통용 중에 영국격언 "Honesty is the best policy"는 "정직을 최선의 정치라고 생각한다"는 에드윈 샌디스 명제의 원의原義, 즉 '가짜뉴스정치'에 대한 비판의 의미를 뛰어넘어, 위정자가 솔선수범으로 정직을 실천해 굽은 것을 바로잡는 '이상적' 정치개념으로 유교화되었다고 보아도 무리가 없을 것이다.

따라서 결론적으로 분명해지는 것은 제퍼슨이 공자의 "정자정야政者正也"의 라틴어 번역문 "Regere est rectum efficere"를 "The whole art of government consists in the art of being honest"로 영역해 사용했고, 프랭클린은 노엘의 라틴어 문장을 독자적으로 영문으로 중역重譯하는 것을 피해 영국속담 "Honesty is the best policy"를 '정자정

제3절 막스 베버의 근대이론과 그 파탄   267

야政者正也'의 라틴어 번역문 "Regere est rectum efficere"의 영역문으로 대용代用했다는 것이다.

따라서 베버가 "Honesty is the best policy" 원칙이 "청교도에서 기원한 것"이라고 단정한 것은 청교도윤리가 공자의 "정자정야"에서 기원한 것이라고 주장하는 것이나 다름없는 것이다. 분명히 말하지만 베버가 전제하는 것과 정반대로 미국 국부 벤저민 프랭클린은 정작 칼뱅주의 청교도도, 루터교적 개신교도도 아니었고, 그 밖의 어떤 종교도 믿지 않았던 반反청교도적·무종교적 유자儒者, 또는 "유교적 혁명가"였다. 그는 1730년대부터 죽을 때까지 공자만을 '위대한 철학자'로서 숭배했을 뿐이다.454)

피상적 연구자들의 눈에 공자와 미국건국은 무관한 것처럼 보인다. 그러나 미국건국의 지도자들이 영국의 제국주의 지배를 전복시키기 위해 사활을 건 혁명투쟁을 벌이던 1770년대 이전부터 공자와 미주식민지민은 실제로 긴밀한 관계에 들어 있었다.455) 미국 건국자들은 건국 시기에 공자의 도덕철학으로부터 많은 가치들을 받아들여 응용했다. 그들이 공자사상을 인정한 것은 '미국정신의 창조자' 프랭클린이 남긴 공자명제(윗사람의 솔선수범에 의해 '윗사람부터 아랫사람으로' 내려가는 순서로 덕화하는 공자의 교화방식은 "인류에 대해 경이로운 영향력이 있다")와, 공자의 초상이 걸려 있는, 미국헌법과 권리장전의 아버지 제임스 매디슨(James Madison, 1751-1836)의 개인저택에서 확인할 수 있다.456) 『상식론』의 저자인 토마스 페인(Thomas Paine, 1737-1809)도 공자를 예수나 소크라테스보다 위대한 성인으로 여겼다.457) 그리고 「독립선언문」의 기초자 토마스 제퍼슨(Thomas Jefferson, 1743-1826)

---

454) Dave Wang, "Confucius in the American Founding", *Virginia Review of Asian Studies Online*, Vol. 16 (2014); D. Wang, "The Origins of Chinese Cultural Influence on the United States", *Education About Asia*, Vol. 16, No.2 (Fall 2011); D. Wang, "Benjamin Franklin and China".
  http://www.benfranklin300.org/_etc_pdf/franklinchina.pdf..
455) 이에 대한 상론은 참조: 황태연, 『공자와 미국의 건국(상·하)』, 71-544쪽.
456) 매디슨의 공자 숭배에 대해 자세한 것은 참조: 황태연, 『공자와 미국의 건국』, 530-533쪽.
457) 토마스 페인의 공자 숭모에 대해 자세한 것은 참조: 황태연, 『공자와 미국의 건국』, 533-539

은 1801년 대통령 취임연설문 안에서 공자의 도덕원칙을 권려勸勵했다. 또 제퍼슨은 그의 개인 스크랩북에 공자가 『대학』에서 찬양하는 위衛나라 무공武公의 송시를 적어놓고 암송했다.[458] 그리고 그는 상술했듯이 공자의 명제 "정자정야政者正也"를 "정치의 완전한 기법의 본질은 정직함의 기법이다(The whole art of government consists in the art of being honest)"는 말로 영역하고, 프랭클린과 같은 취지에서 논변을 전개할 때 자기의 좌우명으로 사용했다.[459] 존 아담스(John Adams, 1735-1826), 벤저민 러쉬(Benjamin Rush, 1746-1813)와 같은 다른 국부들도 새로운 국가를 위한 청사진을 작성하려는 노력 속에서 공자를 높이 받들었다.[460]

공자의 정치사상적·도덕철학적 충격은 서구를 때린 것과 비슷한 강도로 18세기 북미식민지 사회를 강타했고, 공자는 도처에서 광범위하게 숭배되고 논의되었다. 몇몇 유명한 인사들은 공자에 대한 존경을 공개적으로 표명하고 공자의 가르침의 가치를 인정했다. 유명한 식물학자 존 바트램(John Bartram, 1699-1777)은 공자철학에 깊은 관심을 갖고 독자들에게 공자의 삶을 소개하는 『중국철학자 공자의 삶과 인품(Life and Character of the Chinese Philosopher Confucius)』이라는 책을 집필했다. 필라델피아의 지도자 제임스 로건(James Logan, 1674-1751)은 1733년 공자철학의 최초 인쇄본을 구했는데 예수회 신부들의 번역에 만족하지 못하고 공자철학의 "진의(true sense)"를 파악하고 싶은 욕구를 보였다. 미국의 시인이자 외교관 조엘 발로우(Joel Barlow, 1754-1812)는 공자를 고대역사에서 가장 지혜로운 철학자 중의 한 사람이라고 생각했다. 유명한 지리학자 제디디어 모스(Jedidiah Morse, 1761-1826)는 『대학』과 『중용』을 "가장 설득력 있고 가장 우아하고 가장 정밀하게 표현된 지혜와 덕성의 가장 탁월

쪽.
[458] 토마스 제퍼슨에 대한 공자의 영향에 대해 자세한 것은 참조: 황태연, 『공자와 미국의 건국』, 251-490쪽.
[459] Thomas Jefferson, *A Summary View of the Rights of British America* (Williamsburg: Printed by Clementina Rind, 1774), 문단 21.
[460] 아담스와 러쉬에 대한 공자의 영향에 관한 본격적 논의는 참조: 황태연, 『공자와 미국의 건국』, 509쪽, 539-544쪽.

한 가르침(*the most excellent precepts of wisdom and virtue, expressed with the greatest eloquence, elegance and precision*)"으로 찬양하며, 공자가 "아주 인상적이고 이것은 명료성에서 소크라테스의 예언을 뛰어넘는다"고 평했다.[461] 동시대의 한 저자는 모스의 공자 예찬이 그가 미국의 청소년들을 위해 지리학을 집필하기 때문에 "특별히 의미심장하다"고 느끼고 "그것을 애국심과 도덕성을 학생들에게 가르치는 수단으로 여겼다".[462] 그리고 1788년 5월『컬럼비아 매거진(*Columbia Magazine*)』에 실린 한 기사는 효도와 관련된 공자의 도덕철학을 논했다. 한 필자는 '공자 제자'라는 필명을 쓸 정도로 공자철학을 사랑했다.『뉴햄프셔 매거진(*New Hampshire Magazine*)』(1793년 9월)에 실린 이 필자의 논설은 "유명한 중국철학자 공자의 약사"였다. 그는 공자가 "아주 참으로 덕스러운 인품"이라고 평하고 있다. 토마스 페인은 1775년 8월 중국에 생생한 관심을 표명하고『펜실베이니아 매거진(*Pennsylvania Magazine*)』에 중국에 관한 일련의 논고를 게재했다.[463]

벤저민 프랭클린의 공자숭배는 특히 남달랐다. 프랭클린은 이미 1727년부터 도덕 함양을 위해 공자의 수순에 따라 그 자신의 덕성을 개발하기 시작했다. 앞서 잠시 시사했듯이 그는 자신이 운영하는 광범한 독자층을 가진『펜실베니아 가제트(*Pennsylvania Gazette*)』에 1737년 2회에 걸쳐 영역본『중국철학자 공자의 도덕』의 발췌문을 연재했다. 프랭클린의 공자숭배는 1749년 자신이 공자를 자신의 롤모델로 간주한다는 사실을 공개적으로 밝힐 정도로 용감하고 진실했다.[464]

미주 식민지 시대부터 건국을 거쳐 그 이후까지 프랭클린의 공자 숭배는 앞서 시사했듯이 그 혼자만의 돌출 현상이 아니었다. 유럽의 봉건적 유습으로부터 자유로웠던

---

[461] Jedidiah Morse, *The American Universal Geography, View of the Present State of all the Empires, Kingdoms, States and Republics in the Word, and of the United States of America in Particular*, Part II in Two Parts (Boston: By Isaiah Thomas and Ebenezer T. Andrews, 1793, 3th Edition, 1801), 520쪽.

[462] 바트램·로건·발로우·모스에 관해 자세한 것은 참조: 황태연,『공자와 미국의 건국』, 55-549, 552-561쪽.

[463] Aldridge, *The Dragon and the Eagle*, 35-36쪽.

[464] Wang, "Confucius in the American Founding".

신생국가 미국의 건국정신과 사회문화는 18세기 서구문화의 '유교화' 수준을 한층 넘어섰다. 미국의 건국이념은 청교도정신을 탈피해 유교화된 유럽의 계몽철학과 공자철학으로부터 결정적 영향을 받아들여 형성된 것이다. 특히 다른 건국자들처럼 신·구기독교나 기타 종교를 믿지 않은 프랭클린·제퍼슨 등을 비롯한 건국지도자들의 도덕관과 정서는 미국의 청교도적 일반시민들과 달리 근본적으로 중국적이고 유교적이었다. 특히 프랭클린은 자기들을 유럽식의 '귀족'으로 만들어 자기들의 영예를 자식세대로 '내려갈' 수 있게 해달라는 혁명전쟁 참전 재향군인들의 조직인 신시나티협회의 군사쿠데타적 요구를 제압함으로써 신생국가 미국이 '민주공화국'으로부터 '귀족공화국'으로 전락하는 것을 막았다. 그는 이 공개적 설득과정에서 중국 신사제도를 인용하며 이 제도에서 영예는 과거급제로 신사가 된 아들로부터 부모에게로 '올라간다'는 점(아들이 과거에 급제하면 부모가 국가로부터 아들의 직급보다 높은 '명예관직[散官]'을 부여받아 '신사'로 높여진다는 점)을 강조했다. 그리하여 중국의 신사제도는 부모로 하여금 자식 양육과 교육에 열성을 다하도록 만드는 반면, 유럽의 귀족제도는 자식을 게으르게 만들어 자식을 망친다는 것이라고 갈파했다.[465]

프랭클린·제퍼슨 등 미국국부들의 공자주의에 주목하면, 베버는 '자본주의 정신'이 공자주의자 '프랭클린의 정신'이라고 주장함으로써 부지불식간에 비인간적·비윤리적 노예무역·플랜테이션 자본주의가 아니라 정상궤도의 자본주의 정신, 즉 '정직한 인간적 자본주의 정신'이 "정치의 본질은 정직이다"라고 갈파한 '공자의 정신'이라고 자인한 것이다. 베버의 의도치 않은 이 자인에 따를 경우에도, 서구의 근대화와 자본주의화를 사회문화적·정서적으로 촉진한 것은 광신적(고전적) 개신교든, 세속화된 개신교든 개신교가 아니라 공자철학과 유교문화였다. 필자가 여러 저작에서 줄기차게 설명하고 쉴 새 없이 상론했듯이, 인간의 욕망을 해방하고 상업자유를 촉진하며 시장을 적절한 수준으로 자유방임할 것을 주장해온 공자철학과 극동의 정치경제적 정책관행은 16세기 중반 이래 서구사회를 기독교로부터, 전통적 가톨릭으로부

---

465) 이에 관해 자세한 것은 참조: 황태연, 『공자와 미국의 건국』, 193-209, 1383-1427쪽.

터든 개신교로부터든 해방하고 탈주술화·세속화·현세화시켜 서구인민의 물질적 욕망을 해방하고 신분해방을 촉진하고 서구에 자유시장과 국민복지 이념을 전파해 근대 자본주의의 사회문화적·정치적 기반을 창출했던 것이다. 이런 의미에서 전쟁·정복·노략질·인간약탈·노예무역·식민주의·제국주의에 기초한 악덕자본주의와 결별한 서구의 '정직한' 근대 자본주의의 새로운 조류는 바로 '유교윤리'의 자본주의인 것이다. 베버는 이런 세상물정 모르고 미국 유자 프랭클린을 '개신교윤리와 자본주의 정신의 표준인간'으로 내세움으로써 바로 이 점을 의도치 않게 스스로 '실토'한 것이다.

『개신교 윤리와 자본주의 정신』은 종교사회학적 교언과 궤변, 속임수와 기만, 과장과 축소로 개신교가 자본축적과 영리추구에 대한 전통적 기독교의 모든 심리적 억제장치를 제거함과 동시에 무제한적 영리추구욕을 합리적으로 제어함으로써 시원적 축적을 가능케 했다고 강변하고 이 시원적 축적자본을 개신교윤리적 근면노동·검약·금욕의 산물로 정당화하는 부도덕한 위선적 저작이다. 베버는 개신교적 자본주의 심리론과 관련된 전도된 인과론의 발판을 만들기 위해 당시 크게 유행하던 사적 유물론을 뒤집는다. 이를 위해 베버는 마르크스의 사적 유물론의 강점을 먼저 인정하는 척한다.

> (…) 일단 다시 관심거리는 서양 합리주의의, 이것 안에서 근대적 서양 합리주의의 특별한 고유성을 인식하고 그 발생으로부터 설명하는 것이다. 어떤 이런 설명시도든 경제의 근본적 중요성(*die fundamentale Bedeutung der Wirtschaft*)에 상응하게 무엇보다도 경제적 조건을 고려해야 한다.[466]

베버는 여기서 "근대적 서양 합리주의"의 정신적 풍토의 "발생"에 대한 자본주의 경제의 '근본적' 중요성을 인정하고 "경제의 근본적 중요성"에 상응하는 "경제적 조건"을 "무엇보다도" 먼저 고려해야 한다고 말하고 있다. 이것은 마르크스의 사적 유물론

---

466) Weber, *Die protestantische Ethik und der Geist des Kapitalismus*, 12쪽.

의 방법이다. 하지만 베버는 "경제의 근본적 중요성"에 상응하는 "경제적 조건"을 전혀 연구한 적이 없다.

베버가 이 경제적 조건의 근본적 중요성을 잠시 인정한 것은 바로 마르크스의 유물론적 인과관계를 뒤집기 위한 단순한 말머리일 뿐이다.

> 그러나 이에 더해 거꾸로 된 인과관계도 무시된 채 남겨져서는 아니 된다. 왜냐하면 경제적 합리주의는 그 발생에서 합리적 기술과 합리적 법에 의존하듯이 실천적-합리적 생활영위의 일정한 양식에 대한 인간들의 능력과 성향에도 의존하기 때문이다. 이 합리적 생활영위가 영혼적 유형의 장애에 의해 저해되는 곳에서는 경제적으로 합리적인 생활영위의 발달도 심각한 내면적 저항에 봉착한다. 과거에는 도처에서 주술적·종교적 힘들과 이 힘들에 대한 신앙에 고착된 윤리적 의무관념이 가장 중요한 형성적 요소들(*die wichtigsten formenden Elementen*)에 속했다.467)

베버는 여기서 마르크스의 사적 유물론을 수용했다가 이것을 바로 다시 뒤집어 종교문화론적 관념론으로 전복시키고 있다. 그러나 "경제의 근본적 중요성(*die fundamentale Bedeutung der Wirtschaft*)"을 인정한 다음, 또다시 "마법적·종교적 힘들과 이 힘들에 대한 신앙에 고착된 윤리적 의무관념"을 최상급의 "가장 중요한 형성 요소들(*die wichtigsten formenden Elementen*)"로 인정한 것은 완전한 자가당착이다. "근본적으로 중요한 것"과 "가장 중요한 것" 중 어느 것이 더 센 것인지 정말 알 수 없다.

이렇게 하여 베버는 "근대적 경제에토스"의 형성을 "금욕적 프로테스탄티즘의 합리적 윤리"(금욕적 축적과 노동근면성)와 인과적으로 결부시켜 이 개신교윤리를 근대 자본주의 정신의 "가장 중요한 형성 요소"로 만듦으로써468) 역사적으로 '유혈이 낭자한' 시원적 자본 축적을 자본가의 금욕적이고 근면한 노동의 결과로 날조하고,

---

467) Weber, *Die protestantische Ethik und der Geist des Kapitalismus*, 12쪽.
468) Weber, *Die protestantische Ethik und der Geist des Kapitalismus*, 12쪽.

자본의 무한증식과 축적 기제를 시장에서의 경쟁적 이윤추구 기제로 규정하는 것이 아니라, 개신교의 근면한 노동윤리와 절욕적 검약윤리를 통한 자본축적의 성공에 의해 자기 자신의 '예정된 구원' 여부를 확인하고 싶어 안달하는 개신교도 개개인의 심리기제로 둔갑시키고 있다. 그리고 특히 베버는 그도 살아보았던 자본주의의 성숙시대에 또 하나의 '신용자본'으로 기능하는 자본가의 계산적 '사치'까지도 '금욕'으로 포장하고 있다.

하지만 마르크스는 캘빈주의 예정설을 "가칭 우연이라고 불리는 은총의 선택(Gnadenwahl)이 이승에서 구원과 저주를, 그리고 빈곤과 재부, 즉 결핍·예종과 향유·권력를 예정한다"는 주술적 명제로 이해하면서469) 자본축적과의 연관성을 조금도 인정치 않고 있다. 마르크스는 그가 '우연'으로 해석하는 '구원여부와 빈부의 예정'에 관한 캘빈주의 교설을 가지고 베버처럼 자본축적을 설명하는 것이 아니라, 오히려 "자본가들이 자기들의 축적된 자본을 서로 빼앗는 장소", 즉 "주식시장"에서의 "우연"의 난무를 설명한다.470)

한편, 합리적 자본주의의 정신을 낳았다는 베버의 개신교윤리는 결코 합리적이지 않다. 개신교윤리는 신에 의해 예정된 '구원'이라는 '불합리하고 주술적인' 사실을 알기 위해 사치와 향락적 소비를 적대하는(따라서 생산과 소비, 공급과 수요의 자본주의적 경제순환을 방해하는) 금욕적 검약과 금전축장을 일삼는 것이기 때문이다. 투자 없는 금욕적 금전축장은 주지하다시피 자본주의 정신과 가장 극렬하게 배치되는 것이다.

개신교교리가 합리적이든 불합리하든, 마르크스는 '금욕을 사치로 뒤집는' 자본주의적 둔갑술을 베버에 50년 앞서 이미 비판했다. 대중들의 금욕적 절약을 통해 군소 자금들이 은행에 수집되어 이루어진 '사회적 재산'이 투기자본으로 재투자되는 금융자본주의 단계에서 신용자본에 대해 마르크스는 '신용자본의 투기적 대大상인', 즉 은행가에 대해 이렇게 말한다.

---

469) Karl Marx, *Das Kapital* III, 917쪽. *Marx Engels Werke* (MEW). Bd. 25 (Berlin: Dietz, 1979).
470) Marx, *Das Kapital* III, 917쪽.

(신용자본의) 투기적 대大상인이 위험을 무릅쓰고 거는 것은 자기 재산이 아니라 사회적 재산이다. '근검절약으로부터의 자본의 기원'이라는 상투어는 마찬가지로 밥맛 떨어지는 말이 된다. 왜냐하면 저 자는 타인들이 그를 위해 절약해야 할 것을 요구하기 때문이다. 이제 저 자의 사치 자체도 신용수단이 되는데, 저 자의 이런 사치는 금욕이라는 다른 상투어의 면상을 직접 후려치는 것이다.[471]

대중이 금욕적으로 절약해서 저축한 돈으로 만들어진 은행자본을 자기의 자본처럼 투자하는 은행가(신용자본가)들이 신용창출의 구실 아래 누리는 '사치'는 그 '근검절약'과 '금욕'이라는 베버의 상투어를 무색케 한다. 자본주의적 은행가의 계산된 '사치'는 다른 사람들로 하여금 그의 재력과 자본동원 능력을 믿게 만들어 그의 은행에 저축하도록 유도하는 과시적 위풍威風이 되고, 이것은 더 큰 신용창출을 위해 불가피하게 갖춰야 하는 '금욕적·절약적·필수적 사치'라는 '금욕'의 범주 속으로 다시 그러모아진다.

■ 근대자본주의는 합리적 자본주의인가?

한편, 베버는 자본축적과 근대적 경제발전의 결정적 촉진기제인 '시장'의 발전 또는 자본주의의 규정적 기초인 임금노동자층의 형성에 대한 일체의 설명 없이 이것을 그저 전제하고 칼뱅주의 개신교의 주술적 예정설과 결부된 이 근면노동과 금욕적 검약의 윤리와 이윤증식·자본축적의 심리기제를 정확한 이윤타산의 합리적 부기簿記체계 및 기업재산과 개인재산의 분리체계, 그리고 합리적 구조의 법에 기초한 '자유임금노동의 합리적 조직'의 합리적 기업경영(Betriebsführung)과 결합시킴으로써 근대 서구의 '시민적 기업자본주의' 또는 '근대의 합리적 기업자본주의(moderner rationaler Betriebskapitalismus)'의 기원과 흥기를 설명했다.[472] 그리하여 '경제의 근대화'는 '합리적 기업자본주의'의 형성과정과 동일시된다.

---

471) Marx, *Das Kapital* III, 455쪽.
472) Weber, *Die protestantische Ethik und der Geist des Kapitalismus*, 11쪽.

제3절 막스 베버의 근대이론과 그 파탄

그리고 막스 베버는 겁 없이 이 '합리적 기업자본주의'만이 아니라 '근대적·합리적인 모든 것'이 오로지 서구에서만 생성되었다고 단언한다.

오로지 서구에만 우리가 오늘날 "타당한 것"으로 인정하는 발전단계의 "과학"이 존재한다. (…) 이것은 예술에서도 유사하다. (…) 임의적 형태의 공간들의 밀치기 배치와 뒤집기 아치의 수단으로의, 그리고 무엇보다도 중세가 창조한 것 같이 대형 기념건물의 건축 원칙과 조각과 그림을 포함하는 스타일의 기초로서의 고딕 첨두아치의 합리적 사용이 다른 곳에서는 결여되었다. (…) 인쇄술의 생산물들은 중국에 있었다. 그러나 인쇄된 문헌, 즉 인쇄만을 고려하고 오직 인쇄를 통해서만 생존할 수 있는 문헌, 특히 "신문"과 "잡지"는 서구에서만 생겨났다. 온갖 가능한 종류의 대학, 우리의 대학이나 우리의 아카데미와 유사한 대학들은 다른 곳(중국, 이슬람)에서도 있었다. 그러나 과학의 합리적·체계적 전문경영, 훈련된 전문가층은 우리의 오늘날 문화지배적 중요성에 도달한 의미에서 오직 서구에서만 존재했다. 무엇보다도 서구의 근대국가와 근대적 경제의 주춧돌인 전문 관리는 오직 서구에만 존재했다. 전문적 관리는 어디에서도 서구에서만큼 사회질서에 대해 본질구성적이지 않은 맹아만이 존재한다. 자연히 "관리"는, 분업적으로 전문화된 관리도 다양한 문화권의 태고대적 현상이다. 그러나 어떤 나라도, 어떤 시대도 근대적 서구와 같은 의미에서 우리의 전체적 실존, 즉 우리의 현존을 밑받침하는 정치적·기술적·경제적 근본조건들을 전문적으로 교육된 관리조직의 거푸집 속에 묶는 절대적으로 불가피한 구속성을 가지고 있지 않고, 사회적 생활의 가장 중요한 일상기능의 담당자로서의 기술적·상인적인, 그러나 특히 법률적으로 훈육된 관리들을 가지고 있지 않다. 정치적·사회적 결사체들의 신분적 조직은 널리 퍼져 있다. 그러나 이미 서구적 의미에서 신분제국가, "왕과 왕권"을 서구만이 알았다. 그리고 완전히 임기적으로 선출되는 "인민대표자들"의 "의회", 데마고그들, 그리고 의회적 책임을 지는 "장관"으로서의 당지도자들의 지배는 (…) 오로지 서구만이 산출했다. 합리적으로 정립된 "헌법", 합리적으로 정립된 법, 합리적으로 제정된 규칙들, 즉 "법률들"을 지향하는 전문적 관리들에 의한 행정을 이에 대한 맹아들의 온갖 타 지역적 맹아들에도 불구하고 결정적인 특징들의 - 국가에 본질적인 - 이러한 결합 속에서 가진 정치적 시설이라는 의미에서의 "국가" 일반은 오로지 서구만이 알고 있다.[473]

---

473) Weber, *Die protestantische Ethik und der Geist des Kapitalismus*, 1-4쪽.

베버는 가끔 다른 문화권에서도 이런저런 '근대적 맹아들'이 있었다는 것을 인정할지라도 결국 '모든 근대적 요소들'은 '오직' 서구만이 가졌거나 발전시켰다고 주장하고 있다. 윗글은 옳은 것과 그른 것이 뒤범벅이 되어 있다. 그릇된 것을 하나만 지적하자면 "인쇄된 문헌, 즉 인쇄만을 고려하고 오직 인쇄를 통해서만 생존할 수 있는 문헌, 특히 '신문'과 '잡지'는 서구에서만 생겨났다"는 말은 무식하기 짝이 없는 베버의 무식의 표현이다. 제임스 블라우트(James M. Blaut)는 이를 이렇게 비판한다.

> 이런 편견의 일부는 물론 지식의 결여다. 명백한 예를 들자면, 바로 '인쇄된 문헌, (…) 특히 '신문'과 '잡지'는 서구에서만 생겨났다'는 베버의 재미없는 주장이다. 베버는 중국에서 생산된 서적과 정기간행물들에 대해 단순히 알지 못하면서 거기에 있은 적이 없다고 알고 있다.474)

물론 베버는 중국의 인쇄술과 한국의 금속활자가 독일과 서양제국으로 전해진 역사도 전혀 몰랐을 것이다. 이런 무식한 학자에게 중국에서 동시다발적으로 무수히 인쇄되어 배포된 중앙과 지방의 관보들과 현지縣誌, 성지省誌, 시사잡지, 그리고 무수한 문집들과 북경의 일간신문의 존재를 알기를 기대할 수 없을 것이다.

서적과 인쇄물의 대량생산을 가능케 한 금속활자 인쇄술은 상업적 신문발행의 기술적 기반이다. 베버가 무식해서 그렇지만 금속활자가 극동에서 완벽한 수준으로 발달했고 구텐베르크는 이 발달한 극동의 금속활자 활판인쇄술을 모방해 서양에서 금속활자 활판인쇄를 시작했다는 사실을 이미 후앙 곤잘레스 멘도자(Juan Gonzáles de Mendoza, 1545-1618)가 1585년에, 그리고 미셸 보디에가 1626년에 밝혀 놓았다. 멘도자는 1585년 로마에서 첫 출판된 『중국대제국의 주목할 만한 모든 것과 제례와 관습의 역사(Historia de las cosas mas notables, ritos y costumbres del gran Reyno de la China)』(1-2권, Roma, 1585)에서475) 이렇게 중국과 구텐베르크의 금속활자에 관해, 그리고

---

474) James M. Blaut, *Eight Eurocentric Historians* (New York: The Guilford Press, 2001), 26쪽.
475) Juan Gonzáles de Mendoza, *Historia de las cosas mas notables, ritos y costumbres del*

제3절 막스 베버의 근대이론과 그 파탄 277

중국 금속활자의 서천西遷과 구텐베르크의 모방에 관해 이렇게 보고한다.

> 여론에 의하면 유럽에서 인쇄술의 발명이 1458년에 시작된 것이 명백한 것으로 보이고, 이것은 존 쿠템베르고(John Cutembergo)라고 하는 토스카나 사람(독일인 구텐베르크를 오기하고 있다 - 인용자)에게로 돌려졌다. 그리고 사실로 얘기되는 것은 그들이 찍은 최초의 형판이 마군시아(Maguncia)에서 제작되었고, 여기로부터 콘라도(Conrado)라는 독일인(Almaine)이 동일한 발명품을 이탈리아로 도입했다는 것이다. 그리고 인쇄된 최초의 책은 아우구스티누스가 쓴 『신국』이라는 제목의 책이었다. 이에 대해서는 많은 학자들이 동의한다. 그러나 중국인들은 인쇄술의 최초 시작이 그들의 나라에서 있었고, 발명가는 그들이 성인聖人으로 존경하는 사람이라고 주장한다. 이것에 의하면, 중국인들이 이것을 사용한 지 많은 해가 흐른 뒤에 러시아와 모스크바를 거쳐 독일(알마인)으로 들어왔다. 그리고 확신하는 것처럼 여기로부터 몇 권의 책들이 육지로 온 것이 명백하고, 거기(중국)로부터 이 왕국(스페인)으로 홍해를 통해 온 몇몇 상인들이, 그리고 아라비아로부터 펠릭스가 몇 권의 서적을 가지고 왔을 것이고, 역사책에서 창시자로 삼는 존 쿠텐베르고가 거기로부터 최초의 기초(his first foundation)를 얻은 것이 명백하다. 중국인들이 동일한 것에 대한 창시자 지위를 가지는 만큼 진리는 이 발명품이 중국인들로부터 우리에게 왔다는 것이 명백해 보인다. 신빙성을 더하자면, 독일(알마인)에서 그 발명이 시작되기 500년 전에 인쇄된 많은 책들이 오늘날도 중국인들 사이에서 발견된다. 그리고 나도 이 책을 한 권을 가지고 있고, 인도에서만이 아니라 스페인과 이탈리아에서도 이 같은 다른 책들을 보았다.476)

멘도자는 제프리 허드슨(Geoffrey F. Hudson)이 주장한 고려금속활자의 육로서천설陸路西遷說과477) 필자가 주장한 중국 천주泉州를 통한 해로서천론을478) 둘 다 인정하

---

gran Reyno de la China (1-2권, Roma, 1585; Madrid & Bercelona, 1586; Medina del Campo, 1595; Antwerp, 1596). 영역본: Juan Gonzalez de Mendoza, *The History of the Great and Mighty Kingdom of China and The Situation Thereof*, the First and the Second Part (London: Printed for the Hakluyt Society, 1853).

476) Mendoza, *The History of the Great and Mighty Kingdom of China and The Situation Thereof*, 131-132쪽.
477) Geoffrey F. Hudson, *Europe and China: A Survey of their Relations from the Earliest*

지만, 구텐베르크에게는 해로海路로 전해졌다고 말한다. 그리고 그는 구텐베르크가 고려금속활자를 모방했음이 명백하다고 언명함으로써 허드슨과 한국역사학자들이 모르는 사이 금속활자를 둘러싼 세계사적 논란을 일찍이 '종결'지어 놓고 있다. 1626년 미셸 보디에(Michel Baudier)도 구텐베르크의 금속활자를 극동의 것을 모방한 것으로 언명한다.[479] 이로써 16-17세기에 금속활자의 기원에 관한 논의는 이미 끝나 있었다. 1920-30년대에 토마스 카터(Thomas F. Carter),[480] 제프리 허드슨 등이 금속활자의 기원과 서천여부 또는 서천경로를 두고 골치를 싸맨 것은 실로 기이한 일이었고, 적어도 1910-20년대에 이미 한국 금속활자의 서천과 구텐베르크의 모방 가능성을 시사한 토마스 카터 등의 논의를 기이할 정도로 무식한 베버는 몰랐던 것이다.

다시 1626년 미셸 보디에는 멘도자에 이어 선진적이고 완벽한 중국 인쇄술을 소개하고 나아가 육·해로를 통한 극동 금속활자의 전파, 또는 구텐베르크에 의한 극동 금속활자의 모방을 언급한다.

중국인들은 완벽한 인쇄술을 가지고 있다. 인쇄술은 1458년 부지런한 독일인 욘 구템베르크(John Guttemberg, Johann Gutenberg를 가르킴 - 인용자)가 인쇄술의 사용법을 우리에게 가르치기 전에 중국인들 사이에 존재했었다. 구텐베르크의 (금속활자) 인쇄술은 유럽에서 그 인쇄술의 첫 시작이었다. 첫 활자는 첫 인자印字들(Stamps)은 멘데즈에서 제작되었고, 인쇄된 최초의 책은 위대한 성 아우구스티누스의 『신국에 관하여』라는 제목의 학술서적이었다. 콘라도라는 독일인이 그 인쇄술을 그곳으로부터 이탈리아와 다른 곳들로 가져갔다. 그때의 이 모든 일에 앞서 이 인쇄술은 중국에서 장사하고 아라비아 펠릭스로 들어와 홍해를 통과한 상인들이 그 나라로부터 가져왔었다. 나중에 상인들은 러시아와 모스크바에 가 있었

Time to 1800 (Boston: Beacon Press, 1931·1961), 167-168쪽.
478) 황태연, 『공자철학과 서구 계몽주의의 기원(상)』, 416-426쪽.
479) 그간 서양학자들은 멘도자의 이 글에 주목하지 않았고, 한국 학자들은 지금까지 아예 멘도자와 보디에의 이 중요한 글들의 존재조차 몰랐다.
480) Thomas F. Carter, *The Invention of Printing in China and its Spread Westward* (New York: The Ronald Press Company, 1925·1955). 카터의 주장에 대한 필자의 논의는 참조: 황태연, 『공자철학과 서구 계몽주의의 기원(상)』, 416-419쪽.

고, 그것에 중국에서 인쇄된 그 나라 한자로 인쇄된 책들을 놓고 왔고, 이 책들은 다시 독일로 들여와져 구텐베르크가 알게 되었다. 이 책들은 구텐베르크에게 견본을 제공했고, 그는 이 견본의 모방에 의해 그의 인자들을 제작했다. 왜냐하면 중국인들은 세계의 모든 기타지역이 인쇄발명을 중국인들에게 빚졌다고 주장하고, 그것이 이렇다는 명백한 정보가 존재하기 때문이다. 인쇄술이 유럽에 사는 사람들에게 알려지기 500여 년 전에 중국인들 사이에 인쇄된 책들이 존재했다는 것은 아주 참되다. 중국인들이 사용하는 종이는 아주 곱다. 그들은 종이를 등나무나 갈대의 껍질로 만든다.[481]

보디에는 멘도자와 달리 구텐베르크를 제대로 독일인으로 밝혀주고 있다. 그러나 구텐베르크가 금속활자로 처음 찍은 책은 『신국』이고 이탈리아로 들여온 사람은 콘라드라고 밝히는 점에서, 그리고 중국 인쇄술의 서천은 중국으로부터 인도양과 홍해를 거치는 '해로'와 러시아·모스크바를 거쳐 독일로 들어가는 '육로'를 둘 다 인정하는 점에서는 보디에와 멘도자의 보고가 일치한다. 그러나 보디에가 콘라드를 독일인이라고 말하는 반면, 멘도자는 토스카나사람이라고 설명하고, 또 보디에가 구텐베르크에게 전달된 중국인쇄술이 육로로 온 것이라고 말하는 반면, 멘도자는 해로로 온 것이라고 말하는 점들에서는 양인이 서로 다르다.

하지만 정작 중요한 것은 이런 소소한 차이가 아니라, 멘도자와 보디에가 이구동성으로 구텐베르크가 중국 인쇄술을 모방했다고 밝히고 있는 점이다. 금속활자의 발명자가 중국인이 아니라 한국인이라는 것이 오늘날 논란 없이 입증되고 세계적으로 인정된 사실인 만큼, 보디에와 멘도자는 구텐베르크의 금속활자가 그의 금속활자를 만들기 360년 전, 또는 늦게 잡아도 250여 년 전에 제작되어 쓰이던 한국 금속활자의 '모방'임을 입증해주고 있는 셈이다. 금속활자 활판인쇄로 개시된 인쇄물의 대량생산은 베버가 "인쇄된 문헌, 즉 인쇄만을 고려하고 오직 인쇄를 통해서만 생존할 수 있는 문헌, 특히 '신문'과 '잡지'는 서구에서만 생겨났다"고 헛소리하고 있는 상업적

---

[481] Michel Baudier, *The History of the Court of the King of China* (London: Printed by H. B. for Christopher Hussey, 1682, 77-79쪽.

신문·잡지발행과 언론출판의 자유문제의 기술적 전제인 까닭에 이 상업적 일간신문과 잡지발행 및 언론·출판의 자유와 관련하여 대단히 중요한 요소라고 할 수 있다.

따라서 제임스 블라우트가 중국의 대량 인쇄된 서적 및 상업적 신문과 잡지의 발행에 관한 베버의 "지식의 결여"를 지적한 것은 정확한 지적이다. 그런데 19세기 이전 중국에 '일간신문'과 에피소드와 일화들을 보도하는 '가십 잡지들'이 실제로 존재했는가? 이에 대해서는 1793년 런던에서 북경으로 공식 파견된 조지 매카트니(George Macartney) 외교사절단 중의 일원이 명확하게 보고하고 있다. 이 매카트니 외교특사단의 공식 수행원이었던 존 배로우(John Barrow) 경은 북경의 상업적 일간신문과 언론출판의 자유에 관해 직접 체험한 것을 다음과 같이 알리고 있다.

중국에 언론·출판은 영국에서만큼 자유로웠고, 인쇄업은 만인에게 개방되어 있는데, 이것은 전제통치라고 듣는 통치 가운데서 유례없는 사실(singular circumstance)이고, 또 아마 이런 유類의 유일한 사례일 것이다. 보통 만인이 평등하게 법률의 보호 아래 들어있고 평등하게 법률의 형벌을 받는 자유국가들에서만 언론출판의 자유(the liberty of press)가 간직될 수 있다고, 그리고 오류에 기초하고 압제에 의해 뒷받침되는 권력이 언론출판이 자유로운 곳에서 오랫동안 유지될 수 있다는 것은 거의 불가능한 일이라고 가정되어 왔다. 유럽에서 진리의 광선을 오랫동안 어둡게 만들었던 구름을 일소함으로써, 그리고 무엇보다도 가장 잘 개인의 행복과 공적 덕성의 촉진자로 간주되던 그런 종교의 교리에로 자유로운 접근을 개방함으로써 성직자 권력의 파멸을 가져온 것은 언론출판이었다. 중국에서는 언론출판의 자유가 정부 안에서 어떤 걱정도 일으키지 않는 것으로 보인다. 심리의 형식적 절차 없이 훌륭한 도덕의 어떤 위반도 처벌하는 즉결처벌 모드는 그 자체로서 언론출판의 방종을 억제하기에 충분하므로 인쇄에 대한 적극적 금지를 불필요하게 만든다. 어떤 명예훼손 출판물의 인쇄업자, 판매인, 그리고 그 독자는 모두 다 평등하게 대나무 매로 맞게 된다. 정부나 그 우두머리 관원의 행동을 꼬집는 내용을 인쇄할 만큼 충분히 배짱 좋은 사람은 거의 없을 것이라고 나는 상정한다. 이러한 출판물은 확실한 멸망을 수반할 것이기 때문이다. 하지만 인쇄업이 당한 온갖 위험에도 불구하고 수도에서 일간신문들이 발간되고 있고, 우리나라 신문과 같은 어떤 것, 즉 일화逸話, 가정사, 공적 판매기록, 돌팔이 의약품

제3절 막스 베버의 근대이론과 그 파탄   281

의 경이로운 효과 등을 유포하고 있다. 우리는 그래몽(Grammont) 씨의 편지에 언급된 포르투갈 선교사들이 이 신문들 중 하나에 영국인들이 왕족들에게도, 황제의 각료들에게도 아무런 선물을 바치지 않는 큰 결례를 범했다는 요지의 단편기사를 한 꼭지 삽입하게 만들었다고 들었다. 이 악의적인 거짓 기사에 그런 것들이 황제에게 거의 무가치한 평범한 물목들임을 시사하는 또 다른 기사가 뒤따라 나온 것으로 얘기되었다. 또 다른 기사는 선물 목록을 제시하는 체했고 여기에는 시궁쥐 크기의 코끼리, 거인, 난쟁이, 소원을 이루어주는 베개 등과 같은 난센스들을 포함했다.[482]

"수도에서 일간신문들이 발간되고 있고, 우리나라 신문과 같은 어떤 것, 즉 일화逸話, 가정사, 공적 판매기록, 돌팔이 의약품의 경이로운 효과 등을 유포하고 있다"는 구절은 18세기 중국에 일간신문과 가십 간행물이 많이 나와서 가짜뉴스까지 난무하고 있었다는 것을 명확하게 증언하고 있다. 또한 "중국에 언론·출판은 영국에서만큼 자유로웠고, 인쇄업은 만인에게 개방되어 있다"는 구절과 "중국에서는 언론출판의 자유가 정부 안에서 어떤 걱정도 일으키지 않는 것으로 보인다"는 구절은 중국의 거의 무제한적인 언론출판의 자유를 증언해주고 있다. 중국의 이 언론출판의 자유는 배로우 경이 "중국인들은 자기들이 선택할 수 있는 종교를 신봉하는 것이 금지당하지도 않고, 그들이 동의하지 않는 종교의 지지에 기여하도록 강요당하지도 않는다"고[483] 전하는 중국의 무제한적 종교자유와 표리관계에 있는 것이다. 이 간략한 논의로써도 "인쇄된 문헌, 즉 인쇄만을 고려하고 오직 인쇄를 통해서만 생존할 수 있는 문헌, 특히 '신문'과 '잡지'는 서구에서만 생겨났다"는 베버의 유럽중심주의적 호언은 지독히도 무식한 헛소리라는 것이 충분히 입증되고도 남는다.

한편, 막스 베버는 자본주의와 관련해서도 서양 자본주의의 '유일무이성'을 주장한다.

---

482) John Barrow, *Travels in China* (London: Printed by A. Strahan, Printers-Street, For T. Cadell and W. Davies, in the Strand, 1804), 392-394쪽.
483) Barrow, *Travels in China*, 395쪽.

폭력정치적 또는 비합리적 투기기회를 지향하지 않고 재화시장의 기회를 지향하는 합리적 기업조직은 (…) 서구 자본주의의 유일한 특별현상이 아니다. 자본주의 기업의 근대적인 합리적 조직은 두 가지 더 중요한 발전요소들이 없었다면, 오늘날의 경제생활을 지배하는 가계와 기업의 분리와 이것과 긴밀하게 결합된 합리적 부기가 없었다면, 가능하지 않았을 것이다. 작업·판매장소와 가택의 공간적 분리는 다른 곳에서(동양의 바자에서와 다른 문화권들의 노예작업장들에서) 발견된다. 그리고 특별한 기업회계를 가진 자본주의적 결사체의 창출도 동양에서처럼 동아시아에서, 그리고 고대에 발견된다. 그러나 영리기업의 근대적 자립화에 대해 그것은 맹아들일 뿐이다. 특히 왜냐하면 이 자립성의 내적 수단들인 합리적 기업부기와 기업자산과 개인자산의 법적 분리는 완전히 결여되어 있거나 겨우 단초에서만 발전되었기 때문이다.484)

베버는 "합리적 (기업)부기"를 자본주의적 영리활동의 본질적 요소들 중의 하나로 보고 있다. "가계와 기업의 분리"에 기초한 시장지향적 기업조직의 "합리적 부기"가 '자본주의화', 즉 경제의 '근대화'를 좌우한다. 이 "합리적 부기"만이 "자본회계(*Kapitalrechnung*)"를 가능케 하기 때문이라는 것이다

합리적인 경제적 영리행위에는 특별한 형태의 금전회계인 자본회계가 속한다. 자본회계는 한편으로 최초의 전체 영업자산(현물 또는 화폐)의 금전평가액과 개별적 영업기도의 종결 시의 (아직 현존하는 또는 새로 만들어진) 영업자산의 금전평가액의 비교를 통한, 또는 지속적 영업기업의 경우에는, 즉 회계기간의 경우에는 시작과 종결의 수지결산을 통한 영리행위의 기회와 성공에 대한 평가와 통제다.485)

그런데 '무식한 놈이 용감하다'는 말이 있지만, 공자는 "용감하면서 무례한 자는 난을 일으킨다(勇而無禮則亂)"고 했다.486) 베버는 자본회계가 다시 서구 고유의 산물이라고 과언過言하는 것도 서슴지 않음으로써 지식세계에 난을 일으킨다.

---

484) Weber, *Die protestantische Ethik und der Geist des Kapitalismus*, 7-8쪽.
485) Weber, *Wirtschaft und Gesellschaft*, 48쪽.
486) 『論語』「泰伯」(8-2).

경제회계의 한 근본형태로서 자본회계는 오직 서구에서만 생겨났다.[487]

베버는 이런 자본회계를 가능케 하는 합리적 부기를 오직 가장 발전된 부기로서 '복식부기'로 한정한다.

> 모든 합리적 금전회계는, 따라서 특히 모든 자본회계는 시장영리활동 시에 시장에 의해 형성되는 가격 찬스를 지향한다. 이것은 수익회계에서 기술적으로 (지금까지) 가장 높이 발전된 부기형태(소위 '복식'부기)의 경우에 특히 유형적으로 그 안에서 드러난다.[488]

베버는 자본회계가 오로지 서구에서만 생겨났다고 말하는 한에서 간접적으로 "지금까지 가장 높이 발전된 부기형태"인 "복식부기"도 오직 서구에서만 발전된 것으로 전제하고 있다. 그리고 베버는 다른 글에서 가령 중국에는 "어떤 상업적 기록·계산·부기체계도 발생하지 않았다"고 말한다.[489]

그러나 앞서 시사했듯이 합리적 부기체계는 필기시험, 공무원임용고시제, 합리적 관료행정, 합리적 법제 등과 함께 서구에 고유한 것이 아니라 극동에서 먼저 흥기해 발달되었고, 그 뒤에 극동으로부터 유럽으로 건너갔다. (극동의 복식부기에 대해서는 뒤에 다시 상론한다.) 『17-18세기 영국의 공자숭배와 모럴리스트들(상·하)』과 『근대 독일과 스위스의 유교적 계몽주의』에서 논한 '서구에서의 중국 관료제의 도입'에 관해 다시 간단히 알아보자. 퍼채스(1613), 마테오리치·트리고(1615), 로버트 버튼(1621), 빈센트(1685), 템플(1687) 등은 중국의 신분평등과 실력주의 관료제를 자세히 설명하고 있다. 18세기 영국의 중국열풍은 19세기 중반까지도 부분적으로 유지되었고, 이 여진 속에서 영국 입법자들은 1855년 중국 과거제를 모방한 공무원임용고시제도를 도입해 1870년 일반화했다.[490] 고대 이집트, 고대그리스·로마 세계, 중세와

---

[487] Weber, *Wirtschaft und Gesellschaft*, 49쪽.
[488] Weber, *Wirtschaft und Gesellschaft*, 49쪽.
[489] Weber, *Die protestantische Ethik und der Geist des Kapitalismus*, 530쪽.
[490] 중국의 과거제를 모방한 영국의 공무원시험제도의 도입에 관해서는 참조: Ssu-yü Têng(鄧

근세 유럽에는 중국·한국·월남식의 공무원임용시험은커녕 어떤 필기시험도 알려진 바 없었다.[491] 유럽에서 "학교 필기시험은 18세기까지도 알려지지 않은 것으로 얘기된다. '시험의 나라' 독일조차도 예외가 아니다." 그리고 "국가고시제도의 보편적 채택은 19세기의 일이다. 18세기에는 국가고시제도의 맹아 이상의 것이 거의 발견되지 않는다." 중국식의 공무원 경쟁시험 원칙은 그 도입이 아편전쟁 이후 중국열풍이 꺼져가는 시기에 시도되었기 때문에 많은 논란을 거쳐 19세기 중후반에야 어렵사리 도입된 것이다. 공식적 공무원임용시험에 관한 한, 영국의 인도식민지 정부가 1855년에 먼저, 영국본토는 1870년에 인도식민지제도를 모든 공무행정에 적용했다. 유럽에서 학교시험은 18-19세기에 발전했고, 공무원임용고시는 1840-1880년대에 이루어졌다.[492] 학교필기시험이든 공무원임용고시든 다 극동아시아의 과거제를 모델로 삼은 것이다. 미셸 푸코가 '유럽적 근대성'의 고유한 기율화 수단으로 오해하고 계보학적 분석을 시도한 '(필기)시험'은[493] 중국에서 유래한 제도였던 것이다.

1870년 영국의 행정개혁 입법을 주도한 노스코트(Stafford Northcote)와 트리벨리언(Charles Trevelyan)은 공무원임용고시를 중국에서 가져온 것에 대해 함구했다. 하지만 이들의 공무원제도 개혁과 관련된 "동시대 목격자들"은 모두 이구동성으로 "그들의 공무원임용고시에 대한 중국적 영향을 원하던 사람이든 원하지 않던 사람이든 명백히 시인했고", 또 "영국 공무원고시제도는 중국의 과거제도에 의해 상당한 정도로 영향을 받았다"고 말했다.[494] 이런 주장의 그 논거는 "①중국과거제도는 영국에

嗣禹), "Chinese Influence on the Western Examination System". *Harvard Journal of Asiatic Studies*, Vol. 7, No. 4 (Cambridge, 1943), 277-305쪽; Y. Z. Chang, "China and the English Civil Service Reform", *The American Historical Review*, XLVII, 3 (April 1942), 539-544쪽. 등사우는 영국에서의 "공무원임용고시는 인도식민지에서 발전된 다음, 본토의 공무행정에 적용되었다"고 말한다.(301쪽) 이 주장에 대해서는 다음도 참조: Herrlee G. Creel, *Confucius - The Man and the Myth* (New York: The John Day Company, 1949), 278쪽.

491) Têng, "Chinese Influence on the Western Examination System", 267-270쪽.
492) Têng, "Chinese Influence on the Western Examination System", 272, 275쪽.
493) Michel Foucault, *Surveiller et punir: La naussance de la prison* (Paris: Editions Gallimard, 1975). 독역본: *Überwachen und Strafen: Die Gebeurt des Gefängnisses* (Frankfurt am Miain: Suhrkamp, 1977·1989), 238-279쪽.

잘 알려져 있었다"는 것이다. "②그 시기의 정기간행물과 의회논쟁에서 경쟁시험 관념은 중국과 연결되어 있었다"는 것이다. "③의회 안팎에서 시험은 중국제도라고 주장되었고, 또 이것이 부인된 적이 없었다"는 점이다. "④중국 외에 어떤 나라도 이전에 경쟁적 공무원임용고시를 시행하지 않았다"는 것이다.[495] 미국은 1883년 뒤늦게 영국의 중국식 임용시험을 도입함으로써 비로소 공무원임용고시를 제도화했다. 미국의 공무원고시제도는 "대강에서 영국으로부터 받아들이고 부분적으로 독일로부터 받아들였다". 하지만 미국은 "영국을 경로로 한 중국의 영향"과 별도로 "미국 공무행정에 대한 중국의 직접적 영향"도 받아들였다.[496]

중국 관료제에 대한 독일인들의 관심은 크리스티안 볼프와 요한 유스티에 의한 관방학의 창설과 시기를 같이한다. 요한 유스티는 1754년 중국공무원제도에 관한 프랑스 논문을 번역해 「공무원의 상벌과 관련된 중국인들의 뛰어난 제도」라는 제목으로 출판했고,[497] 4년 뒤에는 중국의 관료행정체제에 관한 두 편의 글을 발표했다.[498] 그

---

494) Têng, "Chinese Influence on the Western Examination System", 305쪽. 鄧의 이 주장에 대해서는 크릴도 전적으로 동조한다. Herrlee G. Creel, *Confucius - The Man and the Myth* (New York: The John Day Company, 1949), 278쪽. 장(Y. Z. Chang)도 鄧과 기본적으로 동일한 결론을 내놓았다. 참조: Chang, "China and the English Civil Service Reform", 539-544쪽.

495) Chang, "China and the English Civil Service Reform", 544쪽.

496) Têng, "Chinese Influence on the Western Examination System", 306쪽.

497) Ulrich Adam, The Political Economy of J. H. G. Justi (Oxford/ Berlin: Peter Lang, 2006), 178쪽.

498) 두 논문 중 하나는 「관리들의 신상필벌의 필요성」이고, 다른 하나는 「관리들의 포상과 처벌에 관한 중국인들의 우수한 제도들」이었다. 유스티에 의한 중국 과거제와 관료제의 수용에 관해서는 그의 다음 논문들을 보라: Johann H. G. Justi, "Die Notwendigkeit einer genauen Belohnung und Bestrafung der Bedienten eines Staats", 102-114쪽. Johann H. G. Justi, *Gesammelte politische und Finanzschriften über wichtige Gegestände der Staatskunst, der Kriegswissenschaft und des Cameral - und Finanzwesens*, Bd.1 (Koppenhagen und Leibzig: Auf Kosten der Rorhenschen Buchhandlung, 1761); Justi, "Vortreffliche Einrichtung der Sineser, in Ansehung der Belohnung und Bestrafung vor die Staatsbedienten", 115-131쪽. Justi, Gesammelte politische und Finanzschriften …, Bd.1. 이에 관해서는 다음 글도 참조하라: Walter W. Davis, "China, the Confucian Ideal, and the European Age of Enlightenment", *Journal of the History of Ideas* (Oct.-Dec. 1983, Vol. 44, No. 4, 523-48쪽), 541쪽; Johanna M. Menzel, "The Sinophilism of J. H. G. Justi", *Journal of the History of Ideas*, Vol. 17, No.3

는 이 중국제도들에 대한 논의를 바탕으로 보통교육제도와 공무원고시제도를 독일과 유럽에 도입할 것을 주장했다.[499] 또한 그는 중국의 관원임기제, 친인척이 있는 행정부처와 연고지에 관원을 발령하는 것을 피하는 상피제, 과거시험 과목과 평가방법, 모든 관리들의 근무평점을 보도하는 관보, 관원신상필벌제 등 관료제와 관련된 내용을 상세하게 설명하고 유럽에 도입할 것을 주장했다.[500]

나아가 유스티는 특히 단독관리에 의해 관리되는 독임제獨任制의 인격적 행정보다 중국의 '부서府署' 단위의 비인격적 내각체제를 찬미했다. "중국의 지방에서는 집체적 내각제(Collegialische Verfassung)가 시행되고 모든 관원과 태수들은 정사를 돌볼 때 자문과 동의를 구해야 하는 위원회를 자기 옆에 두고 있다. 이것은 확실히 전제정의 표징이 아니다."[501] 유스티에 의하면, 중국은 독임제적 단독관원이 아니라 '내각위원회'가 다스린다. 또한 군주의 관료기제가 '자동적으로' 훌륭한 통치를 보장한다. 반면, 유럽에서는 국가의 통치가 각 관리의 '개인적 성격'에 좌우되었다. 따라서 유스티는 이 중국의 비인격적·사무적 관료체제를 도입할 것을 강도 높게 주장했다.[502] 이런 경로로 베버가 『경제와 사회』에서 자랑하듯이 "정밀도구(Präzisionsintrument)"처럼[503] 작동하는 독일 관료제가 탄생했다.

베버는 자기가 활약하던 시대(1910-20)로 50년 전부터 공무직 개혁이 이루어져 관료제가 일반화된 것을 알았지만,[504] 이 개혁이 중국의 관료제의 리메이크라는 사실을

(June 1956), 301쪽; Adam, *The Political Economy of J. H. G. Justi*, 178쪽. 황태연, 『공자와 세계(2)』, 579-583쪽; 황태연, 「서구 자유시장론과 복지국가론에 대한 공맹과 사마천의 무위시장 이념과 양민철학의 영향」, 381-382쪽.

499) Johann H. G. Justi, *Vergleichungen der Europäischen mit den Asiatischen und anderen, vermeintlichen Barbarischen Regierungen* (Berlin/Stetten/Leipzig: Johann H. Rüdiger Verlag, 1762), 463-492쪽.

500) Justi, *Vergleichungen der Europäischen mit den Asiatischen (..). Regierungen*, 49-50, 59-60, 445-448쪽.

501) Justi, *Vergleichungen der Europäischen mit den Asiatischen (..). Regierungen*, 53쪽.

502) 참조: Menzel, "The Sinophilism of J. H. G. Justi", 308-309쪽.

503) Weber, *Wirtschaft und Gesellschaft*, 571쪽.

504) Weber, *Wirtschaft und Gesellschaft*, 831쪽.

몰랐다. 그리고 중국제국에 관료제가 까마득한 옛날부터 확립되어 있었다는 역사적 사실을 알았지만, 아무런 사실적 근거 없이 중국을 가산제국가로 규정하고 이 중국제국의 완벽한 관료제를 '가산제적 관료제(Patrimonialbürokratie)'로 격하했다.505) "중국은 어떤 대항추로부터든 가급적 자유롭고 그래서 근대적 전문관료층으로 세련되지 못한 가산제적 관료주의의 순수한 유형을 보여준다"는 것이다.506)

그리하여 저 '오만하고 무식하기 짝이 없는' 유럽중심주의자 막스 베버는 중국 관료제의 전적인 복제물인 '합리주의적 근대관료제도'를 근대 독일과 유럽에 특유한 서구문명의 트레이드마크로 오해한 것이다. 이에 대해 헤를리 크릴(Herrlee G. Creel)은 이렇게 논평한다. "세계문화에 대한 중국의 기여에 관한 평가는 '종이와 화약' 단계를 훨씬 넘어섰지만, 오늘날도 '근대의 중앙집권화된 관료제국가'로 알려진 것에 본질적으로 중요한 기술을 발전시키는 데에서 중국의 역할을 강조하는 경우는 거의 없다. 이것은 다소 신기한 일이다. 그 이유는 어떤 다른 기능보다도 방대한 규모의 복합적 조직이 우리 시대에 더 특징적이기 때문이고, 중국인들이 아마 가장 중요한 기여를 한 것은 정확히 이 영역에서이기 때문이다."507) 그리고 그는 자문자답한다. "중국인들이 서양에 관료제적 통치술이 나타나기 수세기 전에 우리 시대의 그것과 유사한 관료제적 통치술을 발전시켰다면, 근대 서양국가의 발전에 영향을 미치는, 이 관료제적 통치술의 전파가 있었는가? 명백히 있었다. 등사우鄧嗣禹교수와 라크(Donald F. Lach) 교수의 연구는 아마 17세기 말엽에 이미 서양에서의 공무원임용시험의 개시에 대한 중국적 전례前例의 영향을 입증했다."508) 그리고 "중앙정부에 의해 임명되고 중앙정부에 대해 책임을 지는 관리에 의해 다스려지는 행정단역으로서의 현縣으로 봉건영주에 의해 다스려지는 봉토를 대체한 것은 고대중국에서 봉건주의로부터 중

---

505) Weber, *Wirtschaft und Gesellschaft*, 571쪽.
506) Weber, *Wirtschaft und Gesellschaft*, 619쪽.
507) Herrlee G. Creel, "The Beginnings of Bureaucracy in China: The Origin of the Hsien", *The Journal of Asian Studies*, Vol. 23, No.2 (Feb., 1964), 155쪽.
508) Creel, "The Beginnings of Bureaucracy in China: The Origin of the Hsien", 162쪽.

앙집권화된 관료제적 통치로의 이행을 표현했다. 그리고 지금 얘기된 말이 참이라면 이 이행은 고대사가들이나 중국전문가들에게만 흥미로운 것이 아니다. 그것은 세계사에서 상당히 중요한 사건이다."[509]

그리고 이런 맥락에서 크릴은 막스 베버의 '근대 관료제의 서구적 유일무이성' 주장을 이렇게 비판한다.

(…) 나는 증거를 주도면밀하게 정밀 검토하는 사람은 누구든 이미 한나라 때 중국정부의 패턴이 특이하게 근대적으로 생각되는 유형의 중앙집권화된 관료제 정부와 특기할만한 유사성을 보여주었다는 데 동의하지 않을 수 없다고 생각한다. 이것은 주로 막스 베버의 잘 알려진 연구로부터 나온 관념을 포지한 사람에게 미심쩍게 보일 수 있다. 하지만 중국에 관한 베버의 저작이 서양제도들에 대한 그의 연구의 기저에 놓인 것과 비견될 만한 박식함의 체계에 기초하지 않았다는 것은 불행한 사실이다. 베버 자신은 그가 중국전문가가 아니라고 시인했을 뿐만 아니라, 그는 중국전문가의 조언을 얻지도 않았다고 시인했다. 그는 중국문화에 관한 그의 주요 연구를 간행함에 있어 그가 '걱정과 지극히 큰 유보로써' 출간했다고 썼다. 하지만 그의 제한된 지식에 관한 이 지각은 베버가 중국 텍스트들의 고도로 독창적인 해석을 시도할 때로 사실과 명백히 반대되는 결과를 산출하는 것을 막지 못했다. (…) 베버의 기여와 받을만한 명성 때문에 우리는 중국 관료제에 대한 베버의 묘사가 중요한 점에서 사람을 아주 오해시키는 것이라는 사실에 대해 장님이 되어서는 아니 될 것이다. 베버가 공언한 만큼 일찍이 제도로서의 관료제가 실제로 중국에 존재했다는 것에 대해 의심이 표명되어왔다. 중국적 현상들에 대한 베버의 평가에 기초할 때 이러한 의심은 정당화될 수 있을지 모르겠다. 그러나 사실 중국의 관료제는 2000년 전이지만 베버가 인정한 것보다 훨씬 더 많이 우리 시대의 관료제와 유사했다. 가령 한 곳에서 베버는 그가 "서구에서만 완전히 발전되었다"고 말한 관료제의 세 가지 특징을 열거하고 있다. 그러나 이 세 가지가 모두 다 사실상 한대漢代 중국에서 완전히 발전되어 있었다.[510]

크릴은 베버가 『경제와 사회』에서 여섯 가지로 열거한 관료제의 특징을[511] 영역본에

---

509) Creel, "The Beginnings of Bureaucracy in China: The Origin of the Hsien", 163쪽.
510) Creel, "The Beginnings of Bureaucracy in China: The Origin of the Hsien", 157-158쪽.

따라 세 가지로 줄여 말하고 있다. 아무튼 크릴이 1964년에 가한 이 정중하고 따끔한 비판으로 베버가 제기한 관료제의 '서구적 유일무이성' 테제는 지금이라도 깨끗이 청산되어야 할 것이다. 크릴의 마지막 결정타의 한 마디: "베버는 중국 관료제를 근대적 서양의 그것과 다른 관료제로, 즉 '가산제적'·'봉록관적' 관료제로 특징지었다. (…) 그러나 중국 관료제가 어떤 의미에서든 '가산제적'이거나 '봉록관적'이었다는 데 동의하기는 불가능해 보인다."512)

잠시 봉건제, 봉록제, 관료제, 가산제를 비교하고 구분해보자. '봉건제'는 관직을 소유·세습하는 제도이고, '봉록제'는 관직을 종신토록 점유하는 제도이고, '관료제'는 관직을 한정된 임기 동안만 점하는 제도다. '가산제'는 국가와 영토를 군주가 사유하는 군주제다. 그러나 중국의 군주제는 왕의 사유재산(내탕 또는 내수사 관리재산)과 국유재산을 엄격히 분리하는 군주제였다. 따라서 중국의 군주 아래 배치된 관료제는 '가산제적 관료제'가 아니라, '근대적 관료제'였다. 따라서 크릴이 중국의 관료제를 가산제적 관료제나 봉록관적 관료제로 보는 것에 동의할 수 없었던 것이다.

서구적 근대문명과 자본주의의 '유일무이성'과 비서구 사회들의 폐단과 결함을 지적하는 베버의 논변은 구체적으로 보면 매우 그릇된 것이지만 일반적 관점에서도 전적으로 그릇된 것이다. 블라우트는 베버의 일반적 관점에서 "근본적 오류"를 간략하게 세 가지로 제시한다. 첫째, 베버는 과학·수학·오케스트라 등을 가진 자기 시대의 유럽, 즉 20세기 초 유럽을 비서구의 "고대문명들"과, 그리고 "당시 역사적 시점에 식민지배 아래 분쇄된 당대의 비서구 문명들"과 비교하고 있다. 이 비교는 공정치 못하다. 둘째, 베버는 많은 사실들과 관련해 사실적으로 그릇되었다. 18세기 이전, 또는 인도·이슬람문명권까지 고려하면 초기 근대 이전 유럽의 과학·수학·기술은 결코 중국과 인도의 과학보다 더 높지 않았다. 그리하여 당시는 과학과 기술이 동에서 서로 전

---

511) 베버는 관료제의 특징을 ①확연한, 법령화된 관청적 권한의 원리, ②독임제(獨任制)적으로 제도화된 관직위계체제의 원리, ③관직수행의 문서성, ④관료의 전문교육, ⑤ 전업(專業)으로서의 관직, ⑥관직수행의 법규구속성로 열거하고 있다. Weber, *Wirtschaft und Gesellschaft*, 551-552쪽.

512) Creel, "The Beginnings of Bureaucracy in China: The Origin of the Hsien", 159쪽 각주19.

파되었다. 셋째, 베버는 비서구인들의 예술과 문화에 대한 부정적 판단에서 당시 유럽 부르주아지 젠틀맨의 표준적 편견을 정확히 투영하고 있다. 그는 비서구인들의 신학을 얕잡아 보았다. 그들의 음악은 "화음"이 아니다. 베버는 그들의 건축물을 감상하지 못하거나 이해하지 못한다. 그들의 예술은 "합리적"이지 않다는 것이다. 이 편견은 물론 "지식의 결여"에 기인한 것이다.[513] 블라우트는 베버의 그 '무식하기 짝이 없음'을 지적하고 있다.

베버가 근대자본주의의 '본질'로 규정하는 '수리적·부기적·법적 합리성'과 관련된 논변도 근본적으로 그릇된 것이다. 일단 베버의 논변을 좀 더 따라가 보자. 복식부기적 자본회계가 자본주의의 본질이라는 논변의 연장선상에서 베버는 자본으로부터 노동에 대한 자본의 사회경제적 억압·착취관계를 말끔히 지우고 자본을 순전히 '부기회계'의 견지에서 정의한다.

> 자본은 자본회계 시에 결산의 목적에 정해진, 사업 도모의 목적으로 사용할 수 있는 영리수단의 화폐평가액이다.[514]

그리고 베버는 "여기서 자본개념은 이것이 합목적적으로 일어나야 하는 만큼 엄격하게 사私경제적으로, 그리고 '부기대장臺帳으로(buchmäßig)' 이해된 것이다"라고 덧붙이고 있다.[515]

베버는 전문적 관리들의 관료조직과 복식부기에 기초한 노동조직도, '합리적 노동조직'으로서의 기업도 둘 다 오직 서구만의 산물로 규정한다.

> 서구 자본주의의 이 모든 특수성들은 최종적으로 자본주의적 노동조직을 통해서만 오늘날의 의미를 가질 따름이다. "상업화"라고 부르곤 하는 것, 즉 유가증권의 발전과 투기의

---

513) Blaut, *Eight Eurocentric Historians*, 25-26쪽.
514) Weber, *Wirtschaft und Gesellschaft*, 48쪽.
515) Weber, *Wirtschaft und Gesellschaft*, 50쪽.

합리화, 주식시장도 그것과 관련되어 있다. 왜냐하면 자본주의적·합리적 노동조직 없다면 이 모든 것은, 그리고 "상업화"의 발전도 특히 사회구조와 이것과 관련된 특유하게 근대적·서구적 제諸문제에 있어 동일한 영향을 일반적으로 가능한 한에서 멀리 떼어놓지 못했을 것이기 때문이다. 모든 다른 것의 기초인 정확한 계산은 자유로운 노동의 토대 위에서만 가능하다.[516]

유럽적 사유에 편향된 그릇된 '합리성' 개념에 기댄 복식부기에 대한 그릇된 '합리주의적 광신狂信'을 바탕으로 베버는 근대적 자본개념으로부터 '모험적 기업정신'을 비합리적인 것으로 거듭 털어내 버린다. 위에서 잠시 소개했던 베버의 글을 다시 보자.

> 이런 종류의 기업가 유형들은 자본주의적 모험가들인데, 이들은 모든 세계에서 존재했다. 그들의 기회는 - 상업·신용업·은행업을 제외하면 - 강세에 따라 순수하게 비합리적·투기적 성격이었거나 폭력에 의한 영리행위, 특히 노획물 획득, 즉 현재적·전쟁적 노획물 또는 만성적·재무적 노획물(노예약탈)을 겨냥했다.[517]

베버가 위험을 무릅쓰는 모험적 기업가를 즉각 비합리적·투기적·폭력적 영리추구자로 모는 것에서 그가 '광신적 합리주의'의 정신질환을 얼마나 심각하게 앓고 있는지가 명약관화하게 드러난다. 그런데 앞서 지적했듯이 인용문에서 그가 "상업·신용업·은행업" 분야의 "자본주의적 모험가들"을 전근대의 비합리적·투기적·폭력적 자본가 유형에서 제외시키는 것을 보면 그도 이 분야의 자본에 대해서는 '비합리적 모험성'을 인정한 것을 알 수 있다. 그러나 "상업·신용업·은행업" 분야의 자본가만이 모험적·투기적인 것이 아니라 다른 분야들의 모든 자본가들도 다 본질적으로 모험적·투기적이다. 앞서 논했듯이 베버는 『유교와 도교』에서 "해적행위와 결부된 지중해연안 나라들의 해외무역·식민자본주의가 전개했던 노획자본주의의 변종들의 발전"을

---

516) Weber, *Die protestantische Ethik und der Geist des Kapitalismus*, 8-9쪽.
517) Weber, *Die protestantische Ethik und der Geist des Kapitalismus*, 7쪽.

"고대와 중세 서구와 근세 서구와 공통되었던 그 모든 종류의 자본주의의 발전"에 "공통된" 정치적 조건들이라고 말한다.518) 결국, 슬그머니 그는 근대자본주의의 모든 형태를 '비합리적·모험적' 자본주의로 인정한 셈이다.

그럼에도 불구하고 베버는 거듭 근대자본주의의 '비합리적 모험성'을 격하한다.

> 문화의 보편역사에서 우리에게 순수하게 경제적으로 중심문제는 최종적으로 도처에서 형태만 바뀌는 자본주의적 활동 자체의 전개가 아니다. 즉, 자본주의의 모험유형 또는 상업적 유형, 또는 전쟁·정치·행정과 이것들의 이윤기회를 지향한 유형의 전개가 중심문제가 아니라는 말이다. 오히려 자유노동의 합리적 조직을 가진 부르주아적 기업자본주의의 발생이다.519)

베버는 그의 동료 베르너 좀바르트(Werner Sombart, 1863-1941) 등이 중시한 자본주의의 '위험을 무릅쓰는(risk-taking) 모험적 기업가정신(entrepreneurship)'을 일부러 잡요하게 배제하고 있다. 대신, 그는 "특유하게 근대적인 서구 자본주의"가 "기술적 가능성의 발달"에 의해 "강하게 규정되어" 있다는 것을 강조하면서 동시에 이 자본주의의 "합리성"이 "기술적으로 결정적인 요소들의 계산가능성에 의해 본질적으로 제약되어 있음"을 재론하고 이 계산가능한 합리성이 다시 "서구과학의, 특히 수리적·실험적으로 정확하게, 그리고 합리적으로 근거지어진 자연과학의 특유성"으로 환원시킨다.520)

앞서 제시한 자신의 다른 말들과 배치되는 이런 타산적·합리적 자본주의 개념에서 베버는 다시 근대적 자본주의에 본질적인 모험적 기업가정신을 합리주의적으로 부정한다.

---

518) Weber, *Konfuzianismus und Taoismus*, 394쪽.
519) Weber, *Die protestantische Ethik und der Geist des Kapitalismus*, 10쪽.
520) Weber, *Die protestantische Ethik und der Geist des Kapitalismus*, 10쪽.

근대의 합리적 기업자본주의는 계산가능한 기술적 노동수단과 마찬가지로 계산가능한 법과 공식적 규칙에 따른 행정을 필요로 한다. 이것이 없다면 모험적 자본주의와 투기적 상인자본주의와 모든 가능한 종류의 정치적으로 제약된 자본주의가 존재하기는 하지만 상비常備 자본과 안전한 계산을 갖춘 어떤 합리적 사경제 기업도 존재하지 않을 것이다. 오직 서구만이 이러한 법과 이런 행정을 이렇게 법기술적·형식주의적으로 완성시켜서 경제운영에 제공했다.[521)]

그리고 자본에 고유한 '리스크'(위험부담)와 '기업'(Unternehmen; enterprise) 개념도 모험성의 추방에 맞춰 합리주의적으로 희석시키고 무력화시킨다.

> 자본리스크(Kapitalrisiko)는 결산적 손실의 평가된 가능성이다.[522)]

그리고 '기업'은 베버에 의해 이렇게 '모험' 정신을 배제한 채 이렇게 밋밋하게 정의한다.

> 경제적 '기업'(wirtschaftliches 'Unternehmen')은 자본회계를 자율적으로 지향하는 행위다. 이 지향은 계산에 의해 일어난다.[523)]

이런 개념조작으로써 베버는 '모험적 자본주의'를 '근대적 자본주의' 개념에서 철저히 배제하는 것과 모순되지 않도록 자본의 '리스크' 개념과 '기업' 개념에서 그 핵('위험')을 제거하고 '리스크'·'기업' 개념 자체를 전혀 위험하지 않게, 즉 '위험을 무릅쓸(모험할) 일 없이' 아주 안전하게 만들어 놓고 있다. 이로써 '리스크'는 단순히 '예상된 손실'과 동의어가 되었고, 이에 따라 '기업' 개념에도 왕창 희석되었다.

결국, '리스크'는 합리적 부기로 평가된 손실가능성으로 환원되고, '기업'도 합리

---

521) Weber, *Die protestantische Ethik und der Geist des Kapitalismus*, 11쪽.
522) Weber, *Wirtschaft und Gesellschaft*, 48쪽.
523) Weber, *Wirtschaft und Gesellschaft*, 48쪽.

적 부기의 자본회계에 입각한 합리적 행위로 환원되고 말았다. 좀바르트에 대한 지나친 경쟁의식 때문에 베버는 자본주의적 기업가를 일체의 과감한 모험정신도, 혁신의식도 없이, 아니 아무런 결단력도 없이 세세한 규칙과 계산에만 얽매이는 합리적 바리새인, 또는 지극히 '쪼잔해서' 아무런 대범하고 과감한 모험적 기도企圖도, 아무런 모험심의 감정도 없이 헛간 공작소에 틀어 앉아서 머리카락 같은 것을 세밀하게 쪼개고 좁쌀 같은 것을 세세하게 계산하는 '쫀쫀한' 칸트주의자로 전락시키고 있다.

■ '모험적 자본주의'로서의 진짜 '근대자본주의'

필자는 베버의 합리적 리스크·기업 개념을 물리치고 위험을 무릅쓰는 모험적 기업가정신을 근대적 자본개념의 본질로 규정한다. 이것을 슬그머니 인정하지만 이를 공개적으로 부정하는 베버를 떠나 상식적으로 이해하는 '경제의 근대화'란 - 자본회계의 합리적 복식부기나 자유로운 임금노동자들을 직조한 기업조직의 합리화라는 '세세하고 사소한 일'이 아니라 - '경제의 시장화와 산업화'를 말한다. 여기서 '경제의 시장화'는 한편으로 '보편적 상품화'로서 재화·서비스·토지·노동의 상품화를 의미한다. 여기서 '노동의 상품화'는 곧 '신분적 억압으로부터 자유로운 노동자의 출현'을 뜻하는 한편, 자유로운 임금노동자의 고용과 조직적 사용에 따르는 계급갈등의 위험을 함의하고 있다. 화폐유통의 보편화를 포함하는 '경제의 시장화'는 다른 한편으로 모든 재화·노동·토지·노동을 팔아 현금화하기 위한 치열하고 치명적인 시장경쟁을 내포한다. 이 조건들 때문에 자본은 '죽을 각오'로 세 차원의 '죽음의 위험'을 무릅쓰고 승리를 쟁취해야 한다.

카를 마르크스는 자본주의에서 부기의 중요성을 인정하지만 그보다 더 중요한 측면, 즉 자본의 '모험성'을 본질적인 것으로 강조한다. 또한 자본주의의 부기회계도 베버가 말하는 '수익타산'의 견지에서가 아니라 '노동통제'라는 부차적 견지에서 언급하고 그 기원을 중세 이탈리아가 아니라 고대인도로 소급시킨다. 일단 그는 부기 속에 계산화폐로 표현되는 자본에 대해 말한다.

> P…P에서 자본의 화폐적 표현이 오직 생산요소들의 가격으로서만, 즉 계산화폐로 표현된 가치로서만 출현하고 이 형식으로 부기 속에 포착된다.524)

이어서 마르크스는 베버가 빼먹고 감추는 부기의 노동통제 기능, 즉 생산과정에 대한 부기의 '통제' 기능을 언급한다.

> 자본은 자본의 순환과정들의 통일성으로서, 즉 생산영역 안에서든 유통영역의 두 단계 안에서든 과정적 가치(*prozessierender Wert*)로서 오직 계산화폐의 형태로 관념적으로만, 일단은 자본주의적 상품생산자의 두뇌 속에만 존재한다. 가격규정이나 상품가격들의 계산(가격계산)도 파악해 집어넣는 부기(*Buchführung*)는 이 운동을 고정하고 통제한다. 생산과 말하자면 가치증식 - 여기서 상품은 가치담지체로서만, 계산화폐 속에 고정된 관념적 가치현존태를 가진 사물의 이름으로서만 기능한다 - 의 운동은 이렇게 상상 속에서 상징적 모상摸象을 얻는다. 개별적 상품생산자가 (가령 농부가. 자본주의적 영농에서야 비로소 부기하는 차지농을 산출한다) 그의 두뇌 속에서 부기하거나 생산시간 밖에서만, 즉 부차적으로만 그의 지출, 수입, 지불기한 등에 관해 부기하는 한에서, 그의 이 기능과 이에 그가 사용하는 종이 등 노동수단이 (…) 노동수단과 노동시간의 추가적 소모를 뜻한다는 것은 명약관화하다.525)

마르크스는 부기를 자본운동의 본질적 기능으로 보지 않고 부차적 기능으로 본다. 왜냐하면 그는 "개별적 상품생산자"가 "생산시간 밖에서만", "즉 부차적으로만" 부기한다고 말하기 때문이다.

그리고 마르크스는 이런 부기의 기원을 중세유럽의 수도원 부기와 고대 인도의 부기로까지 추적한다. "중세에 우리는 농업부기를 오직 수도원에서만 발견한다. 하지만 태고대적 인도공동체에서 이미 농업에 관한 부기관리가 활동한다는 사실을 알았다. 여기서 부기는 공동체관리가 배타적 기능으로 자립화되어 있다. 이 분업을 통해

---

524) Marx, *Das Kapital II*, *MEW* Bd. 24, 65쪽.
525) Marx, *Das Kapital II*, 135쪽.

시간·노력·지출은 절약되지만, 생산과 이 생산에 대한 부기는 뱃짐과 송장送狀과 같이 상이한 일들이다. 부기원簿記員에게서 공동체의 일부 노동력이 생산으로부터 떼어 내지고, 그의 기능에 대한 비용은 자기 자신의 노동을 위해서가 아니라 공동체생산물로부터의 차감에 의해 변제된다. 조건이 불변이라면 인도 공동체의 부기원이나 자본가의 부기원은 마찬가지 사정이다."526)

그리고 마르크스는 다른 곳에서 "우리는 (인도 공동체에서) 균일하게 고용된 이 대중과 나란히 재판관과 경찰과 세리를 한 몸에 겸하는 '촌장', 즉 영농에 관해 경리를 수행하고 이와 관련된 모든 것을 대장臺帳에 등록하고 기록하는 부기경리원(*Buchhalter*)를 발견한다"고 말한다.527) 마르크스가 자본주의 부기나 태고대적 인도 공동체의 부기나 기능이 본질적으로 동일하다고 말하는 한에서 자본주의 기업의 부기도 경찰·재판·징수기능, 즉 '통제'를 수행한다. "부기로부터 생겨나는 비용, 즉 노동시간의 비생산적 지출과 단순한 매매시간의 비용 사이에는 일정한 차이가 생겨난다. 후자는 오직 생산과정의 사회적 형태로부터, 즉 상품의 생산과정이라는 사실로부터만 생겨난다. 과정의 통제와 관념적 종합으로서의 부기는 과정이 사회적 차원으로 진행되고 순수한 개인적 성격을 잃어갈수록 더욱 필수적이 된다. 따라서 부기는 수공기업과 농부기업의 분산된 생산에서보다 자본주의적 생산에서 더 필수적이 된다. 그리고 자본주의적 생산에서보다 공동체적 생산에서 더 필수적이 된다. 그러나 부기의 비용은 생산의 집중과 더불어, 그리고 부기가 사회적 부로 변할수록 감축된다."528) 그 밖에도 마르크스는 부기회계와 경리실(*Kontor*)의 중요한 기능에 대해 더 많은 언급을 남겨놓고 있다.529)

그러나 마르크스는 근대적 자본의 '부기회계'를 부차적인 것으로 제쳐 놓고 자본을 차라리 '모험성'의 견지에서 묘사한다. 첫째, 마르크스는 자본의 일차적 본질을 보

---

526) Marx, *Das Kapital* II, 136쪽 각주12.
527) Marx, *Das Kapital* I, 378쪽.
528) Marx, *Das Kapital* II, 136-137쪽.
529) Marx, *Das Kapital* III, 301, 305, 311- 313쪽 및 328, 329쪽.

유한 재화(상품)를 현금화하기 위해 목숨을 건 '죽음의 도약(Saldo mortale)'을 해야 하는 것으로 규정한다. "상품가치가 상품 몸체로부터 화폐 몸체로 도약하는 것"은 "상품의 죽음의 도약"이다. "이 도약이 실패한다면 상품이 박살나는 것은 아니지만 상품소유자는 능히 그렇게 될 수 있다. 사회적 분업은 욕구를 다면적으로 만드는 만큼 노동을 일면적으로 만든다. 바로 이 때문에 상품소유자의 생산물은 그에게 오직 교환가치로서만 기여한다. 그러나 그의 생산물은 사회적으로 타당한 일반적 등가형태를 오직 화폐에서만 획득하고 화폐는 남의 주머니 속에 들어 있다."530) 남의 호주머니에서 화폐를 끄집어내야 하는 이런 조건에서 상품소유자로서 자본가는 '박살' 나지 않으려면 여러 판매자들 간의 시장경쟁 조건에서 '죽음의 도약'을 감행해 다른 판매자들을 제치고 자신의 상품을 현금화해야만 하는 것이다. 나아가 자본들은 치열한 경쟁에 밀려 항구적으로 판로를 확장하기 위해 다투어 전 지구를 누벼야 한다. 마르크스는 말한다. "생산물의 항구적 판로확장에 대한 욕구는 부르주아지를 전 지구 위로 내몬다."531)

이 현금화와 판로확장 경쟁은 어쭙잖은 '이성'이나 쫀쫀한 '합리적 계산'이 아니라 위험을 무릅쓰고 과감하게 결행할 대범한 모험적 '용기'를 필요로 한다. 자본의 이 모험성은 시장기제의 경쟁구조에 의해 강요되는 한에서 자본가의 개인적 자질로서의 '모험성'이 아니라 '구조적 모험성'이다. 시장경쟁에 의해 강요되는 자본의 이 구조적 모험성은 시장의 자유가 완전해질수록, 그리고 이에 따라 시장경쟁이 자유경쟁에 가까워질수록 첨예화된다. 따라서 정부의 중상주의적 특권부여와 시장독과점을 용인하지 않는 '근대' 자본주의라면 자본의 치명적 모험은 불가피한 것이다. 중상주의적 상업자본은 이런 의미에서 모험적인 것 아니라, 특권에 안주해 있었다. 이 때문에 중상주의적 자본주의는 근대적 자본주의가 아니라, 전근대 자본주의인 것이다.

둘째, 일정한 임금가격에 노동을 사는 자본가는 늘 노동을 파는 임금노동자들과

---

530) Marx, *Das Kapital I*, 120-121쪽.
531) Karl Marx und Friedrich Englels, *Manifest der Kommunistischen Partei* [1848], 465쪽. *MEW*, Bd. 4 (Berlin: Dietz Verlag, 1977).

치열한 시장경쟁에 처해 있다. 노동의 변동하는 수요와 공급의 동학에 따라 자본은 늘 임금노동자와 치열한 계급투쟁의 압박에 내몰리기 때문이다. 자본은 자신을 지키기 위해 한편으로 노동과 사활을 건 경쟁을 벌이고 다른 한편으로 노동자의 임금인상 압박을 생산적으로 해결하기 위해 '기술·경영혁신'에 달라붙어야 한다. 이것은 그야말로 불요불굴의 항쟁의지를 요하는 계급전쟁과 과감한 기술혁신의 상황조건으로서 어쭙잖은 복식부기의 '계산'과 '합리성'이 아니라 '죽을 각오'의 투지, 용감한 모험심, 그리고 위험을 무릅쓸 담력을 요한다.

노사 간의 계급갈등은 노동시장에서 '특수한 상품'인 노동을 최고가격으로 현금화하기 위해 '죽음의 도약'을 결행해야 하는 노동자와 이에 맞서는 사용자 간의 시장경쟁이 계급투쟁의 형태로 변형되고 연장된 갈등이다. 사용자는 자본의 지속가능한 증식을 위해 가급적 최저임금을 고수하며 임금협상에서 얻은 여유자본으로 목숨을 걸고 기술혁신과 경영혁신을 통한 '창조적 파괴'를 도모해 상대적 잉여가치(이윤)를 확보함으로써 노사갈등을 가급적 완화하고 평화화해야만 한다. 자본은 노사갈등에서도 결국 노사관계의 구조적 경쟁동학에 내몰려 모험성을 발휘해야 한다. 물론 상대적 잉여가치의 창출로 이어질 수도 있는 자본들의 이 노사갈등적 모험성도 시장경쟁에 의해 강요되는 원형자본의 구조적 모험성의 특수한 변형태다. 이 '노사갈등'은 모험적 산업자본의 기술혁신과 경영혁신의 근본적 추동력에 속한다.

셋째, 자본은 이윤을 위해 목숨을 건 투자(*investment*)의 모험을 감행해야 한다. 자본의 '투자'는 언제나 일종의 '투기(*speculation*)'이고 '투기'는 '모험(*venture, enterprise*)', 즉 위험을 무릅쓰는 투자를 말한다. 자본주의적 '기업(*enterprise*)' 자체가 곧 투기적 모험(*venture*)이다. 자본은 상응하는 이윤율이 보장되면 과감히 투자하고, 10%만 되어도 확실히 움직이고, 이윤율이 20%면 활기차고, 50%면 모험적 투자를 마다하지 않는다. 영국의 정치평론가 토마스 더닝(Thoms J. Dunning, 1799-1873)은 이윤율 50%만 되어도 목을 거는 자본의 대담한 모험성을 이렇게 풍자한다.

자본은 소요와 다툼을 애걸복걸하고, 초조해 하는 본성을 지녔다. 이것은 아주 진실이지만, 이것이 진실의 전부는 아니다. 본성이 공허에 대해 공포심을 가졌듯이 자본은 이윤의 부재 또는 아주 작은 이윤에 대해 공포를 가지고 있다. 자본은 응분의 이윤이 있으면 용감해진다. 10% 이윤이면 확실히 용감해지고 도처에 투자할 수 있다. 20%면 자본은 활기차진다. 50%면 적극적으로 목을 걸고 대담해(waghalsig) 진다. 100%를 위해서는 자본이 인간의 모든 법들을 발아래 짓밟는다. 300%면 자본이 교수대의 위험에도 감행하지 않는 어떤 범죄도 존재하지 않는다. 소요와 다툼이 이윤을 가져다준다면 자본은 이것들을 둘 다 부추길 것이다. 증거: 밀수와 노예무역.532)

이와 같이 목숨 건 모험적 투자는 자기 자본보다 이보다 더 많은 융자와 임차자본으로 구성된 '자본주의적 자본'의 운명이다. 투자와 재투자를 통해 자본가는 자본을 집중하고 이 집중된 자본의 "권력"과 "간계奸計"로 적대자본들을 합병함으로써 불황기에 손실을 최소화하고 호황기에는 이윤을 극대화해야 한다. 마르크스는 말한다. "이윤율은 자본주의적 생산에서의 추동력이고, 이윤을 내며 생산될 수 있는 것만이, 그리고 그런 한에서만 생산되기" 때문이다.533)

넷째, 자본의 기술적·유기적 구성도의 고도화와 이윤율 하락의 법칙에 내몰리는 '공장제 자본주의'는 다른 자본주의의 경우에 거의 전적으로 결여된 별도의 구조적 모험에 추가적으로 내몰린다. 공장제 산업자본에 추가된 이 구조적 모험성은 자본의 기술적·유기적 구성도의 고도화로 인한 점진적 이윤율 하락 추이 때문에 구조적인 것이다. 기계를 쓰지 않는 수공업적 매뉴팩처 자본주의, 공장제를 우회한 중국 자호字號(브랜드)상인 주도의 네트워크 생산방식의 브랜드 자본주의, 공장을 퇴출시킨 미국과 기타제국의 오늘날 보편화된 브랜드 빅바이어 주도의 국제적·초국가적 네트워크 생산방식의 브랜드 자본주의(브랜드 자본주의에 대해서 뒤에 상론한다), 스위스·네덜란드·덴마크·스웨덴의 농업자본주의, CAD·CAM 생산방식의 지식·정보 자본주의 등 다른 유형의 자본주의는 자본의 기술적·유기적 구성도의 하락을 알지 못하

---

532) *Trade's Unions and Strikes: their Philosophy and Intention* (London: 1860), 35-36쪽. Marx, *Das Kapital I*, 788쪽 각주250에서 재인용.

533) Marx, *Das Kapital I*. 269쪽.

고 따라서 이것으로 인한 이윤율하락 추이에 내몰리는 '공장제 자본주의' 특유의 구조적 모험을 알지 못한다.

공장제 산업자본들은 치열한 경쟁관계 속에서 다른 자본들을 이기고 이윤을 쟁취해 계속적 자본집중과 자본합병을 유지하기 위해 "적대적 형제들" 간에 사활을 건 전투를 치러야 한다. 특히 자본의 과잉축적으로 이윤율이 전반적으로 하락할 때는 각기 자본이 손실을 적게 보기 위해 목숨 건 전투를 벌인다. 이때 패배한 자본들은 퇴출되어 '휴경休耕'한다.

> 이 휴경이 어떤 부문의 자본을 때릴지는 경쟁이 결정한다. 모든 것이 잘 나가는 한에서 경쟁은 일반적 이윤율의 균등화 시에 나타나는 것처럼 자본가계급의 '실제적 형제성'으로 작용해 각자가 건 몫의 크기에 비례해서 이윤이 공동체적으로 공동의 노획물로 나뉜다. 그러나 문제가 더이상 이윤의 분배가 아니라 손실의 분배가 되자마자 각자는 가급적 자기 몫의 손실을 줄이고 남의 목덜미로 밀어내려고 한다. 그러나 각자가 그중 얼마만큼을 감당해야 하는지, 그가 도대체 얼마나 그것을 나눠야 하는지는 권력과 간계奸計의 문제가 되고, 경쟁은 적대적 형제들(feindliche Brüder) 간의 투쟁으로 변한다.[534]

공장제 자본주의의 "적대적 형제들 간의 투쟁"은 공장제 산업자본이 생산력을 상대적 과잉으로 몰아가는 한에서, 그리고 주기적 '과잉생산'과 공황을 돌파하는 모험적 '투자'를 요구하는 한에서 공장제 대공업자본주의의 한 구조적 측면이다. 따라서 이 공장자본들의 필연적 투쟁과 구조적 모험성은 자유로운 시장경쟁에 의해 강요되는 원래의 '구조적 모험성'을 더 '격화'시킨다. 따라서 공장자본들은 생존을 위해 목숨을 걸고 서로를 이기고 흡수하려는 병합전쟁을 벌여야 한다. 이 때문에 각 자본은 죽음의 위험을 무릅쓰는 '모험'을 감행하지 않을 수 없다. 이를 위해서는 부차적으로 '합리적 계산'도 필요하겠지만, 일차적으로 필요한 한 것은 모험을 감행할 '담력과 용기'다.

---

534) Marx, *Das Kapital* III. 263쪽.

자유시장에서 이윤을 위해 투쟁하는 공장제 산업자본, 상업자본, 농업적 산업자본, 브랜드 산업자본 등 모든 '자본주의적 자본'이 공히 감당해야 하는 여러 구조적 모험이 있다. 공통된 구조적 모험들은 앞의 세 가지, ①현금화와 판로확보경쟁의 모험, ②노사갈등 모험, ③이윤획득을 위한 투자 모험, ④병합투쟁의 모험이다. 이 모험성이 모든 산업자본에 공통된 네 가지 **구조적** 모험이다. 18세기 말부터 20세기 초반까지 발달한 중국의 브랜드 자본의 네트워크 생산방식의 자본주의도 노사갈등을 피할 수 없었다. 자호상인과 계약을 맺은 여러 소작업장에서 일하는 10-30여 명의 노동자들도 드물지 않게 소작업장의 우두머리, 즉 '**표두**票頭'와 갈등을 보였기 때문이다. 반면, 네 번째 병합투쟁의 모험성은 공장제 자본주의에 고유한 것이고 다른 유형의 자본들에서는 현상하지 않는다.

근대적 자본주의는 시원적 자본축적 단계에서 인간약탈과 노예화, 노예무역, 식민지 노예사역(플랜테이션), 침략과 정복, 제국주의 식민지배 등의 비인간적 악덕과 야만을 자행하는 '악덕자본주의'를 면치 못했다. 서양 자본들은 기술발전에 기반을 둔 상대적 잉여가치 증식을 위주로 발전하는 단계에 도달하고 나서야 저런 악덕과 야만으로부터 마침내 해방되어 인권을 마치 원래 '자기 상표'인 양 내세울 수 있었다.

시장에서 상품의 현금화·판로 경쟁, 노사갈등, 이윤을 위한 투기적 투자, 이윤율하락으로 인한 자본병합 투쟁, 그리고 특히 이를 위한 '모험'은 자본다운 자본의 운명, 자본의 구조적 본질이다. 투자자로서의 자본가는 이런 험악한 경쟁과 계급투쟁 조건에서 아무리 합리적 복식부기를 잘 운용한다고 하더라도 미래의 손익을 정확하게 예상할 수 없다. 따라서 '자본가'는 '합리적 계산가'라기보다 차라리 현재의 투자시점에서 늘 크고 작은 손실의 위험 또는 존망의 위험을 무릅쓰는 모험을 해야 하고 이 위험을 무릅쓸 용기, 모험심, 투지, 그리고 과감한 혁신의지 등 '대담성'과 '과단성(결단력)'의 성정性情을 갖춘 '기투자企投者', 또는 '투기적 기업가'(entrepreneur), 즉 합리적 계산을 초월하는 '기업적 모험가'이어야 한다. 따라서 모든 자본은 본질적으로 '계산적·합리적 자본'이 아니라 많건 적건 '투기적·모험적 자본'이다. 그리고 근대자본주의는 일차적으로 합리적 '회계자본주의'가 아니라, 죽음을 무릅쓸 용기·담력·모험심의 감정능력에 뒷받침되는 비합리적 '모험자본주의'다.

'모험적 자본'의 최신버전은 바로 1990년대 이후 잘 알려진 '벤처자본(*venture capital*)'이다. 증권거래소가 아니라 장외증권시장에서 활약하는 이 '벤처자본주의'는 근세초의 악덕자본주의를 탈피한 근대적 모험자본주의의 순화된 정수精髓인 셈이다. 이런 한에서 오늘날의 '벤처자본주의'는 근대자본주의를 '합리적' 자본주의가 아니라 '모험적' 자본주의로 규정하는 주장에 대한 가장 완결적이고 가장 확실한 구체적·현실적 증거라고 할 것이다. 벤처자본은 쫀쫀한 회계적 합리성이 극소화된 반면, 혁신적 아이디어의 신세계를 향한 대담한 모험성이 극대화된 '대도무문大道無門의 자본'이기 때문이다.

카를 마르크스는 『공산당선언』(1848)에서 부르주아지와 자본의 모험성과 창조적 파괴를 이렇게 묘사한다.

> 부르주아지는 생산도구, 따라서 생산관계, 따라서 총체적 사회관계를 지속적으로 혁명화하지 않으면 존재할 수 없다. 이에 반해 오랜 생산양식의 불변적 고수는 이전의 모든 산업계급의 제1 존속조건이었다. 생산의 지속적 변혁, 모든 사회적 상태의 부단한 격동, 영원한 불안과 운동은 다른 무엇보다도 부르주아지의 시대를 특징짓는다. 고래로 존귀한 관념과 관조를 달고 다니던 모든 고정된 녹슨 관계들은 해체되고, 모든 새로 형성된 것은 각질화되기 전에 낡아버린다. 모든 신분적인 것과 상존하는 것은 증발해버리고, 모든 신성한 것은 모독당하고, 인간들은 마침내 자기들의 생활지위, 상호관계를 맑게 깬 눈으로 바라보도록 강요된다. 생산물의 항구적 판로확장에 대한 욕구는 부르주아지를 전 지구 위로 내몬다. 도처에서 그들은 눌러앉고, 도처에서 경작하고, 도처에서 관계를 산출한다.[535]

마르크스가 갈파하듯이 이런 격동과 동요, 파괴와 해체, 전 지구를 헤집는 모험적 판로개척을 본질로 하는 근대자본주의적 현실 앞에서, 근대자본주의를 "비합리적 충

---

535) Karl Marx und Friedrich Englels, *Manifest der Kommunistischen Partei* [1848], 465쪽. MEW, Bd. 4 (Berlin: Dietz Verlag, 1977).

동"("극히 한계 없는 영리욕")의 "합리적 억제 및 완화"와 동일시하고 "지속적인 합리적 자본주의 기업 속에서의 이윤에 대한 추구", "언제나 갱신되는 이윤에 대한, 즉 수익성에 대한 추구"와 등치시키는 베버의 자본주의 정의는536) 실로 기만적이고 속물스럽게 들린다.

'수익성'을 운위하는 이 마지막 단언을 볼 때, 베버는 공급이 수요를 따르지 못하던 근세 초 자본주의, 즉 과잉생산·과잉공급도 모르고 자본구성도의 고도화와 이윤율 하락도 모르던 근세초의 '매뉴팩처자본주의'를 염두에 두고 있는 것 같다. 그러나 여기서 우리가 관계하는 자본주의는 '근대 산업·상업·신용·은행·전쟁자본주의'다. 이런 자본들의 직접적 목표는 단순히 저 쫀쫀한 '수익성'이 아니다. 상론했듯이, 베버 자신도 ①무한한 영리추구의 "비합리적 충동"에 따라 어떤 모험도 불사하는 "순수한 비합리적·투기적 성격"의 상업·신용·은행자본을 근대자본의 일부로 편입시키고 이것으로써 수익성을 따지만 ② "합리적 전쟁"(우스운 표현!), ③ "복수의 상호 경쟁하는 독립국가들의 서로에 대해 끊임없이 전쟁을 준비하는 무장평화", ④ "이에 제약된 유형의 자본주의적 현상들"("전쟁공채와 전쟁목적을 위한 국가의 물자공급"), ⑤ "자유이동의 자본"을 얻기 위한 "개별국가들 간의 경쟁", ⑥ "해외·식민지관계", ⑦ "고대서양과 중세세계에서 근세와 공통되었던", 즉 "해적행위와 결부된 지중해연안 나라들의 해외무역·식민자본주의가 전개했던 노획자본주의의 변종들"의 발전 등을 "자본주의의 정치적 전제조건들"로 규정함으로써537) 슬그머니 또는 얼떨결에 비합리적 모험성을 근대자본주의의 속성으로 인정했다. 이런 인정으로써 비합리적 모험 없이, 비합리적 모험심과 용기라는 감정능력 없이 수익성만을 추구하는 베버의 합리적 회계자본주의 개념은 '얼떨결에' 파탄을 맞고 있다.

한편, 주기적으로 과잉생산 위기에 빠지는 '공장제 자본주의'의 사활적 경쟁 속에서 공장자본들이 노리는 것은 타他자본들이 가하는 '휴경' 압박을 저지하고 우호적 또는 적대적 자본들을 병합하고 퇴출시킬 수 있는 '권력'이다. 공장자본들은 이 권력

---

536) Weber, *Die protestantische Ethik und der Geist des Kapitalismus*, 4쪽.
537) Weber, *Konfuzianismus und Taoismus*, 394쪽.

을 쟁취하기 위해 하릴없이 백배의 용기로 모험적으로 투쟁을 감행해야만 한다. 이 투쟁에서 승리한 뒤에야 비로소 '이윤추구'나 '수익'이 운위될 수 있는 법이다. 그러기 전에 수익계산과 이윤추구 청사진은 무의미하다. 공장제 산업자본들의 권력투쟁은 대외적으로 확장되면 국가 간 '무역전쟁'을 불러오고, 심지어는 무력전쟁까지도 불러온다. 늘 유혈전쟁으로까지 치닫는 것은 아니더라도 국제적 무역전쟁까지는 주기적으로 불가피하다. 따라서 이 자본주의적 권력투쟁은 결코 베버가 말하는 '합리적 수익성 타산의 몰각'을 뜻하는 "비합리적 충동"의 비정상적 망동이 아니라, '합리적 수익성 타산의 초월'을 뜻하는 "비합리적 충동"의 지극히 정상적인 모험이라는 데 있다.

위험을 무릅쓰는 자본의 '모험적' 본질은 수백 년 전, 아니 2천 년 전 중국철학자들도 베버보다 더 잘 알고 충분히 강조했었다. 자본의 맹아적 모험성은 산업자본주의 이전에도 예리하게 사람들의 폐부를 찔렀기 때문이다. 가령 사마천은 당대의 대大상업자본가 백규白圭를 소개한다. "그는 좋은 음식을 도외시하고 기호를 억제하고 의복을 검소히 하고 자기가 부리는 노복과 고락을 함께 했다." (여기까지는 베버의 근면·검약론과 상통한다.) 그러나 그는 "기회를 잡을 때에는 맹수나 맹금이 먹이를 보고 행동하듯이 민첩했다." 백규는 "나와 더불어 임기응변의 조치를 취할 지혜가 없거나 결단할 용기가 없거나 확실하게 버리고 취하는 면(즉, 과단성)이 없거나 지킬 바를 끝까지 지킬 결기가 없는 사람"은 대상인이 될 수 없기 때문에 이런 사람은 "비록 내 방법을 배우려고 해도 절대 가르쳐주지 않았다"고 말했다.[538] 또 사마천은 제후들과 상공인들에게 큰돈을 대부해주는 은행·금융업자들인 "자전가子錢家들" 중 대표적 인물로 '무염씨無鹽氏'를 들면서, "관동 원정遠征의 성패가 미결이라서 아무도 수긍하지 않을" 때 오직 그만이 "천금을 출연해 이자를 원금의 열 배로 해서 빌려줘" 천하 제일가는 대부호가 된 사례를 모험적 투자모델로 제시하고 있다.[539]

그리고 사마천은 화식貨殖(이윤증식)의 원리를 이렇게 종합한다. "그들은 다 이치

---

[538] 사마천, 『史記』 「貨殖列傳」, 1178-1179쪽.
[539] 사마천, 『史記』 「貨殖列傳」, 1196-1197쪽.

를 미루어 거취하고 시의와 부합되게 영리를 얻고 상공업으로 재부를 만들고 농업으로 그것을 지키고 무武로 단칼에 자르고 문文을 써서 그것을 뒷받침했으니 이런 변화에는 기개가 있었다.(盡推理去就 與時俯仰 獲其贏利 以末致財 用本守之. 以武一切用文持之 變化有槪)" 사마천은 고대의 중국 자본가들도 문사의 합리성(수익타산성)과 무사의 '기개氣槪', 즉 모험을 감당할 씩씩한 기상과 곧은 절개가 있었다는 말이다. 사마천은 베버처럼 "근력을 아끼는 것은 삶을 다스리는 바른길이다(夫纖嗇筋力 治生之正道也)"라고 말하기도 하지만, 동시에 "부자는 반드시 기발함을 써서 승리한다(而富者必用奇勝)"고 갈파함으로써540) 합리적 노동절약과 함께 기발한 모험을 강조하고 있다.

남송대 중국의 경세가 엽적葉適(1150-1223)도 아귀다툼에 처한 자본의 모험심을 강조한다. 부를 구하고 이익을 선호하는 것은 인간본성이라고 생각한 엽적은 모든 사람들이 이利를 다투고, 이런 이익경쟁에 내몰리어 위험을 무릅쓰며 영리를 추구한다고 말한다.

> 사민四民은 백예百藝를 아침에 다스리고 저녁에 뒤쫓고 각기 그 힘을 다투고 각기 영리추구를 좋아해서 비록 위험해도 끝내 두려워하지 않는다.541)

엽적은 이렇게 "위험해도 끝내 두려워하지 않는" 송대 사민의 모험적 영리추구를 간명하게 밝혀 보이고 있다.

구준도 이윤을 두고 경쟁하는 상업자본가가 금법禁法도 뛰어넘는 모험성을 제대로 간파하고 있다.

> (야인들에게 중국물건이 없게 되면) 사적으로 통상하고 (국경을) 넘어올 것에 대한 걱정은 단연코 끊을 수 없으니, 비록 법률에 명확한 금법이 있어도 다만 이利가 있기만 하면 백성은 죽음도 불사한다.542)

---

540) 사마천, 『史記』「貨殖列傳」, 1197쪽.
541) 葉適, 「留耕堂記」, 3쪽. 葉適, 『水心集』冊一, 卷之四 (臺北: 中華書局, 1965).

이것은 앞서 인용한 영국 정치평론가 토마스 더닝의 풍자와 유사한 기술이다. "50% 이윤이면 적극적으로 목을 걸고 대담해진다. 100% 이윤을 위해서는 자본이 인간의 모든 법을 발아래 짓밟는다. 300%면 자본이 교수대의 위험에도 감행하지 않는 어떤 범죄도 존재하지 않는다. 소요와 다툼이 이윤을 가져다준다면 자본은 이것들을 둘 다 부추길 것이다. 증거는 밀수와 노예무역이다."543) 구준은 유사하게 백성들의 이윤추구의 모험을 금법도 뛰어넘고 "이利가 있기만 하면 죽음도 불사하는" 행동으로 묘사하고 있다.

복건성 출신 상인들 중 명대의 가장 유명한 계몽사상가 이지李贄(이탁오. 1527-1602)도 죽음의 위험을 무릅쓰는 상업자본가들의 대단한 모험성을 강조하고 있다.

> 상인들은 수만금의 재물을 끼고 폭풍과 파도의 위험을 겪으며 관문의 관리들에게 욕을 당하고, 시장에서 교역 중에 꾸지람을 참고, 만상萬狀에 신근辛勤한다.544)

"폭풍과 파도의 위험"을 무릅쓰는 모험심과 "관문의 관리들에게 욕을 당하고 교역 중에 꾸지람을 참는" 인내심은 이윤을 위해 시장으로 가는 행로에서 또는 시장에서 물건을 팔면서 봉착하는 어떤 고난을 감내할 수 있고 어떤 일도 감행할 수 있는 상인 자본의 사회적 모험성을 표현하는 것이다. 중국의 역사가 사마천과 경세론자 엽적·구준·이지 등은 모두 산업자본주의 이전에도 시장에서 치열한 경쟁에 처한 상인자본들의 맹아적 모험성을 공히 이렇게 간파하고 있었다.

주지하다시피 서양에서 마르크스 외에 베버의 동시대 경쟁자 베르너 좀바르트는

---

542) 丘濬, 『大學衍義補』[明 成化 23년, 1487] (1792 日本 和刻本, 翻刻 京都: 中文出版社, 1979), 卷之二十五「制國用·市糴之令」, 345쪽.

543) *Trade's Unions and Strikes: their Philosophy and Intention* (London: 1860), 35-36쪽. Marx, *Das Kapital I*, 788쪽 각주250에서 재인용.

544) 李贄, 『焚書』, 卷47「書答·又與焦弱侯」. 이지(김혜경 역), 『분서I』(파주: 한길사, 2004-2015), 218쪽(원문 484쪽): "商賈亦何可鄙之有? 挾數萬之賈 經風濤之險 受辱於關吏 忍訕於市易 辛勤萬狀. 所挾者重 所得者末. 然必交結於卿大夫之門 然後可以收其利而遠其害 安能傲然而坐於公卿大夫之上哉!"

베버에게 수익성·자본회계 등의 신新개념을 가르쳐 준 사람이다. 그러나 좀바르트는 '수익'이나 '회계'가 아니라 '모험'을 자본의 본질로 강조했다. 그는 베버와 달리 "기업정신(*Unternehmungsgeist*)의 본질"을 "정복가·조직가·협상가(상인)"라는 "삼중적" 정신으로 제시하면서545) 이 중 '정복가정신'을 가장 중요한 정신으로 규정하고 이 '정복가정신'의 3요소를 "정신적 자유", "실천력", "끈질김과 불굴성(*Zähigkeit und Beharrlichkeit*)"이라고 말한다.546) 그리고 이 끈질김·불굴성과 관련해 이렇게 부연한다.

> (기업정신은) 계획을 수행할 능력이 있어야 한다. 이 수행 능력에는 목표의 추구를 중단하지 않는 필수적 끈질김과 불굴성이 속한다. 제대로 된 기업가 - 정복자! - 는 그의 길을 가로막는 온갖 장애물을 쟁파爭破할 능력과 결단력(*Entschlossenheit*)을 갖춰야 한다. 그러나 기업가는 많이 감행할(*wagen*) 능력을 갖춘, 말하자면 자신의 기업을 위해 위대한 것을 얻기 위해 모든 것을 거는 사나이라는 의미에서도 정복자이어야 한다. 이 과감한 모험심(*Wagemut*)은 기업가를 도박판의 승부사(*Spieler*)와 근접하게 만든다. 이 모든 것에는 정신적 신축성, 정신적 에너지, 탄력, 의지의 항구성이 속한다.547)

진정한 자본가는 '섬 안의 크루소'처럼 꼼꼼하고 착실한 '회계사'가 아니라 과감한 모험심을 발휘하는 결기 있는 대담한 '정복자'다. 온갖 장애와 위험을 돌파하며 계획을 관철시켜야만 하는 기업가의 이 과감한 모험정신은 반드시 일별一瞥로 사태를 재빨리 파악하는 예리한 간파능력과 순발력(*Geistesgegenwart*)을 배제하는 것이 아니다. 모험정신이야말로 오히려 이 자질들을 반드시 갖춰야 한다. 좀바르트는 다시 말한다.

---

545) Werner Sombart, *Der Bourgois. Zur Geistesgeschichte des Modernen Wirtschaftsmenschen* [1913] (Reinbek bei Hamburg: Rowohlt Taschenbuch Verlag, 1988), 61쪽.
546) Sombart, *Der Bourgois*, 61-62쪽.
547) Sombart, *Der Bourgois*, 62쪽.

모든 기업이 그 경과에서 미리 생각할 수 없는 우연에 좌우되기 때문에 모든 기업가가 갖춰야 하는 본질적 자질, 즉 성공의 추구에 가장 잘 이바지하는 올바른 것을 결정할 능력과 순발력이 필요하다. 프리드리히 2세는 그가 (언급된 의미에서 기업가인) 모든 야전사령관에게 필요한 것으로 기술한 이 자질을 '일별의 통찰력(coup d'oeil)'이라고 불렀다. 진리를 재빨리 파악하게 하는 이 자질에는 올바른 것으로 인식된 것을 즉시 행하거나 명령할 능력, 즉 결단력(Entschlossenheit)이 조응해야 한다.[548]

따라서 좀바르트에 의하면 '근대 자본주의'는 '합리적 자본주의'라기보다 차라리 순발력과 통찰력을 갖춘 '정복적·모험적 자본주의'인 것이다. 자본의 '합리적 수익타산'은 기업에 필요한 것이지만 어디까지나 현장성 없이 사전·사후적으로 행해지는 부기회계로 확보되는 부차적 요소일 뿐이다. 좀 뒤에 요셉 슘페터(Joseph Schumpeter, 1883-1950)가 좀바르트를 이어 자본의 '모험적 기업가정신'을 극적으로 강조한 것은 주지의 사실이다.

근대적 자본들의 '모험성'은 이제 마르코 폴로, 베니스상인, 푸거가 등과 같이 동서 비단길을 오가던 특별한 개인들이 그 독특한 성향과 기질로서 발휘하는 '개인적' 모험성이 아니라, 자본의 '구조적' 모험성을 가리킨다. 근대자본주의로서의 '모험적 자본주의'는 곧 치열한 시장경쟁, 치명적 노사갈등(자본관계), 병합전쟁의 구조적 본질을 동시에 드러내주는 것이다. 이런 한에서 근대자본가는 실로 '모험가'다. 근대자본가는 개인적 모험가라서 자본가인 것이 아니라, '모험적 자본의 의인화擬人化'로서의 자본가인 것이다. 그러므로 자본주의적 '모험심'과 모험능력은 이제 개인적·인격적 덕성이 아니라, 근대자본주의의 구조적 모험성이 개개 자본들에게 요구하는 '의인적擬人的 덕성'인 것이다.

그러나 베버는 마르크스·사마천·엽적·구준·이탁오·좀바르트·슘페터 등이 올바로 강조한 '근대 자본주의의 구조적 모험성'을 개신교적 금욕윤리와 계산적 합리성으로만 구성된 자신의 쫀쫀한 자본주의정신론 속에 익사시켜 버리고 있다. 무릇 자본

---

548) Sombart, *Der Bourgois*, 65쪽.

가의 과감한 투자결단·모험심·투지·혁신의욕 등의 정신적 감정능력은 이성능력과 별개의 것이라서 합리성과 무관한 것이다. 하지만 이 감정적 덕성은 비합리적이거나 신비적·주술적인 것이 아니다. 그것은 인간의 생동하는 정상적 감정일 따름이다. 그러나 베버는 플라톤이나 칸트처럼 '감정'을 즉각 '비이성'이나 '폭력성'과 동일시하는 '합리주의적 정신질환'을 노정하고 있다. 이런 까닭에 그는 줄곧 "극히 한계 없는" 비합리적 영리욕에 따른 모험성의 억제와 완화, 그리고 이 모험성 대신에 그 본질로 끌어올려진 복식부기의 합리적 계산을 근대자본주의의 본질로 착각한 것이다. 그는 자본의 '부차적·도구적' 측면에 불과한 계산적 합리성을 자본의 '본질'로 과장한 것이다.

막스 베버는 사회적 분업의 화폐경제적 통합의 구조적 필연성이 요구하는 '죽음의 도약'으로서의 자본의 현금화 경쟁과 이를 위한 판로확보 경쟁과, 이 '죽음의 도약'을 더욱 극화시키는 자본관계(노사갈등), 자본간 병합투쟁과 제국주의적 해외진출, 한 마디로 모든 자본주의적 '권력투쟁'을 제거해버리고 있다. 그 대신 베버는 부기가 마치 투자의 미래적 결과를 다 내다볼 수 있는 예언 능력을 주는 양 합리적 복식부기를 새로운 '주술'로 띄우고 있다. 이것이야말로 '광신적 합리주의'의 '주술'이라고 할 만한 것이다. 이 '광신적 합리주의'가 오히려 신비적 비합리성을 응축한 '주술'일 것이다.

"모든 기업이 그 경과에서 미리 생각할 수 없는 우연에 좌우되고"(좀바르트), 특히 "자본가들이 자기들의 축적된 자본을 서로 빼앗는 장소"인 "주식시장"에서는 "우연"이 난무한다.(마르크스). 이렇게 우연이 판치는 자본주의 경쟁마당에서 합리적 부기나 정확한 계산은 예견능력을 완전히 상실한다. '예견'은 '손익'을 보여주는 부기에 속하지 않는다. 비교적 정확한 '예견'이란 모험이 끝난 뒤 또는 끝난 것으로 가정한 뒤 부기회계로 산출되는 단순한 '손익'에 대한 인식이 아니라, '성패'나 '승패'를 헤아리는 자본가의 "일별의 통찰력(*coup d'oeil*)", "순발력", 감행능력 등에 대한 사전의 현명한(분별력 있는) 종합판단이기 때문이다.

■ 수리적 계산성이 합리성?

한편, 베버는 '합리성'을 수리적 계산에 근거한 것으로 이해하고 있다. 그러나 복식부기의 계산은 결코 합리성을 보장하지 않는다. 보통 '이치(이성)에 부합됨'을 뜻하는 '합리성(Rationalität)'은 수리적 계산과 다른 것이자, 수리적 계산 이상의 것이기 때문이다.

그러나 인구어적印歐語的 어법에서는 '계산'과 '이성(합리성)'이 등치된다. 하지만 한국어, 중국어 등에서는 계산과 이성(합리성)은 전혀 다른 말이다. '계산'을 '합리성(이성)'과 등치시키는 것은 인구어적 어법과만 관련된 것일 뿐이고 양자를 등치시키는 이런 사고는 인구어법에 의해 강요되는 오류다. 인구어법에 의해 되는 이 오류는 '차이'를 막 바로 '부정否定'과 등치시키는 인구어법상의 오류와[549] 유사한 것이다.

가령 희랍어로 '말(言)'과 '이성'을 뜻하는 '로고스($λογος$)'는 동시에 계산과 수리적 비례도 뜻한다.[550] 라틴어로 이성을 뜻하는 '라치오(ratio)'도 역시 계산의 의미를 아울러 지니고 있다. 이탈리아어로 이성을 뜻하는 '라지오네(ragione)'도 '계산'과 수리적 '비율'을 아울러 뜻하고, 이탈리아어 '라지오네리아(ragioneria)'는 회계(경리)와 부기를 뜻한다. "이러한 어법은 베버가 합리성(적어도 세계지배의 합리성)을 자본주의·관료주의의 도래와 연결시키고 이것을 다시 복식부기(partita doppia, partie double)의 실행과 연관시키는 것을 뒷받침해 주는 것으로 보일 수 있다."[551]

물론 베버만이 아니라 좀바르트, 로버트슨(H. M. Robertson)과 슘페터도 근대적 자본주의 발전에서 수리적 계산이 "손익계산, 행동의 합리화, 사업의 탈脫인격화"를 가능케 하는 것으로 보고 "합리적·과학적 복식부기"에다 "근본적" 역할을 배정했다.[552] 그리고 베버보다 앞서 사업거래의 일차적 목표를 명확히 하고 재산관리를 합

---

549) 가령 'A is not B'는 단순히 'A is different from B'를 뜻할 수도 있으나, 영미인들은 언제나 이 테제를 'A negates B' 또는 'A opposes B'를 뜻하는 것으로 영문법에 의해 강요당한다.
550) 그러나 정신·사유·지성을 뜻하는 '노에시스($νόησις$)'나 '누스($νούς$)'는 그런 계산의 의미가 없다.
551) Goody, *The East in the West*, 49쪽.
552) Goody, *The East in the West*, 50쪽.

리화하고 사업회사와 그 소유권자의 분리를 용이하게 하는 점에서 복식부기를 근대 자본주의의 흥기와 발달 과정에서 "일차적 요소"로 중시한 최초의 학자는 좀바르트였다.553) 그러나 좀바르트와 슘페터가 자본의 '모험성'을 '전근대성'으로 본 베버와 반대로 그 '모험성'을 근대적 자본의 더 근본적인 본질로 간주한 것은 주지의 사실이다. 좀바르트는 '자본주의 정신'이라는 어떤 특별한 윤리나 가치체계가 자본주의의 전제조건이자 본질적 부수조건이라고 주장하며 이 에토스를 '가차 없는 모험주의적 획득욕'이라는 첫 번째 특징과 '계산적 합리성'이라는 두 번째 특징의 아말감으로 묘사했다. 따라서 과학적 회계는 이 두 번째 특징의 표현일 뿐이다.

막스 베버는 베르너 좀바르트의 논변의 본질적 프레임워크를 받아들이면서도 '모험주의적 획득욕'을 자본축적의 전근대적 형태로 배격하는 한편, "계산적 합리성"을 "이윤의 무자비한 극대화를 통한 리스크의 최소화"로 이해해서 이 "합리성"만을 받아들인 것이다.554) 그 다음, 베버는 - 상론했듯이 - 다시 이 '자본 리스크' 개념에서 '위험부담'이라는 의미론적 중핵을 발라내버렸다. 그리하여 베버의 '합리적 자본주의' 개념에서는 일체의 '위험부담(리스크)'의 의미도, 이것을 무릅쓰는 '모험'의 의미도 완전히 박멸된 것이다.

한편, 유럽어법과 달리 극동의 언어들에서 '이성(이치)과의 합치성'으로서의 '합리성' 또는 '이성적임'은 산술적 계산이나 회계와 완전히 다른 사유기능에 의해 획득되는 것이자, 이 수리적 사유보다 더 높은 사유기능에 의해서만 이해되는 것이다. 극동제국에서 말하는 이 합리성으로서의 '이성과의 합치성'의 이성은 플라톤의 이성'[('노에시스($\nu \acute{o} \eta \sigma \iota \varsigma$)'나 '누스($\nu o \acute{v} \varsigma$)'], 또는 아우구스티누스의 '상급이성', 또는 칸트의 이성(Vernunft)에 해당한다. 따라서 극동의 어법에서 복식부기에 기초한 '회계적(경리적) 자본주의'는 있을 수 있지만, '합리적 자본주의'는 어불성설이다. 자

---

553) Robert Gardella, "Squaring Accounts: Commercial Bookkeeping Methods and Capitalist Rationalism in Late Qing and Republic China", *The Journal of Asian Studies*, 51 (May 1992), 318쪽.

554) Gardella, "Squaring Accounts", 318-319쪽.

본주의는 본질적으로 불합리하고 부조리한 것이기 때문이다.

역사상으로도 자본주의는 합리성보다 불합리성을 더 많이 야기하고 강요해왔고, 자본주의의 역사는 부조리의 역사였다. '근대적 자본주의'는 본질상 합리적인 것이 아니라, 국가와 국제사회의 경제정책적·노동정책적·복지정책적 개입과 수정에 의해 비로소 얼마간 '합리화'되어 왔을 뿐이다. 상술했듯이 '근대적 자본주의'는 차라리 국내외 자본들 간의 적대적 경쟁과 노동자들과의 험난한 계급투쟁 속에서 자본운동의 각종 불합리한 모순과 부조리가 야기하는 위험을 뚫고 생존과 발전 전망을 확보하기 위해 죽을 각오로 생산을 혁신하고 밖으로 판로와 출구를 찾고 내외의 '적대적 형제들'과 사활적 병합투쟁을 벌이는 '모험적 자본주의'다. 베버의 '합리적 자본주의론'은 인구어적 특수어법의 세계에서만 이론행세를 할 수 있는 일종의 '방언적 괴설怪說'일 뿐이다.

■ 자본주의 발달에서의 복식부기의 부차적·수단적·선택적 위치가

베버는 14세기 이탈리아에서부터 사용되기 시작해서 16-17세기에 '상업적 복음'처럼 퍼져나간 복식부기가 합리적 자본회계를 가능케 하고 이것이 '합리적 기업자본주의'를 낳았고 이 '합리적 자본회계'와 '합리적 자본주의'는 서구에서만 발전되었다고 주장함으로써 복식부기도 서구에서만 발전된 것으로 간주했다. 그러나 잭 구디(Jack Goody)에 의하면, 복식부기는 자본주의의 흥기와 발전에서 그렇게 근본적 역할을 수행한 것도 아니고, 또 서구에서만 발생한 것도 아니었다.

그리스·로마인들은 무역과 제국의 범위가 광대했음에도 아무런 복식부기도 발전시키지 않았다. 오늘날 가장 친숙한 회계적 요소들은 소득과 자본을 알려주는 '이윤·손실 회계'와 '무역수지 지표'이지만, 그리스·로마인들은 필요한 때만 선택적으로 이것을 산출했다. 그러나 "그리스·로마인들이 경제체계의 본성이 불필요하게 만든 것을 하려고 하지 않았다는 이유에서 그들의 지성을 얕보아서는 아니 된다".555)

---

555) Goody, *The East in the West*, 61쪽.

문자기록은 초기 무역활동에서 아주 중요한 역할을 한 동업자관계에서 특히 유용했다. 동업자 기업의 기록들은 1인 기업보다 확실히 더 복잡해서 잘 발달된 대행사(*agent*) 회계나 해외상관(*factory*) 회계 제도가 초창기부터 존재했다. 그럼에도 이러한 회계는 "편의적 참조를 위해 적자·흑자의 회계로 분석된, 그리고 하나의 회계 안에 종합된 현금거래 내역을 갖춘 거래기록" 이상의 것이 아니었다. "기업들은 방대한 수가 19세기 깊숙이까지 단순한 형태의 기록부를 사용했다". 상인과 회계사들이 "복식부기 체계의 수학 과목을 회피한 빈도"는 복식부기의 특별한 측면이 "높이 중시되지 않았다"는 것을 보여준다. 이것은 베버가 자본주의의 흥기에서 복식부기에 부여한 "임계적 역할(*critical role*)"에 대해 "상당한 의심"을 일으키지 않을 수 없다.556)

더욱 놀라운 사실은 "복식부기가 사용되었을 때도 그것이 진흥하는 회계상의 수지균형 작업은 "이윤의 합리주의적 추구"로부터가 아니라 "협소한 부기목적"에서 생겨났다는 사실이다. 복식부기가 엄격하게 상업적(합리적) 견지에서만 본다면 이 시점에서 그것이 불필요했다는 것은 "미학적 충동", 즉 "유용성의 직접적 요구를 뛰어넘는 회계의 조직표 안에서의 대칭성·청결성·완벽성을 향한 심리적 압박" 하에 발전된 것임을 뜻한다. 중국에서 이에 대한 증거를 볼 수 있다. 중국의 회계 체계는 재화의 양과 관련된 이윤과 손실을 보여주는 데 유용한 것으로 인정되었지만, 그 사용은 사업가들이 아니라 회계교사들이 촉진시켰을 뿐이고, 기업 규모가 훨씬 더 커질 때까지 크게 이롭지 않았다. 또한 복식부기의 사용은 나중에도 불균등하게 확산되었는데, 이것은 이보다 이른 시기에는 더욱 그랬다. 중세 후기에 유럽의 주요 사업가들은 이탈리아인들이었고, 그들의 기업조직은 어떤 경쟁자들보다 우월했다. 16세기 들어서야 비로소 스페인과 포르투갈 기업들이 이탈리아기업들을 따라잡기 시작했다. 이보다 이른 시기에 이탈리아 기업들의 독점 지위는 거의 절대적이었고 이탈리아 은행가들은 런던과 브뤼에(벨기에)의 금융시장을 지배했다. 1500년 이전에 복식부기의 독특한 용법을 정착시킨 이탈리아 은행업의 우월한 조직체계는 경쟁적 조직방법들

---

556) Goody, *The East in the West*, 61-62쪽.

을 업계부터 구축했다. 이것은 기업조직이 미발달한 북유럽에서 확실히 그러했다. 비체계적 부기는 상인들의 증가된 유동성에 합당한 "권한의 폭넓은 외연적 이양"을 방해해서 결국 기업의 규모를 제한하고 경제적 진보를 둔화시켰기 때문이다.557)

달리 본다면, 이 시기에 북유럽에서 전개되던 상업활동의 본성이 더 큰 기업을 요구하지 않았다고 얘기될 수 있다. 회계방법이 성장에 모종의 영향을 주었을지 몰라도 기업의 팽창과 성장이 새로운 회계방법의 발전을 유도한 것이지, 거꾸로 회계방법의 발전이 성장을 유도한 것은 아니다. 어떻든 간에 "이러한 회계방법들은 아마 많은 형태의 자본주의 기업의 운영에 내재된 모든 것이 아니었을 것"이다.558)

근대 초 유럽에서 좀바르트와 베버가 근대자본주의의 전제로 설정하는 "극적 회계혁명"은 일어나지 않았다. 15세기 이전에 상업부기는 표준화되지 않았고 단식이었으며 그럼에도 반드시 비효율적이지 않았다. 단식부기는 천천히 새 부기기법에 자리를 내주었다. 산업혁명에까지도 소규모의 기업들과 단절적인 역사적 성격을 가진 사업거래들은 대부분 복식부기를 몰랐다. 복식부기는 수입을 더 합리적으로 할당하고 투자이윤을 극대화하려는 상인의 능력을 실질적으로 높여주지 않았고, 그것이 추상적 계량화였기 때문에 특별한 평가를 받지도 않았으며, 관습적으로 융합된 사업과 개인자산의 분리를 촉진하지도 않았다. 18세기와 19세기 초 영국의 초기 산업화 단계에는 비용계산과 생산물 가격 산정에서 놀라운 부정확성이 지배했다. 비용계산의 능력이나 필요 없이 조시아 웨지우드나 매슈 볼턴과 같은 기업들도 자의적으로 비용과 가격을 추산했다. 그 시대 영국 기업들은 회계를 기업경영을 합리화하는 도구로 발전시키지 않았던 것이다. 미국 상인, 제조업자, 농장주들도 단순한 일지와 장부를 사용해서 이 일지와 장부들을 일상적 재정가계부를 위한 역사적 기록으로 보관했다. 그래도 이 전통적 산업회계가 선구적 산업기업가들의 요구에 완벽하게 적합했다. 그리고 일반적으로 회계관행의 기술적 변화는 서양경제의 구조변동을 예견하거나 먼저 결정하기보다 이 구조변동을 뒤따라 일어났을 따름이다. "이 점에서 중국과 서양은

---

557) Goody, *The East in the West*, 62쪽.
558) Goody, *The East in the West*, 62-63쪽.

1800년대 중반까지 공통기반을 공유했던 것으로 보인다."559)

말하자면, 좀바르트가 강조하듯이, 특히 베버가 지나치게 강조하듯이 소위 '과학적 복식부기'가 중세후기와 근세 유럽의 상업경제에서 수행한 역할은 결코 중심적이지도, 결정적이지도 않았던 것이다. 하지만 이것은 물론 회계가 중요하지 않았다는 말이 아니다. 부기 자체는 베버 등이 자본주의 발달의 견인차 역할을 한 것으로 간주한 이탈리아 연합상단(commenda)의 성장에서 아주 중요했다. 그런데 하나의 문제는 이 시점에 복식부기가 초기의 지중해지역에 알려지지 않았다는 것이고, 또 다른 문제는 베버가 주장하는 "화폐회계의 합리성"이 고대세계의 근동에도 분명히 존재했고 유럽 상인들이 활동을 개시할 때까지 기다릴 필요가 없었다는 것이다. 왜냐하면 '화폐회계의 합리성'의 존재는 단지 상업기업과 동업기업만이 아니라 사원과 궁궐의 수지타산에 문자기록을 적용하는 것과 직결되어 있었고 마르크스가 사례로 들고 있듯이 인도의 촌락에서도 부기가 쓰였기 때문이다. '합리성'이나 '합리적 회계'는 나중에 자본주의적 경제가 발전했을 때에야 비로소 도입된 것이 "결코 아니다".560)

또 유럽에서 경제활동과 관련된 기록의 가치에 대한 인정은 유럽대륙에만 국한된 것도 아니다. 유사한 훈계는 코란에서도 발견된다. "오, 믿는 자여! 정해진 기간 동안 채무를 계약하면서 서로 흥정할 때 그것을 적어두라. 서기로 하여금 너희들 사이에 공정하게 적어 두게 하라. 그리고 서기는 알라가 그에게 가르친 것처럼 적는 것을 거부해서는 아니 된다." 왜냐하면 "이것은 알라의 견지에서 보다 공정한 것이고, 증언의 더 큰 정확성을 보장하고" 의심을 제거하기 때문이다. 실로 상업적 회계는 기원전 3000년경 메소포타미아 설형문자 시대에 그 초창기부터 기록의 중요한 활용법들 중 하나였다. 기록회계의 이 초기 체계가 이윤과 손실의 그림을 제시할 수 없었다는 것은 옳지 않을 것이다. 우리는 베버가 그러듯이 복식부기에다 자본주의 이윤의 추상적 개념, 기업, 기업적 자본회계, 근대산업경제의 발전에 내재적인 것으로 간주하는 기타 개념들을 귀속시킬 수 없다. 어떤 계산은 복식부기의 도입으로 도움을 받았지만,

---

559) Gardella, "Squaring Accounts", 319-320쪽.
560) Goody, *The East in the West*, 63쪽.

적어도 암묵적으로, 때로는 명시적으로 이 더 폭넓은 개념들은 초기 아시아와 유럽의 상업활동에 공히 내재적인 것이었기 때문이다.561)

또 "복식부기의 도입 훨씬 전에 이탈리아와 플랜더스에서 단식부기가 상당한 정도의 사업성공을 가져왔다"는 사실은 "중세적 회계"가 이런 단순부기를 사용했기 때문에 "비효율적이었다"고 주장한 좀바르트의 논변은 "과장되었다"는 것을 시사한다. 중세상인들과 은행가들은 나중에 줄곧 사용하게 된 것보다 덜 복잡하지만 유사한 선을 따라 작업했고, 메소포타미아에서 쓰인 초창기 기록용법 이래 다소 계속적 발전 중에 있었던 기법들을 사용했다. 계산 기록의 가치는 복식부기의 발명과 아주 별개로 존재했던 것이다.562)

환언하면, 중세시대 동안 서양에서 이러한 활동의 "탄생"을 말하는 것은 로마제국 몰락 이후 유럽의 상대적 후진성으로부터 생겨난 "오해"를 표현하는 것이다. 베버는 고대 세계에서 "자본주의 발달의 한계"에 관해 기술할 때 자본주의 유형의 활동이 중세 코멘다(*commenda*, 중세이탈리아에서 장거리 또는 해외 마케팅을 위해 다른 사람을 보내 영업하게 하는 유럽 중세의 단명한 트러스트형태)가 등장하기 오래전에 수행되었다는 사실, 그리고 이 활동이 상당히 복잡한 유형의 회계방법에 의존해 있다는 사실을 깨달았다. 그런데 우리가 중세 후기에 목도하는 것은 이때의 많은 유럽 성취사례들이 그렇듯이 진정한 "탄생"이 아니라, 동양에서 전해진 회계방법의 "재탄생"이었다.563)

■ 중국·한국·일본의 복식부기와 베버의 중국부기부재론

베버에 의하면, 중국은 '사무적 객관화'를 갖춘 자본주의적 기업의 사회기반이 결여된 탓에 근대적 자본주의로 나아갈 어떤 발단도 부재했다.

---

561) Goody, *The East in the West*, 63-64쪽.
562) Goody, *The East in the West*, 64쪽.
563) Goody, *The East in the West*, 64쪽.

로마제국으로 통합된 세계(*orbis terrarum*)에서처럼 여기 중국에서도 세계제국으로의 정치적 통일은 완전히 본질적으로 다른 국가들과의 경쟁과 국가에 근거한 이 자본주의의 후퇴를 명백히 초래했다. 그리고 다른 한편으로는 자유교역을 지향하는, 순수하게 시장적인 자본주의의 발전은 맹아적 한계 안에 갇혀 있었다. 상공업에서 자연스럽게 도처에서, (…) 또한 협동조합적 기업형태들 안에서도 다른 경우처럼 여기에서 기술자에 대한 상인의 우위가 눈에 띄었다. 이 우위는 연합단체의 경우 이미 통상적 이익분배 지침에서 드러났다. 그리고 지방간 영업도 명백히 종종 현격한 투기적 이윤을 가져다주었다. 따라서 농업을 본래의 신성한 직업으로 높이 치는 고전적 가치관은 기원전 1세기에도 이미 (…) 영업상의 이윤기회가 농업의 이윤기회보다 더 높게, 그리고 상업이윤이 가장 높게 평가되는 것을 방해하지 않았다. 그러나 이것은 근대자본주의의 발전을 위한 그 어떤 단초도 뜻하지 않았다. 서구의 중세도시에서 흥기하던 시민계층이 발전시킨 바로 그 특징적 제도들은 현재까지도 완전히 결여되었거나 아주 특징적으로 상이한 양상을 보여주었다. 중국에는 법률형태가 없었고, 이탈리아 도시들의 상법 안에 이미 일찍이 오인할 수 없는 단초들로서 존재했던, 경제의 합리적·사무적 객관화(*rationale Versachlichung*)를 갖춘 자본주의적 "기업(*Betrieb*)"의 사회학적 기반도 없었다.564)

나아가 막스 베버는 중국에 기술적으로 완전한 어떤 부기체계도 없었다고 단언한다.

자기 자신으로부터 (특별히 아주 오랫동안 정치적 분열이 있었던 것으로 보이는) 당시에 정치적 지향의 자본주의의 제諸형태, 관료고리대업과 급전고리대업, 도매상이윤, 수공업 분야에서의 작업장(대형 공작소들)이 (…) 생겨났고, 최근에는 우리 중세후기의 "가내체계"의 엄격한 조직을 일반적으로 갖추지 못했을지라도 선대제와 매점자에 대한 통상적 의존성도 생겨났다. 그러나 아주 집약적인 국내교역과 적어도 한때 상당한 대외무역)에도 불구하고 근대적 유형의, 아니 중세후기적 유형의 어떤 시민적(민간적) 자본주의도, 중세후기적 유럽자본주의 상공"기업", 그리고 완전히 과학적인 유럽자본주의 상공업 "기업"의 합리적 형태도 발생하지 않았고, 유럽 유형의 자본형성도 (근대적 기회에 참여한 중국자본은 압도적으로 만다린자본이거나 관료고리대업으로 축적된 자본이었다) 발생하지 않았다. (…) 마지막으로 실

---

564) Weber, *Konfuzianismus und Taoismus*, 373-374쪽.

제 기술적으로 완전한 그 어떤 상업적 기록·계산·부기체계도 발생하지 않았다.565)

그리고 베버는 중국에서 합리적 부기가 생겨날 수 없었던 이유를 중국에 영零개념을 활용한 기수법記數法이 부재했기 때문에, 그리고 복식부기에 필요한 도표계산을 방해하는 주판에 의존했기 때문이라고 생각했다.566) 동시에 그는 가정과 사업이 융합된 폐쇄적 가족기업은 이러한 부기기법을 필요로 하지 않았다고 주장했다. 하지만 베버의 이 말들은 모두 다 에서 큰 헛소리들이다.567)

중국은 늦어도 기원전 1300년경 이미 자릿수와 십진법을 쓰고 있었고, 기원전 4세기경에는 영 개념을 발명했고 13세기에는 기호 동그라미 '0'을 고안했기568) 때문이다. 그리고 타케다쿠수오(武田補雄)는 16세기 중국과 유럽의 상업수학 교재에 대한 엄밀한 비교 연구를 통해 독자적으로 발전된 두 가지 계산체계 간의 방법적 차이가 거의 없다는 사실을 발견했다. 환율과 이윤분배를 수치화하는 공통된 사업문제들은 놀라울 정도로 유사한 방식으로 처리되었다. 상인들의 일상적 실행들은 의심할 바 없이 교재의 명문과 차이가 났지만, 명대 중국 상인들의 실행이 교재와 보인 차이가 르네상스 유럽의 상인들이 보인 차이보다 더 컸다고 생각하기 어려웠다.569)

또한 최근까지 고도로 산업화된 일본에서 알 수 있듯이 주판은 부기를 '대체'한 것이 아니라 '보완'했다. 동양과 서양에서 공히 가족기업이라도 보통 회계를 수행했다. 동·서양에서 이러한 회계는 보통 19세기까지 가장 통상적 방법이었던 단순부기의 형태로 수행되었다. 주판이 도표계산을 방해했을 것이라는 베버의 추측도 큰 실언이다. 왜냐하면 주판이 단지 계산의 결과를 제공할 뿐인 반면, 연필과 종이로 모든 계산 단

---

565) Weber, *Die Wirtschaftsethik der Weltreligion*, 529-530쪽 ("Resultat").
566) Gardella, "Squaring Accounts", 321쪽.
567) Goody, *The East in the West*, 74-75쪽.
568) Colin A. Ronan, *The Shorter Science and Civilisationin China by Joseph Needham*, vol. 2 (Cambridge: Cambridge University Press, 1981). 조셉 니덤(콜린 로넌 축약, 이면우 역), 『중국의 과학과 문명』, 축약본2 (서울: 까치, 2000), 12-14쪽.
569) Gardella, "Squaring Accounts", 321쪽.

계가 기록되는 것이 사실이었기 때문이다. 중국의 근대적 변형태는 러시아에도 도입되었고, 여기서도 도표 원리를 활용했다. 그리스·로마의 초창기 주판도 본질적으로 도표방식이었다.[570] 서양에서 주판이 사라진 반면, 극동에서는 사라지지 않은 이유가 무엇이든, 주판은 극동에서, 특히 과학적 전자계산기의 원산지인 일본에서 최근까지도 사용되어 왔다.[571] 극동에서 주판은 부기의 동반자였던 것이다.

가계와 기업의 미분리가 복식부기의 등장을 가로막았다는 베버의 추정도 근거 없다. 가족이 경제조직의 기반으로 기능하는 가족의 중심적 중요성은 부기에 대한 필요를 없애지 않았다. 수많은 청대 회계장부들은 그 반대를 증명하고 있다.[572]

그리고 "중국에는 어떤 기록·계산·부기체계도 없다"는 베버의 단정적 막말과 정반대로 중국에서도 복식부기는 오래전에 발명되어 사용되어 왔다. 최근 중국역사학자들은 "자본주의 맹아"가 늦어도 14세기 이래 사적私的 상업부기의 사용 및 확산과 결부된 형태로 존재했다는 것을 발견했다. 중국은 늦어도 14세기부터 19세기 초까지 서양과 완전히 다른 형태의 "자본주의 맹아"의 흥기와 확산이라는 의미심장한 변혁을 겪었다. 늦어도 명대 중반인 16세기부터 사적 부기의 여러 형태와 기본적 수리능력은 흔한 것이 되었다. 경리(account-keeping)는 중국의 도시와 시장 읍면들에서만이 아니라 시골에서도 보편적이 되었지만, 지대地代장부·임금회계·부채기록 등 농촌 가계와 가문의 부기 요건들은 기본적인 것이었다. 도시의 상업기업과 토착은행들은 사실 명말·청대에 혁신적 역할을 수행했다.[573]

중국관리들은 송대 후기부터 사적 기록의 모델이 된 기본적 방법론을 활용했었다. 이 방법론은 입체수지立替受支, 새 수령액, 지출, 잔고 등 네 개의 범주를 포괄하는 '사주법四柱法'을 썼는데, 이것은 곧 상인들의 필요에 적합하도록 수정되었다.[574] 명나

---

570) Goody, *The East in the West*, 75쪽.
571) Goody, *The East in the West*, 77쪽.
572) Gardella, "Squaring Accounts", 322쪽.
573) Gardella, "Squaring Accounts", 317-318쪽.
574) Goody, *The East in the West*, 78-79쪽.

라에서는 복식부기의 특징을 가진 단식부기인 '삼각장三脚帳'이 발전되었다. 이것에 이어 명말·청초에 중국 북서부에서 '용문장龍門帳'이 나왔다. 이 '용문'은 '완전한' 복식부기는 아니었을지라도 여러 가지 면에서 복식부기와 유사했다. 이것에 이어 복건성에서 기록범주를 관貫(이월잔고)·수收(수입)·지支(지출)·재在(현재잔고)로 나눈 '사각장四脚帳'이 나왔다. 이 '사각장' 또는 '사각부기법'은 곧 중국 고유의 복식부기로 발전했다. 이 '사각장'은 청말에도 쓰이고 20세기 초에도 쓰였다. 이 복식부기는 중국에서 이렇게 역사적으로 중단 없이 쓰였을 뿐만 아니라 보편적으로 쓰였다.[575]

유사한 부기체계는 11-12세기 고려의 상업회계에서도 고안되어 쓰였고, 유럽보다 200년 앞서 복식부기도 사용되었다.[576] 윤근호는 한국 고유의 복식부기 기법인 '사개송도치부법四介松都置簿法'이 그 근본 원리에서 서양의 복식부기와 일치할 뿐만 아니라 실무적으로 서양의 그것보다 더 우수한 점을 가지고 있었다고 말한다. 또한 그는 우리나라의 사개송도치부법이 발생시기상 서양보다 훨씬 앞서고, 서양 복식부기의 원본으로 보이는 측면이 있어 사개송도치부법도 지중해로 서천西遷해 간 것이라고 추정하면서 그 전달자를 아라비아상인들로 추측하고 있다.[577] 이 짐작들은 타당성이 없지 않다. 『공자철학과 서구 계몽주의의 기원(상)』에서 상론했듯이 아라비아상인들은 늦어도 10세기부터 실크로드로 중국을 오가기도 하고 뱃길로 중국의 천주泉州항을 들러 장기 체류하며 고려상인을 만나기도 했기 때문이다.[578] 마르코 폴로도 방문한 천주에는 베니스 상인도 많았고, 고려 때부터 줄곧 송도 상인들도 이 국제항구도시를 드나들었다. 이 점을 고려하면, 사개송도치부법을 서양으로 전한 전달자

---

575) Hsu Tzu-fen, "Traditional Chinese Booking Methodology", Chinese Business History(中國商業歷史), Vol. 2, No. 1 (Nov., 1991), 1-2쪽; Gardella, "Squaring Accounts", 323-324쪽; Goody, *The East in the West*, 79쪽.

576) 윤근호, 『韓國會計史研究』(성남: 한국학연구원, 1984). 다음도 참조: 조익순·정석우, 『사개송치부법의 발자취』(서울: 박영사. 2006); Gardella, "Squaring Accounts", 324쪽 각주3; Goody, *The East in the West*, 79쪽.

577) 윤근호, 『韓國會計史研究』, 제2장.

578) 고려 상인이 천주를 드나든 사실에 대한 기록과 관련해서는 다음을 보라: 황태연, 『공자철학과 서구 계몽주의의 기원(상)』, 423쪽.

제3절 막스 베버의 근대이론과 그 파탄 321

는 베니스상인들일 수도 있다.

사개송도치부법의 실제장부로서 발견된 것 중 가장 오래된 것은 1786년 치부책이다. 그 이후에 생산된 사개송도치부법 장부들은 다수가 발견되었다. 사개치부법은 1900년대 초까지 줄곧 사용되었다. 이 치부법의 그 구체적 내용은 오늘날도 알 수 있다. 현병주玄丙周가 1916년 출간한 『실용자수사개송도치부법전』이라는 독학용 부기 책자가 전해지고 있기 때문이다.[579]

도쿠가와 시대 일본에서도 '대복장大福帳'과 일본 전통의 복식부기가 사용되었다.[580] 가령 미쓰비시 기업은 도쿠가와 시대 중반에 이미 복식부기법과 유사한 부기기술을 쓰고 있었다.[581]

한국·중국·일본의 복식부기의 정확한 내용이 어떤 것이든, 이런 역사적 사실들은 "서양 역사학자·경제학자·사회학자들의 일정한 핵심적 가정들에 대한 재고"를 요구한다. "과학적" 부기가 유럽에만이 존재했고, 이것의 부재는 세계의 다른 지역들에서의 자본주의 발전을 저지하는 데 "임계적"으로 중요했다고 광범하게 믿어졌기 때문이다. 이 경우에 "과학적"이라는 단어는 무엇을 뜻하는가? 그것은 서양의 흥기를 설명하려는 시도에서 많이 사용되는 단어이고, 그것은 "합리성", "논리" 등의 개념과 긴밀히 연결되어 있다.[582]

결론적으로 말하면, 모든 문명권의 상공업자본가들은 복식부기를 사용했다. 따라서 복식부기의 자본회계를 갖췄다는 의미의 '합리적 자본주의'는 유럽에만 존재한 것이 아니라 극동3국과 중동·인도에도 존재했다. 즉, '합리적 자본주의'는 여러 문명에 걸친 보편적 현상이었다. 베버가 말하는 자본주의의 '합리성'이란 부기적 계산·회계 성격에 지나지 않기 때문이다. 그런데 상론했듯이 베버가 부기적 계산과 회계를

---

579) 玄丙周, 『實用自修四介松都置簿法全』(1916). 현병주, 『사개송도치부법』 (서울: 경문사, 2015).
580) Gardella, "Squaring Accounts", 324쪽 각주3.
581) Hsu Tzu-fen, "Traditional Chinese Booking Methodology", 1쪽.
582) Goody, The East in the West, 79-80쪽.

'합리성'이라고 (잘못) 부르는 것은 인구어적印歐語的 방언일 뿐이다. 상론했듯이 '근대적 자본주의'는 근본적으로 부조리한 '모험적 자본주의'다. 베버의 '합리적 자본주의론'은 인구어적 방언의 세계에서만 이론행세를 할 수 있는 괴설일 뿐이다.

■ **프로테스탄트 자본주의 테제와 그 근본적 오류성**

한편, 베버는 주지하다시피 "근대적 자본주의 에토스"를 오직 서양에만 고유한 "금욕적 개신교의 합리적 윤리"와 결부시켰다. 따라서 베버의 이 개신교적(칼뱅이즘적=청교도주의적) 자본주의기원론은 스위스·스웨덴 등을 제외하고 극서국가들이 대개 범지구적 노예약탈과 노예무역의 범죄를 통한 시원적 축적자본의 형성과 증식을 완전히 면죄·미화해주고 그렇게 축적된 자본을 '돈세탁'해주는 최고의 개신교제일주의적·유럽중심주의적 교설로 떠올랐다.

따라서 이 교설에 따르면, 이익추구와 이윤증식을 정당화하고 재산축적을 의무로 가르치는 칼뱅주의의 금욕적 프로테스탄트 윤리는 자본주의의 정신적 모태가 되고 이자·이윤·축적을 죄악시하는 가톨릭 교리와, 이자와 독점기업(*Gesellschaften Monopolia*)을 적대하는 루터주의 교리는 자본주의 정신과 상극이 된다. 그러므로 베버의 테제는 칼뱅주의 개신교를 믿는 나라에서만 자본주의가 고도로 발전하는 반면, 비非기독교제국은 말할 것도 없고 국민의 대다수가 가톨릭을 믿는 가톨릭제국과 루터주의 개신교제국은 자본주의적 경제발전이 가로막히거나 저조하다는 주장을 함의한다.

그러나 서양 기독교의 신앙현실에서 일반 신도들은 개신교와 가톨릭의 종파적 교리를 잘 알지 못했고, 가톨릭교도든 개신교도든 성서에서 이자와 재산축적을 부정하는 구절들만을 접했을 뿐이다. 은행이자와 외국인에 대한 대부 이자를 '예외적'으로만 인정하고 이자와 이윤 '일반'을 죄악시하고 부의 축적(부유해지는 것)을 금하는 성서구절은 너무 많아서 일일이 다 거론할 수 없다.

출애굽기(22:25-26)는 "네가 만일 너와 함께 한 백성 중에서 가난한 자에게 돈을 빌려주면 너는 그에게 채권자처럼 굴지 말며 그에게 이자를 받지 말 것이며, 네가 만일 이웃의 옷을 전당 잡거든 해가 지기 전에 그에게 돌려보내라"고 말한다. 나아가 신명기(23:19)는 "너는 네 동포들에게 이자를 물려서는 안 된다. 돈, 음식에 대한 이자나 이자를 받고 대부될 수 있는 어떤 것도 아니 된다"고 말한다. 시편(15:5)은 "그는 돈을 이자 받고 선대하지 않는다"고 말한다. 에스겔(18:8)은 "이자를 받고 돈을 빌려주지 않거나 이자를 받지 않는다(…)"고 노래한다. 잠언(28:8)은 "터무니없는 이자(exorbitant interest)로 자기 재부를 늘리는 자는 가난한 사람들을 친절히 대하고 싶은 다른 사람을 위해 그 재부를 축적하는 것이니라"라고 말한다. 이것은 제3자가 고리대업자의 재부를 빼앗아 가난한 사람들에게 주어도 된다는 말이다. 또 에스겔(18:13)은 "그는 이자를 받고 돈을 빌려주고 이자를 취한다. 그가 살겠는가? 그는 살지 못할 것이다! 그는 이 몹쓸 짓을 저질렀고, 확실히 죽음에 처할 것이다. 그의 피가 그 자신의 머리 위에 있을 것이다"라고 엄히 저주한다. 또 에스겔(22:12)은 "주 하느님은 '네가 이자와 이윤을 받았다면, 그리고 이문을 위해 네 이웃을 억압으로 해쳤다면, 너는 나를 잊은 것이다'고 선언한다"고 말한다. 또 디모데서(23:20)는 "너는 외국인에게 이자를 물려도 되지만 너의 동포들에게 이자를 물려서는 아니 된다"고 말한다. 게다가 성서는 부유해지는 것을 경계한다. 디모데서(6:9)는 "부유해지기를 바라는 자들은 유혹에 빠진다"고 훈계하고 있기 때문이다.

또 성서는 토지의 상품화를 반대한다. 레위기(25:23)는 여호와께서 시나이 산에서 모세에게 이르기를, "토지는 다 나(여호와)의 것"이고 "너희는 소작인이요 동거하는 자로서 나와 함께 있는" 자들이므로 "토지를 영구히 팔지 말라"고 당부한다. 그리고 이미 판 토지들이 있으면 이것들도 도로 다 무르라고 말한다(레위기 25: 24-28). 그러나 토지와 노동의 상품화는 자본주의 흥기의 제1조건에 속하는 것이다.

성서는 토지를 영구히 팔지 말라고 하면서도 외국인을 노예로 사고 팔라고 말한다. 「출애굽기」는 히브리인을 노예로 사면 6년을 부리고 7년째 되는 해에 해방하되, 주인이 준 아내에게서 낳은 자식은 주인의 소유라고 말한다. 그리고 노예가 노예로 남기를 원하면 종신 노예가 된다. 주인이 사들인 여종은 해방되지 않는다(출애굽기 21: 2, 4, 6, 7). 그러나 이민족은 조건 없이 노예로 삼는다. 「레위기」는 이민족("사방 이방인")과 외국인 거류민은 사서 영구히 노예로 삼으라고 말한다(레위기 25: 44-46). 성서는 이로써 노예제를 공식화하고 있다. 성서는 이와 같이 어디에서도 노예를 인정치 않는 공자경전과 정반대되는 경전이다.

따라서 이자·이윤과 빈자를 위한 것이 아닌 자본축적을 죄악시하는 가톨릭 교리와 이자와 독점기업을 적대하고 자본주의를 배금주의적拜金主義的 우상숭배로 비판하는 루터의 교리는 성서의 말씀들과 합치되는 것이다. 그러나 가톨릭교도들과 루터 개신교 신도들은 때로 이자·이윤·축적을 죄악시하는 이런 성서말씀을 접하더라도 이런 성서의 논지와 가톨릭교리 간의 모순을 느끼지 않았다. 그러나 자본주의적 실생활에서는 가톨릭교도와 루터주의 개신교도들조차 성서말씀만이 아니라 교황과 루터의 교설도 무시하고 자본주의적 이윤과 이자, 자본독점을 추구했다.

반면, 교리에 따라 하느님께 직접 기도하며 성서를 개인적으로 직접 읽을 자유를 얻은 개신교도들은 자기들이 직접 읽어본 '성경말씀'과, 이자와 이윤을 문제 삼지 않는 칼뱅주의 '개신교 목사님말씀' 간에 심각한 모순을 느꼈을 것이다. 또한 자본주의적 상공업에 종사하는 기독교인 일반은 어떤 종파든 자기들의 이윤추구 행위와 성경말씀 간에도 심각한 모순을 느꼈을 것이다.

①성경교리와 칼뱅주의 교리 간의 모순과, ②성경교리와 기독교 교도의 상업행동 간의 모순이라는 이중적 모순과 종교적 위선은 관념론자 베버가 전혀 예상치 못한 서구 자본주의 국가들의 일반적 현실이었다. 개신교도들은 공자철학과 계몽철학에 의해 세속화·현세화됨으로써야, 즉 성경의 중요성과 가톨릭·개신교의 종교적 비중이 일상생활의 변두리로 밀려나 성경이 서구대중의 머릿속에서 사실상 '사문화死文化' 됨으로써야, 그리고 자본주의적 세계추세에 의해 무두질당해 신앙심이 '미적지근해지거나' 기독교 신앙을 아예 버리면서야 비로소 이런 심리적 갈등과 위선으로부터 구제될 수 있었다.

또한 가톨릭 교리와 루터주의 교리는 자본주의 발전을 그리 심각하게 억제할 수 없었다. 유럽의 가톨릭성당과 루터주의 개신교회도 칼뱅주의개신교 예배당만큼 공자철학의 득세와 자본주의의 급진적 발달에 의해 내몰렸고, 성경과 가톨릭 교리가 일상적으로 '사문화'되는 것과 나란히 계몽주의의 근대화 역할이 강화될수록 가톨릭성당과 개신교교회의 공동율법인 '성서' 자체가 권위와 영향력을 잃고 점차 주변화되었다. 그리하여 가톨릭교도들과 루터주의 개신교도도 청교도(칼뱅주의 개신교도)도 못지않게 재빨리 자본주의 현실에 적응했다. 그러면서 자본주의를 배금주의적 우상숭배로 비판하고 이자와 독점회사를 적대하는 루터의 경제론은 자본주의에 대한 "정열적이고 예리한 비판"이기 때문에 오늘날까지도 칼뱅주의 개신교 신학 및 베버와 베버주의 사회학에서 줄곧 배제된 것은 말할 것도 없고 심지어 루터주의 신학자들에 의해서도 거의 철저히 무시당해 온 것이다.[583]

가령 환어음의 할인문제를 보자. 환어음은 할인제도가 없다면 다른 도시와 다른 나라에 사는 통신원을 반드시 필요로 했다. 이것은 1780년대까지 유럽대륙의 현실이었다. 오로지 15세기에 환어음제도를 이탈리아로부터 도입한 영국만이 1680년대에 이미 어음할인 제도를 도입했었다. 이후 영국 런던은 금융도시로 발전하기 시작했다. 암스테르담은 어음할인제도가 없는 대륙국가들과 얽히고설켜 있어 동방무역과 상공업이 더 높이 발전해있을지라도 할인제도의 필요성을 느끼지 못했다. 이런 조건에서 역설적으로 후발도시인 런던에 혁신의 기회를 주었던 것이다. 이 어음할인의 관점에서 성공회 개신교국가 영국이 가톨릭국가들에 앞서 돈놀이를 금한 성서말씀을 등지고 자본주의 현실에 굴복했다. 반면, 가톨릭국가들은 '이자'와 미묘하게 구별되는 '할인' 마진을 '고리대 폭리'로 비난했다. (그러나 할인율은 실은 이자율에 의해 결정되었다.) 고리대 개념은 근동으로부터 왔지만 유대율법과 이슬람율법에서도 발견되는 것이다. 그럼에도 유대와 이슬람은 둘 다 적극적 무역문명이었고, 이 고리대 개념이 이자율을 제한하는 것과 별개로 얼마나 큰 금제禁制효과를 상업에 과했는지는

---

583) Lehmann, "Martin Luther und der Frühkapitalismus" (25. 2. 2018), 1쪽.

불분명하다. 유럽에서도 '스콜라철학적 독트린'은 은행업의 발전을 결코 방해할 힘이 없었다. 가톨릭교도들은 이자 대부를 비난하는 교리의 성경구절을 곳에 따라 "수정"했다. 고리대와 관련해서 가톨릭교단은 자본주의의 행진을 방해한 것이 아니라, 다만 자본주의의 발달행로를 변경시켰을 뿐이다. 런던은 어음제도의 혁신 결과 어음할인의 중심도시로 떠오른 반면, 프랑스에서는 당시 공식적으로 어떤 이자도 받을 수 없었다. 프랑스 정부는 1789년 혁명 이후에야 공식적으로 이자와 어음할인을 허용했다.[584] 1789년 프랑스혁명은 가톨릭과 개신교를 가리지 않고 모든 교단의 영향력이 정치적·경제적으로 완전히 무력화되었음을 확인하는 역사적 대사건이었다. 결론적으로, 자본주의 발전은 신·구교를 가리지 않고 무두질해서 자본주의적으로 순치한 것이다. 개신교든 가톨릭이든 자본주의의 요구에 무릎을 꿇은 것이다.

말하자면, 유럽에서 자본주의의 발달은 이자와 이자대부를 엄금하는 성경말씀을 수정한 칼뱅주의 개신교교리를 추종해서가 아니라 성경 자체의 영향력을 무력화시키고 주변으로 제치는 자본주의 시장경제의 발전과 이에 따른 사회적 에토스의 근본적 변동을 따라 이루어진 것이다. 자본주의의 본격적 발전 이전부터 시장에서의 경제활동에 어떤 불필요한 종교적 제제도 가하지 않는 공자의 무위無爲시장 개념과 중국의 자유상업 정책은 서구에서 각광을 받았다. 공자철학은 봉건적·기독교적 경제에토스로부터 자본주의적 경제에토스로의 변동을 선도先導하고 촉진했다. 시장경제의 발전과 '근본적 에토스변동'이 극동으로부터 런던으로, 파리로, 네덜란드로, 독일로, 스위스로 쇄도해 들어오는 공자철학과 유교문물에 의해 '본질구성적' 차원에서 고무되었던 것이다. 이 변동의 주된 내용은 계몽주의적·탈脫기독교적(탈개신교적·탈가톨릭적) 윤리사상의 보급, 이를 통한 유럽세계의 탈脫주술화와 세속화(세속적 인간해방), 이를 통한 인간의 세속적 물욕의 해방, 시장의 확대, 영리의 무한추구의 자유화였다. 시장에서 경쟁이 치열해질수록 모험적 상공인들은 경쟁에서 살아남고 이윤을 극대화하려면 재화가격을 낮추고 품질을 향상시키기 위해 부차적으로 정확한 회

---

584) Goody, *The East in the West*, 60-61쪽.

계와 지출 절제에 입각한 합리적 경영 및 사업수완의 향상과 기술개발에 매진할 수밖에 없었다.

이런 까닭에 시장의 확립은 일단 어떻게든 형성된 자본의 증식과, 기술혁신·경영혁신을 통한 자본주의적 경제발전에 대한 최대의 촉진요소였다. 이런 의미에서 자유시장의 발달은 자본주의적 경제발전에서 그 어떤 문화적 촉진요소도 능가하는 근본적 토대요소였던 것이다. 베버가 말한 정확한 부기, 자유노동조직, 합리적 법제, 관료행정에 기초한 기업경영은 자본주의에 특유한 것이 아니라 봉건주의와 사회주의에서도 상당한 발달을 이룩할 수 있는 것이다. 따라서 자본주의적 경제발전에서 결정적이고 근본적·선차적인 요소이자 자본주의와 봉건주의·사회주의를 가르는 결정적 요소는 자유시장의 존부, 또는 발달 여부다. 이런 관점에서 보면, 정확한 회계와 지출 절제에 입각한 합리적 사업경영에 치우친 베버의 자본주의 이론은 결코 봉건적 장원 및 사회주의기업과 본질적으로 차별되는 '자본주의기업'의 '특유한' 발생을 설명한 것이 아니다.

근대 자본주의정신은 기독교세계에서 유럽인들이 신·구 종파를 가릴 것 없이 탈주술화·세속화되어 이자·이윤·축적을 죄악시하는 성서말씀을 가벼이 여기고 자유시장 속에서 자유롭게 물욕과 영리를 추구하면서 태동한 것, 즉 종교적 교리와 무관하게 태동한 것이다. 따라서 화폐거래·상품화·시장의 확대, 영리추구의 자유화, 이 경제조건의 변화 속에서 일깨워진 본성적 물욕의 현세주의적 해방, 오랜 적빈의 고통 속에서 숙원이 된 경제적 여유와 풍요에 대한 본성적(초超문화적·탈종교적) 열망의 폭발, 이 해방된 물욕과 폭발적 열망의 실현을 가로막는 종교적 질곡에 대한 첨예한 비판·대결의식의 증폭 속에서 관철된 탈주술화(탈기독교화)와 세속화 등 경제·사회의식의 변화는 신·구 종파의 교리가 가하는 심리적 촉구작용이나 억제작용과 무관하고, 나아가 이런 촉구작용들을 완전히 압도하고 또 어떤 문화적 억제작용도 깡그리 유린해 버릴 정도로 강력한 역사적 '결정' 요인이었다.

서양에서 먼저 공자철학과 유교문명을 정열적으로 받아들여 자본주의와 민주주의를 고도로 발전시킨 극서지역의 11개 부국은 개신교(그것도 칼뱅주의 개신교)를 믿는 나라에서만 자본주의가 고도로 발전하고 가톨릭이나 성공회·루터주의 개신교를 믿는 나라에서는 자본주의적 경제발전이 저조하다는 베버 테제가 새빨간 거짓말임을 입증한다. 왜냐하면 자본주의 발전의 역사를 되돌아보면 스위스는 상론했듯이 반反자본주의적 칼뱅주의와 무관하게 중국식 경제개혁을 통해 유럽에서 제일먼저 근대적 자본주의 발전에 성공했고,585) 압도적으로 칼뱅주의적인 스코틀랜드 지역은 잉글랜드·네덜란드·뉴잉글랜드(미국) 지역과 달리 늘 저발전과 가난에 시달린 반면, 19세기 유럽대륙의 산업혁명 중심지들에서 거의 순수한 가톨릭국가 벨기에가 상당히 많은 칼뱅주의 교도들(14%)이 사는 네덜란드보다 훨씬 앞서 산업화되었기586) 때문이다. 그리고 극서국가들 중 이탈리아(90%)·벨기에(74%)·오스트리아(74%)·프랑스(가톨릭 69%)·네덜란드(31%)는 모두 다 가톨릭교도가 수적으로 압도적이거나 다수인 국가들이고, 자본주의 세계에서 선두를 달리는 스위스는 칼뱅주의 개신교(28%)보다 가톨릭(39%)이 상당히 우세한 나라이고, 루터의 고국 독일은 칼뱅주의가 전무하고 루터주의 개신교(31%)와 가톨릭(32%)이 백중세를 보이는 국가이기 때문이다. 극서국가들 중 개신교도가 아주 우세한 국가는 미국(칼뱅개신교[청교도] 47%, 가톨릭 21%)·영국(성공회 36%)·덴마크(루터교 80%)·스웨덴(루터교 87%) 등 4개국에 지나지 않은데, 이 중에서도 칼뱅주의 개신교(청교도)가 우세한 나라는 미국밖에 없다. 칼뱅주의 개신교가 그래도 꽤 있는 나라로는 스위스(28%)와 영국(23%)이 있을 뿐이다. 게다가 이 중 영국 성공회는 제일먼저 로마교황체제로부터 분리되어 나가 교리상 가톨릭과 별반 차이가 없는 종파다. 그리고 개신교 인구의 공식적 집계는 개신교도들이 대부분 가성假性신도로서 의미가 없다. 이런저런 것을 고려하면 자본주의 정신과 개신교윤리의 긴밀한 상관관계에 관한 베버의 주장은 전혀 신빙성이 없다고

---

585) 스위스의 중국식 경제개혁과 선진적 경제발전은 참조: 황태연, 『근대 독일과 스위스의 유교적 계몽주의』(서울: 넥센미디어, 2020), 443-448쪽.

586) Eric J. Evans, *The Forging of the Modern State: Early Industrial Britain, 1783-1870* (Oxford/New York: Routrledge, 1983·2001), 114쪽.

봐야 할 것이다.

여기서 무엇보다도 중요한 것은 극서국가들이 지배적 종파와 무관하게 17-18세기 이래 고도로 탈종교화·세속화되어 왔다는 사실이다. 가령 오늘날 스웨덴은 무종교자(무신론자, 사실상 무신론자, 불가지론자, 무신앙자)가 46-85%에 달한다. 프랑스는 주민의 69%가 가톨릭이지만 실제 미사참석자는 10%도 되지 않고(나머지 59%는 자신을 가톨릭신자로 제시할 뿐이고 종교행사에는 참여하지 않는 '가성假性가톨릭신자들'임), 나머지 종교 인구에서도 이슬람교(600만 명), 유대교(55만), 불교(50만) 등 기타 종교 신자의 수(750만)가 개신교도(100만)를 압도하고, 서식상의 종교 난에 '무종교'를 기입한 무종교 인구도 20%를 상회하고 여기에 '가성가톨릭'을 합하면 사실상 무종교는 43-54%에 달한다. 이탈리아도 통계에 6-15%만이 무종교로 잡히지만 가톨릭교도의 3분의 1 이하만이 미사에 참석하고, 인구의 50% 이상은 '가성假性신자'로서 사실상 무종교자들이다. 인구센서스에서 80%가 루터개신교라고 답하는 덴마크도 무종교자가 심지어 43-80%, 또는 72%로 집계된다. 벨기에는 국민의 42-43%가 종교 자체를 거부하는 무종교공언자들이고, 네덜란드도 국민의 40% 가량이 무종교공언자다.587) 영국·독일·스위스는 31-49% 이상, 오스트리아는 18-26%가 무종교다. 극서 지역의 11개 국가 무종교자는 가성假性교도를 감안하면 사실상 모두 70-80%를 압도한다. ('가성기독교인'은 세속적 문화가 가장 판치는 미국이 가장 높다.) 따라서 극서국가들은 겉으로 기독교국가로 보일지라도 사실상 '무종교국가들'인 셈이다.

□ 극서 11개 국가의 무종교 비율(2000-2004년)588)

스웨덴	46-85%	덴마크	43-80%
프랑스	43-54%	독일	41-49%(또는 55%589))

---

587) 네덜란드는 2016년 현재 무종교 40%, 가톨릭 31%, 개신교 21%, 기타 종교 8%다.
588) Phil Zuckerman, "Atheism: Contemporary Rates and Patterns" (an unabridged version), Table "The Top 50". Michael Martin (ed.), *The Cambridge Companion to Atheism* (Cambridge University Press, 2006).

벨기에	42-43%	네덜란드	39-44%
영국	31-44%	오스트리아	18-26%
스위스	17-27%	이탈리아	6-15%
미국	3-9%		

이 도표를 보면 2004년까지만 해도 미국과 이탈리아는 아직 무종교 열풍에 휘말려 들지 않은 것으로 보인다. 그러나 이후 무종교자의 시간적 증감추이를 보면 상황이 일변한 것으로 나타난다. 2006년과 2014년 사이에 산출된 입수가능한 통계들을 비교해 보면 8-9년 사이에 이 나라들에서도 무종교자가 급증한 것으로 나타난다.

□ 극서국가 무종교자 증감 추이(2006 → 2014년)

구분	2006(Dentsu[590])	2012(WIN/GIA[591])	2014(WIN/GIA[592])
스웨덴	25%	58%	76%
영국	31-44%(2000-4)[593]		66%
네덜란드	55%	56%	66%
스위스	47%	58%	
독일	25%	48%	59%
오스트리아	12%	53%	54%
미국	20%	35%	39%
이탈리아	18%	23%	24%

---

589) Der Spiegel 인구센서스.

590) Dentsu Communication Institute (電通總研) 編, 『世界69カ國 價値觀 データブック』. 이 통계는 "무종교"로 답한 수치다.

591) WIN-Gallup International, 27 July 2012, "Global Index of Religiosity and Atheism - 2012". 위 통계는 "당신이 예배장소에 참여하는지 여부와 무관하게 당신은 종교적으로 독실한 인간입니까? 독실한 인간이 아닙니까? 아니면 확신에 찬 무신론자입니까?"라고 묻고, "독실한 인간이 아닙니다"와 "확신에 찬 무신론자입니다"라고 답한 경우만 집계한 수치다.

592) WIN-Gallup International, 16 November 2015(Retrieved), "Global Index of Religiosity and Atheism - 2012".

593) Zuckerman, "Atheism: Contemporary Rates and Patterns", Table "The Top 50".

제3절 막스 베버의 근대이론과 그 파탄 331

　극서 11개 국가 중 이 8개국만 보더라도 2000년대 초부터 종교 인구는 급감하고 무종교자는 급증하고 있다. 특이한 것은 전형적 청교도 국가 미국과 전형적 가톨릭국가 이탈리아조차도 인구의 3-4할에 육박할 정도로 무종교자가 급증하고 있는 점이다.
　입수가능한 통계에서 극서국가 외의 기타 나라들의 무종교자 증감을 보면 이것이 세계적 추이임을 알 수 있다.

□ 비非극서국가 무종교자 증감 추이(2006→2014년)

	2006(Dentsu[594])	2012(WIN/GIA[595])	2014(WIN/GIA[596])
스페인	16%	47%	55%
포르투갈	11%	37%	
핀란드	12%	44%	42%
에이레	7%	54%	51%
아이슬란드	4%	41%	44%
그리스	4%	21%	
캐나다	26%	49%	53%
호주	58%	58%	
브라질	14%	18%	
콜롬비아	15%	17%	
아르헨티나	13%	26%	20%
체코	64%	78%	75%
루마니아	2%	7%	17%
마케도니아	9%	10%	
라트비아	41%	50%	
아제르바이잔	51%	54%	
불가리아	30%	30%	39%
세르비아	19%	20%	
아르메니아	5%		5%
폴란드	5%	14%	12%
리투아니아	23%		19%
러시아	48%	32%	23%
홍콩	60%	70%	

필리핀	11%	22%	
레바논	18%	35%	
아프가니스탄		58%	76%
말레이시아		13%	23%
인디아	4%	16%	23%
케냐	11%	9%	
나이지리아	1%	5%	16%

　이 도표에서 2006년부터 2014년까지 무종교자들의 증가추세를 보면 종교 인구의 감소와 무종교자의 급증은 전세계적 추세인 것을 알 수 있다. 공산권의 붕괴 직후에 구舊소련지역과 동구권에서 종교탄압이 종식되자 기독교인과 이슬람교가 일시적으로 급증했고, 이로 인해 전 세계 차원에서 종교 인구도 일시 급증한 것으로 나타났다. 그러나 이 추세는 1990년대의 한시적 흐름으로 끝나고, '눈물의 골짜기 위에 뜬 무지개'를 믿는 종교 인구는 5대륙에 걸쳐 다시 급감하기 시작한 것이다. 옛 공산권 국가들 중 체코·루마니아·세르비아·불가리아·라트비아·아제르바이잔·마케도니아와 같은 '눈물의 골짜기'에서도 무종교자가 다시 느는 추세로 돌아섰고, 폴란드는 경미한 등락 또는 정체를 보이고, 러시아만은 예외적으로 상당한 감소추세를 보여주고 있다. 그러나 다른 통계치에서는 러시아의 무종교자 비율이 24-48%로 총괄되고 있기[597] 때문에 러시아의 무종교자 감소 및 종교인구 증가현상은 통계상의 착시현상으로 보인다.

---

594) Dentsu Communication Institute (電通總研) 編, 『世界69カ國 價値觀 データブツク』. 이 통계는 "무종교"로 답한 수치다.

595) WIN-Gallup International, 27 July 2012, "Global Index of Religiosity and Atheism - 2012". 위 통계는 "당신이 예배장소에 참여하는지 여부와 무관하게 당신은 당신이 종교적으로 독실한 인간입니까? 독실한 인간이 아닙니까? 아니면 확신에 찬 무신론자입니까?"라고 묻고, "독실한 인간이 아니다"와 "확신에 찬 무신론자입니다"라고 답한 경우만 집계한 수치다.

596) WIN-Gallup International, 16 November 2015(Retrieved), "Global Index of Religiosity and Atheism - 2012".

597) Zuckerman, "Atheism: Contemporary Rates and Patterns", Table "The Top 50".

그리고 한국·대만·일본·중국은 개신교는커녕 기독교가 거의 없거나 그 비중이 미미한데도 극서국가 이상으로 대번영을 구가하거나 비약적 성장을 보여주고 있다. 한국은 2015년 현재 개신교도가 인구의 19.7%에 불과하고, 무종교공언자들(사실상 조상신을 모시는 '생활유자들')이 56%을 상회하고 있다.[598]

□ 한국 종교인과 무종교인 비율의 증감추이(1985~2015; 단위 %)[599]

	무종교	불교	기독교	유교 등
1985	57.4	19.9	20.6(개 16, 가 4.6)	2.1
1995	49.3	23.2	26.3(개 19.7, 가 6.6)	1.6
2005	46.9	22.8	29.2(개 18.3, 가 10.9)	1
2015	56.1	15.5	27.6(개 19.7, 가 7.9)	0.8

※개: 개신교, 가: 가톨릭.

이 표를 보면 종교 인구는 1985년 42.6%, 1995년 50,7%(1995), 2005년 52.9%, 2015년 43.9%로 나타나고 있다. 이 추이는 종교인구가 증가하다가 다시 급감하고 있는 것을 보여준다. 반면, 무종교자 비율은 57.4%, 49.3%, 46.9%로 내려가다가 2015년부터 56.1%로 다시 급반등하고 있다. 이 통계에 의하면 한국인의 60%가량은 무종교자다. 여기서 가성기독교도과 가성불교도를 합하면 무종교자는 80%를 상회할 것이다. 2005년 대비 2015년 개신교도의 미미한 증가(1.4% 포인트)는 인구증가(10년간 270만 명 증가)의 동반현상일 뿐이다. 이것으로부터 개신교 가정의 동일종교 계승비율이 다른 종교의 경우보다 좀 더 높다는 것을 알 수 있다. 1995년과 2005년의 기독교도 증가도 인구증가의 동반현상이다.

한국의 기독교도는 1960-80년대에 급증했다. 이로 인해 한국은 대만과 일본에 비해 기독교도가 월등히 많은 나라가 되었다. 이것은 극동제국 중에서 예외현상이다. 이 현상은 언뜻 보면 도시화로 인한 '군중 속의 고독' 속에서 필요한 정서적 유대와

---

598) 2015년 대한민국 통계청 인구센서스.
599) 대한민국 통계청 인구센서스.

새로운 정체성 확립에 대한 갈구로 설명할 수 있는 것으로 생각할 수 있으나 이런 생각은 크게 헛짚는 것이다. 대만과 일본도 한국과 마찬가지로 도시화를 겪었으나 기독교도는 전혀 늘지 않고 여전히 미미한 수준에 머물러 있었기 때문이다. 기독교 인구가 다른 극동국가에 비해 월등하게 많은 '한국적 예외현상(Korean exeptionalism)'은 북한의 6·25 침략을 막고 1953년 이래 지금까지도 북한의 적화야욕을 억제하고 있는 미군의 한국방위 역할과 한미동맹체제에 기인하는 미국의 압도적인 종교문화적·정치경제적 영향 및 이로 인한 한국인들의 강한 친미 정서의 부산물로 이해할 수 있다.

대만은 아예 90% 이상이 무종교공언자들이다(불교 2%, 가톨릭 2%, 개신교 2%, 이슬람 1% 미만).[600] 대만에서도 무종교자는 실은 대부분 '생활유교도'와 무속신앙자들이다. 1980년대 개혁·개방 이후 경제적으로 약진하기 시작한 중국인들도 90%가 무종교자들이다.(불교·도교 5%, 기독교 3%, 이슬람 2%)[601] 19세기 말부터 일찍이 대번영을 구가해온 일본은 사실상 종교인구가 존재하지 않는다. 신토(神道)가 41%, 불교 30%, 기독교 0.005%로 집계되지만, 신토와 불교의 '종교인구'도 조상신을 섬기는 생활풍속상의 종교인구이고 실은 거의 다 가성假性종교인으로서 사실상 완전히 세속화된 무종교자들이기 때문이다. 일본의 '무종교'공언자는 64-65%,[602] 또는 76%, 64-88%로 집계되기도 한다. 일본 불교는 정례적으로 불공을 드리는 불자들이 사실상 거의 없고, 신토는 한국의 무속신앙과 같은 것으로서 기독교식으로 계율과 정기적 예배의식으로 통제되는 신도를 전혀 거느리고 있지 않기 때문이다. 기독교적 의미에서 보면, 일본도 중국과 대만처럼 종교행위를 주변으로 밀어낸 유교적 '무종교국가'다.

이것은 극동지역에서 공통된 현상이다. 극동 사람들은 조상신을 섬기고 간헐적·찰나적으로 전통무속이나 점을 믿을지라도 정례적으로 예배를 드리는 제도적 종교를 가졌는지를 물을 때 압도적 다수가 "무종교"로 답하기 때문이다. 따라서 극동에서 '종교'를 말한다면 그것은 루소의 의미에서의 '시민종교'라고 해야 할 것이다.

---

600) Zuckerman만은 위 논문에서 대만의 무종교자 비율을 24%로 잘못 제시하고 있다.
601) Zuckerman만은 중국의 무종교자 비율을 8-14%로 잘못 제시하고 있다.
602) Zuckerman, "Atheism: Contemporary Rates and Patterns", Table "The Top 50".

그리고 남아프리카공화국, 우간다, 케냐, 가나, 나미비아, 중앙아프리카공화국, 잠비아, 카메룬, 보츠와나, 모잠비크, 말라위, 탄자니아, 마다가스카르 등 중·남부 아프리카의 13개 개신교 국가들은 이미 200년 이상 국민의 80-90%가 개신교를 믿어왔다. 그러나 이 국가들은 예외 없이 남·동유럽과 중남미의 가톨릭국가나 동남아시아 이슬람·불교국가들보다 더 극심한 사회파탄과 적빈에 허덕이고 있다.

종합하면, 역사적 현실은 극서국가들 중 프랑스·오스트리아·이탈리아·벨기에 등 가톨릭 국가들과 극동의 한국·중국·대만·일본 등 유교적 무종교 국가들이 번영을 구가하는 반면, 아프리카의 모든 개신교국가들이 남미 가톨릭국가보다 극심한 빈곤에 허덕이는 것으로 나타나고 있다. 11개 극서국가들이 16-18세기 이래 강력한 탈脫가톨릭화·탈脫개신교화·세속화 추세 속에서 자본주의를 일으켜 번영하기 시작한 것은 실로 개신교와 유관한 것이 아니라, 오히려 반개신교적 중국화·유교화의 효과다. 서구 자본주의는 상술했듯이 국내외 인민의 약탈과 노예화, 세속화와 물욕의 해방, 시장과 시장기제 속에서의 영리추구를 통해 흥기했다. 물욕의 탈脫종교적 해방과 자유시장 개념을 결한 베버의 개신교적 자본주의기원론은 다만 피 묻은 자본주의를 미화·면죄해주려는 어처구니없는 사설邪說이었다.

①극서의 11개 부국이 대부분 개신교와 무관하다는 사실, ②유교유산을 가진 극동제국에서 적어도 5개국이 바르면 1870년대 이래, 늦으면 1890년대 이래 비약적 경제발전을 구가해왔다는 사실, ③아프리카의 12개 개신교국가들이 200년 동안 비록 종교적으로 아주 독실하더라도 적빈에 시달리고 있는 사실, 그리고 ④ 서구 각국에서 16-18세기 시원적 자본의 형성과 증식이 두세 국가를 제외하고 약취와 약탈에 의한 것이라는 범죄적 사실史實 앞에서, 개신교의 금욕적 축적정신과 노동윤리를 자본주의 정신의 모태로 입증하려는 베버의 핵심 논지가 어찌 지탱될 수 있겠는가!

이쯤에서 우리가 오히려 주목해야 하는 것이 따로 있다. 그것은 서양에서 대번영을 구가해온 11개 국가가 ① 대부분 개신교 국가가 아니라는 사실, ② 오로지 이 11개 극서국가들만이 신·구교 구분 없이 앞다퉈 공자철학의 현세주의적 인도주의와 극동의 정치·사회적 평등·관용·자유시장제도를 도입해 사회문화를 세속화되고 시장을 확립하고 영리추구를 자유화하고 극동의 과학·기술·기구와 제품들을 수입하고 모방해 수입대체재를 제조하는 데 앞장섰던 국가들이었다는 사실이다.

대한제국의 명운이 다해가던 1909년 신채호는 기독교를 믿어야 나라가 부강해질 수 있다는 친일·친미 개화파들의 - 어찌 보면 베버의 개신교적 자본주의 테제를 20년 이상 선취한 - 논변을 통렬하게 비판했다. 그는 예수교를 따르고도 망한 나라가 있고 일본처럼 기독교를 믿지 않고도 흥한 나라가 있으니 종교에 따라 나라의 흥망이 결정되는 것이 아니라고 갈파했다.603) 나아가 그는 기독교가 제국주의 침략의 가교가 되어왔음도 상기시키면서 비非기독교국가 국민들이 기독교를 믿게 되면 오히려 자칫 국가와 민족을 망각해서 망국에 이를 수 있는 위험도 지적했다.604)

한 마디로, 베버의 개신교적 자본주의기원설은 베이컨이 말하는 '극장의 우상'으로서 지금까지 동서의 사상사가 경험한 '가장 허무맹랑한' 낭설이자 역사날조라고 할 수 있다. 피 묻은 역사적 약탈자본주의를 경건한 금욕적 종교도덕과 근면한 노동윤리의 결과로 미화·면죄하는 이 '역사날조'는 현실을 그 완벽한 형태에서 지각하는 합리주의적 인식능력의 우월성을 기독교에, 특히 개신교에 귀속시키고 '자유로운 개성'의 개신교 원리에 순응하는 능력에 따라 세계의 종교들을 서열화한 헤겔의 유럽중심주의적 종교철학을605) 독일역사법학파를 통해 계승해 경제사회학으로 변환한 것이다. 따라서 개신교적 게르만정신을 근대의 주도적 정신으로 본 헤겔의 유럽중심주의적·개신교제일주의적 '사설邪說'이 베버의 반反유물론적 문화(종교)결정론과 프로테스탄티즘적 자본주의정신의 '사설'로 옷을 갈아입은 것이다. 그리하여 자본주의윤리의 유래에 대한 베버의 계보학적 설명은 '종교적·정신적 요인'을 근대적 합리화의 내재적 촉진 또는 저해 요소로 본질화하고 이것에 근거해 근대화와 문명적 격

---

603) 신채호, 「今日 宗敎家에 要하는 바」, 『大韓每日申報』, 1909년 11월 28일 「논설」.
604) 신채호, 「兩宗敎家에 向하여 要求하노라」, 『大韓每日申報』, 1910년 4월 15일 「논설」.
605) Fethi Açikel, "A Critique of *Occidental Geist*: Embedded Historical Culturalism in the Works of Hegel, Weber and Huntington", *Journal of Historical Sociology*, Vol. 19, no. 1 (March, 2006), 65, 66쪽.

차의 이론을 구축하는 만큼, 구제할 수 없을 정도로 과도한 종교적 문화결정론으로 추락했을 뿐만 아니라, 또한 서구의 칼뱅주의적 프로테스탄트윤리에 특권적 임무를 부여함으로써 그의 자본주의적 합리화·근대화이론의 구축에서 유럽중심주의적·개신교제일주의적 망념을 이론화한 꼴이 되었다.[606]

이런 귀결은 앞서 상론했듯이 베버가 자본주의적 경제조건의 선차성을 인정하면서 일순간 바로 이것을 뒤집어 자본주의의 기원과 발전에서 종교문화가 "가장 중요한 형성적 요소"라고 주장하는 자가당착적 논법에[607] 이미 잠재되어 있던 것이다. 서구적 근대가 유교문명의 문물과 공자철학을 차용한 계몽주의로부터 탄생했다는 역사적 사실을 철저히 몰각한 베버의 완전히 무식한 개신교적 자본주의론과 탈脫주술화론에 대한 비판은 이것으로 마쳐도 될 것이다.

---

606) Açikel, "A Critique of *Occidental Geist*", 69쪽.
607) Weber, *Die protestantische Ethik und der Geist des Kapitalismus*, 20-21쪽.

제4절
현대의 베버주의적 근대이론과 그 오류들

4.1. 새뮤얼 헌팅턴의 베버주의적 문명충돌론과 자가당착

베버의 개신교자본주의론과 유교자본주의불가론의 학술적·이론적 영향은 오늘날도 강력하다. 베버의 유럽중심주의적·개신교제일주의적 망령은 '문명들 간의 분규와 전쟁'을 '설명'한다기보다 차라리 '선동'하려는 새뮤얼 헌팅턴(Samuel P. Huntington, 1927-2008)의 문명충돌론과[608] 유교로 인한 중국자본주의불발의 다양한 이론으로 반복되고 있기 때문이다. 헌팅턴의 이 못지않게 개신교제일주의적·유럽중심주의적인 문명충돌론은 한때 구미와 아시아의 거의 모든 '아둔한' 지식인들과 '안다니들'을 미혹했다. 지금도 일부 '안다니들'은 헌팅턴의 문명충돌론의 미혹에서 벗어나지 못하고 있다.

새뮤얼 헌팅턴의 베버주의적 문명론은 전·후 단계로 구분된다. 전前단계는 『제3의 물결(The Third Wave)』(1991)에서 1980-1990년의 민주화 물결을 논할 때까지의 개신교제일주의 문화론이다. 이후 단계는 최종단계로서 『문명들의 충돌과 세계질서의 개조(The Clash of Civilizations and the Remaking of World Order)』(1996)에서 변형된

---

608) '문화'를 '권력'으로 착각한 가운데 국가들 간의 '권력충돌'을 '문화충돌'로 다시 착각하는 헌팅턴의 문명충돌론의 이론적 오류에 대한 비판은 참조: 황태연, 『패치워크문명의 이론』(파주: 청계, 2016), 41-43쪽. 그리고 헌팅턴의 반유물론적 문화결정론·프로테스탄티즘제일주의·유럽중심주의에 대한 비판은 참조: Açikel, "A Critique of *Occidental Geist*", 74-80쪽.

문화론이다. 이 두 단계의 문화론은 연속적이면서도 상반될 정도로 큰 차이를 보인다. 전 단계의 문화론은 개신교제일주의적인 베버주의를 보다 완고하게 고수하면서도 보다 유연하고 개방적인 방향으로 변형시키려고 한 반면, 최종단계에서는 개신교 테제를 기독교 테제로 넓히고 기독교문명을 상대화시키지만 폐쇄적이고 강고한 베버주의를 좀 더 완고하게 대변한다.

■ 헌팅턴의 개신교민주주의론과 유교민주주의불가론

『제3의 물결』에서 헌팅턴은 1980년대의 민주화 흐름을 세 번째 민주화 물결로 환호하는 가운데 개신교를 자본주의 정신의 태동만이 아니라 민주주의 정서의 함양과도 내재적 관계가 있는 것으로 확장한다. 그리고 베버주의를 일정하게 완화하고 다른 문명들도 민주주의에 대한 적응성과 변화가능성이 있다는 입장을 취한다. 일단 그는 소리 없이 베버의 개신교적 자본주의정신론을 개신교적 민주주의론으로 확대했다. '확장'한다기보다 차라리 '변환'시킨다. 동아시아의 네 마리 용의 급성장으로 인해 외면할 수 없게 된 소위 '유교자본주의론'의 돌출에 직면해서 자본축적의 촉진기능을 프로테스탄티즘(개신교) 외에도 유교·가톨릭 등 다른 종교에도 인정해야 했기[609] 때문이다.

하지만 헌팅턴은 기독교와 민주주의 간의 긴밀한 본질적 연관성을 고집한다. 그는 "많은 나라들이 민주화되기 전에 두 세기 이상 개신교적이면서도 비민주적이었을" 지라도 독립변수로서의 "개신교"와 종속변수로서의 "민주주의" 사이에는 "역사적으로 고도의 상관관계가 있어왔다"고 말한다. 왜냐하면 "세월이 흐르는 가운데 이루어지는 독립변수의 축적 효과는 결과적으로 종속변수상의 변화를 낳고 말기" 때문이다.[610]

동시에 헌팅턴은 '개신교'를 '기독교'로 대체하며 기독교와 민주주의의 본질적 관

---

[609] Samuel P. Huntington, *The Third Wave: Democratization in the Late Twentieth Century* (Norman: University of Oklahoma Press, 1991), 34-35쪽.
[610] Huntington, *The Third Wave*, 34-35쪽.

계를 고집한다. "서양 기독교와 민주주의 사이에는 강한 상관관계가 존재한다. 근대 민주주의는 기독교국가들에서 처음으로, 그리고 가장 활기 있게 발전했다. 1988년 이래 가톨릭과 (또는) 개신교는 46개 민주국가 중 39개 국가에서 지배적 종교였다. 이 39개국은 압도적으로 서양기독교국가인 총 68개 국가의 57%를 점했다. 이와 대조적으로, 다른 지배적 종교를 가진 58개국 중 오직 7개국 또는 12개국만이 민주적이었다. 특히 압도적으로 회교적·불교적·유교적이었던 국가들 가운데는 민주주의가 거의 존재하지 않았다. 이 상관관계는 인과작용을 입증하지는 않지만, 서양 기독교는 개인의 존엄과 교회와 국가의 분리된 영역을 강조한다. 많은 나라에서 개신교와 가톨릭 교회지도자들은 억압적 국가들에 대한 투쟁에서 중심적이어 왔다. 기독교의 확장이 민주발전을 고무한다고 가정하는 것은 신빙성이 있어 보인다."[611]

따라서 헌팅턴은 한국의 민주화 흐름도 경제발전의 결과로 보면서도 이와 모순되게 기독교의 역할, 특히 개신교도의 수적 급증으로 설명한다.

1960년대와 1970년대에 기독교가 어디에서 현저하게 확대되었는가? 대답은 극소수의 지역에서 그랬다는 것이다. 가장 두드러진 경우는 한국이다. 짧은 막간을 제외하면 한국은 처음에 1950년대 이승만 치하의 반半민주 민간정권, 1960년대 박정희 치하의 반半민주 군사정권, 그리고 1970-1980년대 전두환 장군 치하의 군사독재를 거쳤고, 1987년 민주주의로의 이행이 왔다. 제2차 세계대전 말 한국은 일차적으로 유교적 덮개로 덮인 불교국가였다. 아마 기독교는 인구의 1%였을 것이다. 1980년대 중반 인구의 약 25%가 기독교였는데, 그중 5분의 4가 개신교, 대개 장로교, 5분의 1이 가톨릭이었다. 기독교 개종자들은 일차적으로 젊고 도시적이고 중산층이었다.[612]

헌팅턴은 1980년대 한국의 기독교도 통계수치(약 20%)를 25%로 부풀리고 있다. 그리고 『문명들의 충돌과 세계질서의 개조』에서는 아예 30%로 과장한다.[613] 헌팅턴의

---

611) Huntington, *The Third Wave*, 72-73쪽.
612) Huntington, *The Third Wave*, 73-74쪽.
613) Samuel P. Huntington, *The Clash of Civilizations and the Remaking the World Order*

이런 과장에서 의도되는 '기독교(개신교)유일주의적 민주화론'은 - 앞서 제시한 통계에 나타나듯이 - 2015년 한국의 종교인구와 기독교도 비율이 감소하고 무종교가 다시 늘어났음에도 한국정치가 계속 서양제국을 앞지르는 '고도의 민주화'의 흐름을 타고 있는 사실과 정면으로 배치된다.

헌팅턴은 한국의 기독교도(특히 개신교도)의 증가 원인을 급속한 도시화, 수백만 명의 농촌주민의 도시이동, 농촌의 변화 속에서 적멸적寂滅的 불교가 인기를 잃은 것을 들고 있다. 개인 구원과 개인 존엄의 메시지를 보내는 기독교가 혼돈과 변화의 시대에 보다 확실한 위안을 주었다는 것이다. 동시에 기독교가 정치억압에 저항하는 보다 확실한 교리와 제도적 기구를 제공했다. 그리하여 "유교적 권위주의"와 "불교적 수동성"이 "기독교적 전투성(Christian militancy)"에 의해 대체되었다는 것이다. 그리고 그는 1974년 5명의 주교가 5000명의 신도를 이끌고 박정희 계엄정권에 저항하는 최초의 시위를 벌였다. 김대중·김영삼·문익환·김수환 등 민주화운동 주요지도자는 많은 사람이 기독교인이었고, 교회가 1980년대 초 '반정부 포럼'이었다고 덧붙인다. "그러므로 어떤 의미에서 한국은 베버의 연관관계를 반대로 뒤집었다. 경제발전이 기독교의 확대를 촉진했고, 교회·교회지도자·전달자들은 주요세력으로서 1987년과 1988년의 민주주의로의 이행을 이룩했다".[614]

여기서도 헌팅턴은 개신교가 자본주의 정신을 낳는다는 베버 테제를 슬쩍 뒤집어 경제발전이 개신교 또는 기독교의 확대를 촉진하고 기독교가 민주주의 정신을 진작한 것으로 설명하고 있다. 그러나 그는 기독교의 확대를 촉진한 새로운 경제발전이 개신교의 역할로 개시된 것이 아니라 군부독재 아래서 개시되었다는 사실에 대해 슬쩍 눈감고 설명치 않고 있다. 그리고 그는 마치 1960년 4·19혁명 이래의 민주화운동의 주력이 목사·신부들이었거나 1980년 광주민주항쟁과 1987년 6·10항쟁의 주력이 기독교인들이었던 것처럼 역사를 '위·변조'하고 있다.

『제3의 물결』에서 헌팅턴은 개신교제일주의를 경제에서 민주주의로까지 확장해

(New York: Touchstone, 1996), 99쪽.
614) Huntington, *The Third Wave*, 74쪽.

비교적 확고하게 견지하고 그러면서도 가톨릭 국가의 민주화까지도 설명하려는 욕심을 부린다. 개신교제일주의가 불변인데도 라틴아메리카 가톨릭국가들은 어떻게 민주화되었단 말인가? 일단은 민주화에 있어서의 개신교제일주의의 확장판을 확인한다.

> 역사적으로 개신교와 민주주의는 상호 연결되어 있었다. 서양세계에서의 제1의 민주주의 추동력은 17세기 청교도혁명과 함께 왔다. 19세기 첫 번째 민주화 물결에서 민주화된 나라들의 압도적 다수는 개신교국가들이었다. 제2차 세계대전 이후 제2의 민주화 물결은 종교적으로 다양했다. 그럼에도 1960년대에 이 두 변수 사이에 현저한 관계가 존재했다. 99개국에 대한 한 연구는 "개신교 인구가 크면 클수록 민주주의의 수준은 더 높았다." 이와 대조적으로 가톨릭은 민주주의의 부재나 제한된 또는 늦은 민주발전과 연관되어 있었다. 립셋(Seymour M. Lypset)은 가톨릭이 "제2차 세계대전 전 유럽에서 그리고 라틴아메리카에서 민주주의와 반립적인 것으로 나타났다"고 적었다.[615]

헌팅턴은 여기서 청교도혁명기 의회파와 귀족공화국을 이끈 혁명주력이 민주화를 위한 의회파 신형군의 「인민협정」을 왕당파 못지않게 사정없이 깔아뭉개버린 군사독재체제였다는 사실史實, 제1의 민주화 물결 때에도 민주화는 가톨릭국가 프랑스의 시민혁명, 정교국가 그리스의 독립혁명, 루터주의국가 독일과 가톨릭국가 오스트리아의 1848년 3월혁명, 가톨릭국가 이탈리아의 1860년 통일혁명 등에서 보듯이 가톨릭과 개신교를 가리지 않고 일어난 사실 등을 도외시하고 있다.

그러면서도 헌팅턴은 개신교와 민주주의 간의 긴밀한 상관성을 세 가지 측면에서 설명하려고 든다.

첫째, "교리적으로 개신교는 개인적 양심, 성서 속의 신성한 글에 대한 개인의 접근, 개인과 신의 직접적 관계를 강조했다. 가톨릭은 라틴아메리카 미사에서의 성직자신분의 매개적 역할을 강조했다."[616]

---

615) Huntington, *The Third Wave*, 74쪽.

둘째, "개신교 교회는 그 자체가 보다 민주적으로 조직되어 있어서 신도집단의 선차성을 강조하고, 교구敎區가 제한되거나 아예 없다. 이와 대조적으로 가톨릭은 교황에서 정점에 이르는 사제·주교·대주교·추기경의 서열과 교황 불가류성의 교리를 가진 권위주의적 교구조직이었다."617)

셋째, "베버 테제가 있다. 개신교는 경제적 기업, 부르주아지의 발전, 자본주의와 경제적 부를 고취하고, 이것은 민주적 제도들의 출현을 용이하게 한다."618) 헌팅턴은 발전된 11개 극서국가들 중 프랑스·벨기에·네덜란드·이탈리아·오스트리아 등 5개국이 가톨릭 국가이고, 스위스와 독일은 가톨릭과 개신교 신앙이 반반인 나라이고, 칼뱅주의적 개신교도(청교도)가 비교적 우세한 국가는 미국뿐이고 영국과 스위스도 청교도가 비교적 적다는 사실을 모르는 것 같다. 그렇기 때문에만 헌팅턴이 이같이 베버의 사설을 지금까지도 고수한 것이다. 아무튼 헌팅턴이 베버 테제를 개신교를 민주화의 동력으로 간주할지라도 베버의 개신교자본주의론을 포기한 것이 아니라 고수한다는 것이 "개신교는 경제적 기업, 부르주아지의 발전, 자본주의와 경제적 부를 고취한다"라는 구절에서 분명히 드러난다.

그런데 헌팅턴은 1970-1980년대 민주화된 국가들이 주로 가톨릭국가들이라는 사실을 들어 이런 베버주의가 더이상 타당하지 않다고 인정하는 척한다.619) 하지만 그는 다시 이 민주화도 세계 최대의 개신교국가 미국의 영향으로 인한 세계 가톨릭의 '개혁적' 변화 및 라틴아메리카의 개신교화 추세로 설명함으로써 다시 베버주의를 확고하게 틀어쥔다.

일단 헌팅턴은 1980년대 이후 가톨릭 국가들의 급속한 자본주의적 경제발전에 직면해 개신교자본주의론을 부분적으로 완화한다.

---

616) Huntington, *The Third Wave*, 75쪽.
617) Huntington, *The Third Wave*, 75쪽.
618) Huntington, *The Third Wave*, 75-76쪽.
619) Huntington, *The Third Wave*, 76쪽: "1960년대까지는 이 주장들과 그들의 설명한 종교와 민주주의 간의 연관들이 불변적인 것으로 보였다. 이것은 이제 더이상 그렇지 않다. 1970년대와 1980년대의 제3의 물결은 가톨릭 물결이었다."

하나의 부분적 설명은 기존의 비우호적 가톨릭 상관성의 역전에 있을 것이다. 역사적으로 개신교국가들은 가톨릭국가들보다 경제적으로 더 신속하게 발전했고, 더 높은 수준의 경제적 복지를 이루었다. 가톨릭국가들은 가난한 나라들이었다. 하지만 1950년대부터 가톨릭국가들이 개신교국가들보다 더 높은 경제성장률을 보이기 시작했다. 물론 대부분 이것은 그 나라들이 일반적으로 보다 낮은 경제발전 수준에 있었기 때문이다. 그럼에도 경제성장은 의심할 바 없이 여러 가톨릭국가에서의 민주주의로의 이행을 용이하게 했다.[620]

여기서 다시 헌팅턴은 영·미·덴마크·스웨덴 등 개신교국가들과 똑같이 자본주의적 경제발전을 이룬 프랑스·이탈리아·오스트리아·벨기에·네덜란드 등 가톨릭국가들을 몰각한 채 가난한 동구권과 라틴아메리카의 가톨릭국가들만을 염두에 두고 아프리카의 12개 개신교 빈국貧國들을 자의적으로 도외시하고 있다. 이런 '시계視界조작', 아니 '사계射界청소를 통해 망가진 베버 테제를 다시 곧추세우는 한편, 남미 가톨릭국가들의 경제발전을 인정함으로써 베버주의적 개신교자본주의론을 살짝 완화하고 있다.

나아가 헌팅턴은 가톨릭의 경제발전과 민주화의 한 근본원인을 마르크스주의, 사회민주주의, 해방신학 등의 영향으로 가톨릭 안에서 중요한 교리적 변화가 일어난 것으로 지목한다. 가톨릭교회는 1960년대 이후 권위주의에 반대하기 시작했고, 바티칸에서는 교황 요한23세가 교리를 개인의 기본권(인권)을 보호하고 도덕판단의 경우에 정치에 언제든 개입하는 방향으로 바꾸었고, 1962-1965년 사이에 개최된 제2차 바티칸공의회 이후 가톨릭은 확연하게 달라졌다. 또한 1979년 즉위한 바오로2세는 인권침해를 비난하고 교회를 자유의 수호자로 천명하는 회칙을 발표했다. 이후 가톨릭세계에는 민주화 방향으로의 더 많은 변화가 일고 반독재투쟁에서 가톨릭 교회지도자들의 정치개입은 일상화되었다. 그리하여 1970년대 이후 가톨릭은 이런 내부변화 덕택에 '민주화의 장애물'에서 '민주화의 동력'으로 변모했다는 것이다.[621] 그러나

---

620) Huntington, *The Third Wave*, 76-77쪽.

가톨릭 국가들의 민주화를 추동하는 진정한 근본동력인 '경제발전'은 가톨릭의 이러한 교리적 태도변화로 설명할 수 없다. 헌팅턴은 가톨릭과 경제성장 간의 상관성에 대한 교리적·원리적 설명을 포기하고 있다.

하지만 헌팅턴은 가톨릭 내부의 저런 종교개혁을 개신교국가 미국과 미국 가톨릭 사제단의 공으로 돌림으로써 1960년대와 1970년대 가톨릭의 교리개혁을 정서적으로 미국 개신교와 연결시키고 있다. 그는 가톨릭교회의 입장변화를 야기한 주요요인들 중 "특히 중요한 것"을 "미국이라는 국가와 미국의 주교들"로 밝히는 연구를 슬그머니 각주에서 들이댄다. 미국 가톨릭 주교들의 영향은 "제2차 바티칸 공의회와 종교적 자유에 대한 그 선언에서 절정에 달했는데 이것은 미국의 경험과 실험의 소산이고 특히 미국 신학자 머레이(John C. Murray)의 작품"이라는 것이다. 여기로부터 헌팅턴은 세계최강의 개신교국가 미국이 "1970년대와 1980년대의 새로운 정책을 통해 직접" 가톨릭국가의 변화를 일으킴과 동시에 "한 발자국 떨어져서 가톨릭교회에 대한 충격을 통해" 제3의 물결을 일으켰다고 결론짓는다.[622] 결국 이런 근거에서 헌팅턴은 가톨릭국가의 민주화 논의에서도 궁극적으로 다시 개신교제일주의로 되돌아오고 있다.

나아가 헌팅턴은 5년 뒤 『문명들의 충돌과 세계질서의 개조』에서 개신교 영향을 한 가지 더 추가한다. 그는 이 영향을 가톨릭국가의 민주화("근대화") 요인으로 지목한다. 1990년대 라틴아메리카가 급속히 '개신교화'되었다는 것이다. 라틴지역의 개신교신자는 1960년 700만 명에서 1990년 5000만 명으로 급증했고, 1990년대 초 브라질 인구의 20%가 개신교도가 되었고 가톨릭 신자는 73%로 급감했다. 내용적으로 더 큰 '개신교화'가 감지된다. 일요일 예배에 브라질 개신교도는 2000만 명이 참여하는 반면, 가톨릭교도는 1200만 명에 불과하다. 여기로부터 헌팅턴은 라틴지역에서 개신교의 확산이 "근대화와 연결된" 것이라고 결론짓는다.[623] 이처럼 그는 개신교제일

---

621) Huntington, *The Third Wave*, 76-85쪽.
622) Huntington, *The Third Wave*, 77-78쪽 각주.
623) Huntington, *The Clash of Civilizations and the Remaking the World Order*, 99쪽.

주의를 끝까지 견지하려고 애쓴다.

헌팅턴은 민주주의와 개신교 간의 이런 긴밀한 '상관성'과 반대로 민주주의와 유교 간의 '상반성相反性'을 거듭 주장한다. 그는 '유교자본주의'를 인정하면서도 '유교민주주의'는 인정치 않는다.

> 앞서 살펴보았듯이 한때 많은 학자들은 가톨릭이 민주주의에 장애물이라고 주장해왔다. 또 다른 이들은 베버의 전통에서 가톨릭국가들이 개신교국가들과 동일한 방식으로 경제적으로 발전할 것 같지가 않다고 주장했다. 그러나 1960년대와 1970년대 가톨릭국가들은 민주화되었고 평균적으로 개신교국가들보다 더 높은 경제성장률을 올렸다. 유사하게 한때 베버와 기타 동조자들은 유교문화를 가진 나라들이 성공적 자본주의 발전에 끼지 못할 것이라고 주장했다. 하지만 1908년대부터 신세대의 학자들은 유교를 동아시아 사회들의 괄목할 경제성장의 주요원인으로 간주했다. 장기적으로 유교가 경제발전을 방해한다는 테제보다 유교가 민주발전을 방해한다는 테제가 더 타당하지 않을까?[624]

헌팅턴은 유교가 자본주의적 경제발전의 주요원인임을 인정한 반면, 민주화와 유교는 대척적이라고 주장한다. "'이슬람민주주의'가 있는지 없는지 불명확할"지라도 "'유교민주주의'는 술어상 분명히 모순이다".[625] 헌팅턴은 프라이팬에서 화덕 속으로 뛰어들고 있다. 헌팅턴이 여기서 늘어놓는 이 말과 저 말은 더 심각한 모순에 빠져들고 있기 때문이다. 그는 앞서 베버의 개신교적 자본주의 테제를 개신교적 민주주의 테제로 변형·확장하면서 "개신교는 경제적 기업, 부르주아지의 발전, 자본주의와 경제적 부를 고취하고, 이것은 민주적 제도들의 출현을 용이하게 한다"라고[626] 말했다. 그가 이미 인정했듯이 '유교자본주의'가 가능한 것이라면, 이 자본주의는 같은 필연성으로 "민주적 제도들의 출현을 용이하게 할" 것이고, 그러므로 당연히 '유교민주주의'도 가능하다고 말했어야 한다.

---

624) Huntington, *The Third Wave*, 310쪽.
625) Huntington, *The Third Wave*, 307쪽.
626) Huntington, *The Third Wave*, 75-76쪽.

헌팅턴이 개신교와 민주주의 간의 긴밀한 상관성을 인정하는 것이 자본주의적 경제발전을 매개변수로 하는 것이라면, '유교자본주의'와 '유교민주주의' 간의 긴밀한 상관성에 대한 논변도 지극히 논리적인 것이다. 이것을 인정하지 않는 것은 심각한 자가당착인데도 '개신교제일주의'라는 그의 베버주의적 망집은 이 자가당착에 대한 감지능력을 없애버리고 있다. 물론 헌팅턴을 반박하기 위해 '유교자본주의'를 입에 담았다고 해서 필자가 베버의 그릇된 개신교자본주의론을 모방한 '유교자본주의론'을 수락하는 것으로 오해해서는 아니 될 것이다. (이 '유교자본주의론'에 대한 비판은 제3장에서 수행된다.)

유교는 종교가 아니라 유학儒學, 즉 '선비의 과학'이다. 이런 까닭에 과거에 유교는 극서極西지역의 기독교세계로 서천西遷해 이 세계의 주술적 문화와 세계관을 세속화하고 혁신시켰다. 이와 같이 '유교'의 경험론적 도덕과학과 정치철학 및 시무경세론時務經世論은 종교와 분리된 현세적 과학으로서 어떤 종교공동체든, 어떤 문명권이든 큰 충돌 없이 삼투해 들어가 어떤 개종 압박도 가하지 않고 보편적으로 확산될 수 있다. 유교가 보편적으로, 전 세계로 일반적으로 확산될 수 있는 보편타당한 일반적 경험과학인 한에서 필자의 '유교적 근대의 일반이론'은 '국지적이고 특수한' 것이 아니라 '일반적·보편적인' 것이다. 따라서 전 세계적 보편타당성을 추구하는 '유교적 근대의 일반이론'은 소위 '네 마리 용의 특수한 '유교자본주의론'를 배격한다. 소위 '유교자본주의론'의 주창자들은 영국·미국·스위스에만 확산되었던 칼뱅주의 개신교(청교도주의)에 국한된, 그러므로 보편화될 수 없는 베버의 개신교자본주의론을 모방하면서도 자신들의 반동복고적 보수주의를 방어하기 위해 서양과 다른 동양의 특수한 차이를 과장함으로써 일부 위정자들의 반反서구적·반민주적 권위주의 체제를 정당화하기 때문이다.

새뮤얼 헌팅턴은 싱가포르 전 수상 이광요李光耀, 오작동吳作棟(고촉동) 등이 베버처럼 불교·이슬람의 가치관 및 중국 하층민의 전래적 생활신조 등의 전근대적 의식잔재를 아시아적 가치, 유교적 가치로 변조해 이야기하는 것을 '참말'로 믿고 유교와 무관한 것을 유교의 본질로 착각한다. 이런 까닭에 헌팅턴은 유교에 관해 무식한 말을 '겁 없이' 쏟아낸다.

> 전통적 유교가 비민주적이거나 반민주적이라는 명제에 대해서는 어떤 학술적 불일치도 존재하지 않는다. 유일한 중화中和 요소는 전통적 중국의 정체政體에서 과거시험제도가 사회적 배경을 고려치 않고 능력자들에게 출세의 길을 개방한 정도였다. 하지만 이것이 사실이라고 할지라도 성적주의적 승진체제는 민주주의를 이루는 것이 아니다. 아무도 장교들이 그 능력의 토대 위에서 승진한다고 해서 근대군대를 민주적이라고 기술하지 않을 것이다.[627]

무식한 헌팅턴은 유교의 민본주의(민유방본론), 무위덕치론無爲德治論, 백성자치론(평민자유론), 무생이귀자無生而貴者의 태생적 평등론, 분권적 군신공치론, 득민득국론得民得國論, 반정·혁명론 등을 다 도외시하고 '과거제도' 하나만 언급하고 있다. 그러나 이 과거제도의 정치적 의미와 국제적 영향력에 대해서조차 전혀 모르고 있다. 과거시험에 의한 공무담임제와 성적주의적 승진제도의 완전한 관철은 중국에서 탈脫신분제적 평등사회를 확립시켰고, 이 탈신분적 '평등' 관념은 18-19세기에 미국을 신분 없는 평등국가로 만들었고 유럽 백성들을 신분제적 위계와 질곡으로부터 해방시켰다. 주지하다시피 '평등'은 바로 민주주의의 한 초석이다. 역겨울 정도로 '무식한' 헌팅턴은 과거제에 의한 공무담임제와 성적주의적 관료제의 이 혁명적 신분타파 역할을 완전히 몰각할 정도로 '다이하드' 유럽중심주의자·개신교제일주의자인 것이다.

이어서 헌팅턴은 천박한 유학연구서 등 사이비 출처를 끌어다 대며 유교적 가치를 더욱 철저히 왜곡시킨다.

> 전통적 중국의 유교와 한국·베트남·싱가포르·대만의 파생유교나 희석된 일본유교는 개인

---

[627] Huntington, *The Third Wave*, 300쪽.

에 대해 집단을, 자유에 대해 권위를, 권리에 대해 책임을 강조한다. 유교사회는 국가에 대한 권리의 전통이 결여되어 있다. 개인적 권리는 국가에 의해 창조된 한도까지 존재했다. 조화와 협력은 불일치와 경쟁보다 선호되었다. 질서의 유지와 위계에 대한 존중은 중심가치였다. 사상들·집단들·당파들의 충돌은 위험한 것으로, 불법적인 것으로 간주되었다. 가장 중요한 것은 유교는 국가와 사회를 융합하고 국가를 국민적 차원에서 균형 잡는 사회적 자치조직들에 대해 어떤 정통성도 부여하지 않았다는 것이다. (…) 권력과 도덕성이 동일하기 때문에 권력을 제한할 어떤 합법적 바탕도 없었다. "권력이 부패될 수 있고 제도적 견제와 균형을 요구하는 것은 술어상의 모순이다." 실제로 유교사회와 유교적 영향을 받은 사회는 민주주의에 대해 비호의적이었다. 동아시아에서 오직 두 나라, 일본과 필리핀만이 1990년 이전에 민주정부의 경험을 유지했다. 이 경우에 민주주의는 둘 다 미군 주둔의 소산이었다.[628]

이 짧은 말은 '구역질날' 정도로 무식하기만 한 것이 아니라 '역겨울' 정도로 지독한 서구중심주의적 편향과 논리적 자가당착으로 점철되어 있다. 유교사회에 대한 헌팅턴의 묘사는 진시황제의 진나라에 대해서 말하는 것이라면 가할 것이다. 그러나 삼강오륜의 질서요소만이 아니라 군주의 무위덕치, 평민주의적 자유와 태생적 평등이념, 중앙정부의 내적 권력분립과 견제균형, 중앙으로부터의 지방의 권한분립과 자립, 향촌의 오랜 자치 전통과 향약적 자치질서, 중국 중소도시의 신상紳商자치, 간언과 삼사 등 군왕견제 제도, 실록實錄제도를 통한 역사적 권력비판과 왕권견제, 폭군방벌과 역성혁명, 자유시장을 통한 경제적 경쟁, 과거의 필기시험을 통한 지식경쟁, 제자백가와 자유쟁론(사상적 백가쟁명과 백화제방), 사상과 종교의 자유와 무제한적 관용 등은 유교국가에 고유한 것이다. 덕치의 관점에서 '정치와 도덕'의 동일성은 늘 추구해야 할 이상이지만, 양자가 어긋날 위험이 늘 존재하기 때문에 견제와 간언, 방벌과 혁명이 제도적으로 보장되고 사상적으로 정당화되었던 것이다. 서양 기독교전통에는 오히려 이런 제도들이 전무했다. 유교사회에서는 간쟁諫爭이 먼저이고 권위와 위계는 다음이었다.[629]

---

628) Huntington, *The Third Wave*, 300-301쪽.

또 사상들·집단들·당파들의 경쟁은 위험시된 것이 아니다. 반대로 유교국가의 정부와 사회는 예법·학문·권력분배 등을 둘러싸고 당파싸움이 그칠 날이 없었고, 시장경쟁과 지식경쟁도 그칠 날이 없었다. 유교사회에서 국가에 대한 권리는 '국가가 창조한 것'이 아니라 인도人道에 속한 것이고, 권리주장은 전통적으로 각급 단위의 소송제도와 상소제도에 의해 보장되었다. 그리고 "권리에 대해 책임을 강조하는 것"은 존 F. 케네디의 취임연설에 천명되었듯이 모든 민주적 권리의 대전제이고, "조화와 협력"을 "불일치와 경쟁"보다 선호하는 것은 세계최강의 개신교 국가 미국에서 특히 지나친 개인주의와 내부갈등의 위험에 맞서 끊임없이 강조되는 집단정신 '팀스피릿(Team Spirit)'의 풍속과 통하는 것이다.

이 대목들에까지 이르면 미국복음주의적 청교도 헌팅턴이 베버주의자라는 것은 확실할지라도 민주시민교육을 제대로 받은 진짜 '미국인'인지가 매우 의심스럽다. 이런 학자에게 피에르 벨·로크 등의 근대적 자유·평등·관용 이념, 그리고 볼테르·케네·할러·흄·스미스의 평민 민주주의와 시장경제 등의 근대기획이 공자철학과 극동의 정치제도 및 사회문화로부터 유래했다는 사실을 알기를 어찌 기대할 수 있으랴!

그러나 『제3의 물결』에서 헌팅턴은 베버의 저주와 달리 1960년대 이래 가톨릭제국과 유교제국의 비약적 경제발전과 민주화 추세를 다루기 때문에 "이슬람·유교문화가 민주발전에 대해 극복할 수 없는 장애물을 설치하지만, 이 장애물의 엄중성을 의문시하는 여러 이유들이 있다"고 양보한다. 이로써 헌팅턴은 베버와 자신의 개신교 테제를 완화한다. 첫째, 어떻든 가톨릭제국과 유교제국이 그간 경제발전을 이룩했기 때문에 "특별한 문화가 이런저런 방향으로의 발전에 대해 항구적 장애물이 될 것이라는 논변들은 일정한 회의로써 바라봐야 한다"는 것이다.[630]

나아가 헌팅턴은 자신의 지론인 '개신교와 민주주의 간의 긴밀한 상관성' 테제와[631] '유교와 민주주의의 상반성' 테제에[632] 치명적일 수준으로 이 테제들을 완화

---

629) 『충경』에서 공자는 강조한다. "충신으로서 임금을 섬김에 있어 간쟁보다 앞서는 것은 없다 (忠臣之事君也 莫先於諫)." 『忠經』「第十五 忠諫」.

630) Huntington, *The Third Wave*, 310쪽.

한다.

> 이슬람·유교와 같은 굉장한 역사적 문화전통은 관념들과 신념들, 독트린들, 가정들, 저술들, 행위패턴들의 고도로 복잡한 체계다. 개신교와 가톨릭이 둘 다 명백히 비민주적인 요소들을 가지고 있는 것처럼 심지어 유교까지 포함한 어떤 주요 문화든 민주주의와 양립가능한 몇몇 요소들을 가지고 있다. '유교민주주의'는 술어상 모순일 수 있지만, 유교사회 안에서의 민주주의는 모순일 필요가 없다. 문제는 "이슬람과 유교 안의 어떤 요소들이 민주주의에 이롭고 이 요소들이 어떻게, 그리고 어떤 상황에서 저 문화전통 속의 비민주적 요소들을 극복할 수 있는가?"이다.633)

헌팅턴은 여기서 "개신교"도 "명백히 비민주적인 요소들을 가지고 있다"고 말함으로써 개신교와 민주주의 간의 '긴밀한' 상관성 테제에 치명상을 입혀 스스로 이 테제를 - 완화하는 정도가 아니라 - 거의 근본적으로 '폐기처분'하다시피하고 있다. 동시에 "유교까지 포함한 어떤 주요 문화든 민주주의와 양립가능한 몇몇 요소들을 가지고 있고" 또 "유교사회 안에서의 민주주의는 모순일 필요가 없다"고 양보함으로써 '유교와 민주주의의 상반성' 테제를 내동댕이치고 있다. 여기서 그의 '제3의 물결' 이론은 논리적 일관성을 완전히 잃고 있다.

나아가 헌팅턴은 문화변동·문화진화론을 폄으로써 문화결정론을 경제결정론 속으로 완화·해체해버린다. "한 나라의 문화가 한때 민주주의에 장애일지라도 문화는 역사적으로 수동적이기보다 오히려 능동적이다. 한 사회 안에서의 지배적 신념과 태도는 변동한다. 지속성의 요소를 유지하면서 한 사회 안에서의 지배적 문화는 한두 세대 전의 문화와 현저하게 달라질 수 있다.(…) 문화는 진화한다, 그리고(…) 문화변동의 가장 중요한 원인은 경제발전 그 자체일 것이다."634) 헌팅턴의 이 말을 듣고 있

---

631) Huntington, *The Third Wave*, 75-76쪽.
632) Huntington, *The Third Wave*, 310쪽: "유교가 민주발전을 방해한다는 테제가 더 타당하지 않을까?"
633) Huntington, *The Third Wave*, 310쪽.

자면 종교·문화결정론은 어느덧 경제결정론으로 둔갑하고 만다.

헌팅턴은 『제3의 물결』에서 세계의 민주화 물결을 긍정적 발전추세로 보고 논의를 전개하던 끝에 언어유희의 종점에서 그만 경제에 대한 종교문화의 결정 테제와 개신교제일주의를 완전히 망가뜨리고 있다. 그러나 이것은 잠시일 뿐이다. 그는 이런지 3년도 못된 1993년 여름 변덕스럽게도 『포린 어페어스』에 실은 「문명들의 충돌?(The Clash of Civilizations?)」이라는 글과[635] 『문명들의 충돌과 세계질서의 개조』라는 책(1996)에서 문명들을 가급적 첨예하게 충돌시키려는 의도에서 문명들을 종교중심으로 정의하고 다시 종교적 문화결정론을 불변적인 것으로 강화·격상시킨다. 『제3의 물결』에서는 비록 문화가 경제발전과 민주주의에 대해 지속적·항구적 변수라고 할지라도 문화 자체가 진화·변동하는 것이므로 그 항구성과 지속성은 완화·상실될 수 있다고 말하는 반면, 『문명들의 충돌과 세계질서의 개조』에서는 종교적으로 정의되는 문화와 문명은 비록 진화·변동할지라도 그 영향이 엄중하고 항구적이라고 거꾸로 뒤집어 말한다. 이렇게 문화를 단단한 '불변자'로 만들어야만 '충돌'시키기에 좋기 때문이다.

■ '문명충돌'이냐, '문명패치워크'냐?

헌팅턴의 이 후기단계 사고에서는 문명들 간의 영향과 패치워킹 현상이 아예 배제되어 있다. 『문명들의 충돌과 세계질서의 개조』에서 헌팅턴은 『제3의 물결』에서의 논조를 뒤집어서 문화가 비록 변할지라도 그 차이는 명백하고 항구적이라고 말하기 때문이다.

> 철학적 전제, 바탕 가치, 사회적 관계, 관습, 전반적 세계관은 문명들 간에 현저하게 다르다. 대부분의 세계를 관통하는 종교의 재활성화는 문화적 차이를 강화하고 있다. 문화는

---

[634] Huntington, *The Third Wave*, 310-311쪽.
[635] Samuel P. Huntington, "The Clash of Civilizations?", *Foreign Affairs,* Vol. 72, no. 3 (Summer 1993).

변할 수 있고, 정치와 경제에 대한 문화의 충격의 본성은 한 시기로부터 또 다른 시기로 가면서 달라질 수 있다. 하지만 문명들 간의 정치·경제발전의 주요차이는 선명하게 (clearly) 문명권들의 상이한 문화에 뿌리박고 있다. 동아시아 사회가 안정된 민주주의적 정치체제를 성취하는 데 겪어온 어려움이 동아시아문화에 그 근원을 두고 있는 것처럼 동아시아의 경제적 성공도 그 문화에 근원을 두고 있는 것이다. 이슬람문화는 민주주의가 대부분의 이슬람세계에서 생겨나지 못한 것을 대부분 설명해준다. 동구와 구舊소련의 포스트공산사회의 발전은 그 국가들의 문명적 정체성에 의해 꼴 지어지고 있다. 서구기독교 유산을 가진 사회들은 경제발전과 민주정치를 향해 진보를 이룩하고 있다. 반면, 정교국가들에서 정치·경제발전의 전망은 불확실하다. 이슬람 공화국들의 전망은 암담하다.636)

문화와 그 정치적 영향은 "변할 수 있지만", 상이한 문화적 근원들은 문명들 간의 정치·경제발전의 차이를 "선명하게" 규정짓는다. 그러나 헌팅턴은 자본주의적 경제발전의 문화적 촉진요인을 개신교에만 독점시키지 않고 펑퍼짐하게 "서구기독교 유산" 일반에 인정하고 심지어 유교문화 등 동아시아 문화에도 인정하고 있다. 그러나 '민주화'에 대해서는 유교사회, 이슬람사회, 기독교정교국가들이 모두 문화적 장애를 가졌다고 주장하고 있다.

헌팅턴은 구舊공산권(러시아·동유럽), 제국주의 일본, 아시아공산권(중국·북한·월남), 유교문화권(한국·대만·싱가포르), 이슬람문화권(터키·시리아·이라크·이집트)의 민주화를 오랜 세월 가로막는 데 결정적 이데올로기로 기능해온 제국주의·군국주의·인종주의·전체주의·반공주의·우익독재(이탈리아파시즘·독일나치즘·스페인팔랑헤즘)·좌익독재(프롤레타리아독재)가 모두 '유럽 산産'이라는 사실을 깡그리 망각하고 있다. 극서 11개국도 자본주의 역사의 일정 시점에서 이런 반反민주·반평화 제국주의 이데올로기들에 전도轉倒당하거나 도전을 받고 두 차례의 세계대전을 통해 힘겹게 독재와 침략의 광기들을 제압하면서야 비로소 민주주의를 안정시키거나 어렵사리 민주화되었다.

---

636) Huntington, *The Clash of Civilizations and the Remaking the World Order*, 28-29쪽.

그럼에도 불구하고 헌팅턴은 "서구기독교 유산을 가진" 문명과 민주화하기 어려운 기타 문명들은 충돌이 불가피하다고 가정한다. 그리하여 그는 "서구기독교 유산을 가진" 미국과 서유럽이 '보편문명'으로 자임하는 자세를 버리고 하나의 '민주적 문명권'으로 상대화하면서 동시에 민주주의를 수호하는 의미에서 연대해 유교·이슬람·힌두이즘의 비민주·반민주 문명들과 '대결'해야 한다고 선동한다. 그에 의하면, 서구문명의 주적主敵은 이슬람과 중국, 특히 이슬람문명이다.[637]

일단 헌팅턴은 문명은 '권력'이 아니라고 하여 문명과 권력을 엄격히 분리시킨다. "문명은 정치적이지 않은 문화적 완결체이기 때문에 그 자체로서 질서를 유지하고 사법을 수립하거나 세금을 걷거나 전쟁을 수행하거나 조약을 교섭하거나 정부가 하는 다른 일들을 하지 않는다."[638] 그러나 그는 '문명충돌'이라는 말이 상징하듯이 줄곧 문명을 '권력의 언어'로 논한다. 따라서 그의 문명충돌론의 전반적 논변은 '문명은 권력과 다르다'는 그 자신의 문명 개념과 정면으로 충돌하는 '수행적 오류(performative error)'에 깊이 빠져 있다.[639]

종교는 신도를 조직하지 않는 자유방임 상태에서 생활도덕만을 가르친다면 순수한 문명요소다. 그러나 질투어린 유일신을 모시고 다른 종교를 배척하며 타종교의 신도들이나 무종교자에게 '개종改宗'을 강요하고 유일신을 매개·대행하는 성직자와 종교조직을 중심으로 신도들을 강하게 결속시키는 '시기와 질투의 신앙체제'인 불관용적·배타적 강성剛性종교는[640] 단순히 '문화요소'로 그치는 것이 아니라 동시에 비

---

[637] Huntington, *The Clash of Civilization and the Remaking the World Order*, 184, 238쪽: "서구는 도전자 문명인 이슬람·중국과 지속적으로 긴장되어왔고 종종 고도로 적대적인 관계를 가질 것이다."(184쪽) 그리고: "이슬람 국가들의 정부들은 서구에 대해 계속 덜 우호적으로 될 것이고, 이슬람집단과 서구사회 사이에서는 간헐적 저강도 폭력사태가 발생할 것이고 때로는 아마 고강도의 폭력 사태도 발생할 것이다."(238쪽)

[638] Huntington, *The Clash of Civilizations and the Remaking of World Order*, 44쪽.

[639] 이것은 헌팅턴의 문명충돌론의 근본오류에 속한다. 이에 대한 본격적 비판은 앞서 시사했듯이 다음을 참조: 황태연, 『패치워크문명의 이론』, 41-43쪽.

[640] 십계명에서 여호와는 말한다: "너는 나 외에 다른 신들을 너에게 두지 말라. (…) 나 너의 하느님 여호와는 질투하는 하나님인즉("I am a jealous God") 나를 미워하는 자의 죄를 갚되 아버지로부터 아들에게로 삼사 대까지 이르게 하거니와."「출애굽기」 20장 3절, 5절.

타협적으로 독재적인 '권력'이기도 하다. 사람들 간의 연대와 연대적 행동역량은 정의상 - '강권(Gewalt)'과 구별되는 - '권력(Macht)'이고, 유일신 종교는 지도자들 중심으로 결속된 국가·정당·정파 등 전형적 권력집단과 동일하게 '권력집단'이기 때문이다. 이런 한에서 유일신을 섬기는 강성종교는 국가권력을 먹어치우고 그러지 못하면 정치권력과 충돌하거나 정교분리 상태에서도 국가에 대해 지속적으로 강력한 '영향력'을 행사한다. 이런 의미에서 개종을 강요하는 "질투어린 신("*a jealous God*" - 십계명)"을 섬기는 불관용적 유일신교인 기독교와 '알라 외에 신은 없다'고 되뇌는 이슬람교는 단순히 '문화 현상'이 아니라 그 자체가 '권력조직'이다. 반면, 타종교를 배척하지 않는 무제한적 관용의 유교 또는 유학은 유일신도 없고 신도들을 끌어 모을 종교조직도 아예 없다. 유교에 못지않게 관용적인 불교도 유일신개념은커녕 신관념도 없고 또 종단이 있더라도 수백, 수천 개로 분열되어 있어 성직자와 신도들이 모여 봤자 서로 선문답하기 때문에 '권력'이 될 수 없고, 또 불교성직자들은 교리상의 초현세성 때문에 온갖 권력 현상에 대해 대개 초연하다.

따라서 종교를 중심으로 문명을 정의한다면, 기독교와 이슬람문명의 경우에 문명의 개념 속으로 '권력'을 끌어들이게 되고, 이 종교적 문명개념의 관점에서 - 헌팅턴 자신의 표현대로 - '호전적·전투적' 기독교와 이슬람교는 필연적으로 호적수好敵手로 상호 충돌시키게 된다. 반면, 유교·불교문명의 경우에는 유교문명을 문명정의에서 배제하는 꼴이 된다. 신神개념을 인정치 않고 '불佛'(깨달음)을 찾아 인간의 '성불成佛'을 기원하는 불교는 서양 강성종교의 관점에서 '종교'가 아니다. 그리고 귀신을 멀리하고 우상숭배도 없고 종단조직도 없는 유교, 즉 유학은 '종교'가 아니라 '과학'이다.

그럼에도 불구하고 헌팅턴은 종교를 무차별적으로 문명의 특성을 결정짓는 근본요소로 규정한다.

종교는 문명들을 규정하는 중심적 특성(*central defining characteristic of civilization*)이고, (…) '거대종교들은 거대문명들이 근거하는 기반이다'. 베버의 5대 '세계종교' 중 네 개 - 기독교·이슬람·힌두이즘·유교 - 가 주요문명들과 연관되어 있다. 다섯 번째 종교, 불교는 연관되어 있지 않다.641)

또는,

근대세계에서 종교는 사람들을 동기 짓고 동원하는 한 중심력(a central force)이다. 아니, 아마 유일한 중심력(the central force)일 것이다.642)

이 문명정의는 심각한 오류와 결함을 내포하고 있다. 이 종교적 문명개념의 첫째 오류는 이 문명개념에 따르면 유교·불교문명이 문명범주에서 자동으로 배제된다는 데 있다. 서양의 종교적 관점에서 보면 유교와 불교는 유일신 또는 어떤 신을 섬기는 종교가 아니고, 이런 의미에서 유교·불교사회의 사람들은 무종교자들이다. 이것은 아시아에서 최근의 일이 아니라 수백, 수천 년 전부터 그랬다. 18세기에도 극동을 방문한 서양인들은 이를 감지할 수 있었다. 동아시아 유교국가에서 일상적 삶이 항상 탈脫종교적·세속적(현세적)이었던 까닭에 극동아시아인들은 특정 종교와 사상이 반역·침략 등의 범죄를 저지르지 않는 한 어떤 유형의 종교와 사상에 대해서도 무제한적으로 관대했고, 여러 종교와 교파·학파를 관용·포용했다.

18세기 초반 뒤알드(Jean-Baptiste Du Halde, 1674-1743) 예수회 신부는 자신의 기독교적 편향 속에서도 중국인들의 이 관용정신과 세속적 현세주의에 대해 이렇게 잘 기술하고 있다.

글공부가 최고위층으로 올라가는 길인만큼, 그리고 이 글공부가 모든 계층의 사람들에게 열려 있는 만큼, 우상숭배(불교) 속에서 자란 천출賤出이 반드시 많이 존재할 수밖에 없을 것인데, 이들은 관리가 되면 그들이 받은 교육의 편견에 의해서든 백성에 대한 공적 겸손

---

641) Huntington, *The Clash of Civilization and the Remaking the World Order*, 47쪽.
642) Huntington, *The Clash of Civilization and the Remaking the World Order*, 66쪽.

제4절 현대의 베버주의적 근대이론과 그 오류들   357

에 의해서든 공공의 평온을 유지하기 위해 모든 상이한 교파의 견해를 받아들이는 것으로 보인다. 모든 등급의 중국인들이 현생보다 더 멀리 보는 경우가 거의 없기 때문에 더욱 그렇다.[643]

1740년대에 이미 뒤알드는 이렇게 중국인들의 무종교적·세속적 현세주의와 종교적 관용 간의 연관성을 정확히 간파하고 있다.

또한 뒤알드는 중국인들이 서양인들에게 사활적 문제인 종교문제를 '가벼운 마음'에서 덤덤하게 대하고, 따라서 이 종교, 저 종교를 별생각 없이 가볍게 경험 삼아 믿어본다는 것도 정확하게 간파한다.

> 내가 말하고 있는 유생들은 이단교파를 맹렬하게 규탄할 만큼 선진적이지만, 경험에 의하면 그들이 평민들만큼이나 불교에 의존적이라는 것이 드러난다. 우상(불상)에 강하게 집착하는 그들의 아내들은 자기 집안의 가장 번듯한 곳에 일종의 제단을 설치하고 곱게 금박한 일단의 불상들을 모셔놓고 있다. 그리고 여기에서 소위 '공자의 제자'라는 자들이 공손해서든, 또는 다른 이유에서든 때로 무릎을 꿇고 절을 하는 것이다.[644]

주지하다시피 유생이면서 불상에도 예를 표하는 중국인들은 더 늙으면 도교도 믿었다. 유일신론자 뒤알드 신부는 이를 '이해할 수 없는 몰지각'으로 느끼며 매우 못마땅해 하고 있다. 중국유생들은 공자의 가르침에 따라 세속적·현세적이었던 만큼 본질적으로 '탈종교적'이어서 '유일신론적 협심증' 없이 가벼운 마음으로 이 종교, 저 종교에 예를 표하고 또 이 종교에서 저 종교로 쉽사리 옮겨가기도 하고 또 아무 종교도

---

643) Jean-Baptiste Du Halde, *Description géographique, historique, chronologique, politique, et physique de l'empire de la Chine et de la Tartarie chinoise* (Paris: A la Haye, chez Henri Scheurleer, 1735). 영역본: P. Du Halde, *The General History of China - Containing A Geographical, Historical, Chrological, Political and Physical Description of the Empire of China, Chinese-Tatary, Corea and Thibet*, Four Volumes, translated by Brookes (London: Printed by and for John Watts, 1736; the second edition 1739), Vol. 3, 58-59쪽.

644) Du Halde, *The General History of China*, Vol. 3, 59쪽.

믿지 않아 정신을 가볍게 할 수 있었던 것이다.

유교국가 조선의 백성들도 중국인들 못지않게 아주 탈종교적이고 세속적·현세적이었다. 당시 조선을 방문한 외국인들은 누구나 이것을 알 수 있었다. 1901년 한국을 수개월간 돌아본 독일기자 지그프리트 겐테(Siegfried Genthe, 1870-1904) 박사는 당시 한국인의 무종교성, 즉 탈종교성에 대해 이렇게 기술하고 있다.

> 한국인은 진짜 거의 무종교적(religionslos)이다. 사람들은 농담으로 한국인이 그 나라에서 세력 있는 서너 개의 종교를 두루 냄새 맡으면서도 어느 종교에도 얽매이지 않는 독특한 (종교적) 무관심을 말해왔다. (…) 유럽과 미국에서 사람들은 빠질 수 없어서 교회건축에 기부금을 낸다. 그러나 한국에서 그 무관심은 아주 커서 아무도 사원寺院을 세울 생각을 하지 않을 정도다.[645]

겐테의 이 짧은 기록은 종교문제를 '가벼운' 마음으로 대하고 이 종교, 저 종교를 믿어보면서도 어떤 종교도 취하지 않는 당시 한국인들의 탈종교적·세속적 삶을 잘 묘사하고 있다.

오늘날 유교경전을 거의 보지도 않고 배우지도 않는 한국인·중국인·대만인·일본인들은, 심지어 북한사람들까지도 경전을 모르더라도 생활문화상으로 대개 조상에 대해 제사를 지내며 유교문화적으로 살고 있다. 불교도들도 종교적으로 관대하고 자기 종교를 티내지 않고 승진·합격·치부·무사안전 등을 비는 현세구복이나 제사대행청탁, 또는 탐방목적이 아니면 절에 가지 않는다. 따라서 유교와 불교는 종교가 아니고, 차라리 일종의 생활문화다. 유교도 일종의 종교라고 우긴다면, 유교는 기껏해야 루소가 말한 '시민종교'일 뿐이다.

루소는 시민종교를 "훌륭한 시민이나 충성스러운 신민이 되도록 만드는 것을 가

---

[645] Siegfried Genthe, *Korea: Reiseschilderungen von Dr. Sigfried Genthe*, 206-207쪽. Genthes Reisen, *Band I, herausgegeben v. Georg Wegener* (Berlin: Allgemeiner Verein für Deutsche Literatur, 1905). 지그프리트 겐테(권영경 역), 『신선한 나라 조선, 1901』(서울: 책과함께, 2007). 이 번역본은 치명적 오역이 종종 눈에 띈다.

능케 하는 사회성社會性의 정서"로 정의했다. 그리고 그는 "시민종교의 도그마들은 간단하고, 수가 적고, 정밀성으로 개진되고, 설명이나 주석이 없어야 한다"고 말하면서 이렇게 덧붙인다.

> 강력하고 지성적이고 인혜롭고 예지적이고 섭리적인 신(deity)의 존재, 사후세계, 정의로운 자의 행복, 사악한 자의 처벌, 사회적 계약과 법률의 신성함, 이것들이 긍정적 도그마다. 부정적 도그마에 관한 한, 나는 이것을 단 하나로, 즉 불관용으로 제한한다. 이것은 우리가 배격해온 숭배의 일 측면이다. (…) 이제 더이상 국교가 존재하지 않고 또 더이상 존재할 수 없기에 우리는 남들의 도그마가 시민의 의무에 배치되는 것을 전혀 포함하지 않은 한에서 남들을 관용하는 모든 사람들을 관용해야 한다. 그러나 국가는 교회가 아니고 군주는 교황이 아니다. 그렇다면 감히 '교회 밖에서는 어떤 구원도 없다'고 말하는 자는 누구든 국가에서 추방해야 한다.646)

루소는 기독교적 편향성에서 '신'과 '사후세계'를 시민종교의 "긍정적 도그마"에 집어넣고 있다. (그러나 불교는 신의 존재를 부정하고, 유교는 사후세계를 도그마화하지 않고 단지 희미하게만 인정하고 제사와 저승에 대한 관심을 생활세계의 '변두리'로 밀어낸다.) 아무튼 루소는 '시민종교' 개념으로써 국가에 거룩한 권위를 부여해 국가를 통합하는 것을 돕는 사회적 접합제를 의미하고 있다. "하느님이 보호하사 우리나라 만세"라는 우리나라 애국가의 한 소절이나 "신이시여 여왕을 지켜주소서(*God Save the Queen*)"라는 영국 국가의 첫 소절은 둘 다 신에게 기원하는 내용을 담고 있다. 이 신은 기독교나 이슬람교에서 말하는 '강한' 신(God)이 아니라 '약한' 신(deity)이다. 조상신과 위인들에게 대대로 제사를 지내고 공자의 사당에서 석전제釋奠祭를 올리는 '유학'도 사회공동체에 거룩한 권위를 부여하고 공동체를 튼튼하게 만드는 것을 돕는 '정신적 접합제'로서의 일종의 '시민종교'의 측면이 없지 않다. 유학은 인간의 삶에서 '강한' 의미의 종교적 성격을 배제한다. 이것은 유일신을 인정치 않고 다른

---

646) Jean-Jacques Rousseau, *The Social Contract* [1762], 150-151쪽(Book IV, Chapter 8). Rousseau. *The Social Contract and Discourses* (London: Orion Group, 1993).

종교들을 무심히 봐주는 관용적·현세구복적·세속적 불교도 이와 유사하다. 따라서 헌팅턴의 '종교적' 문명정의는 정확히 말하면 비非종교적(시민종교적)·세속적 유교·불교문명권에 적용될 수 없다. 따라서 '종교적' 문명정의 또는 문화와 사회의 종교결정론은 유교문명과 불교문명이라는 두 개의 무신론적 거대문명에 대해 타당성을 결하기 때문에 본질적으로 그릇된 것이다.

어떤 종교문화도 시장경제나 민주주의를 노골적으로 적대하거나 시장경제사상과 민주사상을 직접 정치경제적 주요인자로 포함하고 있지 않다. 이런 한에서 종교문화는 자본주의적 시장경제나 민주정치와 본질적으로 무관한 것이다. 따라서 헌팅턴이 베버로부터 계승하고 확장한 종교문화적 자본주의론 및 민주화론, 즉 자본주의적 경제·정치발전을 종교문화가 결정한다는 테제도 근본적으로 그릇된 것이다. 반면, 종교 일반과 다르게 유학과 유교문화는 민본주의 정치철학과 양민養民철학(시장경제·복지론), 즉 무위無爲·유위有爲의 경제철학 등 사회과학을 직접 포함하고 있다. 문화는 문화권 안에 사는 사람들 개개인의 문화적 정체성을 주조하고 경제적 토대와 정치권력에도 얼마간 영향을 미치지만, 경제와 정치에 의해 오히려 '결정적으로' 규정된다. 물론 문화는 정치경제에 대해 역작용을 하기도 하지만, 이 역작용은 경제와 정치를 촉진하고 방해하고 바꿀 만큼 '결정적'일 수 없는 것이다. 이 대목에서 우리는 기독교의 특정종파가 자본주의를 만든 것이 아니라, 역으로 자본주의적 경제발전이 이윤·이자·어음할인을 불용하는 가톨릭만이 아니라 반反자본주의적 루터주의와 천로역정의 비현세적·세계도피적 칼뱅주의조차도 세속화시켜 세속적 개신교도로 탈바꿈시킨 역사적 사실을 상기해야 한다. 오로지 사물·인간·정신의 사실을 특정관념에 의해 변조하지 않고, 즉 사실대로 설명하고 해석하는 '경험과학'으로서의 유가과학儒家科學 또는 '유학'만이 종교에 의해 일그러뜨려진 도덕세계와 신들린 정치경제를 과학적 도덕의 힘으로 탈주술화시켜 해방하고 경제와 기술을 경험과학적으로 발전시킬 수 있다.

정치경제와 문화 사이에 상호작용이 존재할지라도 '결정적' 규정력을 행사하는 것은 문화가 아니라 경제와 정치다. 문화결정론의 핵심적 오류는 이 상호작용에서 부차적 규정자를 주요 규정자로 전복시키는 데 있다. 하지만 종교나 단순한 문화가 아니라, 사실을 사실대로 인식하고 이해하는 실사구시實事求是의 실학적實學的 경험과학인 '유학'은647) '과학'으로서 이 부차적 규정자들 중에서 예외적 위치를 점한다. 실학적 경험과학 '유학'은 주요 규정자인 경제발전을 경험적·과학적으로 촉진시킬 수 있는 민본주의 정치철학과 시장경제철학을 - 우연한 논지가 아니라 - 핵심논지로 담고 있기 때문이다.

둘째 오류는 베버와 헌팅턴의 종교적 문명정의가 '강성剛性종교'인 불관용적·호전적 기독교와 이슬람을 특화한다는 데 있다. 그리하여 두 종교는 역사상 충돌해왔듯이 앞으로도 충돌할 것으로 나타난다. 오직 질투어린 신을 섬기고 타종교의 신도들과 무종교자들에게 개종을 강요하는 두 종교만은 단순히 '문화'로 그치는 것이 아니라 동시에 종교정치적 '권력'이기 때문이다. 그리하여 헌팅턴의 이 '종교적 문명개념'에서는 불가피하게 기독교와 이슬람교에 의해 규정된 것으로 간주되는 서구문명과 이슬람문명이 주로 '충돌'하는 것으로 나타나게 된다.

그러나 이 문명충돌은 '현실'이 아니라, 어디까지나 '이론', 그것도 '그릇된' 이론일 뿐이다. 문명의 종교결정론 자체가 첫 번째 오류에 더해 다음에 말하는 세 번째 오류를 담고 있기 때문이다.

셋째 오류는 오늘날 서양에서 기독교가 서구문명을 규정할 중심력을 계몽시대 이전처럼 여전히 유지하는 것으로 여기는 착각이다. 하지만 기독교와 이슬람교가 충돌하게 되더라도 현대 서구문명은 - 적어도 종교적·종교문화적 이유에서 - 이슬람문명과 충돌하지 않을 것이다. 서구문명은 일찍이 계몽주의시대 이래 '탈脫기독교화(탈히브리화)' 행정을 밟아왔고, 이로 인해 지금의 기독교는 서구문명에 대한 막강한 규정력을 거의 다 잃었기 때문이다. 유교화된 근대 서구패치워크문명은 결코 순수한 기독교교리나 기독교문화로 환원될 수 없다.

---

647) 유자들은 송대 이래 전통적으로 유학이 "알지 못하면서도 지어내는(不知而作)" 공리공담의 형이상학이 아니라 '과학'이라는 뜻에서 줄곧 '실학'이라는 용어를 사용했다.

최근 이 환원불가능성은 더욱 강화되었다. 앞서 서구 각국의 종교 통계에서 보았듯이 무종교자·무신론자와 가성假性신자의 급증으로 고도로 그리고 급격히 더욱 세속화되고 있는 현대 서구에서 기독교는 근현대 서구문명에 규정할 '중심력'은커녕 모종의 영향을 가할 힘도 완전히 상실했다. 오늘날 서구 근대문명의 근간을 형성하고 규정하는 것은 기독교가 아니라, 유교문명에서 건너간 근대적 정치·경제·사회·사상 요소들과 유럽 계몽주의 유산과 나날이 발전하는 과학기술뿐이다. 오늘날 굳이 '기독교문명'이라는 명칭을 쓴다면, 그것은 오늘날의 '유교문명'이라는 말처럼 '서구국가의 유교화'와 '유교국가의 서구화'의 역사적 문명패치워크를 통한 상호적 문화변동과 문화혼합을 인정치 않는 과한 명칭으로, 지나치게 과거지향적인 명칭으로 느껴질 뿐이다.

헌팅턴이 주장한 대로, 문명들은 서로 융해·융합되어 하나의 보편문명이 되지 않는다.[648] 하지만 헌팅턴의 주장과 반대로, 문명은 무조건 높은 문명에서 낮은 문명으로 전해져 짜깁기·접붙이기(패치워킹)되어 뒤섞일 뿐이고 결코 '충돌'하지도 않는다. 단지 권력만이 충돌한다. 문명과 문명, 문화와 문화는 정치권력이나 유일신적·불관용적 권력종교가 개입하지 않는 한 충돌하지 않는다. 순수한 종교 차원에서만 보아도 기독교와 이슬람교는 문화요소이면서 조직권력이기 때문에 좋이 상호 충돌할 것이지만, 정치와 경제에 대한 기성종교의 영향력을 거의 청산한 오늘날의 '서구문명'과 '아랍문명'은 -결단코 종교적 이유만으로는- 충돌하지 않을 것이다. '서구문명'이 '기독교문명'으로 되돌아가 십자군원정을 하듯이 사분오열되고 세속화된 기독교도들과 무종교자들을 동원하는 일은 벌어지지 않을 것이다. 근대 서구문명은 계몽시대 이래 오히려 계속적으로 탈기독교화되고 심지어 반反기독교화되어서 결코 기독교문명으로 환원될 수 없기 때문이다. '아랍문명'도 어느 날 갑자기 하나의 '이슬람문명'으로 되돌아가 세속적 이슬람교도들을 하나로 단결시키지 못할 것이다. 아랍세계의 세속적 이슬람교도들은 종파적으로 사분오열되고 국가적으로 분단되어 항구

---

648) Huntington, *The Clash of Civilization and the Remaking the World Order*, 56-68쪽.

제4절 현대의 베버주의적 근대이론과 그 오류들

적으로 상호 전쟁상태에 들어있고, 복고적 이슬람혁명을 일으켜 이슬람국가로 되돌아간 이란조차도 주변의 아랍국가들과 항구적으로 군사적 대치상황에 처해있기 때문이다.

넷째, 저 종교적 문명정의는 아시아 8개국(태국·스리랑카·미얀마·라오스·캄보디아·몽골·네팔·부탄)의 불교문명을 '주요'문명으로 보지 않는[649] 오류에 더해, 러시아·동구권 일부 및 그리스에 퍼져 있는 러시아·그리스정교는 서양기독교와 심히 차별하면서도 별도의 문명권으로 설정하지 않는 애매모호성을 노정하고 있다.

헌팅턴의 문명충돌론은 탈냉전 이후 종교탄압을 받던 구舊소·동구권과 몽골에서 기독교신도와 이슬람·불교신도 등 종교인구가 일시적으로 증가한 것을 미래에도 계속될 장기적 추세로 '일반화'하고 경제발전 결과 고취되는 극동 사람들의 대對서방 자존심 회복현상을 '신의 보복(La Revanche de Dieu)'(종교인구의 급증), '종교의 부활(Resurgence)'로 착각한 것에[650] 근거해 있다. 헌팅턴은 "세속적 유교문화의 문화적 부활은 아시아적 가치들에 대한 긍정의 형태를 취하지만 이것이 나머지 세계에서는 종교적 가치들에 대한 긍정으로 표명된다"고 주장한다.[651] 종교인구의 일시적 증가와 관련된 '일반화'가 심각한 오류라는 것은 앞서 제시된 2000년대 이래 서구와 비서구 제국의 무종교인구 증감도표에서 종교인구 감소추이와 무종교인구의 급증추이를 보면 즉각 분명해진다. 그리고 그가 극동의 대서방 자존심 회복추세를 '신의 보복', 즉 유교도의 증가 또는 유교의 영향력의 강화(?)로 여기는데, 이것은 헌팅턴의 이론적 실족 또는 파탄이다. 예나 지금이나 조상신 외에 전혀 신을 섬기지 않는 무신론 문화인 극동 유교문화권에서 유교도는 전혀 증가키지 않았고 오히려 유교의 영향력은 약화되었다. 따라서 유교제국의 경제발전이 유교도를 증가시키고 유교의 영향력을 강화하는 '신의 보복'이 일어났다는 『문명들의 충돌』에서의 헌팅턴의 주장은 반反사실적일 뿐만 아니라, 『제3의 물결』에서 "빠른 경제적·사회적 발전은 전통적 유교의

---

649) Huntington, *The Clash of Civilization and the Remaking the World Order*, 47-48쪽.
650) Huntington, *The Clash of Civilization and the Remaking the World Order*, 95-120쪽.
651) Huntington, *The Clash of Civilization and the Remaking the World Order*, 96쪽.

영향력을 약화시켰고" 또 "기독교적 전투성(Christian militancy)"이 "유교적 권위주의"와 "불교적 수동성"을 대체했다고 확언한 그의 주장과 정면으로 배치된다.

헌팅턴은 자신의 '문명의 종교결정론'에 따라 서구문명의 첫째 구성요소를 기독교로 간주한다. 그는 이제 더이상 개신교와 가톨릭을 나누지 않고 '기독교 일반'을 서구문명을 규정하는 중심력으로 본다. 서구문명의 "중심적 구성요소"는 "기독교"다. "종교적 신앙을 고백하고 종교활동에 참여하는 유럽인들의 비율이 하락하고 있다. 그러나 이 추세는 종교에 대한 적대감이 아니라 종교에 대한 무감성無感性을 반영하는 것이다. 그럼에도 기독교적 개념들, 가치들, 그리고 실천들은 유럽문명에 삼투해 있다. (…) 미국인들은 유럽인들과 대조적으로 압도적으로 신을 믿고 스스로를 종교적 인민이라고 생각하고 많은 수가 교회예배에 참석한다. 미국에서 종교가 부활하는 증거가 1980년대 중반 현재 결여되어 있는 한편, 이어지는 10년은 강화된 종교활동을 목도한 것으로 보였다. 서구인들 사이에서의 기독교의 침식은 최악의 사태에도 단지 장기적으로만 서구문명의 건강성에 대한 위협이 될 것 같다."[652] 헌팅턴이 앞서 제시된 통계에 나타난, 2000년대 이후의 미국 종교인구의 급감과 무종교자의 급증을 본다면, 그리고 여기에 급증하는 가성假性기독교도를 더해 본다면, 아마 기겁했을 것이다. 그럼에도 그는 기독교적 서구문명 개념을 고수한다.

> 서구는 그것이 발전된 방식에서가 아니라 그 가치와 제도의 판이한 성격에서 다른 문명들과 다르다. 이 가치와 제도는 가장 두드러지게, 서구가 근대를 창조하고 세계를 관통해 확장하고 다른 사회들의 부러움이 되는 것을 가능케 한 기독교, 다원주의, 개인주의, 그리고 법치주의를 포함한다. 이 특성들은 그 앙상블에서 서구에 특유한 것이다. 아서 슐레진저(Arthur M. Schlesinger)가 말했듯이, 유럽은 "개인적 자유, 정치적 민주주의, 법치주의, 인권, 그리고 문화적 자유의 사상들"의 "원천, 유일무이한 원천"이다. "(…) 이것들은 차용(adoption)에 의한 사상들을 제외하면 아시아의 사상도, 아프리카의 사상도, 중동의 사상도 아니고 유럽의 사상들이다." 이것들은 서구문명을 유일무이하게 만들고, 서구문명은 보

---

652) Huntington, *The Clash of Civilization and the Remaking the World Order*, 305쪽.

편적이기 때문이 아니라 유일무이하기 때문에 가치 있는 것이다.653)

슐레진저가 "(다른 문명으로부터의) "차용에 의한 사상들을 제외하면"이라는 단서를 다는 주도면밀함을 잊지 않았다면, 헌팅턴은 이런 것 없이 함부로 무식하게 서구문명의 '유일무이성(uniqueness)'만을 강조하고 있다.

그리하여 헌팅턴은 근대적 서구문명이 계몽주의 시대에 탈기독교화·탈희랍화·유교화되었다는 것을 몰각하고 근대 서구문명의 기원을 유럽의 중세로, 고대그리스로 소급시킨 1910-20년대 이후 막스 베버의, 또는 1960년대 이후 미국의 반反계몽주의적 '서구문명이데올로기'를 반복한다. 그는 백성의 자유와 평등, 그리고 '백성자치'로서의 '민주주의'의 본질을 망각한 채 '민주주의'를 엘리트들의 권력쟁탈을 위한 공정한 선거절차로 축소시킨다.654) 그리고 국민자치로서의 근대 민주주의를 그리스 노예소유주들의 직접민주주의 및 그리스 철학과 합리주의로까지 소급시킨다.655) 근세 초까지 노예주·왕·귀족의 자유만 알고 '백성의 자유와 평등'을 꿈도 꾸지 못했던 전통적·세습신분제적 서양관점에서 '근대민주주의'를 '극소수 권력엘리트의 공정한 선출절차'로 축소시킨 헌팅턴은 치자와 피치자가 일치하는 '치자·피치자 동일성' 원칙의 '국민자치'로서의 근대 민주주의와 다원주의·개인적 자유가 극동에서 수백·수천 년 전부터 확립된 백성자치와 - 국왕의 군림권, 내각의 의정권, 육부의 집행권 간의 - 권력분립제, 사상·문화·종교자유(백가쟁명·백화제방) 등에서 유래한 것을 몰각하고, 몽테스키외를 따라 대의민주주의·다원주의·개인자유의 이념이 유럽의 중세귀족제, 귀족·성직자·대상인의 신분제 삼부회, 르네상스 등에서 유래한 것으로 기술한다.656)

그리고 헌팅턴은 일본인을 비롯한 아시아인의 미국이민을 막았던 우생학적 우열

---

653) Huntington, *The Clash of Civilization and the Remaking the World Order*, 311쪽.
654) Huntington, *The Third Wave*, 6-7쪽.
655) Huntington, *The Third Wave*, 5-6쪽; Huntington, *The Clash of Civilization and the Remaking the World Order*, 69쪽.
656) Huntington, *The Clash of Civilization and the Remaking the World Order*, 70-71쪽.

愚劣민족론자 시어도어 루즈벨트까지[657] 인용해 가며 다문화정책이 '기독교문명을 위협한다'고 다문화주의를 격렬하게 비판하고 다문화정책을 쓰는 빌 클린턴 민주당 대통령을 성토하면서,[658] 내부의 다문화주의와 외부의 이슬람문명과 중국문명에 대항해 기독교적 서구문명을 수호하는 미국-유럽동맹("대서양 공동체")의 결성을 서두르라고 선동한다.[659] 그러나 2016년 등장한 도널드 트럼프 공화당 대통령은 신新몬로주의 성격의 '미국제일주의' 정책으로 반대로 EU와의 분리와 대립을 일으킴으로써 헌팅턴의 대서양공동체 결성을 통한 문명충돌 선동을 단번에 분쇄해버렸다.

한편, 근세 초의 계몽주의적 동서문명 패치워크를 통해 송대 이래 중국의 '보편사적 근대'가 유럽으로 확산되는 과정에서 유럽적 근대성이 형성되었다는 세계사적 사실史實을 완전히 몰각하는 헌팅턴은 『문명들의 충돌과 세계질서의 개조』에서도 『제3의 물결』에서와 마찬가지로 유교의 반민주성 또는 '유교민주주의'의 불가능성을 거듭 언급한다.

> 동아시아 사회가 안정된 민주주의적 정치체제를 성취하는 데 겪어온 어려움은 동아시아 문화에 그 근원을 두고 있다.[660]

또는

---

657) 루즈벨트는 히틀러처럼 사회생물학적 우생학을 신봉했다. "나는 나쁜 사람들이 새끼 낳는 것을 완전히 막는 것을 아주 많이 원한다. 이 사람들의 사악한 성격이 충분히 극렬할 때 이것은 시행되어야 한다. 범죄자들은 불임케 만들어야 하고 심약한 사람들은 후손을 남기지 못하게 해야 한다." Theodore Roosevelt, "Twisted Eugenics". *The Outlook* (New York), Jan. 3, 1914. 그리고 루즈벨트는 일본인을 비롯한 아시아인들보다 차라리 라틴계를 선호하며 아시아인의 하와이이민과 미국본토 유입을 막는 인종주의 정책을 주창했다. Theodore Roosevelt, "The Threat of Japan" of Theodore Roosevelt (1909). *Papers of Theodore Roosevelt, Manuscript Division* [120-126쪽], Library of Congress.
658) Huntington, *The Clash of Civilization and the Remaking the World Order*, 305-307쪽.
659) Huntington, *The Clash of Civilization and the Remaking the World Order*, 307-308쪽.
660) Huntington, *The Clash of Civilization and the Remaking the World Order*, 29쪽.

권위·질서·상하위계·및 개인에 대한 집단의 선차성을 강조하는 중국의 유교적 유산은 민주화에 장애가 된다.661)

헌팅턴은 중국과 (일부지역 또는 한때의) 극동아시아 권위주의의 원인을 천부당만부당하게도 유럽에서 온 - 중국 공산당이 비판·청산한 - 반反시장적 배급제 극좌공산주의와, 이에 대항하려는 반공反共독재(anti-communist dictatorship)의 구좌에 집어넣는 것이 아니라 유교 탓으로 돌리고 있다.

비非서구문화에 대한 이런 '끔찍한' 편견에서 헌팅턴은 싱가포르 수상 이광요의 말만 믿고 유교문화를 거듭 부정적으로 묘사하며 잘못 이해된 미국적 가치와 대립시킨다.

> 이 변화하는 국제환경은 아시아문명과 미국문명 간의 문화적 차이를 전면에 드러나게 했다. 가장 넓은 차원에서 많은 아시아사회들에 삼투해 있는 유교적 에토스는 권위의 가치들·상하위계·개인적 권리와 이익의 하복下服, 동의의 중요성, 대결회피, '체면치레', 그리고 일반적으로 사회에 대한 국가의, 그리고 개인에 대한 사회의 선차성을 강조했다. 이에 더해 아시아인들은 사회의 진화를 수세기와 수천 년의 견지에서 생각하고 장기적 이익을 극대화하는 경향이 있다. 이 태도는 자유·평등·민주주의·개인주의의 미국적 신념의 선차성, 그리고 정부를 불신하고 권위에 반대하고 견제와 균형을 촉진하고 경쟁을 고취하고 인권을 신성화하고 과거를 망각하고 미래를 무시하고 직면한 이익을 극대화하려는 미국적 성향과 대비된다. 갈등의 원천은 사회와 문화의 근본적 차이에 있다.662)

여기서 헌팅턴은 유교적 가치를 반편적半偏的으로 묘사하고 있다. 그가 유교적 가치로 묘사한 것에 그가 '미국적 가치와 성향'으로 묘사한 것에서 두세 가지를 뺀 나머지 가치들을 합치면 그것이 아마 유교적 가치의 대강일 것이다. 그가 '미국적 가치'로 제시한 '개인주의'가 이기주의를 뜻하는 것이 아니라 가정·국가·세계에 대한 '개인주

---

661) Huntington, *The Clash of Civilization and the Remaking the World Order*, 238쪽.
662) Huntington, *The Clash of Civilization and the Remaking the World Order*, 225쪽.

체의 선차성'을 뜻하는 것이라면 '개인주의'도 공자철학에 고유한 것이다. "자신을 갈고닦은 뒤에 가정이 가지런해지고, 가정이 가지런해진 뒤에 나라가 다스려지고, 나라가 다스려진 뒤에 천하가 평정平定된다(身修而后家齊 家齊而后國治 國治而后天下平)"고 한 것은『대학』의 핵심명제다. 이 핵심명제는 자신을 닦는 개인의 '수신'이 '제가'와 '치국'과 '평천하'에 앞선다는 것을 뜻한다. '수신'이란 다름이 아니라 자기 자신을 갈고닦는 것으로서의 '자기 자신의 자기구성(self-making of one's own self)'을 말한다. 따라서 개인주체로서의 '자기 자신'은 가정과 국가와 세계보다 선차적인 것으로서 공자의 도덕철학과 정치철학의 출발점이다. 소위 아시아적 가치에서 선차적인 것은 이광요와 헌팅턴이 왜곡하듯이 가정이나 어떤 집단이 아니라, 바로 '자기 자신'으로서의 개인주체인 것이다. 공자철학의 이해에서『대학』의 핵심명제에 관한 한, 한 치의 착오도 없어야 할 것이다.

한편, 헌팅턴이 '미국적 가치와 성향'으로 제시한 것에서 두세 가지 항목을 뺀 것은 그가 미국적 가치를 잘못 파악하기 때문이다. 미국 고유의 근대철학 중 하나는 '실용주의'다. 실용주의는 과거를 망각하더라도 현재의 존재에서 미래적 가치를 보는 것을 핵심으로 삼는다. 미래적 가치는 인구의 70% 이상이 소양인들인 미국인들의 문화적 특성 중 하나다. 따라서 "미래를 무시하는 것"은 미국적 성향과 배치되는 것이고, "직면한 이익"만을 "극대화하려는" 것도 마찬가지다. 그리고 미국인들은 무조건 "정부를 불신하고 권위에 반대하는 것"이 아니라, '반민주적' 정부만을 불신하고 '부당한' 권위만을 반대할 뿐이다. 미국인들은 민주정부와 합법적·합리적 권위를 존중한다. 개신교제일주의적 미국극우파 헌팅턴은 자기나라의 기본가치도 제대로 이해하지 못하고 있다.

헌팅턴은 유교적 근대성이 유럽으로 전해진 사상사적 사실들에 대해 '까막눈'이다. 두 눈을 뜨고 제대로 본다면 우리는 '유교적 민본주의'로서의 백성자치의 '민주주의'가 민주주의의 오리진이고, 극좌공산독재와 반공독재로부터 그나마 인간유린을 막은 것도 유교적 문화유산이라는 것을 알 수 있다. 한국 민주주의와 관련된 헌팅턴의 기독교적 민주화론도 따지고 보면 완전히 엉터리다. 그는 한국 민주주의가 유교문화가 기독교에 밀려 후퇴했기 때문에만 가능했다고 주장한다. 주지하다시피 그는 한국에서 수십 년의 산업화가 이룩되었어도 기독교로의 개종이 제 페이스를 얻은 1980년대 이후에야 민주주의가 제도화하기 시작했다고 말했다.663) 헌팅턴은 '무식하게도' 한국의 민주화가 노동대중의 고혈로 이룬 고도의 경제성장 및 (민심즉천심 이념과 반정·혁명전통의 유교문화적 확신에 기초한) 청년·학생과 민중의 피어린 민주화투쟁 덕택이 아니라, 많은 한국인의 기독교적 개종과 기독교지도자들만의 투쟁 때문이라고 말했다. 헌팅턴은 1980년대에 한국에서 기독교는 "적어도 인구의 30%"에 달했다고 말하지만,664) 앞서 도표를 써가며 밝혔듯이 1980년대(1985년 조사) 한국 국민 안에서 기독교도가 차지하는 비율은 20.6%에 불과했다. 앞서 시사했듯이 이후 한국에서 무종교자들(적어도 제사는 지내는 소프트한 무신론자들)은 가령 2005년 49%에서 2015년 57%로 급증한 반면, 2005년 기독교도 수는 오히려 개신교-가톨릭 도합 28.5%로 줄었고 10년 뒤인 2015년에는 다시 0.8% 포인트가 더 줄어들어 27.6%로 추락했다.

10년 주기로 조사되는 통계청의 2025년 종교통계를 보아 정확히 알 수 있을 것이지만, 그간 기독교성직자들과 교회의 금전적 불법행위와 성폭력·성추행 등 도덕적 문란 사건의 빈발로 인해 기독교도 감소, 무종교자 증가 추세는 오늘 더 강화되었을 것이다. 2020년 기독교윤리실천운동에서 실시한 '2020 한국교회 사회적 신뢰도' 여론조사에 의하면, 한국교회의 신뢰도는 30% 수준이었다. 1000명 응답자 중 63.9%가 한국교회를 신뢰하지 않는다고 답변했다. 신뢰한다는 답변은 31.8%에 불과했다. 그리고 응답자의 68%가 목사를 신뢰하지 않는다고 답했고, 신뢰한다는 응답은 30%에 불과했다. 기독교신도들의 말과 행동을 신뢰하지 않는다는 응답은 65.3%였고, 신뢰한다는 응답은 32.9%였다. 종교별 신뢰도는 가톨릭 30%, 불교 26.2%, 개신교 18.9%로서, 개신교에 대한 신뢰가 가장 낮았다. 개신교 신뢰도는 2017년 조사에 비해 엇비슷

---

663) Huntington, *The Third Wave*, 73-74, 281쪽.

664) Huntington, *The Clash of Civilization and the Remaking the World Order*, 99쪽.

했으나 불교는 4.9% 증가했고 가톨릭은 2.9% 하락했다.665) 국민 3명 중 2명이 기독교를 불신하고 있는 것이다. 이것을 미루어 보면, 기독교교도 수는 더 줄었을 것이고, 무종교자는 더 늘었을 것이다.

그리고 우리는 한국 기독교인들은 민주화투쟁 시기에도 지극히 일부만이 민주적이었다는 데 주목해야 한다. 기독교인들은 대부분 '더 많은 민주주의'에 저항하는 '보수반동세력'이었고, 지금도 그렇다.

이 기독교반동세력에도 불구하고 학생·지식인대중의 피 터지는 치열한 민주화투쟁을 통해 민주주의가 제도적으로 확립된 이후 2000년대에도 민주화는 한국이 미국과 유럽을 능가할 정도로 달성한 세계최고 수준의 인터넷·SNS 등 모바일 네트워크의 확산 덕택에 정도에서 심화되고 제도적으로 공고화되어가고 있고, 한국의 국회와 민주시민들은 탄핵제도를 합헌적으로 작동시켜 두 대통령을 탄핵소추하고 그중 부패한 박근혜 대통령을 탄핵해서 현직에서 끌어내리고 새 대통령을 선출해 정권교체를 달성했다. 미국과 서구제국의 민주주의를 능가할 정도로 이렇게 한국 민주주의가 역동적으로 고도화된 것은 기독교 인구의 계속적 감소와 기독교지도자들의 완전한 불참 속에서 이루어진 것이다. 헌팅턴은 이것을 설명할 수 없다. 그리고 대만이나 일본은 개신교도는커녕 기독교인이 거의 전무한데도(대만 2% 미만, 일본 0.005%) 왜 민주화되었는지도 헌팅턴의 관점에서는 답변할 수 없을 것이다.

한편, 중국·북한·월남의 근대화·민주화 수준이 한국과 일본에 비해 더 낮은 것은 소위 근대적 합리화·탈脫주술화·탈종교화의 연장선에서 '부르주와 민주주의'를 극복하기 위해 탈자본주의·탈근대화를 추구한 '플라톤적(반反경험론적)·극極합리주의적(*extreme-rationalist*)·유물론적' 극좌 배급제 공산주의 탓인데, 앞서 시사했다시피 헌팅턴은 근대화와 근대적 대의민주주의에 대한 이런 '양물洋物' 극좌공산주의의 저해·왜곡작용 또는 '탈脫근대화(*de-modernization*)·탈민주화(*de-democratization*)' 작용에 대해 장님이거나 까막눈이다. 중국·북한·월남 등지에서 유럽산 배급제 극좌

---

665) 경향신문, "국민 10명 중 6명 교회와 목사 불신, '기윤실'의 '2020 한국교회 사회적 신뢰도' 조사 결과", 2020년 2월 7일자.

제4절 현대의 베버주의적 근대이론과 그 오류들   371

공산주의가 초래한 정치적·경제적·도덕적 참화慘禍와 재앙 속에서도 이 나라들의 인간들을 그나마 '야만화·악마화'로부터 지켜준 도덕적 에토스는 극좌공산주의자들의 정치적 박멸공세로 간단히 무력화되거나 도망친 기독교가 아니라, 이 박멸공세 속에서도 끈질기게 살아남은 유교적 생활문화였다. 기독교문화권에 속하는 소련·동구 공산국가들에서 스탈린주의적 인권유린·인명살상과 정치범투옥·유배·처형을 유교문화권의 공산국가들에서보다 더 잔혹하게 관철시키고 더 냉혹하게 합리화해 홀로코스트 수준으로 극화極化시키도록 고취한 것은 극좌공산혁명론으로 변형된 기독교적 천년왕국론과 메시아주의의 잔재였다.

■ 유교가 '권위와 질서에 대한 무조건 존중'을 가르치나?

헌팅턴의 유교 이해는 그야말로 '무식'하고 '천박'하기 짝이 없지만, 그의 유교적 가치에 대한 오해는 실로 인문·사회과학에 '끔찍한' 재앙이다. 그는 유교를 말할 때 1994년 Foreign Affairs에 실린 이광요의 1994년 인터뷰를 인용한다.666) 그는 "아시아인들 - 일본, 한국인, 대만인, 홍콩인, 싱가포르인들 - 의 더 많은 공동체적 가치와 실천이 그 과정을 따라잡는 명백한 자산임이 입증되었고" 또 "개인이익에 대한 집단이익의 선차성과 같은, 동아시아문화가 견지하는 가치들이 빠른 발전에 필요한 전체의 집단적 노력을 뒷받침하고 있다"고 '말도 안 되는 소리들'을 늘어놓는 이광요의 보수반동적 주장을 가감 없이 그대로 믿는다.667) 그리고 이광요의 아시아적 가치에 대한 반박 글로 같은 해에 실린 김대중 전 대통령(당시 아태평화재단 이사장)의 견해를 철저히 우회한다. 헌팅턴은 유교적 가르침에 사회적 조화와 협력을 위한 권위와 질서에 대한 존중과 순응만이 지배하는 것으로 관념하고 있다.

그러나 공자철학과 극동의 전통사상은 전지전능한 '절대자' 또는 '무한히 완전한

---

666) Huntington, *The Clash of Civilization and the Remaking the World Order*, 97쪽. Lee Kuan Yew, Interview with Fareed Zakaria, "Culture is Destiny", *Foreign Affairs*, 73 (Mar./Apr. 1994).

667) Huntington, *The Clash of Civilization and the Remaking the World Order*, 108쪽.

존재자'의 실존을 인정치 않는 까닭에 오히려 권위에 대한 간쟁과 저항, 반정과 혁명을 서양전통과 비교가 되지 않을 정도로 확고하게 제도화해 왔다. 극동에서는 하늘조차도 불가류不可謬·무오류의 전지전능한 '절대자'가 아니다. 공자는 "하늘은 오히려 불완전하고", 그래서 "천하에 등급이 있고 사물들이 불완전한 채로 생겨나는 것이다"고 천명했다.668) 이 때문에, 마치 의사가 유아의 태생적 기형을 고치듯이, 인간도 인도와 천도를 세상에 밝게 드러내고 지덕과 인덕으로 자연적 기형과 왜곡을 바로잡음으로써 하늘과 신의 세계운행을 도와야만 한다. 『역경』「계사상전」은 성인聖人이 "도를 드러내고 덕행을 신묘하게 하므로 신과 소통하고 더불어 신을 도울 수 있다(顯道神德行 是故可與酬酢 可與祐神矣)"는 우신론祐神論 또는 천인상조론天人相助論을 피력하고,669) 이 천인상조론의 관점에서 "천지화육을 도와 천지와 더불어 참여할 수 있다"는 천지화육찬참론天地化育贊參論을670) 전개했다. 불완전한 상대적 무한자로서의 하늘과 땅의 운행을 인간이 돕고 그 운행과 진화과정에 참여해 천지의 운행을 완전하게 만든다는 것이다. 이것은 응당 천지의 결함과 한계에 대한 인정認定과 하늘의 실책에 대한 인간의 원망怨望·탄핵·교정·보완이다.

이 논리의 연장으로서 공자는 하늘 같은 부모에 대한 효도도 부모에 대한 간쟁諫諍으로 완성된다고 가르친다. "아비에게 간쟁하는 자식이 있으면 몸이 불의에 빠지지 않을 것이다. 그러므로 불의에 당하면 아들은 아비에게 간쟁하지 않으면 아니 되는 것이다. (…) 그러니 아비의 명령을 따르기만 하는 것이 어찌 효일 수 있겠는가?"671) 또한 같은 논리의 연장선에서 임금을 하늘의 아들(天子) 또는 하늘이 백성을 위해 세운 군사君師로 관념하더라도 임금이 불완전한 하늘처럼 역시 불완전해서 판단의 오류와 행동의 과오를 피할 수 없기 때문에 신하들은 임금의 정사에 찬참贊參(찬조·참

---

668) 司馬遷, 『史記列傳(下)』「龜策列傳」, 1153쪽: "天尙不全 (…). 天下有階 物不全乃生也."
669) 『易經』「繫辭上傳」.
670) 『中庸』(二十二章): "能盡物之性 則可以贊天地之化育 可以贊天地之化育 則可以與天地參矣."
671) 『孝經』「第十五 諫爭」: "子曰. (…) 父有爭子 則身不陷於不義. 故當不義 則子不可以不爭於父 (…) 從父之令又焉得爲孝乎."

여)할 수 있고 임금에게 간쟁하고 여의치 않으면 폭군적 임금을 갈아치우는 반정과 혁명도 할 수 있는 것이다. 그리하여 공자는 "불의를 당하면 (…) 임금에게 간쟁하지 않으면 아니 된다"고[672] 가르치고 "충신으로서 임금을 섬김에 있어 간쟁하는 것보다 앞서는 것은 없다(忠臣之事君也 莫先於諫)"고 강조한 것이다.[673]

그러나 오히려 신을 '전지전능한 불가류不可謬의 절대자'로 관념하고 다시 군주와 교황을 이 절대자 '신'의 모상으로 관념하는 유럽적 왕권신수설의 세계에서는 군주의 잘못을 논책하는 간쟁이나 반정·혁명이 논리상 '절대' 있을 수 없다. 신도, 그 모상도 '절대로' 오류를 범하지 않는 전지전능한 '절대자'이기 때문이다. 그리하여 유럽에서 만약 실제로 임금과 교황을 죽이거나 갈아치우는 일이 벌어진다면 그것은 '시군弑君'의 '대역大逆'행위다. 이런 까닭에 1649년 1월 찰스 1세를 처형한 올리버 크롬웰의 귀족공화국은 연극·스포츠게임·댄스 금지 등 청교도적 군사독재와 정복전쟁 및 정치탄압으로 일관하다가 겨우 9년 만에 왕정복고의 날벼락을 당했던 것이다. 올리버 크롬웰은 찰스 2세가 런던에 들어온 날인 1660년 5월 29일(Oak Apple Day) 전야에 국왕시해 죄목으로 '부관참시'되어 계속 효수되었고, 1658년 호국경 지위를 계승했다가 2년 뒤 물러난 그의 아들 리처드 크롬웰은 1661년 1월 주요 추종자들과 함께 새로 영국국왕으로 등극한 찰스 2세에 의해 처형되었다. 공맹철학적 '혁명' 개념을 아직 철저히 알지 못한 영국 대중과 사상가들은 '지상地上의 신'인 국왕의 처형을 정치도의상 도저히 받아들여질 수 없는 '시역弑逆' 대죄로 여겼던 것이다. 왕권신수설이 지배해온 유럽에서는 이와 같이 '혁명' 개념이 존재하지 않았고 또 신과 군주의 절대성 관념에 차단되어 자생적自生的으로 발생할 수도 없었다.

요약하면, 유럽에서 군주와 교황은 중국의 황제보다 더 전제적인 불가류의 존재자였던 반면, 극동의 군주는 가류적可謬的 존재였던 것이다. 그래서 볼테르는 일찍이 이렇게 말했다. "로마의 추기경이 중국의 황제보다 더 전제적이라는 것은 절대적으로 확실하다. 왜냐하면 로마의 추기경은 불가류이고 중국 황제는 그렇지 않기 때문이

---

[672] 『孝經』「第十五 諫諍」: "不義 則(…)臣不可以不爭於君."
[673] 『忠經』「第十五 忠諫」.

다."674) 따라서 중국의 황제에게는 혁명과 반정이 가능했던 반면, 유럽의 군주와 교황에 대해서는 혁명과 반정이 불가능했다. 그래서 '명예혁명'이라는 말도 유럽에서 프랑스대혁명 이후에야 쓰이기 시작했던 것이다.

혁명 관념은 1660-1670대 이후 극동으로부터 조심스럽게 유럽으로 조금씩 '밀수입'되었다. 혁명개념이 극동으로부터 '밀반입'된 뒤에야 1688년 갑자기 명예혁명이 발발하고 '느닷없이', 즉 이전 유럽사상의 맥락과 단절적으로 로크의 혁명권(저항권)이론이 튀어나왔고, 이로써 드디어 정치철학적으로 혁명을 백성의 권리와 의무로 간주하는 근대적 시민혁명의 길이 타개되었던 것이다. 서양의 근대 정치사와 유교의 가르침이 이러함으로 우리는 헌팅턴이 동서의 정치문화에 대한 극한적 무지와 역겨운 유럽중심주의적 오만 속에서 내뱉는 말, 유교가 '권위와 질서에 대한 무조건 존중'을 가르친다는 말을 들으면서 그가 실로 아무 말이나 마구 늘어놓고 있다고 비난하지 않을 수 없는 것이다.

■ 이광요의 '아시아적 가치'론에 대한 김대중의 비판

헤겔·베버·헌팅턴의 일관된 공통 논지는 '개신교(기독교)가 확산되는 정도만큼만 세계는 자본주의화·민주화된다'는 것으로 압축된다. 그러나 이것은 앞서 논했듯이 예수교를 따르고도 망한 나라가 있고 일본처럼 기독교를 믿지 않고도 흥한 나라가 있으니 종교에 따라 나라의 흥망이 결정되는 것이 아니라고 갈파한 신채호의 정론으로 베버의 개신교테제가 나오기도 전에 일찍이 논파되었다.

그러나 이광요의 아시아적 가치(권위와 질서에 대한 존중, 개인에 대한 집단의 선

---

674) Voltaire, "The A B C, or Dialogues between A B C - First Conversation. On Hobbes, Grotius and Montesquieu", 97-98쪽. Voltaire, *Political Writings* (Cambridge: Cambridge University Press, 1994·2003). 볼테르는 『제국민의 도덕과 정신에 대한 평론』에서 중국이 "유럽 전체보다 더 많은 인구로 채워져 있다는 사실을 통계수치로 제시하고 했다. 당시의 중국 인구는 약 1억 5000만 명(북경 400만 명), 유럽은 1억 명 남짓(프랑스 2000만, 독일 2200만, 헝가리 400만, 이탈리아 1000만, 영국 800만, 스페인+포르투갈 800만, 러시아 1000만 명 등)이었다. 참조: Voltaire, *Ancient and Modern History* (*Essai sur les moeurs et l'esprit des nations*), 23쪽.

차성 등)에 기초한 유교자본주의론 및 이를 반복하는 헌팅턴의 유교가치론에 대한 비판은 신채호의 저 비판으로 감당할 수 없다. 이런 까닭에 김대중은 이광요의 그릇된 '아시아적 가치' 테제 자체를 공박했다. 그러나 헌팅턴은 '유교민주주의'를 확신하는 가톨릭신자 김대중의 이 비판을 철저히 우회했다. 당시 아태재단이사장 김대중은 Foreign Affairs의 1994년 3/4월 호에 실린 이광요의 「문화는 운명이다(Culture is Destiny)」에 대해 같은 해 같은 잡지 11/12월 호에 「문화는 운명인가? 아시아의 반민주적 가치의 신화(Is Culture Destiny? The Myth of Asia's Anti-Democratic Values)」라는 제목으로 반론을[675] 제기했다.

이광요의 핵심주장은 '서구식 민주주의는 동아시아에 적용가능하지 않다'는 뜻을 함의한다. 김대중은 이광요의 이 함의를 겨냥했다. 당시 많은 사람들이 소련의 몰락을 사회주의에 대한 자본주의의 승리로 해석했으나 김대중은 그것을 "독재에 대한 민주주의 승리"로 보고 민주주의 없는 프러시아와 명치일본의 자본주의도 비극을 맞았고 라틴아메리카의 권위주의적 자본주의도 참담한 실패를 맛본 반면, 민주적 자본주의와 민주적 사회주의를 실시하는 나라들은 일시적 퇴조에도 불구하고 결국 번영해왔다고 지적했다.[676]

그리고 김대중은 이런 추이에도 불구하고 아시아에서의 민주주의의 적용가능성과 전망에 관해 주저하는 회의가 존재하는데 이런 회의를 주로 "아시아의 권위주의적 지도자들"이 제기해왔고 "이들 중 이광요가 가장 분명하게 표명하고 있다"는 것이다. "아시아의 권위주의적 지도자들"은 오래전부터 "문화적 차이가 민주주의와 인권의 '서구적 개념'을 동아시아에 적용할 수 없게 만든다고 주장해왔다는 것이다.[677]

이광요는 인터뷰 내내 문화적 요인을 강조하고 있다. 이에 김대중은 자신도 문화

---

675) Kim Dae Jung, "Is Culture Destiny? The Myth of Asia's Anti-Democratic Values: A Response to Lee Kuan Yew", *Foreign Affairs*, 73, no. 6 (Nov./Dec. 1994).
676) Kim, "Is Culture Destiny? The Myth of Asia's Anti-Democratic Values", 189쪽.
677) Kim, "Is Culture Destiny? The Myth of Asia's Anti-Democratic Values", 189-190쪽.

의 중요성을 인정하지만 문화만이 사회의 운명을 결정하지도 않고 문화가 불변적인 것도 아니라고 천명한다. 더구나 이광요의 아시아가치론은 근거도 없는 것이고 또 자신의 복고적 권위주의를 미화하고 정당화하는 "자기위주의 이기적 논변(self-serving)"에 불과하다고 비판한다. 김대중은 이광요가 동양사회가 서양과 달리 개인이 가족의 맥락 속에서 살고 가족은 사회의 벽돌이라고 믿지만 산업화의 불가피한 결과로 가족중심적 동아시아사회도 급속히 자기중심적 개인주의로 향하고 있다고 지적한다. "인간사회에서는 아무것도 항구적이지 않은 것이다." 이광요는 동양에서 가족이 가장 잘 마련해 주는 것을 치자가 개인에게 제공하려고 애쓰지 않는다고 주장하며 동아시아의 경제적 성공의 주된 원인으로서 자조적·가족지향적 문화를 제시하고 서양정부들을 사회의 모든 문제를 해결하려고 한다고 조롱한다. 그는 서양이 너무 많은 민주주의와 너무 많은 개인적 권리 때문에 도덕적으로 붕괴할 것이라고 걱정하기까지 한다. 따라서 서구의 정치체제는 가족지향적 동아시아에 적합지 않는다고 주장한다는 것이다. 김대중은 이광요가 서구화를 배격하지만 근대화와 생활양식의 변화를 환영하면서도 민주주의는 동아시아에서 작동하지 않을 것이라고 다시 강조한다는 점을 집어낸다.[678]

그러나 김대중은 "사실은 바로 반대를 증명한다"고 비판한다. 김대중은 아시아 정부들이 사적 문제에 개입해 사회의 모든 문제를 떠맡는 것을 꺼린다는 이광요의 주장을 사실이 아니라고 반박한다. 아시아 정부들은 서구정부보다 훨씬 더 많이 개인과 가정의 일상사에 침범한다는 것이다. 한국은 매달 반상회에 참석해야 한다. 일본정부는 국익을 보호하기 위해 사업세계를 침범한다. 싱가포르는 껌 씹기, 담배피기, 쓰레기 버리기 등 개인의 행동을 오웰의 극단적 사회공학처럼 간섭하고 규제한다. 이런 것들은 이광요의 면상을 치는 것들이다. 이광요는 근대민주주의에 근본적인 1인 1표 제도 반대한다.[679] "이광요의 싱가포르"는 "시민들에 대한 통제를 관철하기 위해 거의 전체주의적 경찰국가"를 요한다.[680]

---

678) Kim, "Is Culture Destiny? The Myth of Asia's Anti-Democratic Values", 190쪽.
679) Kim, "Is Culture Destiny? The Myth of Asia's Anti-Democratic Values", 190쪽.

제4절 현대의 베버주의적 근대이론과 그 오류들

문제는 "민주주의가 아시아문화에 아주 낯선 체제라서 작동하지 않을 정도인가"다. 김대중은 그러나 "철저히 분석해보면 아시아가 민주지향적 철학과 전통의 풍요로운 유산을 가지고 있다는 것이 분명해진다"고 갈파한다. "아시아는 이미 민주화를 향해 큰 걸음을 내디뎠고 심지어 서구 수준도 뛰어넘어 민주주의를 발전시키는 데 필요한 조건을 거치고 있다." 존 로크가 근대 민주주의 기초를 놓았다지만, "로크보다 거의 2000년 전에 중국철학자 맹자는 유사한 사상을 설파했다". 맹자의 왕도정치론에서는 천명을 받은 자가 "올바로 통치하지 않는다면 백성은 봉기해 하늘의 이름으로 그의 정부를 전복할 권리가 있다". 맹자는 "왕이 일단 천명을 잃으면 더이상 신민의 충성을 받을 자격이 없다"고 말함으로써 "심지어 시군弑君(regicide)도 정당화했다". 맹자는 "백성이 첫째고, 나라가 둘째고, 임금이 셋째다"고 말했다. 고대중국의 민본정치는 "민심이 천심이니 백성을 하늘처럼 존중해야 한다"고 가르친다.[681]

그리고 김대중은 뜻밖에 '민중유교' 동학東學의 민주적·혁명적 성격도 강조한다.

> 한국의 민족종교 동학은 한 걸음 더 나아가 '사람이 곧 하늘이니' 사람을 하늘 섬기듯이 섬겨야 한다고 변론한다. 이 사상은 1894년 거의 50만 명의 농민을 고취해 대내적으로 봉건정부에 의한 착취와 대외적으로 제국주의 세력에 대항해 봉기하는 동기를 부여했다. 유학, 불교, 동학의 가르침보다 민주주의에 더 근본적인 어떤 사상도 존재하지 않는다.[682]

이어서 김대중은 군현제도, 법치주의, 과거제도, 과거급제자를 등용하는 성적주의 공무담임제, 간언·삼사三司제도 등 한국과 중국의 민주제도를 논하고, 이것을 유럽의 세습적 봉토제도와 대비시킨다.[683]

그리고 김대중은 이 논의를 종합하면서 시장경제를 채택해 경제발전을 이룩한 아시아 국가들이 조만간 민주화되는 것은 '시간문제'라고 장담한다.

---

680) Kim, "Is Culture Destiny? The Myth of Asia's Anti-Democratic Values", 191쪽.
681) Kim, "Is Culture Destiny? The Myth of Asia's Anti-Democratic Values", 191쪽.
682) Kim, "Is Culture Destiny? The Myth of Asia's Anti-Democratic Values", 191쪽.
683) Kim, "Is Culture Destiny? The Myth of Asia's Anti-Democratic Values", 191쪽.

민주주의에 필요한 기본사상과 전통은 유럽과 아시아에 공히 존재했다. 아시아인들이 유럽인들보다 훨씬 오래전에 이 사상들을 발전시켰을지라도 유럽인들이 포괄적·효과적 선거민주주의를 먼저 공식화했다. 선거제도의 창안은 유럽의 가장 위대한 업적이다. 이 선거제도가 다른 곳에서 개발되었다는 사실은 아시아에서 "그것이 작동하지 않을 것이다"는 것을 뜻하지 않는다. 싱가포르를 포함한 많은 아시아 국가들은 민주주의의 이러한 통합적 일부인 "서구의" 자유시장 경제를 채택한 뒤 번영해왔다. 덧붙여 말하자면 경제발전이 정치진보를 앞지른 나라들 - 독일·이탈리아·일본·스페인 - 에서 민주주의가 뒤따를 것이라는 것은 단지 시간문제일 뿐이다.[684]

김대중의 이 논변은 실로 매우 또박또박하고 간명하다. 김대중은 이 말로써 경제발전에 성공한 아시아의 여러 나라들이 1990년에 이미 많이 민주화되었다고 확인하고, "다음 세기(21세기) 초 즈음에는 아시아 전역에 걸쳐 민주주의가 뿌리박을 것"이고 "다음 세기의 첫 사반세기 말(2020-2025년 - 인용자)에 아시아는 경제적 번영뿐만 아니라 번영하는 민주주의의 시대를 목도할 것"이라고 예견하고 있다.[685]

그러면서 김대중은 그 근거로 아시아경제의 자본집약적·노동집약적 단계로부터 정보의 자유와 창의성을 요구하는 정보집약적·기술집약적 단계로의 이행, 더 많은 민주주의에 대한 이 경제단계의 필연적 요청, 경제의 전지구적 경쟁이 "생존문제"로 요구하는 민주주의를 들고 있다. 이에 더해 진행 중인 '아시아 민주주의'의 진전을 든다.[686] 그리고 서구에서 발전된 민주주의를 국민국가를 넘어 "지구적 민주주의(global democracy)"로 발전시킬 것을 촉구한다. "지구적 민주주의는 우리가 서로를 어떻게 대할지와 우리가 자연을 어떻게 대할지 간의 연관을 인정할 것이고, 미래세대를 이롭게 하는 정책을 추구할 것이다. (…) 우리의 민주주의는 하늘, 땅, 만물에 대해 형제적 애정으로 확대되는 의미에서 '지구적'이 되어야 한다."[687]

---

684) Kim, "Is Culture Destiny? The Myth of Asia's Anti-Democratic Values", 191쪽.
685) Kim, "Is Culture Destiny? The Myth of Asia's Anti-Democratic Values", 191쪽.
686) Kim, "Is Culture Destiny? The Myth of Asia's Anti-Democratic Values", 192-193쪽.
687) Kim, "Is Culture Destiny? The Myth of Asia's Anti-Democratic Values", 193-194쪽.

김대중은 '수신제가치국평천하'라는 유교준칙을 "바른 통치의 평가" 기준으로 간주하고 유교 정치철학의 궁극목표를 '평천하'로 해석한다. 이러기 위해 '수신'을 요청하는 '제가' 능력을 갖춰야 하는 것이다. 이 가르침은 정부의 역할과 치자계급의 도덕적 의무를 강조하는 정치철학이다. 평천하의 개념은 하늘 아래 만물의 평화로운 생존을 포함하는 것으로 해석되어야 한다는 것이다. 김대중은 이런 이해가 부처의 "만유불성萬有佛性"의 가르침으로부터도 도출될 수 있다고 주장한다. 그러면서 사상의 교체를 예견한다. 기원전 5세기 이래 일련의 사상혁명이 일어나 중국·인도·그리스·유대사상가들이 위대한 사상을 설파했다. 그런데 지난 수백 년 동안 세계는 그리스·유대-기독교 사상과 전통에 의해 지배되었다. 그러나 "이제는 세계가 또 하나의 사상혁명을 위해 중국, 인도, 그리고 나머지 아시아로 돌아갈 때다". 그는 모든 인간의 개인적 발전과 모든 생물의 전체적 생존의 권리를 보장하는 "새로운 민주주의"를 위해 노력할 것을 촉구한다.[688]

그리고 김대중은 종교문화가 아니라 민주주의를 '아시아의 운명'으로 선언하면서 글을 맺는다.

> 아시아는 민주주의를 확고하게 확립하고 인권을 강화하는 데 시간을 놓쳐는 아니 된다. 가장 큰 장애물은 아시아의 문화유산이 아니라 권위주의적 치자들과 그들을 변호하는 자들의 저항이다. 아시아는 나머지 세계에 제공할 많은 것이 있다. 아시아의 민주지향적 철학과 전통들의 유산은 '지구적 민주주의'의 진화에 중대한 기여를 할 수 있다. 문화는 반드시 우리의 운명이 아니다. 민주주의가 운명이다.[689]

천주교인 김대중은 이 글로써 '유교민주주의자'라는 말을 들었지만 그의 확신과 예견은 다 적중함으로써 이광요에 대해 역사적으로 승리했다. 이것은 동시에 이광요의 인터뷰를 읽고 인용하기까지 하면서도 김대중의 이 글을 의식적으로 회피한 헌팅턴의

---

688) Kim, "Is Culture Destiny? The Myth of Asia's Anti-Democratic Values", 194쪽.
689) Kim, "Is Culture Destiny? The Myth of Asia's Anti-Democratic Values", 194쪽.

기독교제일주의와 서구중심주의에 대한 승리이기도 하다. 나아가 김대중은 멀리 거슬러 올라가 헤겔과 베버의 개신교제일주의와 유럽중심주의에 대해서도 승리했다.

　김대중은 공자철학과 극동의 정치문화가 유럽으로 전해져 유럽을 근대화·민주화시킨 사실을 몰랐고 아시아 경제발전의 근본이유인 '시장경제'의 중국적 기원에 대해서도 몰랐다. 그럼에도 그가 흔들림 없이 공자철학의 민주적 본질과 동아시아문화의 민주적 적합성을 확신하고 아시아에서의 민주주의 승리를 예견했을 뿐만 아니라, 그리스철학·기독교시대가 가고 오늘날과 미래를 유교·불교 등 아시아사상의 시대로 선언한 것은 실로 놀라운 통찰이 아닐 수 없다.

　나아가 김대중은 아시아제국이 2020-2025년경 시장경제와 민주주의의 발전 측면에서 대번영을 구가할 것이라고 전망했다. 한국제품과 한류가 세계를 휩쓸고 한국 민주주의와 언론자유가 극서 11개국을 능가하는 지금 시점에서 이 예견도 이미 완전히 실현되고 있다고 말해야 할 것이다. 이런 까닭에 지금 극동아시아의 정치·경제발전이 서구를 추월하기 시작하는 마당에 우리는 문명과 근대화에 대한 물음을 '전 세계에서 왜 극서와 극동, 이 두 지역만 근대화·민주화에 성공했는가?'라는 물음으로 완전히 새롭게 바꿔 답해야 할 것이다.

4.2. 복수적 근대성 이론의 제문제

　'보편적 근대로서의 유교적 근대의 일반이론'에 대한 논의로 넘어가기 전에 최근 근대성 이론에 대한 논란과 관련해 약간의 정리가 필요하다. 최근의 근대성 이론으로는 '복수적 근대성' 테제, '대안적 근대성', 테제 중층적 근대성론 등 여러 새로운 근대 이론들이 나와 있기 때문이다.

■ '복수적 근대들' 또는 '중층적 근대들'?

　2000년 전후에 일군의 학자들은 막스 베버의 유일무이한 서구적 근대성 테제에 대한 반론으로 '복수적 근대성(multiple modernities)'의 이론을[690] 제기하거나 '대안적 근대성(alternative modernities)' 테제를[691] 제기해왔다. '복수적 근대성' 테제와 '대안적 근대성' 테제는 본질적으로 동일한 이론으로 볼 수 있다.

– '복수적 근대성' 테제와 '대안적 근대성' 테제에 대한 비판

'복수적·대안적 근대성' 테제들은 근대성이 전세계적으로 볼 때 '하나'(서구적 근대성)가 아니라 '여럿'임을 밝히고 이를 이론적으로 정립하려고 시도한다. 아이젠쉬타트(Shmuel Eisenstadt)와 슐루흐터(Wolfgang Schluchter)는 근대성의 다양한 척도를 말한다.

> 서구의 발전이 다른 문명들의 동학을 측정하는 주요 잣대이어야 한다는 많은 역사학적·사회학적 연구들의 가정과 반대로 각 문명은 판이한 제도적 구성체들과 문화적 기반들을 발전시켜 왔고, 이 문명들의 특유한 특성들이 서구와의 근접성의 견지에서만이 아니라 그 문명들 자체의 견지에서도 분석되어야 한다는 것이 우리의 접근법의 근본가정이다.[692]

아이젠슈타트는 '복수적 근대성들' 테제를 보다 분명하게 마르크스·뒤르켕·베버와의 대결 형식으로 부연한다.

> "복수적 근대성들"의 개념은 학술적이고 일반적인 논의에서 오랫동안 지배적이었던 견해들에 대항하는 현대세계 - 실은 근대 시대의 역사와 특성들 - 의 일정한 관점을 나타낸다.

---

690) Paul Gilroy, *The Black Atlantic Modernity and Double Consciousness* (Cambridge: Harvard University Press, 1993); Arjun Appadurai, *Modernity at Large: Cultural Dimensions of Globalization* (Minneapolis: University of Minnesta Press, 1996); Shmuel Eisenstadt (ed.), *Multiple Modernities* (New Brunswick, N. J.: Transaction Pupblisher, 2002).

691) Dilip P. Gaonka (ed.), *Alternative Modernities* (Durham: Duke University Press, 2001).

692) Shmuel Eisenstadt & Wolfgang Schluchter, "Introduction: Paths to Early Modernities - A Comparative View", *Daedalus* 127 no. 3 (1998), 7쪽. 다음도 참조: Shmuel Eisenstadt (ed.), Multiple Modernities (New Brunswick, N. J.: Transaction Pupblisher, 2002).

이 개념은 근대화와 "고전적" 이론들의 견해와 1950년대 유행하던 산업사회들의 수렴이라는 견해에 대항하고 진짜로 마르크스, 뒤르켐, (큰 범위에서) 그의 저작의 적어도 한 독해버전에서의 베버에 대해서도 대항한다. 이들은 다 비록 암묵적으로만 그랬을지라도 근대 유럽에서 전개된 근대성의 문화 프로그램과 거기서 나타난 제도적 기본좌표들이 궁극적으로 모든 근대화 사회들과 근대사회들(modernizing and modern societies)에서 널리 퍼질 것이고, 그리하여 근대성의 확산과 더불어 전 세계를 관통해서 지배하게 될 것이라고 가정했다. 하지만 이른바 근대의 개시 이후, 특히 제2차 세계대전 이후 등장한 현실은 이런 가정을 입증해주지 않았다. 근대화 사회들에서 나타난 실제적 발전들은 이 서구적 근대 프로그램의 동질화하는 또 동질적인 가정을 반박했다. (…) 비서구 사회들 안에서 전개된 많은 움직임들은 강한 반서구적 또는 반근대적 주제들을 천명했지만, 모두 판명하게 근대적이었다. (…) 복수적 근대성들이라는 관념은 현대세계를 이해하는 - 실은 근대성의 역사를 설명하는 - 최선의 길이 현대세계를 문화적 프로그램의 복수성의 지속적 구성과 재구성의 이야기로 보는 것이다.[693]

아이젠슈타트와 슐루흐터는 근대화된 실제세계의 진정한 다원적 양상을 근거로 마르크스·뒤르켐·베버와 1950년대 근대화론자들의 서구패권주의적인 '유럽적 근대' 이론과 유럽적 근대의 획일적·보편적 동화·수렴 테제를 반박하려는 의지를 선명하게 드러내고 있다. 이 취지는 매우 고무적이고 긍정적인 함의를 담고 있다.

그러나 이 '복수적 근대성들' 테제와 '대안적 근대성들' 테제는 네 가지 문제가 있다. 첫 번째 문제점은 이 테제들이 상정하는 '근대성'이 정확히 무엇인지가 분명치 않다는 것이다. 이런 까닭에 아이젠슈타트도 "지속적으로 진화하는 근대성들의 복수성을 시인하면 바로 근대성의 공통된 중핵을 구성하는 것이 무엇인가 하는 문제에 직

---

[693] Shmuel Eisenstadt, "Multiple Modernities", *Daedalus* 129 no.1 (2000), 1-2쪽. 다음도 참조: Johann Anarson, "Multiple Modernities and Civilizational Context: Reflections on the Japanese Experience", Johann Anarson, *The Peripheral Center: Essays on Japanese History and Civilization* (Melbourne: Tras Pacific Press, 2002); Dominic Sachsenmaier, Jene Riedel, Shmuel Eisenstadt (ed.), *Reflections on Multiple Modernities* (Boston: Brill, 2002); Ibrahim Kaya, "Modernity, Opnenness, Interpretation: A Perspective on Multiple Modernities", Social Science Information 43 no. 1(2004).

면한다"고 실토한다.694)

이 책의 앞부분에서 필자가 제시한 근대성의 정의에 집약되어 있듯이 '근대성'은 동서세계에 '공통된' 요소들로 추출되어 하나의 범주로 '묶일' 수 있음에도 불구하고 복수적·대안적 근대성론자들은 공통된 근대성 요소들을 전혀 또는 제대로 제시하지 못하고 있다. 아이젠슈타트와 슐루흐터는 고작 "국민국가", (베버 색깔의) "합리적 자본주의 경제", "절대주의 국가", "시민사회", "영토국가", "세속주의(secularism)", "문민성(civility)", "민족주의" 등을 근대성의 요소로 열거하는 수준이다.695) 비트로크(Björn Wittrock)는 아예 보편적 문화가 국어문화로 바뀌면서 형성된 '국민국가'와 '공론장'만을 근대성의 기준으로 삼는다.696) 정작 근대성의 근본요소로서 본질적으로 중요한 인간해방, 즉 '백성의 자유'(무위의 자유방임과 백성자치, 정치적·종교적·사회적 억압·빈곤·무지·미신[주술+강성종교]으로부터의 자유)와 '태생적·자연적(본성적) 평등'(세습귀족제와 신분제의 폐지), 이 만인의 자유와 평등의 실현을 위한 지방분권과 중앙집권적 연방제, 권력분립(내각제적 제한군주정과 삼권분립), 공무원임용고시제(과거제)와 관료제, 만민평등교육제도, 자유시장과 복지제도, 경험적 과학·기술과 산업화, 종교적·사상적 관용, 인도주의, 세계주의 등은 몰각된다.

그리하여 아이젠슈타트·슐루흐터·비트로크 등의 복수적 근대론에서는 전혀 근대적이지 않은 도쿠가와 일본의 봉건국가 등 유라시아의 많은 전근대국가들도 '초기 근대 사회'로 대우받는다. 이들의 애매모호한 추상적·피상적 근대성 개념으로 작업하면, 색다른 문화적 특성을 지닌 근대사회들은 문화마다 구별되는 상이한 '복수적' 근대사회들로 취급될 수밖에 없다. 이처럼 상이한 문명들에 일일이 근대성을 인정해주다가 보면 상이한 문명의 개수個數만큼 다수의 '근대'가 존재하게 될 것이다.697)

---

694) Eisenstadt, "Multiple Modernities", 2쪽.
695) Eisenstadt & Schluchter, "Introduction: Paths to Early Modernities", 3, 8, 9쪽.
696) Björn Wittrock, "Early Modernities: Varieties and Transitions", *Daedalus* 127 no. 3 (1998), 21, 22, 33쪽.
697) Arif Dirik, "Global Modernity", *European Journal of Social Theory* 6 no.3 (2003); Volker Schimidt, "Multiple Modernities or Variety of Modernity?", *Current Sociology* 54 no.1 (2006);

복수적·대안적 근대성 테제의 두 번째 문제점은 이 테제들도 18-20세기의 시간적 최근단계에서 '근대의 출발점' 또는 '준거 틀'을 베버가 말하는 유일한 '하나'의 '서구적 근대성'으로 귀일시킨다는 것이다. 이것은 복수적 근대성을 결국 서구적 근대화로 동화시킴으로써 '근대화'를 '서구화'와 등치시키는 과거의 관념으로 복귀다. 필자가 정의한 '인간해방' 또는 '만인의 자유와 평등'과 이를 위한 제도들의 공통요소들을 한 묶음으로 종합하는 '하나의 근대성'은 유교적 극동과 유교화된 극서의 공통된 근대성, 즉 '유교적 근대성'을 말하는 반면, 이들은 궁극적으로 서구적 동화·수렴의 특수한 근대성을 말하고 있는 것이다.

그리하여 '복수적 근대성' 테제를 주장하는 아이젠슈타트와 슐루흐터는 "발전 자체가 근대의 시원적 패턴에서 분출되는 패권적 동질화 충동을 뛰어넘었다"고 할지라도 "서구적 근대의 시원적 결정화結晶化의 상이한 차원들은 세계를 관통해서 다양한 나라들 사이에서 발전된 과정들에 대해 중요한 출발점이고 지속적 준거 틀을 구성해왔다"고 단언한다.[698] 다만 마르크스와 베버가 말한 서구적 "근대성"은 "대부분의 세계로 확산되었지만 단일한 문명을 낳지 않았다"는 것이다. 근대성의 오리지널 코

Raymond I. M. Lee, "Reinventing Modernity", *European Journal of Social Theory* 9 no.3 (2006).

698) Eisenstadt & Schluchter, "Introduction: Paths to Early Modernities", 4쪽. 그러나 비트로크는 유럽열강의 우월성만을 언급할 뿐이고, 세계 현대사회들의 근대성들을 '서구적 근대성'으로 소급시키지 않는다: "소위 제3의 이행으로 유입하는 기간에 이 상호작용은 유럽 열강들의 점증하는 우월적 지배에 의해 특징지어져서 그 밖의 다른 곳에서의 근대화는 서양에서 시작되어 전지구적 범위로 전파된 근대를 향한 거대한 과정의 사례들이나 다름없는 것으로 나타난다. 동시에 이전의 여러 세기에 걸쳐 일어난 상호연관적 발전과정의 길고 중요한 과정들이 시야에서 사라지는 경향을 보였다. 오늘날 전지구적으로 나타난 근대사회들의 복수성이 명백하고 그들 중 어느 한 사회의 문화적 우월성에 대한 주장이든 오만의 과시로만 비칠 수 있을 시대는 현대사회의 문화적 기초들과, 인문사회과학 고전들이 용인할 준비가 되어 있는 것보다 훨씬 더 큰 정도로 이 사회들이 상호 연결되어온 방식들에 대한 보다 포괄적 이해를 향해 작업할 적기다. 하지만 우리가 이 도전을 이해하기로 한다면, 일차적으로 중요한 학술 프로그램은 초기 근대 사회들의 복수성이 출현한, 그리고 점차 근대 민족국가의 진열 속으로 변형되어 들어간 세기들 동안 벌어진 초기 근대 사회들의 생성과 진화를 이해하는 것이어야 한다." Wittrock, "Early Modernities: Varieties and Transitions", 38쪽.

드를 뛰어넘는 심원한 변화들은 서구사회에서도 벌어져 왔다. "근대성의 '오리지널' 유럽 코드는 (…) 수정되었고 심지어 변경되었다. 수렴이 아니라 발산적 분기화分岐化(divergence)가 근대성의 역사를 지배해왔다. 이 차이들은 단순히 문화적인 것이 아니라 제도적 차원들에 있기도 하다."[699] 결과는 '수렴'이 아니고 '분기화'이지만, 이 분기화는 "사회들의 문화코드들 간의 지속적 상호작용과 새로운 대내외적 도전들에 대한 이 사회들의 노출"을 통해[700] '오리지널 서구근대성'으로부터 분화되어 나온 '분기화'인 것이다. 따라서 그들은 후진국들에 의한 유럽적 근대성의 "창조적 자기화"가 "복수적 근대성들"을 발족시킬지라도 "이 많은 발전들의 공통된 출발점은 진정으로 유럽에서 발전된 바의 그 근대성의 문화 프로그램이었다"는 것으로 귀일된다. 그리하여 그들은 '복수적 근대성들'이 발족된 이 상황이 "포스트모던이라고 적절히 부를 수 있는 상황을 창출한 것이 아니라", 역설적으로 "유럽에 집중된 근대 유형의 중심성이라는 몇몇 계몽주의 가설들을 강화해주었다"고 실토한다. 따라서 남는 문제는 이제 이 복수적 근대성들이 "이 근대성들을 이룬 사회들의 역사적 경험에 의해 어느 정도까지 형성되었는가?" 하는 물음뿐이다.[701]

아이젠슈타트는 좀 뒤에도 동일한 입장을 재확인한다. "'복수적 근대성들'이라는 술어의 가장 중요한 함의 중의 하나는 근대성과 서구화가 동일하지 않다는 것이다. 근대성의 서구적 패턴들은 유일하게 '인증된(authentic)' 근대성들이 아니다". 그러나 "근대성의 서구적 패턴들"은 여전히 "역사적 우위성을 향유하고 계속 다른 근대성들에 대해 기본적 준거(basic reference) 노릇을 한다".[702] 그리고 대안적 근대성 테제의 주창자 가온카(Dilip P. Gaonka)도 '대안적 근대성들'이란 서구적 근대성의 "창조적 번안물" 이상의 것이 될 수 없다고 자인하고 있다.[703]

---

699) Eisenstadt & Schluchter, "Introduction: Paths to Early Modernities", 4쪽.
700) Eisenstadt & Schluchter, "Introduction: Paths to Early Modernities", 5쪽.
701) Eisenstadt & Schluchter, "Introduction: Paths to Early Modernities", 5쪽.
702) Eisenstadt, "Multiple Modernities", 2-3쪽.
703) Dilip P. Gaonka, "On Alternative Modernities", 18쪽. Dilip P. Gaonka (ed.), *Alternative Modernities* (Durham: Duke University Press, 2001).

복수적·대안적 근대성 테제의 대변자들의 이런 언명들로부터 그들이 베버의 '서구적 근대성'을 '하나'의 '오리지널 근대성'으로 고수하고 있다는 것이 분명하게 드러난다. 따라서 '복수적·대안적 근대성' 테제 자체가 베버의 '서구적(칼뱅주의적·개신교적) 근대성' 테제를 유연화·분기화한 테제, 즉 '도로 베버주의 테제'라는 것이다. 그러나 이것은 아이젠슈타트와 슐루흐터가 피해야 한다고 주장한 세 가지 "오류들"의 첫 번째 '결정적 중대 오류', 즉 "오직 하나의 근대만이 존재한다"고 생각하는 오류를 범해서는 안 된다는 자기약속을[704] 스스로 깨게 되는 꼴이다.

세 번째 문제점은 이 복수적·대안적 근대성 테제가 서구제국과 한국·일본·대만 이외의 근대적 민주국가들을 넘어 북한 같은 고색창연한 극좌공산국가를 포함한 지구상의 거의 모든 나라들을 모조리 '또 다른 유형의 근대국가'로 정당화하는 오류를 허용한다는 것이다.

그리하여 복수적·대안적 근대론은 여전히 4개의 카스트와 수천 가지 자띠로 백성을 가르고 차별하고 빈민과 여성과 어린이를 구속하고 있는 인도 힌두이즘국가, 석유수출로 부유해졌지만 심지어 여성의 이혼요구, 가리개 없는 민낯, 자동차운전, 자전거 타기, 미니스커트 착용과 같은 것조차 금지하고 공식적 신분제도를 견지하고 불관용적 종파들(시아파, 수니파, 카와리지파, 원리주의세력) 간의 반근대적 유혈전쟁에 유린되는 이슬람왕국들과 '이슬람공화국' 등 전근대성을 탈피하지 못한 이슬람국가들까지 다 '복수적·대안적 근대성'의 범주 아래 마구 쓸어 담고, 전근대적 '정치신분제'(당원과 비당원의 정치적 차별)와 민주주의와 민주적 다당제의 법적 부인(전위당주의)으로 퇴행한 북한·쿠바·월남 등의 탈脫근대화된(*de-modernized*), 즉 '한때 또는 지금도 근대화 궤도로부터 이탈한 국가들'까지도 '또 다른 유형의 근대국가들'로 대우한다. 따라서 복수적·대안적 근대론이 전제하는 '복수적 근대성' 개념은 근대와 비근대, 또는 근대와 전근대를 구분하는 데 쓸모가 없을 정도로 지나치게 헐거워서 엄정한 사회과학적 범주로서 무가치하다.

---

704) Eisenstadt & Schluchter, "Introduction: Paths to Early Modernities", 2쪽.

네 번째 문제점은 이 테제들이 베버와 마찬가지로 공히 서구적 근대성이 송대 이후의 '중국적 근대성'이라는 '하나의 보편사적 초기 근대'로부터 기원했다는 사실을 몰각하고 있는 무지몽매다. 이 테제들의 대변자들은 동서양의 여러 근대사회에 '공통된' 하나의 근대성 또는 그 근대성의 기원을 제대로 제시하지 못하고 베버처럼 '서구적 근대성'을 '하나의 보편사적 근대성'으로 착각하며 근대성 개념을 모호하게 만들어 세계의 수많은 인간억압적 '전근대 사회들'을 해방된 '근대사회'로 대접하는 오류를 허용하고 있는 것이다. 필자가 입증하고자 하는 것은 이 근대성의 역사적 발원지가 극동, 그것도 유학을 '국학國學'으로 삼은 최초의 유교국가, 즉 왕안석 이후의 송대 중국이라는 것이고, 지난 800-900년 동안의 세계사는 송대 이후 중국적 근대성의 동천·서천·북천·남천 과정이라는 것이다. 이것은 '서구적 근대성'의 발원지도 궁극적으로 송·원·명·청대 중국으로 소급된다는 것을 함의한다.

필자가 거듭 목청껏 주장하는 바는 아이젠슈타트와 슐루흐터가 "다른 문명에서 조우되는 편차를 측정하고 차이를 확인하는 데 이념형으로 쓰이는" 바로 그 "초기 근대와 계몽주의 시대의 유럽적 좌표" 자체가[705] 바로 '송대 이후의 중국적 근대성'에서 유래했다는 것이다. '유럽적 근대성'을 수백 년 앞지르고 유럽적 근대의 형성에 결정적으로 기여한 '중국적 근대성'에 대한 이 복수적·대안적 근대성론자들의 치명적 무지몽매에는 서구중심주의적이면서도 스스로를 서구중심주의자가 아니라고 잘못 확신하는 지독한 자기기만적 '서구중심주의'가 은닉되어 있다.

아이젠슈타트와 슐루흐터는 세계적 근대화를 베버주의적 의미의 '서구적 근대성'의 확산과정으로 보면서도 실은 이와 모순되게도 다른 문명권들에서도 '초기 근대성'이 나타났다는 것을 인정한다. 그는 이미 이런 물음을 스스로 제기하고 논의를 시작했었다. "다른 문명들 안에서도 유사한 발전이 있었는가? 만약 그렇다면 이 발전들이 언제 나타났는가? 이 발전들이 어떤 때 일어났다면 이 발전들은 일차적으로 전파에 기인하는 것인가, 토착적 요소들에 기인하는 것인가?"[706] 그리고 그들은 자답

---

705) Eisenstadt & Schluchter, "Introduction: Paths to Early Modernities", 7쪽.
706) Eisenstadt & Schluchter, "Introduction: Paths to Early Modernities", 1-2쪽.

한다. "이와(유럽에서의 영토국가와 국민국가의 결정화와 - 인용자) 평행한 발전들이 오토만 사파비드 왕조의 이슬람권과 무굴제국, 명·청대의 중국, 도쿠가와 막부의 일본, 월남, 심지어 동남아시아에서도 관찰될 수 있다. 그러나 이러한 평행적 발전들은, 동시대의 많은 연구들의 가정과 반대로, 영토경계와 집단정체성의 다른 요소(시원적 요소) 간의 관계 패턴 및 사회의 중심부와의 관계가 유럽과 동일한 방향을 가리켰다. (…) 그 발전들은 국어의 사용, 집단정체성의 개편, 정치질서의 상당한 수정을 지향하는 변동을 포함한다." 그런데 인도에서 유사하게 국어사용이 나타났지만 유럽과 비교될 수 없는 수준이었고, 중국은 아예 금세기까지 한문사용과 제국질서를 유지했다.707) 영토·국민국가의 관점에서 판단하기 때문에 신법神法이 속법俗法을 지배하는 종교적·주술적 법제와 성직귀족제를 가진 사파비드왕조(1501-1736)의 이슬람제국과 무굴제국을 '근대국가'로, 그리고 도쿠가와 일본의 아주 순수한 전근대적 봉건국가를 '근대국가'로 오판하고, 더 근대적이었던 코리아는 아예 잊고 있다. 그리고 중국적 근대를 '보편적 근대'가 아니라 '여럿 중의 하나'로 취급하는 치명적 오류와 함께 중국의 근대를 송대로부터가 아니라 명·청대로 내려 잡는 오류를708) 동시에 범하고 있다. 그리고 서천西遷한 이 '중국적 근대성'으로부터 '유럽적 근대성'이 유래한다는 사실도 까맣게 모르고 있다.

비트로크는 "유라시아에서 초기 근대사회들의 오랫동안 상이한 문명들 간에는 문화적·정치적·상업적 접촉과 상호작용의 항구적 흐름이 있었다"고 말하지만,709) "서구가 나중에 전지구적으로 걸출한 지위로 흥기하는 데에 중대한 사상적 혁신의 주요원천"인 중세후기 르네상스운동의 제반변화를 서구에서 완전히 토착적으로 자

---

707) Eisenstadt & Schluchter, "Introduction: Paths to Early Modernities", 8-9쪽.
708) 세계 사회학계에는 세계사·동양사 학계와 중국학계에서 일반적으로 수용된 나이토고난의 송대이후 근세설이 거의 알려지지 않은 것으로 보인다. 중국역사에서 송대가 아니라 명·청대를 '초기 근대의 개시'로 보는 또 다른 오류는 참조: Ho-fung Hung, "Early Modernities and Contentious Politics in Mid-Quing China, c. 1740-1839", *International Sociology* 19 no.4 (2004). 송대 중국의 문물을 보편사적 근대로 보는 '송대 이후 근대설'에 관해서는 참조: 황태연, 『공자철학과 서구 계몽주의의 기원(상)』, 471-581쪽.
709) Wittrock, "Early Modernities: Varieties and Transitions", 38쪽.

생한 또는 내생한 것으로 설명한다.710) 그리고 그는 송대를 "12-13세기의 소위 신유학적 갱신은 중요성에서 16-17세기의 철학적·제도적 투쟁과 맞먹는 철학적 참여의 시기"라고 제대로 이해하지만,711) 동서간 상호영향관계를 거꾸로 이해하고 있다. 16세기 후반, "유럽과 중국 간의 무역이 동아시아의 발전에 깊은 영향을 미쳤고",712) 그리하여 "(동서간의) 상호작용은 유럽 열강들의 점증하는 우월적 지배에 의해 특징지어져서 그 밖의 다른 곳에서의 근대화는 서양에서 시작되어 전지구적 범위로 전파된 근대를 향한 거대한 과정의 사례들이나 다름없는 것으로 나타나고", 또 이와 동시에 "이전의 여러 세기에 걸쳐 일어난 상호연관적 발전과정의 길고 중요한 과정들이 시야에서 사라지는 경향을 보일" 정도였다는 것이다.713) 비트로크는 16세기 중반으로부터 18세기까지 유럽에 대한 중국 근대문명의 거의 일방적인 영향을 완전히 몰각하고 있다.

아이젠슈타트·슐루흐터·비트로크 등의 좀 혼란스러운 생각을 정리해보자면 이들의 생각은 이슬람·인도·중국문명 등 여러 문명권에서 초기 근대사회들이 다원적으로 출발했으나 서구에서 전파된 유럽적 근대성에 다 포섭되었고 그럼에도 불구하고 이 유럽적 근대화 과정에서 유럽적 근대성에 특유한 수정을 가해 오늘날의 독자적 근대사회들을 이루었다는 것으로 보인다. 그러나 '다원적 근대성' 테제를 내걸고 스스로를, 그리고 서로를 속이는 이 자기기만적 서구중심주의자들의 무지몽매와 달리, 실제로는 자유와 평등, 세습귀족의 해소, 종교적·정치사상적 관용, 자유시장(화폐경제와 자유상공업)과 일반적 복지제도, 절대군주정과 내각제적 제한군주정, 만민평등교육과 각급 학교제도, 필기시험의 확립 및 과거제와 관료제, 인쇄술과 종이, 출판문화와 서적의 일반적 보급과 문화의 자유화·대중화·세속화, 윤리도덕의 인간본성론적 세속화와 세속적 생활문화의 지배 및 신비적·초월적 '성聖' 관념의 주변화, 인도

---

710) Wittrock, "Early Modernities: Varieties and Transitions", 23-24쪽.
711) Wittrock, "Early Modernities: Varieties and Transitions", 28쪽.
712) Wittrock, "Early Modernities: Varieties and Transitions", 31쪽.
713) Wittrock, "Early Modernities: Varieties and Transitions", 38쪽.

주의와 세계주의 등을 인류역사상 최초로 창달한 '하나의 보편사적 근대성'이 존재하는바, 그것은 '서구적 근대성'이 아니라 바로 송대 이후의 '중국적 근대성'이었다. 따라서 "서양에서 동양을 바라보는 것"을 모조리 "오리엔탈리즘을 정당화한다"고 보는 것은 "결정적 중대 오류(fallacy of crucial importance)"일 테지만[714] 역사적 사실과 사료를 응시하지 않고 단순히 '서양에서 동양을 바라보는 것'은 '서구중심주의'의 '더 결정적인 중대 오류'에 빠지기 십상이다. 우리는 '서양에서 동양을 보는 시각'이든, '동양에서 서양을 보는 시각'이든, 이 두 시각의 내재적 편향성을 극복해야 한다.

우리는 '다각도'에서 봄으로써 하나의 시각 또는 두세 개의 시각이 볼 수 없는 시각지대까지도 다 보아야 한다는 공자의 '다문다견' 또는 '박학심문', 베이컨과 로크의 '박물지적(historical)' 경험의 연구방법을 방법론적 모토로 삼고 다각도에서 동·서양을 동시에 보며 - 20리 밖의 작은 먹이를 볼 수 있는 - 독수리의 눈처럼 동·서양의 사실史實과 사료를 응시해야 한다. 사실과 사료를 응시하고 다각도에서 해석하면, 극서 제국이 기존의 기독교문물의 억압적이고 낙후한 요소들을 중국의 선진문물로 대체해 기독교문명을 중국문물과 짜깁기하는 패치워크 과정을 통해 송대 이후 '중국적 근대'로부터 '유럽적 근대'를 '리메이크'하는 16-18세기 유럽역사가 온전히 드러난다.

'유럽적 근대'는 유럽의 토산물(indigenous product)이 아니라 '중국적 근대'라는 '하나의 보편사적 근대성'의 서천과 유럽적 리메이크인 것이다. 따라서 복수적 근대론자들은 "오직 하나의 근대만이 존재한다"는 오류를 범하지 말자는 스스로의 약속을 깨는 오류만이 아니라, "오직 하나의 근대만이 존재한다"는 생각을 "결정적 중대 오류"로 보는[715] 오류도 동시에 범하는 것이다. '중국적 근대성'이라는 '하나의 보편사적 근대성'의 관점에서 보면, '오직 하나의 근대만'이 존재한다. 따라서 "오직 하나의 근대만이 존재한다"는 생각을 "결정적 중대 오류"로 보는 저 사고방식 자체가 또 하나의 몽매주의적 오류인 것이다.

다섯 번째 문제점은 "근대적 문명의 새로운 전망"이 "세계를 관통해 - 확실히, 근대

---

714) Eisenstadt & Schluchter, "Introduction: Paths to Early Modernities", 2쪽.
715) Eisenstadt & Schluchter, "Introduction: Paths to Early Modernities", 2쪽.

성의 첫 프로그램이 기원한 유럽과 미국에서, 그러나 아시아, 라틴아메리카와 아프리카에서도 출현하고 있다"는 판단(아이젠슈타트·슐루흐트),[716] 또는 "오늘날"은 "지구를 휘감는 근대적 사회들의 복수성이 명백한 시대"라는(비트로크)[717] '지나치게 낙관적인 판단'으로서의 오판이다.

극서 11개국과 극동 5-6개국을 제외할 때 '아시아·이슬람권의 근대화', 또는 '아프리카의 근대화'는 입론할 수 없다. 인도와 주변의 힌두지역은 근대의 정치적·사회적·문화적·경제적 '자유와 평등'에 대해 담을 쌓고 여전히 '눈물의 골짜기'와 함께 카스트제도를 재생산하고 있는 점에서 여전히 전근대적이다. 이슬람문명권은 대부분의 이슬람제국이 서구적 근대화 또는 근대적 자유·평등을 적대적으로 거부하고 심지어 신분평등, 여성의 이혼제기도, 자동차운전, 자전거타기도, 미니스커트 착용도 금하며 근대적 산업기반 없이, 또는 로스토우의 '근대적 경제성장'(소득성장과 인구성장의 지속적 동시달성) 없이 극동과 극서에서 쏟아져 들어오는 오일달러를 몇몇 왕가와 귀족가문이 나눠먹다가 남는 것을 일반서민들에게 분배해주는 토후국들이라는 점에서 전근대적이다. 그리고 아프리카는 대부분의 나라가 '근대적 경제성장'을 모른 채 적빈과 기독교적 무지몽매, 그리고 민족형성(국민형성)을 가로막는 부족주의(*tribalism*) 속에 깊이 빠져있는 점에서 전근대적이다.

이슬람권·아프리카·인도의 부호들이 극동과 극서에서 제조된 고급승용차·호화요트·텔레비전·컴퓨터·스마트폰 등 '최첨단 문명의 이기利器들'을 쓴다고 해서 그 지역들이 근대화되는 것이 아니다. 따라서 엄격한 의미의 '근대화'란 극동 5-6개국과 극서 11개국에서만 구현되었을 뿐이다. 그리고 이슬람제국처럼 근대화를 '서구화'로 적대하지 않고 반대로 근대화를 바라지만 아직 '근대적 경제성장'을 이루지 못하고 있는 동·남구와 중남미·동남아제국은 아직 '근대국가(*modern states*)'가 아니라, '근대화 국가들(*modernizing countries*)'이다. 이런 마당에 오늘날 '세계를 관통하는' 복수의 '근대성들'을 입에 담는 것은 불가능하다.

---

716) Eisenstadt & Schluchter, "Introduction: Paths to Early Modernities", 2-3쪽.
717) Wittrock, "Early Modernities: Varieties and Transitions", 38쪽.

그럼에도 불구하고 아이젠슈타트와 슐루흐터는 이 '세계를 관통하는' 전지구적 근대화가 "보편적 구조·제도·문화 프레임워크를 향한 인류역사상 오히려 새로운 경향"을 산출했고, 나아가 "근대의 일정한 근본전제에 기초하고 기본적 제도차원에 뿌리박은 국제적 프레임워크"도 산출했다고 판단한다. 이 보편적·국제적 프레임워크는 "전근대 문명들의 팽창이 이 문명들 속으로 통합당한 사회들의 문화적·제도적·구조적 전제를 약화시킨 것"과 동일한 영향을 "근대적 문명들"에 미쳐 이 문명들에서도 동일한 현상들, 즉 근대화에 말려든 상이한 기존문명들의 기반과 전제를 '약화'시키고 "새로운 선택기회와 가능성들을 열고 있다". 그런데 이런 '약화'작용에도 불구하고 "여러 근대문명들은 모두 다多중심적·이질적으로, 그리고 모두 자기 자신의 동학을 산출하며 생겨났다는 것이다".718) 그러나 다중심적·이질적 근대성들이 공유하는 공통된 보편적 기본속성은 베버가 말한 '하나의 유럽적 근대성'인 것이다.

아이젠슈타트와 슐루흐터는 "전근대 문명들의 팽창이 이 문명들 속으로 통합당한 사회들의 문화적·제도적·구조적 전제를 약화시킨 것"을 비유로 끌어들여 '세계를 관통하는' 전지구적 근대화가 "보편적 구조·제도·문화 프레임워크"를 말하고 있다. 그러나 이들은 가령 전근대에 영토를 역사상 세계최대로 확장한 초超문명권적 몽골제국의 세계적 정치제도와 교류법제도 단순한 무역관행·방문기제·소통채널·외교제도·국제규범의 '공중누각'에 지나지 않았음을 깨닫지 못하고 있다. 실크로드를 대체하고 확장해준 이 초문명적 공중누각은 기독교문명, 이슬람문명, 힌두문명, 불교문명, 유교문명 등 문명권들 간의 경계를 전혀 허물지도, 문화적 차이를 약화시키지도 못한, 단지 이 문명들을 대외적으로 개방하고 이어주기만 했던 문명간 '공중가교'였을 뿐이다. 따라서 몽골은 어떤 새로운 문명도, 어떤 세계적 문화도 창출하지 못했고, 몽골제국이라는 이 초문명권적·세계적 '공중누각'이 사라지고 난 뒤에는 이 몽골제국 이전의 그 문명권들이 고스란히, 즉 그 정체성이 전혀 '침식'되지 않은 채 본래의 모습을 그대로 드러냈던 것이다.

---

718) Eisenstadt & Schluchter, "Introduction: Paths to Early Modernities", 3쪽.

그러므로 이 '전근대 제국들의 팽창'이라는 역사적 비유에 의존해서 '새로운 보편적·국제적 프레임워크' 또는 "기존의 어떤 것도 훨씬 뛰어넘는 문화적 네트워크들과 소통채널들의 세계화"를[719] 기존문명들의 정체성('전제')을 침식하는 '근대화의 산물'로 입론하는 것은 '근대성들'에 대한 이 논의의 관점에서 무의미하고 그릇된 것이다. 먼저 그것이 '무의미한' 것은 다양한 국제적 네트워크와 채널들이 각기의 특유한 정체성 때문에 결코 융합되지 않는 문명들이 정체성을 유지하는 가운데 문명 간의 용이한 접촉과 패치워킹을 돕지만 이 패치워킹을 통해 갱신되고 발달되는 문명의 일부가 아니기 때문이다. 이것은 실크로드가 어느 문명도 침해하지 않았고 또 어느 문명의 '일부'도 아니었던 것과 마찬가지인 것이다. 그리고 그것이 '그릇된' 것은 '보편적·국제적 프레임워크'가 '근대적 요소'라기보다 문화와 근대문명에 앞서 인간본성으로서 공유하는 인류보편적 인간감정과 도덕감정, 그리고 4대 판단감각(쾌통·재미·미추·시비감각)과, 여기로부터 도출된 외교·무역제도·국제규범·예양 등을 말하는 것일 뿐이다. 가령 '국제법'은 이런 인간본성(자연법)으로부터 도출된 강한 감정 흐름의 관습으로서 18-19세기에 단지 '이론화'되고 20세기 들어서 '법전화'되었을 뿐이다. (이 '이론화·법전화' 작업은 필수적인 것이되, 국제관습과 조약의 본성적·관습적 구속력이라는 국제법적 본질의 변화·발전은 전혀 가져오지 않았다.)

국제교류를 규제하는 이런 인류보편적 요소들은 민족문화나 특정한 문명권, 또는 특정한 역사단계의 고유한 본질을 구성하지 않는다. 따라서 이 인류보편적 요소들을 특수한 역사단계로서의 '근대'의 요소나 '유럽적 근대화의 소산'으로 오해되어서는 아니 될 것이다. 만약 국제법·국제예양·무역관행·국제화폐 등 '보편적·국제적 프레임워크'가 서구적 근대화의 '특유한' 소산이라면 서구를 적대하며 '인권'도 서구적 개념으로 거부하는 대부분의 전근대적 이슬람문명권, 전근대적 아프리카, 전근대적 인도와 힌두교지역, 중국·북한 등지에서는 통용될 수 없을 것이다.

---

719) Eisenstadt & Schluchter, "Introduction: Paths to Early Modernities", 5쪽.

- 중층근대성론에 대한 비판

한편, '중층근대성론'은 저런 복수적·대안적 근대성 테제의 문제점들을 한두 가지 비판하면서[720] 역사적으로 근대성'들'이 "몇 개의 중첩된 층으로 구성되어 있다"고 주장한다. "역사적 근대(초기 근대)는 원형근대성이 존재했던 여러 문명권에서 비슷한 시기에 다발적으로 출현했다. 오직 서구에서만 출현했고, 이것이 비서구 사회로 확산되어 갔다는 견해는 역사적 사실과 맞지 않는다." 나아가 "유럽근대문명의 출현과 침탈 이전부터 나름의 고유한 양식의 초기 근대가 비서구문명권에서 다양한 형태로 전개되고 있었다(…). 우리가 보기에 초기 근대의 첫 표출양상은 서유럽이 아니라 중국 송원 연간의 사회경제적, 정치문화적 전개 양상에서 풍부하게 발견된다."[721] 따라서 "역사적 근대는 비서구 사회에서 먼저 시작되었다."[722] 여러 곳에서 앞서거니 뒤서거니 생겨난 여러 초기 근대성(역사적 근대)들은 식민주의 시대와 1·2차 세계대전의 소용돌이 속에서 "근대성의 최상층, 즉 지구근대성의 층위" 속으로 결합되어 들어갔고 이를 통해 오늘날의 '지구근대성'의 중층적 구성이 완성되었다는 것이다.[723]

앞서 소개한 복수적·대안적 근대성 테제에 비하면 이 '중층근대성론'은 근대성의 최초 발원지를 정확하게 중국의 '송대'로 지적함으로써 베버의 '개신교적(서구적) 근대성' 테제로부터 확실하게 독립했다는 점에서 출중한 논변이다. 그러나 이 '중층근대성론'도 나름의 심각한 문제점 때문에 '미완의 이론' 또는 '극동의 성리학적 역사 논의에 갇힌 근대성이론'으로 남아 있다.

'중층근대성론'의 첫 번째 문제점은 이 이론이 복수적·대안적 근대성론처럼 서유럽으로의 송대 이후 중국적 근대성의 서천西遷과정 및 11개 극서제국에 대한 공자철학과 중국문화의 충격과 이로 인한 서구사회의 급격한 변화·발전을 거의 몰각하고 있다는 것이다. '중층근대성론'은 단지 "이 초기 근대의 출현과정에는 서구가 비서구

---

720) 김상준, 『맹자의 땀, 성왕의 피』 (파주: 아카넷, 2011·2016), 35-36쪽.
721) 김상준, 『맹자의 땀, 성왕의 피』, 43, 44, 45쪽.
722) 김상준, 『맹자의 땀, 성왕의 피』, 49-50쪽.
723) 김상준, 『맹자의 땀, 성왕의 피』, 48쪽.

에 미친 영향보다 오히려 비서구가 서구에 미친 영향이 훨씬 더 컸다"는 간단한 말로724) 갈음하고 있다.

송대 이후 중국적 근대성의 서천과 이로부터의 유럽적 근대성의 유래를 모르기 때문에 이 중층근대성론자는 근대성들이 여러 곳에서 각기 다른 시점에 다발적으로 생겨나 중층화된 것으로 생각하게 된 것이다. 하지만 이런 생각은 아이젠슈타트와 슐루흐트도 이미 피력한 것이다. 이들도 다른 문명들 안에서도 거의 유사한 시기에 유사한 토착적 발전들이 있었고 결국 서구화과정에서도 이 토착적 요소들은 서구적 근대성에 수정을 가해 독자적 근대사회들을 여러 겹으로 만들어 냈다고 말하고 있기725) 때문이다. 또한 아이젠슈타트·슐루흐트와 달리 여러 근대성들을 '서구적 근대성'으로 소급시키지 않는 비트로크도 유라시아의 여러 문명권에서 다양한 초기 근대성들의 발생을 확인하고 이 초기 근대성들을 유럽적 근대성 속으로 소멸시키지 않고 "초기 근대 사회들의 복수성이 출현한, 그리고 점차 근대 민족국가의 진열 속으로 변형되어 들어간 세기들 동안 벌어진 초기 근대 사회들의 생성과 진화"에 대한 역사적 해명을 주장하고 있다. 따라서 중층근대성론은 복수적 근대성론, 특히 오늘날 근대사회들의 근대성을 '유럽적 근대성'으로 환원시키지 않는 비트로크의 복수적 근대성론과는 본질적으로 구분되는 특징이 거의 전무하다고 해야 할 것이다. 다만 중층근대성론이 중국의 근세가 유럽보다 더 이르고 영향력이 더 컸다고 말하는 점에서 복수적 근대성론과 차이가 날 뿐이다.

두 번째 문제점은 송대 근대성의 내용을 정확하게 짚어내지 못하고 있는 점에서 복수적·대안적 근대성 테제의 문제점을 공유하고 있다는 것이다. '중층근대성론'은 '중국적 근대성'과 관련해 "절대주의적 통치권", "비판적 권위를 확보한 학인-관료집단의 형성" 및 경제기술과 상업무역의 발달,726) 비신분사회의 도래와 전통적 귀족체제의 해체,727) 세속화("속俗이 성聖을 통섭하는 세계로의 이행")728) 등을 언급하지

---

724) 김상준, 『맹자의 땀, 성왕의 피』, 46쪽.
725) Eisenstadt & Schluchter, "Introduction: Paths to Early Modernities", 1-2, 8-9쪽.
726) 김상준, 『맹자의 땀, 성왕의 피』, 45, 311쪽.

만 정작 송대에 창달된 '근대성'의 중핵을 이루는 요소들은 전혀 거론치 않거나 추상적 시사로 그치고 있다. 심지어 왕안석의 근대적 신법에 대한 구법당의 반反근대적 반대논리들을 대변한 주자학(성리학)의 '하늘(天)' 개념의 등장을 "역사적 근대의 첫 여명기였던 송원 연간의 사상계"에 일어난 "천년래 사건"으로 극찬하고,729) 북송의 정명도가 "천즉리天卽理"로써 "이성의 시대를 연 것"을 "근세"의 일대 "사건"으로 보는730) 미조구치유조(溝口三雄)의 치명적인 성리학적 오판을 반복하고 있다. 그러나 중국문화사에서 정설은 왕안석의 신학과 육구연의 육학을 되살려 주관적 지식철학으로 전환한 명대 중기 양명학의 등장을 근대사상의 맹아로 간주한다.731) 주지하다시피 양명학은 천도(=理)와 인욕 사이의 대립을 부정하는 '심즉리心卽理' 테제, 즉 '감정(心)'과 '천도(理)'의 동일성을 천명한 감정해방적 심학을 전개했다. 이로써 '리理'는 실체가 아니라 감정의 일정한 반복적 존재 '양태(modi)'로, 즉 감정의 흐름에 부수되는 여러 있을 법한 양식(styles)으로 격하된다.

이 중층근대론자는 고대·중세·르네상스시대가 '이성과 합리적 형이상학의 시대', '합리주의적 스콜라철학'의 시대이고 근대가 계몽주의와 '감성과 경험과학(실사구시)의 시대'라는 철학사적 사실, 그리고 최후의 스콜라철학자 데카르트를 복고적으로 계승한 칸트와 합리주의 아류들(헤겔, 마르크스, 베버, 니체 등)은 계몽주의에 대한 19세기 이데올로그들의 반동으로서 스콜라철학적 형이상학을 소위 비판철학적·관념론적·유물론적·육체이성적(인종주의적) 버전으로 '리모델링'한 사악한 몽매주의 철학자들이라는 사실을 숙고하지 않고 있다. 또한 중국역사 안에서 합리적 요소를 태생적으로 보수반동적인 중국성리학의 주리론主理論에서 찾아내려는 노력이 '자본주의 정신'과 관련해 '서구적 합리성(okzidentale Rationalität)'을 쓸데없이 그리도 강

---

727) 김상준, 『맹자의 땀, 성왕의 피』, 309-311쪽.
728) 김상준, 『맹자의 땀, 성왕의 피』, 320-321, 323-324쪽.
729) 김상준, 『맹자의 땀, 성왕의 피』, 299, 318-322쪽.
730) 김상준, 『맹자의 땀, 성왕의 피』, 321쪽.
731) 윤정분, 『中國近世 經濟思想 硏究』, 5쪽.

조한 베버를 무의식적으로 흉내내고 있다는 사실을 전혀 의식하지 못하고 있다. 게다가 이 논자는 이런 오류에 고지마츠요시(小島毅)의 견해에 말려들어 '사대부'와 '신사紳士'(향신)를 개념적으로 혼동하는 오류까지[732] 더하고 있다.

『공자철학과 서구 계몽주의의 기원(상)』에서 필자와 나이토고난이 상론한 송대 근대성의 핵심 요소들은 '중층근대성론'이 열거한 근대성의 요소들 외에도 자유와 평등(백성의 해방과 평등화 및 세계역사상 최초의 탈신분적 평등사회의 출현) 및 일반백성의 사회경제적 진출과 지위향상(이른바 "평민의 발전")에 대한 상세한 규명, 왕안석의 근대적 '신학新學'과 주희의 반근대적 성리학 간의 대립관계(진보와 보수, 근대와 반근대의 대립관계)에 대한 철저한 이해, 과거제·학교제도의 발달과 교육의 일반화, 정치·사회·윤리도덕의 세속화(탈종교화)와 인간화에 대한 구체적 해명, 문화예술의 자유화와 대중화, 명대 내각제적 제한군주정의 발전, 양심·종교·사상·학문·예술·언론·출판·표현의 자유와 종교적·사상적 관용, 세계주의, 인도주의, 자연복귀 사상과 자연보호제도 등을 포함한다.

이에 대해서는 앞에서 거듭 상론했다. 송대 이후 중국적 근대성의 '서천'에 대해서는 ⑴마르코 폴로로부터 18세기 초까지 공자철학과 유교문명의 서천西遷으로 흥기한 계몽주의의 기원을 집중 탐구한 『공자철학과 서구 계몽주의의 기원(상·하)』(2019), ⑵근세 초 서구 각국의 공자수용과 계몽철학의 전개를 탐구한 『17-18세기 영국의 공자숭배와 모럴리스트들(상·하)』(2020), ⑶『근대 프랑스의 공자 열광과 계몽철학』(2020), ⑷『근대 독일과 스위스의 유교적 계몽주의』(2020), ⑸미주에서 '미국 유자들'로서의 국부들의 유교학습과 유교적 민주공화국의 탄생을 파헤친 『공자와 미국의 건국(상·하)』(2020) 등 9부작 전15권에서 동서교류 및 극동과 극서 간의 철학적·사상적 만남의 역사를 정밀하게 추적함으로써 자세하게 밝혔다.

---

[732] 김상준, 『맹자의 땀, 성왕의 피』, 310쪽.

제2장

중국의 네트워크
브랜드 자본주의와
자생적 고도근대

제1절
극동은 왜 서구에 (잠시) 뒤졌던가?

극서제국이 놀라운 속도로 흥기하기 시작한 19세기부터 ⑴왜 극동제국이 잠시 극서제국에 뒤지게 되었고, 또 ⑵극동제국이 19세기 말(일본) 또는 20세기 초(중국)부터 어떻게 다시 정치·경제적으로 부흥하기 시작하여 극서국가들과 대등해지거나 극서제국을 부분적으로 앞지르기 시작했는지 묻는 두 가지 물음은 그 자체로서 중대한 물음이다. 하지만 이 두 가지 물음 중 더욱 궁금한 세계사적 미스터리는 '10세기 송대 이래 900여 년 동안 서양을 앞질렀던 중국이 왜 19세기부터 잠시 유럽의 극서국가 11개국에 정치경제적으로 뒤지게 되었는가?'라는 물음이다. 이 물음들은 사회적·문화적 물음이 아니라 정치적·경제적 물음이라는 데 유의할 필요가 있다. 이 물음이 제대로 답변되지 않는다면, 환언하면, 마르크스·베버주의적 답변으로 기울어진다면 '송대 이후 중국적·유교적 근대성의 보편사적 관철' 테제로 최근의 근대화와 현대화를 설명하려는 '유교적 근대의 일반이론'은 포기되어야 할 것이다.

그러나 지금까지 논의에서 중국의 일시적 퇴조의 원인이 유교문명적 '내인內因'이 아니라, 중국의 고가수출품에 대한 서구의 경제적 대응, 일제침략과 서구 극좌 배급제 공산주의의 경제실책 등 '외인外因'이라는 점을 얼핏얼핏 시사했다. 또한 극동제국이 19세기 후반부터, 그리고 1980년대부터 제각기 시차를 두고 부활하기 시작해 오늘날은 일제히 번성하고 있다는 사실은 송대 이후 유교문명의 보편사적 근대 테제로 극동과 극서의 신속한 고도근대화를 설명하는 '유교적 근대의 일반이론'이 구성가능하다는 것을 예감케 한다. 그러므로 이제는 18세기 말부터 중국이 왜 서구에 잠시 뒤지게 되었는지를 구체적으로, 즉 새로운 사료와 신규 통계, 그리고 최신연구들에 입각해 근거 있게 답변하는 것이 매우 필수적이게 되었다. 극동은 19세기와 20세기 전반기에 '경제적'으로 극서에 뒤졌지만, 이 시기에도 자유·평등·관용·평화 등 '정치사회적' 측면에서는 여전히 극서에 앞서 있었기 때문이다. 그리고 지금 21세기에도 극동제국은 서구에서 유입된 군사·민간독재나 일당독재를 벗어난 경우에 정치적 자유와 평등, 그리고 종교적·사회적 관용 면에서 극서제국을 앞지르고 있다.

극서제국보다 경제적으로 못살았던 19세기와 20세기 전반前半에도 극동제국은 탈신분적·시민적·사회경제적·문화적·학문적·교육적 자유와 평등, 종교적 자유·관용·다원성, 최고수준의 문화와 예술을 향유하고 있었다. 그리고 정치적 근대화(정치적 자유와 평등, 자유평등한 공무담임·국민참정과 국민국가 건설, 상업적 신문잡지의 공론장, 민주화·정당정치 등)의 수준에서도 서양에 전면적으로 뒤진 것이 아니라 단지 부분적으로만, 즉 국민국가·공론장·의회참정·민주화·정당정치 등 몇몇 요소에서만 뒤졌을 뿐이다. 그러나 경제적·과학기술적 수준, 간단히 말하면 근대적 산업자본주의의 역사적 발단과 확립에서는 19세기 들어 중국과 극동제국이 11개 극서국가들에 비해 상당히 뒤떨어지기 시작했다.

따라서 "극동제국은 왜 19세기에 잠시 서구에 뒤졌던가?"라는 물음은 구체적으로 풀이하면 "근대적 성장이 개시되는 '산업자본주의' 단계에서 중국과 극동제국이 왜 잠시 극서국가들에 뒤졌는가?"라는 물음이다. 수공업·선대제 생산체제에 기초한 상업자본주의와 매뉴팩처자본주의 단계에서는 중국이 경제적으로 서양제국을 일반적으로 앞질렀기 때문이다. '잠시' 뒤진 기간은 건륭제 말엽(1770-80년대)부터 기미를 보이다가[733] 가경嘉慶(1796-1820)·도광道光(1820-1850)·함풍咸豊(1851-1861)·동

---

[733] 주지하다시피 아담 스미스는 1776년 『국부론』에서 임금의 장기정체를 근거로 중국경제정체론을 제기하고 있다. "중국은 오랫동안 정체되어 온 것으로 보인다. 500여 년 전에 중국을 방문한 마르코 폴로는 중국의 개발·산업·다(多)인구를, 현재 여행자들이 묘사하는 것과 거의 동일한 말로 묘사한다. 중국은 마르코 폴로 시대 훨씬 전에도 법률과 제도의 본성이 달성하도록 허용하는 부의 풍족한 완성을 달성했을 것이다. 모든 여행자들의 설명들은 다른 많은 점에

치同治(1861-1875) 치세를 관통해서 지속된 80-90년 또는 최장 100년(1780-1880)의 장기불황을 가리킨다. 그리고 토마스 로스키(Thomas G. Rawski), 로렌 브랜트(Loren Brandt), 데이비드 포어(David Faure) 등에[734] 의하면, 이후 중국경제는 1870년부터는 다시 부상하기 시작해서 1930년대까지 장기 60년간 계속 성장했다.

그러나 오승명吳承明·이백중李伯重 등 중국 내의 마르크스주의 연구자들은 중국경제가 1820년경부터 1920년대까지 100년간 장기침체에 들어간 것으로 본다.[735] 그러나 중국경제의 장기 침체기간을 이렇게 잡는 것은 1870년대부터 1920년대 말까지의 60년 기간도 장기침체기에 포함시키는 것이다. 이것은 1870년부터 1937년까지 지속된 중국경제의 '60년간 경제성장' 테제와 어긋난다. 이 60년간 장기 경제성장을 설명하는 로스키, 브랜트, 포어 등의 1989년 연구들에 관해서는 뒤에 상론하기로 하고, 여기서는 일단 이백중 등의 '1829년부터 100년간 장기침체' 테제를 기각한다.

1780년대부터 1870년대까지 가경·도광·함풍·동치 치세의 100년 장기불황은 간단히 '가경·도광 장기불황'이라고도 부른다. 1870년대 말엽부터 1937년 일제의 중국침략 개시시점까지 60-70년간은 중국경제가 부활해 다시 비교적 빠른 속도로 성장한

서 엇갈리지만 낮은 노동임금과, 노동자가 중국에서 가족을 부양하는 데 직면하는 곤란에서 일치한다." Adam Smith, *An Inquiry into the Nature and Causes of the Wealth of Nations [Wealth of Nations]* (1776, Volume I·II), generally edited by R. H. Campbell and A. B. Skinner, textually edited by W. B. Todd (Glasgow·New York·Toronto: Oxford University Press, 1976), I. viii. 24 (89쪽). 스미스는 명말청초 노비해방 이후 계속된 중국인구의 폭발적 증가를 전혀 고려치 않고 중국이 마치 500년간 정체된 것으로 과장하고 있다. 그러나 그가 1770년대 말부터 기미를 보이기 시작한 중국의 장기불황을 눈치 챈 것만은 분명해 보인다.

734) Thomas G. Rawski, *Economic Growth in Prewar China* (Berkeley: University of California Press, 1989); Loren Brandt, *Commercialization and Agricultural Development: Central and Eastern China, 1870-1937* (New York: Cambridge University Press, 1990); David Faure, *The Rural Economy of Pre-Liberation China, 1870 to 1937* (Oxford: Oxford University Press, 1990).

735) 吳承明, 『中國的現代化: 市場與社會』(北京: 三聯書店, 2001), 241-267쪽. von Glahn, *The Economic History of China*, 373쪽에서 재인용; Bozhong Li, "An Early Modern Economy in China; A Study of the GDP of the Huating-Lou Area, 1823-1829", 134-135쪽. Billy K. L. So (ed.), *The Economy of Lower Yangzi Delta in Late Imperial China* (Oxford: Routledge, 2013).

시기다. 중국 상해의 기계산업은 벌써 1915년경부터 공작기계들(-tools)을 해외로 수출하기 시작했고,736) 일본의 1인당 산업화 수준은 1880년부터 다시 급상승하기 시작했다.737) 그리고 한국도 1820년(1인당 국민소득 600달러)에서 추락하기 시작하다가 1870년(604달러)부터 반등하기 시작했고 1896년부터 1910년(815달러), 또는 1915년(1048달러)까지 고속성장을 지속했다.738)

그리고 11개 극서제국이 극동을 경제적으로 앞지르고 있던 19세기와 20세기 초에도 극동제국은 러시아와 동·남구제국을 앞지르거나 이 국가들과 대등했다. 일본은 1904년 러일전쟁에서 러시아를 이겼고, 1910년 일제에 멸망한 대한제국조차도 1915년경 1인당 국민소득 면에서 포르투갈이나 그리스와 대등하거나 이 국가들을 앞질렀다.739)

따라서 "극동제국은 왜 19세기에 잠시 서구에 뒤졌던가?"라는 물음은 건륭치세 말엽(1770-80년대)부터 시작되어 가경·도광 연간을 거쳐 함풍·동치치세(1870년)까지 줄곧 이어진 중국의 100년 장기불황의 원인을 밝히는 것으로 답변되어야 할 것이다. 그러나 카를 마르크스와 막스 베버 이래 일련의 서양 사회학자들과 경제사가들은 이 물음을 중국경제가 근대자본주의로 진보하지 못한 이유를 밝히는 것으로 답하고자 했다. 이 경우에 '근대자본주의'는 임금노동자들을 군대식으로 조직한 '공장제 자본주의'(마르크스) 또는 '합리적 노동조직에 기초한 기업자본주의'(베버)와 등치되

---

736) Mark Elvin, "Why China Failed to Create an Endogenous Industrial Capitalism - A Critique of Max Weber's Explanation", *Theory and Society*, 13 (1984), 384쪽.
737) Paul Kennedy, *The Rise and Fall of the Great Powers - Economic Change and Military Conflict from 1500 to 2000* (New York: Random House, 1987), 149쪽 Table 7.
738) Angus Maddison, "Historical Statistics for the World Economy: 1-2008 AD." (http//www.ggdc.net /maddison/oriindex.htm. 최종검색일: 2012. 10.19.). 참조: 황태연,『백성의 나라 대한제국』(파주: 청계, 2017), 1055-1081쪽; 황태연,『한국근대화의 정치사상』(파주: 청계, 2018), 910-945쪽.
739) Angus Meddison, "New Maddison Project Database" - "GDP pet capita". (http www ggdc net maddison oriindex htm. 최종검색일: 2017년 2월 20일). 이에 대한 상론은 참조: 황태연,『백성의 나라 대한제국』(파주: 청계, 2017), 1055-1082쪽; 황태연,『한국근대화의 정치사상』(파주: 청계, 2018), 910-945쪽.

었다. 아래에서는 막스 베버, 윌리엄 맥닐, 새뮤얼 헌팅턴, 폴 케네디, 데이비드 포어, 마크 엘빈, 케네스 포머란츠 등의 이른바 '중국자본주의불발론'을 검토해보자 한다.

1.1. 맥닐·케네디·포어의 베버주의적 중국자본주의불발론

그렇다면 중국은 19세기에 왜 극서 11개국에 추월당했는가? 윌리엄 맥닐(William H. McNeill), 폴 케네디(Paul Kennedy), 데이비드 포어(David Faure) 등은 막스 베버의 종교문화적 원인론에 입각해 이에 대해 이미 '명쾌한(?)' 종교사회학적 설명을 내놓은 바 있다. 이들의 설명시도들을 간략히 살펴본다.

■ 개관

부기경리, 수리화된 과학·기술, 계산가능한 법률 등의 '수리적 계산가능성'에 기초한 베버의 '합리적 자본주의론'의 문제점에 대해서는 앞서 충분히 비판했다. '합리적 자본주의'를 '근대적 자본주의'와 등치시키는 베버에 대항해 필자는 사마천·엽적·구준·이탁오·마르크스·좀바르트·슘페터 등과 더불어 '모험적 산업자본주의'를 '근대적 자본주의'로 규정했다. 상업자본이나 매뉴팩처자본도 모험적일 수 있지만 이 모험성은 상인자본가의 개인적 의도·기질·선택에 좌우되는 것이다. 선대제상업자본과 매뉴팩처자본의 한 본질적 측면은 가만히 들어앉아서 주문이 들어오면 이에 응해 제품을 선대하거나 생산하는 '안주성安住性'이다. 해외무역 분야의 상업자본은 상인개인들의 남다른 모험심 외에 위험을 무릅쓸 구조적 필연성이 없었고, 매뉴팩처자본은 미리 대량으로 제조한 상품들을 목숨 걸고 팔아야 하는 '죽음의 도약'의 위험을 무릅쓰는 모험의 필요가 없었다. 매뉴팩처기업들은 작업장이나 점포에 앉아서 주문이 들어오기를 기다리는 수공업 작업장들이었기 때문이다.

자본의 모험성은 자유시장의 완전경쟁 단계에 이르러서야 비로소 자본주의의 '구조적 본질'로 자리 잡는다. 자유경쟁에 내몰리는 산업자본들은 수익성 있는 판매기회가 오면 언제든 즉각 상품을 팔 수 있도록 대비하기 위해 상품을 미리 대량으로 생산해 비축하고 '죽음의 도약'에 나서므로 구조적으로 모험적이지 않을 수 없고, 판로개척, 노사갈등, 투기적 자본투자, 사활을 건 병합전쟁 등으로 말미암아서도 더욱 목숨을 건 모험을 감행할 수밖에 없다. 게다가 공장제 산업자본들은 국내시장의 수요를 넘어가는 생산력의 상대적 과잉, 자본구성도의 고도화, 이윤율하락의 구조적 모순과 부조리(불합리)에 빠져들어 이로 인해 19세기 말 이래 주기적으로 과잉생산 공황과 불황을 수반했고, 1980년대에는 심지어 자본주의체제의 정부정책적 조절레짐(*regulation regime*), 즉 케인즈주의적 유효수효조절레짐까지도 대내외적 위기 속으로 몰아넣었다. 이 때문에 공장제 자본주의는 자본구성도의 고도화와 이윤율하락, 흑색중공업(생산재생산부문)의 과잉비대와 환경위기를 초래한다. 결국, 공장제 자본주의는 IT·AI 등의 첨단기술에 의한 기술혁신과 브랜드 빅바이어(*brand big buyer*) 주도의 네트워크에 의한 경영혁신으로 생산재산업부문(고정자본)을 '축약'함으로써 고전적 레짐위기를 극복했다. 오늘날의 지식정보 유형의 네트워크 자본주의도 대외적으로 지식정보기술 덕택에 제3세계에 대한 자원·노동력수탈·군사정복·식민지경영 유형의 제국주의적 진출을 현저히 불필요하게 만들었다. 하지만 오늘날 IT·AI와 결부된 네트워크 브랜드 자본주의도 고전적 산업자본주의와 유사한 구조적 '모험성'을 본질로 하고 있다. 오늘날 IT·BT·AI 및 4차 산업혁명과 연계된 '벤처캐피탈'(*Venture Capital; Risikolapital*)은 모험적 자본주의의 본질을 특수한 가시적 자본형태로 대변하는 것이다.

일단 막스 베버는 자신의 그릇된 '합리적 자본주의'를 근대자본주의의 기준으로 삼고 중국의 공장제(기업) 자본주의의 불발不發이 유교적 중국문화 또는 유교적 '정조(*Gesinnung*)'에 기인한다는 유교문화적 중국자본주의불가론을 전개했다. 그런데 베버가 유교적 생활정조에 무젖은 중국에서 자본주의는 불가능하다는 논변을 개진할 당시인 1910-20년대에 일본은 적잖이 유교적이었을지라도, 그리고 개신교에 지극히 적대적이었을지라도 이미 경제적으로 부활해 4대 자본주의 열강에 들어가 있었다. 또 상술했듯이 일제에 점령된 대한제국은 1915년부터 포르투갈·그리스 등의 남구제국과 동구제국을 추월하기 시작했고, 중국 상해의 기계제조 산업은 기계류를 해외로 수출하기 시작했다. 따라서 베버의 유교풍토적 중국자본주의불가론은 실은 '탄생하자마자 죽은 이론'이었던 것이다.

그럼에도 유교적 생활영위와 유교적 정조가 중국자본주의의 흥기를 가로막았다는 베버의 중국자본주의불가 테제와 합리적 근대자본주의론의 영향은 윌리엄 맥닐(1982), 존 홀(1985),[740] 마이클 만(1986·2014),[741] 폴 케네디(1987), 새뮤얼 헌팅턴(1997), 데이비드 포어(2006) 등의 경우에 보듯이 20세기 말, 아니 오늘날 21세기에도 강력히 남아있다. 앞서 상론한 헌팅턴, 그리고 지면관계상 홀과 만을 제외하고 여기서는 이들의 주장들과 대동소이한 논변을 펴는 맥닐·케네디·포어의 베버주의 중국자본주의불발론을 분석한다.

■ 윌리엄 맥닐의 베버주의적 중국자본주의불발론

먼저 송대 경제에 대한 윌리엄 맥닐(William H. McNeill)의 이해를 보면 그가 심각한 베버주의적 종교문화주의의 오류에 시달리고 있음을 알 수 있다. 뿐만 아니라 유교의 경제관에 대한 그의 이해는 유교를 '자유시장과 복지국가를 옹호한 철학'으로 본 베버보다 후퇴한 느낌을 준다.

윌리엄 맥닐은 중국 상공인들이 벌어들인 이윤을 토지와 교육에 투자한 것을 자본주의 불발의 한 요인으로 보았다.

---

740) John A. Hall, *Powers and Liberties: The Causes and Consequences of the Rise of the West* (Berkeley: University of California Press, 1985).

741) Michael Mann, *The Sources of Social Power*, Volume 1: *A History of Power from the Beginning to A.D. 1760* (Cambridge: Cambridge University Press, 1986); Volume 2: *The Rise of Classes and Nation States, 1760-1914* (1993, New Edition 2012).

중국의 상인들과 제조업자들은 자신이 사회 안에서 자기들의 역할을 비교적 소박한 비율에 제한하는 가치체계에 굴복했다. 그들은 아들들을 위해 토지와 교육에 투자했고 이로써 아들들이 지배적 지주계급에 끼어들고 관리세계의 서열 안에서 한 자리를 얻기 위해 경쟁할 수 있게 함으로써 이것을 증명했다.[742]

맥닐은 상공인들의 이런 토지역투자 경향을 근대적 자본축적을 저해한 요인으로 해석하고 있다.

그러나 다음에 폴 케네디에 대한 비판에서 상론하겠지만 상공인의 토지 투자는 아담 스미스에 의하면 자본이윤을 도시와 농촌으로 분배하는 자본주의적 경제발전 과정의 정상적 현상에 속한다. 그리고 역사적 사실은 경제발전이 고도화될수록 중국 상인들이 기회비용 타산에서 농촌에 대한 역투자를 기피했다는 것이다. 맥닐은 시장경제이론과 중국경제사 양편에서 지식정보의 태부족을 노정하고 있다.

또한 맥닐은 일부 중국관리들의 반反상업적 태도가 "유교적 도의 감각"에서 나오는 것으로 누차 규정하고,[743] 중국에서 "자본주의 정신"이 "확고하게 통제 하에 들어 있었다"고 말한다.[744] 그리고 중국 관리들과 백성들의 일치된 유교적 반反상업·반反부자 논리와 심리가 자본축적을 일정한 한계 안에 가두었을 것이라고 추정한다. "접촉이 있을 때마다 사적 기업가들은 불리했던 반면, 칼자루를 쥔 쪽은 관리들이었다. (…) 왜냐하면 대부분의 중국인들은 교역과 제조업에 기초한 사적 부의 어떤 유별난 축적이든 기업가가 싸게 사고 비싸게 팔아서 남을 체계적으로 속였을 때만 생겨날 수 있기에 심원하게 부도덕한 것으로 여겼기 때문이다. 관리의 이데올로기와 대중적 심리가 이와 같이 일치해서 관리들이 사적 부자들과의 어떤 접촉에서든 그리고 모든 접촉에서 점하는 유리한 지위를 강화해주었다."[745]

---

742) William H. McNeill, *The Pursuit of Power: Technology, Armed Force, and Society since A.D. 1000* (Chicago: Chicago University Pressl, 1982), 48쪽.
743) McNeill, *The Pursuit of Power*, 31, 36, 42쪽.
744) McNeill, *The Pursuit of Power*, 50쪽.
745) McNeill, *The Pursuit of Power*, 49-50쪽.

중국의 이러한 문화정서적 장애 때문에 송대부터 중국 상공업자본들은 근대적 산업자본주의로 나아갈 수 없었다는 이야기다. 그러나 이 설명은 그릇되게 이해된 서양 자본주의 발전단계에 끼워 맞추고 영리추구에 개방적인 상업촉진적 유교문화를 위·변조하고 왜곡하고 있다. 하지만 중국에서 상인은 유럽에서처럼 멸시받지 않았다. 베버는 "우리의 중세 때 '상인들'은 중국에서처럼 '멸시받았고', 오늘날도 문인들에 의해 중국에서처럼 멸시받는다"고[746] 말하면서 중국을 끼워 넣고 있다. 하지만 『공자철학과 서구 계몽주의의 기원(상)』에서 상론했듯이, 중국에서 상인은 명대 중반까지 멸시받았으나 명대 후기와 청대에 "신사는 백성과 이利를 다투지 않는다(紳士與民不爭利)"는 원칙에 따라 신사가 상업에 뛰어드는 것을 삼가기는 했을지언정 상인을 멸시하지 않았고, 심지어 경제적 어려움을 겪는 신사들은 상업을 추구하고 역으로 상인도 신사가 되기를 추구한 '신상紳商'이 출현하면서 상인은 농민이나 신사와 대등하게 존중되었다.[747] 이 점에서 베버의 두 번의 "중국에서처럼"이라는 표현은 그릇된 것이다.

또한 베버가 유럽에서 상인이 중세 때만 멸시받고 근·현대에는 문인들만이 상인을 멸시하는 것처럼 말하는 것도 그릇된 것이다. 18세기에도 유럽의 귀족과 상류층은 상인들을 멸시했다. 그래서 다니엘 디포가 『완전한 영국상인』(1726)을 집필해 항변하고 상인의 지위를 격상시키기 위해 분투했던 것이다. 디포는 "세련된 머리들"이 "스스로를 젠트리나, 높은 신분(quality)이라고 부르는 가문보다 수數와 부에서 아주 무한하게 우월하고 아주 무한하게 더 많은 국민 부분을 평가절하한다"고 울부짖으면서[748] "상인들이 일반적으로 타국에서 그런 것과 달리 영국에서는 언제나 우리 백성의 가장 천박한 사람들이 아니다"라고 항변한다.[749] 이 항변을 통해 우리는 18세기

---

746) Weber, *Konfuzianismus und Taoismus*, 524쪽.
747) 참조: 황태연, 『공자철학과 서구계몽주의의 기원(상)』, 157-217쪽.
748) Daniel Defoe, *The Complete English Tradesman, in Familiar Letters* (London: Printed for Charles Rivington at the Bible and Crown in St. Paul's Church-yard, 1726), 372쪽.
749) Defoe, *The Complete English Tradesman*, 371쪽.

영국에서도, 그리고 유럽의 다른 나라들에서도 귀족적 상류층이 상인들을 백성 중 "가장 천박한 사람들"로 멸시했다는 것을 알 수 있다.

이것은 데이비드 흄의 글을 통해서도 다시 확인할 수 있다. 흄은 유럽에서 절대왕정 체제에서는 일반적으로 상인이 멸시받았고 오로지 신분적으로 해방된 자유도시들에서만 상인이 대접받았다고 말한다. "프랑스인들의 노력에도 불구하고 절대헌정의 바로 그 본성에 내재하고 이것과 불가분적인, 상업에 해로운 어떤 것이 존재한다." 이 반反상업적 요소는 바로 이런 왕정에 본질적인 풍조인 작위爵位선망과 상업멸시 풍조다. "절대헌정에서 (상업은) 덜 영예롭기 때문에 쇠락한다." 이런 헌정체제에서 "신분작위의 상하질서는 군주정의 지탱에 절대 필요하다." 그리하여 "탄생·칭호·지위는 근면과 재부보다 영예롭게 여겨질 수밖에 없다. 이 관념들이 지배하는 한, 모든 적잖은 상인들이 특권과 영예가 결부된 저 모종의 업종을 구입하기 위해 상업을 내던지고 싶은 유혹을 받을 것이다."750) 반면, "상업이 자유헌정 이외의 헌정에서 결코 번영할 수 없다는 것은 확립된 의견이 되었다. 그리고 이 의견은 (…) 더 오래고 더 넓은 경험에 기초한 것으로 보인다." 우리가 아테네·시라쿠스·카르타고와 베니스·플로렌스·제노아, 그리고 안트워프·네덜란드·잉글랜드 등을 관통하는 "발전 중의 상업"을 추적해 보면, "우리는 언제나 상업이 자유헌정에 정착한다는 점을 발견한다." 18세기 중반 "세계 3대 무역도시는 런던, 암스테르담, 함부르크"였다. "이들은 모두 자유도시들이다."751) 이것은 유럽에서 군주정과 귀족제도가 무너지기 전까지 상업과 상인들이 일반적으로 멸시받았다는 말이다. 유럽에서 상업과 상인이 존중받기 시작한 것은 오히려 중국의 영향으로 확대되는 자유평등에 따라 상업과 국부가 증대되고 중국의 자유상업론이 전해지면서부터였다. 그래서 흄은 근세에 "광범한 상업의 중요성을 인류에게 처음 가르쳐 준 것"을 중국을 비롯한 아시아와 교역을 통해 이룩된 포르투갈과 스페인의 천문학적 국부, 이 "두 해양강국의 거대한 풍요와 번영, 군사적 성

---

750) Hume, "Of Civil Liberty"(1741), 55쪽. David Hume, *Political Essays* (Cambridge·New York: Cambridge University Press, 1994·2006).

751) Hume, "Of Civil Liberty", 54쪽.

취"로 규정한다.752)

따라서 맥닐은 대부분의 중국인들이 상공업을 "심원하게 부도덕한 것"으로 여겼기 때문에 송대부터 중국 상업자본들이 근대적 산업자본주의로 나아갈 수 없었다는 이야기를 꾸며내기 전에 유럽에서는 상인들이 "가장 천박한 사람들"로 멸시받았는데도 어떻게 하여 유럽 자본주의가 가능했는지를 먼저 설명했어야 할 것이다.

흄에 의하면, 나태한 세습귀족의 존재와 작위명예에 대한 추구는 상업에 본질적으로 해롭다. 반대로 세습귀족의 부재와 귀족적 명예추구의 부재는 상업의 번영을 가져온다. 이런 까닭에 일찍이(1696) 루이 르콩트는 맥닐과 정반대로 중국을 귀족의 부재 덕택에 상업이 번영하는 나라로 소개했었다. 르콩트는 "상업을 가급적 많이 장려하는 것"이 중국제국의 국책원칙이라고 말하면서753) 이어 중국에서 세습귀족의 부재와 상업의 흥기 간의 관계를 이렇게 정리한다.

> 국가가 이 준칙(세습귀족의 부재와 보편적 과세)으로부터 얻는 이점은 첫째, 상업이 더 번창하는 상황에 있는 것이다. 귀족의 나태는 상업을 멸망시키는 가장 용이한 수단이다. 둘째, 황제의 세수가 이 준칙에 증대된다. 어떤 신분도 세금을 면제받지 않기 때문이다. 인두세를 내는 도시에서는 어떤 사람도 면제가 아니다.754)

여기서 르콩트는 예리하게 세습귀족의 부재를 상업발달의 한 요인으로 파악하고 있다. 나아가 그는 중국에서 만다린(신사)까지 투자하는 것을 꺼리지 않는 상업의 보편성을 말한다.

---

752) Hume, "Of Civil Liberty"(1741), 52쪽.

753) Louis Le Comte, *Nouveaux mémoires sur l'état present de la Chine* (Paris, 1696). English translation: Louis Le Compte, *Memoirs and Observations made in a Late Journey through the Empire of China* (London: Printed for Benj. Tooke at the Middle Temple Gate, and Sam. Buckley at the Dolphin, 1697), 290쪽.

754) Le Compte, *Memoirs and Observations [...] through the Empire of China*, 285쪽.

돈을 가장 잘 굴리기 위해 신뢰할 만한 상인들에게 돈을 투자하는데, 백성만이 아니라 만다린들도 관심을 가진다. 만주인들을 중국으로 데리고 들어온 산서山西(Chensi)의 작은 왕 오삼계吳三桂는 이 사적 방도로 아주 부강해져서 자력으로 황제에 대한 전쟁의 전비를 댈 수 있었다.755)

르콩트는 중국을 배신하고 만주오랑캐를 불러들인 오삼계까지도 "사적 방도로" 상업을 한 만다린이었다고 말하면서 1690년대 즈음에 '신사'가 '상인'과 융해되어 중국 부르주아지 '신상'으로 변화는 과정을 정확하게 짚고 있다.

한마디로, 17세기 말 중국에서 살았던 르콩트의 중국 묘사는 17세기 중국에 가보지 않는 채 오늘날 상상력으로 명·청대 중국을 그리는 맥닐의 추정과 정반대다. 결론적으로 맥닐의 중국 상상은 전혀 사실무근의 공상으로 물리쳐야 할 것이다.

■ 폴 케네디의 설명 시도

폴 케네디(Paul Kennedy)도 베버나 베버주의자 윌리엄 맥닐을 인용하며 맥닐과 아주 유사한 중국자본주의불발론을 설파한다.

중국의 쇠퇴에서 한 핵심 요소는 유교적 관료제체의 보수주의였다. 이것은 몽골인들에 의해 이전에 그들에게 강요된 변화에 대한 분개 때문에 명대에 고조되었던 보수주의였다. 이런 '복고적' 분위기에서 지극히 중요한 관리집단은 과거를 보존하고 회복하는 데 관심을 가졌지, 해외 확장과 상업에 기초한 더 밝은 미래를 창조하는 데 관심을 보이지 않았다. 공자경전에 의하면, 전쟁은 자체가 개탄할 활동이었고, 무력은 야만족의 공격이나 내란에 대한 공포에 의해서만 필요한 것이 되었다. 육군(과 해군)에 대한 만다린의 혐오는 무역업자에 대한 혐의를 동반했다. 사적 자본의 축적, 싸게 사서 비싸게 파는 관행, 신흥부자 상인들의 과시, 이 모든 것이 땀 흘려 일하는 대중의 분노를 야기하는 만큼 엘리트들, 즉 학자적 관료들도 불쾌하게 했다. 만다린들은 시장경제 전체를 중단시키기를 바라지 않았을지라도 종종 개인적 상인들의 재산을 몰수하거나 그들의 사업을 추방함으로써 그들에

---

755) Le Compte, *Memoirs and Observations* […] *through the Empire of China*, 290쪽.

대항해 종종 간섭했다. 중국신민에 의한 대외무역은 단순히 만다린의 눈의 통제 아래 덜 들어 있다는 이유에서 그들의 눈에 훨씬 더 의심스럽게 보였던 것이 틀림없다.[756]

이 서술의 대강은 베버의 중국자본주의불가론과 맥닐의 중국불발론의 반복이다. 중국 관료들이 사적 자본의 축적과 상인들의 부의 과시를 불쾌하게 생각하고 그들을 방해했다는 말은 에티엔느 발라즈(Etienne Balazs)와 같은 베버주의자들도 일찍이 베버를 따라 매번 반복하던 말이다. 발라즈는 이렇게 헛짚었었다. "중국의 도시는 일차적으로 통치의 소재지, 즉 항구적으로 부르주아지에 대해 적대적인 관리들의 처소였다. 그리하여 부르주아지는 언제나 국가의 지배 아래 있었다."[757]

하지만 관리와 대중이 상업과 사적 자본의 축적과 과시를 불쾌하게 여겼다는 케네디의 주장은 베버의 설명보다 더 나아간 것이다. 거듭 시사했듯이 중국의 수도 북경과 남경은 황제와 그 파견관들의 관리 아래 있었지만, 18-19세기부터 점차 그 밖의 중소도시들은 신상紳商들의 자치정부에 의해 다스려졌다. 중국의 도시는 "항구적으로 부르주아지에 대해 적대적인 관리들의 처소"가 아니라 신상들의 자치도시였다.

그런데 케네디의 설명에는 비록 그 요인들에 대한 설명이 그릇되었을지라도 베버에게서는 볼 수 없는 중국 자본의 '모험성 부족'에 대한 시사가 들어있다.

> 상업과 사적 자본에 대한 혐오는 (…) 엄청난 기술적 성취와 모순되지 않는다. 명대 만리장성의 재건과 운하체계의 발전, 제철소, 제국 함대는 국가 목적을 위해 존재했다. 관료집단 황제에게 이것들이 필요하다고 조언했기 때문이다. 그러나 이 사업기도들은 시작된 것과 똑같이 또한 소홀히 될 수 있었다. 운하는 망가지도록 버려졌고, 군대는 주기적으로 새 장비의 결핍에 시달렸고, (1090년 건조된) 천문시계는 무시되었고, 제철소들은 점차 불용에 떨어졌다. 이것들이 경제성장에 대한 유일한 억제요인들이었던 것이 아니었다. 인쇄는 학문적 저작에 한정되고 사회비평을 위해 쓰이기커녕 실무지식의 광범한 전파를 위해서

---

756) Kennedy, *The Rise and Fall of the Great Powers*, 7-8쪽.

757) Etienne Balazs, *Chinese Civilization and Bureaucracy* (New Heaven/London: Yale University Press, 1964·1974), 44쪽.

도 쓰이지 않았다. 지폐의 사용은 중단되었다. 중국 도시들은 서구 도시에서처럼 자치가 허용된 적이 없었고, 어떤 중국 부르주아도 이 어휘가 함의한 모든 것과 함께 존재한 적이 없었다.[758]

그러나 "상인과 기타 기업가들은 공식적 진흥활동 없이 번창할 수 없었다. 부를 획득하는 사람들조차도 그것을 원형산업적 발전에 투자하기보다 토지와 교육에 지출하는 경향이 있었다."[759]

중국에 대한 케네디의 서술은 많이 빗나가고 있다. 『공자철학과 서구 계몽주의의 기원(상)』에서 상론했듯이, 명대 이래 중국에는 부르주아지로서 신상이 대거 등장했고, 청대말의 모든 중국 도시는 중국 부르주아지 신상들의 자치도시였다.[760] 따라서 "중국 도시들은 서구 도시에서처럼 자치가 허용된 적이 없었고, 어떤 중국 부르주아도 존재한 적이 없었다"는 케네디의 단정은 그야말로 완전히 빗나간 헛소리다.

그리고 상인이 번 돈을 시골의 토지를 사들이는 데 쓰는 추세는 중국만의 현상도 아니고, 또 자본주의에 반하는 현상도 아니었다. 그럼에도 케네디는 베버와 맥닐을 무비판적으로 추종해서 이 현상을 자본주의 발전의 저해요인으로 비판하고 있다. 이런 그릇된 견해의 원작자인 베버는 상공업자들이 자기 자본의 일부를 토지에 투자한 것을 근대자본주의의 단초를 창출하는 것과 무관한 것으로 파악했다.

(중국에서) 자유교역을 지향하는 순수한 시장자본주의의 발전은 맹아적 한계에 갇혀 있었다. 상공업활동에서 자연스럽게 도처에서, 또한 곧 언급할 공동사회적 기업형태들 안에서도, 다른 경우처럼 여기에서도 기술자에 대한 상인의 우위가 눈에 띄었다. 이 우위는 연합단체의 경우 이미 통상적 이익분배 지침에서 드러났다. 그리고 지방간 상공업활동도 명백히 종종 현격한 투기적 이윤을 가져다주었다. 따라서 농업을 신성한 본업으로 높이 치는 고전적 가치관은 기원전 1세기에 이미 (…) 영업상의 이윤기회가 농업의 이윤기회보다

---

758) Kennedy, *The Rise and Fall of the Great Powers*, 8쪽.
759) Kennedy, *The Rise and Fall of the Great Powers*, 8쪽.
760) 참조: 황태연, 『공자철학과 서구계몽주의의 기원(상)』, 160-162쪽.

더 높게, 그리고 상업이윤이 가장 높게 평가되는 것을 방해하지 않았다. 그러나 이것은 근대자본주의의 발전을 위한 그 어떤 단초도 뜻하지 않았다. 서구의 중세도시에서 흥기하던 시민계층이 발전시킨 바로 그 특징적 제도들은 현재까지도 완전히 결여되었거나 아주 특징적으로 상이한 양상을 보여주었다. (…) 가산제국가에서 항상 그렇듯이 여기서도 관리는 그 자체로서 그리고 부세賦稅임차인(Abgabenpächter)으로서 - 그리고 관리들은 사리에 따라 그러했다 - 자산축적의 최적기회를 잡았다. 전직 관리들은 다소 합법적으로 획득한 자산을 토지소유에 투자했다. 아들들은 자산권력의 유지를 위해 유산공동체 안에서 공동상속자로 남아 있고, 수입이 좋은 관직을 얻고 이로써 다시 유산공동체를 부유하게 만들고 (…) 그들의 씨족원들에게 관직을 마련해줄 가능성을 마련하기 위해 가족의 몇몇 식구들을 공부하도록 할 정도의 자산을 달성했다. 그리하여 정치적 재산축적의 토대 위에서, 봉건적이지도 않고 부르주아적이지도 않은 성격을 띤, 차라리 순수한 정치적 관직수탈의 기회에 투기하는, 소작을 주며 불확실할지라도 존재하는 호족과 대지주가 발전되었다. 그리하여 가산제국가에서 전형적인 것처럼 그것은 우세하게 합리적인 경제적 영리추구가 아니라 - 마찬가지로 화폐소득을 토지에 투자하는 것으로 통하는 상업과 나란히 - 특히 자산축적, 특히 토지축적을 지배하는 대내정치적 노획자본주의(Beutekapitalismus)였다.761)

베버는 여기서 전직 관리와 상인이 화폐소득을 토지에 투자하는 것을 "근대자본주의의 발전을 위한 그 어떤 단초도 뜻하지 않는" 대내적 "노획자본주의"로 잘못 규정하고 있다.

베버주의자 발라즈도 베버의 이 그릇된 말을 그대로 반복한다. "자본주의 발전에 대한 또 다른 저해는 전통적으로 선호되는 토지에 대한 투자였다."762) 맥닐도 상론했듯이 유사한 견해를 표명했다.

그러나 주지하다시피 아담 스미스는 도시 상공인들이 도시자본을 고향이나 향촌의 토지에 투자하는 것을 "사업·제조업 도시들의 증가와 부"가 "나라의 향상과 발전"에 기여한 "세 가지 상이한 방식" 중의 하나로 보았다.

---

761) Weber, *Konfuzianismus und Taoismus*, 373-375쪽 (IV. Soziologische Grundlagen: D. Selbstverwaltung, Recht und Kapitalismus).

762) Balazs, *Chinese Civilization and Bureaucracy*, 52쪽.

도시 거주자들에 의해 획득된 부는 대부분이 종종 미개발 상태에 있는, 팔려야 할 그런 땅들을 매입하는 데 쓰였다. 상인들은 흔히 향촌젠틀맨이 되고자 하는 희망을 가졌다. 그들이 향촌젠틀맨이 될 경우, 일반적으로 모든 개발자들 중 최선의 개발자가 되었다. 상인은 돈을 이윤이 있는 프로젝트에 투자하는 데 익숙한 반면, 시골 젠틀맨은 주로 소비지출에 쓰는 데 익숙하기 때문이다."[763]

사마천도 스미스보다 2000년 앞서 "상업으로 재물을 모으고 농업으로 재물을 지킨다"는 의미의 "이말치재以末致財 용본수지用本守之" 원칙을 강조한 바 있다.[764] 베버·맥닐·케네디·발라즈가 생각하듯이 '이말치재 용본수지' 원칙은 자본주의 발전을 저해하는 소위 '천민자본주의적' 현상이 아니라, 도시와 농촌이 균형 발전하는 근대적 자본주의의 성장과정에 나타나는 한 필연적 동반현상인 것이다.

그리고 17-18세기 중국 상인들이 농촌에 자본을 역투자하는 현상은 중국에서 걱정할 일이 아니었다. 상인들은 경제발전이 고도화될수록 기회비용 타산에서 농촌에 대한 역투자를 기피했다. 이런 현상은 상해·항주·소주 등 교역이 고도로 발달한 큰 상업도시들의 경우에 이미 명대부터 나타나기 시작했다. 명대의 한 기록은 이렇게 적고 있다. "강남의 대상인들은 대부분 토지를 소유하지 않는다. 이윤이 적고 세금은 무겁기 때문이다."[765] 또 이 전래적 지혜는 한 학자가 쓴 소주의 관습에 관한 논평에서 종합되고 있다.

> 농업에서는 한 겹의 이윤이 있고 아주 큰 노동을 요한다. 공업에서는 두 겹의 이윤이 있고, 큰 노동을 요한다. 기술이 있는 손가락을 가진 사람들은 이것을 한다. 상업에서는 세 겹의 이윤이 있고, 적은 노동이 필요하다. 현명하고 사려 깊은 사람들은 상업을 한다. (불법적) 소금판매에서는 다섯 겹의 이윤이 있고, 노동이 필요 없다. 악하고 힘센 사람들은 이 짓을

---

763) Smith, *Wealth of Nations* (1776, Volume I·II), III. iv. 1-4, 411-412쪽.

764) 사마천, 『史記』 「貨殖列傳」, 1197쪽.

765) 傅衣凌, 『明時江南市民經濟試探』(上海: 上海人民出版社, 1957), 44쪽. Elvin, *The Pattern of the Chinese Past*, 248쪽에서 재인용.

한다.766)

토지에 대한 투자는 이와 같이 이미 명대부터 상인들의 촉망받는 경제활동이 아니었다. 그리고 당시 상공업에 대한 투자가 농업투자를 현저히 압도하고 있었고, 상인들의 권력은 극성하고 있었다.767) 18세기에 농지는 대부호의 비율 안에서 하위(2-20%)에 위치했다. 토지의 가치가 아직 있다면 단지 언제든 식량을 대준다는 것, 화재나 강도로부터 지켜질 수 있다는 것, 지키기 위해 많은 힘을 쏟지 않아도 된다는 것 등 '안전성의 가치'밖에 남지 않았다. 이와 같이 "토지에 대한 투자의 열정이 퇴조하면서"768) 18세기 남경상인들은 "우리는 상업을 써서 가족을 일으키고, 농업을 써서 가족을 보존한다"라고 말하곤 했다.769) 이런 까닭에 상인들의 역투자는 중국에서 전혀 우려할 현상이 아니었던 것이다.

폴 케네디는 베버와 맥닐만을 읽었을 뿐이고, 사마천이나 아담 스미스를 아마 - 꼼꼼히 또는 전혀 - 읽지 않아서 베버·맥닐과 더불어 '치명적 오류의 나락'으로 떨어지고 말았다. 그래도 케네디는 중국 자본주의의 모험성 부족과 퇴락 현상을 얼마간 제대로 포착하고 있다.

> 해외무역과 어업의 금지는 유사하게 지속적 경제 확장에 대한 또 다른 잠재력을 앗아갔다. 포르투갈사람들과 네덜란드인들이 수행한 것과 같은 대외무역은 사치품이 대상이었고, (의심할 바 없이 많은 평계가 있었을지라도) 관리들에 의해 통제되었다. 결과적으로 명대 중국은 4세기 전의 송대 중국보다 훨씬 덜 왕성하고 덜 모험적인(*much less vigorous and enterprising*) 나라였다. (…) 심지어 1644년 이후 보다 원기 왕성한 만주인들이 명국을 대체했음에도 꾸준한 상대적 몰락을 저지할 수 없었다.770)

---

766) Elvin, *The Pattern of the Chinese Past*, 248쪽.
767) John M. Hobson, *The Eastern Origins of Western Civilization* (Cambridge·New York: Cambridge University Press, 2004·2008), 72쪽.
768) Elvin, *The Pattern of the Chinese Past*, 250쪽.
769) Elvin, *The Pattern of the Chinese Past*, 248-249쪽.

"명대 중국은 4세기 전의 송대 중국보다 훨씬 덜 왕성하고 덜 모험적인 나라"라는 지적은 명대 중국 자본들의 상대적 '안주성'을 지적하는 것이다. 그러나 이 테제가 온전한 것인가?

폴 케네디는 당시까지의 그릇된 중국연구서들에 의거해 명·청대 중국의 완연한 '정체'나 '퇴조'를 말하고 있다. 그러나 실은 명·청대에도 중국경제는 양적·질적으로 산술급수적으로나마 계속 발전하고 있었다. 아담 스미스가 『국부론』을 냈던 1776년 무렵에도 중국의 산업기술 수준은 영국과 거의 비등했다.[771] 그리고 명대에 대외무역은 금지된 것이 아니라 금지의 법적 외양 아래 조공무역과 발라스트(底荷)무역이 극성했고, 사私무역도 점차 부분적으로 합법화되고, 사방팔방의 밀무역도 묵인되었다. 그리고 청대에 무역금지 조치는 여러 항구를 공식 개항하고 조공·발라스트무역을 더욱 확대함으로써 이리저리 무력화되어갔고, 이와 함께 대외무역개방은 더욱 확대되었다.[772] 따라서 명·청대 중국은 "송대 중국보다 훨씬 덜 왕성하고 덜 모험적인 나라였다"는 케네디의 단정은 얼마간 그릇된 것이다. 하지만 그의 이 단정을 '청대 중국'은 '극서제국'보다 "훨씬 덜 왕성하고 덜 모험적인 나라였다"는 명제로 고친다면, 이 것은 우리가 뒤에 집중적으로 천착하게 될, 매우 유의미한 명제가 된다.

케네디에 의하면, 중국과 영국이 경제적 선두를 다투던 18세기에 동서 세력교체를 예고하는 상징적 사실은 1709년 영국에서 최초로 철광석을 코크스로 용련하는 데 성공한 에이브러햄 다비(Abraham Darby I, 1678-1717)를 이어 아들 "에이브러햄 다비 2세의 콜브룩데일(Coalbrookdale) 제철소가 붐을 일으키기 시작한 1736년 하남河南·하북河北의 송풍 용광로와 코크스 화덕들은 완전히 방기되었다"는 것이다. 이 용광로와 화덕들은 11세기 전에 "굉장했었다". 그러나 "이제 이것들은 20세기까지 생산을 재개하지 못했을 것이다."[773]

---

770) Kennedy, *The Rise and Fall of the Great Powers*, 8쪽.
771) Smith, *Wealth of Nations*, I. xi. g. 28, 224쪽: "제조기술과 산업에서 중국과 인도는 유럽의 어떤 지역에 비해서도 열등하지만 그렇게 많이 열등하지는 않은 것으로 보인다."
772) 참조: 황태연, 『공자철학과 서구 계몽주의 기원(상)』, 446-456쪽.

하지만 케네디가 18세기 초반에 하남·하북의 용광로와 화덕이 방기되기 시작했다는 말로써 중국 제철산업 전체의 퇴조를 추정한다면 이것은 아주 그릇된 추정이다. 청대에 철은 고가였다.774) 하남·하북의 제철소들은 송대에 일어나 이후 크게 번창했으나 여러 가지 비용조건 때문에 쇠락하고, 호북湖北·섬서陝西·사천四川 성계省界 삼각지역에 신설된 제철소들이 번창했다. 이 지역에는 주야로 불이 꺼지지 않는 17-18피트(약5~5.5m)의 4각 진흙 화덕 1기당 100명 이상의 일꾼이 달라붙어 일했다. 6-7개의 화덕에는 제철전문 장인들과 광석·목탄 수송 일꾼들까지 합해 1000명 이상의 노동자들이 일했다. 또 쇠로 농기구나 단지를 만드는 공정과 제품수송에서 1000명 가까운 일꾼들이 일했다. 사천과 기타 지역의 큰 제철소들에서는 2-3천 명의 임금노동자들이 일했고, 3-4기의 화덕을 가진 작은 제철소들에서도 1천 명 이상의 노동자들이 일했다.775) 18세기에 전개된 또 다른 제철산업 지대는 광동이었다. 1078년 12만 5000톤, 1420년 이후 약 17만 톤에 달했던 철 생산량은 18세기에 절정에 달했다. 그리고 광동의 철 생산은 공식적인 "자본주의적 생산모델"에 기초했다.776)

물론 1720-30년대까지 유럽제국이 중국산 공예·기호사치품을 대체하는 수입대체산업을 일으키는 데 성공하자 늦어도 18세기 중반부터 중국상품에 대한 유럽의 수요가 감소하고 중국에서 공예·기호사치품 생산과 기타 내수제품들의 생산이 점진적으로 퇴조하기 시작한 것은 사실이다. 이로 인해 주철과 강철의 수요가 더 늘지 않는 상태에서 하북·하남 제철소들은 호북·섬서·사천 삼각지역과 광동지역 등에서 경쟁적으로 등장한 제철소들에 밀리게 되었을 수 있다. 케네디의 저 기술이 이 현상을 묘사하는 것이라면 탓할 수 없을 것이다. 그러나 그가 이것을 중국경제 전체의 퇴조 원인으로 보고 있는 한에서 그의 중국자본주의불발론은 크게 빗나가고 있다.

---

773) Kennedy, *The Rise and Fall of the Great Powers*, 9쪽.
774) Elvin, *The Pattern of the Chinese Past*, 302쪽.
775) 傅衣凌,『明淸時代商人及商業資本』(北京: 人民出版社, 1956), 14쪽. Elvin, *The Pattern of the Chinese Past*, 285-286쪽에서 재인용.
776) Hobson, *The Eastern Origins of Western Civilization*, 71-72쪽.

■ 데이비드 포어의 설명시도

마지막으로, 데이비드 포어(David Faure)는 중국의 '전통적·의례적 계약제도'를 중국에서 자생적 공장제 산업자본주의가 불발하게 된 근본원인으로 돌린다. 그의 주장의 핵심요지는 중국의 '전통적·의례적 계약제도'가 15-18세기 중국경제의 발전 원인이면서 동시에 19세기 산업자본주의의 불발 원인이었다는 것이다.

데이비드 포어는 자신의 이 주장에서 베버의 열렬한 계승자임을 명시적으로 공언한다.

> (…) 자본주의 제도의 발전에 관한 그들(막스 베버와 칼 폴라니[Karl Polanyi])의 견해는 중국역사에 대한 나 자신의 독해를 강력하게 특징짓고 있다. 베버와 폴라니는 고전적 경제학자의 짐작과 반대로 불평등한 이점들(unequal advantages)이 자연스럽게 교역으로 통하지 않는다는 것을 시사했다. 왜냐하면 교역은 오로지 이것을 위한 제도들이 창출되었을 때만 벌어질 수 있을 것이기 때문이다. 그들은 '제도'라는 말로 화폐, 특히 지폐, 회계, 법, 그리고 - 카를 마르크스 자신이 인정했을 것처럼 - 은행과 같은 채무해결 장치들을 가리켰다. 페르디난드 브로델(Ferdinand Braudel)은 그 이래 이 많은 제도들의 개요적 역사를 재구성해왔다.[777]

데이비드 포어는 베버의 전례에 따라 일정한 제도들이 중국의 유교문화로 인해 발전할 수 없었다는 것을 새로이 입증하려고 한다.

– 의례적 계약제도와 법률의 결여

따라서 데이비드 포어의 눈에 중국의 산업자본주의 불발 원인은 중국의 '전통적·의례적 계약제도'와 '법률의 결여'다.

---

777) David Faure, *China and Capitalism: A History of Business Enterprise in Modern China* (Hong Kong: Hong Kong University Press, 2006), 13쪽.

물론 침략하는 열강들과 중국 간에 기술적 격차가 있었지만 이 격차를 메울 중국의 무능력은 자원을 동원하는 데 있어서의 사회적 제도들의 취약성과 관련이 있었다. 이 취약성들의 몇몇은 정당하게 보수주의 탓으로 돌려질 수 있을 것이다. 제국의 과거시험을 자신들의 영역으로 간주하는 유생들은 그들이 전혀 능란하지 않은, 서구로부터 받아들인 새로운 학습요목을 우호적으로 볼 리가 거의 없었을 것이다. 하지만 이보다 더 큰 많은 취약성은 법에 뿌리박은 상업적 전통의 결여와 관련되어 있다. 서양 법이 중국에 적용되기까지 (…) 중국은 사업회사를 다루는 어떤 법률도 없었다. 그러므로 제국정부가 철도건설을 시작하고 지방에 합자를 통해 자본을 모으는 것을 허가했을 때 지분보유자들에게 사업을 해명하고 책임질 수 있는 회사 프로모터들을 붙들어 둘 기제들은 존재하지 않았다. 내륙 사천성에서 철도회사는 철도가 건설되기 전에 파산했고, 지분보유자들은 정부가 보상을 위해 철도를 내놓는 것이 아니라 이 철도의 국유화를 요구하고 있는 것을 알고 감정이 상했다.[778]

이런 까닭에 유럽과 중국 간의 제도적·기술적 유사성을 강조하는 것은 "산업적 서양에서의 본질적 국면들을 얼버무리는 것"이라고 알드르 프랑크(Andre G. Frank)와 케네스 포머란츠(Kenneth Pomeranz)를 질타한다.[779]

그리고 데이비드 포어는 중국자본주의 불발에 대한 대안적 설명을 요약적으로 이렇게 제시한다.

이 본질적인 것들을 아주 간략하게 요약하면, 중국에서 발전된 상업제도들이 16세기부터 18세기까지 유례없는 경제성장을 가져왔다는 것은 진실인 한편, 동일한 제도들이 19세기 증기추동 기업들의 세계에서 필요한 사업들의 규모를 다루기에 부적합했다고 얘기될 수 있을 것이다. 19세기 발전은 지금까지 중국에서만이 아니라 서양에서도 알려지지 않은 규모의 자본 투자를 요구했다. 서양은 산업금융업무, 회사설립(incorporation), 상업법률을 위한 토대가 16세기에 놓였기 때문에 이것을 감당할 수 있었다. 이것들은 금융시장에서 거래될 수 있고 교역과 산업에 금융자금을 대는 신용수단들의 창출을 가능케 했다. 그러나 중국에서 금융시장은 이룩한 적이 없고, 결과적으로 중국은 그 자신의 토착 은행들, 지폐,

---

[778] Faure, *China and Capitalism*, 6쪽.
[779] Faure, *China and Capitalism*, 12쪽.

지분 또는 어음들을 발전시키는 것을 쉽게 느껴본 적이 없었다. 간단히, 중국이 정부와 별도로 증기추동 기술을 위한 자본을 가지고 있었든 없었든, 중국은 산업기업에 충분한 자본을 집중시킬 기제를 보유하지 못했다. 포머란츠가 주장하고 싶어 하듯이 서양과 중국 간의 산업 역량의 격차가 명백해진 것이 단지 19세기일 뿐이라는 말이 진실일 수 있지만, 이것은 그 격차의 출현 이유가 훨씬 더 이른 시대에 위치해 있지 않다는 것을 말하는 것이 아닌 것이다.780)

그러나 데이비드 포어가 추종하는 베버는 중국에서 발명된 선진기술들을 이용한 대大매뉴팩처 기업이 등장하지 못한 것은 이런 제도적 기제의 부재가 아니라 항구적 수요 부족, 즉 '항구적 시장의 부재'라고 말했었다.

> 사私자본주의적 대규모 매뉴팩처들은 외관상 역사적으로 그 존재가 거의 입증될 수 없고, 대량품목도 그럴 개연성이 없다. 왜냐하면 항구적 시장이 없었기(*der stetige Markt fehlte*) 때문이다.781)

그러나 어디에서도 베버는 이 수요부족의 원인을 말하지 않고 있다. ('항구적 시장의 부재'의 원인에 대해서는 앞서 시사했고, 뒤에서 다시 다루면서 상론할 것이다.) 베버가 "소위 코크스사용에 대한 지식"에도 불구하고 "제철에 석탄을 사용하지 않은 것", "기술적 재능이나 발명재간" 및 "중국인들의 발명품들"을 방치한 것을 중국의 만연된 미신과 잘못 연결시키고 있을지라도782) 이것은 실은 저 항구적 수요의 부재, 즉 "항구적 시장의 부재"와 직결된 문제였다.

중국의 매뉴팩처자본가들은 산업적 대량생산으로 상품을 시장에 대량으로 출하한다면 이 대량의 상품을 대량으로 소비해줄 대규모의 항구적 수요 또는 "항구적 시장"이 부재했기 때문에 증기터빈 신기술을 투입해 산업화를 추진할 엄두도 내지 못

---

780) Faure, *China and Capitalism*, 12쪽.
781) Weber, *Konfuzianismus und Taoismus*, 387쪽.
782) Weber, *Konfuzianismus und Taoismus*, 529쪽 각주1).

한 것이다. 포어는 막스 베버도 감지한 "항구적 시장의 부재"의 원인을 밝혀야 할 마당에 "항구적 시장의 부재"를 감지하지도, 또 그 원인에 대해 관심을 갖지도 않고, 엉뚱하게도 "토착 은행, 지폐, 지분 또는 어음" 등 "교역과 산업에 금융자금을 대는 신용수단들의 창출"이니, "산업기업에 충분한 자본을 집중시킬 기제"의 부재라고 '제도' 탓만 하고 있는 것이다.

또 "토착 은행, 지폐, 지분 또는 어음"이 번성한 적이 없다는 포어의 말도 실로 '무식하기 짝이 없는' 말이다. 『공자철학과 서구 계몽주의의 기원(상)』에서 상론했듯이[783] 13세기 송대 이래 중국은 - 영국의 동번회리은행東藩匯理銀行(The British Bank)이 홍콩·상해·광주에 처음 설치된 - 1840년대 이전에 설립된 만여 개의 토착은행이 성업盛業 중이었고 이 은행들이 수표발행 등 모든 은행·금융업무를 수행하고 있었다. 1024년 사천에서 '교자'라는 최초의 지폐를 발행한 송대에 대규모로 등장한 중국 은행들은 저축·장거리송금·자금대여(여신)·화폐교환·어음(수표)발행 등 모든 업무를 수행했다. 중국의 전통적 금융기관에는 '표호票號'와 '전장錢莊', 두 형태가 있었다. 송대 중국의 금융기관들은 초창기에 가까운 가족·친족관계에 기초한 상업은행업무에 집중되어 있었다. 그러나 이 금융기관들의 자본은 일차적으로 장기적 요구불저축보다 단기송금으로부터 나오는 플로트로[784] 조성되었다. 중국의 초창기 은행기관은 18세기부터 창설되어 영업해온 '표호'였다. 이 표호는 주로 산서山西성 사람들이 소유주였기 때문에 '산서은행(Shansi banks)'으로 알려졌다. 송대에 최초로 등장한 '표호'는 평요平遙지구에 소재했던 '희열성熙悅城염료회사'였다.[785] 이 회사는 거금의 현금을 이 지점에서 저 지점으로 이송시키는 업무를 처리하기 위해 중국에 여기저기 흩어져 있던 많은 회사지점에서 현금화할 수 있는 지급명령서를 발행했다. 이 새로운 방법은 원래 이 희열성염료회사의 지점망 안에서 업무거래를 위해 설계된 것인데도 아주 인

---

783) 황태연, 『공자철학과 서구 계몽주의의 기원(상)』, 462-465쪽.

784) 플로트(float)는 송금자의 입금시간과 수령자의 출금시간 사이에 은행 계좌에 들어있는 이중적 현금을 말한다.

785) 黃鑒暉, 『山西票號史』 (臺灣: 山西經濟出版社, 1992), 36-39쪽.

기가 있어서 다른 회사와 개인들의 송금업무도 맡아서 처리해주었고, 그러던 중 1823년 희열성염료회사 자본주는 아예 염료사업을 접고 회사를 "일승창표호日升昌票號"라는 상호의 송금전담 금융기업으로 개편했다. 이후 30년 동안 11개소의 표호가 기현祁縣·태곡太谷·평요 등 산서 지역에 설립되었다. 19세기 말경에는 전국에 475개 지역에 지점을 전개한 32개소의 표호들이 크게 번창하고 있었다.[786] 모든 표호는 소유자가 무한책임을 지는 단독소유자나 동업자로 조직되었다. 이 표호들은 전국적으로 성간省間 광역 송금업무를 전담했고, 나중에는 중앙과 지방, 성과 성 사이의 정부송금업무도 대행했다. 남부의 수송로를 파괴한 태평천국의 난부터는 표호가 정부세수의 조달도 도맡았다. 표호는 19세기에도 지방정부에 대한 자금대여, 외국차관 조달, 수표발행, 지방재정운영에서 역할을 떠맡음으로써 일취월장했다.

'전장'은 표호와 대조적으로 지방적이었고, 주로 전장이 설치된 지방 안에서 화폐교환·수표발행·어음교환·할인 등을 수행함으로써 상업은행으로 기능했다. 전장은 상인들과 긴밀한 관계를 맺고 성장했지만 이 상인들이 무역업에도 사업을 확장하면서 대외무역과의 연관 속에서도 성장기회를 확보했다. 1890년경 중국의 전장은 약 1만 개에 달했다. '전장'은 처음에 상해·영파·소흥紹興 등 양자강델타(강남)지역에서 등장했다. 최초의 전장은 18세기 중반까지 추적될 수 있다. 1776년에는 상해에서 여러 전장이 '감아공소藍牙公所(Qianye Gongsuo)'라는 길드로 통합되었다.[787] 상해·영파·무호蕪湖 등지에는 이자율·관세율 등을 자율 결정하는 금융업자길드도 조직되어 있었다.[788]

그리하여 19세기 초 중국에는 전국적으로 표호와 전장을 다 합쳐 수만 개의 은행이 성업 중이었다. 중국영토의 이쪽 끝에서 저쪽 끝으로 송금할 수 있을 정도로 많은 지점망을 전개하고 영업해온 산서은행 등 거대 은행들이 이미 등장해 있었고, 이 중 전

---

786) 山西省社會科學院 編, 『山西票號史料』 (臺灣: 山西經濟出版社, 1992), 36-39쪽.

787) 中國人民銀行 上海市分行 編, 『上海錢莊史料』 (上海: 上海人民出版社, 1960, reprint 1978), 11쪽.

788) Hosea B. Morse, *The Gilds of China* (London: Longsman, Green and Co., 1909), 21-22쪽.

국에 30개 이상의 지점을 전개한 상해소재 은행만 쳐도 8개에 달했다. 이 은행들은 19세기 후반에는 일본, 러시아, 싱가포르로도 진출했다.[789]

그리고 상론했듯이 지폐은행권 발행과 통용은 원대 중국에서 한동안 최고의 융성기를 맞았고, 지폐발행 및 관리와 관련된 정부규칙들은 가장 정교하게 발전했다. 이 시기에 원나라의 지폐는 안남, 태국, 버마, 페르시아에서도 국제통화처럼 통용되었고, 중국의 이 지폐발행 제도는 은행업노하우 및 은행제도와 함께 서구에도 전파되었다.[790] 스웨덴의 은행업무와 화폐저축 바우처 제도는 중세 원격무역상 - 필경 유대 비단상인들 - 에 의해 전해진 중국 지폐은행업무 관행과 제도의 영향을 받았다.[791] 이 지폐발권의 경험과 은행업 전통은 지폐사용이 뜸해진 14-18세기 명·청대에도 망각되지 않아 각 지방 사영私營은행들의 은행권 발권으로 이어졌다.

19세 초 중국은 철도든, 증기추진 산업이든, 아니 그 어떤 것이든 건설할 수 있는 자본과 이 자본을 동원할 수 있는 신용기제들이 이렇게 무수히 존재했지만, 항구적 시장(수요)의 부재 때문에 대량생산으로 대량소비를 요청하는 증기추진 산업을 건설할 수 없었다. 데이비드 포어는 항구적 시장수요의 부재를 인지하고 그 원인을 규명해야 할 마당에 중국의 역사적 현실과 완전히 배치되는 이상한 '신용제도의 부재' 타령만 하고 있는 것이다.

– 근대적 '공장'의 부재? –'하부계약제' 또는 '내부계약제'의 성격

데이비드 포어는 제도부재 테제를 중국의 기업조직 분석에도 적용한다. 그는 명·청대 중국에 '기업제도'가 없었다고 강변한다. 중국의 작업장은 수백 명이 근무하는 장소라도 소수의 장인들을 거느린 수많은 계약자들이 모인 곳이라서 일직선적 위계

---

789) Mark Elvin, *The Pattern of the Chinese Past* (Stanford: Stanford University Press, 1973), 296쪽.
790) Lien-sheng Yang, *Money and Credit in China* (Cambridge, MA: Harvard University Press, 1952), 65쪽.
791) Robert Eisler, *Das Geld und Seine Geschichtliche Bedeutung* (München: 1924), 217쪽. Lien-sheng Yang, *Money and Credit in China*, 65쪽에서 재인용.

의 노동조직이 부재하기 때문에 '공장'일 수 없다는 것이다. 포어는 일단 작업장 회계의 부재, 따라서 공장의 부재를 든다.

> 시초적 자본주의를 명·청대 작업장에서 추적하는 논변은 작업장(*workshop*)을 공장(*factory*)으로 착각한다. 수공업 작업장은 자본주의 제도도 아니었고, 이 작업장을 자본주의 제도로 바꿀 행정을 개시하지도 않았다. 공장은 있었지만, 그것은 19세기 초반에 일어난 서양 산업혁명의 창조물이었다. 공장은 우리가 작업장에서도 발견하는 고용된 노동의 사용만이 아니라, 중국의 작업장 생산에서 아주 부재한 생산의 통제를 위한 회계방법의 적용도 포함한다.[792]

데이비드 포어는 여기서 중국에 부기회계가 존재하지 않았었다는 베버의 주장을 되뇌고 있다. 19세기 말까지 서양의 자본주의 기업에서도 정확한 회계가 필수적인 것도 아니었고, 또 "중국의 작업장 생산"에서 "회계방법"이 "아주 부재한" 것도 아니었다는 것은 상론한 바와 같다. 그런데 포어는 "중국 사업이 자본회계를 하지 않은 것은 아주 확실해 보인다"고 거듭 단정한다.[793] 이것은 중국에 자본회계를 위한 부기, 즉 '복식부기'가 없었다는 주장도 함의한다. 그러나 중국과 한국·일본에는 각각 고도로 발달한 나름의 복식부기가 있었다는 것은 앞서 논증했다. 따라서 중국에 회계와 자본회계가 존재하지 않았다는 포어의 이 무식한 주장들에 대한 비판은 여기서 생략해도 될 것이다.

데이비드 포어는 작업장에 도급을 받는 '하부계약자들'의 난무로 인해 일사불란한 위계질서가 부재하다고 지적하고 이 때문에 중국 작업장들의 체계는 '자본주의 공장'이 아니라고 주장한다.

> 작업장에서, 그리고 다른 곳에서도 중국의 노동경영은 큰 수의 일꾼들의 직접고용을 위한

---

[792] Faure, *China and Capitalism*, 18쪽.
[793] Faure, *China and Capitalism*, 36쪽.

수단을 제공하지 않았다. 자료로 제시될 수 있는 경우에 중국인들이 큰 수의 근로자들을 기업행정적 명령 아래 고용하는 노동집약적 프로젝트들을 수행하는 데 아주 성공적이었을지라도 사업기업을 어떤 비교할만한 규모로 운영하려는 어떤 시도도 성공한 적이 없다. 비단생산을 위한 중국제국의 작업장은 대규모로 구성되었지만 - 그것들은 작업장마다 수백 대의 직조기를 포함하는 기초 위에 계획되었다 - 어떤 때도 통일된 기업으로 운영된 적이 없다. 그 대신, 사업적 경영활동은 관찰자들이 여러 해 동안 홍콩에서, 그리고 지금 중국 남부지방에서 보아온 친숙한 형태를 취했다. 제국공장들은 중앙집권적으로 운영되는 것이 아니라 숙련된 직장職長 근로자들에게 계약에 의해 도급을 주었고, 그러면 이 직장들은 각각 단지 한두 대의 직조기만을 사용하는 그들 자신의 독립적 기업을 운영했다. 경영분할의 유사한 공정은 광산과 제국 가마에서도 기록으로 입증된다. 광산 갱들과 가마들은 개인적으로 소유되었고, 그들 자신의 우두머리 밑에서 일하는 근로자들의 작은 팀에게 계약제로 도급이 주어졌다. 제국정부의 광산에서 정부는 기계의 소유권을 보유했지만, 우두머리들은 그들 자신의 근로자들을 고용했다. 우리는 모종의 생산회계가 없다면 감독비용이 높지 않을까, (직접 - 인용자) 고용하는 것보다 하부계약하는 것(subcontract)이 더 저렴했을까 의심한다.[794)]

포어는 마르크스까지 동원하며 이런 작업장은 자본주의와 무관하다고 다시 한 번 못박는다.

명대 작업장 소유주들이 노동자들을 고용한 것은 사실이지만, 이 사실 자체가 자본주의의 존재를 함의한다고 주장하는 것은 마르크스의 자본주의 설명의 중심에 위치한 고전경제학자의 공식의 본질적 연관을, 특히 자본이 작업장의 맥락 속에서 어떻게 회전하는지 하는 문제를 그림에서 빼버리는 것이다. 임금노동의 존재가 맹아적 자본주의를 창조하기 위해 그것이 취한 모든 것이었다면, 우리는 어떤 역사가들이 고대 중국으로부터 줄곧 내내 맹아적 자본주의를 발견한다고 해도 놀랄 것이 없을 것이다. 그렇다면 역사적 문제는 '맹아적 자본주의가 중국에서 발아發芽했는가'가 아니라, 제도가 2000년 동안 정태적으로 남아있었다면 '그 제도가 왜 앞으로 훨씬 더 긴 기간 동안 그대로 계속 남아 있지 않을 것인가'

---

794) Faure, *China and Capitalism*, 18쪽.

일 것이다.[795]

포어의 이 단정은 실은 베버의 논지를 반복하는 것이다. 베버는 "자본지분의 기준과 특수한 성과의 기준에 따른 이윤배분 체계를 갖춘 공동작업장 안에 소小자본주의적 기업공동체들이 존재했다"는 사실을 인정하지만,[796] 중국에서의 "자본주의적 종속관계의 결여"를[797] 이렇게 논변한다.

> 중국에는 법률형태가 없었고, 이탈리아 도시들의 상법 안에 이미 일찍이 오인할 수 없는 단초들이 존재했던, 경제의 합리적 객관화(rationale Versachlichung)를 갖춘 자본주의적 '기업(Betrieb)'의 사회적 기반도 없었다."[798]

그리고 베버는 "가장 최근의 시대에야 서구적 성격의 자본주의적 종속관계는 그 전형적 형태에서 유럽의 영향 아래 도입되었다"고 단정한다.[799] 포어는 베버의 이 말을 받아 위에서 중국에 "공장은 있었지만, 그것은 19세기 초반에 일어난 서양 산업혁명의 창조물이었다"고 논변한다.

그러나 마르크스는 베버가 중국에 존재했던 것으로 인정한 "소小자본주의적 기업공동체들", 즉 하부계약자들의 공동작업장을 자본주의 기업으로 규정했다. 포어가 추종하는 베버도 앞서 말한 시사한 바대로 '자본주의적 종속관계의 결여' 명제와 정면으로 모순되게도 중국의 공동작업장과 관련해서 '소小자본주의'와 '자본주의적 포섭(굴복)'을 말했다.

다른 한편으로 도시의 영업적 개별 장인기업들과 나란히, 특유하게 종종 폭넓은 수공업적

---

795) Faure, *China and Capitalism*, 17쪽.
796) Weber, *Konfuzianismus und Taoismus*, 387쪽.
797) Weber, *Konfuzianismus und Taoismus*, 373쪽.
798) Weber, *Konfuzianismus und Taoismus*, 374쪽.
799) Weber, *Konfuzianismus und Taoismus*, 373쪽.

분업체계를 갖춘, 그리고 종종 기술경영과 상업경영의 철저한 전문화를 갖춘, 그리고 부분적으로 (그리고 명의상으로) 자본지분의 기준과 특수한 (가령 상인적 또는 기술적) 성과의 기준에 따른 이윤배분 체계를 갖춘 공동작업장(*gemeinsame Ergasterien*) 안에 소小자본주의적 (협업체적) 기업공동체들(*Betriebsgemeionschaften*)이 존재했다. (…) 이런 작업장들은 중국에서 말하자면 계절업종에서 판매 없는 시기를 공동으로 견디기 위해, 그리고 그밖에 당연히 신용창출의 용이화와 분업적 생산을 위해 존재했다. 더 큰 경제단위체들을 창출하는 이 모든 형태들은, 사회적으로 보면, 특유한 "민주적" 성격을 가졌다. 이것들은 프롤레타리아화와 자본주의적 예속의 위험을 막고 개인의 생계를 보장했다. 순수하게 경제적으로, 자본주의적 굴종(포섭)은 물론 더불어 노동하지 않는 (소小)자본가들의 높은 수입의 형태로, 그리고 관리직 판매직원들의 우월적 권력과 높은 수익배당금으로 고착될 수 있었다.[800]

베버는 여러 "소자본주의적 기업공동체들"과 계약관계로 구성된 형식적 자본관계(*formelles Kapitalverhältnis*)의[801] '공동작업장'을 사회적 견지에서 "민주적 성격을 가졌다"고 규정하면서도 '순수한 경제적' 관점에서 '자본주의적 예속'이 관철되는 것으로 묘사하고 있다.

그러나 막스 베버와 데이비드 포어는 서양에서 일직선적 위계구조로 짜인 자본주의 대기업들이 처음부터 끝까지, 그리고 전면적으로 무대를 지배했을 것으로 망상한다. 하지만 베버와 포어의 이 망상과 반대로 서양의 매뉴팩처자본주의에서 보편적이었고 심지어 서양 공장제 자본주의의 '이종적 생산부문'에서는 20세기 초까지도 강력하게 지배했던 공장형태는 중국에서처럼 여러 "소小자본주의적 기업공동체들"과의 계약관계로 짜여진, 물론 "자본주의적 굴종(포섭)"을 "소小자본가들의 높은 수입의 형태"로, 그리고 "관리직 판매직원들의 우월적 권력과 높은 수익배당금"의 형태

---

800) Weber, *Konfuzianismus und Taoismus*, 387쪽.
801) 자본주의를 핵심의미에서 파악할 수 있게 해주는 마르크스의 '자본관계'는; 자본의 임금노동에 대한 지배관계를 뜻한다. 이것은 '형상적 자본관계'와 '실질적 자본관계'로 나뉜다. 전자는 노동형태를 변화시키지 않는 형식적 포섭(지배)을 말하는 반면, 후자는 자동기계의 투입에 의해 탈숙련화·단순화됨으로써 노동형태가 자본의 지배에 유리하게 변형된 포섭을 말한다.

로, 즉 "순수하게 경제적인" 방식으로 관철시킨 대규모 '공동작업장'의 모양을 취했다. 아무런 노동형태의 변화 없이, 또는 군대식 상명하복의 위계제도(엄격한 관료제적 행정제도)도 없이 "순수하게 경제적인" 방식으로만 관철된 노동자들의 "자본주의적 포섭"은 소小자본주가 노동자와 '경제적 형식'으로만 자본관계(자본의 노동지배 관계)를 맺고 있는 '형식적' 자본주의 기업이다. 이런 기업에는 노동자들의 실질적 "프롤레타리아화와 자본주의적 예속"이 아직 방지되었다. 이 형식적-자본주의적 포섭관계의 기업, 또는 형식적 자본관계(*formelles Kapitalverhältnis*)의 공동작업장을 베버는 "민주적 성격"을 가진 것으로 보았지만, 아담 스미스의 제자 이든(Frederic M. Eden, 1766-1809)은 "편안하고 리버럴한(*liberal*)" 것으로 표현했다. 자본관계의 이 형식적 단계에서는 수공기술을 가진 노동자들이 자본을 가진 기업주에게 그렇게 꿀리지 않고 거의 대등하게 노무계약을 맺었다. 매뉴팩처 단계의 이 '형식적 자본관계'는 '자유계약'과 자유주의 이데올로기들이 조응하는 실제적 토대였다. 마르크스도 이를 인정한다. "노동자에게 지극히 유리한 축적조건 아래서 자본에 대한 노동자의 종속관계는 견딜 만한 또는, 이든의 말대로, '편안하고 리버럴한' 형식을 취하고 있었다."[802] 그런데 이종적 생산부문에서는 이러한 "민주적" 노사관계(베버) 또는 "편안하고 리버럴한" 노사관계(이든, 마르크스)가 20세기 한복판까지도 계속 존속했던 것이다.

카를 마르크스는 『자본론』에서 매뉴팩처를 "이종적(*heterogene*) 매뉴팩처와 유기적(*organisch*) 매뉴팩처"라는 "두 근본형태"로 구분하고 이 두 명칭의 제목 아래 이렇게 말한다.

> 매뉴팩처의 조직은 때로 혼효될 때가 있을지라도 본질적으로 상이한 두 종류를 구성하고, 말하자면 매뉴팩처가 기계적으로 운영되는 대공업으로 전환될 때에도 완전히 상이한 역할을 수행하는 두 근본형태를 가진다. 이 이중성격은 생산물 자체의 성격에서 생겨난다. 이 생산물은 자립적 부품들의 단순한 역학적 조립에 의해 만들어지거나, 그 완제품의 형

---

802) Marx, *Das Kapital* I, 645쪽.

태가 일련의 연결된 과정들과 조작들에 의해 만들어진다.[803]

생산물(가령 섬유, 철, 밀가루, 종이 등)을 "일련의 연관적인 과정과 동작을 통해", 말하자면 연속적 방식으로 제작되는 과정은 "유기적 생산과정"이다. 이에 반해 완제품(가령 시계, 기차, 마차, 기관차, 자동차 등)을 "자립적 부분생산물들의 단순한 역학적인 조립"을 통해 생산하는 과정은 "이종적 생산과정"이다. 연속되는 일관적 공정으로 완제품이 만들어지는 '유기적 생산공정'은 쉽사리 기계적 자동화가 가능한 반면, 여러 곳에서 사전에 제작된 많은 부품들을 조립해야만 완전품을 만들 수 있는 '이종적 생산공정'은 기계적 자동화가 불가능하다. 이종적 생산공정은 조립될 수많은 부품을 만드는 선행적 부품제작공정들과 부품조립공정으로 나뉜다. 기계적 자동화가 불가능한 '이종적 생산공정'은 20세기 초까지 오랫동안 기계적 자동화를 면한 채 직장과 장인들이 지배하는 상태로 남아있었다.[804]

이런 까닭에 자동적 기계류의 자본주의적 적용의 직접적 결과로서 나타난, 자본 아래로의 노동의 '실질적' 포섭, 즉 '실질적 자본관계(reelles Kapitalverhältnis)'는 섬유산업 등 유기적 생산부문에서만 고전적으로 관철되었다. 이런 까닭에 마르크스도 주로 당시의 섬유공장을 대공업 분석의 주된 대상으로 삼았고, 따라서 '병영전제주의적 공장체제'를 "이것의 가장 완성된 형태에 있어서" 서술할 수 있었다.[805]

그러나 가동적 기계화의 관철로 달성되는 노동의 '실질적 포섭'은 모든 생산영역에 관철될 수 없었다. 단순한 기계화는 섬유생산, 제분, 철강제련, 핀, 종이 등의 생산

---

803) Marx, *Das Kapital I*, 362쪽.
804) 이에 대한 상론은 참조: Tai-Youn Hwang, *Herrschaft und Arbeit im neueren technischen Wandel* (Frankfurt am Main: Peter Lang, 1991), 132-151쪽; 황태연, 『지배와 이성: 정치경제·자연환경·진보사상의 재구성』(서울: 창작과비평사, 1996), 214-217쪽. 이 생산공정은 노동자의 '마지막 성역'이었으나, 20세기 초 부품생산공정에 적용된 테일러리즘과 부품조립에 투입된 포드주의에 의해 분쇄되었다. 테일러리즘과 포드주의는 기계적 자동화가 불가능한 이종적 생산공정에 고용된 노동자들이 기계적으로 일하도록 하는 노동조직의 원리였다. 테일러리즘과 포디즘에 대한 상세한 분석은 참조: 황태연, 『지배와 이성』, 222-237쪽.
805) Marx, *Das Kapital I*, 441쪽.

과 같은 '유기적 생산과정'과 원칙적으로 다른 '이종적 생산과정'을 자동화하기에 기술적으로 너무 역부족이었다. 따라서 공학적으로 자동화된 공장체제와 나란히 저(低)발전된 형태의 공장체제가 존재했다. 이 저발전된 형태는 "가장 완성된" 자동화 공장시스템과 '동일한' 기계화 수준에 서 있었지만 자동화는 전혀 경험할 수 없었다. 따라서 이종적 생산과정의 노동자들은 옛 매뉴팩처 노동자들과 유사하게 실질적 포섭이나 병영적 전제체계에 아직 굴복하지 않았다.806)

기계가 부분적으로만 투입될 수밖에 없는 이 저(低)발전된 공장형태, 즉 '공장제로의 이행단계'에 있는 근대적 매뉴팩처에807) 관해 마르크스는 여기저기서 언급하고 있다. 그는 "자립적 부분생산물들의 단순히 공학적인 조립에 의해 형성되는" 제작물의 첫 번째 예로서 기관차를 들고 있다. 그러나 그는 곧 기관차를 곧바로 시계로 대치한다. 왜냐하면 공장제 자본주의의 산물인 "기관차"는 "본래적 매뉴팩처의 첫 번째 유형의 예로서 간주될 수 없기 때문이다".808) 마르크스가 기관차 제작을 이종적 생산형태에 대한 예로서 제시했다가 매뉴팩처시대에 적절한 예가 아니라고 하면서 다시

---

806) 우리는 19세기 말의 대침체기 이래 시작된 산업구조의 변동시기까지 자본주의적 생산양식의 두 발전단계, 즉 형식적 포섭만이 관철된 초기 자본주의적 매뉴팩처 단계와 기계경영에 기초한 실질적 포섭의 대공업 단계가 동시대적으로 관찰될 수 있었다. 즉, 실질적 포섭의 제 1단계는 "반쯤 성공한다". R. Schmiede, "Reelle Subsumtion als gesellschaftliche Kategorie", 23쪽. W. Schumm (Hg.), Zur Entwickliungsdynamik des modernen Kapitalismus. Beiträge *zur Gesellschaftstheorie, Industriesoziologie und Gewerkschaftsforschung.* Symposium für Gerhard Brandt (Frankfurt am Main/New York: 1989. 그러나 우리는 이 실질적 포섭이 "아직 체계적인 경영 및 노동조직에 의해 동반되지 않았기"(위 글, 23쪽) 때문에 "반쯤 성공"했다고 보는 것이 아니라, 그것이 단지 유기적 생산과정에서만 관찰되었기 때문에 그렇다고 본다. 실직적 포섭이라는 생산관계적 토대구성체적 근본특징을 상부구조적인 기업조직의 체계적 발전 속에서 찾아 보려는 그의 혼동된 시도는 그가 대부분 다른 이론가들처럼 유기적 생산과정과 이종적 생산과정을 구분하지 못하고 있기 때문에 발생했다. 이에 관한 비판으로는 참조: J. Bergmann, "Reelle Subsumtion' als arbeitssoziologische Kategorie", 41쪽. W. Schumm (Hg.), *Zur Entwickliungsdynamik des modernen Kapitalismus. Beiträge zur Gesellschaftstheorie, Industriesoziologie und Gewerkschaftsforschung.* Symposium für Gerhard Brandt (Frankfurt am Main/New York: 1989).

807) Marx, *Das Kapital I*, 484쪽.

808) Marx, *Das Kapital I*, 362쪽.

취소한 의도는 '이종적'과 '유기적'이라는 범주가 대공업에도 그대로 타당하다는 것을 은근히 시사한 것이다. 그래서 그는 "두 근본형태는 때때로 얽히고설킬지라도 본질적으로 상이한 유형들이고 가령 매뉴팩처가 나중에 기계경영의 대공업으로 탈바꿈할 때도 전적으로 상이한 역할을 수행한다"고 미리 말해 둔 것이다. 왜냐하면 기계경영으로의 이행, "이 형태변환은 제작물의 매뉴팩처 생산이 제작과정의 단계적 연쇄가 아니라 분리된 여러 과정들을 포괄하는 곳에서 가장 어려운 것으로 남아 있기" 때문이다.[809] 실뽑기, 베짜기, 방아찧기, 기름짜기, 금형으로 못·신발·단추 등의 제품을 연속으로 찍어내는 작업 등 '일관적 연쇄동작'으로 수행되는 유기적 생산과정에서는 공작기계가 질적으로 새로운 도구로 현상된다. 왜냐하면 "한 공장기계가 동시에 놀리는 도구들의 수는 한 노동자의 손도구를 가두는 유기체적 한계로부터 애당초 해방하기" 때문이다.[810] 여기서는 개별 생산과정의 연쇄성 또는 연속성이 보장되고 궁극적으로 공학적 기계체계의 토대 위에서 공장 전체의 생산과정이 '자동화'될 수 있고 연속적 흐름식 생산이 확보된다. 여기에서 "기계는 직접적으로 사회화된 노동 또는 공동적 노동의 손 안에서만 기능한다".[811]

이에 반해 기차, 마차, 시계, 의복, 책걸상, 도검, 무기류 등의 제작과정, 즉 자립적 부품들이 사전에 선행적 생산공정에서 제작되고 그 뒤에 조립공정에서 조립되어야 하는 이종적 생산과정 안에 투입된 기계류는 질적으로 새로운 도구의 성격을 전혀 가질 수 없었다.[812] 제작물의 성격이 단순히 개개 기계들의 부분적·산발적 도입만을 허용하는 이종적 생산과정에서는 결국 "기계류에 기초한" 매뉴팩처 작업장의 "재현"

---

809) Marx, *Das Kapital I*, 484쪽.
810) Marx, *Das Kapital I*, 394쪽.
811) Marx, *Das Kapital I*, 407쪽.
812) 파렌캄프(R. Vahrenkamp)는 이러한 두 가지 근본적 생산형태에 관한 마르크스의 구별을 찰지하지 못하고 있지만, 마르크스와 본질적으로 동일한 의미에서 생산을 두 가지 형태, "과정지향적 산업"과 "조립지향적 산업"으로 구분하고 있다. R. Vahrenkamp, "Frederick Winslow Taylor - Ein Denker zwischen Manufaktur und Großindustrie. Einführung zum Nachdruck", S.LXI. Frederick W. Taylor, *Die Grundsätze wissenschaftlicher Betriebsführung* (Weinhelm/Basel: 1977).

만이[813] 가능했다. 가령 기계제작의 경우 "개별적인 기계부품에 필요한 엄격히 기하학적인 형태들, 선, 면, 원圓, 실린더, 원추, 구球 등"의 기계적 생산은 활대(slide-rest)의 발명으로 해결되었지만,[814] "이 공학적 장치는 그 어떤 특별한 도구를 대체한 것이 아니라" 다만 그것의 크기를 키웠을 뿐이다.[815] "그리하여 수공업적 도구"는 다만 "거대한 규모" 크기만 바꾸어 "다시 나타났다". "보링 기계의 작동기는 가령 엄청나게 큰 보링 기구이고 (…) 기계선반은 평범한 발선반의 거대한 재현이다".[816] 따라서 이 기계적 공구는 다시 특유하게 수공업적 기능으로 단련된 기계공에 의해 조종되어야 했고, 이런 식으로 제작된 부품들의 조립을 위한 노동도 다면적으로 숙련된 제작공에 의해 수행되어야 했다.

유기적 생산부문에서 군대기율로 노예를 사역하던 식민지 플랜테이션을 모델로 탈숙련화된 단순노동자들을 자본 아래로 '실질적'으로 포섭한 "가장 완성된 형태"의 공장은 '군대식 전제체제'를 구축한다. 이와 반대로 이종적 생산부문에서는 기계투입이 부분적·산발적이었고, 따라서 노동자들의 수공업적 기능을 건들지 못했다. 이런 까닭에 이종적 생산부문에서는 기계투입으로 노동이 탈숙련화되거나 단순화되지 않았고, 산발적 기계투입 이후에도 여전히 수공노동자들이 생산을 제어하고 지배했다. 수공업적 기계공, 기계제작공, 기계수선공, 건축수공업자, 목수, 산업디자이너, 산업미술가 등은 그들의 노동기능을 그대로 유지했던 것이다. 경우에 따라서는 기계 도입이 심지어 그들의 노동력가치를 높여주기까지 했다. 그들의 교육기간이 기계조종기술을 연마하는 기간만큼 늘어났기 때문이다. 이런 이유에서 이종적 생산부문에서 수공노동자들의 길드식 동직同職조합(초기 Trade Union)은 20세기 초까지도 잔존할 수 있었다. 자본 아래 형식적으로만 포섭된 이 수공노동자 집단들은 동직조합으로 조직된 집단적 권력으로 낯선 기계의 투입, 노동과정에 대한 자본의 과도한 간

---

813) Marx, *Das Kapital I*, 484쪽.
814) Marx, *Das Kapital I*, 405쪽.
815) Marx, *Das Kapital I*, 406쪽.
816) Marx, *Das Kapital I*, 405쪽.

섭 등을 저지하고 노동의 속도와 방식, 휴식시간 등을 임의로 정할 수 있었다. 이들은 "노동자계급의 가장 잘 지불받는 부분, 즉 노동자계급의 귀족층(Aristokratie)"을 이루었다.[817]

이 '노동귀족층'에 관해 프리드리히 엥겔스는 1885년 다음과 같이 쓰고 있다.

> 여기에서는 지금까지도 여성노동자들의 경쟁도 아동노동자들의 경쟁도 또 기계도 그들의 조직적 강력성을 분쇄할 수 없었다. 기계제작공, 목수와 수선공, 건축 노동자 등은 제각기 하나의 권력체이고 그들 자신이 - 건축노동자들이 그러듯이 - 기계의 도입에 성공적으로 저항할 수 있을 정도이다. 그들의 처지는 1848년 이래 의심할 바 없이 이상하게도 향상되었다. (…) 그들은 노동계급 안의 귀족층을 이룬다."[818]

그리하여 이종적 생산부문에서 기업가들은 노동자들의 동의를 구해서만 새로운 기계를 투입할 수 있었고, 또 이것을 자연스러운 것으로 인정했다.

이 이종적 생산부문에서는 보통 특수한 형태의 도급제가 실시되었는데, 이것은 계약제(*Kontraktssystem*) 또는 하부계약제(*Subkontraktsystem*)가 그것이다.[819] 가령 직장職長 노동자로서의 기계 제작공이 내부적으로 기업주와 계약해 보조노동자의 채용과 임금지불의 권한을 넘겨받고 이 보조노동자들을 관리하는 것이다. 이에 관해 마르크스는 "자본에 의한 노동의 착취가 노동자에 의한 노동자의 착취를 매개로 실현된다"고 말하고 있다.[820]

이종적 생산부문의 이 하부계약제는 이종적 생산과정에서 완성된 '병영적 공장제도'와 동시대에 무대를 지배했다. 이 하부계약제는 영국에서는 당시에 'piece

---

817) Marx, *Das Kapital I*, 697쪽.
818) Friedrich Engels, "England 1845 und 1885", 194쪽. MEW, Bd. 21.
819) Vahrenkamp, "Frederick Winslow Taylor - Ein Denker zwischen Manufaktur und Großindustrie. Einführung zum Nachdruck", LIX쪽; Schmiede, "Reelle Subsumtion als gesellschaftliche Kategorie", 23쪽.
820) Marx, *Das Kapital I*, 577쪽.

mastering',[821] 미국에서는 'inside contracting'(내부계약제),[822] 독일에서는 'Werkmeistersystem', 즉 '직장職長제도'라고[823] 불렸다. 이 하부계약제 또는 내부계약제는 유기적 생산부문에도 가끔 매뉴팩처 시대의 유제로 잔존했으나, 이종적 생산부문에서는 비로소 제 시대를 구가하기 시작했던 것이다.

그런데 이 하부계약제는 기업주의 관점에서 볼 때 두 가지 심각한 문제를 안고 있었다. 첫째, 우두머리 하부계약자가 보조노동자들로부터 추출한 잉여가치의 일부를 점취했다. 이것은 마르크스가 "자본에 의한 노동의 착취가 노동자에 의한 노동자의 착취를 매개로 실현된다"고 말한 대목, 그리고 베버가 중국의 자본주의적 생산에 관한 위 인용문에서 "자본주의적 굴종"이 "더불어 노동하지 않는 소小자본가들의 높은 수입의 형태"로 "고착될 수 있었다"고 표현한 대목과 관련된 것이다. 따라서 하부계약자의 소득은 이들과 거의 동일한 기능을 수행하는, 직접 고용된 직장職長의 고정급보다 훨씬 더 많았고,[824] 하부계약자는 절대적 잉여가치의 일부 외에도 기술혁신 초기에 생겨나는 별도잉여가치의 대부분도 점취했다. 둘째, 이 제도는 사회문제와 위계문제를 야기했다. 하부계약자들은 소득이 고정되지 않았기 때문에 이를 핑계로 보조노동자들에게 임금을 부정기적·자의적으로 지불했다. 이로 인해 생겨나는 갈등은 가끔 기업지도부 자체를 덮쳤다. 보다 큰 하부계약자들은 가끔 기업의 관리직 직원들보다 더 많이 벌었다. 기업은 이로 인해 기업주의 최측근들로 구성된 관리직 직원들의 충성심과 위계질서를 확보하기가 어려웠다.

> 다른 모든 관리직원들이 걸어서 직장에 오는데, 몇몇 하부계약자들은 연미복을 입고 당당하게 다이아몬드 옷핀, 각반, 장갑 등으로 차려입고 호화마차를 타고 일터로 왔다. (…) 물론 회사사무직원들은 이 계약자들에게 분개해 마지않았고 이들을 대등한 사람들로 받아

---

821) Marx, *Das Kapital I*, 577쪽 각주; D. Clawson, *Bureaucrasy and the Labor Process. The Transformation of U.S. Industry 1860-1920* (New York/London: 1908), 75쪽.
822) Clawson, *Bureaucrasy and the Labor Process*, 71쪽 이하.
823) Schmiede, "Reelle Subsumtion als gesellschaftliche Kategorie", 23쪽.
824) Clawson, *Bureaucrasy and the Labor Process*, 119쪽.

들이기를 거부했다.[825]

이런 이유들에서 기업주는 차츰 이 하부계약자들을 '고정급 직장'으로 대체해 나간다.

그런데 고정급 임금노동자로 전신한 직장도 여전히 유력한 권력을 지니고 있었다. 그는 노동자를 고용하고 해고하고 이들의 임금을 결정하고 도제를 기르고, 노동과정의 모든 측면을 통제할 수 있었다. 오늘날은 이 권력을 경리과, 인사과, 개발부서, 기타 기술분과에서 행사하고 있다. 하지만 당시에는 이 모든 결정권력이 직장의 손에 집중되어 있었다. 그러나 직장의 이 권력은 그 밑에서 일하는 노동자들과의 관계에서 보면 부분적으로 명목적이었다. 그가 데리고 있는 노동자들의 수공기술과 생산지식의 총합이 시간이 감에 따라 낡아가는 직장의 개인적 기술·지식보다 더 많고 더 구체적이고 더 업데이트했기 때문이다.[826] 따라서 생산권력은 실은 직장과 그의 노동자들의 집단적 수중에 있는 셈이었다. 따라서 이종적 생산과정의 노동자들이 지닌 이 잔여권력은 19세기 말과 21세기 초 자본의 무자비한 가치증식을 저지하는 '최대 장애물'이었다.

그리하여 이종적 생산부문의 기업경영진은 '위로부터의' 노동통제를 강화하고 휴식시간을 단축하고 근무행태를 더 철저히 감시하고 기율화하는 외적 질서확립 방법에 더 강하게 매달렸다. 하지만 노동자들은 이러한 기율화 시도에 대항해 끈질기게 전통적 행동방식을 오랫동안 고수했다. 그리하여 부정확한 출퇴근시간, '구습'과 '날림 일(Schludrigkeit)'이 여전히 광범하게 확산되어 있었다. 게다가 많은 노동자들은 슬그머니 또는 공공연하게 독자적 작업중단, 작은 휴식시간, 대공업 안에서도 사라지지 않은 '월요일 공치기(blauer Montag)'에 대한 권리를 여전히 주장하고 행사했다. 기업주 측의 엄한 시간규제는 종종 안으로 침식당했다. 남녀노동자들은 작업시간 중에 음식을 끓여 먹고 뜨개질을 하고 (오늘날 사무노동자들처럼) 일하면서 차와 커피

---

825) Clawson, *Bureaucrasy and the Labor Process*, 122-123쪽.
826) Clawson, *Bureaucrasy and the Labor Process*, 130쪽 이하.

를 마셨다. 또한 이따금 규정에 반해 노동자들은 작업 중에 자기 주도로 술을 나눠 마시기도 했다. 노동자들은 교대시간에 앞서 미리 나갈 준비동작을 했다. 게다가 작업시간에 잠을 자기도 했다.

늘 새로 짜이고 세밀해지는 작업수칙에 관한 사료들은 한 마디로 이것과 끈질기게 맞서 있던 현실을 반증하는 것이다. 19세기 말 기계제조업, 전신통신분야 등의 이종적 생산부문에 종사하는 반半수공업적 숙련인력의 고집과 결근습관에 관한 기업가들의 만연된 하소연도 그와 같은 사정을 드러내준다.827) 오늘날 독일 굴지의 산업그룹 '크룹'을 이룬 알프레트 크룹(Alfred Krupp, 1812-1887)씨는 1876년에도 다음과 같이 불평하고 있다.

> 지금까지 시간의 가치와 근면의 가치가 이해된 적이 없다. 노동자들은 규칙적으로 일터에 오는 일이 없고 몸을 씻는다거나 파이프를 불댕긴다는 등 유사한 핑계로 일과종료 이전에 미리 짐을 꾸렸다. 종종 나는 노동자들이 각기 5분씩 더 적게 일한다면 얼마나 손실을 입는지를 미리 계산해 보곤 했다. 직장職長은 (…) 작업장과 그 주변에서 큰 주인인 양 장쳐 대고 잡담을 늘어놓고 정치하고 또 자신에게 그런 권리가 있는 것으로 생각한다.828)

가령 기계제조업에서 교체하기 어려운 고도로 숙련된 노동자들은 자본주의적 공장기율의 침투를 기계방적분야의 쉽사리 교체할 수 있는 비숙련 또는 반半숙련 인력보다 더 효과적으로 막아내고 월요일을 마음대로 '공칠' 수 있었다. 노동자들의 시간자율성과 자유로운 행동공간은 공장제 생산과정에서 한정당하고 감소한 것이 사실이지만 오랫동안 사라지지는 않은 것이다. 이 노동자율성의 범위는 너무 과장되게 이해되어서는 아니 되겠지만, "공장 및 노동규정規程의 문안과 현실적인 노무관계 사이에는 수십 년 동안 특히 깊은 간격이 존재했던 것이다".829)

---

827) Jürgen Kocka, *Arbeitsverhältnis und Arbeitsexistenzene: Grundlagen der Klassenbildung im 19. Jahrhundert* (Bonn: Verlag J.H.W. Dietz Nachf., 1990), 482-483쪽.
828) Kocka, *Arbeitsverhältnis und Arbeitsexistenzene*, 483쪽에서 재인용.
829) Kocka, *Arbeitsverhältnis und Arbeitsexistenzene*, 483쪽.

19세기 말까지 '이종적' 생산부문에서 일하는 숙련노동자들의 이 자율권력을 분쇄하기 위한 자본의 모든 시도는 좌초했고, 따라서 기업지도부는 "오직 노동자들만이 현장의 기본결정을 내릴 수 있고, 따라서 노동자들에게는 상당한 자율성과 통제권이 허용되어야 한다"는 사실을 대체로 묵인했다.[830] 그러나 직장제도의 역사적 제약으로 인한 자본의 이 불완전한 전제체제는 새로운 생산구조 및 소비구조의 변동 속에서 자본의 증식법칙과 심각한 갈등에 빠져들었다.

조립지향적 산업(이종적 생산과정)에서 고도로 분화된 생산물의 판매, 유행의 변화, 급속한 기술변동은 상담, 고객 서비스, 대체부품 조달 등을 맡는 분화된 조직의 일이 되었다. 이것은 대량생산이라는 슬로건으로 바뀔 수 있는 새로운 산업들의 특징적 생산방법인데 이중 가장 중요한 것만 나열해 보자면, 의류, 프롤레타리아 일반의 첫 번째 내구 산업소비재인 재봉틀로 시작되는 내구소비재 생산영역들이다. 이 생산의 확대와 더불어 조립지향적 산업들 안에서의 노동조직은 점차 자본증식의 법칙과 모순에 빠지게 되었다.[831]

왜냐하면 이종적 생산과정에 종사하는 - 자본에 형식적으로 종속된 - 고전적 노동귀족층의 잔존하는 노동자율성과 대항권력이 자본의 공장지배력을 제약하고 있었기 때문이다.

그리하여 19세기 마지막 4분기에 닥친 대침체기에 이 생산과정에서 노동의 투입 및 조직에 하나의 획기적인 구조변동이 시작된다.[832] 그것은 20세기 초반에 이종적 생산과정에 집중적으로 투입되기 시작한 테일러리즘과 포디즘이 이종적 생산과정에 잔존하는 계약적 직장체제를 분쇄하기 시작한 것이었다.[833] 직장체제의 청산은 테일러-포디즘의 투입 이후에 비로소 실현된 것이다. (이종적 생산부문의 테일러-포

---

830) Clawson, *Bureaucrasy and the Labor Process*, 1630쪽.
831) Vahrenkamp, "Frederick Winslow Taylor - Ein Denker zwischen Manufaktur und Großindustrie. Einführung zum Nachdruck", LIX쪽 이하.
832) Schmiede, "Reelle Subsumtion als gesellschaftliche Kategorie", 23쪽.
833) 이종적 생산과정의 내부계약제에 대한 분석은 참조: 황태연, 『지배와 이성』, 214-222쪽.

디즘 체제는 오늘날 산업로봇의 투입에 의해 청산되었다.) 테일러·포디즘에 의한 이종적 생산과정의 구조개편은 1945-1950년 전후에 전 유럽에 관철되었다. 전전戰前에 테일러-포디즘을 먼저 관철시킨 미국·영국·프랑스 등 구미제국은 이종적 생산과정의 질곡을 돌파하고 자본주의 축적레짐의 위기를 안에서 극복한 반면, 테일러-포디즘을 알지 못했던 독일·이탈리아·오스트리아·일본 등은 이 축적레짐의 위기를 공장 안에서 해소하지 못하고 대외적 제국주의 전쟁으로 몰려갔던 것이다. 이 나라들은 전쟁 중에야, 또는 전후에야 테일러-포디즘을 관철시킨다.

아무튼 데이비드 포어가 중국에만 있었던 것으로 생각한 내부계약제는 서양에서도 20세기 한복판까지도 마차·기관차·자동차·재봉틀·기계·의복·시계와 기타 각종 내구소비제 등 19-20세기의 가장 중요한 생산물을 제조하는 생산과정인 '이종적 생산부문'에 엄연히 군림했던 것이다. 이런 내부계약제로 얼기설기 헐겁게(민주적으로 또는 리버럴하게) 조직된 이종적 작업장 또는 이종적 생산공장은 매뉴팩처 단계에서 보편적이었고, '이종적 생산과정들'로만 이루어진 산업부문에서는 20세기 한복판까지도 지배적이었다. 마르크스는 이런 내부계약제에도 불구하고 서양의 이종적 공장들을 모두 다 '자본주의 기업들'로 간주했다. 이런 까닭에 베버는 중국의 "자본지분의 기준과 특수한 (가령 상인적 또는 기술적) 성과의 기준에 따른 이윤배분 체계를 갖춘 공동작업장"에 "순수하게 경제적인" 차원에서의 "자본주의적 포섭"을 인정했고 "공동작업장"에 들어 있는 협업체적 "기업공동체들(Betriebsgemeionschaften)"을 "소小자본주의"라고 칭했다. 따라서 내부계약제라는 제도적 이유에서 당시 중국의 대규모 공동작업장들과 이 안에 들어 있는 수많은 "소자본주의 기업들"이 '자본주의적' 조직이나 공장조직이 아니라는 포어의 논단은 서양의 경제사도 제대로 알지 못하는 '경제학적 문맹'의 사설邪說로 쳐도 무방할 것이다.

나아가 중국의 임금노동관계가 이런 하부계약제만으로 전면화되어 있었던 것도 아니다. 하부계약제가 편리하거나 유리한 생산현장 외에 나머지 생산현장에서는 직접고용이 일반적이었다. 조선이 18세기 초 조선의 경세론자 유수원柳壽垣(1694-1755)

은 '헤아릴 수 없이 많은 사람이 일하는' 중국의 큰 떡집들 중의 하나를 이렇게 묘사하고 있다.

> 점주는 그 일을 몸소 하고 싶으면 몸소 하고, 하고 싶지 않으면 문을 닫고 누워 있어도 안 될 것이 없다. 무릇 점주는 백금 혹은 천금을 내어 시중에 가사家舍를 사들이고 밖으로 기다란 움집 같은 행각行閣을 설치하거나 점방 등을 만든 다음, 용보傭保(임금노동자)를 모집해 어떤 사람은 떡을 만들게 하고 어떤 사람은 떡을 팔게 하고 어떤 사람은 손님을 맞고 돈을 받게 하고, 어떤 사람은 재장財帳(출납장부)을 쓰게 하고, 어떤 사람은 점력店歷(판매대장)을 쓰게 하고, 어떤 사람은 고산叩算(일한 날짜를 산정해) 월말에 공전을 나눠 주게 한다. 그리고 점주는 수입의 얼마를 받고 집역자執役者(직책자)도 각기 얼마씩 받으니, 각기 몇몇한 업이 있고 정례定例가 있어 한 시장에 100상점(肆)이 있다면 한 시장을 바라보고 생활하는 사람이 그 수를 헤아릴 수 없을 정도로 많게 된다.[834]

이 떡집은 점주(자본가)와 직접적 고용관계를 맺고 있는 근로자(판매원, 봉사·카운터 직원, 재장경리, 점력경리, 임금지불경리 등)으로 구성되어 있었을 것이지만, 떡을 찌고 치는 용보들은 하나의 작업단을 이루고 그 장長이 떡집 자본주와 집단계약을 맺는 식으로 간접 고용되어 있었을 것이다. 물론 이 용보들은 그 장과 직접 노무계약을 한 임금노동자들이었다. 또한 저 묘사에서 덤으로 알 수 있는 것은 중국 기업에서 판매기록과 자본경리를 하지 않았다는 포어의 주장과 정반대로 이 떡집 대기업이 '재장'(출납장부)과 '점력'(판매대장)을 꼼꼼하게 챙기고 있다는 것을 알 수 있다.

따라서 하부계약제가 중국의 모든 기업을 휩쓴 것처럼 말하는 것이나 하부계약제를 적용한 기업이 자본주의기업이 아니라고 부인하는 포어의 논단은 자본주의 경제사 안에서 전혀 역사학적으로 근거지어질 수가 없는 것이다.

---

834) 유수원(민족문화추진위 역), 『우서(2)』(파주: 한국학술정보, 2006), 209-210쪽.

- 중국의 가족적·씨족적 계약관행과 그 효율성

한편, 데이비드 포어는 '가족적·씨족적 계약관행'이라는 중국의 또 다른 관습적 제도를 자본주의적 경제발전에 대한 장애로 이해한다. 그에 의하면, 동·서양의 어느 전통사회에서든지 전체 사회 안에서 "눈에 가장 띄는 중요한 자리"에 주어지는 제도상의 명시적 목표는 경제적인 것이 아니라 "의례적인 것(ritual)"이었다. 유럽은 17세기 상업혁명과 19세기 산업혁명 사이의 긴 세월 속에서 경제적 사업의 의례적 덮개를 내팽개쳤다. 그런데 중국은 16세기에 상업혁명을 겪었을지라도 유럽처럼 사업과 정치에서 개인주의 이데올로기에 도달하지 못했다는 것이다. 중국은 반대로 의례의 힘을 행정의 도구로 발견하고 그것을 사업으로 확장했다. 중국에서 의례를 사업제도로 대체한 것은 서유럽에 비해 상대적으로 늦었다는 것이다. 그는 "사업을 의례가 아니라 법률에 기초시킨 것은 실은 서양이 중국에 대해 가한 가장 큰 충격 중의 하나"였고, "이 과정은 20세기의 전 기간이 걸렸고, 오늘날까지도 완성되지 않았다"고 말한다.[835]

포어에 의하면, 중국제국의 확장은 재산의 법인적 보유가 출발한 의례적 공동토대인 '계약 기안'에 대해 '법률적 체계'를 제공하긴 했다. 계약서를 쓰고 회계를 유지하고 관청에 소송을 제기하는 데 필요한 문식文識(literacy)의 확산과 문맹의 획기적 감소는 이 '계약 기안'과 관련된 것이다. 대부분의 계약은 토지를 두고 맺어졌다. 문서계약들은 명·청대 중국에서 재산이전을 위해 종종 쓰였다. '합동合同', '제齊', '화약和約' 등으로 알려진 문서계약은 토지·주택·인력구입, 여신과 투자, 사업과 동업 설립, 송금, 약혼식과 혼인식 및 신령들 모시기 등을 포함하는 광범한 범위의 의례적 활동의 수행에서 쓰였다. 그러나 이 모든 계약들이 법정에서 똑같은 효력으로 집행될 수 있는지는 불분명하다는 것이다. 명·청대의 중국법전은 일차적으로 형법전으로 설계된 것이고, 몇몇 조항이 사업적 사안들로 확장될 수 있더라도 법정에까지 온 분규들이 일차적으로 혼인·가정·토지 등과만 관계된 것이고 명시적으로 동업과 자금 융자를

---

835) Faure, *China and Capitalism*, 32쪽.

배제했기 때문이다. 이 상업분규는 법정에서보다 회원들과 거래 상대자들을 위해 관례법전을 만든 상인길드에서 처리되었다.[836)]

그런데 포어는 문서계약이 통상적인 것이었지만, 사업조직에서 그것의 효율성은 전체적 안목에서 봐야한다고 말한다. 문서계약은 잘 정의된 상법 없이, 심지어 도덕적 견지를 제외하고 사업적 사안들을 아주 분명하게 설명하는 상관습법도 없이 기능했다.[837)] 이 대목에서 포어는 중국 동업자관계 속에 내재하는 제한의 사례로 휘주徽州의 명대 편람으로부터 한 계약서를 제시한다.

> 재부가 동업으로부터 나오고 결실이 인적 노력에 의해 획득된다는 사실의 견지에서 우리(계약 서명자들)는 자본(本)을 이윤(利)의 추구를 위해 공유하는 데 동의했다. 중개자 증인의 동성 하에 우리 각자는 이 많은 자본을 내놓았다. 우리는 동심同心과 고양된 용기로 사업에 들어갈 것을 모색한다. 들어오는 모든 이윤은 매년 얼굴을 맞대고 계산되어야 한다. 얼마간의 기금은 우리 각각의 가족 안에서 쓰기 위해 분할되어야 하지만, 자본은 원천이 바닥나지 않도록 남겨져야 한다. 개인적 지출에 관한 한, 각자는 회계들이 혼동되지 않도록 기업에 속하는 기금들을 지출함이 없이 스스로 이 지출을 마련해야 한다. 이 목적을 위해 우리는 피를 내 맹세를 하고, 모든 고락을 함께 나누고 어떤 이윤도 한 계약당사자를 살찌우기 위해 사적으로 숨겨서는 아니 된다는 데 합의한다. 이 합의에 반해 행동하는 당사자는 신령과 인간 양자에 의해 경멸될 것이다. 증거를 마련하기 위해 이 계약의 두 사본이 작성되고 미래의 조회를 위해 보관된다.[838)]

자본의 보존을 앞세우고 가족생계비 인출을 뒤로하는 이 정교한 자본주의적 계약서 문안을 두고도 포어는 시비를 건다. 이 계약서를 처음 읽으면 가족 지출에 관한 언급이 단지 우연적인 것처럼 느껴지지만 포어 자신은 "그것이 그렇지 않다고 확신한다"는 것이다. 이것은 "중국의 전통적 회계가 자본을 기록하는 기제를 결했다는 것의 반

---

836) Faure, *China and Capitalism*, 33-35쪽.
837) Faure, *China and Capitalism*, 35쪽.
838) Faure, *China and Capitalism*, 35-36쪽.

영"이라는 것이다.[839] 여기서 포어는 '중국에는 부기회계가 없다'는 베버의 그릇된 테제를 반복하고 있다. 앞서 필자는 서양에서도 웬만한 중소기업들이 19세기 후반까지 복식부기 없이 주먹구구로 사업을 운영했음을 입증했다. 복식부기나 자본회계의 존부는 자본주의 발단과정에서 베버가 주장하듯이 그렇게 본질적으로 중요한 것이 아니다. 그리고 반복하지만 중국의 대기업에 자본회계(복식부기 경리)가 없었던 것도 아니다.

그럼에도 포어는 "다른 정황에서, 가령 사천지방의 소금광산이나 북경에 가까운 탄광에서 우리가 아는 동업절차와의 연관으로 채택된 규정은 자본회계의 부재 시에 이윤배분과 관련되는 어려움을 잘 예시해준다"고 강변한다. 이 동업관계에서는 이윤공유의 일반원칙들이 회계 활용과, 이 원칙들이 어떻게 화폐이윤의 계산을 위해 엄수되어야 하는지에 관한 합의의 필요를 회피하는 원칙에 붙여질 뿐이라는 것이다.[840] 자본수지에 대한 명백한 지식의 부재는 장기적 주식보유를 쉽게 하거나 회사의 발전에 더 적절하게, 즉 비인격적·객관적이게 만들지 않았다. 하지만 이런 종류의 주식보유는 사업동업관계를 넘어 발전하고, 이런 일은 종교적 연결을 통해 일어났다. 조상신과 신령에게 제사지내는 "종교적 트러스트"는 토지를 소유했다. 이 트러스트는 조상신이나 신령에게 속하는 것으로 관념되었다. 따라서 조상신과 신령에 대한 숭배의 수칙들은 단체를 정의했고, 공평경영을 다스리는 수칙들을 대체했다. 하지만 제사에 참여하는 단체 안의 모든 사람들의 권리에도 불구하고 "트러스트의 재산관리"를 포함한 제사의 준비는 소규모의 경영그룹에 의해 수행되었다. 재산을 보유하는 조상신과 신령은 법인의 성격을 취했다. 가령 홍콩의 연락선들은 19세기에도 700년 전 송대에 죽은 조상의 명의로 소유되었다. 그리고 이 재산은 개인이 아니라 단체그룹에 의해 보유되었다. 포어는 "이런 상황에서 누구도 무슨 장기 존립의 자본주의 기구가 개인의 이름으로 보유되리라고 기대할 수 없을 것이다"고 말한다.[841]

---

839) Faure, *China and Capitalism*, 36쪽.
840) Faure, *China and Capitalism*, 36쪽.
841) Faure, *China and Capitalism*, 37-38쪽.

이런 의례적(종교단체적·씨족적·문중적) 소유관계는 농촌에만 존재했다는 반론에 대해서 포어는 첫째, 이 단체들이 겉으로 종교적 트러스트로 보이지만 많은 트러스트가 명대까지 거슬러 올라가는 토지개간 등 기업적 목적을 가지고 있고, 둘째, 명·청대 중국 상인들은 토지소유가 안전투자에 속하기에 자본의 상당량을 토지에 투자하고, 셋째, 상인들은 기업의 일상적 거래기능과 재산보유保有 기능을 구분한다, 즉 상인이 회사를 뜻하는 '호號'의 명의로 거래하지만, 그의 재산을 트러스트를 뜻하는 '당堂'의 명의로 보유한다는 것을 들어 반론을 물리친다. 단체가 기초하는 전례적典禮的 기반은 '당'이라는 중국말에서 잘 드러난다는 것이다. 홀(hall)을 뜻하는 '당'은 조상사당에든, 사원의 사당에든 공히 쓰이기 때문이라는 것이다.[842]

포어가 문제 삼고 있는 "트러스트 소유"는 씨족문중의 선산이나 이에 딸린 논밭과 관련해 오늘날의 민법과 상법에서도 쓰이고 있는 '총유總有' 개념이다. 이 총유개념은 서양에서도 마을의 목초지, 광장공터, 도로 등으로 쓰인 마을과 동리의 '공동지(commonland)'에 적용되었고 지금도 적용되고 있다. 포어는 유럽에서처럼 중국에서도 오직 특수한 경우에 한정적으로 쓰인 소유형태인 이 '총유' 개념을 일반화하는 오류를 범하고 있다. '총유'는 까마득한 옛날로부터 유래하는 유서 깊은 문중재산, 사당과 사원재산, 마을의 공동재산으로서의 '공동지', 도시의 하천부지 등에 적용되는 경우에 아주 편리하지만, 법인·사업체 등 다른 경우에 적용되면 혼란을 일으키므로 극동에서도 이런 경우에는 쓰이지 않았다. 다만 이런 '총유'가 그 자체의 보존과 유지를 위해 회원들의 동의 아래 영리목적으로 투자되는 경우가 있었을 뿐이다. 포어는 몇몇 특수한 총유사례들을 들고 이것을 중국 전역으로, 심지어 모든 경제적 사업분야로 일반화하는 오류를 범하고 있다.

그럼에도 불구하고 데이비드 포어는 과감하게 이렇게 결론짓는 '만용'을 발휘한다.

---

842) Faure, *China and Capitalism*, 38-39쪽.

18세기에 중국의 경제적 성공의 이유는 거의 정확히 중국을 19세기에 뒤처지게 한 이유들이었다. 대규모 투자가 필요하지 않았고, 이런 투자가 필요하기까지 의례적 회사설립과 사적 계약들은 자원을 동원하는 데 능히 이바지했다. 그러나 서양이 증기기관과 내연기관, 전신, 철도, 증기방적기, 증기제분기 등을 가져왔을 때, 사적 네트워크는 산업금융을 위한 가교로서 부적합했다.[843]

18세기 중국에서 항구적 수요·시장의 부재 상황에서 과잉생산을 초래할 "증기기관과 내연기관, 전신, 철도, 증기방적기, 증기제분기 등에 기초한" 이런 기술집약적·노동절약적 산업화는 '자책골'이었을 것이다. 이런 까닭에 중국에서는 포어가 독촉하는 '공장제 산업화'가 '불가능'했던 것이 아니라, '기피되었던 것'이다. 이런 상황에서 이런 산업화를 위한 대규모 자본 동원의 가능·불가능을 논단하며 그 불가능성을 회사설립의 '의례적' 성격과, 법률의 뒷받침이 없어 그 법적 효과가 의심스럽다는 '사적' 계약 탓으로 돌리고 있는 포어의 논변은 실로 엉뚱하기 짝이 없는 허위논변이다.

그런데 데이비드 포어는 '의례적·단체적(씨족적·문중적·사원적)' 기업제도와 '법적으로 효력이 의심스러운' 사적 계약제도를 마치 입증된 전제인 것처럼 써먹고 있다. 그러나 중국의 경제적 기업제도는 대부분 의례적이지도 않았고 씨족적(문중적)·집단적이지도 않았으며, 사적 계약은 법적 효력에서 의심할 바 없었다. 지방수령들은 경제문제에 문외한이더라도 계약문안의 법리적 해석에 정통한 인물들이었기 때문이다. 그리고 중국에서 기업과 계약은 거의 다 집단적인 것이 아니라 개인적이었다. 상론했듯이 중국 은행 '표호'의 자본주는 모두 다 자본주가 무한책임을 지는 단독소유자나 동업자들이었기 때문이다. 그리고 포어는 "사업기업을 어떤 비교할만한 규모로 운영하려는 어떤 시도도 성공한 적이 없다", 또는 "대규모 투자가 필요하지 않았다"고 하면서 중국 기업들이 소규모였음을 시사하지만, 중국의 기업들은 작지도 않았고, 또 단명하지도 않았다.

마크 엘빈(Mark Elvin)은 말한다. "이 주장들은 얼마간의 진리를 담고 있지만, 여러

---

[843] Faure, *China and Capitalism*, 43쪽.

가지 방법으로 한정되어야 한다. 상업계약은 법정에서 적어도 어느 지점까지 유효하게 관철될 수 있었다."844) 상업계약의 법적 효력에 대해 입증하기 위해 엘빈은 홍쉬(Hung Shih; 洪時)라는 휘주 상인의 '작은' 동업관계에 관한 이야기를 들려준다.

> 그는 (호남성의) 파릉巴陵에서 장사했다. 그의 지주地主는 후 야오(胡耀)라는 이름의 지사장이었다. 후(胡)가 젊었기 때문에 홍(洪)은 그를 천거했고 후는 번영했다. 세 가지 이유에서 후는 홍으로부터 1000 온스의 은화를 빌렸지만, 홍은 그것을 갚으라고 재촉하지 않았다. 후가 (안휘성의) 흡현歙縣으로 돌아갔을 때 그의 가정 집사가 후 야오에 대해 관청에 소송을 제기했다. 홍은 "나는 내가 그의 파멸의 원인이 되기보다 차라리 후 야오가 나를 파멸시키기를 바란다"고 말하며 이것에 대해 하소연했다. 홍은 관청으로 찾아가 후 야오를 석방되게 만들었다. 이런 뒤에 후와 홍은 이전처럼 의가 좋았다.845)

중국에서 동향인들 간의 지주-소작관계에서 기원한 '작은' 동업관계는 큰 기업에서도 발견된다. "이와 마찬가지로 혈연관계와 동업관계는 아주 큰 사업의 기반일 수 있기" 때문이다.846) 이런 사례를 엘빈은 16세기에 번영한 '쳉수(Ch;eng Sou)'라는 휘주 상인에 관한 사업 이야기를 들려준다.

> 그는 그의 문중에서 쓸 만한 사람들을 불러 모아 열 명을 얻었다. 그들 각자는 300 줄의 현금을 공동사용에 기여했다. 그들은 오싱(五行)의 신시(Hsin-Shih)에서 장사했다. 그때 쳉 문중은 번창했고, 젊은 피들은 낭비적 지출 속에서 다투었다. 쳉수는 그의 10명의 회원들과 '그들은 이런 행동을 배격하고 역경을 감수한다'는 협약을 맺었다. (…) 세월이 흘러 그들의 기도는 번영했고, 열 명은 대단한 부자가 되었다.847)

---

844) Elvin, *The Pattern of the Chinese Past*, 295쪽.
845) Elvin, *The Pattern of the Chinese Past*, 295쪽.
846) Elvin, *The Pattern of the Chinese Past*, 295쪽.
847) Elvin, *The Pattern of the Chinese Past*, 295쪽.

서양 자본가인 경리실(Kontor)의 "상인주(Prinzipal)"와 "조수(Handlungsgehilfe)" 간의 가부장제적 사제지간과 유사한 상업적 사제지간은 사업범위를 훨씬 더 확장하는 데도 활용되었다.

16세기 산서성에 살았던 왕동표(Wang Tung-pao)라는 대부업자는 제자들과 다른 지방에 사는 것에 대해, 그리고 사람들에게 대부를 강요하는 것을 삼가고 양화와 악화를 뒤섞지 않고 작은 금액에는 이자를 물리지 않고 매일 단위로 계산하지 않는 것에 대해 협정을 맺었다. 그러자 모든 사람들이 그들과 사업을 하러 쇄도했고 이웃 행정구역에서도 몰려왔다. 오래지 않아 그들은 아주 부자가 되었다.[848]

여기서 관심거리는 여러 지방을 넘어 확장되는 지점들의 네트워크다. '회會'의 명의로 사업을 꾸리는 이 방식은 산서 동향인 상인들에 의해서 친족이나 제자가 아닌 사람들 간에도 많이 활용되었다. 16세기 후반 제국에서 가장 유명한 상인들은 평양平陽현의 대상인들이었다. 그들은 10온스의 은을 보유하지 않으면 부자로 간주하지 않았다. 그들의 경제적 관행은 탁월했다. 그들은 훌륭한 품행을 두고 서로 다투었다. 사람들이 장사를 위해 결사하면 이것은 '회會'라고 불렸다. 한 사람이 자본을 내놓으면 회원들이 상업에 그것을 공동으로 사용한다. 맹세를 선서하지 않았을지라도 어떤 횡령도 없었다. 하지만 한 아비가 누군가로부터 대부를 받은 뒤에 죽었다면, 그의 아들이나 손자가 그것을 알았을 때 이미 20-30년이 지난 시점이라도 그들은 그 돈을 갚기 위해 온갖 노력을 다했다. 축적된 자본을 가진 다른 사람들은 이 사람들을 자기들의 동지로 얻으려고 경쟁했다. 그들은 "이들이 죽은 사람도 잊지 않는데 산 사람에게 등을 돌릴 것인가?"라고 말하며 이들을 더욱 신뢰했기 때문이다. 이런 사람들은 사업을 개시하기 위해 작은 이윤을 잃을 것이지만 풍부한 보상을 수확하는 것으로 귀결되게 되어 있다. 이런 식으로 자본이 있는 사람들과 자본이 없는 사람들은 함께 하나의 기업을 꾸릴 수 있었다. 나아가 부자들은 집 안에다 재부를 쌓아두는 것이 아니라, 여러 회會에 완전히 분산시켰다. 어떤 사람의 재산을 계산한다면 단순히 그가 얼마나 많은

---

848) Elvin, *The Pattern of the Chinese Past*, 295-296쪽.

회에 서명을 했는지를 계산하면 된다. 그러면 수십만 또는 수백만 양의 재부도 손가락으로 셀 수 있다. 이것은 부자들이 갑자기 극빈으로 추락하지 않는 방법이고, 빈자가 재산을 만드는 방법이다.[849]

이 '회'라는 사업조직은 18세기에 창설된 산서은행들이었다. 8개의 최대 산서은행들은 30개 이상의 지점을 가진 전국적 은행들이었다. 자본은 모든 동업자들이 무한책임을 지는 전통적 동업관계에 의해 조달되었고, 이윤은 3-4년마다 배분되었다. 정책결정은 주로 자본소유자들을 대표하는 회계관리자와 지점경영자들의 회의체에서 내렸다. 은행직원들은 극히 작은 오류만 저질러도 해고되었고, 다른 은행들도 그자를 다시 고용하지 않았다. 그 결과 잘못 행동하는 자는 거의 없었다. 정직의 기준은 전설이 되었고, 20세기 깊숙이까지 횡령·사기가 알려진 바 없었다. 이로써 분명해지는 것은 제국의 전 영역을 커버하는 사적 영리사업의 조직이 극히 작은 오류를 저지른 직원도 해고하는 등의 극단적 조처들을 요구하는 한편, 그 사업조직은 청대말 중국의 전통적 중국인들의 역량을 결코 넘어가는 것이 아니었다는 것이다. 그러므로 중국의 경제적·기술적 지체는 전근대적 기업의 소규모 탓으로 돌려질 수 없다. "결코 소기업이 아닌 너무 많은 기업들"이 존재했기 때문이다.[850]

중국기업들이 대체로 씨족기업이 아니라 씨족이 아닌 타성他姓바지들 간의 합자회사 또는 동업회사였다는 것은 명대 중국의 실용수학자 정대위程大位(1533-1592)가 상인과 일반인들이 대대로 가장 많이 본 대중적 실용산술책『산법통종算法統宗』에서 주로 4인의 합자회사에서 개인에게 할당되는 이윤을 계산하는 문제들을 내고 있는 데서도 쉽사리 짐작할 수 있다. 가령 하나의 산술문제를 보면, 이렇다. "유안, 헹, 리, 젠 등 4인이 합자회사를 운영하는데 유안이 은 20온스의 자금을, 헹이 30온수, 리가 40온스, 젠이 50온스의 자금을 댔다. 총액은 140온스다. 연말에 이윤이 70온스였다. 개인투자자들에게 돌아갈 이윤은 얼마냐?" 유안, 헹, 리, 젠은 여기서 각각 다른 성姓들이다. 따라서 이 합자회사는 문중이 투자한 씨족회사가 아니라, 타성바지들이 투

---

849) Elvin, *The Pattern of the Chinese Past*, 296쪽.
850) Elvin, *The Pattern of the Chinese Past*, 296-297쪽.

자한 보통회사다. 또 서로 성이 다른 '자오, 키안, 선, 리'씨의 합자회사와 관련된 문제도 있다. 『산법통종』에는 이와 같이 타성바지들의 합자회사와 관련된 산술문제들이 많이 등장한다.[851]

또 중국 기업들은 단명하지 않았다. 신안 출신 왕서방의 기업은 200년간 영업했고, 소주의 한 잡화상은 16세기 말 이래 지금도 영업하고 있고, 비단옷을 취급하는 회사들도 거의 그만큼 오래되었다.[852] 그밖에 수많은 중국기업들의 200-300년 수명은 흔한 일이다. 그들이 속한 문중(친족집단)의 흥망성쇠에도 불구하고 수세기 이상 존속한 기업들은 중국에서 셀 수 없이 많았던 것이다. 수많은 포목점을 운영한 '루이푸싱(瑞福星)상사'는 300년 이상 존속한 한편, 식품가공업체인 '옥당玉堂(위탕)장원醬園'은 1776년부터 1949년 공산당정부에 의해 국유화될 때까지 170여 년 동안 사기업으로 존속했다. '옥당장원'은 국유화된 1949년 이후에도 존속했다. 천진에는 17세기 말 또는 18세기부터 20세기 깊숙이까지 번창한 '상업왕조들'이 여럿 존재했다. 대대로 이어진 가족 중심으로 보면, 1000년 이상 존속한 상사들도 여럿이었다.[853]

그리고 예외적으로 친족적 연대를 활용해 사업을 확장해 나간 중국기업들은 매우 경쟁력이 있었다. 친족적 연대는 자본모금과 장거리 시장의 개척에 아주 순기능적이었기 때문이다. 명대에 일어난 휘주徽州상인들의 경우도 이 친족적 상업관계와 자본 동원은 마찬가지로 아주 큰 도움이 되었다. 명대 휘상徽商의 발전을 연구한 맥더모트(Joseph P. Mcdermott)는 이렇게 말한다.

> 기업하는 휘상들은 이 친족들의 능력과 자산을 이용해서 휘주의 상업경제를 부계府界범위를 훨씬 뛰어넘어 고高이윤을 내며 확장시키는 데 사활적 중요성을 지닌 것으로 입증된 조직적·재정적 지원을 얻었다. (…) 친족유대는 시장 공간의 내부구조나 위계의 발전에서

---

851) 程大位, 『算法統宗』, '差分'. Tang Lixing, *Merchants and Society in Modern China. From Guild to Chamber of Commerce* (London/New York: Routledge, 2018), 24-25쪽에서 재인용.
852) Elvin, *The Pattern of the Chinese Past*, 297쪽.
853) Kenneth Pomeranz, *The Great Divergence: China, Europe, and the Making of the Modern World Economy* (Princeton: Princeton University Press, 2000), 168쪽.

수동적 역할 이상의 것을 했다. 그들이 그렇지 않으면 소홀히 했을 일정한 장소에서 일정한 상품들을 가지고 친족구성원과 거래를 하도록 사람들을 설득하는 데 있어 친족유대는 양자강 중류와 하류 지역의 마케팅 구조에서 시장을 확산시키고 강화하는 것을 도왔다. 환언하면, (…) 휘주의 친족유대는 양자강 계곡지역에서의 시장들의 형성·발전·분배를 좌우했다.[854]

소기랑蘇基朗(Billy K. L. So)도 친족적 상업관계에 대해 동일한 평가를 내린다. "(친족들의) 사회적 조직의 이 관계망은 신용을 효과적으로 제고하고 상업적 투자를 용이하게 할 수 있었다. 그것은 또한 농촌공동체들을 시장 소재 읍현과 도시에 거주하는 공동체들과 연계시킴으로써 농촌공동체들 간의 상업화된 원형산업을 진흥했다."[855]

아래에서 살펴보는 바와 같이 포머란츠에 의하면 18-19세기 미국 뉴잉글랜드의 금융기업들도 이런 친족연대를 활용한 자본모집을 통해 사업을 시작해서 친족관계를 이용해 사업을 확장하고 결국 산업자본주의로 도약했고, 모르긴 몰라도 지금도 친족관계가 끈끈한 이탈리아 기업들도 창립자본 형성, 기술혁신, 광역적·국제적 판로 확장 등의 사업활동에서 친족유대를 광범하게 활용했을 것이다. 이렇게 보면 친족유대를 이용한 중국 기업들의 경제활동은 중국만의 현상도 아니고, 또 '전근대적' 현상도 아닌 것이다. 베버와 베버주의자들이 생각하듯이 '합리성(효율성)'이 '근대성'이라면, 자연적·전통적 친족유대를 이용한 친족과의 사업관계는 신뢰창출 과정이 불필요해서 소위 '거래비용'을 크게 줄여 사업의 '효율성'을 획기적으로 높여주기 때문에 오히려 아주 '근대적'인 것이다.

나아가 한 친족집단과 연결된 기업들도 종종 친족 외의 타인들로부터 상당한 자본을 끌어오고 전문경영인들을 고용했다. 다수가 광역을 가로질러 작업하기에 충분한 자본을 모아 다각적 사업선을 맺고 심지어 상당한 정도의 수직적 통합을 이룩하기도

---

854) Joseph P. McDermott, "The Rise of Huizhou Merchants: Kinship and Commerce in Ming China", 260-261쪽. Billy K. L. So (ed.), *The Economy of Lower Yangzi Delta in Late Imperial China* (Oxford: Routledge, 2013).

855) So, "Institutions in Market Economies of Premodern Maritime China", 226쪽.

했다. 3000-5000여 명의 근로자들을 고용한 거대한 벌채회사들도 있었다. 이들 회사들은 산업화 과정을 주도할 충분한 화폐자본이 있었다. 19세기 한구漢口항의 물산집산지에서 수많은 기업들은 전국 각지에서 투자된 자본들의 합자회사 방식으로 조직되었고, 사천성의 거대한 염전에서 소금을 만들어 파는 기업들도 그런 식으로 조직되었다.856) 사천성 염상鹽商들의 거대한 합자회사에 대한 포머란츠의 이 지적은 "가령 사천지방의 소금광산에서 (…) 우리가 아는 동업절차와의 연관으로 채택된 규정은 자본회계의 부재 시에 이윤배분과 관련되는 어려움을 잘 예시해준다"고 한 포어의 주장을 부정하는 것이다.

그리고 타향 도시에서 동향인들이 향우회로 결속한 중국의 상인길드는 회會나 회관館, 공소公所 등으로 나타났는데, 회관의 내규는 법정에서 유효했고, 또 회관들은 새로 채택된 회관규칙을 관청에 등록했다. 회원들끼리 분쟁이 나면 먼저 회관내규에 따라 중재재판이 열렸고 이 중재회의에서 회칙과 도덕에 따라 평결을 내렸다. 이에 불복해 분쟁이 해결되지 않을 때는 해당관청에서 정식재판을 받았고 관청당자는 기꺼이 이 분쟁소송에 응해 판결을 내려주었다. 그리고 동향 회원들 간에 형사사건이 나면 회관에서 먼저 심리해 심각한 범죄성이 확인되면 그다음에야 관청에 신고했다. 법보다 회관의 도덕규칙이 먼저였던 것이다. 지방관들은 의뢰하는 사건들 외에 경제생활에 간여하지 않고 도시민들의 경제활동과 시장상황을 자유롭게 방임했다. 동향향우회 길드는 일종의 '상공회의소'로서 회원자격에 의해 확보되는 상호 간의 신뢰성에 의해 시장질서, 시장가격, 거래·동업계약, 노사관계, 노무계약, 거래행태, 회원들의 풍기 등을 전면적으로 자율 규제하고 계약이행·상품공급·상거래행태의 신뢰와 기대가능성을 제고해 시장을 안정시켰다. 따라서 '회', '회관', '공소'는 도시생활의 거의 모든 것을 다스리는 도시 자치조직이었다. 말하자면 일반도덕과 상도덕에 따라 도시의 상공업과 거래 및 도시행정을 관리하는 '회관'은 중국 시장의 계속성과 안정성, 기대가능성을 보장하는 핵심적 시장제도였다.857)

---

856) Pomeranz, *The Great Divergence*, 168쪽.

857) Hamilton, *Commerce and Capitalism in Chinese Societies*, 57-68쪽.

'법보다 주먹이 먼저'인 것이 아니라 '법보다 도덕이 먼저'인 중국의 이런 질서정연한 자유시장과 고차적 경제관계에 '도덕보다 법이 먼저'인 유럽중심주의적 편견으로 접근해 중국의 경제상황을 '법의 부재', '의례 위주', 사적 계약의 '법적 효력'의 부재라고 판단하는 것은 중국의 역사적 현실을 용납할 수 없이 심각하게 왜곡하는 것이다. 도덕에 앞서 법부터 들이대는 서구인의 유럽중심주의적 눈으로 극동 유교국가의 도덕과 법을 이음새 없이 결합한 '예법禮法질서'를 파악하고 판단하는 것은 불가능한 것이기 때문이다.

그리고 데이비드 포어가 읽지 않은 것으로 보이는 젤린(Madeleine Zelin)의 중국의 소유권연구(2004)와[858] 사천 염상鹽商 연구(2005)는[859] 동업절차와의 관련된 규정이 자본회계의 부재 시에 이윤배분과 관련되는 어려움을 겪을 것이라면서 꺼낸 사천지방 소금광산과 북경부근 탄광의 사례에 대한 포어의 예시를 전면적으로 부정한다. 젤린은 시장행동과 거래, 공정가격, 독점, 채무와 이자율 등에 대한 사천과 중국 전역의 법규적 자격규정을 분석함으로써 재산권의 법령적 기반을 탐구했다. 그녀의 이 탐구에 의하면, 계약이 법률체계에 의해 집행되고 분규는 관청의 법정을 통해 해결되는 방향으로 중재된 것은 명백하다. 이 중재대상에는 채무와 토지분규도 포함되었다. 국가는 상업적 분규를 피하기 위해 시장에 '최소'의 규제를 가했다. 원칙적으로 국가는 이자율에 제한을 두었고, "약자들의 착취를 봉쇄하기" 위해서는 권도權道도 썼다. 그리고 관청은 시장에서 공정가격을 유지하고 독점은 처벌했다. 관청의 법정은 분규가 일어나면 노사합의와 상업계약에도 공식적 효력을 부여했고, "분규처리에서 문서화된 합의의 역할"에 정당성을 부여했다.[860]

젤린은 중국에서 분규들이 어떻게든 백성들이 관청의 법정에 등을 돌린 까닭에 주

---

858) Madeleine Zelin, "A Critique of Rights of Property in Prewar China". Madeleine Zelin, Jonathan Ocko, and Robert Cardella (eds.), *Contract and Property in Early Modern China* (Stanford: Stanford University Press, 2004).

859) Madeleine Zelin, *The Merchants of Zigong: Industrial Entrepreneurship in Early Modern China* (New York: Columbia University Press, 2005), 23쪽.

860) Zelin, "A Critique of Rights of Property in Prewar China", 23쪽.

로 비공식 중재를 통해 처리되었다는 낡은 주장과 반대로 백성들이 사실 고도로 소송을 좋아했다는 사실을 밝혀냈다. 토지 관련 사건이 종종 먼저 비공식적 중재에 의해 다루어지는 반면, 사업분규는 바로 관청으로 갔다. 젤린은 중국법정이 도덕주의적이고 사회공학을 얻으려는 데 열중하고 "'법률'에 대해 법정의 입장을 바꾸려는" 경향을 보였다는 전통적 견해도 부정한다. 그녀에 의하면, "민사소송에서 공식제도와 준법률가(paralegal) 제도가 둘 다 관습, 법전, 계약에 의해 확립된 권리들을 곧추 견지하고 분규의 해결을 위해 예견가능한 재판관할지를 마련한 것으로 보인다."861)

젤린은 사천과 전국의 법적 관행에 근거한 입증을 정밀 조사하고 계약의 영역에서 가까운 친족들을 포함하는 관계에서부터 낯선 사람들 간의 관계에까지 실로 다양한 관계를 규제하는 문서합의들을 광범하게 사용한 것이 명백하다고 강조한다. 나아가 그녀는 청대 중국정부가 계약을 재산권과 재산관계를 확립하는 수단으로 사용했다고 주장한다. 계약의 포맷은 성省들을 가로질러 표준화된 전국적 성격을 보여준다. 국가에 의한 계약집행의 특징들이 약화되고 전국적 정치혼란으로 인해 신뢰할 수 없게 되었을 때는 자기집행 경향이 강화되었을 것이다. 그녀는 계약에 대한 의무적 제3자 서명인이 아마 보증인으로서 집행을 보증하기보다 당사자들이 권리와 의무로 계약했다는 것이 진실임을 확인하기 위해 증인으로 기능했을 것이라고 주장한다. 그리고 계약의 성사에 대해 신에 감사하는 화려한 잔치의 관행은 재산 이전移轉의 사후 분규나 계약행위에 대한 도전을 피하기 위한 일종의 '공개선언' 또는 '공개서약'으로 해석될 수도 있다는 것이다.862) 젤린의 결론은 초기 근대 중국의 재산권 체제가 분할가능한 가부장제적 상속, 여성의 취약한 상속권, 개인이 아니라 가구에 부여된 소유권, 재산권을 확립하고 이전하기 위한 계약의 광범한 사용, 권리의 집행을 위해 설치된 국가제도와 준準국가기관들을 포함한 '법제들의 복합체' 안에서 작동했다는 것이다.863)

---

861) Zelin, "A Critique of Rights of Property in Prewar China", 28쪽.
862) Zelin, "A Critique of Rights of Property in Prewar China", 31-32쪽.
863) Zelin, "A Critique of Rights of Property in Prewar China", 32쪽.

또 포어가 읽지 않았을 오코(Jonathan Ocko)의 연구도 유사한 방향의 전통적 중국 법제 연구를 내놓고 있다. 오코는 소유권이 일반적으로 사회적 협력규범으로부터 기원할지라도 재산권을 최후로 안정화시키는 메커니즘으로서의 법정의 효과는 전통적으로 중국사회에서 경제적 거래의 중요하고 필수불가결한 기제로 실행되던 계약들의 집행에서 사적 폭력과 강제를 줄일 수 있었다는 사실을 확인한다. 이것은 문화적·사회적 규범들이 중국사회에서 중요하지만 법정이 결코 사적 규범의 집행에서도 중요치 않은 것이 아니라는 것을 뜻한다. 오코는 물론 전통적 중국경제에서의 재산권과 계약의 연구에서 법적 분석에 과도하게 의존하다가 법제와 같은 정도로 중요한 다른 차원, 즉 법외의 문화적·사회적 프레임워크를 소홀히 해서는 아니 된다고 경고한다.864) 나아가 소기량은 법과 제도가 경제활동을 뒷받침한 것은 복잡한 절차의 해양무역을 포함하는 중국 해안지역 상공업의 경우에 더욱 필수적이었다고 설명한다.865) 종합하면, 전통적 중국경제는 전국에 걸쳐 법과 제도의 뒷받침을 받은 것이다.

마들린 젤린과 조나단 오코, 그리고 소기량은 모두 전통적 중국경제에서 발휘되던 재산권과 계약의 법적 프레임워크의 효과를 확인하고 있다. 이 법적 프레임워크와 법적 효과는 막스 베버 이래 포어의 경우에서 보듯이 중국학과 중국사학에서 그간 아주 무시되던 측면들이었다. 청대 중국의 상업관련 법제와 계약행태에 대한 젤리의 이 철저한 전문적 연구의 관점에서 보면, 사천성 염상과 북경부근 탄광의 동업관계에 대한 포어의 부정적 해석은 진지한 논의의 대상이 될 수가 없을 것이다.

---

864) Jonathan Ocko, "The Missing Metapher: Applying Western Legal Scholarship to the Study of Contract and Property in Early Modern China". Madeleine Zelin, Jonathan Ocko, and Robert Cardella (eds.), *Contract and Property in Early Modern China* (Stanford: Stanford University Press, 2004).

865) Billy K. L. So (蘇基朗), "Institutions in Market Economies of Premodern Maritime China", 220-223쪽. Billy K. L. So (ed.), T*he Economy of Lower Yangzi Delta in Late Imperial China* (Oxford: Routledge, 2013).

- 유교와 자본주의 간의 구체적·규정적 관계

마지막으로, '필요는 발명의 어머니'라는 말마따나 데이비드 포어가 중시하는 법과 제도라는 것은 경제정황상 필요가 있다면 이 필요에 의해 발명될 수밖에 없는 것이다. 따라서 법과 제도는 - 유럽 중세의 길드강제나 반反시장적 혁명권력과 같은 위압적 강제력이 실려 인간의 욕망 실현과 자유시장의 효율성을 부정하면서 일정한 수준 이상의 경제발전을 가로막거나 경제성(효율성)을 파괴하는 '경제 부정'의 기능을 하는 경우가 아니라면 모르겠지만 - '경제를 긍정하는' 차원에서라면 베버나 포어가 강변하듯이 그토록 '본질적'으로 중요한 것이 아니다. 길드강제나 국가소유권과 같은 위압적 강제력에 의해 뒷받침되는 중세도시의 길드제도나 제도화된 반反시장이데올로기가 인간의 욕망 실현과 시장의 효율성을 파괴하고 교란하는 경우에 '경제부정적' 법과 제도는 경제를 엉망으로 만드는 교란·방해·파괴 능력에서 '단기적으로' 중요한 기능을 할 수 있다. 그럼에도 불구하고 4인 이상의 고용을 법으로 금지하고 자유시장을 기피한 길드제도와, 법제도로 시장을 철폐하고 시장의 소생을 억압한 반시장이데올로기는 이런 '경제적 효율성의 부정' 때문에 결국 인간의 발전욕망과 시장 메커니즘에 굴복했다. 그러므로 '경제부정적' 법과 제도조차도 '중장기적' 관점에서 보면 '본질적으로 중요한' 것이 아니다.

법과 제도가 실로 본질적으로 중요한 역할을 하는 경우는 경제에 대한 단순한 부정적·긍정적 기능의 경우가 아니라 시장경제와 경제발전을 '과학적'으로 '촉진·진흥'하는 '형성적' 기능의 경우다. 이런 '형성적 기능'의 관점에서 보면, 유학에서 나온 과학적 법제야말로 극동과 극서 지역에서의 자유시장의 빠른 형성과 시장경제의 전세계적 확립에 대해 '본질적으로 중요한' 기능을 해왔다고 평가해야 할 것이다. 왜냐하면 유교만이 적극적 양민養民차원에서 자유시장과 인간의 자연적·물질적 욕망을 거의 완전히 '무위無爲' 차원으로 해방하고 경제적 이익추구를 제대로 촉진하며 역대 중국사회와 극동제국에서만이 아니라 17-18세기에 유교문화 요소와 제도들을 적극적으로 받아들인 극서제국에서도 타당성을 가진 '과학'이었기 때문이다.

베버는 개신교윤리가 근대자본주의 정신의 흥기에 '형성적' 역할을 수행했다고 입증하려고 했지만, 상론한 바대로 실패했다. 칼뱅주의 개신교를 자본주의 흥기와 인과적으로 연결시킨 '개신교자본주의론'을 설파하려는 그의 시도는 '정직은 최선의 정치'라는 반反청교도적 "미국 유생" 벤저민 프랭클린의 유교적 표어를 개신교윤리적 자본주의 정신의 표현으로 오해해서 의도치 않게 '유교윤리가 오히려 근대자본주의 정신의 출처'라는 사실을 자인하고 말았다. 베버의 이런 의도치 않은 '자인'을 통해서도 동서세계에서 시장경제를 '경험과학적' 원칙들로 형성·확립하고 경제발전을 '과학적' 안목으로 촉진해온 유교는 극동과 극서의 두 지역에서 시장경제와 자본주의의 흥기와 발전에 '본질적으로 중요한 역할'을 한 유일한 과학이다.

필자의 궁극목적은 베버의 '개신교자본주의론'에 맞서 그 등가물로서 '유교자본주의'를 주장하려는 것과 거리가 멀다. 필자의 목적은 일단 베버의 개신교자본주의론의 주술적 본질과 개신교자본주의의 불가능성을 폭로하는 것이다. 크게 보면, 베버의 개신교자본주의론은 칼뱅주의의 주술적 예정설에 대한 주술적 믿음에 목을 거는 이론인 한에서 그 자체가 주술화될 수밖에 없다. 베버의 개신교자본주의론은 칼뱅주의 예정설을 '주술'로 폭로·비판하는 것이 아니라 신봉하는 일종의 주술적 괴설일 뿐이고, 결코 과학적·합리적 이론일 수 없다. 마찬가지로 칼뱅주의 예정설이라는 주술적 교리의 타당성에 대한 주술적 믿음에 근거한 '개신교자본주의'는 어불성설이다. '주술적 개신교'와 '탈주술적 자본주의'는 본질적으로 배치되는 것이다. '주술적 개신교'가 만물만사를 반계몽주의적 무지몽매의 안경으로 보도록 강요하는 반면, '탈주술적 자본주의'는 인간들을 "마침내 자기들의 생활지위, 상호관계를 맑게 깬 눈으로 바라보도록 강요하기"866) 때문이다.

또 '개신교자본주의'는 기독교와 루터와 칼뱅의 원형개신교가 공유하는 노골적이고 근본적인 '금욕주의·초현세주의·반反자본주의'의 본질성 때문에 불가능한 것이다. 그러면 유교가 자유시장, 상업, 사회문화의 세속화와 현세주의, 종교적 관용과

---

866) Karl Marx und Friedrich Engels, *Manifest der Kommunistischen Partei* [1848], 465쪽. MEW, Bd. 4 (Berlin: Dietz Verlag, 1977).

종교의 주변화, 세속적 물욕의 해방, 이윤추구 등을 '적극적'으로 인정한다고 해서 유교를 한국·싱가포르·대만·홍콩 등 유교적 '네 마리 용'의 자본주의 발전과 인과적으로 연결시키는 '유교자본주의론'이 가능한 것인가? 아니다! '유교자본주의'를 입론할 수 없는 것은 '석회빌딩'이나 '철기자본주의'를 입론할 수 없는 것과 마찬가지 이치이기 때문이다. 현대식 빌딩을 시멘트로 짓고, 석회를 구어 시멘트를 만드는 것은 사실이다. 따라서 석회가 없으면 현대식 빌딩은 지을 수 없다. 그러나 그렇다고 해서 현대 빌딩이 석회로부터 - 아리스토텔레스가 말하는 질료인質料因의 - 인과관계로 만들어진 소위 '석회빌딩'은 아닌 것이다. 이것은 역사시대가 '철기시대'라고 해서 '역사시대'에 일어난 근대자본주의가 '철기자본주의'가 아닌 이유와 같은 이치다. 석회로 시멘트만 만드는 것도 아니고, 시멘트로 빌딩만 짓는 것도 아니다. 그리고 철기는 자본주의 공장에서만 쓰는 것도 아니다. 따라서 '석회빌딩'과 '철기자본주의'는 입론할 수 없다. 이런 인과적 연결은 지나치게 '추상적·무규정적'이고 '애매모호하기' 때문에 특정한 규정적 설명력이 전무한 것이다.

　이런 까닭에 '유교자본주의론'도 진지하게 입론할 수 없다. 유교가 근대자본주의의 본질적 관계인 - 형식적·실질적 - '자본관계'(*Kapitalverhätnis*)를[867] '설계'하지도 않았고, 유교로부터 꼭 '공장제 기업자본주의' 경제만 생겨나라는 법도 없기 때문이다. 극동의 유교제국에서는 오랜 세월 유교를 국학으로 표방했음에도 장원제, 균전

---

[867] 자본에 의한 임노동의 포섭을 중심에 놓는 마르크스의 자본개념을 이해하지 못한 학자들은 '자본주의' 개념을 폐하려고 든다. 가령 빌리 소(蘇基朗)는 주장한다: "21세기의 전환 이래 시장경제 개념이 점차 근대중국만이 아니라 전근대중국에서의 경제변동을 이해하는 데서 자본주의 개념을 대체해왔다. 냉전이데올로기의 무거운 짐을 싣고 이 이데올로기와 연결된 자본주의는 경제생활의 이해를 위한 효과적 분석도구로서 더 많이 희석되고 더 흐릿해져 보인다. 정치이데올로기에 덜 영향받으면 경제변동은 더 진정한 경제학적·사회과학적 술어로 진술될 수 있다." So, "Institutions in Market Economies of Premodern Maritime China", 227쪽. 그러나 '시장경제'라는 저널리즘 용어는 그가 여기서 구분해 사용하는 "근대중국"과 "전근대중국"을 가를 수 없다. 임노동의 포섭에 초점을 맞춘 자본주의 개념만이 경제적 근대와 전근대를 구분할 수 있게 해준다. 그리고 '자본주의'를 '시장경제'로 대체하려는 짓은 노동에 대한 자본의 지배를 '흐릿하게' 만들려는 우파이데올로기의 상투적 수법이었다. 이 방향에서 소(蘇)가 전위 노릇을 하고 있다.

제, 지주·소작제, 상업형 소농경제, 비非자본주의적 자유상공업, 네트워크 자본주의 등 다양한 경제형태가 전개되었었다.

하지만 유교는 - 앞서 입증한 바와 같이 - 신·구 기독교가 둘 다(베버의 주장과 반대로) 자본주의 정신을 배척하듯이 하필 자본주의만을 꼭 찍어서 배척한 적이 없고, 단지 저 많은 경제형태들을 다 허용하거나 묵인할 뿐이다. 그러나 추른도르퍼(Harriet Zurndorfer)는 베버주의의 확신에서 유교와 자본주의 사이에 아무런 '적극적 연관'도 없을 뿐만 아니라 '부정적 연관'만이 존재한다고 주장한다.868) 그녀는 심지어 동아시아의 변혁과 관련된 가치들은 유교와 다른 전통들, 가령 불교, 민속문화 등에 뿌리박혀 있다고까지 주장한다. 그러나 그녀도 최소한 자본주의 흥기에 대한 다른 특정문화의 중요성을 인정한 셈이다.

따라서 쟁점은 '문화'가 자본주의에 본질적으로 중요한가가 아니라, '유교문화'가 자본주의의 흥기와 중요한 연관성이 있는가, 아니면, '부정적 연결만이 존재하는가'다. 그러나 앞서 강조했듯이, 유교가 사실을 은폐하고 뒤트는 '종교'가 아니라 사실을 제대로 드러내주는 '과학'인 한에서 소기랑은 "유교문화는 확실히 중요하다"고 규정적으로 말하고, "추적되어야 하는" 물음을 "유교적 상인윤리가 시간과 공간의 특정한 맥락에서 시장경제에 적극적 영향을 미쳤는가"로 바꿔 구체화시킨다. 그런데 그에 의하면 논란할 수 없는 사실史實은 "14세기 말"부터 이미 "유교적 상인윤리의 새로운 영향"이 작용했다는 것이다.869)

막스 베버도 프랭클린이 유행시킨 속담 Honest is the best policy의 원原명제인 공자의 "정자정야政者正也" 명제를 의도치 않게 자본주의정신의 소산이라고 '고백'하듯이 유학과 근대자본주의 간에는 철기와 근대자본주의 간의 관계, 석회와 현대빌딩 간의

---

868) Harriet Zundorfer, "Confusing Confucianism with Capitalism". Paper presented at the Global Economic History Network, June 23-25, University of Utrecht. Billy K. L. So (蘇基朗), "Institutions in Market Economies of Premodern Maritime China", 213-214쪽에서 재인용. Billy K. L. So (ed.), *The Economy of Lower Yangzi Delta in Late Imperial China* (Oxford: Routledge, 2013).

869) So, "Institutions in Market Economies of Premodern Maritime China", 215-216쪽.

관계보다 '더 직접적이고 더 구체적인' 인과적 연관이 있다. 기독교를 포함한 전 세계의 종교문화들 가운데서 오로지 과학적 '유학'만이 자유시장, 상업화, 사회와 문화의 현세화·세속화, 다종교적 관용과 종교문제의 주변화, 이를 통해 비로소 가능해지는 세속적 물욕의 해방, 이윤추구 등을 '규정적·구체적'으로 인정하고 주장하기 때문이다. 이러한 유교 경제철학의 규정적·구체적 시장경제 지침과 원칙, 그리고 이 유교적 지침과 원칙에 입각한 중국의 유교적 시장경제가 세계 최고수준으로 번영했고 또 번영하고 있다는 경험적 사실은 유교적 경제철학과 경제문화로부터 다양한 경제형태를 도출하고 촉진할 수도 있지만, 중국과 유럽의 역사적 현실로부터 출발할 때 공장제 자본주의가 아니더라도 '규정적'으로 '민주적이고 리버럴한 자본주의'를 촉진할 수밖에 없는 것이다. 다만 근대에 유교를 수용한 11개 극서제국과 유교본산 중국이 궁극적으로 어떤 형태의 자본주의를 구체적으로 만들어낼지는 다시 두 곳의 사회문화적·정치경제적 상황의 각이各異한 전제와 맥락에 따라, 따라서 그곳 백성들의 각이한 경제적 선택에 따라 달라질 수 있는 것이다.

역사적으로 명확하게 드러난 사실은 서구가 거의 전 세계를 식민화한 '민주적이고 편안하고 리버럴한' 매뉴팩처 단계를 뒤로 보내고 궁극적으로 전제적 '공장제 자본주의'를 주요 생산방식으로 선택한 반면, 중국은 자유수공업자의 작업장과 매뉴팩처 생산방식을 거쳐 식민지가 전무한 '자유롭고 민주적인' 수평적 '네트워크 자본주의'를 주요 생산방식으로 선택했다는 것이다. 이런 차원에서 필자는 유교와 극동·극서의 두 근대자본주의 간의 규정적이고 긴밀한 '일반적' 관계를, 정확히 말하면 석회와 빌딩 간의 연관보다 '더 긴밀하고 더 규정적인', 그리고 '네 마리 용'의 특수한 도시와 나라를 초월해 동서로 확산되어 보편화될 수 있는 '일반적' 연관을 설명하는 '유교적 근대의 일반이론'을 입론하고자 한다.

한편, 법·제도와 관련해 특별히 강조해야 하는 것은 "제도의 가치는 언제나 맥락에 특유한 것"이고, "모든" 역사적 상황에 "최적으로 타당한 제도 세트는 존재하지 않는다"는 점이다.[870] 포어는 이 점을 전적으로 무시하고 있다. 그러고서 그는 베버처럼 서양의 '공장제 기업자본주의'의 역사적 경험만을 유일시해서 중국에서 병영적·유기적 '공장'의 부재를 확인하고 이를 근거로 '중국자본주의불가론'을 설파하고 있다. 그러나 서구와 중국 문화권의 특유한 역사적 상황에 따라 서구와 중국에는 제각기 다른 '최적'의 생산방식이 흥기하고 이에 부응하는 '최적'의 경제법제가 뒤따라 생겨났다. 전 세계에 걸쳐 방대한 식민지를 보유했던 18-19세기 극서지역의 제국주의 국가들에서는 식민지의 노예제 플랜테이션을 모방한 수직적 '공장제 자본주의'가 최적이었다면, 만백성에게 자유와 평등을 보장하고 '양민養民'의 의무를 짊어진 유교국가 중국에서는, 그리고 유교적 자유와 평등 속에서 살아온 유교국가의 백성들에게는 "민주적이고 자유로운" 수평적 네트워크의 '브랜드 자본주의'가 최적이었다.

유교문화권에서 가장 많은 인구 속으로 광범하게 관철된 공산혁명은 아마 중일전쟁시기 중국과 식민지 시대 한국·월남에서 강제로 관철된 서구식 공장제에 격분한 유교적 극동백성들의 총궐기의 - 당시로서는 가장 선명했지만 결과적으로는 불행히도 그릇된 - 정치적 선택이었을 것이다. 왜냐하면 공장제는 공산화된 뒤에 오히려 테일러-포디즘까지 덤으로 추가하며 마치 선진적 생산방식인 양 전반적으로 관철되었기 때문이다. 1950-1980년의 30년 중국과 소련·북한에서의 극좌 배급제 공산주의 경제체제의 참담한 파탄은 '시장 없는 관료제적 계획경제'에만 기인했던 것이 아니라, 극좌공산주의적 노동해방의 혁명 목표를 공장 전제체제로 달성해야 하는 "Mission Impossible"의 '공산주의 공장'이 '필연적'으로 직면할 수밖에 없었던 궁극적 실패에도 기인한다. 1960-1970년대에 개시된 박정희 군사독재체제의 강압적 산업화도 당시 멸시받던 '공순와 공돌이'를 비롯한 공장노동자들의 격한 반발과 저항, 대중의 좌경화, 국가위기를 초래했다. 하지만 한국은 생산과 유통의 지식정보화, AI 산업로봇화, 네트워크화를 통해 생산공정 외부에 로봇관리엔지니어와 현저히 축소된 인원수의 관리직 근로자만 남은 무인생산시스템('스마트공장') 단계와 전자상거래에 기초한 네트워크 생산 단계로 이행하고[871] 국가와 사회를 기층적으로 민주화했다. 이로

---

870) Richard von Glahn, *The Economic History of China - From Antiquity to the Nineteenth Century* (Cambridge: Cambridge University Press, 2016), 6쪽.

써 한국에서 공장제 자본주의는 20-30년의 단기간에 끝났고, 이 덕택에 한국은 '그릇된 정치적 선택'의 위험으로부터 벗어날 수 있었다.

이상의 논의로써 필자는 중국의 자생적·내재적 자본주의 발전의 실패 또는 불발에 대한 포어의 베버주의적·제도주의적 설명시도를 완전한 오류로서 물리친다.

1.2. 막스 베버의 중국자본주의불가론에 대한 비판

중국경제가 한때 서구에 뒤지게 된 역사적 사실에 대한 설명에서 맥닐·케네디·포어가 범한 오류들은 거의 다 중국에서의 공장제 기업자본주의의 불발 원인을 유교문화와 의례적儀禮的 제도 탓으로 돌린 막스 베버의 '중국자본주의불가론'의 오류로 소급된다. 따라서 베버의 중국자본주의불가론 자체를 본격적으로 정밀 분석하지 않을 수 없다.

문명교차적 비교연구로서의 베버의 중국연구는 오늘날 "고전적 실패 케이스(classic failed attempt)"로 간주된다.[872] 최근 '유교자본주의'가 연호되는 마당에 새삼 중국에서 산업자본주의가 불발한 이유를 유교로 돌리는 베버의 중국자본주의불가론을 상론詳論하는 것은 무의미하게 보일 수 있다. 그럼에도 불구하고 베버의 중국분석은 앞서 보았듯이 중국의 자본주의 실패를 설명하려는 이후의 많은 시도들에 대해 "지속적 영향"을 끼쳤고 지금도 영향을 미치고 있다.[873] 앞서 살펴보았듯이 오늘날도 헌팅턴·맥닐·홀·만·케네디·포어 등 '반反시대적' 베버주의자들이 20세기만 아니라 21세기에도 속출하고 있기 때문이다. 자화자찬에 탐닉하고 식민주의·제국주의 경략에 잔뼈가 굵은 유럽인들의 근본성향 때문에 구미 학자들이 오늘날에도 베버의

---

871) 한국은 2020년 현재 산업용 로봇을 세계에서 가장 많이(노동자 1만 명 당 로봇 702대) 투입해서 사람 없는 스마트공장 단계에 도달했다. 싱가포르는 노동자 1만 명당 658대, 독일 332, 일본 308, 스웨덴 240, 덴마크 230, 미국 200, 중국 97대다.
872) Jones, *The Image of China in Western Social and Political Thought*, 119쪽.
873) Jones, *The Image of China in Western Social and Political Thought*, 119쪽.

유럽중심주의 논변에 아전인수의 쾌감을 느끼는 것이다. 이 때문에 베버의 중국자본주의불가론 자체를 차제에 정밀 해부해서 철저히 파괴할 필요가 있다.

17-18세기의 예수회 선교사들과 달리 19세기의 중국연구자들인 제임스 레게(James Legge), 윌리엄 수트힐(William E. Soothill), 잔 데 그로트(Jan J. M. de Groot)는 중국의 도덕과 사회관행을 띄엄띄엄 관찰했을 뿐만 아니라, 경멸적으로 평하고 천박하게 비방했다. 막스 베버는 데 그로트의 경멸적 평가를 특히 많이 끌어대고 있다. 그 다음, 베버는 19세기 후반 또는 20세기 초의 기고만장한 유럽중심주의적 중국학을 자신의 규범·경제·사회 간의 관계 틀로 여과함으로써 공자윤리학의 결정적 평가전환을 수행하고 있다.[874] 따라서 그의 이 수법과 그 결과물은 그 궁극적 파괴를 위해서라면 이전보다 더 정교하고 철저한 분석을 요한다.

■ 중국적 자본주의의 흥기를 가로막은 유교의 4대 정조

베버는 (1) 주술적 미신의 보존으로 인한 종교적 불합리성, (2) 냉철한 타산적·형식적(탈인격적·객관적) 사업관계를 배제하는 대인적對人的 인격관계(persönliche Beziehungen)에 국한된 윤리, (3) 보편적 인간애의 결함과 보편적 불신, (4) 전통주의적·윤리적 세계적응의 정조 등 유교윤리의 이 네 가지 결함 때문에 중국에서 '자본주의 정신'이 생겨날 수 없었다고 말한다.

(1) 주술적 미신의 연대적 보존으로 인한 종교적 불합리성

베버는 "종교의 합리화"를 재는 두 가지 기준을 "주술의 탈피 정도"와, 해당종교가 신과 세계, 세계와 종교 간의 관계를 직조織組한 "체계적 통일성의 정도"로 들면서 먼저 주술 탈피와 관련해 유교의 주술성, 즉 '비합리성'을 부각시킨다.

유교는 주술(Magie)을 그 긍정적 행운의미(Heilsbedeutung)로 그대로 놓아두었다. (…) 완전

---

874) Jones, *The Image of China in Western Social and Political Thought*, 121-122쪽.

히 이단적 교설(도교)의 주술정원(*Zaubergarten*)에서 (손 없는 날을 정하는) 시점時占(*Chronomante*; 사주), 흙점, 수점水占, 점성술의 권력 아래서 부분적으로 저 원초적 힘들의 원인이자 결과이기도 한, 세계연관의 거칠고 혼란스러운 보편주의적 관념 상태에서, 말하자면 모든 자연과학적 인식이 결여된 상태에서 주술적 전통의 지주支柱 - 이 전통의 수수료 기회에 이 교설은 관심이 있다 - 인 봉록체제 확립(*Verpfründung*) 시에 근대적 서구유형의 합리적 경제와 기술이 간단히 배제되어 있었다는 것은 (…) 완전히 명백해졌다. 그러나 이 주술정원의 보존은 유교윤리학의 가장 내밀한 경향에 속했다. 그런데 여러 내적 이유들이 여기에 추가되면서 유교 권력의 그 어떤 분쇄도 저지했다.[875]

유교가 도교에 겉으로 반대하면서도 도교가 가꾸고 키우는 '주술정원들'을 도교와 연대해 보존하고 이 주술의 힘으로 자신의 권력을 난공불락으로 만든다는 것이다. 베버는 이것으로 인해 유교의 종교적 합리성은 개신교에 비해 크게 망가져 있다고 주장하고 있다.

반면, 베버에 의하면 개신교는 온갖 주술과 미신을 모조리 분쇄하고 기독교적 관념과 종교활동을 전면적으로 합리화했다.

첫 번째 견지에서(주술 탈피 정도의 견지에서 - 인용자) 여러 유형의 금욕적 개신교는 마지막 단계를 기술한다. 개신교의 가장 특징적인 유형들은 주술을 가장 완전하게 박멸했다. 주술은 성례와 상징의 승화된 형태에서도 원칙적으로 아주 말살되어 엄격한 청교도는 그 어떤 "미신"과 주술적 성격의 조작에 대한 그 어떤 믿음으로부터도 그 원천을 파내버리기 위해 그의 연인들의 시체조차도 형태 없이 파묻게 할 정도였다. 세계의 전면적 탈脫주술화는 오직 여기(칼뱅이즘적 개신교 - 인용자)에서만 전면적 종결에 이르기까지 관철되었다. (…) 그러나 유교가 주술을 그 긍정적 행운의미에서 그대로 놓아둔 반면, 여기(금욕적 개신교)에서는 모든 마법적인 것은 악마적인 것이 되어 버렸고 이에 반해 합리적으로 윤리적인 것, 즉 신의 계율에 따른 행동만이, 그것도 오직 신성한 정조(*Gesinnung*)로부터 나온 행동만이 종교적으로 가치 있는 것으로 남았다.[876]

---

875) Weber, *Konfuzianismus und Taoismus*, 513쪽(VIII: Resultat: Konfuzianismus und Puritanismus).

그러나 앞서 살펴본 바와 같이 막스 베버는 자가당착적으로 다음의 말을 삽입함으로써 스스로 자신의 극언적 개신교찬양을 무의미하게 만든다.

> 이것(금욕적 개신교에 의한 세계의 전면적 탈주술화 - 인용자)은 가령 우리가 오늘날 '미신'으로 평가하곤 하는 것으로부터의 자유를 뜻하지 않았다. 마녀재판은 뉴잉글랜드에서도 창궐했다.[877]

베버는 여기서 마녀재판을 오늘날 "미신"의 일종으로 언명하고 있다. 그러므로 청교도, 즉 칼뱅주의 개신교도들이 밀집된 북미 뉴잉글랜드 지역(메인·뉴햄프셔·버몬트·매사추세츠·코네티컷·로드아일랜드 등 6개 주)에서 16-17세기부터 19·20세기에까지도 계속 저질러진 마녀사냥은 베버의 눈에도 "미신적" 만행이었다. 교구적 교회조직을 부정하고 '사제司祭'를 "일종의 주술사"로 몰아 폐지하고 자기 자신을 자기의 '주술사'로 임명한 청교도들은 18세기 말에 마녀재판을 그만둔 가톨릭보다 더 오랫동안 북미 뉴잉글랜드에서 미신적 주술에 사로잡혀 마녀재판의 만행을 베버조차도 "창궐했다"고 할 정도로 무수히 자행했던 것이다.

따라서 우리는 다른 신들을 악귀로 배제하고 특정한 인격신 하나(여호와)만을 유일신으로 받드는 모든 거대한 강성剛性종교는 그 자체로서 예외 없이 다 '거대한 주술' 또는 '거대한 미신'이라고 말해야 한다. 무신론자나 무종교자의 중립적 견지에서 보면, '전형적 개신교도' 한 사람 한 사람이 주술사이고, 무당인 것이다. 베버는 이 사실을 몰각하고 개신교가 "주술을 가장 완전하게 박멸함"으로써 "미신과 주술적 성격의 조작에 대한 그 어떤 믿음의 원천"까지도 "파내는 세계의 전면적 탈주술화"가 오직 칼뱅주의 개신교에서만 "전면적 종결에 이르기까지 관철되었다"고 과장하다가 전형적 개신교도들이 자행해온 광신적 마녀재판, '주홍글씨' 등 엄청나게 심각하고 잔학한 갖가지 주술행위를 갑자기 떠올린 것이다. 그는 뇌리에서 이를 도저히 지울

---

876) Weber, *Konfuzianismus und Taoismus*, 512-513쪽.
877) Weber, *Die Wirtschatethik der Weltreligionen*, 513쪽.

수 없자 개신교에 의한 "세계의 전면적 탈주술화"가 모든 "미신으로부터 자유"를 뜻하는 것이 아니라고 '탈주술화'의 범위와 의미를 황급히 축소하고 있다.

베버가 기술한 바대로 17-18세기에, 그리고 심지어 19세기에도 내내 뉴잉글랜드에서 마녀재판이 "창궐"했다면 청교도(칼뱅주의 개신교도)의 마녀심판 횟수는 당시 가톨릭제국에서 오히려 뜸해지다가 18세기 말에 사라졌던 가톨릭교의 마녀심판 횟수에 비해 월등히 많았던 것이다. 따라서 청교도는 한편으로 가톨릭 유형의 주술을 박멸하고, 다른 한편으로 스스로 청교도주의적 교리에 의해 특유한 방식으로 '재再주술화'되어 가톨릭교도보다 더 주술적·광신적이 되었던 것이다. 이렇게 자기의 교리에 의해 가톨릭보다 더 미신적으로 변한 개신교는 두말할 것도 없이 유교와 대조하면 '근본적'으로 광신적이고 '심각하게' 주술적·미신적인 기독교종파인 것이다.

16세기 이래 개신교의 셀 수 없이 많은 종파는 그 자체가 새로운 광신·미신·주술의 종파였고, 이전부터, 그리고 오늘날까지도 유럽은 무종교자가 국민의 대다수를 차지하는 극동제국에 비해 더할 나위 없이 미신적인 사회였다. 이 명제는 중국 인민들이 미신적이라는 비난에 맞서 볼테르가 전개한 반론을 들어보면 바로 납득이 간다. 볼테르는 『제국민의 도덕과 정신에 관한 평론』(1756)에서 중국인들이 얼마 전의 유럽인처럼 매우 비과학적이고 미신적이라고 지적하지만, 그리 큰 허물로 보지 않았다. "천벌적 점성학의 황당한 말들을 언제나 하늘의 참된 이론과 결합시키는 저 국민들의 경신輕信은 그렇게 놀랍지 않다. 저 미신은 한때 모든 인류에게 공통된 것이었다."[878) 게다가 8년 뒤에 쓴 『철학사전』(1764)에서는 중국인들이 "우리처럼 부적과 천벌적 점성술을 믿는다"고 말한다.[879) '우리처럼'이라는 말은 당대의 유럽인도 여전히 미신적이었음을 뜻한다. 그리고 볼테르는 『역사철학』(1765)에서 오히려 유럽사회와 신·구교 대중이 믿는 특이하고 특별한 미신성과 광신성을 고발한다.

---

878) Voltaire, *Ancient and Modern History (Essai sur les moeurs et l'esprit des nations)*, Vol. I in seven volumes, 29쪽. The Works of Voltaire, in forty three volumes, Vol. XXIV (Akron[Ohio]: The Werner Company, 1906).

879) Voltaire, 'China', Philosophical Dictionary [1764], Part 2, 94쪽. Voltaire, *The Works of Voltaire*, Vol. IV (New York: The Craftsmen of The St. Hubert Guild, 1901).

> 평범한 백성은 모든 나라에서 취약하고 미신적이고 어리석지 않은가? 미셸 드 로피탈(Michel de l'Hopital) 재상의 나라, 샤롱의 나라, 몽테뉴와 라 모트 르 베예의 나라, 데카르트·벨·퐁프테넬·몽테스키외의 나라에는 광신자들이 있지 않았던가? 베이컨 대법관, 불멸의 천재들인 뉴턴과 로크, 그리고 수많은 다른 위인들을 낳는 영예와 행복을 가진 나라에서는 감리교도·모라비아교도·천년왕국신봉자들, 그리고 온갖 광신도들이 다 있지 않았던가?[880]

볼테르는 타로점·점성술·마녀·예언서에 대한 믿음 등 일상적 미신은 상론하지 않고 아예 개신교종파들("감리교도·모라비아교도·천년왕국신봉자들")을 모조리 광신적 미신집단들로 몰아버리고 있다.

따라서 베버가 위선적 자세로 주술화 문제를 두고 유교와 개신교를 대등한 차원에서 비교하는 것 자체가 용납될 수 없는 것이다. 가톨릭은 말할 것도 없고 개신교도 저렇게 심각하게 근본적으로 광신적·주술적인 반면, 유학의 주술 인정 정도는 삶의 변두리로 밀쳐져 있는 가벼운 문제이고, 결코 개신교처럼 '근본적'이고 '과격하고 심각한' 문제가 아니기 때문이다. 여러 번 확인했듯이 베버의 흑칠과 정반대로 중국은 수천 년 동안 종교와 미신을 경시하는 가장 세속적인 사회였다.

그러나 베버는 서양에 사회적 진보가 있는 반면, 동양에 진보가 없는 것을 근대적·합리적 사회와 상이한 중국의 전통적(혈연적)·주술적 사회 탓으로 돌렸다. 베버는 중국사회를 진보가 없는 정체된 사회로 오해했지만, 중국은 송대에 세습귀족의 해체와 전제군주의 확립, 새로운 과거제·관료제의 도입, 봉건적 장원제도의 철폐와 사유재산제도의 확립, 명대에 내각제의 형성과 발달, 노비제도의 철폐, 청대 초 유사노비 해방, 지주·소작제도의 해체와 소농체제의 확립 등으로 부단히 변하면서 진보했다.

막스 베버는 유럽에서 사회적 진보가 혈연과 미신적·비합리적 신앙으로부터 점차, 그리고 지속적으로 거리를 취하는 방식을 상세하게 고찰하고 있다. 베버는 이것을 비서구사회의 순수한 신비적 모델과 대비시키고 있다. 그런데 그는 중국사회에서

---

880) Voltaire, *The Philosophy of History* [1765] (London: Thomas North, 1829), 156쪽.

"친족이 여전히 사회구조의 핵심단위라는 사실 때문에 낙후하게 되었다"고 생각한다. 하지만 블라우는 "이것이 그렇지 않다"고 단언한다. 그리고 베버는 중국인들이 "주술과 미신을 극복할 수 없기 때문에 비합리적"이라고 생각했다. 하지만 블라우는 이것도 "난센스"라고 잘라 말한다.[881]

(2) 비인격적·공식적 관계를 배제하는 대인적 인격관계의 윤리

베버는 유교가 부자·부부·군신·장유·붕우 등의 가족적·인격적 대인對人관계(즉, 인대인人對人)에 국한된 윤리만을 절대화하고 공식적(형식적)·비인격적·객관적 인간관계를 배제함으로써 "경제의 합리적·비인격적 객관화(*rationale Versachlichung*)를 갖춘 자본주의적 '기업(*Betrieb*)'의 사회학적 기반"의 형성을[882] 가로막았다고 비판한다. 여기서 '*Versachlichung*'은 마르크스의 '인간(노동) 사물화(*Verdinglichung*)'를 뜻하는 것이 아니라, 경제관계를 따뜻한 친애적·인격적 대인관계로부터 냉철한 비인격적·객관적·형식적(공식적) 대인관계로 변환시키는 것을 가리킨다.

베버는 비인격적·객관적·형식적 대인관계를 배제하는 인격적 대인관계의 유교적 윤리가 발생한 원인을 분석적으로 밝히려는 욕심을 보인다.

> 바로 이 (유교)윤리는 자연과 신, 윤리적 요구와 인간적 불충분성, 죄의식과 구원요구, 이승의 행위와 저승의 보상, 종교적 의무와 정치사회적 실재 간의 그 어떤 긴장이든 이런 것들을 완전히 결缺했고, 따라서 순수하게 전통적·관례적으로 묶이지 않은 내면의 힘들에 의해 생활영역에 영향을 미치려는 그 어떤 수법도 완전히 결했다. 생활영역에 영향을 미치는 가장 강력한 힘은 신령신앙에 기초한 가족적 친애(*Familienpietät*)였다. (…) 씨족집단의 여전히 강력한 결속과 확장된 분업적 가족기업들로 통합될 수 있는 동족사회(*Genossenschaft*)로의 (…) 사회화 양식을 가능케 하고 지배한 것은 최종적으로 이 가족적 친애였다. 이 확

---

881) Blaut, *Eight Eurocentric Historians*, 26-27쪽.
882) Weber, *Konfuzianismus und Taoismus*, 374쪽(IV. Soziologische Grundlagen: D. Selbstverwaltung, Recht und Kapitalismus).

고한 결속은 그 양식에서 전적으로 종교적 동기를 가지고 있고, 진정으로 중국적인 경제조직들의 강력성은 가령 이 친애에 의해 규제되는 이 인격적 단체들이 이르는 수준까지 이른다.[883]

유교윤리에서의 이런 가족적·친족적 인격관계의 미화美化는 인간피조물들 간의 익명적·비인격적·객관적 관계를 중시하는 개신교 윤리와 다르다는 것이다.

피조물적(인간적) 과업의 비인격적 객관화(Versachlichung)를 지향하는 청교도 윤리와 최대로 대립적으로 중국 윤리는 자연발생적 인격단체 (또는 이것에 붙여 짜이거나 이것을 모방한 인격단체들)의 범위 안에서 그 가장 강력한 동기를 전개했다. 청교도주의 안에서의 초현세적·피안적 신에 대한 의무가 동료인간들과의 모든 관계를, 또한 바로 자연적 생활질서 안에서 이 동료인간과 가까운 사람과의 모든 관계를 한낱 유기체적인 생명관계를 초월하는 정조情操(Gesinnung)의 수단과 그 표현으로만 평가하는 반면, 거꾸로 독실한 중국인의 종교적 의무는 바로 오직 유기체적으로 주어진 인격적 대인관계 안에서의 자기활동만을 뜻한다.[884]

그리하여 가족·친족·씨족관계 중심의 이런 인격적·비익명적·비객관적 대인관계는 기업조직의 익명적인 부르주아적·사업적·비인격적·객관적 대인관계의 발생을 저지하고 제한한다는 것이다.

비인격적 객관화의 인격주의적 한계는 개인을 비인격적·객관적(sachlich) 과업들("기업들")에 묶는 것이 아니라 거듭 새로이 내적으로 개인의 씨족원들과, 개인과 씨족으로 연결된 구성원, 아무튼 "인격체들"에 묶는 경향을 가짐으로써 경제질서에 대해서도 의심할 바 없이 객관적 합리화의 한계로서 현격한 의미를 가졌다. 바로 그것은(…) 중국적 종교성의 양식과, 즉 표준적 교양계층이 자기 지위의 유지를 위해 확고히 유지하는 종교적 윤리의

---

883) Weber, *Konfuzianismus und Taoismus*, 522쪽.
884) Weber, *Konfuzianismus und Taoismus*, 522-523쪽.

합리화의 저 한계와 가장 내밀하게 결합되어 있다.[885]

앞서 언급된 "자연발생적 인격단체에 붙어 짜이거나 이것을 모방한 인격단체들"이 가족을 모델로 직조되고 가족적 호칭(형, 대형, 큰형님, 동생, 이모, 누님 등)으로 부르며 맺어지는 유사類似가족적 기업, 사업체, 동직조합(길드), 지역단체(향회·민회 등), 친목조직, 종교문화조직 등을 뜻한다면, 여기서 말하는 "개인과 씨족으로 연결된 구성원"은 이런 유사가족적 조직들의 구성원을 가리킨다. 여기에 본래의 가족과 가족·친족기업("자연발생적 인격단체")을 더하면 중국의 공·사의 모든 인간관계는 비익명적인 친애적·(유사)가족적·인격적 대인관계로만 되어 있게 된다. 베버는 이를 증거로 중국의 모든 사회적 관계를 비익명적인 '(유사)가족적' 인격관계로 수렴·귀착된다고 생각하고 있다.

그리하여 베버는 중국의 모든 인간관계를 단지 유교적 강상윤리의 비익명적·(유사)가족적·인격적 인간관계로 규정하고 이에 신과의 관계를 절대화해서 피조물적 인간들끼리의 관계를 의심하고 익명적·비인격적·객관적으로 거리를 두는 개신교의 인간관계를 대비시킨다.

> 유교는 전측면적으로 완벽화된 완전한 처세인處世人(Weltmann)의 품위 유지를 위해 깨어있는 항구적 극기克己(Selbstbeherrschung)를 요구했다. 반면, 청교도 윤리는 신의 의지를 향한 지향성의 체계적 통일성을 위해 극기를 요구했다. 유교 윤리는 지극히 의도적으로 인간들을, 자연에 의해 자란, 그리고 사회적 상하질서에 의해 주어진 인격적 관계들 속에 맡겨두었다. 유교 윤리는 이 인격적 관계를, 그리고 오로지 이 관계만을 윤리적으로 미화美化·변용變容했고, 인간과 인간, 군신, 상하관리官吏, 부자, 사제, 붕우 간의 이러한 인격적 관계에 의해 창출된 인간적·강상윤리적 의무(Pietätspflichten) 외에 다른 사회적 의무를 알지 못했다. 반면, 청교도 윤리는 바로 이 순수한 인격적 관계를 - 신에 반하는 것이 아닌 한에서 자연스럽게 존재하도록 놓아두고 윤리적으로 조절할지라도 - 쉽사리 의심한다. 왜냐하

---

885) Weber, *Konfuzianismus und Taoismus*, 523쪽.

면 이 인격적 관계는 피조물들을 향한 것이기 때문이다. 그리고 신과의 관계는 모든 상황에서 이 인격적 관계에 앞섰기 때문이다. 인간피조물을 우상화할 정도로 너무 강한 인간관계는 순수하게 그 자체로서 무조건 회피되어야 했다. 왜냐하면 인간들에 대한, 바로 자연스럽게 가장 가까이 있는 이웃들에 대한 신뢰는 영혼에 위태로울 것이기 때문이다. 에스토니아의 칼뱅주의적 후작부인 레나타(Renata)는 (…) 자기의 가장 가까운 친척들이 신이 (까닭 없는 예정에 의해) 배척한 자들임을 안다면 이들을 저주할 것이다.[886]

전반적으로 자가당착적 어불성설의 논변이지만 본격적 비판은 뒤로 미루고 유교적 개념들을 오해하는 경우만을 간단히 지적해 두자. "인간과 인간, 군주와 신하, 상하관리, 부형과 자제, 사제, 붕우 간"의 강상윤리적 관계에서 군신·붕우관계는 유교에서 종종 가족관계로 비유되지만 엄연히 익명적·비인격적·객관적·공식적 대인관계를 본질로 한다. 군신관계에서 신민은 무수한 익명적 백성대중이다. 따라서 이들에 대한 군주의 관계는 불가피하게 추상적·익명적·초인격적·형식적 공무관계일 수밖에 없다. 관직에 있는 신하들도 그 전체로서 보면 수만, 수십만 명에 달하기 때문에 군주의 입장에서 보면 마찬가지로 '대중'이다. 따라서 군주와 일반 신하(즉, '근신近臣'을 제외한 초超인격적·객관적·추상적 취급대상으로서의 '원신遠臣')의 관계도 비인격적·익명적·추상적일 수밖에 없다. 이런 의미에서 조선에서 정조도 국가의 공무관계에서 군주가 인격적 관계를 맺는 '근신' 또는 '친신親臣'을 두는 것에 대한 유교전통의 우려를 인지함과 동시에 '근신'과 '원신'을 준별했던 것이다.

예로부터 '근신'이란 두 글자는 윗사람이 그런 말을 들으면 혐의스럽고 아랫사람이 그런 말을 들으면 두렵게 여겨왔는데, 이는 전혀 그렇지 않은 점이 있는 것이다. 맹자가 말하기를, '왕께서는 친신親臣이 없습니다' 했고, 또 말하기를, '원신遠臣을 살피려면 반드시 근신으로부터 시작해야 합니다' 했는데, '근신'이라는 명칭은 맹자 때부터 이미 있어 온 말이다. 지극히 가까운 것이 '친親'인데 임금이 나라를 다스림에 있어 어찌 친근한 신하가 없을 수 있겠는가? 대저 위에서 아랫사람을 대함에 있어 의당 원근을 한결같이 보아야 하는 것

---

[886] Weber, *Konfuzianismus und Taoismus*, 527-528쪽.

이지만, 임금이 사람을 기용하는 것은 진학進學의 공부와 같은 것이니, 어떻게 친근한 데서부터 소원한 데로 이르고 가까운 데서부터 먼 데로 이르는 구별이 없을 수 있겠는가?887)

정조는 맹자경전을 인용하며 여기서 '원신'과 '근신'을 엄격히 구별하고 있다. 임금의 입장에서도 추상적(형식적)·비인격적·객관적·익명적 관계의 '원신'과 격의 없이 친밀한 인격적·비익명적 관계의 '근신'이 구별된다면, 즉 공사公私가 구별된다면, 멸사봉공滅私奉公해야 하는 신하의 관점에서 군신은 더욱 공사가 명확하게 변별되는 것이다.

또한 '붕우유신朋友有信'의 '붕朋'은 사적인 '벗(友)'이 아니라, 대개 자기를 알아주는, 일부 안면이 있을(*acquainted, bekannt*) 수도 있지만 대개는 익명적 지지자, 추종자 대중, 고객 집단 등을 가리킨다. 따라서 '붕'과의 관계는 추상적·비인격적·객관적 인간관계일 수밖에 없는 것이다. 이런 까닭에 극동의 모든 유교국가에서는 "공公으로 사私를 멸하라(以公滅私)"는 가르침(『서경』),888) 또는 "대의大義가 사친私親을 멸한다(大義滅親)"는 가르침(『춘추좌씨전』)에889) 따라 임금과 공직자, 그리고 공조직의 구성원들인 관료들에게 '멸사봉공' 정신을 그리도 강조해 마지않았던 것이다. 관리의 친인척과 개인적 친소親疏를 떠나 오로지 실력자를 선발하고 정사에 대한 친지들의 입김의 개입을 막으려는 관료제의 창설이유와 운영원칙(임기제와 상피제)은 바로 이 멸사봉공 정신의 확립을 위한 것이다.

그리고 상앙·한비자를 비롯한 다른 법가사상가들의 공포와 엄벌주의에 반대하고 친애와 공동선을 강조한 법가사상가 신불해申不害(기원전 395-337)는 중국 관료제의 아버지로서 "현명한 치자는 표준에 의뢰하지, 지혜에 의뢰하지 않고, 기술에 의뢰하지 설득에 의뢰하지 않는다"는 좌우명에 따라 "군주가 만사와 만인을 완전히 비인격적 기술技術에 의해, 지극한 객관성으로써 대해야 한다"고 주장했고, "능란한 치자는

---

887) 『正祖實錄』, 정조6(1782)년 5월 29일.
888) 『書經』「周書·周官(3)」.
889) 『春秋左氏傳』, 隱公 4年 9일.

'무위無爲한다'"고 반복해서 말했다.890) 크릴은 신불해의 관료제이론과 맹아적 과거제를 베버·파슨스·버나드(Chsester I. Barnard)·머튼(Robert K. Merton) 등의 현대 관료제론과 비교한 뒤 "근본적 유사성의 커다란 영역을 드러내는 것"이었고 "차이가 존재한다는 것은 말할 것이 없지만 일반적으로 2300년 전의 신불해와 오늘날의 이 학자들이 동일한 종류의 문제들을 다루고 있고 종종 특기할만하게 유사한 해답에 도달하고 있다"는 결론을 도출하고 있다.891) 베버는 이 모든 것에 관해 까깧게 모르고 있다.

아무튼 베버는 중국에서 이러한 가족적 인격관계의 유교적 미화와 일색화로 인해 추상적·초인격적(비인격적)·익명적 목적단체로서의 객관적 기업조직이 불가능했다고 강변한다.

> 우리가 두(유교와 청교도의 - 인용자) 윤리적 관념들을 그 실천적 어법으로 "합리주의적"이라고 칭술할지라도, 그리고 이 양자가 둘 다 "공리주의적" 결론을 끌어낼지라도, 그것으로부터 실천적으로 두 윤리적 관념의 아주 중요한 차이가 결과했다. 중국에서의 씨족구속성의 보존, 즉 정치적·경제적 조직형태들의 전적으로 인격적 관계에 묶인 성격은 저 사회윤리적 입장으로부터만이 아니라 정치적 지배구조의 자기법칙성으로부터도 결과하기는 하지만, 아주 본질적으로 저 입장(인격관계를 미화 변용하는 사회윤리적 입장 - 인용자)으로부터도 결과했다. 중국의 정치경제적 조직형태들은 모두 다 본래적인 "공동체", 특히 도시에서의 공동체의 결여로부터 시작해서 순수하게 사무적인 목적구속적 유형의 경제적 사회화·기업형태의 결여에 이르기까지 (비교적) 아주 눈에 뛰는 방식으로 사무의 합리적 객관화와 추상적·초인격적 목적단체성격을 결했다. 순수한 중국적 뿌리로부터는 이러한 비인격적·객관적 조직형태들은 거의 전혀 발생하지 않았다. 모든 공동행동은 거기에서 순수한 인격적 관계를 통해, 특히 친족관계를 통해, 그리고 그 외에 직업적 형제화를 통해 감싸지고 제약된 채 남아 있었다.892)

---

890) Creel, "The Beginnings of Bureaucracy in China: The Origin of the Hsien", 161쪽.
891) Creel, "The Beginnings of Bureaucracy in China: The Origin of the Hsien", 161-162쪽 및 162쪽 각주45.
892) Weber, *Konfuzianismus und Taoismus*, 528쪽.

그러나 개신교는 가족관계를 포함한 모든 인격적 인간관계를 '비인격적·객관적 관계'로 해체해 합리적·법률적 기업·사업관계로 전환시켰다는 것이다.

> 반면, 청교도주의는 모든 것을 비인격적으로 객관화해 합리적 "기업들"과 순수한 객관적 "사업"관계로 해체하고 합리적 법과 합리적 협정으로 중국에서 원칙적으로 전능한 전통, 지역적 습속, 관리들의 구체적·인격적 은혜 등을 대체했다.[893]

베버는 마치 중국과 유교적 극동제국에는 일체의 익명적(추상적)·비인격적·객관적·법률적 공무관계가 전무한 양 주장하고 있다. 그러나 친애가 인애仁愛의 원형일지라도 맹자는 '친친親親'과 '인민仁民'을 명확하게 구별했다. 그리고 중국에서 익명적 백성대중과 붕중朋衆(지지자·추종자·고객 무리)을 상대로 한 모든 업무는 공사公私를 엄격하게 가르는 익명적·추상적·비인격적·객관적·법률적 공식관계로 처리되었다.

한편, 베버의 말대로 청도교가 가족관계까지 포함한 모든 인격관계를 해체했다면 부모-자식 관계까지도 짓밟은 이 청교도는 '광신도'일 것이다. 그러나 광신의 에너지가 다 방전放電된 세속화된 일반개신교도들은 누구나 가족을 끔찍이 중시한다. '가족에 대한 종교적 무시와 적대'는 오늘날도 종교의 '사이비성'을 측정하는 일반적 척도가 되고 있다. 따라서 가족가치의 중시는 동서구분도, 유교와 개신교의 구분도 없는 것이다.

그리고 가족을 모델로 직조되고 가족 호칭으로 부르며 맺어지는 유사類似가족 기업, 유사가족 사업체, 동직조합, 유사가족적 지역단체, 친목조직, 유사가족적 종교문화조직 등 "자연발생적 인격단체에 붙어 짜이거나 이것을 모방한 인격단체들"의 구성이나 이런 가족비유적 사고방식도 동서고금이 매일반이다. 유자有子가 말했듯이 "효제는 인의 근본이기(孝弟也者 其爲仁之本與)"[894] 때문이다. 기독교의 Father God(아버지 하느님), 프랑스혁명의 한 구호 Fraternit(형제애), Band of Brothers(형제전우들),

---

893) Weber, *Konfuzianismus und Taoismus*, 528쪽.
894) 『論語』「學而」(1-2).

Brothers in Arms(전우), sworn brothers(의형제) 등의 서양 말은 가족비유적 사고방식에서 동서가 따로 없다는 것을 입증해준다. 또 공자가 군신관계를 부자관계에 빗대듯이 아리스토텔레스도 군주정의 원형을 주지하다시피 부자관계에 비교하고 귀족정을 부부관계에, 민주정을 형제관계에 비교했다. 그리고 베버 자신이 부지불식간에 입 밖으로 토해내고 만, "청교도 종파들 안에서의 신앙형제들(Glaubensbrüder)",[895] "신앙형제들의 (…) 흔들리지 않는 경제적 합법성"[896] 등의 표현들을 보면, 심지어 광신적 개신교도들도 서로를 "형제들"이라고 '유사가족' 관계로 호칭하고 있다. 이것은 중국인들의 "직업적 형제화"와 별반 다를 것이 없는 것이다. 베버의 이런 무의식적·자가당착적 표현들에서 '냉철한 추상적·비인격적·형식적(공식적)·객관적 인간관계를 배제하는 구체적·인격적 대인관계에 국한된 유교윤리'에 대한 그의 비판적 논변은 모조리 '거짓 논변'으로 자진自盡한다.

그리고 앞서 살펴보았듯이 가족·친족관계를 이용한 기업형태는 서양 자본주의의 발생단계에서도 꽤 흔했고 지금도 흔한 편이다. 그리고 중국의 인격적 가족·친족관계의 기업이 꼭 비합리적이거나 취약하지 않다는 것, 작거나 단명하지 않다는 것은 앞서 살펴보았다.

(3) 보편적 인간애의 결함과 보편적 불신

베버는 유교윤리가 인간에 대한 경계심과 주술신앙 때문에 일반적 인간관계에서 보편적 인간애를 약화시키고 유교적 중국인들이 서로를 보편적으로 불신한다고 주장한다. 이것이 바로 자본주의적 '신용'의 성장을 저지한다는 것이다.

> 통상적 수준을 능가하는, 근절시킬 수 없는 불신으로 표현되는, 이미 알려져 있지 않고 직접 투시할 수 없는 모든 것에 대한 특별한 경계심, 직접 손에 잡히지 않는 것과 유용하지 않은 모든 것의 정보지식에 대한 욕구의 결함이나 거부감은 외양상 모든 환상적으로 주술

---

895) Weber, *Konfuzianismus und Taoismus*, 528쪽.
896) Weber, *Konfuzianismus und Taoismus*, 531쪽.

적인 사기에 대한 무한히 양순한 경신輕信과 대조된다. 마찬가지로 개인적 이웃들에 대한 참된 공감(Mitempindung)의 외양상 실로 종종 강렬한 결손은 사회적 결사체들의 결속의 꽝장한 끈질김에 대해 외양상의 대립을 형성한다. 미성년 자녀들의 (전형적이라고 얘기되는) 사랑 없는 무권위성은 진짜로 존재한다면 외양상 부모에 대한 성년 자녀들의 절대적 순종과 의식적 효도와 부합되기 어려울 것이다. 마찬가지로 항상 새로이 주장되는 것처럼 (심지어 자기의 변호인에게도) 세상에서 유례를 찾을 수 없이 솔직하지 않은 것은 - 상대적으로 관찰해서 가령 일본과 같이 봉건적 과거를 가진 나라들과 비교되는 - 큰 사업교역에서의 분명 아주 언급할 가치가 있는 상인들의 신용(물론 소매상은 이것에 대해 전혀 알지 못하고, "정액가격"은 내국인들 간에도 대부분 환상적인 것으로 보인다)과 부합되기 어렵다. 서로에 대한 중국인들의 전형적 상호불신은 모든 관찰자들에 의해 확증되는바 청교도 종파들 안에서의 신앙형제들의 진정성에 대한 신뢰(Vertrauen)와 심하게 대조된다. 이 청교도적 신뢰는 바로 공동체 바깥으로부터 공유될 정도다.[897]

극동제국에 일반화된 '이웃사촌'이라는 관념과 정면으로 모순되는, "개인적 이웃들에 대한 참된 동정적 공감의 외양상 실로 종종 강렬한 결손" 및 "서로에 대한 중국인들의 전형적 상호불신"이라는 대목이 보여 주듯이 베버의 이 논변은 일체가 이해불가의 비문非文이다.

그리고 "청교도 종파들 안에서의 신앙형제들의 진정성에 대한 신뢰" 또는 "청교도적 신뢰는 바로 공동체 바깥으로부터 공유될 정도"라는 논변은 자기의 다른 주장과도 정면으로 배치된다. 그는 앞서 "에스토니아의 칼뱅주의적 후작부인 레나타"가 "자기의 가장 가까운 친척들이 신이 (까닭 없는 예정에 의해) 배척한 자들임을 안다면 이들을 저주할 것"이라는 말을 곁들이면서 "인간들에 대한, 바로 자연스럽게 가장 가까이 있는 이웃들에 대한 신뢰는 영혼에 위태로울 것"이기 때문에 "피조물을 우상화할 정도로 너무 강한 인간관계는 순수하게 그 자체로서 무조건 회피되어야 했다"고 주장했었다.

베버는 중국인들의 보편적 상호불신과 동정심·인간애의 결함을 신령의 분노와 해

---

[897] Weber, *Konfuzianismus und Taoismus*, 518쪽.

코지에 대한 주술적 공포로 귀인歸因시킨다.

> 공식적 제사의 성격에 의해 뒷받침되는 유일한 인민적 종교성 형태로서의 물활론적 주술의 보존은 악한 주술을 초래하고 신령을 불안하게 만들 수 있을 그 어떤 혁신에 대해서도 전통주의적 두려움을 낳았다. 이 주술의 보존은 그 굉장한 경신輕信을 설명해준다. 주술적 믿음의 보존의 결과 – 병과 불행은 자책적인 신적 분노의 징후라는 것 - 는 구원종교의 공동체감에서 수난에 대해 생겨나고 따라서 인도에서 백성의 윤리를 예로부터 강력하게 지배한 저 동정적 느낌의 일정한 저지를 촉진했음이 틀림없다. 의식적 올바름이나 신령에 대한 이기적 두려움과 결부된, 중국적 인간애의 특유하게 "냉정한" 완화, 아니 심지어 내적으로 점잖은 행태(innergentile Verhältnisse)는 그 결과다.[898]

유교 도덕철학을 논한다면서 '인의仁義', 즉 '사랑'과 '정의'를 빼먹고 예법만을 유교의 윤리로 기술하던 베버가 유교와 유교사회가 '이웃에 대한 사랑', 즉 '소인小仁', 또는 공감적 동정심을 말살하는 것으로 유교를 무고하고 있다. 베버는 서구에 세계주의적 인도주의의 형성에 결정적 영향을 준 유교의 사해형제적 인간애(인애)까지도 부정하고 있는 것이다. 그러나 공자는 천하의 '박시제중博施濟衆'을 거룩한 인애(聖仁)로 칭송했고, 맹자는 "측은지심이 없으면 사람이 아니다(無惻隱之心 非人也)"라고 말하면서 '인민仁民', 즉 '백성들에 대한 보편적 사랑'을 중시했다. 그럼에도 베버는 맹자를 인용하며 유교의 '보편적 인도주의'를 부정한다고 무고하고. 맹자가 "일반적 '인간애'를 효孝와 정의가 이로 인해 진멸된다는 언명으로 거부했다"고 무고한다. "아비도 형제도 갖지 않는 것은 동물 종자라는 것이다."[899] 베버는 맹자가 인애와 은혜를 가까운 곳(가족, 친구, 자기 향촌)으로부터 먼 곳(모르는 사람, 국가, 천하)으로 나아가는 선근후원先近後遠의 순서대로 베풀어야 한다는 '추은推恩'의 논리를 바탕으로 자기 아비와 형제에 대한 친애와 남의 아비와 형제에 대한 인애의 당연한 선근후원 관계를

---

898) Weber, *Konfuzianismus und Taoismus*, 519-520쪽.
899) Weber, *Konfuzianismus und Taoismus*, 523쪽.

무시하는 묵자의 겸애설을 비판한 것을 제대로 이해하지도 못한 채 이것을 엉터리로 끌어대며 궤변을 농하고 있다. 그러나 아담 스미스는 공자의 수신·제가·치국·평천하의 선근후원의 순서에 따라 인애를 베풀 것을 논했다.900)

베버는 이런 엉터리 논변의 연장선상에서 유자들의 '만인의 만인에 대한 불신', 즉 보편적 불신·비솔직성·무無인간애·체면치레에 대해 청교도의 신뢰와 형제적 인간애를 대립시킨다. 관련된 대목을 전문으로 다시 한번 보자.

> 외적 "체면(Countenance)"만을 염두에 두는 유교적 군자(Gentleman)가 남에 대해 갖고 자기 자신에 대해 전제한 보편적 불신, 모든 신용(Kredit)과 사업공작을 저해하는 보편적 불신에 대해서는 청교도의 신뢰가 대립한다. 특히 또한 신앙형제의 - 종교적으로 산출되었기에 무조건적이고 흔들리지 않는 - 경제적 합법성이 대립한다. 이 신뢰는 세계와 인간들의, 그리고 최고위층의 피조물적 타락성과 관련된 청교도의 깊은 현실주의적, 그리고 전적인 무無존경적 비관주의를 자본주의적 교류에 필수불가결한 신용의 방해물이 되게 하는 것이 아니라 그 비관주의를 "정직은 최선의 정치다(honesty the best policy)"는 원칙에 따른 사무적 사업목적에 없어서는 아니 되는 동기의 불변성을 믿는, 상대방의 객관적 능력에 대한 각성된 헤아림으로 유도할 만큼 정확히 충분했다.901)

청교도의 보편적·인간적 신뢰와 관련된 베버의 논변은 앞서 지적한 대로 "honesty is the best policy"라는 벤저민 프랭클린의 격언이 공자어록 "정자정야政者正也"의 역문이고 프랭클린 자신이 청교도가 아니라 전형적인 반反청교도적·계몽주의적 '공자숭배자'라는 사실에서 그 모든 사기성을 노정하며 완전한 파탄을 맞는다.

"정자정야"는 상인의 경우에 "정직이 최선의 상업이다"로 전용될 수 있다. 이 명제가 "국가는 이利를 이利로 여기는 것이 아니라 의義를 이利로 여긴다"는 『대학』의 명제와902) 결합하면 정직과 의리가 상인에게 장기적으로 최선의 이익을 가져다준다는 명

---

900) 참조: 황태연, 『17-18세기 영국의 공자숭배와 모럴리스트들』, 1139-1146쪽.
901) Weber, *Konfuzianismus und Taoismus*, 531쪽.
902) 『大學』, 傳10章: "百乘之家 不畜聚斂之臣 與其有聚斂之臣 寧有盜臣. 此謂國不以利爲利 以義

제로 바꿔 쓸 수 있다. 이런 까닭에 16-19세기 중국 신상을 대표하는 휘주신상들은 이 명제를 상업에 활용했다. 중국의 신상과 개신유자들은 의義와 이利의 통일성을 주장했다. 인仁에 '안인安仁'과 '이인利仁'이 있듯이 의義에도 '안의安義'와 '이의利義'가 있다. "이로 여겨지는 의", 즉 '이의利義'는 '이利'를 위해 추구하는 '의義'다. 그것은 '의'로써 중장기적 '이'를 추구하는 것이다. 따라서 '이의'는 목전의 이해利害에 일희일비하지 않는다. '이의'는 장기적 안목에서 아주 큰 이익을 가져다주기 때문이다. 그리하여 신상들은 순수한 신사라면 '안의安義'만을 추구해야 하다고 인정했지만 신상에게는 '이의'가 더 적합하다고 여겼다. 휘주의 이현黟縣 출신 상인 서준강舒遵剛은 친구들에게 말했다. "성현은 의義를 이利로 여김으로써 돈을 만드는 대도大道가 있다고 말했다. 이것은 국가에 대해 참이지만, 개인이나 가족을 두고 말하는 것이 아니다." 그러나 그는 "이 명제가 상인에게도 타당하다"고 여겼다.[903]

또 흡현歙縣 상인 황현석黃玄賜은 공자가 살았던 '예의 땅'인 산동에서 상업에 종사했는데, "의를 이로 여긴다(以義爲利)"는 명제에 따라 돈을 보고 부패하지 않았고 이利를 의義로써 추구했다. 이익을 인의仁義(사랑과 정의)의 의리로 추구했다. 그는 산동에서 훌륭한 상인이었을 뿐만 아니라 훌륭한 유자로서도 갈채를 받았다.[904] 또 흡현 신상 포해점鮑解占은 그의 아버지가 절강성의 염상鹽商이었기 때문에 그도 이 사업을 경영했다. 그러나 그는 잡상인들이 쓰는 기회주의적 방식을 폐하고 유자의 도를 실천했다. 그는 사람들을 정직으로 대했고, 이 때문에 사람들은 감히 그를 속이지 않았다. 나중에 그는 큰 재산을 모았다. 휘주 상인들은 의를 이로 여기고 유자의 도를 실천했는데, 이것은 장기적 상업이익에 이로웠고 또한 의를 평가하는 유자와 대등한 지위를 얻는 데도 도움을 주었던 것이다.[905]

爲利也(백승지가는 취렴지신을 기르느니 차라리 도신[盜臣]을 둔다. 이것을 일러 국가가 이[利]를 이[利]로 여기는 것이 아니라 의[義]를 이[利]로 여긴다고 하는 것이다)."

903) Tang, *Merchants and Society in Modern China*, 10쪽.
904) Tang, *Merchants and Society in Modern China*, 10쪽.
905) Tang, *Merchants and Society in Modern China*, 10쪽.

인간애·정의·정직·청렴에 의해 규제되는 이윤추구만이 긴 호흡의 자본축적과 장구한 자본주의를 가능케 한다. 이런 까닭에 일찍이 사마천은 자본가를 '청렴상인(廉賈)'이라고 칭했다. "청렴한 관리는 오래가고, 오래가면 다시 부유해지고, 청렴상인도 부로 귀착된다(廉吏久久更富 廉賈歸富)."906) 사마천이 '소봉'으로 명명한 이 '청렴상인들'은 이미 한나라 때 "일일이 셀 수 없을 만큼 많았는데" 이들은 능력과 도덕성 면에서 특별히 빛나는 인물들이었다. "이들은 빛나고 빛나는 사람들 중에서도 특이한 사람들이다. 이들은 다 봉작으로 받은 식읍도, 봉록도 없었고, 법을 농간하거나 간사한 짓을 저지르는 일도 없었다."907) 그리하여 중국 상인들의 세계에서는 베버가 저주하듯이 '만인의 만인에 대한 보편적 불신'이 아니라, 만인에 대한 보편적 정직과 청렴과 신뢰'가 지배했다. 중국의 상업세계는 공자의 '정자정야'의 청렴하고 정직한 상도덕에 의해 통일되었다. 반면, 자본의 시원적 축적기 유럽의 상업세계에서는 만인의 만인에 대한 사기와 부패, 고리대와 폭리추구, 투기와 한탕주의만이 아니라, 만인의 만인에 대한 약탈과 정복전쟁, 노예사냥과 노예무역, 노예사육과 노예살육이 지배했다. 시원적 축적기의 유럽 자본들은 거의 다 '간업姦業자본', 즉 '악덕자본들'이었기 때문이다.

그런데 신에 대한 사랑을 절대화한 나머지 이웃사랑을 '피조물의 우상화'로 여겨 이웃을 일반적으로 불신하는 청교도들이 공자철학의 세례를 받은 서구 계몽주의의 '보편적 인간애(인도주의)'에 부응하는 보편적 '인간신뢰'가 있다는 저 상충적 주장, 즉 유교사회에서는 보편적 인간애와 보편적 신뢰가 부재한 반면, 청교도들 간에는 "공동체 바깥으로부터 공유될 정도"로 "신앙형제들의 진정성"에 대한 "신뢰"가 있다는 뻔뻔스러운 주장은 그의 다른 '청교도개인주의' 논변에 의해서도 완전히 부정된다.

인간의 이 내적 고립은 모든 순수한 피조물의 무조건적 신神원격성과 무가치성에 관한 경

---

906) 사마천, 『사기열전(下)』「화식열전」, 1190-1191쪽.
907) 사마천, 『사기열전(下)』「화식열전」, 1197쪽.

직된 교설과 결합되어 한편으로 문화와 주관적 종교성 속의 모든 감성적·감정적 요소들이 구원에 무용하고 정서적 환상과 피조물숭배적 미신의 촉진자이기 때문에 이 요소들에 대한 청교도주의의 절대부정적 입장과 모든 감각문화 일반으로부터의 원칙적 이격의 근거를 이룬다. 다른 한편으로, 이 내적 고립은 청교도적 과거를 가진 제諸민족의 "성격(Charakter)"과 제도 안에서 오늘날도 작용하는 저 무無환상적인, 비관주의적으로 채색된 개인주의의 뿌리 중의 하나를 이룬다. 이것은 나중에 계몽주의가 인간을 바라본 전혀 다른 유형의 안경에 대해 아주 현격한 대립물을 이루는 것이다. 우리는 우리가 관계하는 시대에 생활영위와 생활관의 기초적 현상들 속에서, 그것도 예정설(하느님의 은총의 선택에 따라 구원과 저주, 빈곤과 부유가 미리 예정되어 있다는 칼뱅주의 교리 - 인용자)의 타당성이 교리로서 이미 소멸 중에 있는 곳에서도 분명하게 예정설의 이 영향의 흔적을 발견한다. 이 내적 고립은 또한 (…) 단지 신에 대한 신뢰의 저 배타성의 가장 극단적 형태일 뿐이었다. 그리하여 가령 인간원조와 인간우애의 모든 신뢰에 대해 울리는 영국 청교도 문헌의 눈에 띄게 종종 반복되는 경고에서 발견한다. 그 온건한 박스터(Richard Baxter, 1615-1691)조차도 이웃 친구에 대해서조차 깊은 불신을 갖도록 충고하고, 베일리(Bailey)는 아무도 믿지 말고 아무에게도 체면 깎이는 것을 알게 하지 말라고 직접 권고한다. 오직 신만이 신뢰할 사람(Vertrauensmann)이라는 것이다.[908]

베버는 여기서 신만을 절대적으로 신뢰하며 "인간원조와 인간우애의 모든 신뢰"를 부정하는 청교도적 개인주의자들이 계몽주의가 인간을 바라볼 때 쓰는 인도주의적 안경과 전혀 다른 유형의 안경을 쓰고 "이웃 친구"도 "깊이 불신하는" 자들이라고 말하고 있다. 따라서 베버의 말대로라면, 예수의 '원수사랑'은 말할 것도 없고 구약성서의 '이웃사랑'의 계율도 내동댕이치며 마음속에서 보편적 인간불신과 이웃에 대한 보편적 혐의를 품은 자들, 따라서 어떤 자본주의적·비非자본주의적 신용사회에도 절대 부적합한 자들은 유교사회의 중국인들이 아니라 개신교도들이라는 것을 알 수 있다.

따라서 "만인의 만인에 대한 보편적 불신의 결과, 관행적 비솔직성의 공식적 단독

---

[908] Weber, *Die protestantische Ethik und der Geist des Kapitalismus*, 95-96쪽.

지배와 체면 보존의 단독적 의미의 귀결은 경제적으로 (…) 아마 상당히 높은 견적이 나오지 않을 수 없을 것이다'라는 베버의 유교 비판은[909] 오히려 개신교도들과 개신교국가에 전혀 에누리 없이 딱 들어맞는 비판이다. 유교윤리가 '보편적 인간애의 결손과 보편적 불신'을 조장한다는 베버의 비난은 '사실이반(contrafactuality)'과 자가당착 속에서 스스로 붕괴되고 있다.

(4) 유교윤리의 무조건적 세계적응 정조

베버는 유교윤리가 세계변혁적이거나 진보적인 것이 아니라 전통주의를 대변하기 때문에 세계에 무조건적으로 '적응'하려는 적응주의에 빠져있어 새로운 세계, 그것이 자본주의라면 자본주의 세계를 창출할 정조情操가 원천적으로 결여되어 있다고 주장한다. 유생들에게 "구원으로 가는 바른 길은 영원한 초신적超神的(übergöttlich) 세계질서, 즉 도道에 대한 적응, 그리고 우주의 조화에서 생겨나는 공동생활의 사회적 요구에 대한 적응이었다. 그러므로 그것은 특히 세속적 권력들의 확고한 질서에 대한 충성스러운 순응이었다"는 것이다.[910]

반면, 개신교에서는 "진정한 예언이 '하나의' 가치척도에 대한 생활영위의 체계적 지향을 내부로부터 만들어내고", 이런 생활영위의 견지에서 개신교도들은 이 세계를 "규범에 따라 윤리적으로 형성해야 할 재료"로 여긴다.[911] 그러나 유교는 반대다.

> 역으로, 유교는 외부에 대한 적응, "세계"의 조건들에 대한 적응이었다. 그러나 최적으로 적응한, 그 생활영위에서 적응필요만큼만 합리화된 인간은 체계적 통일체가 아니라 유용한 개별 특질들의 결합체다. 중국적 민속종교성 안에서 개인의 복수 영혼들의 물활론적 관념들이 존속하는 것은 거의 이 사실의 상징으로 통할 수 있을 것이다. 밖으로 나가 세계를 넘어 뻗쳐가는 어떤 관념도 없는 곳에서 세계에 대한 자기무게(Eigengewicht)도 결여되

---

909) Weber, *Konfuzianismus und Taoismus*, 522-523쪽.
910) Weber, *Konfuzianismus und Taoismus*, 514쪽.
911) Weber, *Konfuzianismus und Taoismus*, 521쪽.

지 않을 수 없었다. 대중의 순치와 군자(gentleman)의 훌륭한 태도는 그것에서 생겨났다. 그러나 이것들이 생활영위에 부여하는 양식은 본질적으로 소극적인 요소들로 특징지어지지 않을 수 없게 했고, 우리가 "인격(Persönlichkeit)"의 개념과 결부시키는, 내부로부터의 통일성에 대한 저런 추구를 생겨나지 못하게 할 수밖에 없었다. 생은 초월적 목표 아래 체계적으로 세워진 전체가 아니라 일련의 사건들로 남아 있었다.912)

윤리적으로 '세계적응'만을 요구하는 유교와 반대로 개신교는 세계변혁과 세계지배를 내면으로부터 밖으로 추구한다.

주술로부터는 신령들의 분노를 회피할 시에 실험된 주술적 수단과 궁극적으로 생활영위의 온갖 전승된 형태들이 불변적이기 때문에 전통의 훼손불가능성이 결과했다. 반면, 초세속적 신과 피조물적으로 타락한, 윤리적으로 불합리한 세속적 세계와의 관계로부터는 전통의 절대적 비신성성非神聖性과 주어진 세계의 윤리적으로 합리적인 처리와 지배에 대한 언제나 갱신된 노동의 절대 무한한 과업, 즉 "진보"의 합리적 사무성(rationale Sachlichkeit des "Fortschritt")이 결과했다. 따라서 저기에서의 세계에 대한 적응에 대해 여기에서는 세계의 합리적 변혁의 과업이 대립한다.913)

그리하여 개신교도들은 "유교와 그 세계적응적 생활영위, 즉 합리적이기는 하지만 청교도주의에서처럼 내면으로부터 외부를 향해 결정되는 것이 아니라 외부로부터 내부로 결정되는 생활영위"에 "궁극적으로 폐쇄된" 채 남아 있었다.914) 이로써 베버가 말하려는 것은 여기로부터 유교의 보수주의가 발생하고 중국인들의 뼈가 되고 살이 된 이 유교적 보수주의 정조로 인해 '세계변혁적' 자본주의 혁명이 일어날 수 없었다는 함의다.

그러나 주지하다시피 공자철학은 '세계적응'을 가르치는 철학이 아니다. 상론했

---

912) Weber, *Konfuzianismus und Taoismus*, 521쪽.
913) Weber, *Konfuzianismus und Taoismus*, 527쪽.
914) Weber, *Konfuzianismus und Taoismus*, 534쪽.

듯이, 공자는 천지화육에 대한 찬참贊參을 말하고, 부모와 군주에 대해서도 항의와 간쟁을 효성과 충성의 요소로 규정한다. 공맹은 무도한 세계질서와 폭군에 대해 역성혁명과 반정反正을 도처에서 설파하고 있다. 또한 백성의 뜻을 천심으로 받들지만 백성을 전통주의에 빠뜨리는 것에 반대하고 백성을 새롭게 혁신하는 '친민親民', 즉 '신민新民'을 위해 "일신일일신日新日日新 우일신又日新"을 주장했다. 사실 이런 것들을 새삼 거론할 것도 없는 것이지만 베버가 하도 무식하게 굴기 때문에 반복하는 말이다.

또한 역대 중국정부도 자연과 세계에 대한 단순한 '적응'에 빠져든 적이 없었다. 중국정부는 자연에 대해서도 천지화육참찬론에 따라 적절한 수준에서 변혁을 가해 수많은 운하를 뚫고, 마르코 폴로, 멘도자, 예수회 선교사들이 감탄해 마지않은 수천·수만리 대로大路를 건설하고 광대한 농지를 개간했다. 중국인들은 유럽인들의 입을 떡 벌어지게 만든 만리장성으로 대륙을 갈라놓기도 하고 도처에 대규모 해자와 인공호수들을 건설하기도 했다. 그러나 이러한 자연 변혁은 개신교적 '자연지배'나 '자연파괴', '자연약탈'의 방식이 아니라, 사납고 파괴적인 자연을 순치하거나 미흡하고 불량한 자연에 참찬參贊하는(참여해 찬조하는) 방식으로 이룩했다. 파괴적이고 사납고 불량한 자연과 자연과정을 이른바 자연의 본래적 '물지성物之性'에 따라 '순치'하고 자연적 방식으로 '양성'해서 완벽화한 것이다.

또한 중국백성은 기존세계를 뒤엎은 수많은 혁명을 일으켰다. 중국에는 왕조를 교체하고 사회와 제도를 변혁하는, 신해혁명과 공산혁명을 포함한 26번의 대혁명이 벌어졌다. 이 중 상당수의 혁명은 단순한 왕조교체로 그친 것이 아니라, 신분제도, 토지소유제도, 정치제도를 근본적으로 바꾸는 사회·경제·정치혁명이었다. 또한 중국인들은 송대 이래 무궁무진한 기술혁명과 상업혁명을 일으켰다. 이런 나라에 유교적 세계적응주의 '정조'를 뒤집어씌우는 베버의 논변은 실로 가당치 않다.

나아가 베버는 중국에 "외부로부터 내부로 결정되는" 적응주의적 유교윤리 때문에 내면에서 자결自決되어 외부로 발휘되는 진정한 근대적 '인격성'이 없기 때문에 "자유권"이나 "자유"라는 말도 없었다고 막말한다. "현실적으로 보장된 개인의 '자유권들'은 근본적으로 완전히 결여되었다",[915] "개인의 그 어떤 인격적 자유영역에 대한 어떤 자연법적 인증도 결여되었고", 나아가 "심지어 '자유'라는 한 단어조차도 이 언어에 낯설다"는 말이[916] 그런 유형의 막말이다.

그러나 공자철학에서 제가·치국·평천하를 위한 전제로서의 '수신修身'은 신의 예언에 대한 믿음을 통해서가 아니라 성의誠意(격물치지의 대상적·경험적 인식들의 개념적·체계적 정리)와 정심正心(단순·도덕감정들의 정리)을 통한 '자아의 자기구성', 즉 '주체의 자기구성'을 말하는 것이다. 이것은 신의 예언에 대한 믿음을 통한 개신교적 인격체의 형성과 완전히 다른 '진정으로 자유로운 인격성의 자율구성'을 말하는 것이다. 그리하여 수신의 내면적 자기 자신으로부터 외부로 제가·치국·평천하를 기도한다. 이래도 유교윤리가 "외부로부터 내부로 결정되는" 적응주의 윤리인가?

무엇보다도 '근대적 자유'는 로크의 자유개념과 관련해서 상론했듯이 감옥에 갇혀서도 '나는 자유다'라고 철학적 흰소리를 늘어놓은 칸트 식의 개신교적 자유개념과 같은 음침하고 자기기만적인 '인격적·내면적 자유'가 아니라, 원래 외면적(정치사회적) 자유(국가강제나 외적 족쇄 '로부터의 자유')와 참정'에의 자유', 즉 '자치'의 명백한 외면적(정치사회적) 자유다. 공자는 군주 쪽에서 백성들에게 정치·사회적 자유공간을 만들어주는 견지에서 '무위이치無爲而治'를 말했다. 백성을 무엇을 하도록 또는 하지 않도록 강제하지 않는 '무위이치'는 외적 강제로부터의 자유의 보장을 말하는 것이다. 그리고 공자는 적극적 자유로서 "백성칙군이자치百姓則君以自治"를 말했다. 진시황제를 제외한 역대 중국정부는 공자의 이 국가무위·백성자치의 자유철학에 따라 베버 자신도 중국에 '자유'도 없고 '자유라는 말'도 없다는 자기의 주장과 배치되게 인정하고 있는 중국의 완전한 신분해방("중국인 자신들 간의 탄생신분적 차이는 더이상 존재하지 않는다")과[917] "노예의 거의 완전한 결여",[918] "거주이전의

---

915) Weber, *Konfuzianismus und Taoismus*, 391쪽.
916) Weber, *Konfuzianismus und Taoismus*, 435-436쪽.
917) Weber, *Konfuzianismus und Taoismus*, 390쪽.
918) Weber, *Konfuzianismus und Taoismus*, 530쪽.

자유", "토지소유의 자유" 허용, "자유로운 직업선택",919) "자유방임조치"에 의해 보장된 "상품교역의 광범한 자유",920) "칼뱅주의적 청교도주의의 불관용과 비교해 폭넓은 종교적 인용認容"으로서의 종교적 관용과 종교적 자유,921) 사상·학문·인쇄·출판의 자유를 인정했던 것이다. 이런 한에서 중국에 '자유권'이나 자유라는 말이 없다는 베버의 말은 자기의 말과도 모순되는 완전한 막말이요, 완전히 사악한 궤변인 것이다. 따라서 유교의 '전통주의적 세계적응' 정조에 대한 베버의 비난도 전혀 근거 없는 것으로 드러난다.

이로써 (1) 유교의 주술적 미신의 보존으로 인한 종교적 불합리성, (2) 냉철한 비인격적·객관적·형식적(공식적) 인간관계를 배제하는 구체적·인격적 대인관계에 국한된 윤리, (3) 보편적 인간애의 결함과 보편적 불신, (4) 전통주의적·유교윤리적 세계적응 정조에 대한 비판적 해부로 이루어진 유교적 '정조'에 대한 베버의 오만한 비판은 각종 자가당착과 무지의 결합물로서 몽땅 '일고의 가치도 없는 것'이다. 따라서 "'정조(Gesinnung)'의 근본적 특유성이, 이 경우에는 세계에 대한 실천적 입장의 특유성이, 분명 이 특유성의 발달이 정치적·경제적 운명에 의해 같이 제약당할지라도, 그 자체의 자기법칙성으로 귀인歸因되는 작용에 의해서도 (근대적 자본주의의 흥기에 대한 - 인용자) 저 저해작용에 강력하게 가담했다는 사실을 거의 기각할 수 없을 것이다"는 베버의 장담도922) 유교에 관한 한 완전히 기각될 수 있는 것이다.

■ 공자의 현세주의와 세속적 종교관에 대한 베버의 평가절하

베버는 저 4대 유교적 정조 때문에 중국에서 근대 자본주의의 흥기와 발달에 결정적으로 중요한 '필수적 요소들'이 '유리한 몇몇 조건들'의 존재에도 불구하고 근대 자본주의가 자생하지 못했다고 주장한다. 그런데 '유리한 몇몇 조건들'에 대한 베버

---

919) Weber, *Konfuzianismus und Taoismus*, 390, 530쪽.
920) Weber, *Konfuzianismus und Taoismus*, 523, 530쪽.
921) Weber, *Konfuzianismus und Taoismus*, 530쪽.
922) Weber, *Konfuzianismus und Taoismus*, 535쪽.

의 논의를 검토하는 것은 당분간 뒤로하고, 지금까지 논의에서 분명해졌듯이 베버가 유교의 주술적 측면을 거듭 과장하기 때문에 이 기회에 공자의 신학(역학)과 그의 세속적 종교관을 분명히 밝혀둘 필요가 있다.

주역·사주·기타 점술 등 주술이 인간에게 알려주는 신지神智의 지식에 대한 공자의 인정은 인지人智로 알 수 없는 문제들에만 한정되고 그 활용의 정도와 양상은 일상생활의 변두리에서 일상적 '유희용'이거나, 일의 장래를 조금도 예측할 수 없는 궁경에서 사색의 실마리를 열기 위한 '참조'의 용도일 뿐이었다. '인지'로 알 수 없는 문제들은 가령 'NaCl은 왜 짠가?', '중력은 왜 있는가?', '10년 뒤 나의 인생은 어찌 되는가?', '이 사람과 결혼하면 행복할까?'와 같은 물음들이다. 공자는 인지로 알 수 없는 이런 물음들에 대한 답을 구할 때 '인지'로 알 수 있는 양 지적 오만을 떨지 않고 '인지'를 조용히 뒤로 물리고 'NaCl은 왜 짠가?', '중력은 왜 생겼는가?', '인간은 왜 동정심과 정의감이 있는가?' 등과 같은 문제들을 천명과 천성의 소관으로 돌리고, '10년 뒤 나의 인생은 어찌 되는가?', '이 사람과 결혼하면 행복할까?'와 같은 물음만을 진지하게 주역의 서지筮之로 '하늘'에 물었을 뿐이다. 그 밖의 문제들에서는 인지를 신뢰해서 신神을 멀리하고 오로지 인지로 인간들의 뜻을 알려고 힘썼다. 이 점에서 유교는 종교가 아니다. 굳이 '종교'라는 말로써 칭술하고 싶다면 유교는 누차 밝혔듯이 불교와 더불어 루소의 의미에서의 '시민종교'일 뿐이다. 이런 의미에서 공자철학의 주술적 성격은 개신교의 주술적 성격이나, 개신교도들이 주장한 소위 '예언할(신을 대신해 설교할) 자유(liberty of prophesying)'보다 훨씬 더 약한 것이다.

공자는 생활문화를 탈주술화하고 신령계를 주변화시킨 현세우선주의 철학을 대변했다. 공자는 대상을 아는 인식(知物), "사람을 아는 지식(知人)", 일상생활 등에서 각각 신지보다 인지, 죽음보다 삶, 귀신 섬기기보다 사람 섬기기를 우선시하는 현세우선주의를 천명했다. 이로써 공자는 신령계를 인간계의 일상생활로부터 분리시켜 주변화시키고 인간에 대한 지식과 인간의 실천적 삶을 적절하게 세속화한다.

우선 공자는 '지知가 무엇이냐'는 물음에 "지인知人", 즉 '인간에 대한 앎'이라고 답함으로써 주된 지식을 '지인知人'으로 정의했다.923) 이것은 공자가 격물치지格物致知의 '지물知物', 즉 물리화학적 사물인식의 지식(자연과학)이 아니라 인간에 대한 지식(인문사회과학)을 지식철학적 중심지식으로 간주한다는 말이다. 이 '지인'과 '지물'은 어느 정도까지 궁극적으로 인간의 지혜로서의 '인지人智'로 알 수 있다.

그런데 공자는 이런 인지적人智的 지식으로서의 '지인'과 '지물'의 지식 외에 또 하나의 지식인 '지천知天'을 말한다.

> 어버이(친족)를 섬기는 것을 생각하면 지인知人하지 않을 수 없고, 지인을 생각하면 지천知天하지 않을 수 없다(思事親 不可以不知人 思知人 不可以不知天).924)

그런데 '지천'의 방법은 무엇인가? 공자는 "귀신에게 물어 의심을 없애는 것은 하늘을 아는 '지천'의 지식이고, 백세동안 성인을 기다려도 의혹하지 않는 것은 사람을 아는 '지인'의 지식이다"라고 말한다.925) 이 말에 따르면, '지천'은 귀신에게 물어 구하는 것이므로, 귀신을 가까이 하여 귀신에게서 '신지'를 빌림으로써만 가능한 것이다. 반면, '인지'를 통해 얻는 '지인'(인문사회과학적 지식')을 '지식'으로 규정한 공자는 이 '지인'의 방법을 '지물'과 같은 단순한 '인식'으로 본 것이 아니라 사람의 감정과 도덕에 대한 '이해와 해석'으로 보는 명제를 말하고 있다.

> 백성의 의의意義(사람들의 의미)를 탐구하고 귀신을 공경해 멀리하면, 이를 지知라고 할 수 있다(務民之義 敬鬼神而遠之 可謂知矣).926)

여기서 귀신을 공경해 멀리하고 백성의 의의를 "안다"고 하지 않고 굳이 "탐구한다(務)"고 한 것은 사물의 '속성'을 '인식·설명'하는 '인식론적' 방법을 넘어서 귀신을 공

---

923) 『論語』「顔淵」(12-22).
924) 『中庸』(20章).
925) 『中庸』(29章): "質諸鬼神而無疑 知天也 百世以俟聖人而不惑 知人也."
926) 『論語』「雍也」(6-22). '民'은 영어 people처럼 백성과 사람들을 동시에 뜻한다.

경해 멀리하고 순수하게 '인지人智'로써만 인간들과 인간행동의 의미(감정적·도덕적 의미)를 공감적으로 '이해·해석'하는 '해석학적' 방법을 드러내기 위한 것으로 풀이할 수 있다. 그리고 이 명제는 전체적으로 '지인'의 '지식'이 '지천'의 '지식'과 정반대로 인간이 귀신을 공경해 멀리하고 자신의 힘이 닿는 데까지 자신의 '인지'로 인간의 본성과 백성의 도덕을 탐구하는 노력을 통해 획득해야 한다는 것을 말하고 있다. '지인'의 지식은 '경귀신이원지敬鬼神而遠之'하고 타고난 '인지'로 사람의 의미를 힘써 이해해서 얻어야 하는 반면, '지천'의 지식은 '경귀신이근지敬鬼神而近之'해서 신지를 얻어야 한다는 말이다.

'경귀신이원지'란 귀신을 공경하는 마음에서 멀리 모셔두는 것을 말하는 반면, '경귀신이근지'란 귀신을 공경스럽게 가까이 모시는 것을 말한다. 따라서 '지인'에서는 신을 멀리 모셔두고 인지로 힘써 사람의 의미를 이해하려고 해야 신을 공경하는 것인 반면, 지천에서는 신을 가까이 모시고 신에게 묻고 이 물음에 대한 신지적 답을 구하는 것이 신을 공경하는 것이다. 바꿔 말하면, 인지로 할 수 없는 '지천'에서는 신을 가까이 모시고 신에게서 신지를 구하는 것이 '경신敬神'인 반면, 인지로 할 수 있는 '지인'에서는 이것까지도 신에게 물어 불경하게 신을 모독하지 않고 신을 멀리 모셔두는 것이 '경신'인 것이다.

거꾸로, 인간이 인지로 알려고 힘쓰면 충분히 얻을 수 있는 '지인'과 '지물'의 지식을 귀신에게 물어 얻으려고 하는 반면, '지천', 즉 하늘의 명(천명·운명)에 대한 지식(지천명)을 인지로 알 수 있다고 장담하고 인지로 알려한다면 어떻게 되는가? 전자는 인간이 천부적 인지능력으로 알 수 있는 것을 게을리 하고 편히 귀신에게 물어(점쳐) 알려는 것이므로 신을 귀찮게 하고 모독하는 것이다. 후자도 인간으로서 죽어도 얻을 수 없는 지천의 지식을 감히 인지로 알 수 있다고 오만을 떠는 것이므로 신을 모독하는 것이다. 둘 다 독신瀆神이요, 신에 대한 불경이다.

소크라테스도 신이 '안트로피네 소피아($\alpha\nu\theta\rho\omega\pi\acute{\iota}\nu\eta\ \sigma o\varphi\acute{\iota}\alpha$)', 즉 '인지人智'의 능력으로 힘써 알 수 있는 일들까지 신에게 묻고 점치는 자들을 "미망迷妄에 빠졌을"

뿐만 아니라 "불경하다"고 비판하면서, "신이 우리가 배울 수 있다고 여기는 일은 우리가 배워" 알아야 한다고 강조했다. 반면, 소크라테스는 신이 인간사의 가장 중요한 측면은 자신에게 유보해 두기 때문에 이 가장 중요한 측면이 인간에게 분명치 않음에도 불구하고, 즉 오직 '테이오세 소피아(θείοση σοφία)', 말하자면 '신지神智'로써만 알 수 있음에도 불구하고, 이 모든 일들을 다 '인지'로 알 수 있다고 지적 오만을 부리는 것도 "미망"과 "불경"이라고 생각했다. 그는 "신이 은총을 주고 싶은 사람들에게 계시를 주기" 때문에 "인간에게 분명치 않은 일은 점을 쳐서 신에게서 배우려고 애써야 한다"고 거듭 강조했다.927)

결론적으로 '지인'과 '지물'의 지식을 구하는 데서는 '원신遠神'이 곧 '경신敬神'인 것이고,928) 신지를 구하는 일에서는 '근신近神'이 '경신'인 것이다. 이리하여 인간과 인간행동의 '의미'에 대한 이해(知人) 및 사물에 대한 인식(知物) 전반은 신을 멀리하고 오직 '인지人智'를 통해서만 이루려고 힘써야 하는 '인간의 영역'이 된다. 이제 신은

---

927) Xenophon, *Memorabilia* [*Recollections of Socrates*] (Ithaca and London: Cornell University Press, 1994), Book I, ch. 1, 8·9.
928) 로크도 '지인(知人)'의 문제에서는 공자·소크라테스와 유사한 주장을 피력한다. "이성은 본성적 계시(*natural revelation*)다. 이 계시에 의해 빛의 영원한 아버지요, 모든 지식의 원천이신 신은 그가 인류의 본성적 능력의 범위 안에 들여 놓은 만큼의 분량의 진리를 인간들에게 전해준다. 계시는 신에 의해 직접적으로 전해진 새로운 일련의 발견들에 의해 확장된 본성적 이성이다. 이 발견들의 진리성을 인간의 이성은 이 발견들이 신으로부터 왔다는 것에 대한 이성적 증언과 증명에 의해 보증한다. 그러므로 계시를 향해 가기 위해 인간의 이성을 내동댕이치는 자는 신적 계시와 인간이성의 빛을 둘 다 끄는 것이고, 보이지 않는 별의 먼빛을 망원경으로 더 잘 받기 위해 어떤 사람에게 눈을 감으라고 설득하는 것과 같은 짓을 하는 것이다." John Locke, *An Essay concerning Human Understanding*, Book IV, chap. xix, §4 (149쪽). *The Works of John Locke*, Vol. VIII (London: 1823; Aalen, Germany: Reprinted by Scientia Verlag, 1963). 로크는 인간이 알 수 있는 일에서 인간이성을 내던지고 신적 계시(神智)에만 호소하면 이성과 계시를 둘 다 잃고, 반대로 경신(敬神)의 뜻에서 신에 대한 호소를 뒤로 돌리고 인식가능한 일에서 우선 인간이성을 활용하는 자세를 견지하면, 이성과 신적 계시를 둘 다 확보할 수 있다고 말하고 있다. 이것은 경신론자(敬神論者) 라이프니츠도 강조한다. 참조: Gottfried W. Leibniz, *Discourse on Metaphysics* (1686), §X. Gottfried W. Leibniz, *Discourse on Metaphysics, Correspondence with Arnauld, and Monadology* (Chicago: The Open Court Publishing Company, 1902).

인간의 인식·이해(설명·해석) 활동으로부터 멀리 떨어지고, 환언하면 신과 과학은 분리되고, 신의 역할은 신지적 '지천의 영역'에 한정되어 인간적 삶의 변두리로 주변화된다. 이렇게 하여 마침내 인간과 사물의 지식과 이 지식에 대한 추구가 '탈주술화'되었다. 즉, '근대화'되었다. 이것은 '학문의 근대화'의 발단이었다.

나아가 상론했듯이 공자는 지인의 인식대상에서 인간의 죽음을 아는 것보다 인간의 삶을 아는 것을 우선시했다. 공자는 '죽음'에 대한 계로季路의 물음에 "삶도 아직 알지 못하는데 어찌 죽음을 알겠느냐?(未知生 焉知死)"라고 답했다.[929] 여기서 사후의 저승보다 이승의 삶을 우선시하는 공자의 강력한 현세주의가 피력되고 있다. 죽음이란 신의 세계와 마찬가지로 어디까지나 불가지不可知·불가측不可測의 대상일뿐더러, '개똥밭에 굴러도 이승이 낫기' 때문이다.

이어서 실천적으로도 공자는 귀신을 섬기는 제사마저 현세중심적으로 세속화함으로써 더욱 강력한 현세주의를 피력한다. 귀신을 섬기는 일에 대한 계로의 물음에 공자는 "아직 사람도 잘 섬기지 못하는데 어찌 귀신을 잘 섬기겠느냐?(未能事人 焉能事鬼)"라고 답한다.[930] 이것은 죽은 조상을 섬기는 제사보다 산 사람(살아계신 할아버지, 부모 등)을 잘 섬기는 데 먼저 힘쓰라는 말이다. 그러면 살아생전에 부모를 진실로 사랑하고 잘 모시던 자식은 부모가 죽은 뒤에도 부모를 그리워하며 부모제사를 잘 모시게 될 것이기 때문이다. 바로 여기에 현세의 산 사람의 견지에서 사후의 귀신을 생각하고 제사에까지 현세적 의미를 확장하는 현세우선주의가 표현되고 있는 것이다.

공자는 다른 제례에 대해서도 현세중심적·현세연장적 의미를 부여한다. 먼저 공자는 '삼년상'의 예를 현세적 경험의 연장선상에서 설명한다. "자식은 3년 뒤에야 부모의 품을 벗어나므로 삼년상이 천하의 통상적 상례喪禮가 된 것이다(子生三年 然後免於父母之懷. 夫三年之喪 天下之通喪也)".[931] 삼년상의 상례는 세 살까지 몸을 제대로 잘 가누지도, 배변을 잘 가리지도 못하는 아기로서 부모의 품안에 안긴 절대적 의존상태에서

---

929) 『論語』「先進」(11-11).
930) 『論語』「先進」(11-11).
931) 『論語』「陽貨」(17-21).

사랑과 보살핌을 받았던 현세의 3년에 대한 보은의 뜻이 들어있는 것이다.

공자는 귀신에 대해 알지 못하기 때문에 거의 논한 적이 없지만, 『예기』에서 제자의 질문에 딱 한번 논변이 아니라 '이야기' 식으로 귀신에 대해 설명한다.[932] 이 귀신 설명에서 공자는 이 귀鬼를 담은 백골魄骨 또는 골육은 죽자마자 썩기 시작하고 완전히 썩으면 흙으로 "돌아간다"고 말한다. 공자가 '돌아간다'고 표현한 것은 원래 인간의 백골이 흙에서 왔다는 것을 함의한다. 골육은 적어도 썩어가는 가운데 불완전한 형태로나마 일정 기간 동안 남아있다. 마찬가지로 하늘로 올라간 죽은 사람의 신神을 담은 '기氣'도 '슬퍼하고 슬퍼해서' 일정 동안 개체적 형태로 사라지지 않고 하늘에서 떠돈다. '기'는 너무 슬퍼서 이 세상의 자손들과 바로 이별할 수 없어 자손이 사는 땅과 집의 천공에 한동안 머무는 것으로 관념되는 것이다. 일정한 기간이 지나면 영혼의 신기神氣는 하늘의 천기天氣와 통합되어 개체로서 완전히 사라진다. 산사람은 죽은 사람의 신기가 이 개체의 형태로 남아 있는 동안 이 '신기'를 위로하기 위해 제사를 지내는 것이다. 또 골육이 썩어가는 산소를 만들고 제삿날이나 명절에 이 산소의 '귀'에게도 제사를 지내 귀와 신이 주기적 상봉할 수 있게 한다.

그렇다면 몇 대 할아버지 귀신까지 제사를 지내야 하는가? 다시 말하면, 신기는 얼마 동안 개체적 형태로 하늘에 남아있는가? 위로 3대 할아버지(증조부)까지 제사를 모시는 '3대봉사'를 말하기도 하고, '4대봉사'를 말하기도 한다.[933] 그렇다면 왜 '3대봉사', '4대봉사'인가? 제사는 죽은 사람의 귀신과의 교감과 소통, 즉 공감의 예식이

---

932) 『禮記』「祭義」: "기(氣)라는 것은 신(神)을 담는 그릇이고, 백(魄)은 귀(鬼)를 담는 그릇이다. 그래서 귀와 신을 합쳐야 교설이 완성된다. 중생은 반드시 죽고, 죽으면 반드시 흙으로 돌아간다. 이것을 일러 귀라고 한다. 골육은 아래로 썩어 없어져 음지에서 들녘의 흙이 된다. 그 기는 위로 발양해 환하게 밝히고, 향내로 피어올라 슬퍼하고 슬퍼한다. 이것은 백물(百物)의 정(精)이고 신의 드러남이다. 사물의 정(精)으로 인해 사물의 극을 제정하고, 천명과 귀신을 밝히고, 이를 백성의 수칙으로 삼았다. 이에 백성이 경외하고 만민이 복종했느니라.(子曰 氣也者 神之盛也. 魄也者 鬼之盛也. 合鬼與神 教之至也. 衆生必死 死必歸土 此之謂鬼. 骨肉斃于下 陰爲野土. 其氣發揚于上 爲昭明 焄蒿悽愴. 此百物之精也 神之著也. 因物之精 制爲之極 明命鬼神以爲黔首 則 百衆以畏 萬民以服..)"
933) 참조: 금장태, 『귀신과 제사: 유교의 종교적 세계』 (서울: 제이앤씨, 2009), 99-100쪽.

다.934) 이 공감은 실제로 조상신과 교감하는 것이 아니라, '조상신과의 교감'이라는 신비적 형식으로 실은 '기억' 속의 친부·조부·증조부와 교감하는 것이다.935) 따라서 몇 대 할아버지에까지 제사를 모셔야 하는지는 이 할아버지들에 대한 기억의 범위에 의해 '경험적·현세적으로' 결정된다. 동시대적 공존세대의 범위를 최대로 벌려보면, 증손자와 증조부가 함께 살 수 있다. 이것을 기준으로 하면, 증조부까지 제사를 모시는 '3대봉사'를 말해야 할 것이다. 기억과 이야기를 통해 고손자까지 비교적 생생한 기억이 전달될 수 있는 가능성을 생각하면, '4대봉사'까지도 가능할 것이다. 그리하여 하늘에 죽은 조상의 신기가 사라지지 않고 남아있는 기간도 산 자들의 '기억 범위'에 의해 규정된다. 다만 씨족의 시조신이나 높은 벼슬을 한 조상신은 그것을 기념하는 의미에서 씨족단위에서 예외적으로 이 3·4대의 범위를 넘어서 대대로 제사를 모신다.936) 이것은 사자死者의 인신人神의 현세적 체류 기간조차도 현세의 산 자들의 기억의 범위에 의해, 그리고 사자死者가 생전에 이룬 사회적·정치적 기여도에 대한 산 자들의 인정에 의해 현세주의적으로 규정된다는 말이다.

또한 제사상에 강림한다고 여겨지는 조상신도 현세의 왕명에 복종해야 했다. 따라서 성 밖에 사는 백성들은 귀신이 활동하기 좋아하는 자시子時(23시-1시)에 제사를 지낸 반면, 성 내의 백성들은 저녁 8시 이전에 제사를 지냈다. 옛날 임금의 통금명령을 알리는 인경(人定)의 종을 8시경(一更三點)에 쳤기 때문에, 귀신도 이 통금명령에 복종해 8시 이전에 성 내에 들어왔다가 나가야 하는 것으로 생각했던 것이다. 이 제사 풍습은 오늘날도 동아시아에 남아 있다. 천신의 천명을 받은 현세의 임금이 제삿날에도 죽은 귀신을 지배하는 이런 현세적 제사관념에서는 일상 속에서 내세관념이 발을 들

---

934) 참조: 금장태, 『귀신과 제사』, 99쪽.
935) 아담 스미스는 산 자들이 '상상'을 통해 묘지 속의 사자(死者)의 고통까지도 공감한다고 말한다. 참조: Adam Smith, *The Theory of Moral Sentiments* [1759·1790] (Cambridge: Cambridge University Press, 2002·2009), Part I, Section I, Chapter I, §13. 그러나 산 사람들이 '기억'을 통해 살아생전의 조상과 공감한다는 논변이 상상력으로 죽은 사람과 공감한다는 스미스의 논변보다 훨씬 덜 억지스럽다.
936) 참조: 금장태, 『귀신과 제사』, 100쪽.

여놓을 틈이 없다.

 이 때문에 조상신을 모시는 제사조차도 내세지향의 탈속적脫俗的 종교의식이라기보다 근본적으로 현세지향의 추모식 또는 세속적 기념식 같은 면이 있다. 이렇게 하여 공자철학에서는 제사조차도 본질적으로 탈주술화·세속화된다. 말하자면, 제사가 일상적 생활문화를 '주술화'하는 것이 아니라, 거꾸로 죽음·귀신·제사와 관련된 일련의 현세우선주의 명제들이 제사조차도 절도 있게 '탈주술화'해서 추모식과 기념식으로 전환시키는 것이다.

 조상신만이 아니라 천신조차도 탈주술화·세속화된다. 신적 '상천上天' 또는 '황천皇天'은 유형의 자연적 '창천蒼天', 즉 '푸른 하늘'과 달리, "소리도 없고 냄새도 없는(無聲無臭)" 무형의 존재자다.937) 그러나 "밝고 밝은 하늘은 땅을 내리 비춘다(明明上天 照臨下土)".938) "하늘은 총명하고, 성군은 이것을 본받으니, 신하는 공경해 따르고, 백성은 순종해 평안하다(惟天聰明 惟聖時憲 惟臣欽若 惟民從乂)".939) 그러나 하늘은 무형의 존재라서 이목구비가 없다. 그래서 "하늘은 우리 백성이 보는 것을 통해 보고, 우리 백성이 듣는 것을 통해 듣는다."(天視自我民視 天聽自我民聽.)940) 하늘의 '총명'은 바로 하늘 아래 땅에 사는 온 백성들의 눈과 귀의 총명인 것이다. 따라서 하늘과 교감해 하늘을 본받아야 하는 성인(임금)도 백성과 교감해 백성의 마음을 헌장으로 삼아야 한다. 민심이 곧 천심이기 때문이다. 결국 한껏 높여진 하늘과 성인의 덕치가 둘 다 가장 낮은 곳에 사는 백성의 뜻에 맞춰야 하는 민주화·탈주술화·세속화의 대역설大逆說이 펼쳐진다. 그리하여 천신天神에 올리는 제사로서의 '천제天祭'만이 아니라, '하늘(上天)' 자체도 백성의 눈과 귀를 하늘의 눈과 귀로 삼음으로써 주술적 신비를 벗고 세속화된다.

 공자는 하늘 또는 하늘의 신이 인간의 지성至誠과 덕성에 감응하고 천명을 부여해 인간을 돕는다고 생각했다. 그는 말한다. "『시경』에 '아름다운 군자여, 영덕令德이 뚜

---

937) 『詩經』「大雅·文王」: "上天之載 無聲無臭".
938) 『詩經』「小雅·小明」.
939) 『書經』「說命中」.
940) 『書經』「周書·泰誓中」.

렷하고 뚜렷하도다! 백성에게 마땅하고 사람에게 마땅하네. 군자는 하늘에서 천록을 받아 백성을 보우하고 백성에게 명해 하늘로부터 이 명을 펴도다(詩曰嘉樂君子 憲憲令德 宜民宜人 受祿于天 保佑命之 自天申之)'. 그러므로 대덕자는 반드시 천명을 받는다(故大德者 必受命)."[941] 한마디로, "오로지 덕만이 하늘을 감동시키고 아무리 멀어도 이르지 않는 곳이 없다"(惟德動天 無遠弗届). (…) 그래서 지성이면 감신感神하는 것이다(至誠感神)."[942] 말하자면 "지극한 정치는 향기롭고 향기로워 신명과 감응하는 것이다. 곡식이 향기로운 것이 아니라 오로지 명덕만이 향기로울 뿐이다(至治馨香 感于神明. 黍稷非香 明德惟馨)".[943] 따라서 오직 하늘과 땅만이 지성스러운데 인간이 하늘과 땅을 본받아 하늘과 땅처럼 지성스럽다면, 이런 '지성'은 그 자체가 바로 신적인 것이다. 앞서 한 번 시사했듯이 『중용』은 말한다.

> 오로지 하늘과 땅만이 지성스러워 그 성性을 다할 수 있게 하고, 그 성을 다할 수 있다면 사람의 성을 다할 수 있고, 사람의 성을 다할 수 있다면 사물(무생물과 동식물)의 성도 다할 수 있게 한다. 사물의 성을 다할 수 있게 한다면 하늘과 땅의 화육을 도울 수 있고, 하늘과 땅의 화육을 도울 수 있다면 하늘·땅과 더불어 참여할 수 있는 것이다.[944]

이것이 바로 앞서 여러 차례 논한 인간의 천지화육참찬론天地化育參贊論이다. 그래서 '지성至誠'은 신령스럽다. "지성의 도는 앞서 알 수 있게 하니, 국가가 장차 흥하면 반드시 상서로운 조짐이 있고, 국가가 장차 망하면 반드시 괴이한 조짐이 있고, 주역점과 거북점에 나타나고, 사체四體에 동한다. 그리하여 화와 복이 장차 닥치게 되면, 좋아도 이를 먼저 알고, 좋지 않아도 이를 먼저 안다. 그러므로 지성은 신과 같은 것이다."[945]

---

941) 『中庸』(17章). 詩는 『詩經』「大雅·假樂」에서 따왔다.
942) 『書經』「虞書·大禹謨(3)」.
943) 『書經』「周書·君陣」.
944) 『中庸』「第22章」: "惟天下至誠 爲能盡其性 能盡其性則能盡人之性 能盡人之性則能盡物之性 能盡物之性則可以贊天地之化育 可以贊天地之化育則可以與天地參矣"

공자에게 하늘의 신은 덕스러운 인간에게 천명을 주고 인간을 도울 정도로 인간보다 초월적으로 월등한 존재자다. 하지만 상론했듯이, 공자에 의하면, 하늘은 '절대자'가 아니다. 하늘은 '기왓장 세 장'만큼 불완전한 구석이 있다.[946] 따라서 하늘은 인간보다 지극히 위대하지만 절대성을 지닌 것이 아니다. 하늘이 불완전한 만큼, 인간이 하늘을 돕지 않으면 천하의 운행은 완전할 수 없다. 그러기에 인간이 그쪽에서 타고난 천성을 다함(盡性)으로써 하늘을 도와 천도天道와 지도地道와 인도人道를 완성하는 데에 이바지해야 한다. 인간은 하늘의 비정상적 움직임(화산, 해일, 태풍 등)을 때로 예측해 피하고, 때로 태생적 기형畸形을 기술로 고치고, 예측하지도 피하지도 고치지도 못하면 지혜롭게 이 비정상성에 순응해 재빨리 적응할 뿐만 아니라, 자신의 천성을 완전히 구현하고 이를 바탕으로 '물성物性'을 다할 수 있게끔 하늘과 땅의 사물들을 절차탁마하고 이리저리 결합해 그 잠재적 물성을 실현시키고 이롭게 이용하고 아름답게 만들고, 동식물을 가꾸고 기르고 그 종자를 개량함으로써 하늘과 땅의 운행을 보완한다. 천신과 인간은 서로 교감·공감·보우保佑하는 것이다.

> 도를 드러내고 덕행을 신묘하게 하므로, 신과 어울려 수작(교감)하고 신과 어울려 신을 도울 수 있는 것이다. 공자는 "변화의 도를 아는 자는 신이 하는 바를 안다"고 말한다(顯道神德行 是故可與酬酢 可與祐神矣. 子曰 知變化之道者 其知神之所爲乎).[947]

이것이 하늘과 신이 인간을 도울 뿐만 아니라 인간도 '근도近道'와 신성한 '덕행'으로 하늘과 신을 돕는다는 공자 특유의 '천인상조天人相助' 사상이다. 그런데 이 '천인상조'도 - 공자가 신과의 '교감'을 언급하는 것에서 분명하듯이 - 인간이 백성에게 덕을 베풀어 하늘의 도움을 받고 역으로 덕행으로 하늘에 도움을 주는, 하늘과 인간 간의 덕성주의적 교감(酬酢)과 공감(恕)에 의해 이루어진다. 반면, 악덕을 일삼는 자는 하늘

---

945) 『中庸』「第·23章」: "至誠之道 可以前知 國家將興 必有禎祥 國家將亡 必有妖孽 見乎蓍龜 動乎四體. 禍福將至 善 必先知之 不善 必先知之 故至誠如神."
946) 사마천, 『사기열전』「龜策列傳」. 사마천. 『사기열전②』「귀책열전」, 808쪽.
947) 『易經』「繫辭上傳」(9).

과 감응하지도, 하늘의 공감을 받지도 못하고, 다만 천벌을 받을 뿐이다. 이 점에서 무위이성無爲而成의 천도를948) 본받는 성인의 유교적 '무위이치無爲而治'는 '유위有爲의 치治'를 조금도 인정치 않고 '무위'만을 신봉해 모든 정사를 자연에 방임하는 노자의 도교적 '무위자연無爲自然'과 다르다. '무위이치'는 '무위'를 최대화하고 인간적 '유위'를 최소화하되, 이 최소화된 '유위의 덕치'를 필수불가결한 것으로 취해 시행함으로써 '무위'의 자연스러운 진행을 보완하는 것이기 때문이다. 그리하여 공자는 '무위이성'의 천도를 신비화하는 것이 아니라, 인간의 유위로 '탈脫신비화·탈주술화'한다.

나아가 공자는 삶의 길복을 구하는 데 있어 덕행구복德行求福·인의구길仁義求吉을 주로 삼고, 주역을 연구하고 주역점을 보는 것에서도 무속적으로 복을 비는 축무祝巫(굿), 제사, 복서卜筮를 뒤로함으로써 축무·제사·복서를 적게 하여 '주변화'시킨다.

> 나는『주역』에서 비는 것과 점치는 것을 뒤로하고 그 가운데서 덕의德義를 살필 따름이다(易我後其祝卜矣 我觀其德義耳也). 그윽이 (귀신을) 기려 명수命數에 달하고 명수를 밝혀 덕에 달하고 또 인仁을 지키고 의義를 행할 따름이다(幽贊而達乎數 明數而達乎德 又仁[守]者而義行之耳). 귀신을 기리지만 명수에 달하지 못하면 그것은 무당의 일이 되고, 명수를 알지만 덕에 달하지 못하면 그것은 사史가 되느니라. 사무史巫의 서지는 이것들(명수와 덕)을 향하지 않는 까닭에 나는 사무의 서지를 좋아하는 것이 아니니라. 후세 선비들이 혹시『주역』때문에 나를 의심하는 자들이 있을 게다. 그러나 나는 그 덕을 구할 따름이다. 나는 사무와 같은 길을 가나 귀결되는 것을 달리한다. 군자는 덕행으로 복을 구하는 까닭에, 제사는 지내되 적어지고(君子德行焉求福 故祭祀而寡也), 인의仁義로 길함을 구하는 까닭에, 복서卜筮는 하되 드물어진다(仁義焉求吉 故卜筮而希也). 축무祝巫와 복서는 그 뒤인 것이다!(祝巫卜筮其後乎).949)

공자는 덕행구복을 복서卜筮에 앞세우고 심지어 주역의 해석에서도 덕의를 우선시함으로써 복서를 희소하게 만들고 축무와 제사를 과소寡少하게 만든다고 말하고 있

---

948) 『中庸』(26章); 『禮記』「哀公問」.
949) 廖名春 釋文 (續四庫全書編纂委員會 編), 『馬王堆帛書周易經傳釋文』「馬王堆帛書 '要'」(上海: 上古籍海出版社, 1995).

다.

　여기서 우리가 주목해야 하는 것은 공자가 덕행으로 복서와 제사·축무를 폐하고 대신하는 '이덕대점·폐제론以德代占廢祭論'을 피력한 것이 아니라, 덕행구복을 앞세워 복서를 드물게 하고 제사와 축무를 적게 하는 '이덕희점·이덕과제론以德稀占·以德寡祭論'을 추구했다는 것이다. 신의 문제는 인간이 헤아릴 수 없으므로 '인간 공자'가 복서·축무·제사 등을 함부로 폐할 수 없기 때문이다.

　신을 알지 못하면서 신과 관련된 복서·축무·제사 등을 완전히 폐하는 것은 신지神智 차원에서 '신에 대한 불경不敬'일뿐더러, '인지人智' 차원에서도 치명적으로 '어리석은 짓'일 것이다. 공자의 지론대로, "아는 것을 안다고 하고 알지 못하는 것을 알지 못한다고 하는 것이 지知인 것이다(子曰 知之爲知之 不知爲不知 是知也)."[950] 따라서 '인지'로 알 수 없는 것에 대해 알지 못한다고 인정하고 복서·제사·축무를 줄이되, 그 전통을 존중하고 심지어 희소화된 복서·제사·축무에서도 덕의를 구하고 경건하게 신지를 맛보는 것은 그 자체가 '지혜'인 반면, '인지'로 알 수 없는 신적인 일들에 대해 아는 체하고 함부로 폐지하는 것은 '어리석음' 그 자체인 것이다. 그러므로 '이덕희점·이덕과제론'에는 공자의 '철학적 절도'가 들어 있는 것이다. 아무튼 이 절도 있는 '이덕희점·이덕과제론'으로 공자는 복서·제사·축무·기도 등의 '종교적 성격'의 행위들을 몽땅 희소화·과소화寡少化·종속화·주변화시켰다.

　공자의 이런 사상적 변화의 혁명성은 그의 현세우선주의 노선이 복서·제사 등에 대한 고대 성인들의 중시 자세와 극적으로 대조된다는 점에서 분명해진다. 순임금은 우禹에게 제위를 선양할 때 선양의지를 거북점과 주역점으로 최종 확정할 정도로 점을 중시했다. 공자가 편찬한 『서경』 「우서」에 의하면, 순임금은 우에게 다음과 같이 말한다. "우여! 관청의 점은 먼저 뜻을 개괄하고 뒤에 으뜸가는 거북에게 명하는 것이오. 짐의 뜻이 먼저 정해지고, 여럿이 묻고 의논해서 함께 똑같이 말했고, 귀신도 이에 따랐소. 거북점과 주역점이 협종協從했소. 길점吉占은 거듭 점치지 않는 법이오."[951]

---

950) 『論語』 「爲政」 (2-17).
951) 『書經』 「虞書·大禹謨」: "帝曰 禹, 官占 惟先蔽志 昆命于元龜. 朕志先定 詢謀僉同 鬼神其依. 龜

또 무왕은 「태서」에서 "하늘이 나로 하여금 백성들을 다스리게 했도다. 짐의 꿈이 짐의 점과 일치해서 거듭 상서로움을 이어 받았으니, 상나라를 공격하면 반드시 이길 것이오(天其以予乂民 朕夢協朕卜 襲于休祥 戎商必克.)"라고 천명했다.[952] 나아가 성군들은 모두 현세의 삶에 제사를 종속시킨 것이 아니라, 제사를 현세의 삶에 맞먹는 또는 이를 능가하는 별개의 중대사로 받들었다. 무왕은 같은 「태서」에서 '수受', 즉 폭군 '주紂'가 제사를 쓸데없는 것으로 경시해 폐지한 것을 역성혁명의 한 이유로 거론하고 있다.

> 수의 죄는 걸桀보다 더 크다. 그는 (…) 천명이 자기에게 있다고 말하고 (…) 제사를 무익한 것이라고 하고, 폭정을 무해하다고 했소.[953]

무왕은 백성·식량과 더불어 상사와 제사를 소중히 여겼다(所重民食喪祭).[954] 자고로 제사를 업신여기는 것은 큰 '불경'에 속했다(黷于祭祀 時謂弗欽).[955]

따라서 공자의 현세주의와 이덕희점·이덕과제론은 성인들에 의해 강조된 이런 복서·제사 중시 전통에 중요한 변화를 가하는 것이었다. 그가 절도 있게, 상술한 「요要」편의 말에서 자신도 "귀신을 기린다"고 말하고 있는 것으로 봐서 이 복서·제사에 대한 '경건한' 마음을 버리지는 않았지만 이 복서·제사를 현세적 생활에 종속시키고, 부분적으로 탈주술화·세속화시켰을 뿐만 아니라, 복서와 제사의 시간적 비중과 횟수를 대폭 삭감한 것은 고대에 수행된 일대 사상혁명, 생활혁명이었다.

나아가 공자는 인지人智로 귀신의 움직임을 알 수 없다는 귀신불측론鬼神不測論, 즉

筮協從 卜不習吉."
952) 『書經』「周書·泰誓(中)」. 「周書洪範(七)」에서는 의문을 풀려면 복서인(卜筮人)을 뽑아 세우고 복서를 명하라고 하고 있다(稽疑 擇建立卜筮人 乃命卜筮).
953) 『書經』「周書·泰誓(中)」: "惟受罪浮于桀 (…) 謂己有天命 (…) 謂祭無益 謂暴無傷."
954) 『論語』「堯曰」(20-1). 『書經』「周書·武成」에서도 무왕이 백성들에게 먹는 것과 상사·제사를 중시하도록 가르쳤다(重民五敎 惟食喪祭)고 하고 있다.
955) 『書經』「商書·說命(中)」.

불가지론을 견지했다. 그는 "음양불측을 일러 신이라고 한다(陰陽不測之謂神)"라고 말한다.[956] 또 유사한 말은 반복된다. "귀신의 덕행은 지극하다! 그러나 보아도 보이지 않고 귀 기울여도 들리지 않는다. (…) 그러므로『시경』은 '신이 납시는 것은 헤아릴 수 없네'라고 노래했다."[957] 따라서 그는 "알지 못하는 것을 알지 못한다고 하는 것이 지혜로운 것"이라는 자신의 지론대로 알 수 없는 불가측적인 귀신·천명·천성·천도 등에 대해 아는 체하지 않고 말을 아끼고 거의 침묵을 지켰고,[958] 이럼으로써 현세의 생활문화로부터 '신에 대한 형이상학적 논변'을 추방했다. 이것도 복서와 제사를 '주변화'시키는 추가적 효과를 가져 왔다.

그리하여 공자의 공감적 무위천하에서는 지인의 지식과 도덕철학(지인), 대상인식(지물), 사회적 실천과 정치가 탈주술화·세속화·문명화되어 일상 속에서 원신遠神과 무신無神의 정조가 관철되고, 제사와 복서마저도 빠르게 현세화·세속화·주변화된다. 그 결과, 일상적 생활문화는 최대로 세속화되고, 신령계는 삶의 가장자리로 밀려난다. 천하 전체를 문명화하는 이러한 사상·문화혁명을 통해 고대에 '일상적 무신론' 문화가 탄생하고, 사상적·학문적·종교적 관용은 실천적으로도 무제한적이 된다. 진시황이 유학을 이단으로 공박하고 분서갱유한 문명파괴조차도 동아시아 역사 속에서『논어』「위정」편의 "공호이단 사해야이攻乎異端 斯害也已"의 영구불변적 진리성을 재확인해주는 이정표적 사건으로 기록되었을 뿐이다.

훗날 공자철학이 더욱 확산되고 나아가 '국학'으로 법정法定되어 존숭될수록, 일

---

[956]『易經』「繫辭上傳(5)」.
[957]『中庸』(16장): "鬼神之爲德 其盛矣乎. 視之而弗見 聽之而弗聞 (…) 詩曰 '神之格思 不可度思.'" 또 제26장에서는 "천도와 지도를 한마디 말로 다할 수 있다면, 그것은 그 본질이 불변이어도 그 도가 일으키는 생성작용은 불측하다는 것이다"(天地之道 可一言而盡也 其爲物不貳 則其生物不測)라고 말한다.
[958]『論語』「子罕」(9-1): "子罕言 利與命與仁(공자는 이익·천명·인애를 말하는 경우가 드물었다)";「公冶長」(5-13): "夫子之言性與天道 不可得而聞也(공자가 성[性]과 천도를 말하는 것을 들을 수 없었다)". 그러나 이택후는 어리석게도 이 '침묵'을 '회피전략'으로 본다. 참조: 李澤厚,『中國古代思想史論』(北京: 人民出版社, 1985). 리쩌허우(정병석 옮김),『중국고대사상사론』(서울: 한길사, 2007), 93쪽.

상적 무신론 문화는 동아시아에서 확고한 기반을 굳혀갔고 동아시아의 모든 나라를 문명화했다. 따라서 진시황 이후 어떤 학설도, 어떤 종교적 독단, 어떤 종교적 미신과 광신도 공자의 공감적 무위천하에서 관용과 자유를 파괴하고 이단을 박해하는 포악을 떨어 국민에게 '재해'를 초래할 수 없었다. 절도 있게 세속화된 현세주의적 무위천하의 문명적 공감장 안에서 종교와 같은 모든 신적 문제는 원칙적으로 심각한 포악을 떨 수 없을 만큼 충분히 현세구복적으로 현세에 종속된 채 '주변화'되고 '사소화些少化'된 것이다. 이것은 중국에서 명·청대까지도 변함없이 그러했다. 필립 쿠플레(Philippe Couplet)는 대학·중용·논어를 라틴어로 편역한 『중국철학자 공자』(1687)의 「예비논의(Proëmialis Declaratio)」에서 17세기 말엽 "이 (중국)백성들 사이에서 종교는 괄시받는다"고 확인해준다.[959]

그러므로 어떤 다른 종교종파들이 새로 일어나거나 외부에서 들어오더라도 마찬가지로 주변화되었고, 동아시아의 유교적(과학적) 생활문화를 압도하거나 이 속으로 깊이 침투해 들어갈 수 없었다. 따라서 모든 신흥종교와 외래종교가 극동의 종교적 관용과 자유의 오랜 유교적 전통을 활용해 포교활동을 개시하는 것은 쉬웠으나, 전파력이 강한 외래 종교조차도 광신적 개종자들의 경우를 예외로 제쳐놓으면 일반 중국인들의 일상적 생활문화에까지 침투해 들어가 개종자들을 얻기는 지극히 어려운 일이었다. 그리하여 모든 신흥·외래종교들은 결국 스스로 일반백성들의 '현세구복적' 신앙행태에 굴복하고 말았다. 전통적 동아시아인들의 눈에는, 가령 기독교도나 힌두교도, 또는 이슬람교도처럼 일상생활 속에서 유신론을 진지하게 옹호하고 다른 종교·종파나 무신론에 노이로제 반응을 보인다면, 이런 종교적 행태 자체가 신당神堂을 끼고 사는 '무당'의 신들린 천민적 행각으로 비쳤다. 말하자면 기독교인들의 종교활동은 극동사람들에게 '신들린 천민 행각' 외에 다른 것이 아니었던 것이다.

---

959) Prospero Intorcetta, Prospero, Philippe Couplet, Christian Herdtrich, Francois Rougmont, *Confucius Sinarum Philosophus, sive Scientia Sinensis* (Parisiis: Apud Danielem Horthemels, viâ Jacobæâ, sub Mæcente, 1687), 'Proëmialis Declatio', 251쪽; Thierry Meynard (ed. & trans.), *Confucius Sinarum Philosophus* (1687), *The Fist Translation of the Confucian Classics* (Roma: Institutum Historicum Soietatis Iesu, 2011), 'Preliminary Discussion', 90쪽.

상술된 여러 가지 의미에서 공자철학은 종교가 아니다. 그러나 공자는 드물게나마 스스로 귀신을 '기려' 주역점을 치고 활용했고, 제사를 경건하게 모셨다. 이런 한에서 공자철학은 주변적으로 일정한 '종교성'을 지니고 있고,[960] 로크와 칸트의 기독교 신학에 비견되는 '역학易學'이라는 나름의 신학을 가지고 있다. 이런 의미의 '종교성'은 델피신전의 퓌티아(Πῡθία) 무녀의 아폴론 신점을 숭배한 소크라테스·플라톤의 신지神智철학, 또는 '기독교의 합리성'을 옹호한 로크의 종교철학이나, 만유인력의 법칙에도 불구하고 만유인력의 원인이나 우주의 안정성 문제에서 우주 안에 '신의 큰 팔'을 인정할 수밖에 없었던 뉴턴의 자연철학적 신학, 또는 신을 '이성의 감옥' 안에 감금했지만 도덕론의 궁극단계에서 도덕적 '예지계'로서의 '신국神國'을 요청한 칸트의 선험적 도덕철학, 그리고 - 현대철학을 들어보자면 - 언어논리로 설명할 수 없는 도덕성을 "신적神的인 것(das Göttliche)"으로 주장한 비트겐슈타인의 분석철학 등의 종교성과 다를 바 없는 것이다.

- 유교는 과학인가, 종교인가?

공자철학이 지닌 변경적·한계적 '종교성'은 어느 수준으로 평가되어야 하는가? 이 물음은 유교를 '과학'으로 보는 '유교적 근대의 일반이론'의 전제와 관련하여 아주 중요하다. 유교사회에서 일반적 생활인들은 무신론과 간헐적 유신론을 구별하면서도 강력한 일상적 현세주의에 의해, 그리고 주술 일반(종교·제사·복서)의 희소화와 주변화에 의해 이 구별을 사소하게 만들어 양자를 이음새 없이 연결시키고 교대로 활용한다.

공자는 복서卜筮와 제사를 드물게 했지만, 폐하지는 않았다. 공자의 '덕행구복' 원칙은 덕행으로 행복을 구하고 작은 흉액과 소과小過를 덕행으로 극복하는 것을 뜻한

---

[960] '종교'와 '종교성' 간의 고전적 구별은 오늘날의 종교학에서 많이 희미해졌으나, 성리학은 몰라도 공자철학을 '종교' 또는 '신학'으로 보는 것은 무리일 것이다. 하지만 공자철학도 적어도 협소한 고전적 의미에서 '종교성'을 어느 정도 가진 것으로 인정된다. 이에 관한 논의는 참조: 금장태, 『귀신과 제사』, 109-111쪽.

다. 하지만 자신·가족·친구 등의 갑작스러운 죽음, 부상, 심각한 불구화, 빈천, 폐질, 큰 실책, 큰 불명예, 국가의 정책실패, 재해, 전란, 멸망 등과 같은 '대흉'과 '대과大過'는 덕행으로 극복할 수 없다. 대흉과 대과는 덕행으로 극복되기는커녕, 덕행자 자체를 망가뜨리기 때문이다. 따라서 공자는 복서로 자기와 주변의 운명과 공동체의 천명을 미리 알아, 대흉과 대과를 피하고자 했다. 그래야만 덕행도 그르치지 않을 수 있기 때문이다. 말하자면, 내세를 경시하는 공자의 현세우선주의 입장에서는 '복서피흉'에 의한 '덕행구복'의 배후적 보장이 필수적이었다. 공자는 덕행으로 길복吉福(행복)을 구하는 것을 선차적 원칙으로 삼고, 대흉·대과를 피하는 '복서피흉'을 부차적 원칙으로 삼은 것이다. 선차적 '덕행구복'과 부차적 '복서피흉'이 결합됨으로써, 기독교의 내세론적 '천당'이나 칸트적 '신국'의 형이상학 보장장치 없이도 인간의 덕행은 늘 행복으로 보상받고, 이로써 인간의 행복추구는 완전해지는 것이다.

 '덕행구복'과 '복서피흉'이 이러한 상관관계에 있는 것을 깨닫게 된 40대 중후반, 공자는 주지하다시피 "내게 수년만 더 주어져 50세에도 주역을 공부한다면, 대과를 없앨 수 있을 것이다(加我數年 五十以學易 可以無大過矣)"고 피력했다. 그리고 그는 "운명과 천명을 모르면 군자일 수 없다(不知命 無以爲君子也)"는 『논어』「요왈」편의 마지막 말로써 '지천명'을 군자의 조건으로 단언했던 것이다"961) 공자는 늙어가면서 주역을 더욱 좋아해서 집에 거할 때는 주역을 안석에 두고, 나갈 때는 행낭에 넣고 다녔다(夫子老而好易 居則在席 行則在囊). 이런 시절에 제자가 "선생님께서도 역시 그 복서를 믿으십니까?(夫子亦信其筮乎)"라고 묻자, 공자는 "내가 백번 점치면 칠십 번은 맞더라. (...) 역시 그것을 꼭 따르는 경우도 많다(吾百占而七十當. [...] 亦必從其多者而已矣)"고 답했던 것이다.962) 공자는 주역으로 신지神智를 구해 '지천知天'한 것이다. 이것은 소크라테스와 플라톤이 인간이 알 수 없고 안다고 자만해서도 아니 되는 문제들을 모두 다 델피신전의 무녀에게 묻도록 권했던 것과963) 유사하지만, 공자의 '신지'는 이보다 더

---

961) 『論語』「述而」(7-17); 「堯曰」(20-3).
962) 「馬王堆帛書 '要'」.
963) 소크라테스는 "인간이 인지(人智)대로 하는 것보다 더 많은 혜택을 받고 싶으면 정성껏 점을

철학화·지성화되어 있다. 말하자면 공자의 주역 서점筮占은 그 기능 면에서 소크라테스와 플라톤의 델피신전과 등가물일지라도 델피 무녀의 신점神占보다 본질적으로 더 철학적이기 때문이다.

공자는 주역을 모든 것을 아는 천지天地와 등위로 여겼고, 주역이 천지에 준하는 신적 지위를 점하는 까닭에 주역을 통해 신지를 알 수 있고 신지를 알면 과오와 근심에서 벗어나 나라의 인덕仁德을 두텁게 만들 수 있다고 생각했다.

> 주역은 천지에 준한다. 그러므로 천지의 도를 두루 경륜할 수 있다. 주역은 천문을 올려다보고 지리를 내려다보니, 어둡고 밝은 이유를 안다. 주역은 처음을 캐물어 끝으로 돌아오니, 삶과 죽음의 기쁨을 아는 것이다. 주역은 기氣를 쏳어 사물을 만들고, 혼을 돌아다니게 하여 변화를 만드니, 귀신의 정상情狀을 아는 것이다. 주역은 천지와 비슷하므로 어긋나지 않는다. 주역은 만물을 두루 알고 천하를 도제道濟하니, 지나치지 않는다. 두루 행하니 휩쓸려가지 않고, 낙천樂天하고 천명을 아니, 근심하지 않는다. 주역은 땅을 편안히 하고 인仁에 두터우니 사랑을 잘한다. 천지의 화생을 두루 본받고 지나치지 않고, 만물을 자세하게 이루고 버리지 않고, 주야의 도에 통하고 지혜롭다. 그러므로 신은 종적이 없고, 주역은

치기"를 권했다. 그는 벗을 사귀는 것도 점치라고 말한다. 그리고 그는 신의 계시 또는 신탁(神託)을 확고하게 준수했고, 계시를 겨버리고 행동하는 사람들의 어리석음을 규탄했다. 소크라테스는 델피신전의 신탁대로 조상신에 대한 제사를 경건하게 모셨다. Xenophon, Memorabilia, Bk. IV, ch. 7, 9; Bk. II, ch. 6, 8; Bk. I, ch. 3, 4; Bk. I, ch. 3, 1. 플라톤은 『국가론』과 최후의 저작 『법률』에서 델피신전 등의 신탁점의 중요성을 강조하고 국가건설과 입법에도 신탁점을 활용하라고 말하고 있다. 『국가론』에서 신전건립, 제수 올림, 신·신령·영웅경배, 장례와 제사 등에 관한 "가장 중대한 제1법률들"의 제정을 델피의 아폴론신에게 위임하고, 죽은 철인치자를 수호신으로 모시는 문제에도 퓌티아의 동의를 구하게 했다. Platon, Politeia, 427b·c(신탁이 제1법률); 540b·c(수호신 모시기); 427b-c, 540c; 461e(신탁으로 법개정). 『법률』에서 신탁점은 "최선의 국체와 최선의 법률의 맹아"와 동일시된다. "수많은 점쟁이들에게 점치고 특히 델피신전의 아폴론신에 묻는 신탁점을 치면", 나라의 체제가 "안정되고 오래 지속된다". 또한 제사·신·종교문제 등에 관한 법률은 델피신탁의 도움으로 제정하고, 신과 수호신의 지정 및 신사·사원의 건립과 관련해서는 기존 신탁자문을 승계해 제사와 의례를 제도화한다. 그는 행정업무에도 신탁을 적용한다. Platon, Gesetze, 771e(새로운 신탁에 대한 존중); 772d(법개정 일반 신탁자문); 624a(입법자로서 신); 685e-686a(신탁에 의한 나라 안정); 712a·b(신탁점의 지위); 738b·c(기존 신탁의 계승), 759a(종교 법률의 신탁), 828a(제사·축제 입법 신탁), 856e(상속자 결정), 914a(분실물 처리).

형체가 없는 것이다(神无方而易无體).⁹⁶⁴⁾

주역은 천지의 신의 정상을 알아 천지의 신지神智를 인간에 알려주는 신성한 매체다. 따라서 주역으로 점을 치는 행위는 신에 대한 믿음과 공경을 전제한다. 그래서 '지인'하려면 '경귀신이원지敬鬼神而遠之'해야 하지만, '지천'하려면 반대로 '경귀신이근지敬鬼神而近之'해야 한다. 지인에서는 신을 멀리하는 것이 '경신敬神'인 반면, 지천에서는 신을 가까이 하는 것이 '경신'이고, '경신'해야만 '신지'를 얻을 수 있기 때문이다. 따라서 주역으로 스스로 점을 치고 믿은 공자는 분명 신을 믿고 가까이 하는 유신론자다. 그러나 그는 '항상' 유신론자였던 것이 아니라, 어쩌다 미래에 대한 큰 근심과 불타는 궁금증이 일어 서점筮占을 치는 막간에만 간헐적 유신론자였을 뿐이다.

공자는 신과의 관계도 인간적 공감의 논리로 이해했다. 『서경』은 "지성이 신을 감동시키는 것(至誠感神)"에 대해 말하고,⁹⁶⁵⁾ 『중용』에서도 '지성至誠'의 도道로 시서蓍筮와 거북점을 쳐서 귀신과 감응해 미래를 앞서 안다고 말한다.⁹⁶⁶⁾ 신적인 '지성'으로 주역을 통해 신지를 얻는다는 말이다. "주역은 생각이 없고 행동도 없다. 적연부동하면서 감응해 천하의 연고를 마침내 통한다. 천하의 지극한 신이 아니라면 그 무엇이 이 주역에 관여할 수 있겠는가?"(易无思也 无爲也. 寂然不動 感而遂通天下之故. 非天下之至神 其孰能與於此.)⁹⁶⁷⁾ 인간은 주역을 매개로 신과 공감한다는 말이다. 주역은 천신과 지신의 길, 그리고 인간의 길을 결합시켜 담고 있다. "주역 책의 본질은 광대·완비하다. 그리하여 이곳에 천도가 있고, 이곳에 지도가 있고, 이곳에 인도가 있다."(易之爲書也 廣大悉備. 有天道焉 有地道焉 有人道焉.)⁹⁶⁸⁾

---

964) 『易經』「繫辭上傳(4)」: "易與天地準 故能彌綸天地之道. 仰以觀於天文 俯以察於地理. 是故知幽明之故. 原始反終 故知死生之說. 精氣爲物 遊魂爲變 是故知鬼神之情狀. 與天地相似 故不違. 知周乎萬物而道濟天下 故不過. 旁行而不流 樂天知命 故不憂. 安土敦乎仁 故能愛. 範圍天地之化而不過 曲成萬物而不遺 通乎晝夜之道而知. 故神无方而易无體."
965) 『書經』「虞書·大禹謨」.「周書·君陳」에서도 "至治馨香 感于神明"이리고 말한다.
966) 『中庸』(二十四章): "至誠之道 可以前知 國家將興 必有禎祥 國家將亡 必有妖孼 見乎蓍龜 動乎四體 禍福將至 善 必先知之 不善 必先知之 故至誠如神."
967) 『易經』「繫辭上傳」(10).

한편, 공자는 신에 대한 제사를 강림한 신과 수작酬酢하는(술잔을 주고받는) 것처럼 지낸 반면, 조상에 대한 제사는 조상이 살아계신 것처럼 조상의 생전을 기억하고 추념하며 지냈다. "제사지낼 때는 (조상이 살아 돌아와 목전에) 계신 것처럼 지냈고, 신께 제사지낼 때는 신이 (강림해) 계신 것처럼 지냈다(祭如在 祭神如神在). 공자는 '나는 제사에 참여하지 않으면 제사지내지 않은 것 같다(吾不與祭 如不祭)'고 말했다."969) 신에 대한 제사와 달리 죽은 조상에 대한 제사가 신들린 상태에서 조상의 혼령을 초혼招魂하는 주술행위가 아니라, 조상이 살아계실 때의 삶을 상기하고 추념하는 현세적 연극행위이기 때문에 제사는 남에게 대신하게 할 수가 없고, 제사에 몸소 참여하는 '친제親祭'가 불가피하다. 제사가 신들린 상태에서 조상의 혼령을 초혼하는 주술이라면, 자손들은 제사를 무당에게 맡기고 제사에 불참해도 될 것이다. 공자는 이 일련의 제례祭禮 관련 명제들을 통해 조상신에 대한 제사의 주술적 측면을 최소화하고 제사의 횟수도 최소화했다. 그럼에도 공자는 제사를 중단하거나 폐지하지 않았다.

또 공자는 말한다. "귀신의 덕스러움은 성대하다. 그러나 귀신을 보면 보이지 않고, 귀신을 들으면 들리지 않는다. 하지만 귀신은 사물의 본체를 이루어 버려질 수 없다. 귀신은 천하의 사람들로 하여금 깨끗이 재계하고 의복을 성대히 하게 하여 제사를 받들게 하고, 자신이 그 위에 있는 것처럼, 그리고 그 좌우에 있는 것처럼 양양하다."970) 공자에 의하면, 귀신은 모양도 없고 소리도 없지만 만물의 '본체'를 이루고 있다. 그래서 귀신에 대한 제사를 받드는 것이다.

선비는 출사하지 않으면 제사용 의복을 마련하고 제수祭需를 기를 땅을 받을 수 없다. 따라서 맹자의 전언에 의하면, 공자는 선비란 제사를 지내기 위해 기회가 닿으면 반드시 출사해야 한다고 생각했다. 맹자는 말한다.

---

968) 『易經』「繫辭下傳」(10).
969) 『論語』「八佾」(3-12).
970) 『中庸』(십육장): "子曰 鬼神之爲德 其盛矣乎. 視之而弗見 聽之而弗聞 體物而不可遺. 使天下之人 齊明盛服 以承祭祀 洋洋乎如在其上 如在其左右."

전해오는 말이 의하면, 공자님은 3개월만 모실 임금이 없으면 황량해 하셨고(…), 공명의 公明儀는 옛사람들은 3개월만 임금이 없어도 슬퍼했다고 말했다.(…) 선비가 지위를 잃는 것은 제후가 국가를 잃어버리는 것이나 다름없다. 『예기』에 "제후가 적전籍田을 경작해 제수용 곡식을 공급하고, 부인은 누에를 치고 실을 뽑아서 의복을 짓는다. 희생이 살찌지 않고, 제수용 곡식이 깨끗하지 않고, 의복이 마련되지 않으면, 감히 제사지낼 수 없다. 선비도 규전圭田이 없으면 역시 제사 올릴 수 없다"고 했다. 희생, 제기, 의복이 마련되지 않아서 감히 제사를 올릴 수 없다면, 잔치도 감히 베풀 수 없으니, 이 역시 슬퍼할 일이 아닌가?"971)

공자는 조상신께 제사지내기 위해 임금이 하사하는 '규전'을 얻어야 했고 임금을 모시지 못하면 이 '규전'을 얻지 못하면 제사를 지낼 수 없으므로 "3개월만 모실 임금이 없으면 황량해 했다". 3개월은 한 계절이다. 그러므로 "3개월만 모실 임금이 없으면" 한 계절의 규전경작을 공치는 것이다. 이것은 공자에게 참으로 "황량한" 일이 아닐 수 없었을 것이다.

공자가 전통에 어긋나지 않게 제사를 정성을 다해야 하는 인륜지대사로 여겼다는 것은 그가 귀신을 경건하게 섬겼고 귀신과 정성으로 교감했다는 것에서 알 수 있다. 이 점에서 공자는 유신론자였다. 그러나 그는 제사를 드물게 했기 때문에 제사를 연중 정해진 날짜에 '간헐적으로' 모셨다. 따라서 그는 막간의 '간헐적 유신론자'였을 뿐이다. 반면, 일상생활에서 그는 무신론자였다.

공자의 가르침에 따라 유교사회는 무신론·유신론 대립을 사소한 것으로 주변화시키고 현세주의적으로 이 대립을 초월한다. 따라서 공자의 천하는 산사람들끼리 교감·공감하는 일상적 무신론의 생활·정치문화와, 신과 감응·공감하는 간헐적 유신론의 변두리 종교문화가 분리된 채, 갈등이나 마찰 없이 유연하게 교대하며 서로 보완

---

971) 『孟子』「滕文公下」(6-3): "孟子曰(…)傳曰 孔子三月無君 則皇皇如也(…), 公明儀曰 古之人三月無君 則弔. … 曰 士之失位也 猶諸侯之失國家也. 禮曰 '諸侯耕助以供粢盛 夫人蠶繅 以爲衣服. 犧牲不成 粢盛不潔 衣服不備 不敢以祭. 惟士無田 則亦不祭'. 牲殺·器皿·衣服不備 不敢以祭 則不敢以宴 亦不足弔乎."

하는 연결관계를 이룬다. 주변적·간헐적 종교문화에 속하는 '천신경근天神敬近'의 주역복서는 일상생활과 정치에서의 '피흉避凶'을 돕는 점에서 세속적 생활·정치문화에 부차적으로나마 필수적이다. 시서蓍筮를 통해 얻는 신지神智는 "무민지의務民之義 귀신경원鬼神敬遠"의 제한적 '인지人智'를 보완해주는 것이다. '인지'는 하루 앞의 미래도 알 수 없는 점에서 치명적 한계에 사로잡혀 있기 때문이다.

마찬가지로 간헐적 유신론의 주변적 종교문화에 속한 제사는 일상적 무신론의 생활문화 속에서 수행되는 인효仁孝의 덕행을 완성하기 위해 필수적이다. 역으로 간헐적 유신론의 변경적·한계적 종교문화는 자신의 존속을 위해 일상적 무신론의 방대한 생활·정치문화를 전제한다. 산 사람들을 마음으로 사랑하고 진실로 섬기는 인자와 효자는 이 산 사람들이 죽은 뒤에도 불인자와 불효자보다 훨씬 더 이들을 그리워하는 까닭에 이들에 대한 제사도 훨씬 더 경건하게, 더 정성껏 모시기 마련이다. 귀신을 모시고 귀신과 교감하는 종교적 공감문화는 인간들끼리 공감하고 인애하는 일상적 생활의 세속적 공감문화를 전제하는 것이다. 그러므로 이 점에서도 간헐적 유신론의 경계적 종교문화는 사람들에 의해 '성역'으로 존중되고 소중하게 간직되기 위해 산 사람과 공감하고 산 사람을 모시는 것을 우선시하는 현세주의적·무신론적 생활·정치문화의 대립자를 변증법적으로 요청하는 것이다. 따라서 공자의 천하에서 '일상적 무신론'의 세속화된 생활문화와 '간헐적 유신론'의 변경적 종교문화는 상호보완·상호전제하는 연관관계를 맺고 있는 것으로 이해될 수 있다.

따라서 인간적 공감장과 신적 공감장이 중심과 주변의 본말관계로 연결된 이 달관達觀의 세계관은 유신론과 무신론의 대립도 초월할 뿐만 아니라, 제사와 서점의 형태의 희소하고 희미한 자연적 제사문화까지도 '미신'으로 몰아 말살하고 식사 때마다 기도하고 하루 여섯 번 성소를 향해 기도하는 식으로 세속적 생활문화까지도 점령한 강성剛性종교와 광신적 유신론도, 모든 종교와 미신을 말살한 극단적·합리주의적(가령 공산주의적) 무신론도 둘 다 초월한다. 강박증적·광신적 유신론과 독단적 무신론을 둘 다 초월한 이 달관의 세계관에서는 유럽에서 오랜 세월 무신론자들을 죄악시했던 기독교인들처럼 무신론자를 박멸하고 처형하는 어떤 신들린 유신론자도, 유신론자를 탄압하는 '독단적 합리론의 미신' 또는 독단적 '과학귀신'에 씐 어떤 과학주의적 무신론자도 둘 다 공자와 군자유자들의 눈에는 "공기악攻其惡 무공인지악無攻人之惡"으로 "수특修慝"하라는 명제와 "공호이단 사해야이攻乎異端 斯害也已"의 '관용' 명제에 반하는 눈먼 '미개인들'일 뿐이다.

공자철학이 동아시아에 확산될수록, 세속화된 생활문화와 변두리로 내몰려 주변화된 종교문화에 대응하는 일상적 무신론과 간헐적 유신론의 분리와 연결의 유연한 교대는 동아시아 도처에서 관철되었다. 백성의 일과 관련된 '인지人智의 테두리' 안에 들어 있는 통상적 인간사를 수행하는 경우라면, 극동천하는 지혜롭게 귀신을 공경심 속에서 멀리(敬遠)하는 가운데 어떤 독단적 신 관념도 탈피해 이미 충분히 탈종교화·탈주술화되어, 즉 충분히 세속화되고 근대화되어 있었다. 오늘날도 마찬가지지만 당시 중국인들과 극동사람들은 귀신과 관련된 제사의 일과, 천명과 관련된 복서卜筮 행위를 수행하는 간헐적 시점에만 신을 가까이했다. 그러므로 자나 깨나 늘 신을 모시고 사는 사람은 일반 극동아시아인들에게 '신들린 무당'이나 다름없는 미개인으로 비쳤다. 그래서 전근대에도 극동의 일반인들의 눈에는 기독교 선교사들조차 '코쟁이 무당'에 지나지 않았기에 극동에서 기독교 포교는 흥할 수 없었다. 한마디로, 극동천하는 '평상적 무신론'과 '간헐적 유신론'을 필요에 따라 교대로 겸용하는 자유로운 상태, 즉 무신론과 유신론의 대립을 초월한 상태, 또는 무신론자이기도 하고 유신론자이기도 하면서도 동시에 극단적 합리주의의 독단적 무신론과 광신적 몽매주의의 독단적 유신론을 둘 다 배격하는 경지에 도달해 있었다.

그러나 극동사람들은 '인지人智'를 넘어가는 개인·가정·국가·천하의 '대사大事'의 경우에 '인모人謀'와 '귀모鬼謀'가 무관한 것이라고 생각하거나 귀모가 인간사에 아무런 영향을 끼치지 않는다고까지는 생각지 않고, 대사의 경우라면 그 성공을 늘 인모와 귀모의 합작품으로 여겼다. 따라서 이 신관神觀은 에피쿠로스의 귀신무용론과도 다른 것이다. 에피쿠로스는 인간의 삶에 아무런 영향을 끼치지 않는다고 생각해 모든 신들을 폴리스에서 추방한 뒤 "고대세계들의 중간지대" 또는 "세계의 기공氣孔들" 속에서 "연명하도록 함"으로써 신들을 몽땅 '실업자'로 만들었기 때문이다.[972] 중국인·한국인과 기타 유교문화 속에 사는 사람들의 경지는 오늘날의 세속화된 서양인들이야 이해하겠지만, '예수 귀신'에 단단히 쓴 18세기 서양인과 20세기 베버와 같은 독단적 합리론자들에게는 결코 이해될 수 없었다.

따라서 군자유자와 극동사람들은, 시도 때도 없이 신을 붙들고 논란하고 신의 권능을 언제든 직관·직감할 수 있는 목전의 물건처럼 과장하는 신들린 기독교도나 '강박증적·광신적 유신론자'와 거리가 멀었다. 유신론자도 아니고 무신론자도 아닌, 환언하면 자유롭게 평소 무신론자였다가도 간헐적으로 유신론자가 되기도 하는 이런 종교적 달관상태, 또는 유신론과 무신론의 엄격한 독단적 구분에 초연한 당시 유학자들과 일반생활인들의 이런 유연한 정신적 경지는 완전한 종교적 관용과 종교자유의 경지다. 이런 종교자유는 바꿔 말하면 경직된 교조적 신앙생활에서 벗어나 탈脫교회적·시민종교적 자유신앙 속으로 충분히 세속화된 오늘날의 서구인들이 이제야 비로소 맛보는 경지인 것이다. 따라서 이런 경지는 어떤 광신적 유신론과 독단적 무신론의 강박증적 흑백이분법으로 파악할 수 없는 것이다.

따라서 16·17·18세기에 동아시아에 나타난 가톨릭 선교사들은 타종교를 믿는 자나 무신론자를 처벌하는 후진적 유럽문명권에 갇혀 기독교적 신 개념에 꽁꽁 포박당해 있었던 까닭에 아시아인들이 유교적 세계관 속에서 수천 년 전부터 오늘날까지도 누려오는 이 종교적 자유와 관용을 조금도 이해할 수 없었다. 그리하여 그들은 오로지 이 자유와 관용을 악용해 자기들의 불관용적·독단적 종교를 퍼트림으로써 공자철학과 극동 고유의 이 종교적 자유와 관용을 무력화시키고 극동을 공자 이전의 신들린 미개지로 만들려는 데만 급급했다.

그리하여 심지어 중국열광자 라이프니츠까지도 "중국에서 형벌을 받지 않고 자

---

[972] Karl Marx, *Das Kapital I. Marx Engels Werke* (MEW). Bd. 23 (Berlin: Dietz, 1979), 93쪽; *Theorien über den Mehrwert* (Vierter Band des Kapital), Erster Teil des Bd. 26 (Berlin: Dietz, 1979), 37쪽.

신들의 불경不敬들(무신론적 주장들 - 인용자)을 말하는 것, 적어도 구두로 말하는 것이 허용되지만", "이단적이고 무신론적인 학자들"(성리학자들)의 "오늘날 유행하는 이상한 견해들"은 "고대의 교설 및 3000여 년 전에 중국제국에 수립된 종교적 관행과 정면으로 배치된다"고까지 주장하면서 17세기 신新유학자(성리학자)들을 비난함으로써 가톨릭 선교사들을 편들었던 것이다.973) 그러나 2500년 전 공자시대든, 청나라 17-19세기든, 아니면 오늘날이든, 양극단의 독단적 유신론부터 독단적 무신론에 이르는 다양한 종교적 견해들을 뭐든 다 용인하는 '간헐적 유신론'과 '일상적 무신론'의 유연하고 자유로운 교대적 겸용이 생활화된 '종교적 절대자유'의 유교문명권에서 어떤 견해도 "정면으로 배치될" 것이라곤 하나도 없다.

다시 확인하지만, 중국과 동아시아 사람들은 수천 년이래 '일상적 무신론'과 '간헐적 유신론'을 교대적으로 겸용하는 가운데 무신론이든, 유신론이든 또 어떤 종교든 허용하는 '무제한적일 정도의 완전한 종교자유와 종교적·사상적 관용'을 누려왔다. 이런 까닭에 극동은 언제나 수많은 종교들과 수천 개의 종파가 자유롭게 공존하는 다종교상태에 있었다. 극동은 일상적 활동의 자유, 상업·경제활동의 자유만이 아니라 양심·사상·학문의 자유와 관용도 일세를 풍미하는 어떤 광신적 단일종교에 의해 침해되거나 탄압당한 적이 없었다. 공자의 현세주의적 세계관에 의해 일찍이 탈주술화되고 세속화·문명화된 극동에서는 어떤 종교적 광신과 미신, 그리고 이를 추종하는 어떤 눈먼 독단과 신들린 교조도 '군자유학'을 자기들의 광신과 미신 앞에 무릎 꿇려 '종교의 시녀'로 전락시키고, 극동 대중의 생활문화를 재再주술화해 '신들린 문화'로 되돌아가게 할 만큼 강력한 단일종교로 성장할 수 없었기 때문이다.974)

따라서 여기서 필자는 줄곧 종교·점술·미신을 본질적으로 동일한 종교현상으로

---

973) Gottfried W. Leibniz, "Discourse on the Natural Theology of the Chinese" (1716), §62, Leibniz. Writings on China (Chicago·LaSalle: Open Court Publishing Company, 1994).

974) 공자의 현세우선주의, 생활문화의 세속화와 종교문화의 주변화 및 유교사회의 일상적 무신론과 간헐적 유신론의 분리와 연관에 관한 상론은 참조: 황태연, 「공자의 공감적 무위·현세주의와 서구 관용사상의 동아시아적 기원」(上), 『정신문화연구』, 2013 여름호(제36권 제2호 통권 131호), 56-79쪽.

보고 둘 다 차별 없이 '주술'로 간주했다. 극동사람들은 종교적·점술적 주술을 대체로 '심각한 것'으로 생각지 않는다. 극동사람들은 17세기 말 쿠플레의 관찰대로 모든 주술(종교와 점술)을 "괄시"하면서도 동시에 이런 것들이 어떤 유희적·실용적·현세적 용도의 견지에서 인생에 쓸모가 있지 않을까 생각해서 이 주술, 저 주술을 재미삼아 번갈아 또는 겸해서 믿어보는 경우가 많았다. 극동사람들이 종교와 점술의 주술을 재미로 믿었다가 말았다가 하는 이런 유희성은 18세기 중국에 대한 뒤알드의 묘사에서도 확연히 드러난다. 상술했듯이 뒤알드는 주술에 대한 중국인들의 유희적 태도에서 나오는 종교적 관용의 정신과 세속적 현세주의에 대해 못마땅해 하면서도 정확하게 기술한 바 있다.[975] 뒤알드는 중국인들의 종교적 관용과 현세주의의 연관성을 정확히 간파한 것이다. 또한 그는 중국인들이 서양인들에게 생사를 가르는 '심각한' 문제인 종교문제를 '참을 수 없이 가벼운 마음'에서 유희적으로 대하고, 따라서 이 종교, 저 종교를 별생각 없이 재미삼아 믿어본다는 것도 정확하게 간파했다. 주지하다시피 중국인들은 유생이더라도 불상에도 예를 표하고 더 늙으면 도교도 믿고 기독교도 슬며시 들여다보았다. 중국 유생들은 공자의 가르침에 따라 세속적·현세적이었던 만큼 본질적으로 '탈종교적·탈주술적'이어서 '강성剛性종교적·유일신론적 협심증' 없이 가벼운 마음으로 이 종교, 저 종교에 예를 표하고 또 재미삼아 종교를 쉽사리 바꿀 수 있었던 것이다.

유교국가 조선에서도 백성의 삶은 중국인들과 마찬가지로 아주 무無종교적(탈주술적)이고 세속적이었고, 종교적 주술은 실생활의 변두리에서 즐기는 주변적 유희에 지나지 않았다. 당시 외국인이라도 예리한 관찰력을 가진 사람이라면 누구나 이를 놓치지 않고 관찰할 수 있었다. 상술했듯이 1901년 한국을 수개월간 돌아본 독일기자 지그프리트 겐테 박사는 당시 한국인의 탈종교성 또는 무종교성에 대해 정확하게 보고했다.[976] 겐테의 보고는 종교문제를 '참을 수 없이 가벼운 마음'에서 대하며 삶의

---

975) Du Halde, *The General History of China*, Vol. 3, 58-59쪽.
976) Genthe, *Korea: Reiseschilderungen von Dr. Sigfried Genthe*, 206-207쪽.(서울: 책과함께, 2007). 이 번역본은 치명적 오역이 종종 눈에 띈다.

유희로 삼아 이 종교, 저 종교를 냄새맡아보면서도 어떤 종교도 취하지 않는 당시 한국인들의 탈종교적·세속적 삶을 잘 묘사하고 있다. 한국인들은 "서너 개의 종교를 두루 냄새 맡으면서도 어느 종교에도 얽매이지 않는" 이런 독특한 '종교적 무심함과 초연함' 속에서 주역·사주·신점 등의 점술도 대개 연말연시의 유희로, 또는 뜻밖의 행운을 기대하는 실생활 외의 재미있는 참고자료로, 아니면 혹시 있을 수도 있는 '불운'의 기습을 피하기 위해 심리적으로 대비하는 '복서피흉卜筮避凶'의 수준에서 활용한다. 그리하여 당연히 한국인들은 주술을 '심각하게' 믿는 사람들을 '미망迷妄'에 빠진 것으로 여기는 것이다.

다시 원래의 물음, 즉 "공자철학이 지닌 변경적·한계적 '종교성'은 어느 수준으로 평가되어야 하는가?"로 돌아가 보자. 유교는 공자의 가르침에 따라 제사와 복서를 희소화시키고 실생활의 변경으로 내몰아 생활문화를 세속화하고 종교문화를 주변화시켰다. 유신론과 무신론의 구별을 심각하게 만들지 않고 반대로 사소하게 만들고 종교문제를 깃털처럼 가볍게 여겼다. 흉액을 피하기 위해 간헐적으로 신지와 점술을 활용하지만 이것으로 길복을 구하지는 않았다. 이 점에서 유교는 가벼운 유신론을 내포하지만, 몽매주의의 독단적 유신론과 극단적 합리주의의 독단적 무신론을 인정치 않았다. 동시에 인지人智의 지식을 구하는 데 있어서 귀신을 경원함으로써 인류역사상 최초로 인지적 지식을 탈주술화시켜 학문과 주술을 분리시켰다.

유교가 흉액을 피하기 위해 간헐적으로 신지와 점술을 활용하고, 이런 까닭에 몽매주의의 독단적 유신론과 초합리주의의 교조적·독단적 무신론(공산주의적 무신론)을 인정하지는 않지만 가벼운 유신론은 용인한다. 그리고 유교는 역학易學을 극동의 '신학'으로 거느린다. 그렇다면 유교는 약한 종교인가? 그러나 유교가 종교라면, 로크와 칸트의 철학도 제각기 기독교적 신학저술을 가지고 있으므로 종교일 것이다. 또 델피신전의 무격적 신점을 믿은 소크라테스와 플라톤의 철학도 종교일 것이다. 만유인력의 법칙에도 불구하고 만유인력의 원인이나 우주의 안정성 문제에서 우주 안에 '신의 큰 팔'을 가정으로라도 인정할 수밖에 없었던 뉴턴의 자연철학도 종교일 것이다. 그리고 언어논리로 설명할 수 없는 도덕성을 신성神性으로 주장한 비트겐슈타인의 언어·분석철학도 종교일 것이다.

그러나 소크라테스·플라톤·로크·칸트·뉴턴·비트겐슈타인의 철학이 논변의 궁극단계에서, 따라서 한계적으로 초월적 신지와 종교성을 인정하고 또 활용하더라도 '종교'가 아니라 '과학'이라면, 역학을 신학으로 거느리고 제사와 복서를 희소한 차원에서나마 간헐적으로 인정하는 공자철학도 '종교'가 아니라 '과학'인 것이다. 유교는 압도적으로 '과학'이고 지엽적으로만 종교성을 가질 뿐이다. 따라서 "공자철학의 변경적 '종교성'은 어느 수준으로 평가되어야 하는가?"라는 물음에 대해서는 '지엽적 수준으로 평가된다'고 답하면 될 것이다. 이 지엽적인 것을 제쳐놓으면 '유교'는 압도적 의미에서 '과학'이다. 이 답변은 유교를 과학으로 보는 '유교적 근대의 일반이론'의 전제적 요청을 완전히 충족시키고도 남는다.

– 중국사회의 세속성과 현세성에 대한 베버의 평가절하

베버도 중국사회의 종교적 해방 상황을 얼마간 눈치채기는 했지만, 궁극적으로 이를 평가절하한다. 일단 베버는 유교의 '종교적 긴장(심각성)의 부재'와 종교에 대한 유자들의 무시 태도를 언급한다.

청교도 윤리는 지상地上의 사물들에 대한 유교의 사로잡히지 않는 무상무념한 입장과 가장 강력하게 대립되게도 "세계"에 대한 강렬하고 격앙된 긴장 속에서 지상의 사물들을 세계와 연결시킨다. (…) 그런데 세계에 대한 긴장, 즉 세계에 대한 종교적 평가절하와 실천적 부정을 절대적 최소한으로 축소시킨 이러한 (의도에 따라) 합리적인 윤리는 (…) 유교였다. 세계는 가능한 세계들 중 최선의 세계이고, 인간본성은 타고난 자질에 따라 윤리적으로 선하고 그 점에서 인간들은 모든 사물에서 같이 어느 정도로 서로 다르기는 하지만, 원칙적으로 동일한 성질이고 아무튼 무제한적으로 완벽화가 가능하고 도덕률의 완수에 충분했다. 옛 경전에 의한 철학적·문예적 교육함양은 자기완벽화(修身)의 보편적 수단이고, 불충분한 교육과 이것의 가장 주된 이유인 불충분한 경제적 급양은 모든 부덕不德의 유일한 원천이었다. 그러나 이러한 부덕은, 그것도 특히 정부의 부덕은 (순수하게 주술적으로 이해된) 신령들의 동요로부터 생겨나는 화禍의 본질적 이유였다. (…) 개인에게는 전 측면적으로 조화롭게 균형 잡힌 인격, 즉 이러한 의미에서의 소우주로의 자기 자신의 완성이 상응하는 이상이었다. 유교의 이상적理想的 인간, Gentleman(군자)의 "우아미와 품위"는 전래된 의무의 이행에서 표현되었다. 따라서 모든 생활상황에서의 전례적典禮的·의례적儀禮的 예절바름은 핵심덕목으로서 자기완벽화의 목표이고, 깨인 합리적 자기제어와, 불합리한 정열에 의한 균형의 온갖 동요에 대한 억압은 그것이 어떤 종류든 자기완벽화를 달성하는 적절한 수단이었다. 그러나 유자(Konfuzianer)는 무교양의 야만으로부터의 구원 외에 그 어떤 "구원"도 욕구하지 않는다. 그가 덕성의 대가로 기대하는 것은 이승에서의 장수, 건강과 부, 죽음을 넘어 좋은 이름(명성)을 유지하는 것이다. 정확히 진정한 그리스인들에게서처럼 윤리의 그 어떤 초월적 착근도, 초세계적 신의 계율과 피조물적 세계 간의 그 어떤 긴장도, 피안적 목표를 향한 그 어떤 지향이든, 근본적 악(가령 원죄 같은 것 - 인용자)의 그 어떤 관념이든 결여되었다. 인간의 평균적 능력에 할당된 계율을 따르는 자는 악으로부터 자유롭다.977)

유학의 "합리적 윤리"가 "윤리의 그 어떤 초월적 착근도, 초세계적 신의 계율과 피조물적 세계 간의 그 어떤 긴장도, 피안적 목표를 향한 그 어떤 지향이든, 근본적 악(즉, 원죄)의 그 어떤 관념이든 결한다"는 베버의 유교이해는 올바른 파악이다. 그런데 난데없이 그는 유교의 이 "합리적 윤리"를 "진정한 그리스인들"의 윤리와 비슷하다고 말하고 있다. 이 대목에서 그는 아리스토텔레스윤리학을 떠올렸을 것이다.

한편, 베버는 위 인용문만 봐도 유교경전의 이해에서 여러 가지 오류를 노정한다. 그는 가령 "모든 생활상황에서의 전례적·의례적 예절바름은 핵심덕목으로서 자기완벽화의 목표"라고 말하고 있지만, 유교는 이 '예禮'를 핵심덕목으로 본 적이 없고, 늘 '인의仁義'를 1·2순위의 핵심덕목들로 내세우고 '예禮'와 '지知·智'를 인의를 실현하는 수단적 덕목으로 이해했다. 이 대목에서 베버는 인·의·예·지의 열거순위를 중시한 공자를 '예'를 1순위 덕목으로 삼는 '순자荀子'로 바꿔치기한 셈이다.

---

977) Weber, *Konfuzianismus und Taoismus*, 514-515쪽.

이와 비슷하게 결정적으로 공자를 잘못 이해하는 오류가 이어진다. 유교윤리에서 "덕성의 대가로 기대하는 것은 이승에서의 장수, 건강과 부, 죽음을 넘어 좋은 이름을 유지하는 것"이라고 『서경』「홍범」의 '오복五福'을 서술하는 그의 말은 '오복'을 결정적으로 잘못 파악한 것이다. 유자는 덕성의 대가를 기대하지 않는다. 왜냐하면 유교윤리에서는 올바로 덕행 자체가 인간에게 즐거움樂(즐거움=행복)이라고 이해하기 때문이고, 진정한 덕행은 대가를 기대하거나 대가를 받을 것을 의도하지 않아도 결국 이 세상과 하늘에 알려져 명성을 얻을 수밖에 없고 그리하여 수많은 사람을 이웃으로 얻고 특히 대덕자는 하늘로부터 천하통치의 위임을 받기 때문이다. 이런 맥락에서 공자는 "덕은 외롭지 않으니 반드시 이웃이 있다(子曰 德不孤 必有鄰)",978) 또 "대덕자는 반드시 천명을 받는다(大德者必受命)"고979) 갈파한 것이다.

『서경』「홍범」에서 기자箕子가 '아홉 번째 홍범'으로 말하는 '오복'은 ①수壽, ②부富, ③강녕康寧, ④유호덕攸好德(덕을 좋아하는 것, 즉 덕행의 즐거움), ⑤고종명考終命(제 명대로 살다가 편안히 죽음)이다. 그런데 베버는 '오복'을 열거하면서 덕행의 즐거움을 말하는 '유호덕'을 빼먹고 그 대신에 "유자가 덕성의 대가로 기대하는 것"이라는 오역된 말을 집어넣음으로써 유자가 "덕성의 대가"로 뭔가를 "기대한다"는 정반대 윤리로 뒤집어놓고 있다. 그리고 "유자가 덕성의 대가로 기대하는 것"이라는 베버의 말은 그가 스스로 적시하듯이 유교가 이승의 덕행에 대한 대가를 사후의 피안에서 기대하지 않기 때문에 "피안적 목표를 향한 그 어떤 지향도 결하는" 유교의 현세주의적·반反내세주의적 윤리와도 부분적으로 배치된다. 2000여 년 동안 유교는 덕행의 대가를 기대하기는커녕 자기의 죽음으로 인해 아무런 대가도 기대할 수 없는 "살신성인殺身成仁"의 덕행까지도980) 요구하는 것을 불사하는 도덕철학을 설파해왔다.

이어서 베버는 기독교 선교사들이 이렇게 유교가 원리적으로 원죄나 내세에 대한

---

978) 『論語』「里仁」(4-25).
979) 『中庸』(十七章).
980) 『論語』「衛靈公」(15-9): "子曰 志士仁人 無求生以害仁 有殺身以成仁."

관심이 전무하다는 사실을 모르고 중국에서 헛되이 기독교를 포교하려고 애썼다고 지적하면서 유교국가에서는 기독교 선교노력이 헛짓이라고 올바로 비판한다. 그리고 베버는 구원종교에 대한 유교적 멸시와, '종교'를 '개인사'로 취급하는 유교적 자유상태를 설명하면서 앞서와 마찬가지로 중국유자들을 고대그리스인들과 유사한 사람들로 본다.

> 선교사들은 이러한 전제가 자명한 곳에서 헛되이 죄의식을 일깨우려고 애썼다. 교양 있는 중국인은 영구적으로 "죄"에 사로잡혀 있는 것을, 그렇지 않아도 어떤 고결한 지식계층에게든 이 개념이 당연히 고통스러운 것, 품위 없는 것으로 느껴지는 어떤 것을 가지고 있고 전통적으로 또는 봉건적으로 또는 미학적으로 정식화된 변화(가령 "점잖지 못하다", "밥맛없다")에 의해 대표되곤 하듯이 단호하게 거부할 것이다. 확실히 죄악은 존재하지만, 윤리적 영역에서는 그것이 전래된 권위들, 즉 부모, 조상, 관직위계 안에서의 윗사람에 대한 침범, 따라서 전통주의적 권력들에 대한 침범이고, 전래된 풍습, 전래된 의례, 그리고 마침내 사회적 인습에 대한 주술적으로 꺼림칙한 훼손이다. 금욕과 명상, 고행과 세계도피는 유교 안에서 알려져 있지 않은 것일 뿐만 아니라, 숫벌같이 무위도식하는 기생충적 작태로 경멸된다. 교구敎區종교성과 구원종교성의 어떤 형태든 부분적으로 직접 박해·박멸되고, 부분적으로는 유사한 의미에서 개인사이고, 고전시대의 고결한 그리스인들에게서 가령 오르페우스교 승려가 멸시되었듯이 멸시되었다.981)

그러나 베버는 얼마간 제대로 된 이 유교분석에서 전격적으로 이탈해서 다시 유교의 주술성을 갑자기 과장하기 시작한다.

> 무조건적 세계긍정과 세계적응의 이 윤리의 내적 전제는 그의 인격적 자격으로 신령들의 호의적 태도, 즉 비와 풍년의 도래에 대해 책임 있는 황제의 지위로부터 시작되어 조상신의 단적으로 근본적인 숭배의 공식적·인민적 종교성에 이르기까지, 그리고 비공식적(도교적) 주술처방과 물활론적 신령의무와 인간신격화적·영웅숭배적 기능신령들에 대한 신

---

981) Weber, *Konfuzianismus und Taoismus*, 515쪽.

앙(*Funktionsgötterglauben*)의 기타 잔존형태들에 이르기까지의 순수한 주술적 종교성의 부단한 존속이었다. 교양 있는 그리스인처럼 교양 있는 유생은 선·악의 신령숭배(*Deisidämonie*)에 의해 회의와 초인성超人性(*Uebermannheit*)을 균등하게 혼합함으로써 주술적 관념들 안에 들어 있고, 생활영위 속에서 유교의 영향을 받은 중국인 대중은 불굴의 신앙심을 품고 주술적 관념들 안에 들어 있었다. 유생은 피안과 관련해 "그곳으로 눈을 반짝이며 돌리는 자는 멍청이다"라고 늙은 파우스트와 함께 말할 것이지만, 이 파우스트처럼 "내가 주술을 나의 길로부터 떼어낼 수 있다면"이라는 제한을 두어야 했다. 고대중국적 의미에서 가장 교양 있는 고위관리들도 임의의 어리석은 기적을 경건하게 숭배하는 것을 거의 주저하지 않았다.982)

"무조건적 세계긍정과 세계적응의 이 윤리의 내적 전제는 (…) 순수한 주술적 종교성의 부단한 존속이었다"는 논변은 "무조건적 세계긍정과 세계적응의 윤리"는 무조건적 현세주의와 세속주의를 관철시켜 사회와 국가를 탈脫종교화·탈주술화시킬 수밖에 없는데도 그가 "순수한 주술적 종교의 부단한 존속"을 운위하기 때문에 자기모순적 주장이다. 그리고 "무조건적 세계긍정과 세계적응의 윤리"라는 말도 어불성설이다. 왜냐하면 유자는 결코 세계를 무조건 긍정하고 세계에 무조건 적응하는 것이 아니라 늘 임금의 덕치를 조건부로 세계를 긍정하고 출사하며, 출사해서도 임금의 잘못에 대해 간쟁하고 임금이 아예 폭군으로서 간쟁도 듣지 않고 덕치를 무너뜨려 천하가 무도해지면 폭군을 방벌하고 그래도 고쳐지지 않으면 왕조의 천명을 바꾸는 역성혁명도 불사하기 하기 때문이다.

이 자가당착적 논변으로 유교의 주술성을 과장하는 베버의 이 주장은 온갖 종교적 초월성과 초월적 피안의 관념을 거부하는 유교의 탈주술적·세속적 현세주의 윤리를 밝힌 저 위의 인용문과도 모순된다. 그는 또다시 그리스인을 비교로 끌어대면서 "교양 있는 그리스인처럼 교양 있는 유생은 선·악의 신령숭배를 통해 회의와 초인성을 균등하게 혼합함으로써 주술적 관념들 안에 들어 있었고, 생활영위 속에서 유교의 영

---

982) Weber, *Konfuzianismus und Taoismus*, 515-516쪽.

향을 받은 중국인 대중은 불굴의 신앙심을 품고 주술적 관념들 안에 들어 있었다"고 주장하기 때문이다.

그리고 이에 잇대서 베버는 유교 교육을 받은 관리들이 관료주의적 권위의 보존을 위해 '주술'을 보존했다는 엉뚱한 해석, 아니 차라리 엉터리 해석을 내놓는다.

> 지도적 지식인층, 즉 관리들과 관직지원자들은 관료제적 권위의 교란 없는 보존에 절대 필요한 것으로서 주술적 전통의 보존, 특히 물활론적 조상 관련 효도의 보존을 뒷받침하고, 구원의 종교성으로 인한 모든 동요를 억압했다. 도교적 점술과 성례적 은총 외에 평화주의적으로, 따라서 위험하지 않게 허용되는 유일한 구원종교, 즉 불교 승려집단의 구원(해탈)종교는 중국에서 (…) 풍요로운 정서적 내면성의 몇몇 뉘앙스만큼 영혼적 범위를 풍요롭게 함으로써 실천적으로 작용했지만, 그 외에는 오직 주술적 성례은총과 전통강한 전례典禮의 추가적 원천으로서만 작용했다.983)

베버는 해탈종교 불교도 주술을 강화하는 추가적 요소에 불과했다고 서슴없이 단정 짓고, 불교가 "유일한 구원종교"라고 잘못 기술하고 있다. 중국에는 '득도得道'를 통한 자기초월과 자기화(神仙化)를 기원하는 도교도 있었고, 또 당나라 때 포교가 허용된 이슬람교와 기독교의 일파인 경교景敎(네스토리우교)가 한때 번창했고, 이미 1920년대에 1억 명에 가까운 중국인들(위구르족)이 믿는 이슬람교는 중국의 토착종교가 되어 있었다. 그리고 청대에 강희제도 가톨릭선교사들에게 포교자유를 허용하고 적잖은 선교사들을 황제의 사부나 측근으로 삼기도 했기 때문이다.

베버는 유교국가 중국의 경계적·한계적 주술행위를 "순수한 주술적 종교성의 부단한 존속"으로 과장함으로써 압도적 '과학'과 지엽적 '시민종교'로서의 유교를 강한 주술종교로 변조하고 있다. "자연과 신, 윤리적 요구와 인간적 불충분성, 죄의식과 구원요구, 이승의 행위와 저승의 보상, 종교적 의무와 정치사회적 실재 간의 그 어떤 긴장이든 바로 이 (유교)윤리는 완전히 결여했다"는 베버의 말은984) 그 자신이 종교

---

983) Weber, *Konfuzianismus und Taoismus*, 516쪽.

성을 많이 지니지 않은 유교의 유학적 과학성과 지엽적 '시민종교성'을 스스로 인정하는 말이다. 그러나 그는 유교의 종교적 무관심과 주술성 간의 현격한 단절을 저렇게 완전히 무시하고 있는 것이다. 그리고 그는 오늘날 국가 차원에서도 현충일 등을 국경일로 정해 추념식이나 기념식을 거행하는 것을 아는지 모르는지 조상신에 대한 제사("물활론적 조상 관련 효도")를 단순한 주술로 치고 있다.

그러나 주술적·미신적 요소가 희소화·최소화된 유교는 근대 이전의 학문들 중에서 가장 과학적인 '모델 과학'이고, 칼뱅주의 개신교와 비교해도 훨씬 더 과학적이고 훨씬 더 경험적이고 훨씬 더 탈주술적인 '인간과학'이다. 칼뱅주의 개신교는 베버가 부지불식간에 내뱉은 '자백'에 의하더라도 철저히 반反계몽적이고 미신적이고 주술적인 몽매주의 종파이기 때문이다.

청교도종파(칼뱅주의 개신교)의 핵심교리인 '예정설'은 그 자체가 주술적 교설敎說이고, 베버가 자인하듯이 전형적 청교도는 그 자신이 "주술사"다.[985] 그리고 베버 자신이 자폭自爆하듯 토설한 바와 같이, 청교도주의로서의 칼뱅주의는 유교적·탈주술적·과학적 계몽주의에 대해 "아주 현격한 대립물을 이루는" 주술적 몽매주의이고,[986] 18세기 말에 마녀사냥을 그만둔 가톨릭종파보다 더 오랫동안, 즉 17-18세기만이 아니라 19세기와 20세기 후반까지도 '마녀'를 사법적司法的으로 단죄하기 위해 주술적 마녀재판과 마녀처형의 "미신" 행위를 계속한 끔찍한 종파이기[987] 때문이다. 게다가 주술적·미신적 요소를 희소화·최소화한 유교가 "순수한 주술적 종교성의 부단한 존속"을 윤리적으로 전제한다는 베버의 주장은 앞서 충분히 입증했듯이 새빨간 거짓말의 무고誣告다.

유교는 이단에 대한 공자의 무제한적 관용철학에 따라 외래종교와 백성의 주술행위를 무제한적으로 관용할 뿐만 아니라, 일상생활의 '변경과 경계선'에서 '유희'와

---

984) Weber, *Konfuzianismus und Taoismus*, 522쪽.
985) Weber, *Die protestantische Ethik und der Geist des Kapitalismus*, 94, 114쪽.
986) Weber, *Die protestantische Ethik und der Geist des Kapitalismus*, 95-96쪽.
987) Weber, *Die Wirtschatethik der Weltreligionen*, 513쪽.

'참조'의 용도로 주술을 최소한으로 활용하고 천지와 조상신에 대한 제사의 전통을 계속 이어나가는 것도 마다하지 않는다. 이 세상에서 '가장 큰 주술'인 기독교와 이슬람교의 종교·포교활동에 대한 유교국가 중국제국의 무제한적 허용은 공자의 무제한적 관용 철학과 최소화된 주술활동의 허용 및 활용 원칙에 입각한 것이다.

그러나 베버는 유교의 최소화된 주술활동과 주술의 유희적·참조적 활용 및 제사 전통의 계승을 "관료제적 권위의 교란 없는 보존"을 위한 "주술적 전통의 보존, 특히 물활론적 조상 관련 효도의 보존"으로 왜곡하고, "순수한 주술적 종교성의 부단한 존속"을 윤리적 기초로 전제하고 유생들은 "불굴의 신앙심"으로 이 "주술적 관념들"을 고수한다고 무고하고 있다. 베버는 유교와 유교문화를 이토록 왜곡하고 무고하면서도 유교의 '과학성'과 과학적 '일반성'은 논의에서 철저히 배제하고 있다. 유교가 '합리화·탈주술화' 면에서 청교도주의(칼뱅주의)보다 더 주술적이고 더 비합리적이라는 베버의 유교비판의 근거는 이런 왜곡·무고·배제다. 이것은 실로 '거대한 주술의 똥덩어리'로 범벅이 된 광신적 '주술종교'를 종결적 합리화·탈주술화의 종교로 칭송하고 옹호하는 '과학의 탈'을 쓴 '무당'이 '주술의 겨'마저도 희소한 '인간과학'을 "불굴"의 '주술'이라고 나무라는 꼴이다.

■ 자본주의 가능성의 3대 요소와 유교적 정조로 인한 좌절

베버는 앞서 비판적으로 분석한, (1) 유교의 주술의 보존으로 인한 중국사회의 종교적 불합리성, (2) 냉철한 비인격적·객관적·형식적(공식적) 인간관계를 배제하는 구체적·인격적 대인관계에 국한된 윤리, (3) 보편적 인간애의 결함과 보편적 불신, (4) 유교윤리의 무조건적 세계적응의 정조 등 네 가지 유교적 기본정조 때문에 중국에서 근대 자본주의의 흥기와 발달에 결정적으로 중요한 '필수적 요소들'이 '유리한 몇몇 조건들'의 존재에도 불구하고 근대 자본주의가 자생하지 못했다고 주장한다. 베버가 인정하는, 자본주의의 흥기에 유리한 '몇몇 조건들'은 무엇을 말하는가?

베버는 이 '유리한 몇몇 조건들'을 (1) 중국의 신분해방 및 광범한 경제적 자유와 교

역자유, ⑵ 중국의 자유방임경제와 유교적 복지국가, ⑶ 화식적貨殖的 부에 대한 유교적 지지 등 세 가지로 제시한다.

(1) 중국의 신분해방 및 광범한 경제적 자유와 상거래의 자유화

베버는 적어도 중국이 신분해방 및 각종 경제적 자유권과 자유상공업을 확립한 점에서 부르주아적 상품교역의 자유로운 전개를 '최고로' 촉진할 수 있는 상태에 있었음을 인정한다.

> 부여된 칭호귀족 외에 근세에는 - 만주군 이력에 등록된 가족, 즉 17세기 이래 존속되어 온 이민족 지배의 표현이 제외된다면 - 중국인 자신들 간의 탄생신분적 차이는 더이상 존재하지 않는다는 것을 우리는 보았다. 그리고 18세기에 처음으로 "시민적" 계층들("bürgerliche" Schichten)이 경찰국가적 구속의 결정적 완화에 도달한 뒤에 19세기에는, 그것도 공공연하게 오랜 시기 이래 거주이전의 자유가 공식적 칙령으로 인정되지 않았을지라도 존재했다. 고향이 아닌 타지에 거주하는 것의 허용과 토지소유의 허용은 마침내 서구에서처럼 비로소 재정확보 노력(Fiskalismus) 덕택에 쟁취되었다. 1794년 이래 사람들은 토지재산의 소득과 20년간 조세납부에 의해 지역소속성을 획득하고 고향지역에서 지역소속성을 말소했다. 마찬가지로 오래전부터 - "성칙聖勅"(1671)이 직업에 남아 있는 것을 권했을지라도 - 직업선택의 자유가 존재했다. 근세에는 신분증의무도 취학의무도 군역의 무도 존재하지 않는다. 마찬가지로 고리대거래와, 이와 유사한 재화교역을 제한하는 법률도 존재하지 않는다. 이 모든 것에도 불구하고 이 상태, 즉 부르주아적 영리추구의 자유로운 전개를 겉보기에 최고로 촉진하는 상태는 그래도 서구적 유형의 시민계층의 어떤 발전도 산출하지 않았다는 것이 거듭 거듭 강조되어야 한다. 다시 옛 문제, 이미 언급된 소자본주의적 단초들로부터 순수하게 경제적으로 보면, 바로 좋이 순수한 시민적(민간적) 상공업자본주의가 발전되어 나올 수 있었을 것이다.988)

그러나 베버는 "부르주아적 영리추구의 자유로운 전개를 겉보기에 최고로 촉진하는

---

988) Weber, *Konfuzianismus und Taoismus*, 390쪽.

상태"가 "순수한 시민적(민간적) 상공업자본주의"로부터 발전되어 나올 수 없었던 이유를 '국가구조'의 중국적 특이성으로 제시한다.

> 일련의 이유들을 우리는 이미 알게 되었다. 이 모든 이유들은 다 국가구조로 환원된다. 가산제적 국가형태는, 특히 전형적 결과를 낳는, 즉 '흔들리지 않는 성스러운 전통의 나라'와 '절대 자유로운 자의와 시혜의 나라'의 병립을 수반하는 행정과 사법의 가산제적家産制的 성격은 도처에서와 마찬가지로 여기에서도 이 점에서 적어도 특히 민감한 상공업자본주의의 발전을 방해했다.989)

베버는 기본적으로 자본주의 불발의 이유를 유교적 '정조' 탓으로 돌리다가 여기서는 갑자기 '가산제적 국가구조' 탓으로 돌리고 있다. 그러나 그는 이 '국가구조'와 - 자본주의화를 가로막아온 - 저4대 유교적 '정조' 간의 관계를 전혀 설명하지 않고 있다. 다만 그는 이에 잇대서 엉뚱하게도 다만 합리적으로 계산가능한 전문적 관료행정과 법체계의 결손 등만을 제시하고 있다. (이에 대해서는 뒤에 비판한다.)

한편, 중국의 국가체제는 결코 '가산제'가 아니었다. '봉건제'는 관직을 소유·세습하는 제도이고, '봉록제'는 관직을 종신 동안 점유하는 제도이고, '관료제'는 법정된 짧은 임기 동안만 관직을 맡는 제도다. '가산제'는 국가와 영토를 군주가 사유私有하는 국가제도다. 그러나 중국의 군주제는 왕의 사유재산(내탕 또는 내수사 관리재산)과 국유재산을 엄격히 분리하는 군주제였다. 따라서 이런 군주 아래 배치된 중국 관료제는 '가산제적 관료제'가 아니라, '근대적 관료제'였다. 이런 까닭에 일찍이 크릴은 중국 국가제도를 가산제로 보는 베버의 견해를 단호히 물리친다. "중국 관료제가 어떤 의미에서든 '가산제적'이거나 '봉록관적'이었다는 데 동의하기는 불가능해 보인다."990)

베버는 전통적 지배의 한 형태로서의 가산제를 가정 내에서의 아비의 권위, 즉 가

---

989) Weber, *Konfuzianismus und Taoismus*, 390-391쪽.
990) Creel, "The Beginnings of Bureaucracy in China: The Origin of the Hsien", 159쪽 각주19.

부장제가 국가 차원으로 확대된 것으로 이해했다. 따라서 가산제 군주국은 군주의 정치적 주권과 군주의 세습적 (토지)소유권의 일치, 그리고 군주의 개인재산과 국가재산의 일치에 기초했다. 그러나 중국에서 (아리스토텔레스가 군주를 아비로 비유했듯이) 군주는 흔히 군부君父로 비유되었을지라도 군주의 권위는 아비의 가부장적 권위에 기초한 것이 아니라, '천명', 즉 '천심=민심'에 기초한 것이었다. 근대적 주권재민론主權在民論과 다름없는 이 왕권민수론王權民授論의 바탕 위에서 군주의 개인재산, 즉 내탕금內帑金과 국가재산은 엄격하게 분리되어 있었고, 이를 관리하는 관청도 대궐의 내탕을 위한 '내수사內需司'와 국가재정을 위한 '호부戶部'로 엄격히 분리되어 있었다. 그래서 두 관청은 국가업무인지 왕실업무인지 경계가 모호한 업무를 두고 늘 갈등했다.

이것은 명말의 중국 국가제도를 면밀히 관찰한 마테오리치도 1615년 니콜라 트리고에 의해 출판된 『중국인들 사이에서의 기독교 선교』에서 명확한 기술로 증언하고 있는 바다. "황제는 행정관들 중 한 사람의 청구에 따른 경우가 아니라면 아무개에 대한 금전수여를 늘리거나 아무개에게 관직을 수여하거나 이 관직의 권한을 늘릴 권한이 없다."991) 다만 황제는 공공재산과 분리된 황제의 사유재산(내탕)만을 자유로이 처분할 수 있었을 뿐이다. "하지만 여기(금전수여에 관한 황제의 권한부재)로부터, 황제가 그 자신의 권위로 황족들에게 상을 줄 수 없다는 결론을 도출해서는 아니 된다. 포상은 자주 있는 일이다. 자기 친구들에게 사적 소득에서 도움을 주는 것은 고래의 관습이지만, 이 상은 공적 재산으로 등록되어서는 아니 된다. 황제가 내린 이런 종류의 선물은 황제의 사유재산에서 끌어오지, 공적 기금에서 인출되지 않는다."992)

17-18세기 유럽에서는 중국에서 내탕금과 정부재산을 명확하게 구분하는 관례에 대한 지식이 상당히 확산되어 있었다. 이를 배경으로 철학자들은 유럽의 가산제적 군

---

991) Nicolas Trigault, *De Christiana expeditione apud Sinas* (Augsburg, 1615), Chap V. 영역본: Luis J. Gallagher, *China in the Sixteenth Century: The Journals of Matthew Ricci* (New York: Random House, 1942·1953), 45쪽.

992) Gallagher, *China in the Sixteenth Century: The Journals of Matthew Ricci*, 45쪽.

주국에서 왕실재산과 국가재산을 비로소 구분하는 정치철학적 정당성을 중국사례에서 구했다. 상론했듯이 가령 푸펜도르프는 1672-1699년간에 자연법과 국제법을 논하는 가운데 마르티니의 『중국기』를 인용하며 국가재정과 왕실재정의 분리에 관한 논변의 정당성을 중국에서 끌어오고 있다.

> 중국에서 토지의 9분의 1은 황제에게 속한다. 군주를 부양하도록 의도된 이 토지 부분에 의해 나는 몇몇 국가의 군주가 공유토지로부터 그에게 할당된 재화를 얻고 그것의 소득은 군주의 왕국의 비용을 감당하기 위한 것임을 뜻한다. 그리고 군주는 이 모든 것으로부터 나오는 모든 이문을 취해 그것으로부터 그에게 들어오는 것을 그의 마음대로 처분할 수 있다. 그리고 왕국의 법률이 달리 규정하지 않은 경우에 그의 소득으로부터 축적한 것은 그의 사적 가산을 증가시킨다.[993]

이처럼 푸펜도르프는 유럽에서 '황실재정과 국가재정의 분리'의 정당한 근거를 이 역만리 떨어진 중국에서 비로소 구하고 있다.

그러나 베버는 푸펜도르프보다 230여 년 뒤에 태어났으면서도 극서제국이 '황실재정과 국가재정의 분리'를 중국으로부터 수용한 사실에 대해 까맣게 모르고, 또 이 분리가 귀족들의 신분제의회(삼부회)에서 의회제도의 확립에 의해 관철된 것으로 착각하고 있는 것이다. 기가 막힐 노릇이다! 베버는 오늘날 극동의 일개 정치학자도 읽은 푸펜도르프도 읽지 않은 것이 분명하다. 그럴 정도로 베버의 독서량은 협소하고 빈약했던 것이다.

결론적으로, 중국에 가산제적 국가구조는 전혀 존재하지도 않았고, 따라서 존재하지도 않은 가산제는 중국자본주의의 자생적 흥기를 방해한 조건이 되지 못했다. 베버가 '가산제적 국가구조'를 자생적 자본주의의 저해조건으로 운운한 것은 형용할 수 없이 '지독한 망념'이자 '지독한 망발'인 것이다.

---

993) Samuel von Pufendorf, *Of the Law of Nature and Nations* [*De jure naturae et gentium*, 1672·1699], trans. by Basil Kennett (London: Printed for J. Walthoe et al., The Fourth Edition 1729), 830쪽.

⑵ 중국의 경제적 자유방임 정조와 유교적 복지국가 이념

베버는 중국정부의 기본적 경제방침을 자유방임적 경제정조와 복지국가로 규정하고, 이것들이 근대적 자본주의의 자생적 흥기에 기여할 수 있는 또 다른 조건들이었다고 말한다.

(…) 국가제도는 그 자신의 고유한 전설에 따라 이미 수천 년 이래 종교적-공리주의적 복지국가(Wohlfahrtsstaat)의 성격을 띠었다. 물론 실제적 국가정책은, 생산과 영리활동에 관한 한, 고대 동양에서처럼 중국에서도 이미 아주 오랜 전부터 본질적으로 - 신규이주, (관개를 통한) 개량, 재정적·군사적 이익이 역할을 하지 않는 한에서 - 이미 논급한 이유들에서 거듭거듭 경제운영을 경제 자체에 맡겼다. 군사적·군비적 이익만은 (…) 거듭 새로이 경제생활에 대한 요역·독점·조세로 인한, 때로 아주 깊은 개입, 즉 부분적으로 중상주의적이고 부분적인 신분적 규제조치를 야기했다. 국가적 군국주의의 종식과 더불어 그 같은 모든 계획적 "경제정책"은 모조리 사라졌다. 정부는 행정기구의 취약성을 의식하고, 주도적 지방들의 여행배려를 위해 필수불가결한 범람의 관리와 수로의 유지에, 그밖에 전형적인 가산제적 물가·수요정책에 만족했다. 정부는 근대적 의미에서의 무역(통상)정책(Handelspolitik)을 가지고 있지 않았다. 만다린들이 수로에 설치한 관세는 알려진 한에서 오로지 재정적 성격만을 가졌고, 결코 경제정책적 성격을 갖지 않았다. 그 외에 정부는 전체적으로 보면 - 지배의 카리스마적 성격의 경우에 - 항상 정치적으로 위험한 비상시국을 도외시하면 재정적이고 경찰적인 경제정책적 이익을 추구했다. 통일적 경제조직의 - 알려진 한에서 - 가장 대범한 시도, 즉 11세기에 왕안석에 의해 계획된 전쇼 수확물소득의 국가적 상업독점은 재정적 이득 외에 일차적 가격조절에 기여해야 했고, 토지세개혁과 결부되어 있었다. 이 시도는 실패했다. 따라서 경제가 폭넓게 자체에 맡겨져 있었던 것처럼, 경제업무에 대한 "국가개입"의 거부, 특히 가산제에 도처에서 통용되는 전매특권에 대한 거부는 영구적 기본정조로서 확고히 정착했다. 물론 그것은 지배자의 카리스마에 대한 신민들의 모든 복지의 의존성을 확신하는 것으로부터 생겨나는 완전히 다른 관념들과 나란히 단지 하나의 기본정조로서만 확립된 것이다. 이 관념들은 때로 이 기본정조와 상당히 직접적으로 병립하고, 가산제의 전형적 다多규제를 적어도 즉흥현상으로 늘 새로이 생겨나게 만든다. 나아가 유교의 이론도 온갖 지출에 관한 수많은 특별규범에서 알고 있는 소

비의 가격·식량정책적 규제에 대한 자명한 유보를 항구적으로 동반하며 그 관념이 확립된 것이다.[994]

베버는 왕안석의 신법을[995] "전全 수확물소득의 국가상업독점" 정책으로 오해하거나 그것을 실패한 것으로 보는 오류를 범하는 것과 연동해서 중국정부의 경제정책을 "가산제적 물가·수요정책"에 한정된 것으로 이해하는 오류를 거듭 범하고 있다. 중국정부의 경제정책은 물가정책에 그치지 않고 많은 경제진흥책을 포함하고 있었다. 이후 다양한 명칭으로 청대까지 계속된 왕안석의 청묘법은 농민구휼정책임과 동시에 중소농의 농업을 진흥하는 정책이었고, 시역법은 자유상업을 확립해 중소상공업을 진흥하는 정책이었다. 이것들은 모두 공맹의 양민정책 범주에 속했고, 이것 외에도 많이 시행된 양민정책들은 자유교역·자유시장 정책과 모순되지 않았다.

또한 중국에 "통상정책"이 "부재"했다는 베버의 주장도 순전한 허언이다. 그는 이에 대해 긴 주석으로 이렇게 부연하고 있다.

> 중국 관방학의 완전히 좋은 예는 평준(상업결산)에 관한 사마천의 논고다. 이것은 동시에 중국 국민경제의 가장 오래된 잔존 문서다. 부분국가들의 시대(춘추전국시대-인용자)의 굉장한 상업이윤, 통일제국에서의 상인의 격하, 관직배제, 봉급고정과 이에 따른 토지세, 상업·삼림·(강자들에 의해 수용된) 강하천에 대한 세금의 설정, 사적 주전鑄錢의 문제, 사인私人이 지나치게 굉장히 치부할 위험 (그러나 완전히 유교적으로 - 덕성이 부를 지배한다), 수송비용, 칭호매매, 염철전매, 상인등록, 국내관세, 물가안정정책, 국가공급자들에 대한 도급(수공업자에 대한 직접 도급)을 가로막으려는 투쟁 등은 (우리의 관념에) "무역수지"에 속하지 않는 대상들이다. 즉, 이런 정책들과 전쟁의 목적은 안정을 통한 국내적 평온이다. 해외무역수지는 바로 관방학적·재정정책적 대상이 아니다.[996]

---

994) Weber, *Konfuzianismus und Taoismus*, 424-426쪽.
995) 왕안석의 신법에 상론은 참조: 황태연, 『공자철학과 서구 계몽주의의 기원(상)』, 289-342쪽.
996) Weber, *Konfuzianismus und Taoismus*, 424-426쪽.

여기서 베버는 "사인의 지나치게 굉장한 치부"를 위험시하는 유교적 덕성주의, 즉 "순수하게 경제적 자유교역에 의해 야기되는 너무 경직된 빈부차별에 대한 모든 관료체제의 자명한 거부감",997) 경제정책의 부재·통상정책(국제무역수지)부재 때문에 중국의 복지국가 이념과 자유방임주의 정조가 중국적 근대자본주의의 흥기에 기여하지 못하고 무화되어버린 것으로 이해한다.

그러나 『공자철학과 서구 계몽주의의 기원(상)』에서 상론했듯이,998) 중국은 포르투갈과 네덜란드를 포함한 거의 전 세계를 포괄하는 차원에서 조공무역을 시행했고, 기타 개항항구들에서 공식적 사무역을 허용했으며 사방팔방의 국경도처에서 변경시장을 열었다. 또한 방대한 밀무역을 묵인했다. 이 "해외무역수지들"은 베버의 주장과 반대로 언제나 중국정부의 "재정정책적 대상"이었다. 이 재정정책 고려에 따라 중국은 상황에 적합하게 해외무역의 개방정도와 개항항구의 수를 조절했다. 그리고 "완전히 유교적으로 덕성이 부를 지배하기" 때문에 중국정부가 "사인이 지나치게 굉장히 치부할 위험"을 각종 수탈정책으로 규제했을 것이라는 베버의 의심도 근거 없는 것이다. '백성을 부자로 만드는 것(富民)'은 공자의 정치노선에서 하나의 좌우명이었기 때문에 부의 균제도 갑부들의 부를 축소시키는 부정적 수탈정책이 아니라, 빈자들의 부를 제고시키는 부민富民정책과 - 부자들에게 '산관散官'(명예관직)을 부여해서 극빈자를 지원하도록 권하는 - '권분勸分' 정책으로 이루려고 했다.

따라서 중국에서 이런 유리한 공리주의적 복지국가와 자유방임적 경제상태에서도 자생적 근대자본주의가 흥기하지 않은 이유는 경제·통상정책의 부재에 있었던 것이 아니었다. 또한 "순수하게 경제적 자유교역에 의해 야기되는 너무 심각한 빈부차별에 대한 관료체제의 자명한 거부감"에 있었던 것도 아니었다. 왜냐하면 중국에 경제·통상정책이 부재한 것도 아니었고, "너무 심각한 빈부차별에 대한 관료체제의 자명한 거부감"도 전무했기 때문이다. 오히려 중국에서 가장 오랫동안 권력을 쥔 성리학적 벼슬아치들은 '지나치게 굉장히 치부한 사인들', 즉 대지주들과 부상대고들의

---

997) Weber, *Konfuzianismus und Taoismus*, 426쪽.
998) 황태연, 『공자철학과 서구 계몽주의의 기원(상)』, 441-456쪽.

이익을 대변했었다.

앞서 제시했듯이 송대 초 상인들의 사치奢侈를 비판하는 하송夏竦(985-1051)이라는 관리의 글에서도 "부역 의무의 할당에서 상인들은 정부에 의해 평균적 농가보다 훨씬 낮게 대우받고 상업세의 과세에서 평민들보다 덜 가혹하게 규제되는" 관계로 "백성들은 상인들에 대한 완화된 규제를 상도常道로 간주한다"는 구절이[999] 나오는 것을 보면 왕안석의 개혁 이전부터도 중국정부가 상인을 정책적으로 매우 우대했음을 알 수 있다. 맥닐이 하송의 이 글을 인용하면서도 하송의 상인비판적 태도가 "유가적 도의 감각"에서 나오는 것으로 오해해서[1000] 중국정부가 부역 의무의 할당이나 상업세의 과세 등에서 상인들을 평균적 농가보다 우대하는 송대의 상도常道를 완전히 놓치고 베버와 같은 보조를 취한 것은 앞서 지적했다. 상론했듯이 『대학연의보』에서 시무적時務的 정치경제론을 상론한 남송의 성리학자 구준丘濬은 상업유통을 진흥하기 위해 상업에 대한 과세를 가볍게 해야 한다고 주장하며 상업세로 이국利國하거나, 이국만을 위해 상업에 무거운 세금을 물리는 중과세와 이중과세('重稅')를 반대했다. 에릭 조운스도 중국정부가 조세율을 지극히 낮은 상징적 수준에 불과할 정도로 일반적으로 낮게 유지했고, 특히 상업세율을 농지세율보다 훨씬 더 낮게 유지했고, 이러면서도 세수의 대부분을 상공업에서 거두었다고 확인한다.[1001] 중국정부는 이 상업우대정책을 세수제고를 위해서도 중요한 경제정책으로 간주했던 것이다.

또한 명·청대 중국정부는 명초부터 상업보호·육성정책을 실시했다. 정부는 상업세를 1/30로 낮춰 정했고, 상업활동 과정에서 관료·서리 등의 관리, 아행牙行(중개인), 폭력배(송사訟師·각부脚夫·시곤市棍) 등으로부터 수시로 당하는 수탈을 방지하는 무수한 조치들을 취했다. 또한 상업을 흥업시키기 위해 명조의 만력제는 토지세와 모든 요역을 합산해 은납銀納하게 하는 '일보편법'을 보편화하고 청조의 옹정제는 요역을

---

999) Yoshinobu Shiba(斯波義信), "Urbanization and the Development of Markets on the Lower Yantse Valley", 43쪽에서 재인용.

1000) McNeill, *The Pursuit of Power*, 31, 36, 42쪽.

1001) Hobson, *The Eastern Origins of Western Civilization*, 55-56쪽.

토지세에 합산해 은납하게 하는 '지정은제'를 보편화했다. 이 두 조세제도는 토지가 없는 상인에게 면세의 이득을 안겨주었다. 중국 정부는 세수가 여간해서 증가하기 어려운 농업보다 거래의 확장에 따라 세수가 비약적으로 증가하는 상업 편에 선 것이다.[1002]

그리고 청대 중국정부는 맹자의 잠업교육 명제에 따라 잠업과 비단가공을 장려·진흥하는 경제정책을 폈다. 북경정부는 비단생산의 번창을 해당 지역의 번영과 담당 관리의 성공적 직무수행에 대한 증거로 간주했다. 이런 까닭에 해당지역 관리들은 비단가공을 유교적 전통 속에서 주의경고와 농서보급·농사지식 보급을 통해 장려했다.[1003]

그럼에도 불구하고 베버는 중국에 경제정책이 전무했다거나 중국관료들이 상인들의 지나친 치부를 위험시했다고 비판했다. 그러나 지금 간단히 살펴본 것만으로도 그의 이런 비판은 바로 일고의 가치도 없는 사실무근의 주장임이 입증된다.

(3) 화식적 부에 대한 유교적 지지 정조

베버는 중국적 근대자본주의의 흥기를 촉진하기에 유리한 조건으로 '화식적貨殖的' 부, 즉 이윤증식적 자본에 대한 유교적 지지 정조'를 들고 있다.

> 유교와, "부富"를 우상화하는 유교정조는 (…) 이것(세계개방적 르네상스가 촉진한 것)에 상응하는 유형의 경제정책적 조치들을 능히 촉진했다. 그러나 바로 여기에서 우리는 경제적 정조에 대한 그 경제정책의 의미의 한계를 볼 수 있다. 물질적 복지는 어느 때도, 그리고 문화국가들 어디에서도 이러한 강세를 갖고 궁극목적으로 주장된 적도, 주장된 곳도 없었다. 공자의 경제정책적 견해는 가령 우리나라 관방학자들의 그것과 상응했다. 부의 효용,

---

[1002] 오근성, 「신사」, 360-361쪽. 오금성 외, 『명청시대 사회경제사』 (서울: 이산, 2007·2008).
[1003] Polo Santangelo, "The Imperial Factories of Suzhou: Limits and Characteristics of State Intervention during the Ming and Qing Dynasties", 292쪽. S. R. Schram (ed.), *The Scope of State Power in China* (London·Hong Kong: School of Oriental and African Studies University of London/The Chinese University Press The Chinese University of Hong Kong, 1985).

또한 상업에 의해 얻어지는 부의 효용도 그 자신이 「평준서」 - 중국적 국민경제학의 가장 오래된 문서 - 를 쓴 공자주의자 사마천이 강조했다. 경제정책은 재정주의적 조치와 자유방임적 조치의 교대, 아무튼 의도 면에서 반反화식적(antichrematistisch)이지 않았다.[1004]

베버는 여기서 앞에서 중국에는 경제·무역정책이 없었다는 주장과 배치되게도 "유교와, '부'를 우상화하는 유교정조"가 세계개방적 르네상스가 촉진한 것에 상응하는 유형의 "경제정책적 조치들"을 "능히 촉진했다"고 말하고 있다. 또한 독일사회학자 베버는 중국에 열광한 독일철학자 볼프·유스티 등이 창시한 독일관방학이 중국의 양민·교민정책의 영향을 받은 것을 전혀 알지 못하고 "공자의 경제정책적 견해는 가령 우리나라 관방학자들의 그것과 상응했다"고 말하고 있다. 나아가 그는 공맹의 양민·교민론, 『주례』, 『관자』 등을 전혀 모른 채 사마천의 「평준서」를 "중국적 국민경제학의 가장 오래된 문서"로 잘못 제시하고 있다. 아무튼 베버는 '이윤증식적 부'에 대한 이 '유교적 지지 정조'를 자본주의 자생에 유리한 세 번째 조건으로 제시하고 있다. 이 세 번째 조건은 세계개방적 르네상스가 촉진한 것에 상응하는 유형의 "경제정책적 조치들"을 "능히 촉진했지만", 이 경제정책들은 유교의 경제적 기본정조에서 한계에 부딪혀 중국적 근대자본주의의 흥기를 유도할 수 없었다는 것이다. "경제적 정조에 대한 그 경제정책의 의미의 한계"란 이것을 말하는 것이다. 이 세 가지 유리한 유교적 조건들이 이른바 '유교자본주의'를 낳을 수 있는 것들이었다. 게다가 중국에는 이것 외에도 자본주의 발전을 저지하는 다른 장애조건들이 없었고, 자본주의를 촉진시키는 전시상황도 충분히 존재해서 자본축적에 유리한 기회를 줄 수 있었다.

> 우리가 서구에서 자본주의적 발전의 방해물로 간주하곤 하는 사정들 중 봉건적·지주제적 (부분적으로 길드적) 구속성이 중국에는 수천 이래 결여되었고, 아마 서구에서 전형적으로 상품교역을 저지하는 온갖 유형의 독점체들의 현저한 부분도 중국에는 결여되었다. 고대 바빌론 시대와 유럽적 고대 이래 도처에서 과거시대 전체에 걸쳐 근대와 공통된, 정치적

[1004] Weber, *Konfuzianismus und Taoismus*, 523쪽.

제1절 극동은 왜 서구에 (잠시) 뒤졌던가?

으로 산출된 자본주의를 발생하게 한 그와 같은 정치적 정황들, 즉 경쟁하는 국가들의 전쟁과 전쟁준비를 중국도 과거에 마찬가지로 충분히 알고 있었다. 자산축적과 자본증식의 이 본질적인 정치적 방향이 나중에 사라진 것이 근대에 북미에서 전쟁조직의 거의 완전한 결여가 거기에서 고도의 자본주의 발전에 가장 자유로운 공간을 제공한 것처럼 자유교역을 지향하는 특유한 근대적 자본주의에 대해 보다 유리한 기회를 줄 것이라고 생각할 수 있었을 것이다.[1005]

게다가 엄청난 인구밀도와 결부된 중국의 공리주의와 부富의 윤리적 지위에 대한 인정은 '세계 최고수준'에 달해 있었다.

훨씬 더 중요한 것으로 보이는 것은 다른 것이다. 세계긍정적 공리주의와, 엄청난 인구밀도와 결부된 전면적인 윤리적 완성의 보편적 수단으로서의 부富의 윤리적 가치에 대한 확신은 중국에서 "타산성"과 "만족감"을 다른 곳에서 듣지 못할 강도强度로 제고했다. 단돈 한 푼도 깎고 계산했고, 장사꾼은 매일 현금잔고를 검사했다. 신뢰할만한 여행가들의 보고에 의하면, 화폐와 화폐이익은 다른 곳에서 드문 정도로 내국인들끼리 대화주제를 이루는 것으로 보인다. (…) 자기 것으로부터 (특히 정치적 분열이 존재하는 것 같이 보이는 것처럼) 그 동안에 정치적 지향의 자본주의·관료고리대업자와 긴급신용고리대업자·대상인이윤들의 제諸형태가 생겨났고, 수공업 영역에서는 후기 고대, 이집트, 그리고 이슬람에 출현했던 것과 같이 작업장들(또한 공작소들), 최근에는 일반적으로 우리의 후기중세의 "sistema domesco"와 같은 경직된 조직을 갖추지는 못했지만 선대주先貸主와 구매자의 통상적 의존관계도 발생하기는 했다.[1006]

여기서 우리는 베버가 '공리주의' 개념을 제대로 이해하지 못하고 있다는 것을 알 수 있다. 공맹철학은 공리주의에 적대적인 도덕철학을 대표한다. 공리주의는 공리功利(이익)와 쾌락으로부터 도덕이 생기거나 결정되는 것으로 착각하는 도덕관이다. 하

1005) Weber, *Konfuzianismus und Taoismus*, 535쪽.
1006) Weber, *Konfuzianismus und Taoismus*, 528-529쪽.

지만 공맹은 인간본성적 도덕감정(사단지심)에 기초한 도의(도덕성)를 '이利'와 분명하게 구분하고 다만 부 또는 빈곤탈피를 이 도의를 닦는 유리한 수단으로 볼 뿐이다. 즉, "부"를 "윤리적 완성의 보편적 수단"으로 여기는 부"의 윤리적 의미만을 인정할 뿐이다. 따라서 "세계긍정적 공리주의"와 "윤리적 완성의 보편적 수단으로서의 부의 윤리적 가치에 대한 확신"이라는 병렬적 표현은 상호모순인 것이다. 베버는 부가 도의에 '수단'일 뿐이라는 공맹의 도덕철학적 논변을 잘 알고 있었다.

> 유생에게 있어 부는 창시자(공자)로부터 전승되어 내려오는 언표가 명시적으로 가르치듯이 덕스럽게, 즉 품위 있게 살고 자기의 완벽화에 헌신할 수 있는 가장 중요한 수단이다. '그들을 부유하게 만들어라(富之)'는 인간을 더 선하게 만드는 수단이 뭐냐는 물음에 대한 대답이었다. 왜냐하면 오직 그런 경우에만 '지위에 맞게' 살 수 있었기 때문이다."[1007]

부를 도덕화의 발판으로 보는 이 도덕철학적 입장은 공리주의가 아니다. 공리주의는 이익과 쾌락을 도덕의 원천으로 보고 부를 얻는 행동을 도덕으로 여기는 도덕철학이다. 부를 도덕화의 발판으로 보는 이 도덕철학을 공리주의로 간주하는 베버의 이 이해로부터 베버가 영국의 공리주의를 이해하지 못했다는 것을 알 수 있다. 한편, "그들을 부유하게 만들어라(富之)"는 "인간을 더 선하게 만드는 수단이 뭐냐는 물음"에 대한 대답이 아니라, "사람이 이미 많으면 그다음은 무엇을 더 해야 하느냐(冉有曰 旣庶矣 又何加焉)"는 염유의 물음에 대한 대답이었다.[1008]

아무튼 베버는 이런 유리한 조건들이 자본형성을 적대하는 유교적 기본정조 때문에 다 무화되었다고 말하고 있다.

> 그러나 극도로 눈에 튀게도, 근대 자본주의가 적어도 경제적 영역에서 전제한 합리적 유형의 대규모 체계적 사업개념들이 이 무한히 강도 높은 경제적 북새통과, 때로 불평이 높

1007) Weber, *Konfuzianismus und Taoismus*, 532쪽.
1008) 『論語』「子路」(13-9).

은 거친 "물질주의"로부터 생겨나지 않았고, (가령 광동인들에게서와 같이) 과거에 외국의 영향, 또는 지금 서구 자본주의가 그들에게 그 사업개념들을 가르치지 않은 곳에서는 도처에서 중국에 낯설게 남아 있었다.[1009]

베버는 간접적으로 "광동인들에게서와 같이" 지금 "서구자본주의"가 그들에게 그 사업개념들"을 가르친 곳에서는 "합리적 유형의 대규모 체계적 사업개념들"이 낯설지 않다는 것을 인정하고 있다. 그러나 베버는 왜 하필 극동, 또는 광동에서만 서구 자본주의의 대규모 사업개념을 배울 수 있었는지를 묻지 않고 있다. 만약 그가 이것을 묻고 깊이 파고들었더라면 중국의 나머지 다른 지역들에서는 서구적 공장제 대공업 자본주의의 폐해를 피해 다른 생산방식, 즉 네트워크 생산방식의 브랜드 자본주의가 발전하고 있었다는 것을 알 수 있었을 것이다. 광동지역에서 확인되는 서구자본주의의 이 학습 용이성은 나중에 19세기 극동제국의 빠른 구본신참적舊本新參的 서구화를 가능케 하고 이에 연달아 20-21세기 극동의 일반적 '서구 추월'을 가능케 한 이유를 알 수 있게 하고, '서구적 근대성'과 극동제국의 '근대성'의 공통된 DNA가 유교라는 것을 알 수 있게 되었을 것이다. 그러나 교만한 서구중심주의자 막스 베버는 이에 대해 전혀 관심을 기울이지 않았다.

결국, 중국과 유교윤리의 온갖 유리한 조건들은 (1) 유교의 주술 보존으로 인한 종교적 불합리성, (2) 냉철한 추상적·비인격적·객관적·형식적(공식적) 인간관계를 배제하는 구체적·인격적 대인관계에 국한된 윤리, (3) 보편적 인간애의 결함과 보편적 불신, (4) 전통주의적·유교윤리적 세계적응의 정조 등 네 가지 유교적 기본정조 때문에 근대 자본주의에 '필수적인 요소들'을 활성화할 수 없어 '중국적 자본주의', 즉 소위 '유교자본주의'의 흥기를 유인할 수 없었다. 이것이 베버의 기본논지다.

1009) Weber, *Konfuzianismus und Taoismus*, 528-529쪽.

■ 근대자본주의의 필수적 요소의 부재

베버는 중국에 '결여'되었다는 이 '필수적 요소들'을 (1) 계산가능한 합리적 법규, (2) 합리적 전문관료체제, (3) 시민계급(부르주아지)와 도시자치권, (4) 부기제도, (5) 합리적 과학기술, (6) 전쟁자본주의와 대외적 노획자본주의의 부재 등으로 제시했다.

(1) 계산가능한 합리적 법규의 부재

베버는 중국에서 군주의 유교적 시혜정조와 가산제적 국가성격 때문에 계산가능한 합리적 법의 형성이 저지되었다고 주장한다. 이 주장을 그는 집요할 정도로 반복한다.

> 중국에는 법률형태가 없었고, 이탈리아 도시들의 상법 안에 일찍이 오인할 수 없는 단초들이 존재했던, 경제의 합리적·비인격적 객관화를 갖춘 자본주의적 "기업"의 사회학적 기반도 없었다.[1010]

베버는 계산가능한 합리적 법의 부재로 인해 합리적 계산가능한 사법司法과 행정의 작동도 기대할 수 없었다고 주장한다. 오히려 불합리한 '자의'가 불합리한 법을 분쇄했다는 것이다.

> 합리적 기업으로 발전하는 상공업이 필요로 하는 행정과 사법의 합리적으로 계산가능한 작동이 없었다. 인도에서처럼, 이슬람 사법영역과 합리적 법제정과 사법이 승리하지 못한 모든 일반적 장소에서처럼 중국에서도 "자의가 국법을 깬다"는 명제가 타당했다.[1011]

베버는 우리에게 실로 믿을 수 없는 중국의 법 이야기를 들려주고 있다. 그러나 내각제적 제한군주정 단계의 명·청대 중국에서는 황제도 법을 마음대로 만들거나 자의적

1010) Weber, *Konfuzianismus und Taoismus*, 374쪽.
1011) Weber, *Konfuzianismus und Taoismus*, 391쪽.

으로 폐할 수 없었다. 중국의 이런 '법치주의'는 상론했듯이 여러 여행자와 선교사들의 보고에 의해 16세기부터 상세히 알려졌던 사실이다. 베버는 이것을 알지 못하고 몽테스키외의 중국전제정론만을 신봉했던 것으로 보인다. 『공자철학과 서구 계몽주의의 기원(상)』에서 상론했듯이 16세기에 유럽에서 많이 읽힌 중국 보고서는 멘도자의 『중국대제국의 주목할 만한 모든 것과 제례와 관습의 역사』(1585), 중국 포로 출신 익명의 포르투갈사람의 서한과 보고서, 페레이라(Galeoti Pereyra)의 중국 이야기 등이다. 이 저자들이 16세기 명대 중국의 법률과 사법행정에 대해 쏟아놓은 찬사는 "믿기 힘들 정도로 놀라운" 것이었다. 포로 출신인 익명의 포르투갈인은 말한다. "관리들이 선언하는 선고는 왕국의 법과 부합된다. 그들은 당사자들이 말하는 것을 고려함이 없이 그들 자신이 수사한 사실의 진리에 따라 판결한다. 그리하여 그들은 6개월마다 이루어진다는 (북경으로부터 내려와 순회하는) 감찰관의 감찰이 두려워 사법사무에서 아주 올바르다." 페레이라는 훨씬 더 힘주어 말한다. "각 지방마다 '치자'라고 할 수 있는 수령들과, 말하자면 '방문자'인 감찰이 있다. 감찰의 직무는 순회하며 사법이 정확하게 행해지는지를 감시하는 것이다. 이런 수단에 의해 거기서는 사물들이 그토록 질서정연해져서, 중국은 전 세계에서 가장 잘 다스려지는 나라 중에 하나라고 마땅히 평가될 수 있다."[1012]

상론했듯이 멘도자도 명대 중국의 법치주의에 대해 유사한 보고를 하고 있다. "왕은 모든 수령들에게 충분한 봉급을 준다. 왜냐하면 어떤 소송 의뢰인으로부터 뇌물이나 어떤 다른 것을 받는 것은 중형으로 금지되어 있기 때문이다. (…) 이 재판관들은 왕의 권위에 의해 엄격한 책무를 부여받고 술을 마시지 말라는 명과, 청문장이나 재판정 안으로 정진하듯 들어가고 또 술을 먹고 선고를 하지 말라는 명을 받는다. 그리고 이것을 어기는 자는 누구든 혹독한 벌을 받는다는 것은 그들 사이에서 관습이다. (…) 아주 중요한 문제나 중대한 인물과 관련된 문제에서 판사는 어떤 정보를 필기하는 일에서 공증인이나 대서인을 신뢰하는 것이 아니라, 자신의 손으로 어떤 증인의

[1012] Geoffrey F. Hudson, *Europe and China: A Survey of their Relations from the Earliest Time to 1800* (Boston: Beacon Press, 1931·1961), 243-244쪽.

진술을 받아쓰고 진술된 내용을 중시한다. 이 굉장한 근면성은 재판이 잘못되었다고 불평하는 사람이 거의 없는 이유이자, 위대하고 주목할 만한 덕성인 이유이다. 이 근면성은 모든 훌륭한 사법이 모방해야 하는 덕성이다. 많은 동일한 근면성을 활용하지 않는 경우에 생기는 폐해를 피하는 것은 이 이교도들이 행하려고 아주 심혈을 기울이는 것이다."1013)

16세기의 이 포르투갈 작가들에게 공히 가장 인상적인 충격을 가한 중국의 법치와 사법제도는 "사형이 선고된 모든 경우를 재심하는" 인간적 사법제도였다. 중국에서 포로생활을 한 익명적 작가는 "중국인들은 어떤 사람에게도 사형을 선고하는 것을 피하려고 갖은 수고를 아끼지 않는다"고 말한다. 이것은 몽테스키외의 중국전제정론에 감염된 베버와 유럽의 20세기 군소학자들이 품은, "중국에서 인간의 생명은 유럽에서보다 더 싸다"는 통념과 전적으로 배치되는 것이다.1014)

그리고 마테오리치는 17세기 초(1615)에 출판한 『중국인들 사이에서의 기독교 선교』에서 중국내각제와 황제권의 법치적 제한성에 대해 분명하게 논한다.

> 우리가 중국의 통치형태가 군주제라고 이미 말했을지라도 그것이 얼마간 귀족정(aristocracy)이라는 것이 말한 것으로부터 분명하지 않을 수 없고, 앞으로 기술하는 내용에 의해 더 분명해질 것이다. 행정관들에 의해 기안되는 모든 법규들이 황제에게 제출된 비준신청서에 글을 씀으로써 황제에 의해 확인될지라도 황제 자신은 행정관들에게 자문하거나 이들의 조언을 고려하지 않는다면 중요한 국사에서 최종결정을 내리지 못한다. 우연히 어느 사적 시민이 황제에게 청원을 제출한다면 - 이런 모든 문서들은 황제 앞에 도달하기 전에 행정관들에 의해 먼저 정사精査되어야 하기 때문에 이런 일은 거의 일어나지 않을 것이다 -, 그리고 그가 이 청원에 개인적 숙고를 부여하고 싶다면, 황제는 청원서에 다음과

1013) Juan Gonzáles de Mendoza, *Historia de las cosas mas notables, ritos y costumbres del gran Reyno de la China* (1-2권, Madrid & Barcelona, 1586; Medina del Campo, 1595; Antwerp, 1596). 영역본: Juan Gonzalez de Mendoza, *The History of the Great and Mighty Kingdom of China and The Situation Thereof*, the First Part (London: Printed for the Hakluyt Society, 1853), 107-110쪽.

1014) Hudson, *Europe and China*, 244쪽.

같이 표기해야 한다. '이 특별한 문제를 담당하는 부처로 하여금 이 청원을 살펴보게 하고 내게 최선의 처리방법에 관해 조언케 하라.' 나(마테오리치)는 그것에 대한 철저한 조사를 수행했기 때문에 다음과 같은 것을 확실한 것으로 단언할 수 있다. 황제는 행정관들 중의 한 사람의 청구에 따른 경우가 아니라면 아무개에 대한 금전수여를 늘리거나 아무개에게 관직을 수여하거나 이 관직의 권한을 늘릴 권한이 없다.[1015]

여기서 '황제 자신이 자문하거나 조언을 고려해야 하는 행정관'은 내각의 '각로'('내각대학사')를 말한다. 마테오리치는 중국에 세습귀족이 없기 때문에 6명의 '각로들'은 물론 귀족일 수 없음에도 서양말의 부재로 중국의 내각제적 제한군주정을 그냥 '귀족정'이라고 부르고 있다. 이런 표현상의 흠결에도 불구하고 마테오리치는 중국의 내각제적 제한군주정을 정확히 파악하는 데 성공하고 있다.

실루에트는 18세기 초(1720년대) 청국황제도 엄수해야 하는 중국의 법치주의를 언급한다.

황제의 권위는 전제적이지만, 그가 그 자신의 명성과 이익에 대해 아무리 둔감할지라도 확실히 이 명성과 이익을 오랫동안 남용하지 않을 것이다. 법률들은 그에게 이로운 것들이어서 법률을 그가 위반하면 반드시 자신의 권력을 손상시키게 되고, 법률을 바꾸면 반드시 백성을 반란으로 분기시키게 된다.[1016]

중국의 전제정은 황제도 법률을 위반하거나 바꿀 수 없는 법치주의에 의해 개명된 '계몽군주정'이라는 말이다.

상론했듯이 볼테르도 18세기 중반 실루에트의 보고와 동일한 중국법치주의론을 개진한다.

1015) Nicolas Trigault, *De Christiana expeditione apud Sinas* (Augsburg, 1615), Chap V. 영역본: Luis J. Gallagher, *China in the Sixteenth Century: The Journals of Matthew Ricci* (New York: Random House, 1942·1953), 45쪽.

1016) Etienne de Silhouette, *Idée générale du goubernement et de la morale des Chinois - tirée particulièrement des ouvrages de Confucius* (Paris: Chez Quillau, 1729·1731), 37쪽:

육부六府는 제국의 모든 관청의 정상에 위치한다. (…) 다섯 번째는 범죄와 관련된 재판 업무를 관장한다. (…) 이 모든 관청의 업무 결과는 최고 관청으로 보고된다. 이 최고 관청들 아래 북경의 44개 관청이 속해 있다. 지방의 만다린도 제각기 관청에 의해 지원받는다. 이러한 행정체계 아래서는 황제가 자의적 권력을 행사하는 것이 불가능하다. 일반적 법률은 황제로부터 나오지만, 통치의 헌정제도에 의해 어떤 일도 법률에 훈련되고 투표에 의해 선발된 일정한 사람들에게 자문하지 않고는 이루어질 수 없다. 누군가 신 앞에 엎드리듯이 황제 앞에 엎드린다는 것, 황제에게 약간의 결례라도 범하면 법률에 따라 신성모독으로 처벌받는다는 것은 결코 전제적이고 자의적인 통치의 증거가 아니다. 전제적 통치는 군주가 법에 대한 침파 없이 그가 원한다는 이유만으로 시민들로부터 재산이나 생명을 박탈할 수 있는 통치일 것이다. (…) 오늘날 사람들의 생명, 명예, 복지가 법률에 의해 보호되는 나라가 있다면, 그것은 바로 중국제국이다.[1017]

여기서 중요한 대목은 "이러한 행정체계 아래서는 황제가 자의적 권력을 행사하는 것이 불가능하고", 또 "일반적 법률은 황제로부터 나오지만, 통치의 헌정제도에 의해 어떤 일도 법률에 훈련되고 투표에 의해 선발된 일정한 사람들에게 자문하지 않고는 이루어질 수 없다"는 권력분립제와 내각제에 대한 시사다.

케네는 몽테스키외가 중국을 비방하면서 사용한 전제정 개념에 잇대어 곧바로 직설적 물음을 제기하면서 중국 정부의 성격을 정면으로 논한다. 물음과 답변은 사실 몽테스키외가 퍼트린 '중국전제주의론'에 대한 비판적 투쟁으로 비친다.

중국 황제는 '전제주'지만, 어떤 의미에서 이 술어가 적용되고 있는가? 내가 보기에, 일반적으로 우리는 저 제국의 통치에 대해 비우호적인 견해를 가지고 있는 듯하다. 그러나 중국에 관한 보고들로부터, 중국 헌정이 황제가 집행하고 그 스스로가 주도면밀하게 준수하는, 되돌릴 수 없는 지혜로운 법률에 기초해 있다는 결론을 도출했다.[1018]

1017) Voltaire, *Essai sur les moeurs et l'esprit des nations et sur les principaux faits de l'histoire, depuis Charlemagne jusqu'à Louis XIII*, Vol. III: Tome XI, Chap. I, "De la Chine au XVIIe siècle et au commencement de XIIIe".

1018) Quesnay, *Despotism in China*, 141-142쪽.

케네가 중국헌정을 황제 "스스로도 주도면밀하게 준수하는" 불가역적인 "지혜로운 법률"에 기초한 '전제정'으로 본다는 말은 중국정부가 폭군적·자의적 전제정이 아니라, 케네 자신이 이상으로 삼는 '법치적 군주정', 또는 황제가 스스로를 '법의 지배'를 받는 국민의 공복집단에 귀속시키는 '계몽군주정'이라는 말이다. 케네는 국가의 과업을 교통체계와 법적 안전장치의 창설에 의해 자연적 과정의 방해받지 않는 운행과 수익의 효율적 이용을 보장하는 것으로 이해했다. 그러므로 케네는 '법치적 전제정 (*despotisme légal*)', 즉 '계몽전제정'을 중농주의적 이상이 실현되기에 가장 적합한 통치체제로 간주했다.1019) 케네는 유럽의 군주윤리학 문헌 속의 고대적 또는 기독교적 군주의 알려진 이야기에서 이 '법치적 전제정' 이론을 전개해 나온 것이 아니라, 중국제국에서 이 '법치적 전제정'의 모델을 발견하고 이것을 프랑스 계몽군주정의 지표로 삼은 것이다. 이런 계몽군주의 이상은 다른 중농주의자들에게로도 확산되고, 독일로도 전파된다.1020) 이런 이상국가의 관점에서 중국의 전제정을 '법치적 전제정'으로 분류하면서 몽테스키외를 제압하고 이것을 정당화하는 것은 케네에게 특별히 중대한 문제였던 것이다.

마테오리치·실루에트·볼테르·케네의 이 중국 법치주의 분석 앞에서 "중국에서 '자의가 국법을 깬다'는 명제가 타당했다"는 베버의 주장이 어디에다 감히 발붙일 수 있을 것인가? 볼테르는 베버 식의 주장이 오히려 로마 교황에게나 적합한 것이라고 생각했다. "로마의 추기경이 중국의 황제보다 더 전제적이라는 것은 절대적으로 확실하다. 왜냐하면 로마의 추기경은 불가류이고 중국 황제는 그렇지 않기 때문이다."1021) 이렇게 서양인들이 과거에 중국을 직접 체험하고 쓴 몇 권의 서적들만 들춰보

1019) Susan Richter, "Der Monarch am Pflug - Von der Erweiterung des Herrschaftsverhältnisses als erstem[sic!] Diener zum ersten Landwirt des Staates", *Das Achzehnte Jahrhundert*, 34, no. 1 (2010), 40쪽.

1020) 참조: Birger P. Priddat, *Le concert universel. Die Physiokrarie - Eine Transformationsphilosophie des 18. Jahrhunders* (Marburg: Metropolis-Verlag, 2001), 41쪽.

1021) Voltaire, "The A B C, or Dialogues between A B C - First Conversation. On Hobbes, Grotius and Montesquieu", 97-98쪽. Voltaire, *Political Writings* (Cambridge: Cambridge University Press, 1994·2003). 볼테르는『제국민의 도덕과 정신에 대한 평론』에서 중국이 "유럽 전체보다

아도 베버의 독서 범위가 실로 매우 협소하다는 것을 알 수 있다. 그렇다고 치더라도 그의 협소한 독서라도 정확하기는 한가? 그렇지 않다. 그가 추종한 것으로 보이는 몽테스키외의 비방일변도의 중국론을 정밀하게 독서했었더라면 그도 "중국에서 '자의가 국법을 깬다'는 명제가 타당했다"는 자신의 주장이 전혀 타당하지 않다는 것을 단박에 알았을 것이기 때문이다. 몽테스키외조차도 『법의 정신』에서 이렇게 말한다.

> 어떤 중국 필자는 "진秦나라와 수나라를 멸망시킨 것은 군주들이 고대 군주들처럼 주권자가 할 만한 유일한 기능인 일반적 감독에 자신들을 국한하는 대신에 중간매개 없이 만사를 친정하고 싶어 했기 때문이다"라고 말했다. 여기서 그 중국 필자는 거의 모든 구주정의 부패의 원인을 우리에게 제시해 주고 있다. 군주가 사물의 질서를 따르기보다 이 사물의 질서를 바꿈으로써 그의 권력을 과시한다고 생각할 때, 군주가 모모에게 자연스럽게 속하는 기능들을 자의적으로 다른 사람에게 주기 위해 이 기능들을 제거할 때, 그리고 자기의 의지보다 자기의 상상에 더 매료될 때, 군주정은 멸망한다.[1022]

여기서 몽테스키외는 권력분립도, 법치도 없는 황제 1인의 '공포의 전제정치'라는 자기의 기본명제와 모순되게도 중국 군주가 법정法定된 권력분립 제도를 어기고 내각제를 폐할 때 군주정이 멸망한다고 말한 중국 필자의 인식을 긍정하고 이 인식을 일반화하고 있다. 중국 필자의 이 인용은 유능한 사람을 뽑아 '이 사람들에게 당연한 기능'을 분담시킨 순임금 등 '고대 군주들'의 '무위이치'와 군자치국(臣權政治)이라는 군신 간 권력분립의 원칙이 진나라(15년)와 수나라(38년)의 짧은 기간을 제외하고 중국 역대국가들에서 일반적으로 준수되었다는 사실을 몽테스키외도 인정했음을 보여

더 많은 인구로 채워져 있다는 사실을 통계수치로 제시하고 했다. 당시의 중국 인구는 약 1억 5000만 명(북경 400만 명), 유럽은 1억 명 남짓(프랑스 2000만, 독일 2200만, 헝가리 400만, 이탈리아 1000만, 영국 800만, 스페인+포르투갈 800만, 러시아 1000만 명 등)이었다. 참조: Voltaire, *Ancient and Modern History* (*Essai sur les moeurs et l'esprit des nations*), 23쪽.

1022) Montesquieu. *The Spirit of the Laws* (1748), translated and edited by Anne M. Cohler·Basia-Carolyn Miller·Harold Samuel Stone (Cambridge·New York etc.: Cambridge University Press, 1989·2008), 116-117쪽.

준다. 게다가 몽테스키외는 자신의 중국전제주의 테제와 어긋나게 "이 관점에서 보면 중국은 공화정 또는 군주정의 사례라는 것을 내가 나중에 입증해 보여줄 것이다"라고 덧붙이기도 한다.[1023]

그리고 중국에 대한 예리한 일가견을 가졌던 데이비드 흄은 중국제국에서 "칼이 언제나 백성의 손에 들어 있기" 때문에 중국의 황제들이 이에 "충분한 제약"을 느끼고 "반란을 막기 위해 지방정부의 만다린이나 태수들을 일반적 법률의 통제 아래 두는" 법치주의를 확립했다고 말한다. 이것이 바로 중국이 "모든 정부 중에서 최선의 정부"가 되는 이유라는 것이다. 백성의 손에 들어있는 칼이 위정자들의 폭정을 막고 법치를 보장한다는 흄의 이 중국분석은 훗날 미국이 수정헌법 2조로 민병대와 총기소유·휴대의 기본권으로 법제화한 궁극적 출처다.[1024] 아무튼 몽테스키외 중국관을 수정하는 데 일조했던 흄은 중국을 법치국가로 보고 있다.

16-18세기에 유럽인들이 애독하던 멘도자·마테오리치·실루에트·볼테르·케네·몽테스키외·흄 등의 저서들을 상기할 때, 베버는 이미 16세기에 간행된 이런 중국관련 서적들을 까맣게 모르고서 몽테스키외도 부정확하게 읽었으면서도 중국비방에 열을 올리고 있다고밖에 말할 수 없다. 그리고 베버는 근대화·자본주의화와 관련된 사실史實과 중국 관련 서적의 독서 범위도 좁을 뿐만 아니라 그 반 토막 독서의 '정확성' 또는 '정밀성'도 형편없었던 것이다.

그럼에도 불구하고 베버는 심지어 중국에 법전도, 판례집도 없었다고 허언한다.

상쟁하는 부분국가들의 선비관리들의 합리주의는 (서기 536년 진晉나라에서) 개별사례로 (금속판으로) 법의 법전화를 착수했다. 그러나 선비계층 안에서 이 문제를 논의할 시에 연대기에 따르면 (진秦 나라의 한 장관에 의해) 성공적으로 "백성이 읽을 수 있다면 그들은 윗사람을 깔볼 것이다"는 말이 관철되었다. 교육받은 가산제적 관료제의 카리스마는 위신을 잃을 위험에 처한 것으로 보였고, 이 권력이익은 이러한 생각을 그 이후 다시 일어나지 않게 만

1023) Montesquieu, *The Spirit of the Laws*, 82쪽. 각주25.

1024) 참조: 황태연, 『공자와 미국의 건국:』, 1513-1528쪽.

들었다. (…) 판례모음집은 전통주의에도 불구하고 법의 형식주의적 성격이 부정되고 특히 영국에서와 같이 어떤 중앙법정도 존재하지 않았기 때문에 부재했다. (…) 이에 따라 사법은 재판관사법, 아무튼 밀실사법("Kabinet"-Justiz)으로 남아 있었다.[1025]

그리고 중국의 각종 상업법규도 맹아상태를 벗어나지 않은 단계에 머물러 있었다는 것이다.

> 우리의 회사법, 상업회사법, 어음·유가증권법이 보여주는 법제도의 단초들(특징적이지만 본질적으로 그 기술적 불완전성에서 특징적인 단초들)(…)의 지극히 제한된 이용만이 있었을 뿐이다.[1026]

"백성이 읽을 수 있다면 그들은 윗사람을 깔볼" 위험 때문에 관료들이 법전편찬을 중단했다는 베버의 말은 '새빨간 거짓말'이다. 전국시대 위魏나라의 이회가 『법경』을 편찬하고 진나라 상앙이 『진율』을 공포한 한 이래 각왕조마다 법전을 공포·발행했고, 당나라에서는 12편 500여 조문의 『당률소의』를 발행했다. 그리고 원대에는 『몽골율례』가 있었고, 명대에도 주원장이 편찬·발행한 『대명고大明誥』가 있었고 또한 『대명률』이 있었다. 청대에도 강희제는 『강희회전』을 편찬했고 옹정제는 『옹정회전』을 발행했다. 또 방대한 행정규정집 『이번원칙례理藩院則例』가 공간되었다. 벤저민 프랭클린은 북미 땅에 '인국新國'을 세우면서 청대 중국의 이 법전을 중국으로부터 빌려 오기 위해 중국으로 특사단을 파견하려는 계획을 논했을 정도로[1027] 중국법전은 18세기 말 서양에도 유명했다. 또 '판례집' 하나 없었다는 베버의 단언도 순전히 허언이다. 각 왕조에서는 수많은 판례집이 공적·사적으로 발행되었다. 『명공서판청명집明公書判淸明集』, 『절옥귀감折獄龜鑑』, 『당음비사棠陰比事』, 『희녕사판례熙寧寺判例』, 『소흥형명

1025) Weber, *Konfuzianismus und Taoismus*, 392쪽.
1026) Weber, *Konfuzianismus und Taoismus*, 529쪽.
1027) "The Committee for Foreign Affairs to the American Commissioners"(Philadelphia May 2d, 1777), 14-15쪽 각주8.

의난단례紹興刑名疑難斷例』 등이 그것이다. 조선도 『경제육전』(1397), 『속육전』(태종조), 『경국대전』(성종 24년, 1485) 이래 『대전통편』(정조 9년, 1785년), 『대전회통』(고종 2년, 1865) 등 법전을 발간했다. 조선의 판례집으로는 박일원이 편찬한 『추관지』(1781), 정조가 명찬命撰한 『심리록』(1799) 등이 공간되었다. 이 법전과 판례집들은 모두 정교한 상거래법, 회사법, 상업회사법, 어음·유가증권법 등 경제법규들을 담고 있다. 이러한 법전과 판례집의 편찬 사례들 앞에서 '무식한 자가 용감하다'는 말이 있듯이 베버는 감히 저런 허언을 늘어놓고 있는 것이다.

아무튼 베버는 "상공업적 '기업에 대한 자본의 투자가 이 통치형태들의 불합리성에 너무 민감하고, 국가기구의 균일한 합리적 작동을 기계 방식으로 계산할 수 있어 중국적 유형의 행정 아래서 생겨날 수 있을 가능성에 너무 의존해 있기 때문"에,[1028] 그런데도 "실질적 개인화와 자의로부터 독립적인 사법"이 결여되었기 때문에[1029] 중국적 유형의 '자의적 무법無法행정'이 합리적 기업자본주의의 발흥을 저지했다고 설명한다. 그리고 "바로 형식적으로 보장되는 법과 합리적 행정과 사법작용의 결여 및 봉록화의 결과로 말미암는 것 외에도, 서구에서 그 발상지를 상공업에 두는 합리적 기업자본주의는 일정한 정조적 기반의 결여로 말미암아서도 저지당했다." 자본축적을 저해하는 이 '정조적 기반'이란 "특히 중국적 에토스에 뿌리를 박고 관리와 관직지원자들에 의해 지탱되는 그런 입장", 즉 사인의 지나친 치부를 위험시한다는 관리들의 입장을 가리킨다.[1030] 이 마지막 대목은 앞서 비판했으므로 지나치자. 아무튼 "바로 형식적으로 보장되는 법과 합리적 행정과 사법작용의 결여"로 인해 자본주의가 불발했다는 베버의 말은 역대 중국의 법치주의와 그 수준을 고려할 때 일고의 가치도 없는 것이다.

1028) Weber, *Konfuzianismus und Taoismus*, 393-394쪽.
1029) Weber, *Konfuzianismus und Taoismus*, 394쪽.
1030) Weber, *Konfuzianismus und Taoismus*, 394-395쪽.

(2) 합리적 전문관료체제의 부재

베버는 중국에 비전문적·문사적文士的 가산제 관료기구는 있었지만 전문적 관료체제는 부재했다고 지적한다. 그리고 이 전문관료의 부재로 인해 행정의 부실이 초래되어 자본주의발전을 지원할 수 없었다고 말한다.

> 부의 영리적 획득을 공자는 그 자체로서 물리치지 않을 것이지만, 그것은 불확실해 보였다. 따라서 부의 영리적 획득은 영혼의 우월한 균형의 교란으로 통할 수 있었고, 모든 본격적인 경제적 직업노동은 저속한(속물적) 전문인 기능이었다. 그러나 전문인은 유자에게 있어 그의 사회공리적 가치를 통해서도 진짜 긍정적인 품위로 고양될 수 없었다. 왜냐하면 - 이것은 결정적인 것인데 - "군자(고상한 인간, Gentleman)는 도구가 아니기" 때문이다. 즉, 군자는 세계에 적응한 극기에서 최종적 자기목적이지만, 어떤 목적이든 비인격적·객관적 목적을 위한 수단이 아니다. 유교적 윤리의 이 핵심명제는 전문화, 근대적 전문관료체제, 전문적 교육, 그러나 특히 영리를 위한 경제적 교육을 거부한다. (…) 유생은 합리적 행위의 전사적戰士的 에너지 또는 경제적 에너지에 대해 낯선 것처럼 말과 대화의 헬레니즘적 격상과 철저한 교육에 낯선 최고완성태의 문예적 교양의 인간, 그것도 훨씬 더 정확히는 서책교양(Buch-Bildung)의 인간, 글방인간(Schrift-Mensch)이었다.[1031]

베버는 전문관리들을 적대·배제함으로써 행정을 문사주의적 전통 속에 침몰시켰다고 생각한다. 왕안석의 개혁시기에 전문관리층이 일시 부상한 적이 있지만 다시 전통의 승리로 끝났다는 것이다.

> (유생들의) 그다음의 주적은 전문관리층에 대한 행정부의 합리주의적 관심이었다. 이 합리주의적 관심은 이미 601년 문제文帝 치하에서 등장해 1068년 왕안석 치하에서 방위전쟁의 필요 속에서 단명한 완전승리를 거두었다. 그러나 전통이 재차 승리했고, 이제는 궁극적으로 승리했다.[1032]

1031) Weber, *Konfuzianismus und Taoismus*, 532-533쪽.
1032) Weber, *Konfuzianismus und Taoismus*, 427쪽.

베버는 중대한 착각을 하고 있다. 공자가 말한 대로 군자는 전문가가 아니다. 군자는 전문가(specilaist)를 부릴 줄 아는 종합지식인(generalist)으로서 당상관 고위관리(정치가), 즉 '벼슬아치'로서의 치자治者다. 공자가 '그릇(器)'으로 표현한 전문가는 무관·군인, 역관, 율사, 창고관리인(회계사), 우마관리사, 농민, 백공百工 등 소인이다. 이들이 그 기능으로 관직으로 나아가면 '구실아치'라고 한다. 공맹은 군자와 소인, 벼슬아치와 구실아치의 사회적 분업을 인정하고 중시했다. 공자는 이 사회분업을 인정하고 군자를 우대했을지라도 구실아치도 '중시'했다. 그는 『중용』에서 '백공百工'을 풍요의 원천으로 말한다. "백공을 오게 하면 재용이 풍족하다(來百工則財用足)".[1033] 또한 공자는 스스로 소싯적에 창고관리인, 우마관리사 등 전문적 실무업무를 수행했다. 순임금도 장사, 소금제조, 농사일 등을 했다. 이런 의미에서 전문적 노동은 유교에서 적대시될 수 없는 것이다. 또한 공자는 군자 감과 전문가 감을 다 차별 없이 가르쳤다. 공자의 제자 안회와 염옹(중궁), 증점(증석), 고위관리 지원자 염구 등은 군자 자질을 갖춘 인물이었지만,[1034] 자공은 '대관大官, 대상인 그릇', 자로는 '군인 그릇'이었다.[1035] 그리고 제자 중에는 농민지원자도 있었다.[1036] 전문관리(小相) 지원자도 있었다.[1037]

그럼에도 전문가가 종합지식인이 되고, 구실아치가 벼슬아치로 상승할 수 있더라도 지도자로서의 정치적 종합지식인(political generalist)과 전문가(specialist), 벼슬

[1033] 『中庸』「哀公問(20)」.
[1034] 『論語』「雍也」(6-1): "子曰 雍也可使南面."; 『論語』「先進」(11-24): "求! 爾何如? 對曰方六七十如五六十 求也爲之 比及三年 可使足民. 如其禮樂 以俟君子.(…) 點! 爾何如? 鼓瑟希 鏗爾舍瑟而作 對曰異乎三子者之撰. 子曰 何傷乎? 亦各言其志也. 曰莫春者 春服旣成 冠者五六人 童子六七人 浴乎沂 風乎舞雩 詠而歸. 夫子喟然歎曰 吾與點也!"
[1035] 『論語』「公冶長」(5-4): "子貢問曰 賜也何如? 子曰 女 器也. 曰何器也? 曰 瑚璉也."; 「述而」(7-11): "子路曰 子行三軍 則誰與? 子曰 暴虎馮河 死而無悔者 吾不與也. 必也臨事而懼 好謀而成者也."
[1036] 『論語』「子路」(13-4): "樊遲請學稼. 子曰 吾不如老農. 請學爲圃. 曰 吾不如老圃. 樊遲出. 子曰 小人哉 樊須也!"
[1037] 『論語』「先進」(11-24): "赤! 爾何如? 對曰 非曰能之 願學焉. 宗廟之事 如會同 端章甫 願爲小相焉."

아치와 구실아치, 군자와 소인의 구분은 엄연한 것이다. 이것을 혼동하는 것은 국가의 인재들을 잘못 배치할 수 있는 것이다. 베버가 유교적 군자를 청교도적 전문식자와 수평 비교한 것도 이런 혼동에 속한다.

그리고 왕안석 치하에서 전문관리가 일시 인정되었다가 영구적으로 사라진 것도 아니다. 역대 중국정부는 과거시험으로 문관(벼슬아치)만을 선발한 것이 아니라 무관도 선발했고, 잡과를 통해 역관·율관·의관·전문관리들도 선발했다. 또한 상론했듯이 중앙과 지방의 하급관리인 서리胥吏 관련 제도를 혁신한 왕안석의 창법倉法(1070년 12월)은 서리에게 녹봉을 지급하고 잘못에 대해서는 엄징하고 유능한 서리에게는 일정한 시험을 거쳐 관리로 승진할 수 있는 기회를 주는 합리적 법제였고,[1038] 서리체제의 개혁은 결국 사회 전반의 청렴화와 투명화에 의해서만 성공할 수 있었다. 왕안석의 이 혁신된 서리제도는 그의 다른 신법과 마찬가지로 청대까지 계속 이어졌다.

상론했듯이 중국의 이런 문관·전문관리 임용고시제도와 중국의 관료제는 요한 유스티의 관방학과 양호국가론을 통해 독일에 수용되어 확립되었다. 베버는 이런 사실에 대해 까맣게 모른 채 관료제를 서구의 자생적 산물로 오해하고 있다. 그러나 서구의 모든 관료체제는 실은 중국으로부터 도입된 것이다. 그리고 미셸 푸코가 유럽적 근대성의 자생적 기율화 수단으로 오해한 '필기시험'도[1039] 실은 극동에서 온 제도들이다. 서구의 행정제도는 공무원임용을 위한 필기시험을 채택하면서 관직 세습, 정실주의, 엽관제 등을 타파하고 마침내 근대적 성적주의 관료제도로 발전했다.

고대 그리스·로마 세계에서는 공무원임용시험은커녕 필기시험도 알지 못했다.[1040] 유럽에서도 "필기시험은 18세기까지 알려지지 않았다." '시험의 나라' 독일

1038) Liu, James T. C.(劉子健). *Reform in Sung China: Wang An-shih* (1021-1086) *and His New Policies* (Cambridge: Harvard University Press, 1959·2013). 제임스 류 (이범학 역), 『왕안석과 개혁정책』 (서울: 지식산업사, 1991·2003), 19쪽.

1039) Michel Foucault, *Überwachen und Strafen* [*Surveiller et punir*, 1975] (Frankfurt/Main: Suhrkamp, 1977·1989), 238-279쪽.

1040) Ssu-yü Têng(鄧嗣禹), "Chinese Influence on the Western Examination System", *Harvard Journal of Asiatic Studies*, Vol. 7, No. 4 (Cambridge, 1943), 267-270쪽.

도 예외가 아니었다.1041) 유럽에서 학교 필기시험은 "18-19세기에 발전한" 것이다. 프랑스는 1791년에 공무원임용고시를 도입했다. 독일은 1800년경, 영국은 1870년경에 도입했다. 미국은 1883년에야 뒤늦게 도입했다. 따라서 유럽에서 필기시험은 공무원임용시험의 확립 조금 전에야 비로소 중국으로부터 들여왔을 것이다.1042)

독일은 18세기 말 친親중국주의자 볼프·유스티 등의 중국지향적 관방학(*cameralism*)에 힘입어 조선의 행정제도·과거제와 유사한 중국 관료체제와 과거제를 도입했다.1043) 프랑스는 독일의 중국식 관료제와 공무원임용시험제도를 도입했다. 프랑스에서의 공무원임용고시는 1791-1792년에야 시행되었다. 하지만 이것은 세월이 흐르자 흐지부지되고 말았다. 프랑스정부는 1840년 사절단을 독일로 파견해 그곳의 공무원임용고시제도를 시찰한 뒤 이 제도를 도입해 정착시켰다. 그리고 영국은 버마와 인도에서 중국 관리임용고시를 모방한 영국 공무원고시제도를 시행했는데, 프랑스는 이 영국고시제도도 부분적으로 도입해 인도차이나 식민지에 적용했다. "프랑스 교육은 진정으로 경쟁적 문관과거시험의 중국적 원칙에 기초했고", 또 "경쟁시험에 의해 충원되는 공무행정의 사상은 의심할 바 없이 그 기원을 중국 과거제도에 둔 것이다".1044)

1041) Têng, "Chinese Influence on the Western Examination System", 272쪽.

1042) Têng, "Chinese Influence on the Western Examination System", 275쪽.

1043) 볼프의 중국식 관방학에 관해서는 참조: 황태연, 『공자와 세계(2)』(파주: 청계, 2011), 577쪽; 황태연, 「서구 자유시장론과 복지국가론에 대한 공맹과 사마천의 무위시장 이념과 양민철학의 영향」, 380-381쪽. 그리고 유스티에 의한 중국 과거제와 관료제의 수용에 관해서는 그의 다음 논문들을 보라: Johann H. G. Justi, "Die Notwendigkeit einer genauen Belohnung und Bestrafung der Bedienten eines Staats", 102-114쪽; Justi, "Vortreffliche Einrichtung der Sineser, in Ansehung der Belohnung und Bestrafung vor die Staatsbedienten". Justi, *Gesammelte politische und Finanzschriften* …, 115-131쪽. 이에 관해서는 다음 글도 참조하라: Davis, "China, the Confucian Ideal, and the European Age of Enlightenment", 541쪽; Menzel, "The Sinophilism of J. H. G. Justi", 301쪽; Adam, *The Political Economy of J. H. G. Justi*, 178쪽; 황태연, 『공자와 세계(2)』, 579-583쪽; 황태연, 「서구 자유시장론과 복지국가론에 대한 공맹과 사마천의 무위시장 이념과 양민철학의 영향」, 381-382쪽.

1044) Ssu-yü Têng(鄧嗣禹), "Chinese Influence on the Western Examination System". *Harvard Journal of Asiatic Studies*, Vol. 7, No. 4 (Cambridge, 1943), 283, 302쪽.

영국 입법자들은 1855년 중국 과거제를 모방한 공무원임용시험제도를 도입해 1870년 일반화했다.[1045] 영국에서 "공무원임용고시는 인도식민지에서 발전된 다음, 본토의 공무행정에 적용되었다".[1046] 그리고 당시 공무원충원제도의 개혁과 관련된 "동시대 목격자들"은 모두 이구동성으로 "그들의 공무원임용고시에 대한 중국적 영향을 원하던 사람이든 원하지 않던 사람이든 명백히 시인했고" 또 "영국 공무원고시제도는 중국의 과거제도에 의해 상당한 정도로 영향을 받았다"고 말했으나 행정개혁 입법을 주도한 스트라포드 노스코트(Straffod Northcote)와 찰스 트리벨리언(Charles Trevelyan)은 공무원임용고시를 중국에서 가져온 것에 대해 입을 다물었다.[1047]

미국은 중국열광자 에머슨(Ralph Waldo Emerson, 1803-1882)을 비롯한 여론 주도층의 지지를 얻어 1883년에야 뒤늦게 영국의 중국식 임용시험을 도입함으로써 비로소 공무원임용고시를 제도화했다. 미국의 공무원고시제도는 "대강에서 영국으로부터 받아들이고 부분적으로 독일로부터 받아들였다". 하지만 "영국을 경로로 한 중국의 영향"과 별도로 "미국 공무행정에 대한 중국의 직접적 영향"도 있었다.[1048]

미국의 스토리는 간략히 말하자면 이렇다. 1868년 젠키스(Thomas A. Jenckes of Rhode Island)는 의회에 공무행정개혁 보고서를 제출했다. 이 보고서에는 '중국에서의 공무행정'이라는 한 절節이 포함되어 있었다. '종이호랑이'로 전락한 중국으로부터 어떤 행정제도를 배운다는 것을 두고 미국 조야에서 논란이 일자, 공무행정위원회

1045) 중국의 과거시험제도를 모방한 영국의 공무원시험제도의 도입에 관해서는 참조: Têng, "Chinese Influence on the Western Examination System", 277-305쪽.

1046) Têng, "Chinese Influence on the Western Examination System", 301쪽.

1047) Têng, "Chinese Influence on the Western Examination System", 305쪽. 등사우의 이 주장에 대해서는 크릴도 전적으로 동조한다. Creel, Confucius, 278쪽. 장(Y. Z. Chang)도 등사우와 기본적으로 동일한 결론을 내놓았다. 참조: Y. Z. Chang, "China and the English Civil Service Reform", *The American Historical Review*, XLVII, 3 (April 1942), 539-44쪽. 장은 이렇게 결론짓는다. "①중국과거제도는 영국에 잘 알려져 있었다. ②그 시기의 정기간행물과 의회논쟁에서 경쟁시험 관념은 중국과 연결되어 있었다. ③의회 안팎에서 시험은 중국제도라고 주장되었고, 또 이것이 부인된 적이 없었다. ④중국 외에 어떤 나라도 이전에 경쟁적 공무원임용고시를 시행하지 않았다."(544쪽) 이 결론은 '중국 외'에 한국의 과거제를 잊지 않는다면 옳다.

1048) Têng, "Chinese Influence on the Western Examination System", 306쪽.

는 "중국의 종교나 제국체제를 기리는 어떤 의도도 없이 우리는 가장 계몽되고 오래된 동양세계의 정부가 공직후보자의 실력에 관한 시험제도를 갖췄었다는 사실이 왜 이 아메리카대륙이 황무지였던 세기에 공자가 정치도덕을 가르쳤고 중국백성들이 책을 읽고 나침반, 폭약, 구구단표 등을 사용했다는 사실이 미국 인민으로부터 저 편의를 박탈하는 것보다 미국 인민으로부터 이점을 (…) 더 많이 박탈하는지 알 수 없다"라고 선언했다. 이것은 매관매직과 정실주의를 선호하는 의원들의 반대를 피해 영국의 공무행정제도를 받아들이자고 제안하려는 외교적 수사였다. 이와 함께 중국과거제에 대한 여러 잡지들의 시의적절한 홍보, 에머슨(Ralph Waldo Emerson)과 마틴(William A. P. Martin)의 시의적절한 지지 연설 등이 이어졌다. 이런 복잡다단한 논쟁을 경로로 "작지만 직접적인 중국영향"이 투입되면서 공무행정개혁 보고서는 1883년에 의회를 통과했고, 이로써 영국의 공무원임용고시제에 근간을 둔 미국 공무원고시제가 마침내 제도화되었다.[1049]

이렇게 하여 중국식 공무원임용고시와 중국식 관료제는 1800년부터 1883년까지 독일·프랑스·영국·미국 등 주요 극서제국에 도입되었다. 따라서 무엇보다도 "서구의 근대국가와 근대적 경제의 주춧돌인 전문 관리는 오직 서구에서만 존재했고"[1050] 중국에는 전문 관료제가 존재하지 않았다는 베버의 반복된 주장은 일고의 가치도 없는 그의 전형적 허언에 속한다.

(3) 시민계급(부르주아지)의 부재와 도시자치권의 결여

베버는 중국에서는 자본주의의 불발로 인해 시민계급이 형성되지 못했고, 시민계급의 미형성으로 인해 "도시에서의 (자치)공동체의 결여"가[1051] 초래되었으며, 이 도시자치공동체의 결여로 인해 자본주의에 합당한 합리적 법규들을 만들어내도록 압박할 입법주체가 없었고, 합리적 법규의 부재로 인해 다시 자본주의의 자생이 불발

1049) Têng, "Chinese Influence on the Western Examination System", 306-308쪽.
1050) Weber, *Die protestantische Ethik und der Geist des Kapitalismus*, 3쪽.
1051) Weber, *Konfuzianismus und Taoismus*, 528쪽.

했다는 순환논법을 구사한다. 베버는 일단 시민계층의 부재와 강하고 광범한 자본주의 이익의 결여를 순환적으로 연결시킨다.

영국에서 저 시대의 팸플릿이 일차적으로 대변한, 정부에 의해 정치적으로 무시될 수 없는 저 자기의식적 시민계층은 중국에서 전적으로 결여되었다는 말이다. 오직 "정태적으로" 전통과 특별한 특권의 보존을 건드는 경우에만 행정에 대한 상인길드의 태도는 가산제관료체제적 관계 아래서 도처에서 그런 것처럼 진지하게 고려해야 할 큰 비중을 가졌다. 이에 반해 동태적으로 그 태도는 비중이 없었다. 왜냐하면 영국에서처럼 국가행정을 봉사하도록 강제할 수 있을 만큼 충분히 강력한 폭넓은 자본주의 이익이 존재하지 않았기 (더 많이! 존재하지 않았기) 때문이다.[1052]

베버는 이 말을 되풀이한다. "18세기에 처음으로 '시민적' 계층들이 경찰국가적 구속의 결정적 완화에 도달한 뒤에 19세기에는 (…) 존속했다. (…) 이 모든 것에도 불구하고 이 상태는, 즉 부르주아적 영리추구의 자유로운 전개를 겉보기에 최고로 촉진하는 상태는 그래도 서구적 유형의 시민계층의 어떤 발전도 산출하지 않았다는 것이 거듭 거듭 강조되어야 한다."[1053] 그리하여 중국에서는 "서구의 중세도시에서 흥기하던 시민계급이 발전시킨 바로 그 특징적 제도들은 현재까지도 완전히 결여되었다".[1054] "왜냐하면 한편으로 정치단위체로서의 도시들의 동직연합적 자치와, 다른 한편으로 결정적 법제도들의 특권적으로 보장되고 고정된 공고화가 없었기 때문이다". 유럽에서 도시자치와 법제도의 공고화는 "둘 다 합해서 중세에 바로 이 원칙들에 의해 자본주의에 합당한 모든 법형태들을 만들었다".[1055] 그러나 중국에서는 이것들이 둘 다 결여된 것이다.

따라서 베버는 중국의 도시를 황제의 통치구역으로, 도시를 벗어난 농촌지역을 향촌자치구역으로 이해한다.

1052) Weber, *Konfuzianismus und Taoismus*, 426쪽.
1053) Weber, *Konfuzianismus und Taoismus*, 374쪽.
1054) Weber, *Konfuzianismus und Taoismus*, 374쪽.
1055) Weber, *Konfuzianismus und Taoismus*, 391쪽.

"도시"는 일반적으로 (…) 결코 대부분의 도시 거주자들에게 "고향"이 아니라 본래 전형적 "타향"이었다. 도시가 조직된 자치의 상술된 결여로 인해 (…) 향촌(Dorf)과 구분되기 때문에 더욱 그랬다. 너무 큰 과장 없이 중국의 행정역사는 도시지역 바깥으로도 관할권을 관철하려는 황제 행정의 항상 거듭된 추구에 의해 채워져 있다고 말할 수 있다. 그러나 조세납부에서의 타협들을 도외시하면 황제행정은 이 추구에 단기간만 성공했고, 자기에 고유한 외연의 경우에 지속적으로 성공하지 못했다. 현직 관리의 적은 수는 재정에 의해 제약되었다(그리고 그 편에서 재정의 상황을 제약했다). 그리하여 공식적 황제행정은 사리에 따라 도시지역과 도시에 부속된 지역의 행정으로 남아 있었다.[1056]

그리하여 베버의 상상 속에서 중국의 행정은 시민계급의 부재로 말미암아 도시의 황제행정과 향촌의 자치행정으로 양분되어 있다. 자본주의가 맹아적으로만 발전되었어도 서구에서처럼 시민계급과 도시자치권은 선보일 수밖에 없었을 것이다. 그러나 베버는 중국에 자본주의의 맹아도 존재하지 않았던 양 중국에서 시민계급과 도시자치권이 거의 전무했던 것처럼 말하고 있다. 그러나 부지불식간에 베버도 중국에서도 "자유교역을 지향하는 순수한 시장적 자본주의의 발전"이 "맹아적 경계(keimhafte Grenzen) 안에 갇혀" 있었을망정 그 맹아가 이미 존재했다고 인정하고 있다.[1057]

그렇다면 중국에도 시민계급이 존재했음이 틀림없는 것이다. 상론했듯이 17-18세기 중국에서는 상업과 시장의 발달 및 중국정부의 상공업 장려정책으로 인해 이미 사농공상의 직업차별이 사라졌다. 그리하여 18세기 청대중국에서는 상인부자들이 관함官銜이나 학위를 돈으로 사서 신사가 되는 연납제捐納制가 공인되었다. 역으로 상행위가 금지된 신사들이 몰래 상업을 경영하기도 했다. 이와 함께 청초 옹정연간에 '신사'와 '상인'을 결합·연칭連稱하는 '신상紳商' 또는 '신사상민'이라는 새로운 계층과 칭호가 나타나 정착했다. '상인'이 '신사'와 연칭될 정도로 그 지위가 높아진 것이다. 중국 전반에서 신상이 탄생하는 절대다수의 길은 상인이 신사가 되는 길이었고,

---

[1056] Weber, *Konfuzianismus und Taoismus*, 385쪽.
[1057] Weber, *Konfuzianismus und Taoismus*, 373쪽.

일부는 신사가 상인이 되는 길이었다.[1058]

산동성 제령濟寧시의 100년 브랜드 식품가공기업 '옥당(위탕)장원玉堂醬園'의 연역을 기록한 약사에서는 옥당장원의 자본투자자 빙氷씨를 '신사상민', 즉 '신상'으로 기술하고 있다.[1059] 이 '신상'은 유럽에서 상업·선대제자본을 축적하고 관직을 매관買官해서 법복귀족으로 올라섰던 근대초의 부르주아지, 즉 '시민계급'과 아주 유사했다. '옥당장원'에 대한 추적을 통해 '신상'의 존재를 확인한 케네스 포머란츠는 '신상'을 'gentry merchant'로 옮기고 있다.[1060]

'신상'의 절대다수는 상인에서 신사가 된(由商爲紳) 무리였고, 일부는 신사에서 상인이 되는(由紳爲商)' 무리였다. 그리하여 ①관료와 향신들은 암암리에 상업을 경영했고, ②강남 상인들은 명말부터 학교·과거·연납제를 통해 신사로 상승하고 상적商籍을 부여받아 유학에 입학할 기회를 가졌고, ③대상인은 대개 장사하면서 유학을 즐기는 (賈而好儒) '유상儒商'으로서의 자부심을 가진 식자층이었고, ④여러 아들이 있으면 아들의 직업을 사·농·공·상에 나눠 배치하는 신상도 나타났다.[1061] 이미 청초에 광동지역에서는 "관인으로서 상인이 아닌 사람이 없었고, 상인으로서 관인이 아닌 사람이 없었다". 광동지역의 경우에 명예관직이 없는 순수한 '민상民商'은 광동인구의 3할에 불과한 반면, '신상'은 무려 7할에 달했다.[1062] 18세기 이래 전국적으로 광범위하게 형성되어 나간 '신상'은 바로 유럽의 '부르주아지'에 대응하는 중국의 시민계급이었던 것이다.

명대 중엽과 말엽에 이미 이구동성으로 "상인과 신사는 경영하는 바가 다르지만

[1058] 오금성,「신사」, 356-357, 361쪽.

[1059] 「玉堂春秋; 濟寧市 玉堂醬園簡史」『濟寧市史料』 1號, 52쪽. Kenneth Pomeranz, "'Traditional' Chinese Business Forms Revisited: Family, Firm, and Financing in the History of the Yutang Company of Jining, 1779-1956", Lated Imperial China 18:1 (June 1997), 8쪽에서 재인용.

[1060] Pomeranz, "'Traditional' Chinese Business Forms Revisited", 8쪽.

[1061] 오금성,「신사」, 357, 359-360쪽.

[1062] 오금성,「신사」, 357쪽.

마음은 같다", "옛날에는 유업을 높이고 상업을 낮췄으나 우리 부府에서는 상업을 높이고 유업을 낮추기도 한다", "훌륭한 상인이 어찌 큰 유학자보다 못할쏘냐!"라는 말이 도처에서 회자했다.[1063] 사농공상의 차별이 희미해지는 이러한 사회적 추세는 이미 명대 말엽부터 시작되었고, 그래서 황종희는 『명이대방록』에서 상공업을 농업과 함께 '본업'이라고 할 수 있었던 것이다.[1064] 상공업과 상공인의 지위를 높이려는 이런 정세와 사회풍조는 명초부터 상세商稅를 30분의 1로 낮추고 폭력배로부터 상업과 무역을 보호하는 상업진흥책의 결과였다.[1065] 따라서 중국에 시민계급이 없었다는 베버의 말도 맥없는 허언이다.

중국에 도시자치공동체가 없었다는 베버의 단정도 새빨간 허언이다. 전통시대 후기에는 신상들에 의한 "분권적 시정자치(urban devolution)"가 벌어졌다.[1066] 이것은 철저한 베버주의자 데이비드 포어도 인정하는 바다. "베버가 깨닫지 못한 것은 중국 도시들이 실로 학자 관리(scholar officials)로 가장假裝한 상인들에 의해 운영되었다는 사실이다."[1067] 여기서 "학자 관리로 가장한 상인"은 바로 '신상'을 가리킨다. 중국의 중소도시에서도 향촌자치권과 다른 시민적 자치권이 나타났고, 관행이 된 이 도시자치행정은 1747년 건륭제의 유시로 승인되어 공식화되었다.[1068] 그리하여 건륭제의 이 유시로 회관들 또는 회관연합체가 도시 자치행정을 맡는 것은 중국의 법제가 되었고, 19세기에는 회관연합체가 전국적으로 수많은 도시의 자치정부를 도맡아 수많은 도시를 다스렸다. 그리하여 황제의 파견관이 다스리는 도시는 북경과 남경밖에 남지 않았다. 그 밖의 모든 중국 도시는 신상들의 자치도시였다. 따라서 중국에 도시

1063) 오금성, 「신사」, 360쪽.
1064) 黃宗羲, 『明夷待訪錄』「財計 三」. 황종희, 『명이대방록』(서울: 한길사, 2000·2003), 201쪽: "世流不察 以工商爲末 妄議抑之. 夫工固聖王之所欲來 商又使其願出於途者 蓋皆本也."
1065) 오금성, 「신사」, 349-350쪽.
1066) Mark Elvin, "Chinese Cities since the Sung Dynasty", 81-82쪽. P. Abrams and W. A. Wrigley (ed.), *Towns in Societies* (Cambridge: Cambridge University Press, 1978).
1067) Faure, *China and Capitalism*, 20쪽.
1068) Susan Naquin and Evelyn S. Rawski, *Chinese Society in the Eighteenth Century* (New Haven·London: Yale University Press, 1987), 26쪽.

자치가 부재하다는 베버의 지적도 사실무근이고, "도시지역과 도시에 부속된 지역"은 황제가 직할로 다스렸다는 그의 주장도 맹인의 잠꼬대 같은 헛소리일 따름이다.

베버는 서양의 도시와 동양의 도시를 다양한 방식으로 대비시켰으나, 이것들 중 대부분은 전통사회와 비전통사회, 비합리적 사회와 합리적 사회의 차이에 관한 자신의 사상을 대체로 반복하고 있다. 우리는 여기서 그의 논변을 동서대비로 일반화해서 비판적으로 분석해 볼 필요가 있다. 블라우에 의하면, 우리가 고대로까지 거슬러 올라가는 유럽적 도시화에 대한 베버의 "명석한 분석"에서 발견하는 것은 "과거와 현재의 비서구 사회의 실제 도시들에 대한 무지"다. 베버는 비서구 도시들이 본질적으로 군주의 소재지나 파견관의 소재지로서의 "정치적 지배의 장소"인 반면, 서구 도시들은 역사적으로 "자치적이고 자유로운" 도시였다고 믿었다. 서구의 도시는 "사회적 진보의 장소"였다는 것이다. 이 이론은 아주 오래된 것이고 베버는 여기에 거의 아무것도 보태지 않았는데, 도시사회가 서양문명을 근대로 이끌 수 있었으나 도시가 제국의 엄지손가락 아래 남아 있었던 동양에서는 그럴 수 없었던 방식에 관해 이야기하면 "베버적"인 것이 된다.

> 그러나 우리가 시대 대 시대로 서구와 비서구 간에 공정한 비교를 한다면, 우리는 첫째, 두 지역의 많은 도시들이 산업혁명 이전 초기 근대의 세기에까지 아주 유사했다는 것을 발견하곤 한다. 둘째, 자치가 베버의 생각보다 동방에서 더 컸고, 서방에서 훨씬 더 적었다는 것을 발견하곤 하는 것이다. 유럽의 중세도시에 자유가 있었다는 관념은 한편으로 역사를 단축하고 근대도시의 특성들을 중세도시 속으로 逆투영하는 오류이고, 다른 한편으로 (…) 유럽적인 모든 것 안에서 '자유'를 보고 동양적인 모든 것 안에서 '전제정'을 보는 것은 보다 일반적인 전파론적 오류(diffusionist error)다.[1069]

여기서 '전파론적 오류'란 유럽제국諸國 간에 사실상의 엄청난 문화격차에도 불구하고 서유럽의 높은 문화가 동유럽과 남유럽에도 다 전파되어 유럽제국의 문화가 등질

1069) Blaut, *Eight Eurocentric Historians*, 27-28쪽.

적일 것이라고 믿고 동양은 서양과 반대로 한 지역의 낙후한 문화가 모든 지역으로 전파되어 균등하게 낙후할 것이라는 오류를 말한다. 블라우의 이 비판은 실로 베버에게 치명이다.

(4) 부기제도의 결여

베버는 복식부기와 회계체계는 서구에서만 기원하고 발달했다는 주장에 부응하는 명제로서 "최종적으로 진짜 기술적으로 완전한 가치를 갖는 어떤 상업적 기록체계·계산체계·부기체계도 자체로부터 발생하지 않았다"고[1070] 주장한다. 부기경리가 그의 합리적 근대자본주의 테제의 지주인 한에서 부기의 부재는 근대자본주의의 부재와 등치되는 '최대의 결함' 현상이다.

그러나 베버의 이 주장이 사실무근임은 앞서 상론했다. 중국은 이탈리아 복식부기보다 더 우수한 복식부기인 '용문장龍門帳'과 '사각장四脚帳'을 1500년대 말엽(명말·청초)부터 20세기 초까지 중단 없이 보편적으로 사용했고, 한국도 서양보다 200년 앞서 서양복식부기보다 우수한 고유의 복식부기법 '사개송도치부법四介松都置簿法'을 사용했으며, 일본도 '대복장大福帳' 등의 회계법과 복식부기법을 사용했다. 중국에서 "최종적으로 진짜 기술적으로 완전한 가치를 갖는 어떤 상업적 기록체계·계산체계·부기체계도 자체로부터 발생하지 않았다"는 베버의 이 중국비하는 중국에서 "화폐경제의 발달도 자체로부터 발생하지 않았다"는[1071] 그의 다른 어처구니없는 주장만큼이나 실로 비판할 가치도 없는 허황된 주장일 뿐이다. 따라서 그의 저 치기癡氣어린 허언 명제에 대한 비판을 여기서 반복할 필요가 없을 것이다.

(5) 합리적 과학기술의 부재

베버는 '근대과학', 즉 합리적 실험과 수리적 토대에 기초한 '근대적 자연과학'과

1070) Weber, *Konfuzianismus und Taoismus*, 530쪽.
1071) Weber, *Konfuzianismus und Taoismus*, 529쪽.

체계화(Systematik)와 합리적 개념들에 근거한 '근대적 사회과학'은 오로지 서구에서만 발전되었다고 생각한다.[1072] 중국에서는 "모든 자연과학적 인식이 결여된 상태에서 (…) 근대적 서구유형의 합리적 경제와 기술이 간단히 배제되어 있었다".[1073] 베버는 "과학주의적인(*scientistisch*) 유럽적 자본주의 영리 "기업"의 "합리적 제형태"가 "(중국) 그 자체로부터 발생하지 않았다"거나, "경험적·자연과학적인, 그리고 지리학적 지향, 교육의 목적으로서의 현실주의적 사유와 전문지식의 각성적 명백성은 청교도 집단들, 특히 독일에서 경건주의 교파집단에 의해 처음 계획적으로 마련되었다"고 말하는 간접적 방식으로 근대적 자연과학의 결손으로 인해 중국자본주의의 자생적 흥기가 불가능했다고 말한다.

그러나 자본주의의 기술발전은 처음에 생산현장에서 경험적으로 획득되는 기술들(*technics*)에 의해 이끌어졌고, 자연과학이나 과학적 공학(*technologies*), 즉 '과학기술'에 의해 주도되지 않았다. 따라서 기술과 과학의 관계도 처음에는 기술이 순수한 자연과학의 진보를 이끌었고, 나중에야, 즉 20세기 중반부터야 비로소 순수한 자연과학이 기술발전을 이끌 수 있었다. 자연과학이 기술발전을 주도한 것은 최근의 일인 것이다. 따라서 18-19세기에 자연과학이 수리적 정초와 합리적 실험의 방향으로 근대화되지 않았어도 이것이 중국의 기술적 낙후성의 원인일 수 없었다. 이런 까닭에 17세기 말엽 라이프니츠가 중국의 자연학적 지식과 산업기술·의술이 유럽보다 앞섰다고 말했고, 상론했듯이 『국부론』에서 아담 스미스는 이미 영국과 극서제국이 산업혁명의 불씨를 일으키기 시작한 18세기 말엽에도 "중국은 제조기술과 산업에서 (…) 유럽의 어떤 지역에 비해서도 열등하지만 그렇게 많이 열등하지는 않은 것으로 보인다"고[1074] 평가했던 것이다. 케네스 포머란츠의 최근 연구도 유럽과 중국의 제조기술적 유사성을 강조한다. 18세기 중국은 부유했고 기술적으로 건전했으며 전근대적 기준으로 보면 고도로 탈脫문맹적(*literate*)이었고, 사업에 능했다. 그리하여 포머란

1072) Weber, *Die protestantische Ethik und der Geist des Kapitalismus*, 1-2쪽.
1073) Weber, *Konfuzianismus und Taoismus*, 513쪽.
1074) Smith, *Wealth of Nations*, I. xi. g. 28, 224쪽.

츠는 18세기 유럽인들이 전체적으로 중국인들보다 더 생산적이었다는 것은 개연성이 없어 보인다고 단언한다.[1075]

베버는 중국 산업기술의 발전, 또는 기술의 산업적 활용이 '미신적 점술' 때문에 더디거나 퇴행한 것으로 이해한다. 그는 중국에서 "순수한 경제적 목적에서 이루어진 수많은 기술적 발명들의 지극히 제한된 이용만이 있었을 뿐이다"고 말하면서[1076] 이렇게 부연한다.

> 가령 광산기업의 후진성(전황錢荒의 원인), (소위 코크스사용에 대한 지식에도 불구하고) 제철을 위한 석탄의 불용不用, 항해를 전통적 형태와 수로의 내륙항해에 점차 제한한 것 등은 기술적 재능이나 발명재간의 부족으로 귀인歸因될 수 없다는 사실은 중국인들의 발명들로부터 명약관화하게 드러난다. 풍수風水, 온갖 점술, 수수료 이문 - 주술과 국가형태의 산물들 - 이 결정적이었다.[1077]

베버는 발전된 기술이 점차 점술을 추방하는 것이 아니라 점술이 기旣발명된 신新기술들을 퇴출시킬 수 있는 것처럼 아주 '요상한' 논법을 구사하고 있다.

그러나 베버는 중국에서 기旣발명된 선진적 기술들이 경제적으로 이용되지 못하는 진짜 이유가 저급한 자연과학이나 미신의 창궐 때문이 아니라 항구적 수요의 부족 때문임을 의도치 않게 누설한다.

> 우리에게서(유럽에서 - 인용자) 자본주의적 복속을 이끈 선대제가 (중국에서는) 외관상 - 이것이 가령 원격판매업에서 양적으로 상당히 발전된 - 현재까지도 조직적으로 아직 상인에 대한 수공업자의 순수한 사실적 종속의 여러 형태 속에 박혀 있었고, 단지 분산된 중간 장인작업소와 중앙판매사무소를 가진, 가내노동에 이르기까지의 개인업종에서만 발달했

[1075] Kenneth Pomeranz, *The Great Divergence: China, Europe, and the Making of the Modern World Economy* (Princeton: Princeton University Press, 2000), 43-68쪽.
[1076] Weber, *Konfuzianismus und Taoismus*, 529쪽.
[1077] Weber, *Konfuzianismus und Taoismus*, 529쪽 각주1).

을 뿐이다. 우리가 보았듯이, 일반적으로, 그리고 특히 규정된 품질에서 종속인들(선대주에 종속된 수공업자들)의 성과와 물품수량·납품기한을 강제할 아주 근소한 가능성(Chance)은 물론 선대제의 전진을 결정적으로 제한했다. 사私자본주의적 대규모 매뉴팩처들은 외관상 역사적으로 그 존재가 거의 입증될 수 없고, 대량품목도 그럴 개연성이 없다. 왜냐하면 항구적 시장이 없었기 때문이다. 섬유산업은 가내수공업에 대항하기 어려웠고, 오직 비단만이 그 시장을, 또한 원격시장도 가졌을 뿐이다. 그러나 후자는 황제의 오이코스의 비단카라반에 의해 점령당했다. 금속산업은 광산의 큰 비생산성 때문에 단지 사소한 수준만을 점할 수 있었을 뿐이다.1078)

여기서 "섬유산업은 가내수공업에 대항하기 어려웠다"는 말은 그릇된 것이다. 수백 명을 넘는 임노동자를 대량으로 고용하고 반자동 면사기술을 이용한 대규모 섬유산업이 항주·소수·광주·남경 등지에는 발달해 있었기 때문이다. "오직 비단만이 그 시장을, 또한 원격시장도 가졌다"는 말도 그릇된 것이다. 비단만이 아니라 각종 면직물이 국내시장을 위해 전국에서 생산되었다. 그리고 비단과 면직물 둘 다 유럽에도 시장이 있었다. 청대의 전체 경제에서 면화는 비단보다 훨씬 더 중요했다. 면화가공업은 18세기 중국 제조업에서 가장 큰 규모를 차지했기 때문이다. 면화가공은 비단가공보다 지리적으로 훨씬 더 넓게 확산되어 있었다. 면화는 중국의 3분의 1의 성省에서 수확되었다. 그리고 17-18세기에는 5분의 3의 성에서 면직물을 생산했다. 이것은 원자재 목화를 원방으로부터 가져와 면화를 직조했다는 것을 뜻한다. 중국에서 면화가공업은 원자재가 시장을 매개로 공급되거나 외국으로부터 공급되는 곳에서도 발전했다. 대략 양자강 이북에서 면화 농사는 공업적 가공보다 더 중요했던 반면, 양자강 이남지역에서는 반대였다. 도시와 농촌에서의 면사방적업과 면직방직업의 광범한 확산의 전제는 지역간 원거리 교역이었다.1079) 비단과 달리 목화가공은 일반적으로 가계의 범위를 떠나지 않았다. 방적과 방직은 농가의 가내수공업에서 동일한 생산단

1078) Weber, *Konfuzianismus und Taoismus*, 387쪽.
1079) Jürgen Osterhammel, *China und Weltgesellschaft: Vom 18. Jahrhundert bis in unsere Zeit* (München: C. H. Bech'sche Verlagbuchhandlung, 1989), 60쪽.

위로 통합되어 있었다. 따라서 면사의 교역은 거의 없었고, 목화와 면직만이 시장에서 활발하게 교역되었다. 따라서 목화가공 대기업은 19세기 후반 증기방직기의 도입 시까지 알려진 바 없었다. 1883년 이전의 그 고운 중국 면직물들은 모두 농가의 손기술로 짠 것들이었다.[1080)

비단만이 아니라 중국의 이 고운 무명도 유럽에서 대단히 큰 판로가 열렸다. 1730년경 처음으로 극서제국은 중국의 무명을 수입했다. 18세기 후반에는 '난킨(nankeen)무명'의 수입이 급증했다. 수입무명은 모두 양자강델타에서 자연적 황색 면화로 방직된 고운 무명이었다. 중국의 가내수공업에서 단순한 수공업적 도구로 생산된 이 고운 무명의 수출은 1810년과 1830년 사이에 최고조에 도달했다. '난킨무명'은 영국의 산업혁명 이후 생산되기 시작한 영국 섬유산업의 명주를 질적으로 능가했다.[1081) 그리하여 18세기 말경 중국 명주의 생산규모는 아주 크게 증가했고, 이 때문에 중국은 영국이 아메리카로부터 수입하는 것보다 더 많은 목화를 인도로부터 수입하고 있었다.[1082)

그리고 "비단만이 원격시장을 가졌고" 또 "황제의 오이코스의 비단카라반에 의해 점령당했다"는 베버의 말은 오히려 황제의 비단오이코스가 비단을 민간기업에서 구매하는 방향으로 축소되거나 해체되었고 또 무명도 대규모로 유럽으로 수출되고 있었기 때문에도 그릇된 것이지만, 비단과 무명 외에 수많은 공예사치품들이 유럽으로 수출된 사실을 상기하면 턱없이 빗나간 허언이다. 도자기, 법랑, 단자, 금수, 친츠(꽃무늬 무명커버), 칠기가구(가리개·장식장[캐비닛]·트렁크 등), 꽃무늬벽지, 병풍, 그림이 그려진 양초, 그리고 차(茶)·식초 등은 유럽에서 시누아즈리의 단골메뉴들이었다.

그리고 "금속산업이 단지 사소한 수준만을 점한 것"은 "광산의 큰 비생산성 때문"이 아니었다. 철에 대한 신규 수요가 빠르게 증가하지 않았기 때문이었다. 강철과 주

1080) Osterhammel, *China und Weltgesellschaft*, 60-61쪽.
1081) Osterhammel, *China und Weltgesellschaft*, 62-63쪽.
1082) Hobson, *The Eastern Origins of Western Civilization*, 72-73쪽.

철을 대량으로 소요하는 기계제조업이 새로 크게 흥기하지 않는 한 이 수요는 더이상 확대될 수 없었다. 기계제조업의 흥기는 기계적 산업화와 공장제 자본주의를 함의하고, 인구가 폭증하고 내수시장의 확대가 미미한 상태에서 이 공장제 자본주의는 곧 과잉생산과 대량실업·대량아사의 위험을 내포하고 있었다. 이런 까닭에 중국은 중국주민들을 대량 실업시키고 대량 아사시킬 위험한 공장제 자본주의를 피하고 기존에 발명되어 쓰이던 많은 복잡한 기계들도 퇴출시키는 기술절약적·노동집약적 네트워크 브랜드 자본주의로 나아갔던 것이다. 그리하여 기계의 이러한 점진적 퇴출로 인해 금속수요의 증가율도 미미했고, 이 때문에 "금속산업이 단지 사소한 수준만을 점했던 것"이다.

가내수공업 작업장으로부터 시작해서 수많은 중간 가공작업장(가령 무명염색 업소, 염색된 무명을 바래는 작업장, 말리고 다리는 작업장, 자호字號인쇄 작업장, 포장작업장, 수송업소 등)을 거쳐 전국에 흩어져 있는 소매상들에 이르는 자호(브랜드)상인 주도의 전국적 원격생산·소매상 연결망을 가진 기술절약적·노동집약적 네트워크 자본주의는 위 인용문에서 보듯이 베버도 슬쩍 언급하고 있으나 그는 이것을 서양의 '선대제'로 오인해서 네트워크 자본주의를 전前자본주의적 생산행태로 잘못 파악하고 있다. 베버는 유럽에서 자본주의적 포섭을 이끈 "선대제가 중국에서는 원격판매업에서 양적으로 상당히 발전된 현재까지도 조직적으로 아직 상인에 대한 수공업자의 순수한 사실적 종속의 여러 형태 속에 박혀 있었고, 단지 분산된 중간 장인작업소와 중앙판매사무소를 가진, 가내노동에 이르기까지의 개인업종에서만 발달했을 뿐이다"라고 말하고 있다.

그러나 이 생산방식은 '선대제'가 아니었다. 서양 선대제의 상인은 자기의 상품 브랜드가 없는 도매대상인이었다. 반면, 중국의 네트워크 생산방식을 주도한 자호字號상인은 전국적으로 유명한 자호(브랜드)를 가지고 멀리 떨어진 소매점포들의 전국적 원격 연결망을 가진 소매상인이었다. 서양 선대제의 도매대상인은 고리대업을 겸업했다. 반면, 중국의 자호상인은 고리대업을 일절 손대지 않았다.

자호상인이 주도하는 네트워크 생산방식의 브랜드 자본주의 제품이 면직물인 경우에 목화의 방적·방직은 2-3명의 가족구성원들이 일하는 수천 가구의 비자본주의적 가내수공업에서 이루어졌고, 염색·표백 등 중간 가공작업은 작업장마다 20-30명 안팎의 일꾼들이 일하는 수백 개소의 자본주의적 소기업들의 연결망에 의해 이루어졌고, 이 면직물을 파는 전국적 소매상들도 대체로 7-8명 안팎의 판매노동자를 가진 자본주의적 소기업이었다. 따라서 자호상인 주도의 네트워크 생산방식은 수천개소의 자본주의적 소기업들의 대규모 집체였다. 자호상인 주도의 광역 네트워크 생산방식은 중국특유의 브랜드 자본주의였다. 이 네트워크 브랜드 자본주의는 케네스 포머란츠가 지적하듯이, 그리고 아편전쟁 이후 중국시장이 개방되었을 때 입증되었듯이 품질과 가격 면에서 서양의 공장제 자본주의를 능가했다. 자호상인 1인이 주도하는 자본주의적 네트워크 집체에는 대개 2만 명가량이 종사했고, 그 연결과 조직은 계약을 바탕으로 하는 까닭에 수평적 협력관계, 즉 느슨하고 '강제가 아주 근소한' 자유로운 협력관계였다.

'자호상인 주도의 광역 네트워크 생산방식'은 그 자체가 이미 수천 개소의 작업장의 소小자본주들과 2만여 명의 임금노동자들이 일하는 자본주의적 생산방식이기 때문에 자본주의적 성격을 갖추기 위해 자본주의 생산방식(매뉴팩처나 공장)으로 전환될 필요가 없었다. 그러나 서양의 선대제는 선대자본가와 계약관계에서 일하던 수공업자들이 일감부족과 생계난으로 인해 자기들의 소규모 개인작업장을 치우고 이 선대자본가가 마련한 큰 작업장으로 이동해 임금노동자로서 일함으로써 자본주의 매뉴팩처로 전진하게 되는 과도기적 생산방식이었다. 베버는 중국의 네트워크 자본주의를 이런 서양 선대제로 오인하고 중국의 선대제가 "일반적으로, 그리고 특히 규정된 품질에서 종속인들(선대주에 종속된 수공업자들)의 성과와 물품수량·납품기한을 강제할 가능성"이 "아주 근소하기" 때문에 선대제가 발전해서 매뉴팩처로 "전진"할 길이 "결정적으로 제한되었다"고 푸념하고 있다. 그리고 나서 바로 베버는 "사私자본주의적 대규모 매뉴팩처들은 외관상 역사적으로 그 존재가 거의 입증될 수 없고, 대량품목도 그럴 개연성이 없다"는 말로 중국에 공장제수공업(매뉴팩처)이 부재하다는 것을 확인하고 중국자본주의의 불발을 확신했다.

한편, "중국에 대규모 매뉴팩처의 존재가 입증되지 않는다"는 베버의 관측은 사실과 배치될 될 뿐만 아니라 그의 다른 관측과도 모순된다. 그는 바로 옆에서 이렇게 말하고 있다. "다른 한편으로 도시의 영업적 개별 장인기업들과 나란히, 특유하게 종종 폭넓은 수공업적 분업체계를 갖춘, 그리고 종종 기술경영과 상업경영의 철저한 전문화를 갖춘, 그리고 부분적으로(그리고 명의상으로) 자본지분의 기준과 특수한(가령 상인적 또는 기술적) 성과의 기준에 따른 이윤배분 체계를 갖춘 공동작업장 안에 소小자본주의적 (협업체적) 기업공동체들(Betriebsgemeionschaften)이 존재했다."[1083] 뒤에 상론하듯이 19·20세기까지도 강력한 수요가 여전하고 더욱이 확대일로에 있던 차·약제·비단과 같이 특수한 품목의 생산분야에서는 '공동작업장 안에 소小자본주의적 기업공동체들'이 집합한 대규모 매뉴팩처들이 등장해 번성했다.

베버의 위 인용문에서 유일하게 올바른 관찰은 "항구적 시장이 없었다"는 것이다. 점술의 창궐이나 과학기술의 부재가 아니라 바로 이 '수요의 부족'이 중국에서 기旣발명된 선진적 과학기술들이 경제적으로 이용되지 못하고, 오히려 기존의 기계마저도 점차 퇴출시킨 기술절약적·노동집약적 네트워크 자본주의가 발달하게 된 진짜 이유였던 것이다. 중국에서 18세기 들어 왜 갑자기 전반적으로 수요가 줄어들었는가는 별도로 논구해야 할 근본문제다.

(6) 전쟁자본주의와 대외적 노획자본주의의 부재

막스 베버는 자생적 중국자본주의의 불발의 또 다른 이유로 중국에서 전쟁자본주의와 대외적 노획자본주의의 부재를 든다. 이곳에서 베버가 프로테스탄티즘의 포장으로 교묘하게 은폐했던 그의 근대자본주의론의 이론적 '부도덕성'이 노골적으로 폭로된다. 베버는 중국이 영토적 방대성의 지리적 조건과 중국사회의 유교적 평화주

1083) Weber, *Konfuzianismus und Taoismus*, 387쪽.

의 성격 때문에 전쟁자본주의와 식민지약탈의 대외적 노획자본주의를 결여했고 이 때문에 자본주의 발전에 필수적인 '정치적 전제조건들'을 결했다고 말한다.

> 실질적 개인화와, 자의로부터 독립한 사법司法처럼 자본주의를 위한 정치적 전제조건들도 결여되어 있었다. 분쟁이 결여된 것은 아니었으나 (…) 천하제국 안에서의 평화적 안정 이래 합리적 전쟁이 결여되었고, 훨씬 더 중요한 것인 바, 이 전쟁을 끊임없이 준비하는, 상쟁하는 여러 독립국가들의 무장평화(der bewaffnete Friede)도 결여되었고, 이것에 제약된 유형의 자본주의적 현상들, 즉 전쟁공채와 전쟁목적의 국가납품도 결여되었다. 서구의 특수한 국가권력들은 자유이동하는 중세와 근대에서처럼 (세계제국 이전의) 고대에 자본을 둘러싸고 경쟁해야 했다. 로마 세계제국에서처럼 이 경쟁이 중국의 통일제국에서도 탈락했다. 이 통일제국에는 해외관계와 식민관계가 마찬가지로 결여되었다. 이것은 고대와 중세 서구에서 근세 서구와 공통되었던 그 모든 종류의 자본주의의 발전에 대해, 즉 해적행위와 결부된 지중해연안 나라들의 해외무역·식민자본주의가 전개했던 노획자본주의의 변종들의 발전에 대해 제동장치였다. 이것은 부분적으로 방대한 국내영토라는 지리적 조건에 기인한다. 그러나 부분적으로, 우리가 보았듯이, 해외확장의 한계는 거꾸로 중국사회의 일반적인 정치경제적 성격에서 결과하는 현상이었다.[1084]

여기서 베버는 유혈낭자한 전쟁과 식민주의적 약탈·해적질·노획·해외식민지정복을 실질적 개인화·합리적 법제·사법司法이라는 사회적·법적 전제조건과 맞먹는, 근대자본주의의 발흥에 필수적인 "정치적 전제조건들"로 이해하고 있다. "해적행위와 결부된 지중해연안 나라들의 해외무역·식민자본주의가 전개했던 노획자본주의의 변종들의 발전"은 고대·중세·근대의 온갖 유형의 유럽자본주의의 발전에 "공통된" '정치적 조건들'이라는 것이다. 여기서 베버의 논지의 핵심은 중국에는 평화통일이 지배하게 되어 이런 유혈낭자한 부도덕한 행위들이 결여되어 근대자본주의의 자생적 발흥이 불가능했다는 것이다.

그러나 일단 역사적 사실을 확인하면 중국은 주변의 이민족들 때문에 실질적으로

1084) Weber, *Konfuzianismus und Taoismus*, 394쪽.

평화적 안정상태에 이른 적이 없었다. 청대 중국의 강희·옹정시기에도 중국정부는 끊임없이 원정 중에 있었다. 건륭연간에도 중국은 1754년부터 1792년까지 무려 36년간 티베트·서역·안남에서 10회의 전쟁을 치렀다. 이 점은 베버도 다른 곳에서 "고대 바빌론 시대와 유럽적 고대 이래 도처에서 과거시대 전체에 걸쳐 근대와 공통된, 정치적으로 산출된 자본주의를 발생하게 한 그와 같은 정치적 정황들, 즉 경쟁하는 국가들의 전쟁과 전쟁준비를 중국도 과거에 마찬가지로 충분히 알고 있었다"고[1085] 자기도 모르게 실토함으로써 "세계제국 안에서의 평화적 안정 이래 합리적 전쟁도, 이 전쟁을 끊임없이 준비하는, 상쟁하는 여러 독립국가들의 무장평화도 결여되었고, 이것에 제약된 유형의 자본주의적 현상들, 즉 전쟁공채와 전쟁목적의 국가납품도 결여되었다"는 자신의 논변을 부정해버리고 있다. 그리고 "합리적 전쟁"이라는 그의 표현은 전쟁을 두고도 수익성을 따지는 그의 '쫀쫀한' 자본주의론의 부도덕성을 응축하고 있다.

그리고 중국에도 해적자본주의가 없었던 것이 아니다. 정화鄭和(1371-1433)의 7차에 걸친 30년 대항해(1405-1433)로 한때 해상제국으로 부상했던 명나라는 1433년 이후 인도양으로 더이상 원정대를 파견하지 않았고 1436년에는 새로운 해양항해용 선박의 건조를 금하는 칙령일 발령했다. 해군인원은 대운하의 내륙수로를 오가는 선박들에 배치하라는 명령이 내려졌고, 해양항해용 전함들은 대체 없이 녹슬어 무너져 내리도록 방치되었다. 조선기술은 곧 사라지고 16세기 중반경 중국수군은 연안 해적도 막지 못할 정도로 영락했다.[1086] 그러자 중국연안에는 중국해적들과 왜구들이 들끓기 시작했다. 그러나 해도海盜들과 해적무역상들은 중국자본주의의 발전에 도움이 되기는커녕 적해賊害가 되었다. 한때 동서무역의 중심지였던 천주泉州는 1522년 연안해적들로 인해 무역항구로서 문을 닫아야 했기 때문이다. 그럼에도 명대 중국정부는 1567년 해금海禁정책을 철폐했다. 그러자 해적들이 더욱 들끓었다.

역대 중국에서 가장 유명한 대기업형 해적은 가정제·만력제 치세(1521-1620)에 광

1085) Weber, *Konfuzianismus und Taoismus*, 535쪽.
1086) McNeill, *The Pursuit of Power*, 46쪽.

동·복건·대만과 태국 푸타니를 주름잡은 조주인潮州人 임도건林道乾과 임봉林鳳이었다. 임도건 무리는 1572년경 500-600명에 지나지 않았으나 조주·혜주惠州 일대의 어민이 합세해 1만 명으로 증가했다. 임도건은 30년 동안 바다를 주름잡으며 절강·남직예·광동·복건성 연안에 큰 피해를 입혔다. 그럼에도 임도건은 주민들에게 '전설'이 될 만큼 인기를 누렸다. 이에 명국 정부는 1574년 총병 호수인胡守仁을 보내 이들을 토벌했다. 그러자 임도건 무리는 팽호도와 대만을 거쳐 필리핀으로 본거지를 옮겼다. 이들은 1574년 11월에 류손 부근에서 스페인 함대와 전투를 벌이기도 했고, 임봉은 400명을 이끌고 마닐라를 공격하기도 했다. 임봉은 반년 정도 필리핀에서 활동하다가 1575년 8월에 대만으로 돌아왔다. 그러나 호수인의 공격으로 대만 거점이 위협받자, 임도건과 임봉은 태국 푸타니로 가서 그곳을 거점으로 눌러앉았다. 이후에도 중국연안과 남중국해에는 해적들이 들끓었다. 그러나 이런 해적들과 해적무역상들은 자본주의를 흥기시킨 것이 아니라 오히려 해상무역에 바탕을 둔 중국 상업자본주의의 흥기를 가로막았다.

그런데 베버는 서구의 부기경리적·합리적 근대자본주의를 개신교도들의 근면한 자유노동과 금욕의 산물로 미화하는 것과 나란히 이런 해적·전쟁·식민·노획자본주의를 '비非근대적' 또는 '전근대적' 자본주의로 격하했었다. 해당부분을 다시 인용해보자.

> 이런 유형의 기업가형 모험가들, 즉 자본주의적 모험가들은 전 세계에 존재해왔다. 이 모험가들의 기회는 - 상업과 신용·은행업무를 제외하면 - 강세에 따라 순수한 비합리적·투기적 성격을 가졌거나, 폭력을 통한 영리획득, 특히 노획적 영리획득으로서의 한탕주의적 전쟁노획물 또는 오래 끄는 재정적 노획물(식민약탈)을 지향해 있었다. 평화시기에도 이미 건설자자본주의, 대투기자자본주의, 식민자본주의, 근대적 재정조달자본주의는, 그래도 무엇보다 모든 특유한 전쟁지향적 자본주의는 현재 동양에서도 때로 이 형태를 띠고 있고, 국제적 대상업의 개별적 부분들 - 오직 이 개별적 부분들만 - 은 예나 지금이나 이 전쟁지향적 자본주의와 가깝다. 그러나 서구는 근대에 이것 외에도 완전히 다른, 그리고 지

구상에서 어디에서도 발전되지 않은 유형의 자본주의, 즉 (형식적으로) 자유로운 노동의 합리적 자본주의 조직을 알고 있다. 다른 곳에서는 이 자유노동의 전前단계들만이 발견된다. 심지어 부자유노동의 조직도 플랜테이션농장에서만은, 아주 제한된 정도로 고대의 작업장에서도 일정한 합리성 단계에 도달했고, 근세초)에 농노노동이나 예종노동을 쓴 부역농장과 장원공장이나 지주적 가내공업들에서는 훨씬 더 적은 합리성 단계에 도달했다.1087)

베버는 "전쟁지향적 자본주의"를 "지구상에서 어디에서도 발전되지 않은 유형의 자본주의, 즉 (형식적으로) 자유로운 노동의 합리적 자본주의 조직"과 구별하고 비합리적·투기적·전근대적 자본주의로 낙인찍으면서도 중국 자본주의 불발을 "천하제국 안에서의 평화적 안정 이래 합리적 전쟁"과 "이 전쟁을 끊임없이 준비하는, 상쟁하는 여러 독립국가들의 무장평화"의 "결여" 탓으로 돌리고 있다. 그러나 다른 곳에서 그는 '평화적 안정'을 근대 자본주의의 기회로 언급한다. "자산축적과 자본증식의 이 본질적인 정치적 방향(경쟁하는 국가들의 전쟁과 전쟁준비- 인용자)이 나중에 사라진 것이 근대에 북미에서 전쟁조직의 거의 완전한 결여가 거기에서 고도의 자본주의 발전에 가장 자유로운 공간을 제공한 것처럼 자유교역을 지향하는 특유한 근대적 자본주의에 대해 보다 유리한 기회를 줄 것이라고 생각할 수 있었을 것이다."1088) 그야말로 베버의 중국자본주의불발론은 이렇게 온통 좌충우돌로 점철되어 있다.

한편, 베버는 유럽에서 "농노노동이나 예종노동을 쓴 부역장원과 장원공장이나 지주적 가내산업들"이 '근세초'에만 잠시 있었던 것인 양 자신과 독자를 기만하고 있다. 프로이센 융커들의 이런 신분제적 종속노동공장과 가내산업들은 1945년 종전 직전까지 대규모 존재했다.1089) 따라서 베버는 이 사실을 숨기고 자기가 살던 1910년대

1087) Weber, *Die protestantische Ethik und der Geist des Kapitalismus*, 7쪽.
1088) Weber, *Konfuzianismus und Taoismus*, 535쪽.
1089) 참고: Jürgen Kocka, *Weder Stand noch Klasse: Unterschichten um 1800* (Bonn: Verlag J. H. W. Dietz Nachf., 1990), 156쪽; Kocka, Arbeitsverhältnis und Arbeitsexistenzene, 125-127, 152, 173, 358쪽; Tai-Youn Hwang, *Herrschaft unf Arbeit im neueren technischen Wandel* (Frankfurt am Main·Bern·New York·Paris: Peter Lang, 1992), 44-54쪽; 황태연, 『지배

의 서구 임금노동자들이 다 신분적으로 자유로운 노동자인 양 '사기'치고 있다. 심한 비방으로 들릴 만큼 감히 '사기'라고 표현하는 것은 베버 자신이 프러시아 작센지방 출신 독일인으로서 엘베강 동쪽 프러시아 융커들의 퇴행적·봉건적 고루성과 이런 융커들에게 복속된 노동자들의 신분적 예종상태를 누구보다도 잘 알고 있었을 것이기 때문이다.

아무튼 베버는 위 인용문에서 '자유노동조직' 규정을 내세워 (바로 뒤에 '합리적 부기'도 덧붙인다) 전쟁·식민·노획자본주의를 '전前근대적' 자본주의로 치고 있다. 그러나 그도 인정하듯이 12세기 이래, 특히 17세기 이래 중국은 프러시아의 저런 과도기적 예종노동자도 존재하지 않았고 모든 중국노동자들은 신분적으로 자유로웠다. 군소기업소에 고용된 중국 임금노동자는 전국적으로 예외 없이 자유로운 노동자들이었다. 따라서 합리적 부기는 말할 것도 없고 자유노동조직도 결코 서구적 근대자본주의만의 특징일 수 없는 것이다.

베버가 여기서 전쟁·식민·노획자본주의를 전근대적 자본주의로 내몰았다가 중국자본주의불발론을 개진할 때는 이것을 중국에 결여된 근대 자본주의의 필수불가결한 '정치적 전제조건'으로 규정하는 것은 불가피하게 두 가지 부도덕성의 혐의를 불러일으킨다. 첫째, 베버는 전쟁·노획자본주의의 전근대성을 운위함에도 불구하고 그가 근면한 자유노동의 금욕적 근대자본주의의 포장 아래 그 본질을 감춘 소위 '근대'적이라는 서구자본주의의 기원적·본질적 정체正體가 - 마르크스가 주장하듯이 - 실은 식민지정복전쟁·약탈·인간사냥(노예화)·노획자본주의'라는 비윤리적 사실을 '실수'로 자인·토설하고 있다. 둘째, 그는 중국에 대해서도 중국인들이 노골적으로 전쟁·노획자본주의를 일으켰어야 하는데도 유교의 도덕적 평화주의 때문에 이것이 결여된 통에 근대자본주의가 불발하고 말았다는 부도덕한 비판을 제기하고 있다. 베버의 자본주의론은 아무런 설명력도 갖추지 못했으면서도 이런 반도덕적·비윤리적 논리를 깊이 은닉한 인면수심의 사이코패스적 자본주의론인 것이다. '합리성'과 '합

와 이성』, 95-112쪽; 황태연, 『한국 근대화의 정치사상』 (파주: 청계, 2018), 95-99쪽.

리주의'를 광신狂信하는, 따라서 그렇지 않아도 그 인격이 의심스럽던 광신적 합리주의자 베버의 정체가 이쯤이면 백일하에 드러난 것이 아닐까?

카를 마르크스는 서양자본주의의 시원적 축적기에 전쟁·식민·노획자본주의의 결정적 역할을 강조했다. 그러나 이 전쟁·식민·노획자본주의가 산업자본주의로의 신속한 이행까지 보장하는 것은 아니다. 따라서 전쟁·식민·노획자본주의의 부재를 중국의 근대적 산업화의 불발 원인으로 거론해서는 아니 될 것이다. 이 논변의 타당성은 오늘날 재부상한 극동제국보다도 가난한 스페인과 포르투갈이 일찍이 프랑스와 영국보다 방대한 식민지체계와 전쟁·노획자본주의를 운영했음에도 산업자본주의로의 이행에 실패한 사실에서 익히 알 수 있다.

"폭력정치적 기업조직이나 불합리한 투기기회를 지향하는 것이 아니라 재화시장의 기회를 지향하는 기업조직"과 복식부기를 갖춘 근대자본주의는[1090] 오늘날 전쟁·식민·노획 범죄를 자행하지 않고도 모험적 운동을 멈추지 않고 극서에서만이 아니라 극동에서도, 특히 극동에서 이전시대보다 더 큰 번영을 구가하고 있다. 베버가 생각하듯이 '모험'은 반드시 폭력적인 것이 아니다. 세계시장과 국내시장에서 벌어지는 '경쟁'이 평화적인 한에서 이 시장에서 감행되는 '자본주의적' 모험도 어디까지나 '평화적 모험'이다. 베버 자신도 "경쟁"을 "평화적 투쟁"으로 정의한 바 있다.[1091] 그는 근대자본주의의 이 본질적 '모험성'을 간과하거나 의도적으로 '전근대성'으로 낙인찍기 때문에 중국기업들이 모험적이지 않고 '안주적安住的'이었다는 사실에 주목하지 않았다. 따라서 그는 중국이 아편전쟁에 패해 국내시장을 개방당하고 서양상품이 쇄도하기 이전까지 지속된 중국자본의 그 체질화된 '안주성'을 간파하지 못했던 것이다. 그는 중국 상업자본가들의 모험적 해외진출이 19세기 말까지 지체된 진정한 이유를 알지 못한 것이다.

지금까지 할 수 있는 한 최대로 철저하고 정밀한 해부를 통해 얻어진 명확한 결론은 베버의 중국자본주의불가론이 중국의 고도로 상업화된 시장경제와 맹아적 산업

[1090] Weber, *Die protestantische Ethik und der Geist des Kapitalismus*, 7-8쪽.
[1091] Weber, *Wirtschaft und Gesellschaft*, 20쪽.

자본주의가 자체동력으로 신속히 '네트워크 브랜드 자본주의'로 이행한 역사적 사실을 시야에서 완전히 놓쳤다는 것, 그리고 중국 자본가들이 예외적으로 몇몇 불가피한 생산부문을 제외하고 전반적으로 '매뉴팩처'나 '공장제 자본주의'로의 이행을 기피한 이유를 설명하는 데 실패했다는 것, 그리고 그의 주요논변이 어느 대목을 보더라도 근거가 전무하고 앞뒤가 맞지 않는 기만적이고 부도덕한 주장들로 짜였다는 것이다.

베버는 아담 스미스와 카를 마르크스처럼 브랜드 자본을 몰랐고 따라서 거대 브랜드 소매상인들이 주도하는 브랜드 자본주의를 몰랐을 뿐만 아니라 그 희미한 관념도 없었다. 이런 까닭에 베버는 중국인들이 20세기 말에야 미국의 거대 소매자본가들(브랜드 빅바이어들)이 추구하는 국제적 네트워크 생산방식의 브랜드 자본주의를 이미 명대 말부터 선취한 사실을 알 수 없었다. 따라서 그는 중국인들이 공장제 자본주의 대신 발전시킨 자호상인 주도의 광역 네트워크 생산방식의 브랜드 자본주의를 시야에서 놓친 채 공연히 중국에서 거대 공장만 찾다가 찾지 못하자 중국 자본주의가 불발했다고 결론지었던 것이다.

그간 동서양의 거의 모든 비非마르크스주의적 또는 반反마르크스주의적 사회과학자들은, 아니 심지어 적지 않은 마르크스주의자들도 베버의 '지식사기'에 속아 넘어갔다. 적어도 19세기 이래 서양학자들은 서양문명의 아전인수식 자화자찬과 다른 문명들에 대한 유럽중심주의적 비하와 경멸을 체질화하고 있기 때문에 자문화주의적 우호심리에서 이 '지식사기'에 속아 넘어갈 강력한 내적 유인이 있었다. 그러나 동양의, 특히 극동 학자들에게는 이런 유인이 전무했다. 그럼에도 불구하고 극동 사회과학자들은 대부분 오늘날까지도 서양과학에 대한 지적 열등의식에서 베버의 사설邪說들을 인용하며 학자인 체하는 '자학적 현학'을 떨어왔다. 따라서 이런 극동학자들이 사실 '세계에서 가장 어리석은 자들'일 것이다. 진짜 '아큐(阿Q)'는 문명적 열등의식에 쩌들었던 노신魯迅이 주장했듯이 공자를 신봉하는 '유자'가 아니라, 바로 베버를 자랑스럽게 인용하며 '자학적 현악을 떠는 노신 같은 극동 지식인들'일 것이다.

■ 베버와 베버주의자들의 중국연구 방법에 대한 비판

'무엇과 무엇이 서양에만 있었고 중국은 그것들이 결여되어 산업자본주의로 나아가는 데 실패했다'는 베버식의 부정적 설명은 비교적 양심적인 베버주의자 게리 해밀턴(Gary G. Hamilton)에 의하면 두 가지 중대한 오해를 낳는다. 첫째 오해는 "서양경제 이론의 관점에서 강하거나 약한 것으로 중국제국을 특징화하는 것"이다. 보다 적절한 관점은 서구국가들과 비교할 때 중국을 강한 나라나 약한 나라가 아니라 "다른" 나라로 보는 것이다. 중국은 아주 많은 측면에서 서양제국과 달라서 상인들에 관해 강약의 비교판단을 내리는 자가 중국의 제도적 초점을 진짜로 오해하는 것이다. 가령 중국에서 국가는 상업과 상인들에 대한 법적 관할권을 요구하지 않을 뿐만 아니라, 서구 정치철학에서 그토록 중심적인 관할권 개념에 기초해 있지도 않다. "중국의 국가는 서양의 국가보다 훨씬 더 많이 '모범적 중심'이라는 교설에 기초한다." 이 교설은 "관할권과 의지의 관념에 기초한 법적 질서"를 세우기에 앞서 "역할과 의무의 관념에 기초한 도덕적 질서"를 먼저 세운다. 청대 중국에서 국가는 상인들을 그들 자신의 역할과 의무를 정의하고 유지하도록 놓아두었고, 그들의 수를 통제하는 정의定義와 수단이 국가 자체의 역할을 침해하지 않는 한, 관리들은 상인들과 그들의 규칙들을 뒷받침해주었다. 중국 신상들은 그들의 자본이 높이 성장하고 그들의 상업조직(회관)이 전 도시를 커버할 만큼 커지면서 18-19세기에 수많은 도시에서 도시자치행정을 일절 관청과의 투쟁 없이 자연스럽게 떠맡게 되었다. 따라서 "관청과 투쟁해서" 얻은 "도시자치 헌장의 부재"나 "상인자치의 결여"에서 중국의 "경제적 낙후성"을 보는 자들은 중국의 정치질서의 본성과 이 질서 안에서의 상업의 지위를 오해할 수밖에 없다. 중국에서 국가는 백성들이 권력을 정당화하고 질서를 수립하는 개념적 기반부터 서양국가와 다르다. "이것을 무시하는 것은 사과나무가 왜 오렌지 열매를 맺지 않는지 묻고 이 결손을 사과 꽃과 오렌지 꽃의 색깔 차이로 설명하는 격이다."[1092]

둘째 오해는 "중국경제를 서구 이론과의 관계에서 '전통적인 것'으로, 그리고 부

[1092] Hamilton, *Commerce and Capitalism in Chinese Societies*, 69쪽.

적절하고 부자연스럽게 강요된 것으로 특징짓는 것"이다. 여기에서 다시 엄격한 수요공급법칙의 개념으로 짜인 자유시장론에 기초한 서양경제이론의 편향이 "중국상업의 오독"으로 귀착된다. 그리하여 계약, 재산권, 상법, 전속 특권영역, 상인들과 관련된 자유와 권리는 중국에 간단히 부재한 반면, 서구에는 이것들이 시장의 기대가능성과 계속성을 형성하고 있다는 투의 논단이 횡행하는 것이다. 이것들이 공급과 수요가 의미를 갖는 유일한 맥락으로서의 자유시장의 조건이 된다. 이것이 서양학자들이 이해하는 '자유시장'이다. 자유가 재화의 자유유통을 허용하는 기대가능성을 뜻하는 것이라면, 청대 중국에서 동향인들의 상업자치조직으로서의 '회會' 또는 '회관'은 시장을 구속하지 않았고 오히려 "시장의 자유의 조건"이었다. 동향인 상공회의소 또는 동직조합(길드)으로서의 '회관'은 상인들의 시장역할들이 신뢰할 수 있게 수행될 것이라는 보장을 제공했고 또 상인들이 이 보장을 제공하도록 의도적으로 조직되어 있었기 때문에 "시장 안정성의 핵심 원천"이었다.[1093] 또한 신상들의 민주적 도시자치의 원천이기도 했다.

그리하여 중국 현지의 대청황가해관총세무사大淸皇家海關總稅務司에서 34년간 근무한 호세아 모스(Hosea B. Morse, 1855-1934)는 국가당국의 관할권이 아니라 오히려 이 동향인들의 동직조합의 관할권을 말한다.

중국에서 길드들은 결코 법률 안에 있어본 적이 없다. 그들은 법망 밖에서 성장했고, 연합체들로서 공법을 승인한 적도, 공법에 보호를 요청한 적도 없다. 길드는 동직자들이 취급하는 상품들에 대해 세수도급제를 채택할 때를 제외하고 정부에 의해 인정된 적도 거의 없었다. 그리고 길드는 보통 일종의 사절을 통해, 즉 그들의 서기를 통해 정부당국에 건의를 했다. 길드는 민주주의의 자치 파편들로 발전해 왔다. 그들이 행사하는 이 관할권은 그들 자신의 창조물이다. 그리고 상급기관으로부터 위임받은 것이 아니기 때문에 통제나 회수 같은 문제는 결코 존재하지 않는다. 회원들에 대한 길드의 관할은 절대적이고, 어떤 헌장이나 위임된 권력이라는 이유에서가 아니라 - 중국민족에게 아주 특징적인 - 공동체에

1093) Hamilton, *Commerce and Capitalism in Chinese Societies*, 70쪽.

의한 결속과 개인에 대한 강제의 기능에 의해 절대적이다. 관할권이 행사되는 방법은 어떤 길드의 규칙 속에 다음과 같이 표현되어 있다. "돈에 관한 분쟁이나 (…) 서로와 다른 문제를 가진 회원들은 분쟁의 만족할만한 해결에 도달할 온갖 노력이 경주되는 길드회의의 중재에 사건을 제출하는 것으로 동의된다. 합의에 도달하는 것이 불가능한 것으로 입증되면 정부당국에 상고할 수 있다. 그러나 원고가 길드에 먼저 조회하지 않고 첫 심급으로 당국 법정에 호소하면, 그 원고는 공개적으로 질책 받고, 그가 길드에 제기할 어떤 미래 사건에서든 그는 시정할 자격을 갖지 못할 것이다." 이 규칙은 온건한 언어로 표현되어 있다. 또 다른 길드의 유사한 규칙은 그 술어에서 보다 직접적이다. "길드 회원은 개인이든 기업이든 추방된 뒤에 그와의 모든 사업관계가 종식되는 것에 동의한다. 동정에서든 우정에서든 그와 거래를 가진 것이 발각된 회원은 누구든 100량의 벌금을 물린다." 실제로 동정자는 불매不買당할 위험도 무릅쓸 것이다. 규칙위반이나 길드회원답지 않은 품행에 대한 처벌은 사원에 촛불을 밝히거나 10-20그릇의 식사를 사는 벌칙에서부터 상당한 액수의 현금벌금에 이르기까지, 최종적으로는 사업관계의 종식, 거래의 강직 또는 종식, 불매에 이르기까지 다양했다.[1094]

모스의 이 설명을 들으면 동향인들의 길드 또는 상공회의소로서의 '회관'의 위력이 얼마나 셌는지, 그리고 얼마나 자발적이고 자치적이었는지를 익히 알 수 있다.

그리하여 게리 해밀턴은 저 두 가지 오해가 베버를 비롯한 서구학자들의 관심이 법적으로 정의된 활동영역으로서의 서구적 시장 개념에 집중되어 있기 때문에 생겨난다고 말한다. 그러나 청대 중국의 시장은 다른 생활영역과 마찬가지로 "도덕적 견지"에서 조직되어 있었다는 것이다. 상공인의 정직성은 상업활동의 초석礎石이었다. 상인으로서 정직한 것과 도덕적인 것은 ①한 조직의 회원인 것, ②조직표준을 지키는 것과 동일시되었다. 조직 자체는 지역연합이었다. 회원신분과 조직표준의 수호가 사람들을 이 연합체로 연결시키고 그들의 도덕성을 정의한 유대는 "동향성同鄕性 또는 향우성鄕友性(clannishness)"이었다. 이 '동향성'은 중국의 동향(tongxiang) 사람의 도덕개념에 기초했다. "향우회(native place associations)의 집단적 상징은 윤리관계에

[1094] Morse, *The Gilds of China*, 27-28쪽.

집중된 사회에서 길리진 것이다. 그러므로 '향우회'는 이 사회의 윤리적 표명이었다." 동향성은 이 윤리적 성격의 덕성에 의해 청대 중국 상업과, 이 상업이 누린 기대가능성과 계속성에 기반을 제공했다. 게리 해밀턴이 요점적으로 개략한 이 두 가지 오해는 중국을 "부정적 케이스"로, "자본주의를 발전시키지 못한 사회"로 해석하는 것으로부터 생겨났다.[1095]

헝가리계 프랑스 베버주의자 에티엔 발라즈는 1960년대에 중국의 자본주의 불발에 관한 막스 베버의 '유일무이한' 업적을 찬양하면서 이렇게 말한다.

> 서구를 제외하고 (…) 세계의 모든 지역에서 토착적 자본주의 형태가 부재하고 이 방향으로의 어떤 자율적 발전도 분명히 없었다. 이 부재의 발견은 우리에게 갑자기 여기서 일어난 것의 기적을 깨닫게 만들어준다. 전前산업사회를 문명화되었든 원시적이든 우리 자신의 발전을 비춰보는 거울로 쓸 수 있는 가능성은 우리로 하여금 우리의 발전에 대한 보다 정당한 평가에 도달할 수 있게 해주는 것이고, 내 생각에 전산업사회를 연구하는 것으로부터 파생되는 주된 이익 중의 하나다.[1096]

이와 같은 사고방식에 대해 게리 해밀턴은 단호하게 받아친다. "그러나 중국은 서양의 거울 이미지가 아니다. 차라리 중국은 한 사회가 결속될 수 있는 방법에 대한 독립적 비전이고, 그것은 그 자체의 견지에서 이해되어야 한다. 따라서 중국을 분석하는 개념들은 서양에서가 아니라 중국에서 역사적으로 의미를 가진 개념들이어야 하는 것이다."[1097]

중국에서 의미를 갖는 개념들로 중국을 분석해야만 중국이 1842년 이래 서양제국주의의 침습과 포위로 인해 높은 자본주의적 성장이 지체되었지만, 서양제국이 자기들의 국내문제와 저들끼리의 전쟁 때문에 동고東顧할 수 없는 막간(1900-1930)에 재빨리 도약의 발판을 만들어 세계 4대 무역대국으로 다시 부상했고, 이 덕택에 1931년

1095) Hamilton, *Commerce and Capitalism in Chinese Societies*, 70쪽.
1096) Balazs, *Chinese Civilization and Bureaucracy*, 35쪽.
1097) Hamilton, *Commerce and Capitalism in Chinese Societies*, 70쪽.

이래 일제침략으로 국가존망의 위기에 처한 중국이 미영불 연합국의 일원이 될 자격과 지위를 얻어 중일전쟁에서 승리할 수 있었다는 것을 이해할 수 있다. 나아가 서양인들의 눈에 엉뚱하게도 중국이 서양 근대문명의 초월과 반제투쟁의 승리를 동시에 달성하기 위해 사회주의혁명을 성공시켰고 하지만 사회주의사회 건설에 실패하고, 굴기崛起의 의도에서 개혁·개방을 단행하고 다시 산업자본주의를 급속도로 발전시키게 된 역사적 지그재그 과정과 처절한 시행착오도 어렴풋이나마 이해할 수 있다. 나아가 오늘날도 동남아시아와 미주에서 화상華商들이 동향조직을 기반으로 세계적 활약을 펼치며 세계자본주의의 한 축을 형성하고 있는지도 이해할 수 있는 것이다.

베버의 중국자본주의불발론 또는 불가론을 이렇게 길게, 그리고 최대한 상세하게 체계적으로 분석·논파할 수밖에 없었던 것은 종래 이런 상세한 체계적 비판이 전혀 수행된 적이 없었기 때문이다. 그간 서양 사회과학자들이 이런 체계적·전측면적 비판을 수행하지 못한 것은 그들이 아담 스미스·리카도·마르크스·베버·좀바르트·슘페터·하이에크·프리드먼 등의 서양자본주의론과 서양의 자본주의경제사에 대한 지식을 많이 갖췄을지라도 공자경전과 중국경제사 및 서구계몽주의의 유교적 기원과 중국 기술·경제·사상의 서천西遷에 대해 전적으로 무지했기 때문이다. 게다가 베버와 베버주의자들 같은 사회학적 근대이론가들은 서양의 자본주의 경제사에 대한 상세한 구체적 지식을 결하고 있었다. 또한 20세기와 21세기 극동의 사회과학자들은 역으로 서양의 자본주의론과 계몽철학사 및 서양사를 정확하게 알지 못한 것은 말할 것도 없고 공자경전과 중국역사나 극동제국의 역사에 대해서도 잘 알지 못했고, 혹시 공자와 극동의 역사를 상당히 아는 동양 사회과학자들조차도 대개 서구계몽주의의 중국적 기원, 중국 기술·경제·사상의 서천, 서양자본주의경제사, 마르크스와 베버의 자본주의론 등에 대한 정교하고 상세한 지식을 결했기 때문에 이런 체계적·전면적 비판을 수행할 엄두도 내지 못했다.

따라서 유교적 근대의 서천과 서구적 근대의 동천東遷을 통한 극동과 극서의 '시차적·패치워크적 근대화'를 논하는 이 저작에서 베버의 중국자본주의불발론에 대한 정교하고 상세한 분석과 체계적·전면적 비판을 완결적으로 수행하는 것은 필수적 과업이었다. 따라서 이 길고 힘든 논의는 이 책에서 무릅쓸 수밖에 없는 불가피한 비용일 것이다.

1.3. 마크 엘빈과 케네스 포머란츠의 탈脫유럽중심주의적 설명시도

마크 엘빈과 케네스 포머란츠는 베버와 베버주의자들의 유교문화적 중국자본주의불가론에 맞서 중국자본주의 불발과 19세기 중국의 경제적 정체·퇴락을 다른 관점에서 설명하려고 시도했다. 이들의 설명시도가 얼마나 계발적이고 얼마나 성공적인지는 분석 끝에 판단해야 할 것이다.

■ 마크 엘빈의 반反베버주의적·탈유럽중심주의적 설명시도

마크 엘빈(Mark Elvin)에 의하면, 18세기 중국경제는 고도로 발달한 화폐·시장경제 단계에서 가내수공업과 도시 소상공업, 수공업들을 주문계약 관계로 조직한 선대제 상업자본과 매뉴팩처기업들, 그리고 미약한 산업자본주의가 혼재된 상태의 '맹아적' 근대자본주의 경제였다. 중국의 이 '맹아적 근대자본주의'는 베버도 마지못해 인정한 바다. 선대제상업자본·매뉴팩처자본과 미약한 산업자본들로 구성된 중국의 근대적 자본주의의 맹아는 20세기 후반의 여러 연구에서 집중적으로 밝혀졌다. 무제한적 학문자유에도 불구하고 중국은 '과학의 근대화'를 이루지 못했지만, 기계화·자동화·대량생산을 가능케 할 신기술들은 중국인들의 창의성과 발명재능 덕택에 높이 발전되어 있었다.

중국의 제조업 부문에서는 수력을 이용한 여러 가지 원시적 기계들도 이미 많이 활용되고 있었다. 가령 광주의 향신료 공장에서는 "인간근육의 노력을 전혀 쓰지 않고" 향료를 두드리는 수력 해머가 쓰였고, 강서江西성에서는 벼를 빻는 데 유사한 수

력 해머가 쓰였다. 한 광서廣西의 지방 관보에는 이런 보도가 실렸다. "수력 해머는 대부분 현재 중요한 여울들과 상인들이 모이는 장소에서 발견된다. 100대 이상의 기계들이 쌀을 팔러 오가는 곡물선박들에 공급하기 위해 일련의 건물들에 설치될 수 있다. 번창하는 농장주들이 쌀을 많이 이용하면서 이 기계를 설치하는 것이 특히 적합했다."[1098] 복건성에서는 제지製紙 해머를 돌리는 데 급류에 닻을 내린 선박들의 양옆에 고정된 주걱 휠(paddle wheel)이 쓰였다.[1099]

중국경제는 명대와 청대를 관통해서 발명과 정상적으로 연결된 모든 활동에서 자원이 풍부했다. 서양 기술의 차용과 확산도 상당했다. 미주에 들어온 옥수수·땅콩·고구마·감자·담배 등 곡물들도 경작되었다. 더 간단한 유형의 서양 대포·소총·시계·망원경·현미경도 성공적으로 모조되었다. 이것은 중국 장인기술이 여전히 세계첨단이었음을 말해준다. 일련의 친숙한 토착 기술들에서 작은, 그리고 의미심장한 향상이 이루어졌다. 다채색 목판인쇄도 완벽화되었고, 아연 용해도 정복되었다. 황해를 오가는 중국 선박들은 역풍을 안고 항해하는 법을 터득했다. 특수한 지역생태에 대한 농업의 적응도 지속적으로 세련되었다. 북부지방에서 면방에 필요한 습한 대기를 만들어내기 위해 지하창고가 도입되었다. 최선의 중국토착 기술은 끊임없이 전국으로 확산되었다. 가령 면화는 주된 의류섬유로서 대마와 모시를 대체했다. 북부지방 경작지에 물을 대는 데 우물이 더 많이 쓰이게 되었다. 명·청대에 발명도 어지간히 이루어졌다. 자동으로 방향을 바꿔 도는 날개가 달린 회전풍력펌프, 군용 방탄조끼, 두부, 새로운 비료 등이 그것이다. 어떤 중국인은 예수회신부의 영향 아래 개량농기구를 발명했다. 따라서 엘빈은 "기술적 정체"라는 말은 명·청대의 기술발전과 경제발전을 "오해시키는 지나치게 단순한 묘사"라고 말한다.[1100]

1098) 傅衣凌, 『明淸時代商人及商業資本』 (北京: 人民出版社, 1956), 6쪽. Elvin, *The Pattern of the Chinese Past*, 286쪽에서 재인용.

1099) Elvin, *The Pattern of the Chinese Past*, 286쪽.

1100) Elvin, *The Pattern of the Chinese Past*, 298-299쪽.

– 인구증가와 수요축소의 문제

그런데 베버도 지적하듯이 더 많은 신기술들은 산업화되지 못한 채 경제영역 바깥에 방치되어 있거나 일반적으로 확산되지 못했다. 앞서 시사했듯이 이 신기술에 의해 대량으로 생산될 상품을 팔 시장이 없었던 것이다. 이로 인해 중국의 합리적 자본주의는 상론했듯이 베버가 결여되었다고 억측한 합리적 법·신기술·전문관료체제·시민계급(부르주아지)·도시자치권·복식부기 등 모든 근대적 요소들을 다 갖춘 계산가능한 '합리적 자본주의'였을지라도 '공장제 기업자본주의'로 가지 않았다.

18세기 중반부터 개시된 중국경제의 상대적 수요격감·시장위축 현상은 이후 만성화되었다. 이 만성적 수요부족 현상은 곧 중국에서 아무도 감지할 수 없는 사이에 중국경제에 장기화될 '정체停滯'의 암울한 땅거미를 드리우기 시작했다. 아담 스미스는 18세기 말 『국부론』(1776)에서 중국의 이 장기 정체현상을 이렇게 기술하고 있다.

국부가 아주 클지라도 그것이 오래 정체停滯되어 왔다면, 우리는 거기에서 노동임금이 아주 높을 것이라고 기대해서는 아니 된다. 임금 지불에 할당된 기금, 즉 거주민들의 소득과 저축이 최대 규모일지 모르지만, 이것이 동일한 규모 또는 거의 근사치로 동일한 규모로 여러 세기 동안 계속된다면, 매년 고용되는 노동자들의 수는 다음에 필요한 수를 쉽게 공급할 것이고 심지어 이보다 더 많이 공급할 것이다. 일손 부족은 거의 드물고, 또한 주인들은 일손을 구하기 위해 서로 경쟁할 필요가 없다. 반대로 일손은 이 경우에 자연적으로 그 고용량을 넘어 배가될 것이다. 그리하여 고용의 항구적 부족상태가 벌어질 것이고, 노동자들이 고용되기 위해 서로 경쟁해야 할 것이다. 이러한 나라에서 노동임금이 노동자를 먹여 살리고 가족을 키우게 하기에 충분한 것 이상이었다면, 노동자들의 경쟁과 고용주의 이해관계는 곧 임금을 범상한 인류애와 합치되는 최저율로 떨어뜨릴 것이다. 오랫동안 중국은 세계에서 가장 부유한 나라 가운데 하나, 즉 가장 비옥하고 가장 잘 문명화되고 가장 근면하고 가장 인구 많은 나라 가운데 하나였다. 그러나 중국은 오랫동안 정체되어 온 것으로 보인다. 500여 년 전에 중국을 방문한 마르코 폴로는 중국의 개발·산업·다多인구를, 현재 여행자들이 묘사하는 것과 거의 동일한 말로 묘사한다. 중국은 마르코 폴로 시대 훨씬 전에도 법률과 제도의 본성이 달성하도록 허용하는 부의 풍족한 완성을 달성했을 것이다. 모든 여행자들의 설명들은 다른 많은 점에서 엇갈리지만 낮은 임금과, 노동자가 중국에서 가족을 부양하는 데 직면하는 곤란에서 일치한다. 노동자가 하루 종일 땅을 파서 저녁에 소량의 쌀을 살 만한 대가를 얻을 수 있다면, 그는 만족한다. 기술자의 조건은 훨씬 더 나쁘다. 유럽에서는 장인匠人들이 고객의 부름을 자기 공방工房에서 한가하게 기다리지만, 중국 장인들은 각 직분의 연장을 들고 가로를 뛰어다니며 그들의 서비스를 제공하고 말하자면 고용을 구걸한다. 중국 하층백성들의 빈곤은 유럽의 가장 거지같은 나라의 하층백성의 빈곤을 훨씬 능가한다.1101)

스미스는 이 정체가 "여러 세기 동안 계속된" 것으로 잘못 기술하고 있을지라도 아무튼 18세기 말엽, 즉 다시 민란이 일어나기 시작한 건륭제 말기에 이역만리에서 중국경제의 정체 기미를 예리하게 탐지하고 있다.

수요부족으로 인한 중국경제의 정체와 자생적 공장제 기업자본주의의 불발 또는 기피는 마크 엘빈도 베버의 중국자본주의불가론을 비판하면서 설명의 대안으로 적시한 바다. 엘빈은 중국이 고유한 공장제 산업자본주의를 창출하는 데 실패한 것을 경제적·생태학적으로 설명하는 것이 가능한데 이 경제적·생태학적 설명이 베버가 제공한 문화적·이데올로기적 분석보다 그 가정에서 더 간단하고, 더 내적으로 일관되고, 경험적 검증이 더 용이하다고 주장한다. 정치적·문화적 요인들은 혹시 이것들이 중요한 경우에도 '세계내적(세속적) 금욕'과 같은 베버의 특징적 주제들과 관계없다는 것이다. 중국의 근대적 과학의 결여, 장거리 해외 탐사와 무역을 지속하는 것의 실패, 많은 산업적 조직 안에서 상업적 유형의 관계에 의한 직접 경영의 대체 등은 사례들일 뿐이다. 나아가 경제적·생태학적 접근법은 근대에 중국 문화영역의 상이한 부분들이 모방적인 근대적 경제성장 과업의 도전에 대해 보인 차별적 반응을 설명하는 데 효과적이다. 반면, 베버의 접근법은 그렇지 않다. 베버의 접근법은 가령 1915년경 상해의 산업적 성공, 1920-1930년대 만주의 농산품 수출, 국제무역체계 속으로의 홍콩의 통합, 중국 본토 배후지의 상대적 낙후 등을 설명할 수 없다. 그리고 베버가 불

1101) Smith, *Wealth of Nations*, I. viii. 24 (89쪽).

변적인 것으로 전제하는 동일한 유교문화가 중세의 최선진 경제를 이룬 반면, 이후 - 자생적 공장제 자본주의의 발전에 실패하게 된 것이 아니라 - 공장제 자본주의의 성장을 기피하게 된 것도 설명할 수 없다. 경제적·생태학적 요인들의 견지에서 설명하는 방법은 경제생활에서 문화적 요인들의 일반적 중요성을 부정하는 것이 아니라 후기전통주의 시대의 중국적 가치와 사상들이 대부분의 측면에서 이미 근대적 경제성장에 적합했다는 것을 시사한다. 그리고 그것은 핵심적 저해·억제 요소들이 문화적인 것이 아니라는 점을 시사해 준다는 것이다.[1102]

마크 엘빈은 베버가 '생산과정의 철저한 기계화'로서의 '산업혁명'이 아니라 '자본주의'와 그 '제도'에만 사로잡혀 있다고 비판한다. 베버는 '생산과정의 철저한 기계화'를 단순히 기계적 동력기들과 기계들이 끼워지는 내적 전문화의 경제기업들의 발전의 견지에서 바라본다. 기술공학적 발달의 지체는 보통 부적합한 노동조직의 부산물로, 중국농업에서는 파편화된 소작기간으로 말미암은 것으로 설명된다. 베버에게 경제의 근본문제는 경제생활 제도들의 기운과 지속성이다. 그는 결코 '산업혁명'을 입에 담지 않고 '자본주의'만 되뇔 뿐이라는 것이다. 이에 반해 엘빈은 근대적 경제성장이 많은 요인들에 의해 영향을 받지만 그중에서 특히 기술발전이 하나의 필수불가결한 요소라고 단언한다. '제도'에 대한 베버의 강조는 산업혁명의 심장에서 중심문제인 혁명적 '기술변동'을 거의 사라지게 만든다는 것이다.[1103]

대신, 엘빈은 자신의 "고차원적 평형의 함정(*high-level equilibrium trap*)" 이론을 제시한다. 이 이론은 경제영역에서 발명과 혁신이 일반적으로 이 발명과 혁신을 이윤 있게 만드는 고객들의 유효수요와, 이 발명과 혁신을 산업화할 자원들과 용역의 적절한 공급이 있을 때 나타난다는 사실을 전제한다. 중국에서 원자재의 수요와 공급은 "1820년 시점에" 만리장성 안의 18개 성省을 전부 장악할 때까지 점차 전국을 가로질

1102) Mark Elvin, "Why China Failed to Create an Endogenous Industrial Capitalism: A Critique of Max Weber's Explanation", Theory and Society, 13 (1984), 379-380, 381쪽.

1103) Elvin, "Why China Failed to Create an Endogenous Industrial Capitalism: A Critique of Max Weber's Explanation", 383쪽.

러 확산된 여러 사정들의 특수한 결합에 의해 "점점 더 억제되었다". 이 사정들은 ① 노동과 다른 투입요소들에 대한, 경작으로 개간되지 않은, 그러나 새 기술로 개간될 수 있는 작은 잔존량의 신규 토지의 질의 급격한 하락과 급속한 한계수확체감 현상, ② 집중된 대규모 재화시장의 창출과 투자를 위해 생계 이상으로 이용가능한 1인당 잉여를 줄이는 인구의 계속적 증가, ③ 화학비료·디젤펌프와 같은 근대적 투입물 없이 거름·윤작 등 견지에서 세계에서 가장 세련된 전근대적 농업기술 아래서 농업생산성 향상의 불가능성, ④ 중국의 방대한 영토와 상대적으로 양호한 상업적 통합 등이다.[1104]

마크 엘빈은 중국경제의 불발된 산업자본주의를 논할 적에 ① 중세시대 세계에서 가장 발전된, 그리고 고도의 발명 재능을 보인 중국경제, ② 1300년 이후 이 발명능력의 하락과 소멸, ③ 19세기 후기 이후 세계와의 광범한 접촉이 '고차적 평형 함정'을 깨뜨린 저 지역들에서만 근대적 경제성장과 더불어 '발명과 혁신의 빠른 재출현' 등 세 가지 현상을 상기해야 한다고 말한다. 가령 상해의 기계산업은 1915년에 벌써 기계공구를 해외로 수출하기 시작했다는 것이다. 여기서 "명백히 달라진 가변요소"는 '가치'나 '정조情操'가 아니라 "경제적 결합맥락(economic conjunctural context)"이다.[1105] 엘빈은 이외에 베버가 중국에 결여되었다고 지적한 특별한 요소들을 비판적으로 논하고 있지만,[1106] 그가 공자경전과 중국의 전통적 경제이론에 정통하지 않기 때문에 이 비판은 부정확하거나 미흡하고 또 일부는 필자의 비판과 겹치기 때문에 여기서 소개하는 것은 생략한다.

그럼에도 엘빈의 명제들을 몇몇 측면에서 손봐야 할 것이다. 엘빈이 말하는, 중국의 영토적 방대성과 상업의 내부통합으로 인한 대외무역의 부재는 아담 스미스도, 베

1104) Elvin, "Why China Failed to Create an Endogenous Industrial Capitalism: A Critique of Max Weber's Explanation", 383-384쪽.

1105) Elvin, "Why China Failed to Create an Endogenous Industrial Capitalism: A Critique of Max Weber's Explanation", 384쪽.

1106) Elvin, "Why China Failed to Create an Endogenous Industrial Capitalism: A Critique of Max Weber's Explanation", 385-388쪽.

버도 지적한 사안이다. 그리고 '1300년 이후 발명능력이 하락하고 소멸했다'는 그의 지적은 아담 스미스의 그릇된 '장기정체론'으로 통하는 논변으로서 원자재의 수요와 공급이 1820년부터 축소되기 시작했다는 자신의 말과 배치된다. 또 그의 이 지적은 무엇보다도 기계화·자동화·대량생산을 가능케 할 신기술들이 중국인들의 창의성과 발명재능 덕택에 18·19세기 중국에서도 높이 발전되어 있었으나 산업화되지 못한 채 경제영역 바깥에 방치되어 있었다는 당시 '중국적 경제현실'과 배치된다. 엘빈의 논변은 적어도 이 경제현실을 인정하는 베버에 못 미치는 것이다.

그리고 상품수요의 축소를 함의하는 원자재 수요·공급의 감소가 1820년부터 시작되었다는 엘빈의 또 다른 설명은 유럽제국이 차와 면직물을 제외한 모든 중국 공예사치품과 기호품의 수입대체생산을 성공적으로 완료한 시점(1730년대)보다 너무 늦고 아담 스미스의 정체론 제기시점(1776)에 비해서도 지나치게 늦다. 그리고 중국인구의 계속적 증가를 '집중된 대규모 재화시장의 창출과 투자를 위해 생계 이상으로 이용가능한 1인당 잉여를 줄이는' 요소로 지적한 것은 그릇된 것이다. 같은 생계비 수준에서의 계속적 인구증가는 소득과 인구의 동시 성장을 뜻하는 '근대 경제성장'은 아닐지라도, 중국경제는 비非기하급수적(non-exponential), 즉 산술급수적(arithmetical) 수준에서나마 계속 성장하고 있었음을 함의하는 것이다. 그러나 18-19세기 중국경제는 유사노비해방, 자유농민의 소농생산체제 확립, 자호상인 주도의 상공업네트워크의 확산 등 많은 경제사회제도의 발전을 동반했다. 따라서 이것은 적어도 "양적 성장 속의 질적 정체(Quantitative growth, qualitative standstill)"가[1107] 아니라, '양적 성장 속의 질적 발전'이었다. 생산력 수준 이상의 인구증가분은 어떤 식으로든 축소되고 만다는 사실을 감안할 때, 인구의 계속적 증가란 곧 산술급수적 차원에서의 생산력 발전과 소득의 계속증가를 필연적으로 포함할 수밖에 없기 때문이다.

그리고 "유럽도 개신교가 없었더라면 '고차원적 평형의 함정'에 빠졌을 것"이라는 데이비드 겔너(David Gellner)의 농담 같은 베버주의적 테제는[1108] 이 마당에 진지

1107) Elvin, *The Pattern of the Chinese Past*, 285쪽 이하.
1108) Elvin, "Why China Failed to Create an Endogenous Industrial Capitalism: A Critique of Max

하게 고려할 것이 없지만, 마크 엘빈의 '고차원적 평형의 함정 이론' 자체의 신빙성도 인정할 수 없다. 17-18세기 서양에서는 분산된 가내수공업점포들을 지배한 선대제 상업자본과 매뉴팩처자본의 생산과 공급은 시장의 확장에 의해 일깨워진 거대한 '자연적 수요'의 각성과 증대에 이끌어지고 있었던 까닭에 '고차원적 평형의 함정'에 빠질 상황적 여지가 없었다. '생산과 공급이 수요와 판로를 만들어낸다'는 세이(Jean-Baptiste Say)의 판로설도 바로 이런 상황에서 나왔던 것이다. 세이를 이렇게 착각하도록 꼬인, 공급을 앞지르는 수요의 일방적 팽창 추세는 선대제·매뉴팩처생산을 '산업생산'으로 전환시키도록 만드는 유인적 동력들 중의 하나였다. 서양에서는 개신교가 아니라, 정복전쟁과 끊임없이 확장된 해외식민지의 수요확대와 국내 귀족·부르주아지의 지속적으로 확대된 신규 수요가 대량생산의 길을 여는 '기계화'와 공장제 산업생산으로의 도약을 통한 생산과 공급의 기하급수적 증가를 유인하고 소화했다. 또한 '고차원적 평형의 함정'은 엘빈의 말마따나 수요의 감소와 이로 인한 공급의 축소에 기인하기 때문에 매뉴팩처자본주의 시대에 역사적으로 수요의 격감을 모르는 서양에서 이론화될 까닭도 없었다.

이것은 동전의 이면으로서 중국에서도 수요와 공급의 격감이 없었더라면 '고차원적 평형의 함정'은 운위될 수 없을 것이다. 중국의 자생적 산업자본주의 불발의 원인을 규명하는 데서 중요한 것은 '정조'나 '가치'가 아니라 "경제적 결합맥락"이라는 엘빈의 주장은 정확히 옳은 것이다. 하지만 이 주장의 내용적 핵심은 그가 '1820년 시점'부터 "여러 사정들의 특수한 결합"으로 인해 야기된 수요와 공급의 점차적 "억제", 즉 '수요의 격감'이다. 그러나 엘빈은 이 수요격감, 즉 시장의 현저한 위축의 근본원인을 중국 안에서만 찾다가 전혀 밝히지 못하고 있다. 오히려 그는 '시장의 제한'으로 인한 중국경제의 위축과 산업자본주의의 불발이라는 래그나 너스크(Ragnar Nurkse)의 주장에 맞서 중국시장은 제한당하지 않았다고 반대로 주장하면서 엉뚱하게도 대량소비의 재화를 위한 큰 시장들이 존재했던 17세기 말 청대 중국의 내수시장 사정을 들이

Weber's Explanation", 384쪽.

대고 있다.1109) 따라서 마크 엘빈도 폴 케네디처럼 18세기 중반 이후 청대 중국경제의 상대적 수요 격감과 시장의 상대적 대폭위축의 진짜 이유를 설명하지 못하고 있는 것이다.

마크 엘빈은 "고차원적 평형의 함정"에 대한 추가논의에서 노비해방 이래 중국의 인구폭발 추세에 의거해 수요하락을 설명하려고 시도한다. 그러나 이 설명방식도 여전히 이 수요감소 문제를 풀기에 미흡하다. 포머란츠에 의하면, 18세기 말에도 중국의 국내교역량은 유럽 전체의 교역량에 대등하거나 이를 능가했다.1110) 엘빈에 의하면, 기본상품 분야에서의 국내교역의 이 방대한 양에도 불구하고 면직물을 포함한 어떤 상품에서든 기계적 생산기술의 진보의 표시는 거의 없었다. 정부의 도자기·비단공장 바깥에서는 기술적 세련화의 수준이 동기간 유럽과 일본의 수준에 근접하지 못한 것이다.

엘빈은 인구의 급팽창에 의해 대량 공급되는 저렴한 농민노동이 기술혁신을 추방하고 산업자본주의의 독자적 기원의 가능성을 제거했다고 단정한다. 그 당시 세계최대의 경제였을지라도 중국경제는 "양적 성장과 질적 정체"로 귀결되는 맬서스적 조건인, 인구팽창으로 인한 "고차원적 평형의 함정"에서 벗어날 능력이 없었다는 것이다. 따라서 산업자본주의의 맹아는 발아될 수 없었다. "고차원적 평형의 함정"의 개념은 서구 자본주의를 청대 중국의 경제를 특징짓는 모델로 사용하고 있음을 요약적으로 보여준다. 엘빈의 설명도 베버처럼 '중국에 무엇이 없었다'는 식의 설명이다. 이 경우는 '중앙집중된 공장 기반 생산'이 점증하는 추세가 결여되었다는 것을 지적한다. 마치 "사과나무가 왜 오렌지 열매를 맺지 않는지 묻고 이 결손을 사과 꽃과 오렌지 꽃의 색깔 차이로 설명하는 격이다."1111) "고차원적 평형의 함정"의 핵심개념을 이루고 있는 것은 인구밀도의 집합적 효과가 임금을 감소시키고 생산 집중화의 인센티브를 없애는 정도로까지 수요를 감축시킨다는 '미검증' 주장이다.

1109) Elvin, *The Pattern of the Chinese Past*, 286-287쪽.

1110) Pomeranz, *The Great Divergence*, 165쪽.

1111) Hamilton, *Commerce and Capitalism in Chinese Societies*, 69쪽.

명·청대 중국의 맹아적 자본주의를 옹호하는 이들은 면직물 생산이 자본주의의 맹아는 아닐지라도 그 뿌리를 예시한다고 시사한다. 명·청대 중국에서 면직물 생산은 엄청나게 팽창했고 생산 체인의 실체적 분화와 더불어 점차 효율화되었다. 면화재배, 방적, 방직, 염색, 광내기, 도매, 소매, 이 모든 것이 면직물의 제조와 분배 과정에서 각각의 단계로 분할되었다. 세련된 분업과 상당한 또는 단순한 숙련도에 의해 특징지어지는 생산과정의 상이한 단계에서는 상이한 사람들이 지배했다. 면직생산이 합리화되어갈수록 분배체계는 면직물 시장이 제국 전체에 걸쳐 존재할 정도로 확장되었다. 면직물 교역은 동남아시아로 확장되고 '난킨' 무명과 같은 어떤 중국면직물은 18세기와 19세기 초까지 유럽과 미국으로 수출되었다. 청대 중국의 활기찬 섬유산업의 존재는 논란의 여지가 없었다.

그럼에도 엘빈은 면직물 마케팅의 상당한 세련화에도 불구하고 생산기술 개선의 지체나 둔화가 논란의 여지없는 또 다른 사실이라는 것이다. 상업화와 분배가 확대될수록 생산기술이 진보하지 않고 심지어 '단순화'되었다. 송대 중국경제는 최고수위, 즉 중국 기술이 당대 유럽의 기술을 능가한 시점이었으나, 기술적 세련에도 불구하고 경제는 도약하지 않았고 발전은 일어나지 않았다. 엘빈은 중국이 14세기에 광범하게 사용된 수력과 가축력을 이용한 방적기계가 있었고 이 기계는 18세기 이전 유럽의 것보다 더 진보된 것이 존재했었으나 17세기 초에 이 기계들은 중국에서 사라졌다고 말한다. 보다 복잡한 기계들은 가내의 여성과 어린이들이 사용하기에 적합한 보다 간단하고, 보다 노동집약적인 도구들에 의해 대체되었다. 이 기술적 퇴화의 결과, 중국은 반대방향으로부터 움직여 구미에 등장한 거대한 통합적·수직적 공장 체제로부터 멀어져서 "고차원적 평형의 함정"에 빠져들었다는 것이다. 엘빈은 산출을 노동투입보다 더 늘려주는 생산체제의 세련화는 산업자본주의적 발전의 본질인데, 이러한 세련화가 없다면 어떤 산업혁명도, 자본주의의 어떤 진정한 맹아도 중국에서 일어나지 않은 것이라고 주장한다. 그리하여 중국은 점증하는 빈곤과 궁핍화 속으로의 길고 지루한 퇴화를 겪었다는 것이다.

마크 엘빈의 "고차적 평형의 함정"에 빠진 "양적 성장, 질적 정체"라는 새 테제를 정밀 분석해 볼 필요가 있다. 그는 중국에서 육로 운송수단 교통이 왜 그토록 적게 발전했는지를 묻고 이렇게 자답한다. "하나의 그럴싸한 설명은 목초지와 동물의 사료, 인간의 과잉인구가 전제되면, 인간이 종종 가장 저렴한 수송형태라는 것이다. 성찰에 도움을 주는 또 하나의 가능성도 있다. 전통적 수로수송이 그것(육로운송)을 금한다는 것이다."[1112] 가축은 수송수단으로 많이 쓸 수 없다. 인구밀집은 목초지를 경작지로 전환시키도록 강제하고, 다시 목초지 축소는 수송용 가축을 많이 기를 수 없게 만들기 때문이다. 그리하여 과잉인구와 수로의 존재라는 이 두 가지 요인으로 인해 육로교통의 기술발전이 중단된다는 것이다.[1113] 이런 기술진보의 중단은 농업에서도 확인된다. 가축분뇨를 거름으로 뿌리면 농업생산성이 높아지지만, 인구과잉 상황에서는 그렇지 않다. 인구과잉은 목초지를 경작지로 전환시키도록 강제하고, 이로 인한 목초지의 축소는 다시 가축을 많이 기를 수 없게 만들어 가축분뇨량을 늘릴 수 없도록 강요하기 때문이다.[1114]

그리하여 인구가 과잉 팽창하던 1750년 이후 시기의 중국농업의 수확체감 경향에 대한 이런 가설이 수립될 수 있다는 것이다.

> 오로지 산업·과학혁명의 상당한 진보 단계에 의해 창출된 투입(물론 전통적 중국에서는 일어나지 않은 투입)만이 중국의 농업을 신新농법·신규투자·특별투입·자원신규활용에 대한 보상(수확)의 급속한 체감으로부터 구할 수 있을 뿐이라는 가설은 낡은 체제의 한계 안에서 광대한 진보 잠재력이 존재했다는 견해보다 더 신빙성 있어 보인다. 이것을 받아들이면, 우리는 인구가 왜 계속 성장했는지 하는 물음과 그 성장의 패턴만이 우리에게 남겨진다. 왜냐하면 고차적 경작·수송 기술을 아담 스미스 이래 지각 있는 경제학자들이 17-18세기 중국의 판명한 특징으로 인정해온 낮은 1인당 소득과 결부시키도록 만든 것은 인구팽창

[1112] Mark Elvin, *The Pattern of the Chinese Past* (Stanford: Stanford University Press, 1973), 304쪽.
[1113] Elvin, *The Pattern of the Chinese Past*, 305쪽.
[1114] Elvin, *The Pattern of the Chinese Past*, 306쪽.

이기 때문이다.[1115]

유사한 주장은 10여 년 뒤 캉차오(Kang Chao)에 의해서도 제기된 바 있다. 차오는 송대의 인구증가가 점차 더 집약적인 경작에도 불구하고 곡물생산을 넘어섰다고 주장한다. 노동량과 토지면적 간의 악화된 비율은 임금을 하락시키고 토지가격을 올리고 노동절약적 기술혁신을 통해 생산성을 높이는 어떤 자극도 좌초시켰다는 것이다.[1116] 그리고 필립 후앙(Philip C. C. Huang)도 토지·노동·재화시장에 대한 손쉬운 접근이 가파른 수확체감에도 불구하고 생계소득을 벌기 위해 농촌가구로 하여금 경작과 가내수공업에서 그들의 노동을 강화할 수 있게 만들었다고 주장한다. 결과는 더 많은 자본축적, 임금노동, '규모의 경제'에 의존하는 경영형 농장을 내쫓는 노동집약적 소규모 경작이라는 '내축內縮 패턴(involutionary pattern)'이었다는 것이다.[1117] 후앙의 '내축 패턴'의 성장은 생존수준을 간신히 넘는 차원에서 인구증가를 충족시키는 정도의 소득성장을 말한다.

그러나 농업분야에서 정성스럽고 주도면밀한 작업을 요하는 농작의 특성상 '규모의 경제'는 노동단위가 5인만 넘어도 금방 '규모의 비경제(diseconomy of scale)'로 뒤집힌다. 이것은 1인당 농지면적의 증가에서도 마찬가지다. 이 때문에 농업분야에서 노동력의 최적 규모와 형태는 4인 정도의 '가족농(소농)'이다. 이것을 모르는 차오와 후앙은 '규모의 비경제'를 초래할 무조건 '농장 확대'를 경제발전의 정도正道로 보는 것 같다. 이런 까닭에 그들은 '상업화'도 실질임금 인상이 아니라 가족노동의 더 많은 착취를 부추기고 노동소득의 상승이 아니라 하락으로 귀착되었다고 사실인식을 뒤틀고 있다.

1115) Elvin, *The Pattern of the Chinese Past*, 309쪽.

1116) Kang Chao, *Man and Land in Chinese History* (Stanford: Stanford University Press, 1986).

1117) Philip C. C. Huang, *The Peasant Family and Rural Development in the Yangzi Delta 1350-1988* (Stanford: Stanford University Press, 1990); Chao, *Man and Land in Chinese History*.

제1절 극동은 왜 서구에 (잠시) 뒤졌던가? 587

- 엘빈·차오·후앙에 대한 반론

후앙의 저작과 거의 동시에 나온, 따라서 그가 읽지 못한 다른 연구들은[1118] 후앙의 주장과 정반대되는 견해를 대변할 뿐만 아니라(이에 대해서는 뒤에 상론한다), 뒤에 나온 중국내 연구자 이백중李伯重의 일련의 새로운 연구도[1119] 차오와 후앙의 이 주장들을 전면적으로 부정한다. 이백중의 강남 농업연구는 명·청대에 농업산출고가 송대 수준을 훨씬 뛰어넘는 토지활용의 개선, 자본투자의 증가, 노동생산성의 향상을 밝혀주고 있다. 이백중에 의하면, 강남에서 송대 평균 40무(4000평=20마지기)에서 명대 25무(2500평=11마지기 반)로, 청대 1800년경 다시 10무(1000평=5마지기)로 줄어든 농장 규모의 축소는 더 작은 소가족, 더 높은 소출, 수익성 높은 뽕밭과 목화경작으로 전환된 토지의 더 큰 몫, 겨울작물들을 동반한 이모작의 보편적 채택, 농사로부터 방직으로 전환된 가내여성노동의 부문이동 등에 의해 벌충된다. 이백중은 또 송대에 지배적이었으나 명대에 강남농장에서 사실상 사라진 소를 청대에 다시 사용한 것과 대량의 두부 비지와 콩깻묵을 비료로 사용한 것 등을 - 가혹한 인구압박과 노동잉여에 대한 차오의 주장을 거짓으로 입증하는 - 노동절약적 자본투자의 사례로 들고

1118) Thomas G. Rawski, *Economic Growth in Prewar China* (Berkeley: University of California Press, 1989); Loren Brandt, *Commercialization and Agricultural Development: Central and Eastern China, 1870-1937* (New York: Cambridge University Press, 1990); David Faure, *The Rural Economy of Pre-Liberation China: Trade Expansion and Peasant Livelihood in Jiangsu and Guangdong, 1870 to 1937* (Oxford: Oxford University Press, 1990).

1119) Bozhong Li (李伯重), *Agricultural Development in Jiangnan, 1620-1850* (London: Macmillan, 1998); 李伯重,『江南的早期工業化』(北京: 社会科学文献出版社, 2000);『發展與制約: 明淸江南生產力硏究』(臺北: 聯經出版公司, 2002). 이상은 von Glahn, *The Economic History of China*, 352쪽에서 재인용. Bozhong Li(李伯重), "Was there a 'Fourteen-Century Turning Point'? Population, Land, Technology, and Farm Management", Paul J. Smith and Richard von Glahn, *The Song-Yuan-Ming Transition in Chinese History* (Cambridge, MA. and London: Harvard University Asia Center, 2003); Bozhong Li and Jan Luiten van Zanden, "Before the Great Divergence? Comparing the Yangzi Delta and the Netherlands at the Beginning of the Nineteenth Century", *The Journal of Economic History*, Vol. 72, No. 4 (December 2012).

있다. 논농사에서의 노동강도는 명·청대에 거의 변하지 않았다. 강남지역에서 1무당 노동일수가 820년경에 9.48일이었는데 1630년경에는 11.5일, 1830년경에는 10일이었기[1120] 때문이다. 그리고 18세기 강남의 순純가계소득은 여성 방직노동의 기여로 16세기보다 11.34% 증가했다. 가계소득에 대한 여성방적·방직노동 소득의 기여도는 7%에서 31.1%로 급증했다.[1121] 강남 농촌경제는 오히려 가정소득과 1인당 소득을 제고하는 농업과 제조업의 "노동흡수적 집약화 패턴(pattern of labor-absorbing intensification)", 즉 노동집약적 패턴을 보였다.[1122] 따라서 중국 경제의 심장부였던 강남지역(양자강하류 델타지역)에 대해서는 캉 차오와 필립 후앙의 "내축 패턴(involutionary pattern)"이나 엘빈의 "고차적 평형의 함정"과 "양적 성장, 질적 정체"를 입론할 여지가 전무한 것이다.

그리고 마크 엘빈은 1650년 이후 1850년까지 인구가 갑자기 팽창한 이유를 찾으려고 한다. 중국 인구는 1600년 1억 6000만 명이었는데 1750년에는 2억 6000만 명(세계 인구의 36%)으로서 증가했고, 1850년에는 4억 1200만 명(세계인구의 35%)에 달했다.[1123] 그러나 "이 변화의 크기들이 분석을 난감하게 만들기에 충분히 불명확하다"고 토로한다.[1124] 그런데 그는 1900년경 중국 인구가 일련의 전화(백련교도·태평천국의 난, 1·2차 아편전쟁, 청일전쟁, 러시아만주침공)의 충격 속에서 다시 감소한 것(4억 명)을[1125] 고려치 않고 있다.

1650-1750년 이후 1980년까지 100년 또는 200년 동안의 인구증가는 그가 인구폭발을 설명하려는 시도에서 망각했지만 다른 곳에서 스스로 설명의 단초를 만든 것으

1120) 李伯重, 『發展與制約: 明清江南生産力研究』, 116쪽 table 3-5. von Glahn, *The Economic History of China*, 352쪽에서 재인용.

1121) Bozhong Li, Agricultural Development in Jiangnan, 151-153쪽. von Glahn, *The Economic History of China*, 353쪽에서 재인용.

1122) von Glahn, *The Economic History of China*, 354쪽.

1123) Osterhammel, *China und Weltgesellschft*, 34쪽.

1124) Elvin, *The Pattern of the Chinese Past*, 310쪽.

1125) Osterhammel, *China und Weltgesellschft*, 34쪽.

로부터 설명할 수 있다. 17-18세기 노비와 유사노비의 소멸은 중국노비제도의 숨겨진 인구 억제기제를 소거시켜 중국인구의 대폭발을 가져왔다. 명백히 이것은 풀뿌리 차원에서의 향촌권력구조의 본질적 변동을 반영하는 것이었다. 향촌권력이 토지소유로부터 이완되어 제도적 지위나 금융력으로 이동하면서 읍면과 도시에 소재하게 되었다. 지주의 향촌권력의 약화 또는 소멸은 노비와 유사노비의 자녀양육에 커다란 변화를 초래했다. 그것은 향촌에 이런 끔찍한 비밀이 숨겨져 있었기 때문이다.

마크 엘빈의 연구에 의하면, 향촌에서 딸을 낳은 장원 소작인은 여자아이에게 이름을 지어주기 전에 지주에게 은화를 상납해야 할 관습적 의무가 있었다. 이런 까닭에 많은 가난한 전호 소작인들은 딸을 낳자마자 물에 빠뜨려 죽였다. 그러나 명말·청초 장원체제와 노비제가 소멸하자 소작인이 자기의 딸을 기르기 위해 은을 상납해야 하는 관습적 의무로부터 해방되었고, 가난한 소작인이 은 상납을 피하기 위해 딸을 물에 빠뜨려 죽여야 하는 불행한 유아살해 행각을 저지를 필요도 없어진 것이다.[1126]

필자는 유사노비해방을 청대 중국의 갑작스러운 인구증가의 근본원인이라고 생각한다. 소작인 가구들과 소농가들은 이제 딸아이도 낳는 대로 다 기르게 되었다. 이렇게 되자 가임여성의 수가 자연적 비율로 회복되었고, 이와 함께 인구가 폭발적으로 증가하기 시작했을 것이다. 그리하여 인구의 급증 현상은 노비해방의 직접적 결과로 나타난 것으로 보인다. 따라서 농민들의 사회적 집단선택으로 개시된 이 인구증가 추세는 아이를 기르기 어려운 새로운 악조건이 도래하면 농민의 또 다른 선택에 따라 꺾일 수 있는 것이다. 이런 까닭에 제1·2차 아편전쟁·청일전쟁·태평천국·러시아만주 침공 등 일련의 전화 속에서 군사적 약탈을 겪은 1900년 전후 중국 인구가 다시 감소한 것이다.

이것은 인구가 불변적 요소가 아니라는 것을 보여준다. 중국인구는 중장기적으로 생산력에 좌우되었지만 유사노비(佃戶)해방, 전쟁 등의 거대한 사건들에 의해 직접적으로 영향받았다. 맹렬한 전염병도 영향을 미칠 수 있지만, 그 영향력은 17-19세기는

1126) Elvin, *The Pattern of the Chinese Past*, 255-257쪽.

급격히 약화되었다.[1127] 마크 엘빈은 인구를 독립변수로 생각하기 때문에 오류의 함정을 벗어나기 어렵다.

– '고차원 평형의 함정'이란 것이 있기나 했나?

그래도 계속 이어서 엘빈은 기술진보의 지체 원인을 말한다. "그것은 수많은 맞물리는 원인들로 인해 후기전통경제의 투입-산출 관계가 내적으로 산출된 힘으로 변화를 거의 할 수 없었다는 것이다. 기술과 투자의 견지에서 1에이커당 농업생산성은 거의 산업적·과학적 투입 없이 가능한 것의 한계에 도달했고, 그러므로 인구증가는 생계에 필요한 것 이상의 잉여생산물을 끊임없이 축소시켰다. (…) 인구 1인당 잉여의 하락은 물론 단순한 생존을 위해 필요한 재화와 다른 재화들에 대한 1인당 유효수요의 축소를 뜻했다. 전근대적 수로수송은 효율성의 유사한 천장에 가까웠다. 그리고 수로비용을 감축시킴으로써 재화에 대한 수요를 늘릴 가능성은 거의 존재하지 않았다. 이런 기술적 이유에서 토지에 대한 인구 압박이 가혹해지고 있는 시기에 식품가격의 상승은 이민과 새로운 토지의 개척에 의한 것 외에 양곡산출의 상승을 유도할 수 없었다. 이러한 조건에서 이민은 인상적 규모로 벌어졌는데, 이것은 중국경제가 질적 변화가 거의 없지만 양적 견지에서나마 성장한 주요 수단이었다. 후기전통적 경제의 큰 규모가 기술진보에 영향이 있었다면, 그것은 아마 부정적인 것이었을 것이다."[1128]

이어서 마크 엘빈은 '고차원 평형의 함정' 이론을 이렇게 결론짓는다.

우리가 여기서 보여준 모든 것은 후기전통적 중국에서 경제력이 이윤 있는 발명을 점점 더 어렵게 하는 식으로 발전했다는 것이다. 농업에서 잉여가 축소되면서 1인당 소득과 1인당 수요가 감소하고, 노동은 싸지지만 자원과 자본은 점차 비싸졌다. 이에 따라 경작과 수송 기술은 어떤 단순한 개량도 불가능할 정도로 좋아지면서 농민과 상인을 위한 합리적

1127) 참조: Elvin, *The Pattern of the Chinese Past*, 311쪽.
1128) Elvin, *The Pattern of the Chinese Past*, 312-313쪽.

전략이 노동절약의 방향이 아니라 자원과 고정자본의 경제의 방향을 취했다. 거대하지만 거의 정태적인 시장은 창의성을 자극했을 생산체계에서의 어떤 병목현상도 창출하지 않았다. 일시적 부족이 발생하면, 저렴한 수송에 기초한 매매 융통성(mercantile versatility)이 기계의 고안보다 더 빠르고 더 확실한 해결책이었다. 이 상황은 "고차원적 평형의 함정"으로 묘사될 수 있다. 강한 의미의 경제적 합리성을 가진, (사실이지만 특허법이 없을지라도) 역사상의 발명가에게 사당을 세울 정도로 발명을 평가해주는, 그리고 괄목할만한 기계적 재능을 가진 문명의 맥락에서 이것은 아마 기술진보의 지체에 대한 충분한 설명일 것이다.[1129]

이 결론은 일견에 모순이 가득하다. 우선, 인구증가는 무조건 수요하락으로 귀결되는 것이 아니라, 수요에 대해 상반된 영향을 미친다. 인구증가는 중장기적으로 임금수준을 하락시켜 수요를 감소시키지만, 단기적으로는 더 많이 태어난 신생아들이 노동가능한 청소년으로 성장할 때까지 그 수에 비례해서 생계수요를 급팽창시킨다. 따라서 장기적으로 보더라도 임금인하로 인한 수요감소 폭만큼 수요를 낮춰 잡더라도 인구증가는 증가분에 비례해서 점진적으로 수요를 증대시킬 수 있다. 물론 식량 차원의 수요를 넘어가는 기본수요는 저급한 생활필수품에 한정될 것이므로 사치품과 양질의 생필품에 대한 수요가 급감하고 저급한 생필품에 대한 수요가 급증하는 식으로 수요구조의 개편이 일어날 것이다. 그럼에도 인구증가로 인해 수요 총량은 감소하는 것이 아니라 증가요인과 감소요인이 상쇄되어 불변이거나 오히려 경미하게 증가할 수 있는 것이다. 이런 까닭에 아담 스미스도 고전경제학적으로 인구밀도의 고도화를 '시장의 크기'가 확대되는 한 요인으로 보았던 것이다.

엘빈도 "양적 성장, 질적 정체"라는 테제로 인정하듯이 동기간에 중국경제가 양적으로나마 성장했다는 것은 인구증가가 수요감소를 초래하지 않았다는 것을 함의한다. 임금정체 상황에서 진행된 경미한 수요증가는 이것이 인구증가로 인한 수요증가임을 더욱 분명하게 보여준다. 중국경제의 전체적 수요가 '인구증가로 인한 이 경미

1129) Elvin, *The Pattern of the Chinese Past*, 314쪽.

한 수요증가' 이상으로 늘지 않고 사실상 정체된 것은 인구증가와 '완전히 다른' 이유가 있는 것이다. 나아가 이것은 상당한 노동자층이 불완전고용 상태로 빠져들게 만들면서 노동자들의 개인소득의 정체나 하락을 야기하는 다른 수요감축 요인이 따로 있다는 것을 말해준다. 엘빈은 인구증가의 '함정'에 빠져 그 요인을 찾지 못하고 있다.

그리고 17-19세기 중국의 농업생산성은 하락하기는커녕 정체하지도 않았다. 마크 엘빈도 퍼킨스(D. H. Perkins)의 연구를 인용하면서 이것을 인정하고 있다. 1무畝당 생산성은 1368년 140캐티(1캐티=600g) 미만에서 1600년 224캐티로 급증하고 1770년대 200캐티 남짓으로 하락했다가 19세기 중반에 240캐티로 다시 증가했다.[1130] 그리고 나킹과 로스키(Susan Naquin and Evelyn Rawski)도 18세기는 중국농업의 '번영의 시대'였다고 확인해준다.[1131] 이랬기 때문에 중국은 폭발하는 인구를 감당할 수 있었던 것이다.

중국의 이 인구폭발은 노비해방에만 기인한 것이 아니라, 평균수명의 연장에도 기인했다. 그리고 이 평균수명은 다시 중국인들의 풍요로운 섭생 덕택에 길어졌다. 18·19세기 중국 국민의 평균수명과 칼로리 섭취량을 보면, 아시아가 유럽보다 나았거나 적어도 대등했다. 공공보건과 깨끗한 식수는 중국이 유럽을 앞질렀고, 1800년경 중국의 생활수준은 유럽과 비슷했다. 1850년에도 일본의 생활수준이 영국보다 나았다. 보통의 일본인들은 보통의 영국인들보다 더 위생적인 음식을 먹었다.[1132] 청대 중국인들의 평균수명은 적어도 서유럽 사람들만큼 길었다. 탄생시 유아의 생존가능성은 부분적으로 남아선호관념으로 인한 아직 잔존하던 여女영아살해 풍습 때문에 낮았으나 한 살 이상에 이른 중국인들의 수명은 18세기 말엽 40세 이상이었다. 이것은 유럽에서 가장 잘사는 예외지역의 수명과 비견된다. 이것은 중국인이 탄생비율이

1130) Elvin, *The Pattern of the Chinese Past*, 309쪽.

1131) 참조: Susan Naquin and Evelyn Rawski, *Chinese Society in the Enlightenment Century* (London: Yale University Press, 1987).

1132) Pomeranz, The Great Divergence, 38-39쪽; John M. Hobson, *The Eastern Origins of Western Civilization* (Cambridge·New York: Cambridge University Press, 2004·2008), 76-77쪽.

낮은데도 인구증가가 계속된 것은 성인들의 수명이 유럽보다 조금 더 길었기 때문이다. 중국의 인구성장률은 1550-1750년 사이에 더 높았고, 그 뒤에 유럽과 비슷해졌다. 중국과 유럽의 인구는 1750년부터 1850년까지 100년 사이에 이전의 2배가 되었다. 이것은 중국인의 사망률이 유럽보다 아주 낮아야만 가능한 수치다. 이것은 중국인들이 비교적 풍요로운 음식을 섭취했다는 것을 간접적으로 증명해준다.[1133] 따라서 "시대들을 비교하거나 나라들을 비교해보면 전체적으로 문명이 인구와 동일보조를 취한다는 것이 드러나기 때문에 지금(19세기 초 - 인용자) 3억 6700만 명으로 추산되는 중국 인구의 거의 믿을 수 없는 머릿수만큼 그렇게 직접적으로 중국 문명의 높은 수준을 나타내 주는 것은 없다"는 쇼펜하우어의 평가는[1134] 지금도 흔들림 없이 타당한 것이다.

그리고 최신 중국연구들은 17-18세기 중국경제에 대한 이해에서 엘빈의 중국 묘사와 전적으로 상반된다. 오스터함멜에 의하면, 18세기 초 중국에서 대서방 수출이 천문학적 규모로 확대된 덕택에 일어난 이른바 '가격혁명'과 가벼운 인플레이션은 특히 시장을 향한 생산을 자극했다. 이런 사정에서 잔존하는 현물세도 마저 화폐대납으로 전환되었다. 그리고 지금까지 잔존하던 직간접적 국영부문들이 민영화되었고, 청대 초에 설치된 제조업의 규모 제한(가령 직기 100대 상한선)이 혁파되었다. 이런 새로운 환경에서 민간 기업가들은 기존 사업을 확장하고 새로운 기업을 창업했다. 그리하여 1720년대부터 20년 동안 잠시 제염·제지·제당·제재 및 목가공업 분야에서 수많은 민간주도 사업이 일어나 '창업의 시대'가 개막되었다.[1135]

100년 이상 지속된 인구폭발 자체는 별문제가 되지 않았다. 중국정부는 인구폭발로 인한 곡가상승 압박을 외국농산물의 수입으로 상쇄시키고 토지개간과 만주이민을 촉진하고 동남아 진출 금지를 해제했다. 엘빈도 "이민과 새로운 토지의 개척"이

1133) Pomeranz, *The Great Divergence*, 38-39쪽.

1134) Arthur Schopenhauer, Über den Willen in der Natur, 'Sinologie', 459쪽. Arthur Schopenhauer, *Kleine Schriften. Sämtliche Werke*, Band III (Frankfurt am Main: Suhrkamp, 1986).

1135) Osterhammel, *China und Weltgesellschaft*, 66쪽.

"인상적 규모로 벌어졌다"고 인정하고 이것이 양적 성장이나마 가능케 한 요인이라고 말하고 있다. 그러나 통기通氣 장치들은 그가 아는 수준을 훨씬 뛰어넘는 수준으로 작동했다. 우선 그가 모르는 동남아 이민이 인구폭발을 완화하는 데 기여했다. 동남아이민은 태국의 왕이 되기도 하고, 인구 100만여 명의 순수유교적 난방蘭芳민주공화국을 보르네오에 별개의 나라로 건국하기도 할 정도로 규모가 컸다. 그리고 엘빈이 만주이민을 1860년 이후에야 허용된 것으로 알고 있는데,1136) 이것은 중앙정부 차원의 기록일 뿐이다. 현지 주둔군 사령관은 100년 전부터 만주의 봉금封禁지대를 해제하고 만주 땅을 주민들에게 개방했다. 그리하여 1747년 당시 벌써 청국인 30만 명이 서간도에 들어가 살고 있었다.1137)

인구증가나 소득감소, 농업의 생산성 하락 등으로 인한 '고차원적 평형의 함정'이라는 것은 존재하지 않았다. 그리고 소득도 감소한 적이 없었다. 동시대인 아담 스미스도 단지 '정체'만을 말했을 뿐이고 '감소'나 '퇴보'를 입에 담은 적이 없다. 스미스는 더욱 분명하게 말한다. "중국은 정체해 있을지라도 퇴보하는 것처럼 보이지 않는다. 중국의 어떤 도시도 주민들에게 버려지지 않고 있으며, 한번 경작된 땅은 어디서도 소홀히 관리되지 않는다. 그러므로 동일한 또는 거의 동일한 연간 노동이 계속 수행됨에 틀림없다."1138) 그리고 상술했듯이 스미스는 당대 중국의 기술수준도 유럽의 기술수준에 많이 뒤지지 않았다고 말했다.

- 공장제를 기피한 중국의 대안: '네트워크 브랜드 자본주의'

그런데 수직적 위계의 전제적 공장과 환경파괴를 가져온 산업혁명과 기술진보만이 근대적 산업자본주의를 말하는 것인가? 이것은 영국식 '공장제' 산업자본주의일 것이다. 산업화가 "생산영역의 발전과 체계화"로 정의된다면,1139) 산업자본주의는

1136) Elvin, *The Pattern of the Chinese Past*, 312쪽.
1137) 『英祖實錄』, 영조23(1747)년 11월 25일; 황태연, 『백성의 나라 대한제국』, 790쪽.
1138) Smith, *Wealth of Nations*, I. viii. 25, 90쪽.
1139) Hamilton, *Commerce and Capitalism in Chinese Societies*, 101쪽.

'기술혁신'과 수직적 생산조직(공장)에 의해서만이 아니라, '경영혁신'·'제도혁신'과 수평적 네트워크 체계에 의해서도 벌어질 수 있다. 게리 해밀턴은 현재 아시아와 구미에서 산업화의 복잡한 형태가 기술적으로 세련된 대형 공장의 바깥에서 벌어지고 있다고 말하고 이 조직형태를 18-19세기 중국에 적용한다.[1140] 유연생산체계로서의 이 비非수직적·수평적 통합의 생산·분배체계는 디자인·상품개발·판매 등을 맡는 Walmart, Ikea, Costco, Nike 등과 같은 빅바이어(초대형 브랜드소매업체와 디스카운트소매유통업체)가 주도하는 주문자상표부착제조(OEM) 방식 또는 자사브랜드(PB) 상품제조 방식의[1141] 생산·분배 네트워크다. 이 생산·판매 네트워크에서 대형공장은 사라진다. 이전에 수많은 제조공정들을 단일 위계질서 아래 포섭했던 '공장(factory)'은 수많은 '작업장(workshops)'으로 분해되어 브랜드네임 빅바이어에 의해 네트워크로 연결된다. 판매상점 유통망이 전자상거래 네트워크로 대체되면 '상점(shop)'도 사라진다. 한 마디로, 현재의 이 네트워크 생산은 "상점을 기피하고 공장을 망각하는" 추세다.[1142] 오늘날 지배적인 자본주의 유형은 이 OEM 네트워크가 전자상거래와 결합된 최첨단 모바일 브랜드 자본주의이기 때문이다.

1140) Hamilton, *Commerce and Capitalism in Chinese Societies*, 93-123쪽.

1141) OEM(original equipment manufacturing)은 주문자가 요구하는 제품 종류와 상표명으로 완제품을 생산하는 것을 말한다. 브랜드네임을 가진 초대형 소매상 유통업 체인업체에서 주로 사용하는 생산 방식으로 '주문자상표부착생산'이라 한다. 광역의 유통망을 가진 유통업체에서 제조업체에 자사가 요구하는 상품을 제조하도록 주문·위탁해 완제품을 주문자 브랜드로 판매하는 방식이다. 오늘날은 아울렛·마트·백화점 등 대형소매점의 전국적 체인업체가 자사 브랜드(PB)로 TV나 냉장고 등의 가전제품을 판매하는 경우가 많다. 'PB상품(*private brand products*)'은 유통업체가 제조업체에 제품생산을 위탁하면 제품이 생산된 뒤에 유통업체 브랜드로 내놓는 것을 이르는 말로, PL(*private label*)상품이라고도 한다. 대형 소매업자들이 독자적으로 제작한 자체브랜드로, 백화점이나 대형 슈퍼마켓 등의 대형 소매업체 측에서 각 매장의 특성과 고객의 성향을 고려하여 독자적으로 만든 자체브랜드 제품을 말한다. '자가상표', '자체기획상표', '유통업자 브랜드'라고도 불린다. 그 상품이 해당 점포에서만 판매된다는 점에서 전국 어디에서나 제품을 구매할 수 있는 제조업체의 브랜드(NB: national brand) 제품과 차이가 있다. 한편, PB제품은 마케팅이나 유통비용이 절약되어 제조사 고유 브랜드 제품보다 저렴한 것이 특징이다.

1142) Kenneth Pomeranz and Steven Topik, *The World that Trade Created* (New York: M. E. Sharpr, 2013), 284쪽.

그런데 17-18세기 중국에서는 바로 이 OEM 생산네트워크와 본질적으로 동일한 자호(브랜드)상인 주도의 광역적 생산·분배네트워크가 확산되고 있었다. 당연히 면직산업의 경우, 광역 네트워크 생산과정에서 맨 처음 시작되는 생산단위인 방적·방직의 가내수공업체에서 사용하는 기술은 '단순화'되었다. 새총을 잘 쏘는 명포수들이 넘쳐나는 마당에 참새를 잡는 데 대포를 쓸 필요가 없었던 것이다. '근거리 대포사격'은 '자본경제'의 관점에서 '낭비'임과 동시에 포탄의 파괴력을 자신에게도 튀게 만드는 '자해행위'일 것이다. 영국이 제국주의적 식민지정복과 플랜테이션 경영 및 식민지시장과 세계무역을 배경으로 노동절약적·자본집약적 기술혁신에 기초한 공장제 산업자본주의의 길을 택한 반면, 반전·평화주의의 유교적 기치 아래 나라 밖으로 진출하지 않고 나라 안에 안주해온 중국 자본들은 대외정복·식민지 없는, 따라서 식민지 플랜테이션 경영과 식민지시장을 전제하지 않는, 생산도구와 생산기술의 획기적 단순화를 통한 자본절약적·기술절약적·노동집약적 경영혁신에 기초한 자호상인 주도의 네트워크 생산방식의 브랜드 자본주의 노선을 택한 것이다.

공장제 자본주의는 기계에 의한 생산과 기계생산을 계속 늘리는 '외연적 확대재생산'을 야기해 마르크스가 지적한 자본의 기술적·유기적 구성도의 고도화와 이로 인한 이윤율 저하 경향에 말려들 뿐만 아니라, 경공업(의식주생산 부문)의 미미한 발전에 대비되는 중공업(생산수단 생산부문)의 환경파괴적 과잉비대화(*hypertrophy*)를 야기하는 실질적 '비경제'를 야기한다. 또한 이것은 일정한 세월이 흐르면 자동화 기계를 만들고 방대한 기계체제를 유지하고 가동시키기 위해 자행되는 과도한 자원채취와 자원낭비, 산업폐기물과 산업폐기가스의 과잉방출로 자연환경의 대대적 파괴를 초래하게 된다.[1143] 아마 중국인들은 '경영혁신'을 통해 생산도구와 기계를 획기적으로 단순화하는(즉, 자본을 혁명적으로 절약하고 기술을 단순화하는) 상인주도 네트워크 경제의 관점에서 영국 대공업자본주의의 복잡한 기계들은 중국인들에게 루브 골드버그 기계(*Rube Goldberg machines*)로, 즉 간단한 일을 복잡하게 수행하

1143) 황태연, 『지배와 이성』, 382-388쪽. Tai-Youn Hwang, *Herrschaft und Arbeit im neueren technischen Wandel* (Frankfurt am Main: Peter Lang, 1991), 355-364쪽.

는 값비싼 자동기계로 비쳤을 것이다.

카를 마르크스는 공장제 자본주의의 이윤율 하락법칙을 발견함으로써 공장의 기계들이 중국인들에게만이 아니라 자본주의 자체에 대해서도 '루브 골드버그 기계'에 불과한 것임을 이론적으로 입증했다. 다만 마르크스가 기계와 대공장을 찬미하기만 하다가 자기의 발견이 공장제를 한낱 루드 골드버그 기계에 불과하다는 것을 입증한 놀라운 사실을 스스로 자각하지 못했을 따름이다

당시 중국인들이 공장제 자본주의의 유기적 구성도의 고도화, 이윤율하락 경향 등 부조리한 비경제와 환경파괴위험을 '깨달아서' 공장제를 회피한 것은 아닐 것이지만, 영국의 공장제 자본주의를 달가워하지 않거나 부러워하지 않은 것은 역사적으로 확실해 보인다. 다음에 보듯이 서구의 문물이 쏟아져 들어온 20세기 초까지, 아니 그 중반까지도 중국인들은 복잡한 기계로 자동화된 서구식 공장을 여러 가지 이유에서 거부했고, 서구의 복잡한 대형 기계를 작고 간단한 기계로 축소·재생산함으로써 자호(브랜드)상인 주도의 광역 네트워크의 개시 단계인 가내수공업이나 중간단계의 가공작업장에 배치해 이 광역 네트워크 경제와 노동 주도의 식품·약품·서비스경제만을 발전시켰다.

영국의 길은 브랜드를 모르는 인간적대적·환경파괴적 산업화 노선의 전쟁자본주의인 반면, 중국의 길은 인간·자연친화적 산업화 노선의 평화적 브랜드 자본주의였다. 이 중 어떤 노선이 더 인간적인지는 불문가지일 것이다. '인간적대'의 길과 '인간'의 길의 대비이기 때문이다. 그러나 이 중 어떤 노선이 경제적으로 더 효율적인지는 선뜻 판단하기 어렵다.

영국과 프랑스가 전쟁으로 중국을 굴복시키고 영국·프랑스·러시아·독일이 중국 땅을 분할한 19세기의 단기적 역사로만 본다면, 기술혁신에 기초한 공장제 전쟁자본주의가 경제적으로 더 효율적인 것으로 보인다. 그리고 마르크스와 베버 이래 대부분의 경제사가들이 그렇게 생각해온 것도 사실이다. 하지만 중국과 극동이 잠시 몸을 굽혔다가 굴기崛起해서 서양을 앞지르기 시작한 20-21세기까지 역사적 시야를 넓힌

다면, 그리고 청대 중국의 자호상인 주도의 네트워크 브랜드 자본주의와 유사한 구미의 빅바이어 주도의 OEM 네트워크 브랜드 자본주의가 최첨단 자본주의 생산방식으로 확립된 것을 본다면, 그리고 이런 발전에서 Alibaba와 같은 중국의 전자상거래 네트워크가 세계최대·세계최첨단의 그런 네트워크 자본주의, 또는 플랫폼 자본주의를 상징하는 것을 고려한다면, 둘 중 어떤 노선이 더 효율적인지에 대한 최종적 판단은 자명한 것이다. 장기적으로 보면, 효율성 측면에서 18세기 중엽부터 발달하기 시작해서 19세기 전반에 걸쳐 중국제국과 해외로 확산된 중국 자호상인들의 네트워크 브랜드 자본주의가 비슷한 시기에 시작된 영국의 공장제 산업혁명을 이긴 것이다. 오늘날 '공장제 자본주의'는 리버풀과 맨체스터, 오대호연안, 리용, 루르, 구로·울산지역 등 세계각지를 오염시키던 '루브 골드버그 기계 공장'과 함께 지구에서 완전히 사라졌지만, 중국의 '네트워크 브랜드 자본주의'는 전자상거래 시스템의 확산과 함께 모바일화되면서 알리바바·구글·아마존 등의 '플랫폼 자본주의'로의 새로운 도약을 맞았기 때문이다. 법적으로 보호되는 420여 년 역사의 '브랜드 자본주의'는 오늘날 '모바일 브랜드 자본주의'로 거듭나고 '플랫폼 자본주의'로 발전 중인 전도양양한 자본주의다.

루브 골드버그식 자동기계의 대량투입과 이를 통한 기술혁신에 기초한 공장제 자본주의는 기술집약적(자본집약적)이고 노동절약적인 까닭에 자본의 기술적·유기적 구성도의 지속적 고도화와 이윤율하락, 대공황과 대침체를 피할 수 없는 반면, 빅바이어가 주도하는 국제적 생산·분배 네트워크에 기초한 브랜드 자본주의는 고도로 기술·자본절약적이고 노동집약적인 까닭에 전 세계경제로 확산된다면 자본의 기술적·유기적 구성도의 고도화와 이윤율하락, 대공황과 대침체를 피할 수 있을 것이다. 1970년대 이후 세계경제에서 충격적 '대공황(*Panic*)'과 '대침체(*Great Recession*)'가 짧은 침체와 불황으로 바뀌어 사라진 것은 아마 중국·대만·홍콩·싱가포르를 위시한 극동경제와 미국·서구경제가 1970년대 중반 이후 빅바이어 주도의 국제적 네트워크 브랜드 자본주의로 이행한 까닭이 아닐까 생각한다.

미국에서 1785년부터 1788년까지 4년간 지속된 '1785년 대공황' 이래 2009년까지 발생한 총49회의 공황·침체 중 1785년부터 1975년까지 190년 동안 일어난 44회의 공황·침체는 그 지속기간이 평균 1년 8개월 이상 장기간이었고, 공황·침체 간의 시간적 간격은 약 2년 4개월에 불과했다. 그리고 이 기간에 대공황은 8회, 대침체(3년 이상 지속되거나 GDP를 20% 이상 감소시킨 경기후퇴)가 9회나 되었다.

반면, 1980년 이래 40년간 발생한 5회의 침체(1980, 1981-1982, 1990-1991, 2000-2001, 2007-2009)는 각 침체의 평균 지속기간이 2년으로 전 시기와 비슷했으나 침체기간 사이의 평균 간격은 무려 5년 10개월로 늘어났고, 공황이나 3년 이상의 대침체는 전무했으며, GDP를 10% 안팎에서 축소시키는 소규모의 경기불황들이었다. 그리고 2008년 글로벌 금융위기 이후 10여 년 동안은 아예 작은 경기침체도 없었고, 2020년에만 코로나19 전염병의 세계적 확산으로 인해 의 3-7% 정도의 성장률 저하를 가져온 경기침체가 있었을 뿐이다. 지난 40년간 있었던 작은 침체들은 모두 오일쇼크나 서브프라임 모기지 조작 등의 '인위적' 원인과 전염병의 '자연재해적 원인'에서 비롯되었다. 1980년 이후 지금까지의 시간이 너무 짧기 때문에 이것을 일반화하기는 어렵지만 조심스럽게 이 변화가 자본을 절약하고 노동을 집약시켜 자본의 기술적·유기적 구성도를 격감시키는 빅바이어 주도의 자본절약적·노동집약적 네트워크 생산방식의 브랜드 자본주의와 - 마찬가지로 고도로 자본절약적인 - IT산업자본주의(지식경제)의 결합 덕택이 아닐까 추리해본다.

18세기 말부터, 특히 - 서양의 중국상품 수입이 완전 소멸하고 아편전쟁 이후 서양상품이 중국 내륙시장에 대거 몰려오기 시작한 - 19세 중반부터 중국인들은 기술혁신과 공장제를 피해 생산기술을 단순화하고 풍부한 노동력을 최대로 흡수하고 최고로 값지게 활용하는 방향으로 일대 경영혁신을 일으켜 중국경제 전체를 자호(브랜드)상인 주도의 광역 네트워크 생산방식으로 개편한 것이다. 자호상인이 주도한 네트워크 생산방식의 '경영혁신'은 영국 공장주가 주도한 역학적力學的 기계제 생산방식의 '기술혁신'에 대응하는 것이다. 여러 단계로 분업화되고 내부계약제로 연결되는 이 기술·자본절약적이고 노동집약적인 네트워크는 재배·생산·운송·포장·염색·광택·판매의 각 단계에 '표두票頭'라는 조장이 관리하는 각 조組마다 10-20여 명을 고용한 수백 또는 수천 개 조의 가공작업장들과 수송단·소매상점들이 배치되었다. 이런 의미에서 각 조는 자본주의적 소기업이었다. 소매상점은 전국에 흩어진 연결망에 들어 있는 자호상인의 지점들이거나 신용으로 결연된 연계상점들이었다.

무명 네트워크 경우에는 가내수공업장으로부터 생 면직물을 수집하는 일은 현지 대표자들에 맡겨졌는데, 이 대표자는 '베틀의 장長'을 뜻하는 '기두機頭'라고 불리었다. 수많은 기두들은 농가로부터 사들인 생 면직물을 자호상인에게 팔았다. 그러면 자호상인은 이 직물을 다시 염색작업장, 즉 '염색공창工廠'에 팔아넘기고 이 염색공창의 '표두'들은 각 필마다 '자호'를 염색하듯이 인쇄해 넣었다.[1144] 그리고 나서 염색 표두는 다시 이 염색된 면직물을 자호상인에게 팔고 자호상인은 이 염색된 면직물을 다시 광택공창 표두에게 팔았다가 광택내기가 끝난 뒤 광택 난 무명을 되사들여 운송회사 표두에게 넘겼다. 그러면 운송회사는 자호상인의 광역 네트워크에 속한 타 지방 소매상점들에 이 무명을 배달했다.

윌리엄 로우(William Rowe)는 게리 해밀턴이 '자호상인 주도의 광역 네트워크'라고 부른 이 초지역적 광역 판매-생산 연결체계를 자호상인과의 수시계약에 의해 연계된 수많은 상공인들이 시장에 접근하는 '망상網狀체계(reticular system)'로 묘사했었고,[1145] 레이몬 마이어스(Ramon Myers)는 '세포망 체계(cellular system)'로[1146] 묘사했었다. 이 망상체계의 시장은 고도로 경쟁적이었다. 그리하여 이 네트워크 안에

1144) Harriet T. Zundorfer, "Cotton Textile Production in Jiangnan during the Ming-Qing Era and the Matter of Market-Driven Growth", 86쪽. Billy K. L. So (ed.), *The Economy of Lower Yangzi Delta in Late Imperial China* (Oxford: Routledge, 2013).

1145) William Rowe, "Domestic Interregional Trade in Eighteenth-Century China", 180-181쪽. Leonard Blussé and Femme Gaastra (eds.), *On the Eighteenth Century as a Category of Asian History* (Aldershot: Ashgate, 1998).

1146) Ramon Myers and Yeh-chien Wang, "Economic Development, 1644-1800". Willard J. Peterson (ed.), *The Cambridge History of China*, vol.9, part 1, *The Ch'ing Empire to 1800* (Cambridge: Cambrige University Press, 2002).

서는 어떤 인물이나 어떤 조직도 시장가격과 산출량을 결정할 만큼 충분한 권력을 가진 특별한 심급이 아니었다. 이 네트워크를 주도하는 자호상인조차도 시장의 수요변동에 민감하게 반응해야 하는 수동적 심급이었기 때문이다. 러우는 말한다. "아주 많은 상인들이 낮은 수준의 자본금을 갖고 비교적 짧은 거리와 채취·분배 네트워크의 작은 구획들을 뛰어넘어 값싼 물품들의 출하를 취급하는 업무에 종사할 수 있다는 사실은 틀림없이, 특히 상대적으로 낮은 수준의 자본축적을 가진 사회에서 특별히 고무적이었다."[1147]

인구가 폭증하는 가운데 수요가 정체하거나 미미하게 증가하는 상황에서 기술혁신은 필연적으로 과잉생산과 대량실업의 위험을 초래했을 것이다. 이런 상황에서 중국인들은 '기술혁신' 대신 '경영혁신'을 택한 것이다. 17-18세기에 확산된 중국의 이 '자호상인 주도의 광역 생산·분배네트워크'는 오늘날도 승승장구하고 있고, 오늘날 최첨단 생산방식인 OEM 방식 및 전자상거래와 결합되어 더욱 발전하고 있다. 수직적 군대기율로 노예를 사역하던 식민지 플랜테이션을 모델로 노동자를 고용주의 절대권력 아래 포섭한 공장제 자본주의가 아니라 이 상인 주도의 수평적 네트워크에 기초한 브랜드 자본주의를 분석의 중심에 놓으면, 늦어도 17세기부터 중국에는 자호상인 주도의 광역 생산·판매네트워크 형태의 브랜드 산업자본주의가 발아해서 18세기 내내 크게 성장했고, 1·2차 아편전쟁(1839-1842, 1857-1860)을 기점으로 서양상품의 중국시장 진출에 맞서 더욱 번창해서 오늘날까지 이르렀던 것이 제대로 이해될 수 있다. '브랜드'는 중국 고유어로 '자호字號'라고 불리었고, 중국 상업자본의 가장 중요한 자산이었다.

이 '자호상인 주도의 네트워크 자본주의'의 자호상인들은 도매상인이 아니라 국내시장 도처에 전국적으로 뻗어있는 소매상점들의 광역 네트워크를 확보한 대형유통업체 소매상업자본가들이었다. 따라서 이 '자호상인 주도의 네트워크 자본주의'는 자호상인들이 판매시장의 수요변동에 민감하게 호응해 수요량을 비교적 정확하

[1147] Rowe, "Domestic Interregional Trade in Eighteenth-Century China", 180-181쪽.

게 감지한 뒤에 판매의 반대편 끝에 있는 생산시작 단계의 가내수공업자들에게 생산량을 할당하기 때문에 시장을 포화시킬 '과잉생산의 위험'이 전무했다. 그리고 생산기구가 기계가 아니라 지극히 단순화된 도구들이었기 때문에 기계에 묶인 고정자본의 규모는 극소했다. 따라서 네트워크자본주의적 자본의 기술적·유기적 구성도는 거의 영화零化되었다. 따라서 '자호상인 주도의 네트워크 자본주의'는 시장수요의 증감추이와 무관하게 기계적 자동화체계의 강제에 의해 미리 제품을 대량으로 생산해 쌓아두어야 하는 공장제 자본주의에서라면 필연화되는 과잉생산 위기로부터 자유로웠고, 자본의 유기적 구성도의 고도화로부터도, 따라서 이윤율 하락으로부터도 자유로웠고, 그러므로 해외에서 새로운 판매시장과 자본수출 식민지를 계속 확보해야 하는 제국주의적 정복충동으로부터도 자유로웠다. 또한 이 네트워크 자본주의는 서양제국의 중국시장 진출로 인한 경쟁조건과 수요의 변동에 민감하게 반응해 공장제 자본주의의 제국주의적 시장침투에 재빨리 대처하고 이를 극복할 수 있었다.

'자호상인 주도의 광역 네트워크 생산·판매방식'에 기초한 중국의 브랜드 자본주의의 성장추이는 '회관會館'과 '공소公所'의 확산을 보여주는 통계수치로 알 수 있다. 자호상인이 주도하는 광역 네트워크 생산방식의 브랜드 자본주의는 객지에서 동향인끼리 모여 상부상조하는 상인들과 이들과 업무적으로 연계된 상공인들이 '회관'과 '공소'를 중심으로 조직되어 있었기 때문이다. 모스와 엘빈이 '길드'로 잘못 부른 이 '회관'은 그가 제시한 상해지역 통계만 보아도 1720년 처음 등장해서 1780년까지 점차 증가하다가 1780년을 기점으로 1800년까지 빠르게 증가했다. 하지만 아편전쟁을 통해 중국시장이 개방된 1840-60년대 이후부터 1900년까지는 아예 초스피드로 급증했다.[1148] 이 급증 추세는 중국자본들이 쇄도하는 서양상품들과의 역사적 경쟁에 직면해 '모험성'을 회복·발휘하면서 이미 개발되어 있는 기존의 경영혁신 생산방식인 '자호상인 주도의 광역 네트워크'를 전면적으로 전개함으로써 서양상품의 공세에 강력 대응했음을 보여준다.

1148) Elvin, *The Patter of the Chinese Past*, 277쪽 Figure 3.

회관에 소속한 자호상인이 주도하는 이 광역 네트워크의 브랜드 자본주의는 - 중국의 상황에서 소득증가와 인구증가를 동시에 가져오는 '지수적(기하급수적) 경제성장'을 달성하기는커녕 틀림없이 과잉생산·집단실업·대량아사를 초래했을 - 공장제 자본주의의 재앙을 피해 17세기 초의 유사노비해방으로 갑자기 폭증하게 된 과잉인구를 먹여 살리고 국가의 도움 없이 중국의 국민경제를 지탱할 수 있었다. 브랜드네임 빅바이어(자호상인) 주도의 광역 네트워크에 기초한 브랜드 자본주의는 국민이 정치적·사회적으로 완전히 해방되고 수요감소와 과잉인구에 시달리고 국가의 쇄국정책에 의해 국경 내에 갇혀 '안주'할 수밖에 없었던 중국자본들이 군대기율로 노예를 사역하던 식민지 플랜테이션을 모델로 임금노동자를 병영의 위계질서 아래 구속·포섭한 수직적 공장제와 노예사역 플랜테이션을 피해 경제를 효율적으로 재편하고 산업화에 도달할 수 있는 자유·평등한 유교적 생산·판매방법이었다. 유럽식의 수직적·전제적 공장제를 유교국가가 중국의 완전히 자유·평등한 국민에게 관철시키는 것은 아마 절대 불가능했을 것이고, 강압적으로 관철시켰다면 청조 정부가 혁명적 전복을 피치 못했을 것이다.

자호상인이 주도하는 광역 네트워크 생산방식의 브랜드 자본주의는 17-19세기 중국경제와 시장을 역동화시켜 혁신했다. 마크 엘빈은 "거대하지만 거의 정태적인 시장"을 말하고 있는데, 중국에 이런 '정태적 시장'은 존재하지 않았다. 그리고 중국인들은 어려운 조건에서 충분히 창의적이고 혁신적이었다. 그러나 이 혁신은 '기술혁신'이 아니라 '제도혁신'과 '경영혁신'이었다. 이런 까닭에 해밀턴은 단호하게 "이 과정에는 (…) 마크 엘빈이 논한 고차원적 평형의 함정도 없었다"고 잘라 말한다.[1149] 자호상인이 주도하는 수평적 광역 생산·분배 네트워크의 '브랜드 자본주의'에 대해서는 뒤에 다시 더 상론한다.

1149) Hamilton, *Commerce and Capitalism in Chinese Societies*, 122쪽.

■ 케네스 포머란츠의 생태·경제학적 설명시도

빈 옹(R. Bin Wong)과 더불어 이른바 캘리포니아학파를 창시한 중국경제사의 대가 케네스 포머란츠는 마크 엘빈과 다른 설명, 즉 본질적으로 경제·생태학적 설명을 제시한다. 그는 유럽중심주의적 경제사에 도전하면서 영국이나 네덜란드가 아니라 중국이 유럽의 어떤 나라보다도 아담 스미스의 신고전주의적 경제개념에 더 가까운 나라였다고 주장한다.

- 세계 최부국 중국

포머란츠는 1980년대부터야 열람이 가능하게 된 청대 중국정부의 경제자료에 대한 연구에 의거해서 '영국 예외주의'를 옹호하는 데 쓰여 온 바로 그 기준들이 여러 가지 면에서 인구밀도 높은 중국 해안지방들이 북서유럽의 '선진적' 경제들과 대등하거나 이 경제들을 능가한 것을 실제로 보여준다는 사실을 입증하고 있다. 중국과 일본의 노동시장은 영국과 프랑스의 노동시장보다 더 자유로웠다. 청대 중국과 도쿠가와 일본정부는 소기업들과 혁신적 농경법에서의 생산성 증가를 기술진보로 달성하려는 의식적 정책노선을 취했다. 중국 농민과 도시노동자의 섭생은 적어도 서유럽의 최부국들만큼 좋았다. 사실, 1500년과 1800년 사이에 1인당 육류소비는 유럽에서, 즉 영국과 프랑스 그리고 독일의 여러 지역에서 하락했고, 노동계급은 생활수준의 정체와 가용자원의 부족을 겪고 있었다. 중국인의 수명이 유럽인보다 더 길었고, 중국의 유아사망률은 북서유럽과 비견되었다. 중국의 중요한 방직산업 분야에서의 남녀 임금격차는 영국보다 훨씬 더 적었다.[1150]

청대 중국정부는 자연재해와 흉년에 대비한 정교하고 효율적인 의창義倉제도를 운용해 1743-1744년의 엘니뇨 대大한발 때 200만 농민을 기아로부터 구제했다. 반면, 에이레·프랑스·중유럽에서는 1740-1743년 사이에 흉년으로 300만 명의 농민들이 아사하거나 병사했다. 간단히, 서구 근로자들이 중국과 일본의 근로자들보다 더 오래

[1150] Pomeranz, *The Great Divergence*, 92-93, 105-106쪽.

또는 더 잘 살았다는 전통적 견해를 뒷받침해줄 증거가 전무하다. 마찬가지로 의미심장한 것은 유럽이 1800년 이전에 중국이나 일본에 대해 어떤 결정적 기술우위를 차지하지 못했다는 사실이다.[1151]

포머란츠는 중국과 일본만을 예시하고 줄곧 한국(조선)을 빼먹고 있다. 그러나 - 포머란츠의 논증을 돕기 위해 말하자면 - 18세기 조선 백성은 영국 잉글랜드 지역 주민들보다 더 잘살았던 중국·일본 주민들보다도 더 잘살았다. 『공자철학과 서구 계몽주의의 기원(상)』에서 상론했듯이,[1152] 1760-1770년대 생활수준의 동서 격차는 상당했다. 아담 스미스의 평가에 의하면, 당시 "중국은 유럽의 어느 지역보다도 훨씬 부유한 나라였다. 중국과 유럽의 생계수단의 가격 차이는 아주 컸다. 중국의 쌀 가격은 유럽 어느 곳의 밀 가격보다 훨씬 더 낮았다."[1153] 그리고 영토면적과 인구가 영국과 엇비슷했던 영·정조 시대 조선(1724-1800)은 당시 중국보다 훨씬 더 잘살았다. 그 첫 번째 근거는 조선의 임금 수준이다. 1780-1809년까지 조선 숙련노동자의 실질임금(쌀 8.2kg)은 이탈리아 밀라노(1750-1759) 숙련노동자의 실질임금(빵 6.3kg)을 훨씬 웃돌았고, 당시 유럽에서 가장 부강한 나라였던 영국에서 가장 생활수준이 높은 도시 런던(1750-1759)의 숙련노동자의 실질임금(빵 8.13kg)도 상회했다.[1154]

두 번째 증거는 18세기 조선이 중국과 영국에 대해 중장기적 생활수준을 좀 더 정확하게 보여주는 '총요소생산성(*total factor productivity*)'에서 비교 우위를 차지했다는 것이다. 1800년 웨일즈를 포함한 잉글랜드(당시 영국에서 가장 잘살던 지역)의 총요소생산성(경작 면적 기준)을 100으로 잡을 때, 1800년 조선의 총요소생산성은 134였고, 중국에서 가장 잘살던 양자강 하류지역(강소성·절강성)의 1800년 총요소생산성은 약 191이었다.[1155] 양자강 하류지역이 이 수준이었으므로 중국 '전역'의 평균

1151) Pomeranz, *The Great Divergence*, 92-93, 54쪽.
1152) 황태연, 『공자철학과 서구 계몽주의의 기원(상)』, 465-471쪽.
1153) 참조: Smith, *Wealth of Nations*, I. xi. 34, 208쪽; I. xi. n. 1, 255쪽.
1154) Jun Seong Ho and James B. Lewis, "Wages, Rents, and Interest Rates in Southern Korea, 1700 to 1900", 232쪽. *Research in Economic History* (Vol. 24, 2007).
1155) 차명수, "1800년경 잉글랜드, 조선, 양자강 하류지역의 총요소생산성 수준 비교", 제52회

총요소생산성은 191보다 훨씬 더 낮았을 것이지만, 아담 스미스가 『국부론』에서 18세기에 "중국은 유럽의 어느 지역보다도 훨씬 부유한 나라였다"고 말한 것을 상기하면, 잉글랜드 수준을 조금 웃돌았을 것으로 추정된다. 그러나 조선의 총요소생산성(134)이 잉글랜드(100)보다 훨씬 높았기 때문에 조선의 생활수준은 잉글랜드보다 더 높았던 것은 말할 것도 없고 중국보다도 더 높았을 것으로 추정된다.

세 번째 증거는 조선의 교육복지와 인쇄술·제지술의 수준이 세계제일이었다는 사실이다. 조선의 초등교육기관인 '서당'은 전국적으로 115가구마다 하나가 들어섰을 정도로 셀 수 없이 많았다.[1156] 그리고 국가는 500-600개에 육박하던 지방의 '향교'와 서울의 '사학四學'(중고등학교 통합과정), 그리고 대학교육기관인 성균관에서 모든 정식 유생들에게 무상교육, 무상숙식, 학비지급, 학전學田지급, 면세 및 요역면제의 완벽한 교육복지 혜택을 제공했다. "가르침에는 차별이 없다"는 『논어』의 '유교무류有敎無類' 원칙에 따라 이 교육복지는 신분차별이나 빈부차별 없이 베풀어졌다. 즉, 부자 유생도 무상교육과 무상숙식을 포함한 모든 교육복지 혜택을 다 누렸다는 말이다. 15세기 세종치세(1418-1450) 이후 18세기 정조치세까지 조선은 이런 재정능력이 있었던 것이다.

조선의 문화복지는 인쇄술과 제지술의 발달로 짐작할 수 있다. 조선의 금속활자 인쇄기술의 수준도, 책 찍는 종이를 만드는 조선의 제지술도 둘 다 세계최고였다. 18세기 조선 한지韓紙의 품질은 강직성과 내구성 면에서 최고수준의 품질에 도달해 있었다. 따라서 피에르 레지(Père Pierre Régis) 선교사 증언에 의하면, 한지韓紙는 언제나 북경에서 가장 비싼 가격에 팔렸다. 심지어 청나라 황궁에 쓰인 모든 창호지·벽지도 다 한지韓紙였다. 이 때문에 한지는 북경시장에 아무리 많이 공급되어도 늘 품귀상태였고, 매번 최고가를 갱신할 정도였다.[1157] 이처럼 조선의 인쇄술만이 아니라, 제지술도 세계최고 수준이었던 것이다.

역사학대회 발표논문(2009년 5월), 11-12쪽 참조.
1156) 정순우, 『서당의 사회사』(태학사: 서울, 2013), 6쪽.
1157) Du Halde, *The General History of China*, Vol. 4, 387쪽(Père Pierre Régis의 비망록 발췌).

18세기 조선의 세계최고 수준의 교육제도는 조선의 교육복지를 세계 최고 수준으로 끌어올린 한편, 출판인쇄술과 제지술은 저렴하고 질 좋은 서적 보급을 가능케 하여 대중의 문화복지를 고양시켰다. 18세기 패관잡기, 소설책, 도참비기 등의 대유행은 바로 이 높은 제지·인쇄·출판기술에 기초했던 것이다. 세계최고 수준의 문화·교육복지는 그 자체로서 조선의 높은 생활수준을 증언해 준다. 동시에 조선의 이 세계최고 수준의 문화·교육복지는 18세기 조선이 경제적 생활수준 면에서 영국도, 영국에 앞선 중국도 능가한 세계1위였다는 위의 추산推算명제를 구체적으로 실감할 수 있게 해준다.

   종합하면, 18세기 중국은 런던 또는 잉글랜드보다 더 잘살았고, 조선은 중국보다 더 잘살았다. 이 사실을 고려하면, 18세기까지 한·중·일 동아시아 삼국의 생활수준은 유럽의 생활수준보다 훨씬 더 윤택했음을 알 수 있다.

– 생태문화적 유물론: 영국의 우연한 성공과 중국의 우연한 실패

   다시 포머란츠의 논지로 돌아가자. 그는 유럽과 중국의 근본적 차이가 1500년부터 서유럽이 자본집약적 발전노선에 있었던 반면, 동아시아는 노동집약적 발전노선에 있었다는 그 흔한 인식을 기각한다. 그는 1750년까지도 중국과 유럽 간에는 놀라운 유사성이 존재하기 때문에 "잉글랜드는 왜 양자강델타가 아니었는가?"라는 물음을 "양자강델타는 왜 잉글랜드가 아니었는가?"라는 물음만큼 심각하게 받아들이면서 유럽도 동아시아적 노선, 즉 노동집약적 노선에 말려들 수 있었다고 주장한다.[1158] 포머란츠는 서구의 기술집약적 발전노선과 중국의 노동집약적 발전노선이 갈라지는 분기점을 18세기 후반으로 늦춰 잡고 그 원인을 식민지의 유무라는 '우연적' 외부사실로 돌린다.

   유럽이 노동집약적 노선에 말려들지 않은 것은 "화석연료"와 "신세계에의 접근"에 기초한 "중요한 단절적 차이들"의 우연한 "결과"였다는 것이다. 화석연료와 신세

1158) Pomeranz, *The Great Divergence*, 13쪽.

계는 양자가 결합해서 토지의 집약적 경영의 필요성을 경감시켰다. 정말로, 유럽의 중요한 지역들은 극적인 18세기 말과 19세기 초의 발전이 반대의 노선을 걷기까지 보다 노동집약적인 노선 쪽으로 머리를 돌리고 있었고, 이에 관한 많은 지표들이 존재한다. 잉글랜드를 포함한 유럽 전역에 걸쳐 농업과 산업에서 그러한 증거들이 발견된다. 노동집약성을 둘러싸고 나타난 동서차이는 본질적인 것이 아니라 "고도로 우연적인" 것이었다. 16세기와 18세기 유럽에서 시장을 왜곡시키고 19세기에 신세계로의 이민을 부채질한 하나의 결정적 변수로 입증된 것은 인구의 누적적 크기가 아니라 인구성장의 분포였기 때문이다.[1159]

그리하여 포머란츠는 이제 물음을 '산업혁명이 왜 중국이 아니라 영국에서 일어났는가?'라는 보다 직접적인 물음으로 바꾼다. 이 물음에 대답하기 위해 그는 광의로 이해된 생태학적 요인들을 사회적 해방, 금융자본주의나 기술혁신보다 훨씬 더 중시한다. 대서양횡단 무역에 대한 상세한 연구조사에서 그는 영국의 농림업이 급격한 인구증가를 더이상 감당할 수 없었을 때 노예노동을 쓰는 사탕수수와 목화 재배의 비교적 낮은 비용에 입각한 미주식민지의 단작농업이 영국에 결정적 '실재자원들'을 공급했다고 시사한다. 설탕은 포머란츠가 그의 '생태-문화적 유물론(eco-cultural materialism)'에서 제시하는 결정적 사례다. 설탕은 1800년 영국 평균노동자의 섭생에서 매일 약 4%를, 1901년에는 18-22%를 차지했다.[1160]

이 4% 변화의 비용과 생태학적 함의는 1에이커의 열대 사탕수수가 4에이커의 감자, 9-12에이커의 밀과 맞먹는다. 1800년경 영국으로 설탕이 수입되지 않았다면, 130-190만 에이커의 농토가 더 필요했을 것이다. 이런 규모의 땅은 영국에 존재하지 않았고, 존재해도 경작에 부적합한 산악지대였다. 따라서 설탕의 수입은 미주식민지가 마련해준 영국의 순소득이었다.[1161] 1800년 이후 미주 면화와 목재의 수입도 급증했다. 포머란츠는 이 수입된 면화의 양을 양모로 환산해 이 수량의 양모를 생산하는

1159) Pomeranz, *The Great Divergence*, 13쪽.
1160) Pomeranz, *The Great Divergence*, 274-275쪽.
1161) Pomeranz, *The Great Divergence*, 275쪽.

데 1815년 900만 에이커의 토지, 1830년에는 2,300만 에이커 이상의 토지가 필요하다고 계산해냈다. 이것은 영국의 농토와 목초지를 다 합친 면적을 상회하는 수치다. 또 1815년 영국의 연간 석탄에너지 생산량은 1,500만 에이커의 산림에 해당한다. 그리하여 영국인들에게 수입된 설탕·면화·목재를 다 합친 만큼 많은 토지를 절감시켜준 것이다.1162)

캐나다와 미국에 들여온 이 수입품들이 없었다면 영국은 중국을 덮친 것과 동일한 구조적 인구·생태위기에 봉착했을 것이다. 포머란츠의 분석은 다양한 방식으로 석탄생산이 중국을 비롯한 다른 나라들이 탄광과 석탄수송에 대한 시간·노동·자본·자원의 전대미문의 대규모 투자를 필요로 했던 때에 영국의 산업혁명에 불을 붙였다고 주장하는 이들의 논변을 보완해주는 것이다. 영국에 대해 저렴한 미국수입품들은 에너지집약적 산업들의 성장이 자원부족에 의해 방해받았던 19세기 초에 중국을 덮친 '노동집약의 위기(crisis of intensification)'를 우회하는 비교적 비싸지 않은 길을 제공했다.

이것을 포머란츠는 이렇게 해석한다. 첫째, 위 계산수치들은 그것들이 얼마간의 타당한 기준(가령 영국내의 토지)과 관련해서 적지 않은 수치다. 둘째, 이 수치들은 1800년경에 일어난 영국과 중국 간의 결정적 분기分岐를 제때 설명하는 것으로 보인다. 셋째, 저 수치들은 당대의 지식기반과 제도 안에서 다른 방식으로 경감시키기 아주 어려운 한 억제요소(유한한 토지의 압박)을 경감함으로써 발전에 영향을 주었다. 넷째, 중국·일본의 핵심지역, 그리고 유럽의 다른 지역(가령 덴마크) 등의 사례들은 이러한 유리점을 결한 사회들이 어떻게 보였을 것인지에 대한 그럴싸한 사례들을 제공한다. 식민지수입품들이라는 구원책이 없었다면 유럽은 맬서스의 재앙을 겪었을 것이다. 이것은 '나비의 날갯짓이 허리케인을 낳는다'는 것과 유사한, 또는 약간 더 긴 생태학적 창문을 가졌더라면 인도나 중국, 일본이 산업혁명을 일으켰을 것이라고 상상하는 것과 유사한 상황이다. 유럽의 생태학적 위기는 일어났을 수도 있을 것이지

1162) Pomeranz, *The Great Divergence*, 276-277쪽.

만, 사실에 반한 이 가정들은 얼마간 유사한 상황에 처한 사람들이 성공적으로 만들었으나 영국의 돌파와 같은 것으로는 이끌어지지 않았을, 토지압박에 대한 일련의 노동집약적 적응을 공유하는 더 있을법한 다양한 결과들을 상상하는 것을 허용한다. 이 '노동집약적 방도들'은 복제가능한 산업기술이 존재할 경우에도 이 산업기술을 모방하는 것을 더 어렵게 만들기도 했을 수 있다. 그리하여 그렇게 크지 않은 초기적 차이가 훨씬 더 큰 미래의 차이를 낳을 수 있다.[1163] 그리하여 중국 자본들은 노동집약적 생산방식을 택한 까닭에 근대적 공장제 자본주의를 이룩하는 데 실패했고, 이런 상태에서 세월이 흘러 19-20세기에 이르자 유럽과 중국 간에 '거대한 분기(the great divergence)'가 발생했다는 것이다.

- 비판적 검토

포머란츠의 이 중국자본주의실패론은 언뜻 보면 그럴싸하게 들리지만 그야말로 '방대한' 영토를 가진 중국에서 별로 의미가 없는 생태학적 요인들을 중시한 반면, 정작 공장제로의 이행을 어렵게 한 근본적 요인들과 중국의 대안적 생산방식을 전혀 보지 않고 있다. 중국은 영국의 영토보다 약 40배 큰 나라이고, 18세기 후반 영국과 미국의 영토를 합친 면적보다 12만3,783㎢(영국 영토의 5배)만큼 큰 나라이자, 동서남북으로 수십 개국의 속방屬邦을 거느린 극동의 종주국이었다. 그러나 당시 중국의 인구는 영국의 15배에 지나지 않았다. 따라서 포머란츠가 중국을 영국과 비교하면서 중국에 대해 생태-유물론적 자원부족을 말하는 것은 경제적 의미가 없는 것이다. 특정 자원의 가격상승이 경제적 압박을 가한다면 중국인들은 국내에서 또는 주변의 속방이나 인방에서 얼마든지 그 자원을 구할 수 있었기 때문이다. 실제로 중국은 19세기에 면방직 산업이 한창 확장될 때 부족한 면화를 인도로부터 대량 수입해서 면화부족 현상을 해결했고, 은銀부족으로 전황錢荒(화폐증발현상)이 우려될 때는 일본과 멕시코부터 은괴를 수입해서 전황을 막았다.

1163) Pomeranz, *The Great Divergence*, 280-281.

그럼에도 불구하고 포머란츠는 노동절약적·자본집약적 기계화 생산방식인 '공장제 자본주의'의 과잉생산물을 소화할 '대규모의 수요'를 언급하지 않고, 또 중국에서 공장제가 야기할 대량실업과 대량아사를 고려치 않고 있다. 이런 까닭에 그는 당시 중국이 소리 없이 겪고 있던 '유럽 해외시장의 점진적 축소와 궁극적 소멸', 그리고 이로 인한 역사적 '수요격감'과 국내산업의 위축이라는 국내외적 경제관계의 근본적 변화를 인식하지 못하고 있다. 영국과 서양제국이 한동안 기갈난 듯이 수입하던 각종 공예·사치품과 비단·무명·차를 천문학적 규모로 생산하던 중국의 산업부문이 천문학적 규모의 해외 수요의 격감 때문에 전반적으로 위축되고 이 부문의 노동자들이 남아돌며 장기실업과 저임금의 늪에 빠져들기 시작한 18세기 말의 상황에서 중국 상공업 자본이 영국처럼 산업혁명과 공장제 자본주의의 길을 택했다면 그것은 중국인들에게 '경제적 집단자살'을 의미했을 것이다.

또한 포머란츠는 노동절약적 기술혁신에 기초한 자본집약적 생산방식의 출로만을 언급할 뿐이고, 그가 다른 곳에서 미국의 최첨단 생산방식으로 상론한 브랜드네임 빅바이어 주도의 국제적 네트워크 생산·판매체제와[1164] 본질적으로 동일한 중국 고유의 - 경영혁신에 기초한 - 노동집약적·자본절약적 생산·판매방식, 즉 앞서 시사한 자호상인 주도의 광역 네트워크 생산·분배체계를 전혀 보지 않고 있다.

포머란츠의 캘리포니아학파에 속한 리처드 폰 글란(Richard von von Glahn)은 자호상인 주도의 광역 네트워크 생산·분배방식이 이룬 '경영혁신'(제도혁신)의 결정적 중요성을 깨닫지 못한 것으로 보일지라도 중국경제에서 아편전쟁 이전 이 네트워크 생산·분배체계의 역할을 경제사적으로 포착하고 있다.

시장경제의 성숙은 중국의 후기제정기 경제사의 시그널 국면이었다. 광역 상거래 네트워크들은 상품의 회전이 중국 농촌의 긴 소로들을 지나쳤을지라도 제국의 모든 구석에까지 뻗쳐 들어갔다. 원격 교역의 성장은 가문트러스트, 동향인 네트워크, 교역전문화, 합자동

1164) Kenneth Pomeranz and Steven Topik, *The World that Trade Created* (New York: M. E. Sharpe, 2013), 284-286쪽.

업관계, 연호聯號기업들을 포함한 광범한 제도적 혁신의 발달에 의해 가능케 되었다. 국가조달이 장거리 교역 네트워크들의 창출과 연결의 핵심 촉매제였던 송대와 대비되게, 후기 제정기에는 사기업이 시장성장을 조성하는 동력이었다. 경제효율의 제고가 시장의 확장과 노동의 전문화에 의해 성취되는 "아담 스미스적 성장" 패턴을 촉진했던 것은 바로 사상私商의 구속받지 않는 발달이었다.[1165]

여기서 글란이 지적하듯이 서양상품의 국내침투 이전에 자호상인 주도의 광역 생산·판매 네트워크는 시장의 확장과 노동의 전문화를 통해 경제효율을 제고하는 역할을 하는 것으로 그쳤다. 그러나 중국의 안주적 자본들은 아편전쟁 이후 갑자기 국내시장에 쇄도한 서양상품과의 경쟁에 내던져지는 충격적 경험 속에서 '모험성'을 회복하자마자 이 경영혁신적 네트워크 생산방식을 신속히 확산시켜 중국경제를 전국적으로 변혁시켰다. 모험적으로 변한 중국자본들은 이 자호상인 주도의 네트워크들의 신속한 확대를 통해 극서국가들의 공장제품들에 맞서 승리함으로써 양품洋品의 국내시장 침투를 거의 완벽하게 방어할 수 있었다.

따라서 필자는 포머란츠의 중국자본주의실패론의 '실패'를 그의 생태·유물적 이론의 '실패'로 판단한다. 아래에서 필자는 중국경제의 '수요격감'의 진정한 이유, 그리고 그 양상과 규모를 규명하고, 공장제를 피해하면서도 중국의 상하층이 공히 서양상품을 거의 사지 않도록 만들고 국산품만을 쓰도록 만드는 데 성공한 중국적 대안인 '자호상인 주도의 광역 생산·판매 네트워크'의 작동방식과 대응효과를 상론할 것이다.

다시 확인하지만, 10-18세기, 특히 17-18세기 중국은 세계경제의 지배적 세력이었다. 소위 '서양의 비약' 전에 중국은 일반적으로 '근대의 조건들'로 간주되는 것을 이미 보유하고 있었다. '근대의 조건들'이란 발전된 국가구성체, 자유와 평등, 선진적 시장체제와 복지체계, 관료행정체제, 그리고 세계의 최부국들과 비교되는 높은 생활수준 등이다. 중국은 그 방대한 조공무역, 시장경제, 그리고 탐나는 수출로써 16세기

[1165] von Glahn, *The Economic History of China*, 346쪽.

부터 18세기까지 세계 은銀 공급량의 3분의 1을 보유하고 있었다. "중국의 기적"이라고 얘기되는 그 번영이 전제되면 늘 중국은 시장경제의 "본보기"와 유럽 정치경제의 "모델"로 여겨졌다.[1166]

그런데 18세기 중반 이래 중국은 공장제 자본주의의 길로 나아가지 않았다. '발전에 실패한' 것인가? 엄정하게 말하자면, 유교국가 중국은 공장제 산업자본주의로 이행하는 데 '실패'한 것이 아니라, 자유·평등한 유교적 생활문화의 무의식 속의 국민적 집단지식(*unconscious national group knowledge of the free and equal Confucian life culture*)에 의해 공장제로 가는 길을 성공적으로 회피한 것이다. 중국 상공업자들은 경제적 장기번영과 서양상인들의 주문쇄도에 길든 자국 자본들의 체질화된 오만과 안주성安住性, 서양의 대對중국 수입대체 산업의 전반적 성공과 - 천문학적 규모였던 - 해외수요의 축소와 궁극적 소멸, 정복전쟁과 해외식민지 획득에 대한 유교적 금제도덕, "천하에 나면서부터 고귀한 자는 없다(天下無生而貴者也)", 또는 '장후장상의 씨가 따로 있냐?'는 유교적 평등테제의 관철로서의 유사노비해방과 이로 인한 인구폭발, 세계에 유례없는 완전한 자유·평등사회 패턴 등 유교국가의 대내외적 여건을 먼저 고려해야 했다.

정복전쟁과 해외진출에 대한 유교적 금제는 중국·조선 등 유교국가 군주들이 귀한 가르침으로 여긴 『주역』의 몽蒙괘 상효 효사 "불리위구不利爲寇 이(용)어구利(用)禦寇", 즉 "적구敵寇 노릇을 하는 것(노략질)은 불리하고 적구방어책을 쓰는 것은 이롭다"는 구절과 "군자무소쟁君子無所爭"의 반전反戰·평화주의에 응결되어 있다. 이 효사는 오랑캐에 대한 정복과 노략질을 금하고 방어만을 허용하고 있다.[1167] 그리고 공자

1166) Yang, *Performing China*, 5-6쪽.
1167) 정조는 『논어』의 '공호이단사해야이(攻乎異端斯害也已)' 명제를 '불리위구이어구(不利爲寇利禦寇)'와 연결시켜 해석한다. "'공호이단사해야이'에서 성인의 숨은 뜻을 볼 수 있다. 중국은 이적을 섬기지 않으니, 비록 오랑캐로 하여금 내내로 들어오지 못하게는 하더라도 진시황이나 한무제처럼 오랑캐를 모질게 다그쳐 전쟁을 바닥보고 나라를 병들게 하는 것(窮兵病國)도 당치 않은 것이다. (…) 이단은 오랑캐와 같은 것이니, 어찌 이단도 역시 궁치(窮治)할 수 있겠는가?" 『正祖實錄』, 정조15년(1791) 10월 25일조. 여기서 정조는 이단과 오랑캐를 동렬로 놓고 자기 잘못을 바로잡고 자기 관내를 잘 다스려 오랑캐를 막으면 되지 '궁치(정복)'해서

는 "군자는 다투는 일이 없어야 한다(君子無所爭)"고 하고,[1168] 맹자는 "군자는 전쟁하지 않아야 하고, (어쩔 수 없이) 전쟁하게 된다면 필승해야 한다(君子有不戰戰必勝矣)"고 말했다. 이 말들은 모두 침략전쟁을 금지하고 방어전쟁만을 허용하는 가르침들이다. 중국의 이 유교적 반전·평화주의는 정복전쟁과 해외진출, 그리고 식민지경영을 불가능한 일로 만들었다.

지금까지 모든 이론들은 중국의 이런 정치도덕적 수준과 조건들을 다 도외시한 채 한편으로 서구의 자본주의발전 단계의 틀에 맞추고, 다른 한편으로 베버의 '합리적 자본주의' 개념을 견지하면서 중국경제가 '공장제 기업자본주의'로 이행하는 데 실패하거나 불발한 것으로 보고 이를 설명하려고 시도했다. 그러나 다시 명확하게 말하지만 인류역사상 최초의 명실상부한 자유평등국가 중국은 노역소 같은 공장제 자본주의로 가지 않고, 해외식민지도, 노예제의 부활도 없는, 따라서 과잉생산 공황도 제국주의적 해외정복으로 내모는 자본구성도의 고도화(이윤율하락)의 체제구조적 강제도 없는 다른 자본주의노선을 택했다. 그렇다면 무슨 다른 길이 있었던가? 그것은 앞서 여러 번 시사했듯이 '자호상인 주도의 광역 생산·분배 네트워크'에 기초한 경영혁신의 브랜드 자본주의의 길이었다.

1.4. 중국의 100년 장기불황의 원인: 서양 수입대체산업의 급성장

이쯤해서 제기되는 궁금한 물음은 "자호상인 주도의 광역 네트워크 자본주의가 신속히 확산되었다면 중국이 왜 서양에 잠시(100년간) 뒤지게 되었는가?" 하는 물음이다. 대답은 중국경제가 1780-90년대부터 1870-80년대까지 80-100년 장기불황, 소위 '가경·도광 장기불황'에 빠졌기 때문이다. 그렇다면 다음 이어지는 물음은 "중국

는 아니 된다고 하고 있다. 유교국가가 오랑캐 지역을 정복하는 것은 관내를 침범한 오랑캐와 같은 짓으로서, '중국이 오랑캐를 섬기는 꼴'이라는 것이다.
1168) 『論語』「八佾」(3-7).

경제는 왜 이 100년 장기불황에 빠졌는가?" 하는 물음이다. 이 물음에 답하는 것은 19세기 중국이 서구에 뒤지게 된 근본원인을 밝히는 것이다. 중국을 서구에 잠시(100년간) 뒤지게 만든 것은 이 100년 장기불황이었기 때문이다.

중국경제가 100년 장기불황에 빠진 것은 주지하다시피 중국경제가 베버도 일찍이 감지한 "항구적 시장의 부족", 즉 만성적 수요부족 상황에 처했기 때문이다. 중국의 100년 장기불황을 야기한 중국경제의 항구적 수요부족은 18세기 초부터 서양제국에 의한 중국제품의 수입이 줄어들다가 18세기 중반에는 급감했고 세기 말에는 사실상 거의 완전히 소멸함으로 인해 야기되었다. 그렇다면 왜 서구제국의 중국제품 수입이 소멸했는가? 그것은 서양제국이 17세기 말부터 모든 중국명품들을 모방한 모조품생산과 이를 통한 수입대체산업을 진흥하는 데 심혈을 기울여 18세기 중반까지 전반적으로 성공했을 뿐만 아니라, 경제제도의 '유교적 근대화'를 거의 완전히 달성하고 중국과 대등해졌기 때문이다. 한 마디로, 중국이 장기침체와 항구적 수요부족에 빠졌던 것은 바로 서구제국의 경제가 '유교적 근대화'에 성공해서 중국제품을 거의 수입하지 않고도 돌아갈 수 있게 되었기 때문이다.

그렇다면 서양제국의 모조품생산, 시쳇말로 '짝퉁생산'과 수입대체산업의 발전양상, 그로 인한 중국제품 수입의 감소추이 등을 구체적으로 규명할 필요가 있다. 나아가 중국이 장기불황을 극복하고 부흥하는 과정에 대한 구체적 설명도 요구된다. 100년 장기불황 이후 중국은 이 일시 침체를 극복하고, 이에 이어서 1920-1930년대에 세계경제대국 또는 세계수출대국으로 재再부상했기 때문이다. 따라서 여기서는 중국이 어떻게 하여 1870-80년대부터 1930년대까지 다시 세계적 수출국가로 재再부상했다가 이후 또다시 추락하게 되는 추이까지도 밝혀야 할 것이다. 먼저 가경·도광·함풍·동치 치세의 100년 장기불황의 근본원인을 먼저 '문명법칙'의 관점에서 규명해보자.

■ 패치워크문명의 법칙

중국경제가 가경·도광 연간 장기불황에 빠져든 근본원인과, 대공업자본주의를 회피한 근본원인은 패치워크문명론, '모험적 자본주의'로서의 근대자본주의의 개념, 중국의 장기번영, 서양 상인들의 자발적 광동 방문과 쇄도하는 주문으로 인한 중국 공예·사치품의 대對서방수출의 장기지속, 17세기 말과 18세기 초반 서양의 수입대체산업의 전반적 성공으로 인한 중국경제의 '수요격감'과 시장의 상대적 위축 등의 요인들로부터 규명되어야 할 것이다.

패치워크문명론에[1169] 따르면, 각 문명권의 적절한 자기비판적 개방성을 전제할 때, 문명들은 때로 오해와 마찰이 없지 않을지라도 언어처럼 서로 일정한 물적 구성요소들과 정신적 영향을 주고받는 공감과 선망, 직수입과 모방, 모조와 복제, 재창조와 패러다임 전환의 새로운 창조, 교류와 협력 속에서 고유한 전통에 새로운 수입문물을 짜깁기해 자기정체성을 새로운 형태로 확대재생산하는 순환적 패치워크과정을 거쳐 보다 복합적이고 보다 세련되고 보다 고차적인 문화를 창조해나간다. 수준이 대등한 문명권들 간에는 공감과 선망, 직수입과 모방, 모조와 복제, 패치워킹(짜깁기와 접붙이기)을 통한 재창조와 새로운 발명, 인적·물적 교류와 협력이 실시간으로 벌어진다. 반면, 격차가 있는 문명권들 간에는 물이 높은 데서 낮은 데로 흐르듯이 문물은 일단 선진문명권으로부터 후진문명권에로 일방적으로 흘러내려 간다. 높은 문명과 낮은 문명 간에는 물론 낮은 문명권에서 어떤 나은 요소들이 높은 문명 속으로 짜깁기되는 경우도 있지만, 낮은 문명이 높은 문명의 요소들을 직수입하고 흉내내는 '불평등한 짜깁기'가 더 우세하게 벌어진다. 이 과정에서 외부의 문명요소들은 토착문명의 정조情調와 규칙에 따라 적절하게 변형되어 토착문명과 짜깁기되거나 접목된다. 후진문명권이 충분히 개방적이고 자기비판적이라면, 새로운 선진문물의 수입과 모방, 모조와 복제에 열을 올리면서 선진문명권의 문물을 패치워킹하는 데 여념이 없는 반면, 선진문명권은 유리한 입지를 향유하는 가운데 점차 게을러지고 자문명중

[1169] 황태연, 『패치워크문명의 이론』 (파주: 청계, 2016).

심주의에 빠져 점차 오만해진다.[1170]

이 상태에서 세월이 더 흐르면, 이전에 후진적이었던 문명권은 전통문명과 수입문명을 더욱 세련되게 패치워킹해 재창조하고 전혀 새로운 패러다임의 것을 발명함으로써 문명수준을 끌어올리고 이전의 선진문명권과 대등한 교류협력을 벌이는 단계에 도달한다. 이 문명권이 더욱 세련된 창조적 패치워크에 의해 단순 모방과 모조를 통한 조악한 '짝퉁'(모조품)제작 단계를 뛰어넘어 '진품'보다 '더 질 좋은' 고도의 '짝퉁'을 만들고 마침내 기술적 패러다임 측면에서도 이 '진품'과 다른 신기술·신상품을 개발한다면, 그리하여 새로운 단계의 높은 문명을 창조해 선진문명으로 고양된다면, 이전의 선진문명권은 후진문명으로 추락할 수 있다. 그러면 다시 새로이 선진적이 된 문명권에서 후진문명으로 전락한 옛 선진문명권으로 문물이 흘러내려 가는 역전의 불평등 교류협력이 벌어진다.[1171]

'최초의 불평등 교류협력→대등한 교류협력→역전의 불평등 교류협력'의 순서로 '문명들 간의 대순환'이 벌어지는 것이다. (물론 교류협력을 기피하는 오만한 또는 소심한 문명들 간에는 이 '대순환'이 일어나는 것이 아니라, 멸망을 예고하는 '쇄국'과 '배척'이 벌어질 것이다. 그러므로 저 '대순환' 명제는 문명들의 적절한 자기비판적 개방성과, 선망과 모방 욕구를 일으키는 민감한 공감능력과 민완한 모방·모조능력을 전제하는 것이다.) 그러므로 문명권들 간에는 선진과 후진의 높낮이와 교류협력의 창조적 패치워크가 있을 뿐이고, 융합이나 갈등이 있을 수 없다.[1172]

이 패치워크 과정을 좀 더 분석적으로 살펴보자면, 모든 문명은 내적 창조력을 바탕으로 발전하지만 일정한 단계에 이르면 나태해져 창조성을 상실하고 새로이 제기되는 내적 결함과 문제점도 해결하지 못하는 단계에 도달한다. 이때 자문명의 한계를 깨닫고 눈을 외부로 돌려 문호를 개방하고 외부의 문물과 자극을 수용하면 패치워크가 벌어진다.

1170) 황태연,『패치워크문명의 이론』, 45-46쪽.
1171) 황태연,『패치워크문명의 이론』, 46쪽.
1172) 황태연,『패치워크문명의 이론』, 47쪽.

제1단계는 선진문명권의 문물들을 공감하고 선망해 단순히 수입에 열을 올리는 단계다. 이 제1단계에서 후진문명권 사람들은 선진문명권의 모든 문물을 이상화하고 이런 까닭에 사실보다 더 좋게 느끼고 더 훌륭한 것으로 과장하는 경향이 있다. 그리하여 후진문명권의 일부 사람들은 이렇게 변용變容된 선진문물에 대한 강렬한 선망의식과 자기문명을 깔보는 강한 자멸自蔑의식이 착종된 문화적 자기소외의 심리상태(*ausländische Entfremdung*)에 빠져든다.

제2단계는 선진문명으로부터 들어온 수입품을 모방하고 이를 대체할 수 있는 '짝퉁'(모조품)을 제작하는 수입대체산업의 단계다. '낮은 수준'의 이 수입대체산업의 기술과 제품은 여러 가지 면에서 오리지널보다 좀 못한 편이다. 이때쯤 선진문명권 사람들의 문명적 오만과 나태한 안주성安住性이 최고조에 달하는 시점이다.

제3단계는 여전히 한편으로 선진문명권의 오리지널 물품을 호평하고 이것을 모델로 삼지만 이미 높은 수준의 수입대체산업을 발전시켜 기술·품질·가격 면에서 오리지널과 '대등한' 모조품을 생산하는 단계다. 이 단계에서 후진문명과 선진문명은 동등해지기 시작한다. 그럼에도 이전의 선진문명은 여전히 제일가는 선진문명이라는 브랜드와 자부심을 견지하며 선진화된 이전의 후진문명으로 뭔가를 배우려는 의지나 겸손한 자세가 결여되어 있다.

제4단계는 선진문명권의 오리지널과 동일한 기술적 패러다임의 연장선상에서 오리지널보다 '더 좋은' 품질과 '더 저렴한' 가격의 신제품과 신기술을 '발명'하는 단계다. 모든 모방과 복제는 늘 're-make'나 're-invention', 즉 '(재)발명'이기 때문이다. 이 단계에서 이전의 선진문명과 후진문명 간에 선진과 후진의 순위가 바뀌기 시작한다. 그럼에도 이전의 선진문명은 자신의 후진성을 아직 실감하지 못하고 문명적 오만을 견지한다.

제5단계, 즉 최종 단계에서는 효과와 목표 면에서 오리지널기술을 능가하되, 오리지널 기술의 패러다임을 원리적으로 뛰어넘은 신新패러다임의 기술, 따라서 오리지널의 원리적 흔적과 이미지마저도 완전히 지워버린 새로운 최첨단 기술을 창조할 수도 있다. 이 단계에서 새로운 선진문명은 선진문명의 지위를 완전히 굳히는 반면, 선진에서 후진으로 전락한 과거의 선진문명은 이제야 자신의 후진성을 통감痛感하고 뒤늦게나마 치욕감 속에서 새로운 선진문명을 수입하려는 노력을 경주하기 시작한다.[1173) 그리하여 제1단계로부터 다시 문명패치워크의 순환이 개시된다.

선진문명으로서의 중국 유교문명과 후진문명으로서의 서구 기독교문명은 18세기부터 얼추 제3·4단계를 통과하고 있었다. 당시 중국과 극동제국은 당연히 19세기 말까지도 서양인들을 '양이洋夷'라고 부를 정도로 오만했다. 동아시아의 19세기와 20세기 초의 문명적 퇴락과 치욕의 전조前兆는 '양이'라는 이 오만한 한마디 말에 집약되어 있다. 서양인 일반에 대한 중국인·한국인 등 극동사람들의 자문화중심주의적 오만은 18세기 중반 이미 케네와 미라보와 같은 서양의 열렬한 중국열광자들에 의해서도 지적되고 있다.[1174) 18세기 내내, 아니 19세기 말까지도 극동제국은 서양 사람들을 '양이'로 깔보고 나라의 문호를 지극히 제한적으로만 열었던 것이다. 서양이 17-18세기에 극동의 선진문명을 기독교문명에 패치워킹해서 극동으로부터 수입하던 모든 고급상품을 대체하는 모조품을 만드는 수입대체 산업을 일으키는 데 성공한 반면, 극동은 이 시기에 제 발로 극동으로 찾아온 서양인들로부터 서양문명의 선진적 부분들을 받아들여 유교문명에 짜깁기하고 접붙일(패치워킹할) 기회를 스스로 내동댕이치고 만 것이다.

서양 계몽주의자들은 17-18세기에 걸쳐 중국과 동아시아를 '동양오랑캐'로 물리치려는 가령 프랑수아 페넬롱, 말브랑쉬, 다니엘 디포, 리처드 박스터, 조지 버클리, 윌리엄 워틴, 몽테스키외 등 서구수구파들(서구위정척사파들)의 '중국비방'을[1175)

1173) 황태연, 『패치워크문명의 이론』, 67-68쪽.

1174) Quesnay, *Despotism in China*, 211쪽. 미라보의 언급에 대해서는 참조: Maverick, *China: A Model for Europe*, Vol. I, 125쪽.

1175) 페넬롱, 말브랑쉬와 몽테스키외의 중국비방에 대한 분석은 참조: 황태연, 『근대 프랑스의 공자열망과 계몽철학』 (서울: 넥센미디어, 2020), 104-258쪽. 박스터, 버클리, 워틴, 디포 등의 공자·중국 비방에 대해서는 참조: 황태연, 『17-18세기 영국의 공자숭배와 모럴리스트들』, 112-166쪽.

분쇄하고 중국과 동아시아의 우월성을 가감 없이 인정하고 치열한 자문명비판적 계몽운동을 전개하면서 극동의 서적 한 권, 그림 한 장, 도자기 한 점, 기와 한 조각, 돌멩이 한 개까지 수입하거나 배워가거나 훔쳐가는, 즉 극동문명을 수용해 소화하고 변형시켜 서양문명에 패치워킹하는 능력을 발휘했다. 하지만 극동의 여러 나라들은 이런 패치워크 능력을 - 청나라의 건륭제와 조선의 정조 시대에 보였던 - 극성기의 자기중심적 오만과 과거지향적 자기만족 속에서 한동안 잃어버렸고, 이로 인해 동서 세력변동을 읽지 못함으로 말미암아 제때 '높은 근대', 즉 '고도근대'로 나아가는 속도경쟁에서 뒤지게 된 것이다.[1176]

■ 16-18세기 중국제품의 제조와 수출입의 천문학적 규모

패치워크문명론에서 말하는 중국의 '문명적 오만'은 경제분야에서 육로의 실크로드와 천주泉州에서 시작해 해로와 육로로 연결된 길로 송나라 문물이 수출되기 시작한 13세기 이래 중국의 수공업자와 상공업자본가의 '오만한 안주성安住性'으로 나타났다. 모든 수공업자와 상공업자본가들은 '주문생산'에 종사하는 까닭에 물건을 미리 만들어 두지 않고 주문이 들어오면 물건을 만들기 위해 주문을 기다리며 자기 작업장과 점포 안에 안주安住해 있는 성향이 있다. 그러나 중국의 가내家內·가외家外 수공업점포와 중소 상공업자본의 '안주安住'에는 특히 '유별난' 측면이 있었다.

중국의 수공업자와 매뉴팩처 상공업자본가들은 10-11세기 이래 700-800여 년의 지극히 오랜 장기번영과 풍요를 구가했다. 이것은 인류역사상 보기 드문 일이었다. 14세기 명조 성립 이후부터는 사방팔방으로 조공무역과 발라스트(底荷)무역이 상례화되었고, 1522년경에는 광주·양주·영파·상해 등의 항구가 조공·발라스트무역으로 대大번영을 구가했다.[1177] 이 조공 리스트에는 포르투갈·바티칸교황국·영국 등도 부정기적 조공국가로 끼어 있을 정도였다. 그리고 명대에 이미 마카오·장주·소주에서

[1176] 황태연, 『패치워크문명의 이론』, 71-72쪽.
[1177] 발라스트무역에 관해서는 참조: 황태연, 『17-18 영국의 공자숭배와 모럴리스트들』, 446-456쪽.

는 사무역이 공식 허가되어 중국재화의 수출이 대규모로 이루어졌다. 마카오·장주·소주 출신의 중국 상인들은 마닐라의 스페인 상인들과 오랫동안 무역을 했고, 1624년 이후에는 대만 질란디아 항구, 즉 대남臺南항 입구에 위치한 곤신도鯤神島항의 네델란드인들과도 무역을 했다. 17세기 중반 청조교체 후부터는 광주·하문·영파·복주 등 개항항구들을 통해 각종 비단·무명·친츠(광나는 꽃무늬 무명)·도자기·법랑·단자·금수·칠기가구·벽지·병풍, 그림그린 유리와 양초, 그리고 차茶·식초 등 중국의 공예·기호사치품과 금 등의 귀금속에 대한 서유럽 상인들의 주문이 1730년까지, 난킨·옥양목·친츠 같은 일부 면직물의 경우에는 1830년대까지도 폭주했다.

중국의 대외 사치품무역은 광범하게 다양화된 소비재를 파는 국내시장과 공존했다. 중국 도자기는 64곳의 해외목적지로 팔려나갔고, 명주와 무명은 85곳으로 팔려나갔다. 중국은 금속제품들(금, 은, 동, 철)도 134곳으로 수출했다. 명대 이래 중국이 수입하는 주요 품목은 말, 약제, 화폐용 금속이었으나, 중국이 수출하는 품목은 산업제품들이었다. 해외로부터 주문이 쇄도하는 주된 품목은 철제제품, 비단, 무명, 도자기, 칠기, 금·은·동 귀금속제품, 가죽제품, 온갖 종류의 수공예품, 문구류, 각종 서적 등이었다.[1178]

그런데 이 쇄도하는 주문 품목은 대체로 네 가지 특이한 성격을 가지고 있었다.

첫째, 거의 모든 주문 상품은 대개 고급사치품이었고, 중국에서 일상용품이더라도 유럽에서는 고급 공예·기호사치품들, 즉 '진품珍品들'로 변하는 물품들이었다. 그런데 사치품은 가장 빨리 시장포화에 도달하는 상품이다. 따라서 이 사치품들의 판매는 불황에 가장 민감하게 반응하며 급감한다.

둘째, 중국 사치품을 수입하는 무역상들이 대부분 서양 상인들이었고, 그 소비자는 유럽의 귀족들과 부르주아들이었다.

셋째, 대對서방 주요 수출품목인 공예·기호사치품은 거의 다 예술적 미美와 공예적

1178) Maxie Berg, "Asian Luxuries and the Making of the European Consumer Revolution", 233쪽. Maxine Berg and Elizabeth Eger, *Luxury in the Eighteenth Century* (London: Pagrave Macmillan, 2003).

묘미妙味에 품질이 좌우되는 미학적 상품들이었다. 따라서 이 상품의 생산현장에는 오랜 기간의 숙련을 통해서만 육성되는 특수한 장인匠人·공예가·예술가들이 종사했다. 그러므로 이 상품들은 주문의 쇄도에도 불구하고 생산량을 재빨리 늘리는 것이 쉽지 않았다. 또한 더 많은 수의 장인과 공예가들을 장기간 훈련시켜 어렵사리 생산량을 늘리더라도 주문이 감소하는 경우에 남아도는 장인과 공예가들을 해고하기 어려웠고, 해고된 장인들과 공예가들은 전업轉業이 거의 불가능했다.

넷째 특이점은 중국 공예사치품의 대對서방 수출량이 엄청나서 '천문학적' 규모에 달했다는 것이다. 가령 중국 도자기·비단·칠기는 16세기부터 유럽에서 단연 가장 인기 있는 수입품이었다. 이 중 도자기 무역은 17세기 중반에도 무역의 아주 큰 부분을 차지했으며, 18세기 초에는 대규모화되었다.

중국 공예사치품 수출의 천문학적 규모는 이 제품들이 유럽 상류층의 옥내 장식품 세계를 석권한 것으로 나타났고, 그 흔적은 오늘날도 China가 china(도자기, 차)를, Japan이 japan(칠기)을 뜻하는 영어 어휘로 남아 있을 정도다. 이 '이중적' 기표는 초창기 영국제국의 상상력에 대한 중국과 극동의 상품문화의 중요성만이 아니라, 극동으로부터 들어온 문화상품들의 엄청난 규모와 엄청난 문화적 영향력, 그리고 극동 상품들이 17-18세기 예술사조 로코코와 계몽사상들을 뒷받침하고 심지어 형성한 정도도 보여주는 것이다.[1179]

중국으로부터 수입한 상품의 엄청난 규모는 18세기 중반에 침몰한 한 난파선에서 건져 올린 도자기와 차, 금괴의 양에서도 알아볼 수 있다. 『공자철학과 서구 계몽주의의 기원(상·하)』에서 상론했듯이,[1180] 네덜란드 동인도회사 소속 난파선 겔더말센(Geldermalsen)호가 1985년 인도네시아 링가(Lingga) 다도해의 해저에서 발견되어 그 선적화물이 발굴·인양되었는데, 이 난파선에서만 무려 15만 점의 도자기, 311톤의 차, 142개의 금괴가 나왔다. 이 상선은 1751년 말 중국 광주에서 암스테르담을 향해 출항했다가 1752년 1월 3일 암초에 부딪혀 동남아의 링가 수역에 침몰한 선박이었다.

1179) 참조: Yang, *Performing China*, 6쪽.
1180) 황태연, 『공자철학과 서구 계몽주의의 기원(상·하)』, 437-438쪽, 884쪽.

난파선에서 발굴된 이 화물물량으로부터 연간 서방에서 수입한 도자기와 기타 공예·기호사치품들의 총량이 천문학적 규모였다는 것을 가시적으로 알 수 있다. 18세기 당시 유럽으로 수출된 중국 도자기의 총량은 "수천만 점"에 달할 정도였다. 18세기 네덜란드 동인도회사 소속 선단만 해도 200여 척에 달했다.[1181] 18세기 초에 중국 도자기는 유럽에서 전통적 사기그릇을 몰아내고 모든 유럽 상류층의 필수품이 되었다. 그런데 1740-50년대는 유럽제국의 중국 도자기 수요가 유럽의 수입대체산업의 흥기로 감소하기 시작한 즈음이었다. 이 사실을 감안하면, 1750년 이전 도자기의 대서방 수출물량은 더 엄청났을 것임을 짐작할 수 있다.

17세기 초반에 중국 자기磁器수출품의 절반 이상은 남아시아로 갔는데, 그 대부분이 저가의 거친 상품이거나 중급 품질의 상품들이었다. 반면, 17세기 3/4분기에 유럽으로 간 고급 자기수출품은 중국의 자기 수출 총량의 31%였으나, 가치로 치면 50%를 상회했다.[1182] 중국 자기의 경우에 네덜란드인들만 쳐도 17세기 말에 100만 점의 자기를 수입했다.[1183] 일본으로부터 이스탄불을 거쳐 암스테르담에 이르는 광범한 지역에서의 중국 청백자의 보편적 인기는 이 지역들의 도시 상업문화와 나란히 치솟았다. 유럽에서 아주 수용적인 시장들은 음식습관과 에티켓의 변화로 연결되었고, 특히 북구지역에서 점차 번창하는 중산층과 연결되었다.[1184]

중국 도자기가 대량으로 수입되기 전, 또는 유럽산 모조 도자기들이 출하되기 전 대부분의 영국 가정은 백랍(주석·납·놋쇠·구리의 합금) 접시, 나무접시, 진흙색이나 벽돌색의 거친 질그릇(도기)에 음식을 담아 먹었다. 델프트 스타일의 광택 나는 질그릇은 처음에 귀족들이 사용했고, 그 다음 17세기 초부터 네덜란드 부르주아들이 사용했다. 하지만 하얀 광택은 쉽사리 벗겨져나갔고, 질그릇은 차를 마시기에 적합지 않

1181) Lothar Ledderose, "Chinese Influence on European Art, Sixteenth to Eighteenth Centuries", 222쪽. Thomas H. C. Lee, *China and Europe: Images and Influence in Sixteenth to Eighteenth Centuries* (Hong Kong: The Chinese University of Hong Kong Press, 1991).

1182) Berg, "Asian Luxuries and the Making of the European Consumer Revolution", 234쪽.

1183) Berg, "Asian Luxuries and the Making of the European Consumer Revolution", 235쪽.

1184) Berg, "Asian Luxuries and the Making of the European Consumer Revolution", 236쪽.

앉다. 이런 상황에서 중국 자기는 장식적 진품珍品이었을 뿐만 아니라, 유용한 살림도 구였다.[1185] 당연히 수입은 폭증할 수밖에 없었다.

그리하여 네덜란드동인도회사는 17세기 초부터 18세기 말까지 청백자 4천300만 점을 수입했고, 영국·프랑스·스웨덴·덴마크 동인도회사들도 같은 기간에 도합 3천만 점을 수입했다.[1186] 5개국의 자기 수입량을 합치면 7천300만 점에 달했다. 벨기에·스위스·독일·오스트리아·이탈리아와 스페인·포르투갈·남미식민지들의 수입량까지 고려하면 2억 5000만 점을 상회했을 것이다. 1777-78년 두 해만 보아도 유럽 동인도회사 선박들은 800톤이 족히 넘는 도자기를 유럽으로 실어갔다.[1187]

17-18세기 유럽이 중국 사치품과 명품들을 이런 '천문학적' 규모로 수입함으로써 기존의 국내시장과 아시아의 기존 수요에 '천문학적' 규모의 수요가 더해졌다. 이로 인해 "하나의 수요 쇼크"가 왔다. 중국의 경우에 네덜란드인들은 이미 17세기 말에 단독으로 100만 점의 중국자기 주문을 발주했기 때문이다. 중국경제에 대한 유럽 무역의 충격적 영향은 중국의 교역물품이 광범한 종류의 물건에서 비단과 자기 등 고급 사치품으로 이동하고 내륙교역에서 해안교역으로 이동으로 나타났다.[1188]

중국의 고급 재화들은 유럽 중산층(부르주아지)의 차별적 정체성正體性에 따라 진기성에 대한 시장 수요를 알맞게 맞추도록 분화되었다. 이 재화들은 충분한 양으로 생산되고 교역되었다. 이 물건들은 여전히 이국적이고 동방적인 사치품의 성질을 가졌다. 섬유의 경우에도 각국의 동인도회사들은 이윤획득을 위해 대중시장 섬유가 아니라 차별적·계급의식적 시장을 위한 보다 비싸고 분화된 직물을 찾았다. 열쇠는 장식용 물건과 유용한 물건의 분계선을 명확하게 의식하고 차별화에 미감을 맞춘 넓은 부르주아지계급에 적합한 사치스러운 직물과 색깔, 패턴을 고르는 것이다. 당시의 유럽 소비자들과 모럴리스트들은 고급 명주·무명 등 직물들을 첫째, 부분적으로 그

1185) Berg, "Asian Luxuries and the Making of the European Consumer Revolution", 236-237쪽.
1186) Berg, "Asian Luxuries and the Making of the European Consumer Revolution", 236쪽.
1187) Berg, "Asian Luxuries and the Making of the European Consumer Revolution", 238쪽.
1188) Berg, "Asian Luxuries and the Making of the European Consumer Revolution", 235쪽.

것이 동양 수입품이기 때문에, 둘째, 색상이 있고 양식화되고 고운 직물이기 때문에 사치품으로 간주했다. 따라서 네덜란드 모럴리스트들은 허영스러운 직물을 국민의 이익에 해로운 것으로 비난했으나 한순간도 이 직물들을 애호하는 공중에 대항하지 못했다. 스웨덴 청교도들은 이 직물들을 동방의 사치품과 연결시키고 나아가 도덕적 타락으로 간주했으나 스웨덴 동인도회사의 번영을 방해하지 못했다.1189)

중국의 도자기·칠기·비단 및 기타 작은 진품珍品들은 서구제국이 16세기 말부터 줄곧 수입했으나, 처음에는 새로운 수요를 창출하거나 유럽 예술에 영향을 미칠 만큼 충분한 양이 들어오지 않았다. 하지만 17세기 후반부터는 유럽의 수요를 충족시킬 만큼 대량으로 수입되기 시작했다. 17세기 말까지 중국의 거의 모든 제품은 세계 최고의 품질을 과시했다. 가령 백색 비단과 밀랍만을 보자. 명말청초에 걸쳐 29년 동안 중국에 살았던 예수회신부 가브리엘 마젤란(Gabriel Magaillans, 1610-1677)은 1668년에 탈고한 『신중국기新中國記』(1688)에서 이렇게 증언한다. "비단은 첫째 (품질이) 가장 좋을 뿐만 아니라, 둘째 유일무이하다, 즉 이 왕국 외에 어디에서도 찾아 볼 수 없다. 모든 사람들은 중국 전역에서 만들어지는 비단의 고품질과 거대한 양을 알고 있다. 고대인들은 중국을 '비단의 나라'라고 부른 점에서 중국 비단을 알고 있었다. 그리고 아시아와 유럽의 수많은 나라의 여러 대상隊商과 대규모 선단들이 중국 비단 직물과 생사를 해외로 싣고 나가는 점에서 현대인들도 경험으로 그것을 알고 있다. (…) 밀랍은 지금까지 본 것 중에서 가장 아름답고 가장 맑고 가장 하얗다. (…) 그것은 여러 성省에서 나오지만, 호광胡廣 성에서는 가장 풍부하게 나오고 백색과 아름다움에서 가장 탁월한 밀랍이 나온다."1190) 18세기에는 안쪽 표면에 그림을 그려 넣은 유리그릇과 유리병, 날염무늬, 벽지, 법랑, 기타 진품가구 등이 수입물목에 추가되었다. 18세기 후반에 중국식 장식에 대한 과시적 욕구는 중국 진품들에 대한, 특히 "부인의 거실을 위한 가장 결백하고 가장 예쁜 가구"인 도자기에 대한 이런 미감을 증진시켰다.1191)

1189) Berg, "Asian Luxuries and the Making of the European Consumer Revolution", 236쪽.
1190) Gabriel Magaillans, A New History of China (London: Printed for Thomas Newborough, 1688), 138-140쪽.

그리하여 1715년부터 영국의 동인도회사가 광동에 '재외상관(factory)'을 개장했고, 서유럽제국의 중국무역은 안정적 기반을 잡았다. 광동은 중국 대외무역의 주요 항구가 되었고, 1757년 이후에는 건륭제의 칙령에 의해 유일한 항구가 되었다. 18세기에 들어 영국은 중국무역에서 주도권을 잡았고 18세기 내내 다른 모든 나라들을 앞질렀다. 1736년 광동에서 무역에 종사하는 12척의 선박 중 5척이 영국 선박이었고 프랑스가 3, 네덜란드가 2, 덴마크와 스웨덴 선박이 각각 1척이었다. 1753년에는 이 광동 항구에서 무역하는 27척의 선박 중 10척이 영국 선박이었고, 네덜란드가 6, 프랑스가 5, 스웨덴이 3, 덴마크가 2, 프로이센이 1척을 보유했다.[1192]

1718년경의 무역통계만 보더라도 광동에 들르는 영국 동인도회사의 선박은 총 4척이었는데, 광동에 입항하는 이 4척의 선박이 실은 전체 화물의 90%가 은괴였다. 카노반(Carnovan)호는 은괴가 2만 8000파운드, 화물이 2796파운드, 하트포드(Hartford)호는 은괴 2만 8000파운드, 화물 2482파운드, 선더랜드(Sunderland)호는 은괴 3만 1000파운드, 화물 2688파운드, 에섹스(Essex)호는 은괴 3만 1000파운드, 화물 2923파운드를 싣고 있었다. 시간이 갈수록 선박 1척당 화물 적재량이 늘었으나 1750년까지도 총적재량의 3분의 2가 은괴였고, 1754년경에는 다시 은괴적재량이 80%로 증가했다.[1193] 1710년과 1720년 사이 영국의 아시아로부터의 총수입량은 131만 6534파운드였고, 무역적자는 30만 파운드에 달했다. 1719년 영국의 중국차 수입은 417톤이었으나 10년 뒤에, 즉 1730년경에는 두 배(834t)로 늘었다.[1194]

1191) Margaret Jourdain and R. Soame Jenyns, *Chinese Export Art. In the Eighteenth Century* (Middlesex: Spring Books, 1950·1967), 11쪽.

1192) Hudson, *Europe and China*, 258-259쪽.

1193) Hosea B. Morse, *The Chronicles of The East India Company Trading to China 1635-1834*, 5vols. (Oxford: Clarendon, 1926·1929), Vol.I, 122-123, 308쪽; Ward Barlett, "World Bullion Flows, 1450-1800," 224-253쪽. James D. Tracy, *The Rise of Merchant Empires - Long Distance Trade in the Early Modern World 1350-1750* (Cambridge: Cambridge University Press, 1990). Markley, *The Far East and The English Imagination, 1600-1730*, 188쪽에서 재인용.

1194) Niels Steengaard, "The Growth and Composition of the Lond-Distance Trade of England and the Dutch Republic before 1750", 104-110쪽. James D. Tracy, *The Rise of Merchant*

제1절 극동은 왜 서구에 (잠시) 뒤졌던가? 627

　18세기 후반과 19세기에는 영국동인도회사의 무역은 다른 나라들의 모든 동인도회사 무역을 다 합친 것보다 더 큰 규모로 확대되었다. 이 무역체계는 오랫동안 유지되었다. 한편에는 영국·네덜란드·스웨덴·프랑스와 기타 유럽제국의 동인도회사가 있고, 다른 쪽에는 '항行(Hong)'으로 알려진 중국 상인단체가 있었다. 이 '항'은 중국의 대외무역을 독점했다. 무역시즌이 오면 '항'은 재외상관들을 유럽의 동인도회사들에게 임대해주었지만, 인도사람들의 선단이 들어오면 화물관리인들은 다음 무역시즌까지 마카오로 이동했다. 그 재외상관들의 공간은 광동 남서쪽에 위치한 주강珠江의 북안에 있었다. 네덜란드·스페인·프랑스 상관, 정화(Chung Qua)상관, 미국·파오산(Pao Shan)·스웨덴·영국 상관, 조주潮州상관, 네덜란드·그리스·뉴잉글랜드 상관 및 제국帝國상관(별도의 상관을 갖지 못한 나라들이 공동으로 사용하는 상관) 등 13개의 상관들이 북안 땅에 우뚝 서 있었다. 거의 모든 화물관리인들은 사私무역을 하거나 영국 상인들의 대리인으로 활동했다. 광동에는 유리병과 유리그릇에 그림을 그리는 공예화가, 부채 만드는 장인, 상아조각 장인, 옻칠 장인, 보석장인 등 백공百工이 거주했다. 영국 상관에 접해서 '신·구 중국인가로'라고 불리는 두 줄의 중국인 주택이 줄지어 서있었는데, 외국인들은 이곳을 거닐며 자질구레한 장신구들을 샀다. 그리하여 광동항은 잡다한 거주자들과 신비스러운 기회의 땅으로 알려지게 되었다. 여러 동인도회사들 중 영국동인도회사는 "세계에서 가장 자랑찬 상인사회"였다.[1195] 중국의 대외무역은 이런 공인된 통로 외에 서양 상인들이 접근할 수 있는 모든 비밀통로로, 가령 마카오·대만·월남국경·인도국경·러시아국경 등 모든 접촉지점에서도 은밀한 밀수 형태로 성황을 이루었다.

　동인도회사들은 극동으로부터 직수입한 상품들을 본국으로 싣고 와서 보통 경매방식으로 순식간에 팔아치웠다. 동인도회사에 의해 런던으로 이송된 화물들의 경매

Empires - Long Distance Trade in the Early Modern World 1350-1750 (Cambridge: Cambridge University Press, 1990). Markley, *The Far East and The English Imagination*, 1600-1730, 206-207쪽 각주21에서 재인용.

1195) Jourdain and Jenyns, *Chinese Export Art*, 11-12쪽.

는 동인도회사의 헤드쿼터(리덴홀 스트리트) 동인도하우스에서 열렸다. 동인도회사는 일부 상품을 독자적으로 판매하기도 했다. 따라서 London Gazette지에는 동인도회사가 낸 독자판매 광고도 많이 나왔다. 수많은 독립상인들이 동방의 재화와 기타 진품들을 전문적으로 거래했다.[1196]

중국이 이런 상품들의 수출국이었기에 한때 중국의 이익은 엄청났다. 더할 나위 없이 정교한 기량으로 유명했던 중국 장인들은 유럽에서 보내온 모델들을 "가장 엄정하고 가장 추종적인 충직성"으로 복제해서 유럽의 수요를 충족시켰다. 이에 참여한 노동 인구는 거대했을 뿐만 아니라, 임금은 어지간했고, 생계수단은 걱정 없었다. 그리하여 "중국제국의 중심도시들은 유럽을 위한 실험공장이 되었다".[1197] 1720-30년경 3천 개소의 불가마에 불철주야 일하는 도자기 장인들과 그 가족을 합쳐 100만 명이 거주했던 중국의 최대 도자기산지 경덕진景德鎭은[1198] 유럽 상인들로부터 유럽식 디자인을 건네받아 유럽 취향의 도자기를 생산해 거의 전량을 유럽으로 수출했다. 이 생산·공급·분배·판매방식은 마치 '자호字號(브랜드)상인 주도의 광역 생산·판매 네트워크'와 비슷했다.

도자기 분야에서 16-18세기 유럽은 중국의 '판매시장'이었다. 도자기는 공급이 늘 부족해서 유럽시장에 출하되는 족족 팔려 나갔다. 네덜란드 동인도회사는 중국 도자기장인들에게 디자인을 제시하고 작품을 감시하기 위해 중국에서 제도사들을 고용했다. 도자기 양식들은 조금씩 변했다. 17세기 말에는 꽃·나무·새를 청색으로 그려 넣은 자기가 수출되더니 1710년 대에는 청백색 자기가 수출되었다. 18세기 중반에는 움직이는 머리 모양을 가진 도자기가 유행이었다. 이 도자기들은 까치발 선반받이, 장식장, 벽난로 선반, 거실선반 위에 도열되었다.[1199]

가리개·장식장·트렁크 등의 칠기제품은 유럽에서 경탄의 대상으로서 크게 환영

1196) Jourdain and Jenyns, *Chinese Export Art*, 13쪽.
1197) Jourdain and Jenyns, *Chinese Export Art*, 13쪽.
1198) Du Halde, *The General History of China*, Vol. 2, 354쪽.
1199) Jourdain and Jenyns, *Chinese Export Art*, 14쪽.

받았다. '진짜 칠기(right japan)'인 오리엔탈 칠기와 유럽 모조품인 '재패닝 (japanning)'은 평가가 달랐다. 옻칠 기술이 모방되고 유럽의 도자기 제조업자들이 18세기 내내 유럽에서 무수히 개업했을지라도 도자기에서도, 칠기에서도 유럽의 모조품 생산은 중국으로부터의 수입을 완전히 대체하지 못했다. 직수입된 중국진품들이 유럽시장을 너무나도 꽉 쥐고 있었던 것이다.[1200)

아편전쟁 전 명·청대 중국비단의 수출은 네 가지 범주로 나눠었다. 첫째는 중앙아시아·러시아와의 무역이었다. 명·청대 조공무역에서 비단은 주요한 물목이었다. 비단의상은 외국사신들에게 황실이 하사하는 최고급 선물이었다. 또한 비단은 몽골말을 수입하고 그 대신 지불하는 결제수단이었다.[1201)

둘째, 동남아시아와의 무역이었다. '동남아시아인'의 범주에는 중국인, 일본인, 포르투갈인, 스페인사람, 네덜란드인 등도 포함된다.[1202)

셋째, 1557년 이후 마카오를 통해 포르투갈사람이 대행하는 일본과의 무역이다. 일본의 도요토미히데요시(豊臣秀吉)와 도쿠가와이에야스(德川家康)는 중국비단을 얻기 위해 포르투갈 선교사의 주재를 관용할 정도로 중국비단 수입에 애를 썼다. 마카오의 대일對日 비단무역은 수지맞는 무역이었다. 포르투갈사람들은 중국비단을 일본으로 싣고 가서 1.5-2배에 팔았다. 대일 수출량은 매년 2000피컬(1피컬=60.52kg), 호경기에는 3000피컬에 달했다. 일본은 이를 통해 많은 은이 유출되는 것을 깨닫자 수입량을 연 750피컬로 제한하려고 노력했으나 소용이 없었다. 17세기 중반 포르투갈사람들이 추방된 뒤에는 네덜란드인들과 중국인들이 중계무역을 도맡았다. 그러나 일본정부는 대對중국 비단의존도를 줄이기 위해 17세기 말부터 양잠을 장려하기 시작했다.[1203)

1200) Jourdain and Jenyns, *Chinese Export Art*, 14쪽.
1201) Lillian M. Li, *China's Silk Trade: Traditional Industry in the Modern World 1842-1937* (Cambridge: Harvard University Press, 1981), 63쪽.
1202) Li, *China's Silk Trade*, 63쪽.
1203) Li, *China's Silk Trade*, 63-64쪽.

넷째, 16세기 중반부터 18세기를 관통해서 벌어진 중국-필리핀-남미 간 삼각무역이다. 대부분 절강성에서, 때로는 광동이나 사천에서 온 원사, 다양한 명주와 비단의 상을 광동이나 장주에서 출항한 중국상인들이 스페인 지배의 마닐라로 싣고 갔다. 그러면 매년 평균 1-4척의 갈레온 선이 마닐라로부터 중국비단을 갈망하는 남미시장으로 싣고 갔다. 단지 이 무역의 생사生絲를 처리하기 위해 멕시코에만 1만4000명을 고용한 비단방직산업이 일어났다. 중국비단은 남미 전역에 보통사람의 등짐에 들어있거나 교회제단에 깔려있었다. 중국인과 스페인무역상이 버는 이문은 굉장했다. 스페인 무역상은 투자의 열 배를 벌었다. 매년 200-300만 페소어치의 중국비단(3000-5000 피컬)이 멕시코로 수출되었다. 다른 자료에 의하면 연간 8000-10000 피컬의 원사였다는 기록도 있다. 이 비단무역으로 멕시코와 볼리비아의 은괴가 17-18세기 내내 중국으로 유입되어 기층적 화폐경제화, 18세기를 관통한 가격수준의 꾸준한 상승기조 유지 등 중국의 국내경제에 심원한 긍정적 영향을 미쳤다.[1204] 포르투갈과 스페인이 쇠락하고 나서 네덜란드와 영국이 아시아무역에서 중요한 역할을 하기 시작했다. 네덜란드인들에게 비단은 여러 중국제품 중의 하나였으나 영국인들에게 비단은 18세기 중반까지 차보다 더 중요했다.[1205]

중국 비단의 거대한 교역을 보면, 16세기에 누에가 다시 유럽으로 밀수된 뒤 비단 원사의 수출이 쇠락했을지라도 중국명주(피륙비단)에 대한 수요는 사라진 적이 없었다.[1206] 17-18세기에도 유럽은 중국 명주와 비단자수를 진기한 디자인과 고급스럽고 미묘한 색상 때문에 많이 수입했다. 그리고 18세기 후반에도 살색 바탕에 꽃 디자인을 그린 중국 실크를 옷감·도배·시트커버 등에 쓰는 것이 유행이었다.[1207]

중국 비단은 유럽시장에서 유럽인들이 모조한 '짝퉁비단'이 성행했음에도 가격과 품질, 그리고 장식적 매력으로 경쟁력을 발휘했던 것이다. 그리고 비단무역은 마

1204) Li, *China's Silk Trade*, 64-65쪽.
1205) Li, *China's Silk Trade*, 65쪽.
1206) Jourdain and Jenyns, *Chinese Export Art*, 14쪽.
1207) Jourdain and Jenyns, *Chinese Export Art*, 14-15쪽.

진이 좋았다. 1691년만 해도 극동에서 3만2000 리브르에 사들인 비단은 유럽에서 9만 7000리브르에 팔렸다.[1208] 중국의 절강성은 세계에서 가장 큰 비단생산지였다. 절강지방은 전 유럽과 전 아시아를 합친 것만큼 많은 비단을 생산했다. 프랑스 실크산업을 보호하기 위한 보호관세 장벽도 비싼 중국 비단이 그 아름다움에 반한 귀족사회의 수요를 충족시키기 위해 프랑스로 계속 유입되는 것을 막지 못했다.[1209]

차(茶)는 17세기 중반부터 대중적으로 알려지기 시작한 신비스러운 보건음료였다. "중국 차(*Tcha*)라로 불리는, 모든 내과의사들에 의해 승인된 탁월한 음료"라고 가장 이른 시기에 인쇄된 문구가 1658년 런던의 한 커피하우스의 광고에 나타났다. 1701년 연간 영국동인도회사의 마른 찻잎 판매는 6만5000파운드로 증가했다. 1780년에는 이 수치가 500만 파운드에 육박했다. 이런 차 판매량의 급증은 차가 영국에서 이국적 사치품이었다가 일상생활의 필수불가결한 생필품으로 변하는 것, 왕에게 바치는 선물로 적합한 귀중한 상품이었다가 의미심장한 세원稅源으로서의 대중적 생필품으로 바뀐 것을 반영했다.[1210] 17세기 후반에 유럽에 확산되기 시작한 끽다喫茶 습관은 일단 유행이 되자 그 수요가 폭발적으로 커진 것이다. 18세기에 차는 오직 중국으로부터만 구할 수 있었다. 그리하여 18세기 중반에는 가장 중요한 광동상업의 단독 물목이 되었다. 17세기가 끝날 무렵, 연평균 약 2만 리브르 어치의 차가 수입되었고, 1769년부터 1772년까지 4년간, 광동발發 영국상선의 연평균 차 선적량은 1000만 리브르 어치, 프랑스·네덜란드·덴마크·스웨덴 상선의 선적량은 도합 1200만 리브르였다.[1211]

이런 상황에서 차 수입으로 인한 영국의 대對중국 무역적자는 심각한 지경에 이르렀다. 영국으로부터 엄청난 양의 은괴들이 중국으로 빨려 들어갔기 때문이다. (주지하다시피 이것은 나중에 아편전쟁의 원인이 될 정도였다. 영국이 차 수입으로 인한

1208) Reichwein, *China und Europa*, 44쪽(영역본: 37쪽).
1209) Hudson, *Europe and China*, 259쪽.
1210) Porter, *Ideographia*, 193쪽.
1211) Hudson, *Europe and China*, 260쪽.

무역적자를 아편수출로 메우려 했기 때문이다.) 그러자 영국에서 이 차를 도덕적으로 불순하고 경제적으로 망국적인 것으로 비방하는 움직임이 일어났다. 시몬 메이슨(Simon Mason)은 1701년에 출판한 『차의 좋고 나쁜 효과에 대한 고찰』에서[1212] 차를 영국남성을 거세해서 중국인들처럼 여성화하는 망국적 음료로 규탄했다. 또 차는 여성들이 찻집 테이블에 둘러앉아 수다로 남성을 흉보고 가정에서 주도권을 쥐게 만드는 주범이라는 것이다. 메이슨의 이 책은 1758년까지도 계속 인쇄되어 팔려나갔다. 또 영국의 무역적자가 최고조로 치닫던 시점인 1756년 다시 조나스 한웨이(Jonas Hanway, 1712-1786)는 『차에 관한 에세이』에서 차 마시는 유행을 영국남성을 거세할 뿐만 아니라 영국을 궁핍화시키고 중국을 부유하게 만드는 망국적 행동으로 규탄했다.

> 유럽과의 이러한 무역에서 인도와 중국이 이득을 얻는 나라들이라는 것, 그 나라들이 상당한 정도로 모든 금과 은을 지구의 이 지역으로 끌고 가버린다는 것은 일반적으로 예감된다. (…) 그리하여 당신은 어떻게 우리가 우호나 동맹을 맺더라도 위험할 때 우리 자신의 어깨로 감당해야 하고 어떤 유형의 구조도 기대할 수 없는 중국을 부유하게 만드는 짐을 (우리 자신에게) 과하고 있는지, 그리고 우리 자신을 우리 자신의 어리석음의 얼간이로 만들고 있는지를 보게 된다![1213]

또한 차는 청교도적 반감과 분노의 대상으로 지목되었다. 한웨이가 볼 때, 차는 개신교의 물질적 구원 윤리, 즉 "덕스럽고 유용한 근면이 부의 참된 기초다"는 믿음으로서의 암묵적 이상理想을 저해했다. 한웨이에 의하면, 일국一國은 게으른 자들의 고용을 촉진하고 생필품을 공급하는 "유용한 상업품목들"을 교역함으로써 풍요로워지는 법이다. 반대로, 차와 같은 무용지물을 수입하는 것은 근면을 방해하고 나라의 경제

1212) Simon Mason, *The Good and Bad Effects of Tea Considered* (London: Printed for John Walkie, 1701·1758).

1213) Jonas Hanway, *An Essay on Tea* (London: H. Woodfall, 1756·1757). Porter, Ideographia, 196쪽에서 재인용.

적 활력을 빨아먹는 게으른 소비의 습관을 부추기기 때문에 궁극적으로 국가를 궁핍화시킨다.[1214]

메이슨과 한웨이는 50여 년 격차를 두고 차 마시는 유행의 확산과 차 수입의 증가를 영국 남성을 거세·여성화하고 무역적자로 영국을 궁핍화시키고 근검노동을 하는 개신교도들의 물질적 구원 윤리를 해쳐 영국인을 게으름뱅이로 만드는 주범으로 몬 것이다. 이들의 이 끽다습관 규탄은 당시의 대외무역 및 금은보유고 논쟁과 맞물려 대중적으로 큰 인기를 얻었다. 확산되는 차 마시기 유행과 급증하는 차 수입에 대한 영국 국내의 이러한 격렬한 반발은 바로 '차' 수입만으로도 영국경제가 일시적으로 크게 흔들릴 정도였다는 것, 뒤집으면 중국경제가 차 수출만으로도 큰 이득을 볼 정도였다는 것을 보여주는 것이다.

한편, 유리 위에 그린, 그리고 병 안쪽에 그린 유리병과 유리병의 그림들과 도배지의 경우는 그 밝게 빛나는 컬러와 판타지 때문에 광범한 수요가 생겨났고 중국인들은 바늘로 비단벽지 위에 더할 나위 없이 잘 그린 새와 꽃의 그림을 수출해 대성공을 거두었다. 도배지와 도자기에 그린 그림들도 유럽인들의 관심을 사로잡았다.[1215] 중국은 일찍부터 이와 같이 예술·공예산업을 '문화산업'으로 발전시켜 기간산업 수준으로 끌어올린 것이다.

"18세기 중국의 전체 교역량이 수출되는 것보다 훨씬 많았기"[1216] 때문에 서방으로 수출되는 중국상품들의 천문학적 수량이 중국의 전체 생산·판매량에서 차지하는 비율은 비교적 적어 보였지만, 중국경제에 대한 대서방 수출의 영향과 그 파급효과는 심대했다. 이 심대한 파급효과에 초점을 맞출 때 그중 결정적 현상은 수출결재를 통해 유입된 은銀에 의한 중국경제의 국제적 편입이 초래하는 후폭풍이었다. 그리하여 이 후폭풍은 명나라가 국제적 경기불황의 국내적 파급으로 아무도 모르는 사이에 멸망으로 내몰렸다는 분석이 있을 정도로 강력한 것이었다. 16세기 이래 태평양횡단 비

1214) Porter, *Ideographia*, 195쪽.

1215) Jourdain and Jenyns, *Chinese Export Art*, 15쪽.

1216) Faure, *China and Capitalism*, 11쪽.

단무역의 연관 속에서, 그리고 새로 개항된 일본으로부터 대규모 은괴가 중국으로 쇄도해 들어왔다. 미주의 은괴가 공급되기 시작하면서부터는 서방과 중국 간의 교역이 천문학적으로 대규모화되었다. 근세초의 도자기무역은 처음부터 국제무역의 3대륙 연관 속에서 벌어졌다. 그리하여 신세계로부터 오는 금속은 새로운 유동성을 공급받는 중국 국내시장에 상당한 영향을 미쳤다. 17세기로의 전환기 무렵부터 중국은 이미 전세계적 귀금속 유통체제 속으로 아주 깊숙이 편입되었다. 중국의 이런 국제경제적 편입의 긍정적·부정적 파급효과는 1610년 이후 은화의 일시적 증가에 이은 막간의 둔화로 인해 납세자·채무자·차지농이 겪은 디플레이션이 1630년대 이래 명국의 점진적 쇠락과 궁극적 멸망의 한 원인으로 지목되기도 할 정도였던 것이다.[1217]

장기적 추세는 17세기 중반의 혁명적·정치적 혼란을 뚫고도 지속되었고, 은화유통을 의식적으로 차단했던 강희제의 정책도 뛰어넘었다. 16-18세기 300년 동안 유럽제국은 중국으로 수출할 만한 것을 아무것도 생산하지 못했다. (이것은 유럽제국의 항구적 무역적자의 근본 원인이었다.[1218]) 은과 기타 귀금속의 국제적 유통에서 세계경제의 힘이 일방적으로 중국경제의 기층부로 깊숙이 침투해 들어간 것이다. 16세기 이래 중국경제는 이미 세계경제와 완전히 단절된 자급자족적 자율조절 체계가 아니었다. 세계각지로부터 중국으로의 은과 금의 일방적 이동으로 인해 중국경제는 대륙 간 유통체계 속에 완전히 편입되어 있었고, 당연히 이제 더이상 세계경제의 경기동향과 공황에 대해서도 방역될 수 없는 단계에 있었던 것이다.[1219] 중국은 세계무역체계의 집산지로 극히 중요했던 마닐라로부터 많은 은을 얻었다. 마닐라 중심의 이 무역망은 계속 유지되었고 18세기 말에 더욱 긴밀해졌다. 세계의 은은 대부분 일방적으로 중국으로 빨려 들어갔고, 중국경제는 세계경제 속으로 완전히 통합되었다. 그러나 중국경제는 아직 강력한 무역잉여를 즐길 만큼 당당했다.

1217) Osterhammel, *China und Weltgesellschaft*, 66쪽.

1218) Andre G. Frank, *ReOrient* (Berkeley: University of California, 1998), 210쪽. 안드레 군더 프랑크(이희재 역), 『리오리엔트』(서울: 이산, 2003), 227-228쪽.

1219) Osterhammel, *China und Weltgesellschaft*, 68-69쪽.

세계의 은이 중국으로 빨려 들어간 이유는 네 가지다. 15세기 중반 중국경제는 은본위제로 전환되었다. 또한 중국경제가 강성해짐으로써 은에 대한 국내수요가 강력해졌다. 게다가 수출이 수입을 크게 웃돌았다. 끝으로 중국의 은 가격은 세계 최고였다. 아담 스미스도 1776년 『국부론』에서 "유럽의 어느 지역보다도 훨씬 더 부유한 나라인 중국에서 귀금속의 가치는 유럽의 어느 지역보다도 훨씬 더 높았다"고 기록하고 있다.[1220] 세계의 은을 빨아들이는 홈통이었던 중국은 16세기에서 18세기까지 세계경제의 기축이었다. 1640년대 중국의 금고는 매년 750톤의 은을 받아들였다. 중국의 국부 수준은 상해의 작은 의류상조차도 약 5톤의 은을 자본으로 가지고 있었고, 가장 부유한 가문은 수백 톤의 은을 보유하고 있을 정도였다.[1221] 은이 중국 공예·기호 사치품의 수출 대가로 해외로부터 중국으로 대량으로 수입됨에 따라 중국경제는 16세기부터 더욱 고도로 '화폐경제화'되었다.[1222]

중국이 원래 강력한 자급자족 능력을 갖췄고 사회적 자기재생산을 위해 대외무역을 필요로 하지 않은 데다 국내교역의 촘촘한 역동적 연결망이 근세 중국이 세계경제 속으로 더 강력하게 진입하는 것을 방해했지만, 유럽 상인들의 쇄도로 중국상품의 수출 기회가 크게 열렸었다. 중국자본가들이 이렇게 판로를 개척하기 위해 아무런 노력을 하지 않았음에도 자동적으로 판로가 타개되어 갈수록 확대된 천문학적 규모의 대서방 수출은 중국의 수공업점주들과 중소점포의 상공업자본가 및 매뉴팩처자본가에게 '특이한' 안주버릇을 심어주었다. 16세기 이래 계속 확대된, 중국 공예·기호사치품과 귀금속의 이런 천문학적 규모의 대서방 주문수출 추이 속에서 수많은 수공업자들을 거느린 중국의 상업자본과 매뉴팩처자본들은 서양으로부터 떼로 찾아오는 유럽 상인들에게서 주문을 받아 생산하는 '안주적 제작'의 거만한 버릇을 '유별난' 경제적 체질로 고착화시키게 된 것이다.

[1220] Adam Smith, *An Inquiry into the Nature and Causes of the Wealth of Nations* [이하: Wealth of Nations] (1776), volume I·II, textually edited by W. B. Todd (Glasgow·New York: Oxford University Press, 1976), I. xi. n. 1, 255쪽.

[1221] Clive Ponting, *World History* (London: Chatto and Widus, 2000), 520쪽.

[1222] Faure, *China and Capitalism*, 3쪽.